Autoren: Thomas Bartel, Manfred Eberhardt, Franz-Josef Hoffer, Richard Kirschner, Christine J. Kuchta, Patrick Wagner, Michael Weckbach

Herausgeber: Manfred Eberhardt

Handbuch Betriebswirtschaft

Spedition und Logistikdienstleistung

1. Auflage

Bestellnummer 6390

Die in diesem Produkt gemachten Angaben zu Unternehmen (Namen, Internet- und E-Mail-Adressen, Handelsregistereintragungen, Bankverbindungen, Steuer-, Telefon- und Faxnummern und alle weiteren Angaben) sind i. d. R. fiktiv, d. h., sie stehen in keinem Zusammenhang mit einem real existierenden Unternehmen in der dargestellten oder einer ähnlichen Form. Dies gilt auch für alle Kunden, Lieferanten und sonstigen Geschäftspartner der Unternehmen wie z. B. Kreditinstitute, Versicherungsunternehmen und andere Dienstleistungsunternehmen. Ausschließlich zum Zwecke der Authentizität werden die Namen real existierender Unternehmen und z. B. im Fall von Kreditinstituten auch deren IBANs und BICs verwendet.

Die in diesem Werk aufgeführten Internetadressen sind auf dem Stand zum Zeitpunkt der Drucklegung. Die ständige Aktualität der Adressen kann vonseiten des Verlages nicht gewährleistet werden. Darüber hinaus übernimmt der Verlag keine Verantwortung für die Inhalte dieser Seiten.

Druck: westermann druck GmbH, Braunschweig

service@winklers.de
www.winklers.de

Bildungshaus Schulbuchverlage Westermann Schroedel Diesterweg Schöningh Winklers GmbH, Postfach 33 20, 38023 Braunschweig

ISBN 978-3-8045-6390-2

© Copyright 2016: Bildungshaus Schulbuchverlage Westermann Schroedel Diesterweg Schöningh Winklers GmbH, Braunschweig
Das Werk und seine Teile sind urheberrechtlich geschützt. Jede Nutzung in anderen als den gesetzlich zugelassenen Fällen bedarf der vorherigen schriftlichen Einwilligung des Verlages.
Hinweis zu § 52a UrhG: Weder das Werk noch seine Teile dürfen ohne eine solche Einwilligung eingescannt und in ein Netzwerk eingestellt werden. Dies gilt auch für Intranets von Schulen und sonstigen Bildungseinrichtungen.

Vorwort

Liebe Leserin, lieber Leser,

Sie haben sich für eine Ausbildung im Speditions- und Logistikdienstleistungsbereich entschieden? Dann benötigen Sie dieses praxisorientierte Lehr- und Nachschlagewerk, das Sie von Anfang an begleitet und unterstützt. Das **Handbuch Betriebswirtschaft – Spedition und Logistikdienstleistung** ermöglicht selbstständiges Arbeiten im Unterricht und im Betrieb. Es setzt den Rahmenlehrplan konsequent um, indem es die notwendigen Basisinformationen für schülerzentriertes Arbeiten bereitstellt. Weiterhin ist das Buch auch für Praktiker und Studierende in der Lagerlogistik-Branche von hoher Relevanz.

Optisch ansprechend mit leicht verständlichen Darstellungen, zahlreichen Grafiken und Schaubildern werden die lehrplanrelevanten Inhalte für das **Unterrichts-** und **Prüfungsfach Leistungserstellung in Spedition und Logistik** präsentiert.

Das **Handbuch Betriebswirtschaft – Spedition und Logistikdienstleistung** stellt die Themenbereiche Speditionsleistung, Transporte mit verschiedenen Verkehrsträgern, Umschlag, Lagerleistungen, Außenhandel, Export-/Importaufträge, logistische Dienstleistungen und Marketing methodisch aufbereitet dar.

Das **Handbuch Betriebswirtschaft – Spedition und Logistikdienstleistung** berücksichtigt die **ADSp 2016** und den **Unionszollkodex (UZK)**, der zum 01.05.2016 den bis dahin geltenden Zollkodex (ZK) abgelöst hat.

In diesem Buch werden einige Elemente realisiert, die den Lernerfolg nachhaltig sicherstellen:

	KAPITELEINSTIEG	Motivierender praxisbezogener Kapiteleinstieg
	BEISPIELE	Kurze Erklärung des Sachverhalts
	MERKE	Festhalten der wichtigsten Fakten
	GESETZE	Notwendige Gesetzestexte können nachgelesen werden
	PRAXISBEISPIEL	Darstellung komplexer Praxisbeispiele mit ausführlichen Lösungen. Anwendung des erlernten Wissens
	FAZIT	Zusammenfassung der Ergebnisse
	Ausblick	Blick in die Zukunft

Wir Autoren hoffen, dass Sie sich immer wieder „festlesen" werden. Es soll Ihnen Spaß machen, dieses Buch in die Hand zu nehmen.

Sollten nach der Lektüre noch Fragen offen geblieben sein oder wenn Sie uns einfach Ihre kritischen Anmerkungen, Ihr Lob oder Ihre Verbesserungsvorschläge zukommen lassen möchten, dann freuen wir uns, wenn Sie sich unter service@winklers.de an uns wenden.

Sommer 2016

A	**Der Spediteur in der Volkswirtschaft**	11
1	Spedition und Logistikdienstleistung in der Volkswirtschaft	12
2	Güterverkehr in der Volkswirtschaft	14
3	Der Verkehrssektor in der Volkswirtschaft	16
4	Ausblick	17
B	**Verkehrsträger vergleichen**	18
1	Transportbedürfnisse der Kunden	19
2	Entscheidungskriterien für die Auswahl von Transportmitteln	20
3	Merkmale der Transportmittel im Überblick	20
4	Ausblick – Entwicklungen	23
C	**Transporte mit dem Lkw**	24
1	Rahmenbedingungen für den Transport mit dem Lkw	25
1.1	Nationaler Güterkraftverkehr	25
1.2	Grenzüberschreitender Güterkraftverkehr	27
1.3	Mitführungspflicht während eines Transports im Güterkraftverkehr	29
	Praxisbeispiel: Welche Fahrt benötigt welche Berechtigung?	29
1.4	Der Lkw als Transportmittel im Güterkraftverkehr	30
	Praxisbeispiel: Erstellen eines Ladeplans beim Einsatz von Euro-Flachpaletten	35
1.5	Verkehrswege im Güterkraftverkehr	36
	Praxisbeispiel: Berechnung der Lkw-Maut	41
1.6	Lenk-, Ruhe- und Arbeitszeiten im Straßenverkehr	41
	Praxisbeispiel: Berechnung der voraussichtlichen Ankunftszeit	43
2	Frachtrecht im nationalen Güterkraftverkehr	45
2.1	Der Frachtvertrag im nationalen Güterkraftverkehr	45
2.2	Der Frachtbrief	46
	Praxisbeispiel: Ausstellen eines Frachtbriefs	47
2.3	Anwendung von Allgemeinen Geschäftsbedingungen im nationalen Güterkraftverkehr	49
2.4	Grundsätzliche Regelungen des HGB für den nationalen Güterkraftverkehr	50
2.5	Haftung im nationalen Güterkraftverkehr	54
	Praxisbeispiel: Überprüfung/ Berechnung der Frachtführerhaftung	56
3	Frachtrecht im grenzüberschreitenden Güterkraftverkehr	58
	Praxisbeispiel: Unterschiede in der Haftung bei einer Lieferfristüberschreitung im nationalen und grenzüberschreitenden Güterkraftverkehr	60
4	Ausblick – Entwicklungen der EU verändern den Verkehrsmarkt	62
D	**Speditionsaufträge**	63
1	Speditionsrecht nach dem HGB	64
1.1	Vertragsbeziehungen bei der Besorgung einer Versendung	64
1.2	Arten von Spediteuren	66
1.3	Pflichten aus dem Speditionsvertrag	69
1.4	Haftung nach dem HGB	70
2	Speditionsrecht nach den Allgemeinen Deutschen Spediteurbedingungen 2016 (ADSp 2016)	72
2.1	Anwendbarkeit der ADSp 2016	73
2.2	Ausgewählte Ziffern aus den ADSp 2016 mit teilweiser Erläuterung für die tägliche Anwendung	78
2.3	Versicherungen nach ADSp 2016	96
	Praxisbeispiel: Eine Transportversicherung für den Versender bei einem nationalen Lkw-Transport eindecken	98
	Praxisbeispiel: Eine Transportversicherung für den Versender bei einem internationalen Luftfracht-Transport eindecken	100
3	Sammelladungs- und Systemverkehre	101
3.1	Typische Prozesse bei Sammelladungsverkehren	102
3.2	Vertragsbeziehungen bei Sammelladungsverkehren	105
3.3	Beiladung	106
3.4	Abrechnung von Sammelladungsverkehren	107
	Praxisbeispiel: Sammelladungsverkehr abrechnen	108

3.5	Systemverkehre	116	3.2	Konferenzen	161
3.6	Zusammenfassende Übersicht zu Speditionsaufträgen bei Sammelladungs- und Systemverkehren	122	4	Abwicklung eines Beförderungsvertrags in der Seeschifffahrt	161
			4.1	Beteiligte am Seefrachtvertrag	161
			4.2	Umschlag der Güter im Verschiffungshafen	164

E Transporte mit dem Binnenschiff ... 123

- 1 Verkehrsträger Binnenschifffahrt 124
- 1.1 Bundeswasserstraßen ... 124
- 1.2 Betriebsformen in der Binnenschifffahrt ... 129
- 2 Abwicklung eines Frachtvertrags in der Binnenschifffahrt ... 130
- 2.1 Abschluss des Frachtvertrags ... 130
- 2.2 Fracht- und Begleitpapiere ... 133
- 2.3 Lade- und Löschzeit – Liegegeld ... 138
- **Praxisbeispiel: Berechnung der Ladezeit und des Liegegelds** ... 139
- 2.4 Frankatur ... 139
- 2.5 Nachträgliche Verfügungen ... 140
- 2.6 Haftung bei einem Binnenschifftransport ... 140
- 2.7 Havarie ... 141
- **Praxisbeispiel: Haftung bei einer Havarie** ... 142
- 3 Kalkulation eines Binnenschifftransports ... 143
- **Praxisbeispiel 1: Transportkosten/ Tonnensatz** ... 144
- **Praxisbeispiel 2: Kleinwasserzuschlag (KWZ)** ... 144
- 4 Chancen der Binnenschifffahrt ... 145

F Transporte mit dem Seeschiff .. 146

- 1 Seeschiffe ... 147
- 1.1 Vermessung von Seeschiffen ... 147
- 1.2 Schiffsarten ... 147
- 1.3 Stärken und Schwächen des Seeschiffs ... 150
- 1.4 Flagge des Seeschiffs ... 151
- 2 Seeverkehrswege ... 152
- 2.1 Wichtige Schifffahrtsrouten für den Welthandel ... 152
- 2.2 Wichtige Seekanäle ... 153
- 2.3 Seehäfen ... 155
- 2.4 Fahrtgebiete in der Linienschifffahrt .. 158
- **Praxisbeispiel: Auswahl eines geeigneten Seeschiffs aus der Schiffsliste** ... 158
- 3 Betriebsformen in der Seeschifffahrt ... 160
- 3.1 Linienschifffahrt und Trampschifffahrt ... 160
- 3.2 Konferenzen ... 161
- 4 Abwicklung eines Beförderungsvertrags in der Seeschifffahrt ... 161
- 4.1 Beteiligte am Seefrachtvertrag ... 161
- 4.2 Umschlag der Güter im Verschiffungshafen ... 164
- 4.3 Frachtraumbuchung ... 164
- 4.4 Fracht- und Begleitpapiere in der Seeschifffahrt ... 165
- 4.5 Haftung des Verfrachters ... 171
- **Praxisbeispiel: Haftung bei einer Großen Havarie** ... 173
- **Praxisbeispiel: Anwendung der Beitragsquote auf einzelne Ladungseigner** ... 173
- 5 Abrechnung von Seetransporten ... 174
- 5.1 Frachtraten und Zuschläge in der Seeschifffahrt ... 174
- **Praxisbeispiel: Berechnung des Frachtentgelts** ... 175
- 5.2 Besonderheiten beim Versand von Containern ... 176
- 5.3 Seefrachtabrechnung im Containerverkehr ... 179
- 6 Ausblick ... 180

G Transporte mit dem Flugzeug .. 181

- 1 Merkmale der Luftfracht ... 182
- 1.1 Leistungsmerkmale ... 182
- 1.2 Für die Luftfracht besonders geeignete Güter ... 183
- 1.3 Transportmittel und Ladungsträger in der Luftfracht ... 184
- 2 Rahmenbedingungen für den Transport mit dem Flugzeug ... 186
- 2.1 Internationale Luftverkehrsorganisationen ... 186
- 2.2 Frachtflughäfen ... 187
- 2.3 Zeitzonen ... 188
- **Praxisbeispiel 1: Berechnung der voraussichtlichen Ankunftszeit I** ... 190
- **Praxisbeispiel 2: Berechnung der voraussichtlichen Ankunftszeit II** ... 191
- 3 Frachtrecht in der Luftfracht ... 192
- 3.1 Vertragsbeziehungen im Luftfrachtverkehr ... 192
- 3.2 Der Luftfrachtbrief – Air Waybill (AWB) ... 196
- 3.3 Luftfrachtberechnung ... 201
- 3.4 Rechtsgrundlagen in der Luftfracht ... 204
- 3.5 Haftung im Luftfrachtverkehr ... 205

	Praxisbeispiel: Luftfracht-Sammel-	
	ladungsverkehr abrechnen	207
5	Ausblick – stetiges Wachstum in der Luftfracht erwartet	217

H	**Transporte mit der Eisenbahn**	**218**
1	Güterverkehr auf der Schiene	219
1.1	Eisenbahnverkehrsunternehmen	219
1.2	Spurweiten	219
1.3	Lichtraumprofile der Lokomotiven und Güterwagen sowie Lademaße	220
1.4	Anschriftenfeld eines Güterwagens	221
1.5	Stärken und Schwächen des Schienenverkehrs	221
2	Wichtige Eisenbahnstrecken	223
2.1	Wichtige Eisenbahnstrecken in Deutschland	223
2.2	Wichtige Eisenbahnstrecken für den Transitverkehr	223
2.3	Wichtige europäische Bahnstrecken	225
3	Leistungsangebote der Bahn am Beispiel von DB Cargo AG	225
3.1	Ganzzugverkehr	225
3.2	Einzelwagenverkehr	226
3.3	Railports	226
3.4	Schienengebundener Kombinierter Verkehr	227
4	Der Frachtvertrag	232
4.1	Abschluss des Frachtvertrags – Frachtdokumente	232
4.2	Rechte und Pflichten aus dem Frachtvertrag nach CIM	234
4.3	Einschränkung der CIM-Regelungen durch allgemeine Geschäftsbedingungen	235
4.4	Haftung bei nationalen und internationalen Transporten	235
5	Abrechnung von Bahntransporten	236
5.1	Preislisten/Tarife	236
5.2	Zahlung und Frachtschuldner	236
5.3	Berechnung des Frachtentgelts	236
	Praxisbeispiel 1: Frachtentgeltberechnung für einen Achsenwagen	238
	Praxisbeispiel 2: Frachtentgeltberechnung für mehrere Güterwagen	239
6	Güterwagen	239
7	Ausblick	242

I	**Grundlagen des Außenhandels**	**243**
1	Außenhandelsrisiken	244
2	Rechtsgrundlagen	244
2.1	Nationales und internationales Kaufrecht	244
2.2	Incoterms® 2010[1]	245
	Praxisbeispiel: Rechnungsbeträge bei unterschiedlichen Incoterms®	249
3	Zahlungssicherung im Außenhandelsgeschäft	251
3.1	Dokumenteninkasso D/P	252
3.2	Dokumentenakkreditiv L/C	253
4	Transportversicherungen im Außenhandel	258
5	Dokumente im Außenhandel	262
5.1	Handelsrechnung	262
5.2	Präferenzpapiere	264
5.3	Speditionsdokumente	269
	Praxisbeispiel: Prüfen der Einhaltung der Akkreditivbestimmungen	270

J	**Import- und Exportgeschäfte abwickeln**	**273**
1	Allgemeine Vorschriften	274
1.1	Rechtsgrundlagen des Außenhandels	274
1.2	Staatsgebiet, Zollgebiet und Freihandelszonen	275
1.3	Internationale Abkommen	277
1.4	Außenwirtschaftliche Begriffe	281
2	Das Zollrecht der Europäischen Union	282
2.1	Allgemeine Grundlagen	282
2.2	Grundsatz der elektronischen Datenverarbeitung	283
2.3	Beteiligte am Zollverfahren	284
2.4	Auswahl des Zollverfahrens	286
2.5	Zollanmeldung	287
3	Anwendungsvorschriften für Zollverfahren	291
3.1	Überlassung zum zollrechtlich freien Verkehr	291
3.2	Besondere Verfahren	292
4	Einfuhrabgaben	302
4.1	Überblick zu den Einfuhrabgaben	302
4.2	Ermittlung der Einfuhrabgaben mithilfe des Zolltarifs	303
4.3	Berechnung der Zölle	305
4.4	Zollwertermittlung	306
4.5	Ermittlung der Einfuhrumsatzsteuer	307
4.6	Zollschuldner und Abgabenbescheid	309

4.7	Zollbefreiungen und Zollbegünstigungen	310	10.6	Qualitätskennzahlen	348
			11	**Lagerkosten**	348
5	**Grundlagen des Exports**	310	**12**	**Mehrwertdienste/Value Added Services (VAS)**	349
5.1	Ausfuhr und Verbringung aus dem Inland	310	**13**	**Optimierung kennt keine Grenzen**	351
5.2	Ausfuhr und Wiederausfuhr von Waren	311	**L**	**Beschaffungslogistik**	352
5.3	Intrahandel	315	**1**	**Definition und Aufgaben der Logistik**	353
			1.1	Definition von Logistik	353
K	**Lagerlogistik**	316	1.2	Aufgaben der Logistik	354
1	**Lagerlogistik und Lagerfunktionen**	317	1.3	Einsparpotenziale der Logistik	354
2	**Wichtige Lagerarten und Lagerzonen**	317	**2**	**Teilsysteme der Logistik**	355
2.1	Lagerarten	318	**3**	**Logistische Tätigkeiten im Rahmen der Beschaffungslogistik**	357
2.2	Lagerzonen	321			
3	**Stellplatzkennzeichnung**	322	**4**	**Beschaffungsprinzipien**	358
4	**Lagerplatzvergabe/Positionierung**	322	**5**	**Einlagerungsprinzipien/Verbrauchsfolgeverfahren**	359
4.1	Starre Einlagerung bzw. Festplatzsystem	322	**6**	**Sourcing-Konzepte/Versorgungsmodelle**	360
4.2	Freie Einlagerung, Freiplatzsystem, flexible Einlagerung oder chaotische Lagerhaltung	323	6.1	Direktbezug	360
			6.2	Gebietsspediteur-Konzept	360
5	**Lagerformen und -techniken**	323	6.3	Cross-Docking	362
5.1	Bodenlagerung und Regallagerung	323	6.4	Beschaffungsstrategien – Lieferantenauswahl im Rahmen von Sourcing-Konzepten	364
5.2	Blocklagerung und Reihenlagerung	324			
5.3	Ausgewählte Regalarten	325			
6	**Fördermittel und Lagergeräte**	328	**7**	**Outsourcing**	366
6.1	Fördermittel	328	**8**	**Just-in-Time- und Just-in-Sequence-Prinzip**	367
6.2	Lagergeräte	330			
7	**Lagerdienstleistung**	332	8.1	Just-in-Time-Prinzip	367
7.1	Lagerungsarten bei der verfügten Lagerung	332	8.2	Just-in-Sequence-Prinzip	368
			9	**KANBAN-System**	369
7.2	Lagervertrag nach HGB	332	**10**	**Supply Chain Management**	369
8	**Der Spediteur als Lagerhalter**	334	10.1	Versorgungsketten	369
8.1	Verkehrsbedingte Lagerung oder verfügte Lagerung?	335	10.2	Ziele des Supply Chain Managements	370
			10.3	Schnittstellenproblematik	371
8.2	Haftungsabsicherung durch Haftungsversicherung	337	**11**	**Push- und Pull-Prinzip**	371
			12	**Efficient Consumer Response**	371
8.3	Güterversicherung	338	**13**	**Kontraktlogistik**	372
8.4	Zusätzliche Versicherungen gegen Elementarschäden	338	13.1	Kontraktlogistiker	373
			13.2	Vertragsinhalte von Kontraktlogistikverträgen	374
9	**Lagerdokumente**	339			
9.1	Lagerempfangsschein/Lagerquittung	339	**14**	**Logistik-AGB**	375
9.2	Lagerschein (§ 475 c HGB)	340	**15**	**ABC- und XYZ-Analyse**	376
9.3	FIATA Warehouse Receipt, (FWR)/FIATA-Lagerschein	342	15.1	ABC-Analyse	376
				Praxisbeispiel: ABC-Analyse	376
10	**Lagerkennzahlen**	343	15.2	XYZ-Analyse	378
10.1	Durchschnittlicher Lagerbestand	343	15.3	Kombination von ABC- und XYZ-Analyse	378
10.2	Umschlagshäufigkeit, Lagerumschlag	345			
10.3	Durchschnittliche Lagerdauer	346	**16**	**Bedarfsermittlung**	379
10.4	Lagerreichweite	346	16.1	Bedarfsermittlungsverfahren	379
10.5	Lagerauslastungsgrade	347	16.2	Einfacher Mittelwert	379

16.3	Gleitender Mittelwert	380
17	**Beschaffungstermine und Beschaffungsmenge**	**380**
17.1	Bestellpunktverfahren	380
17.2	Bestellrhythmusverfahren	381
18	**Optimale Bestellmenge**	**382**
	Praxisbeispiel: Ermittlung der optimalen Bestellmenge	*383*

M Distributionslogistik ... 386

1	**Grundlagen der Distributionslogistik**	**387**
1.1	Aufgaben und Ziele der Distributionslogistik und Einordnung in der Logistikkette	387
1.2	Kernfunktionen der Distributionslogistik	388
1.3	Mehrwertdienstleistungen der Distributionslogistik	389
2	**Distributionsstrukturen**	**390**
3	**Distributionskanäle**	**392**
3.1	Direkter Vertrieb	392
3.2	Indirekter Vertrieb	393
3.3	E-Commerce	395
4	**Anforderungen an Logistikdienstleister**	**396**
5	**Kommissionierung**	**397**
5.1	Begriff und Aufgaben	397
5.2	Wegstrategien	398
5.3	Arbeitsabläufe bei der Kommissionierung	399
5.4	Kommissionierfehler und Folgen	400
5.5	Kommissionierverfahren – beleglose Kommissionierung	401
5.6	Kontrollen bei der Kommissionierung	405
5.7	Kennzahlen der Kommissionierung	405
6	**Verpackung, Versandvorbereitung und -bereitstellung**	**408**
7	**Tourenplanung**	**409**
7.1	Ziele und Aufgaben der Tourenplanung	410
7.2	Einschränkungen bei der Tourenplanung	410
	Praxisbeispiel: Tourenplanung	*411*
8	**Hub-and-Spoke-System**	**414**
8.1	Begriffsdefinition	414
8.2	Funktionsweise	414
8.3	Hub-and-Spoke-Systeme und Direktverbindungen	415
8.4	Vor- und Nachteile von Hub-and-Spoke-Systemen	416
8.5	Einsatzmöglichkeiten von Hub-and-Spoke-Systemen	417
9	**Entsorgungslogistik**	**418**
9.1	Grundlagen	419
9.2	Aufgaben	419
9.3	Gesetze und Verordnungen zur Abfallproblematik	420
9.4	Verpackungsverordnung	421
9.5	Duales System Deutschland und Grüner Punkt	423
10	**City-Logistik**	**423**
10.1	Entwicklungen und Hintergründe der City-Logistik	423
10.2	Grundlagen der City-Logistik	424
10.3	Umsetzungskonzepte	424
10.4	Chancen und Potenziale	425
10.5	Hemmnisse bei der Umsetzung von City-Logistik-Konzepten	426
11	**Ausblick – Distribution sichert Existenzen**	**427**

N Gefahrguttransporte ... 428

1	**Nationale und internationale Rechtsvorschriften**	**429**
1.1	Verhältnis von nationalem Recht zu internationalem Recht	429
1.2	Gefahrgutverordnung Straße, Eisenbahn und Binnenschifffahrt (GGVSEB)	430
1.3	Umsetzung der Gefahrgutvorschriften im Unternehmen	431
2	**Organisation von Gefahrguttransporten durch den Spediteur**	**432**
2.1	Beteiligte an der Gefahrgutbeförderung	432
2.2	Verhältnis Umgangsrecht zu Beförderungsrecht	433
2.3	Verantwortlichkeiten der Beteiligten und deren Aufgaben nach ADR/GGVSEB	433
3	**Verzeichnis gefährlicher Güter nach ADR**	**435**
3.1	Tabelle A	435
3.2	Klassifizierung von Gefahrgut	435
3.3	Zusammenladeverbote und Trenngebote	440
4	**Durchführung von kennzeichnungspflichtigen Gefahrguttransporten**	**440**

4.1	Kennzeichnung und Bezettelung der Gefahrgüter und der Beförderungseinheiten	440	6.1	Besondere Vorschriften für Gefahrguttransporte mit Binnen- und Seeschiffen	455
4.2	Beispiele für die Kennzeichnung	442	6.2	Besondere Vorschriften für Gefahrguttransporte mit der Eisenbahn	456
4.3	Gefahrgutausrüstung und Feuerlöschausrüstung	443	6.3	Besondere Vorschriften für Gefahrguttransporte mit dem Flugzeug	456
4.4	Begleitpapiere nach ADR (Dokumentation)	443	7	**Ausblick – das Elektronische Beförderungspapier auch für Gefahrgut**	456
4.5	Verhalten bei Unfällen mit Gefahrgut .	444			
4.6	Qualifikation der Fahrzeugführer	446			
4.7	Fahrwegbestimmung nach §35 GGVSEB	446	**O**	**Marketingmaßnahmen entwickeln und durchführen** ...	457
5	**Freistellungsregelungen nach ADR** ..	446	**1**	**Der Marketingbegriff**	458
5.1	Kriterien zur Freistellung von den Gefahrgutvorschriften	446	**2**	**Marktforschung**	459
5.2	Beförderung von begrenzten Mengen Gefahrgut in Beförderungseinheiten ..	447	2.1	Primärerhebung	460
			2.2	Sekundärerhebung	460
5.3	Freistellung der Beförderung von in begrenzten Mengen verpackten gefährlichen Gütern	448	**3**	**Kundeneinteilung nach der ABC-Analyse**	461
5.4	Beförderung von in freigestellten Mengen verpackten Gütern	449	**4**	**Marketinginstrumente**	462
			4.1	Produkt- und Sortimentspolitik	462
5.5	Gegenüberstellung der Freistellungsregelungen	450	4.2	Preis- bzw. Kontrahierungspolitik	465
			4.3	Distributionspolitik	466
	Praxisbeispiel 1: Freistellung von begrenzten Mengen in zusammengesetzten Verpackungen	450	4.4	Kommunikationspolitik	467
			4.5	Marketing-Mix	477
			4.6	Schrift und Sprache	477
	Praxisbeispiel 2: Durchführung eines Gefahrguttransports und Anwendung der 1 000-Punkte-Regelung	452		**Sachwortverzeichnis**	479
6	**Gefahrgutbeförderungen mit weiteren Verkehrsträgern**	455		**Übersicht Incoterms**	484
				Bildquellenverzeichnis	485

A Der Spediteur in der Volkswirtschaft

KAPITEL**EINSTIEG**

So fing es an

Spediteure bieten Transport- und Lagerdienstleistungen zur Versendung von Gütern an. Solche Dienstleistungen hat es schon seit Menschengedenken gegeben. So wie wir das Speditionswesen heute kennen, ist es im Mittelalter entstanden. Damals konnten die Städte von durchziehenden Händlern verlangen, dass sie ihre Waren für eine festgelegte Zeit zum öffentlichen Verkauf anbieten mussten. Weiterhin konnten die Städte verlangen, dass die ankommenden Güter abgeladen und gestapelt werden – so entstand das sogenannte Stapelrecht der Städte. Damit aber noch nicht genug. Oft war das Stapelrecht mit einem Umschlagrecht gekoppelt. Dann mussten die Güter an den Stadtgrenzen auf lokale Fuhrwerke umgeladen werden. Daraus ergaben sich zahlreiche organisatorische Aufgaben, die für die durchziehenden Händler von den sogenannten Strackfuhrleuten übernommen wurden. Strackfuhrleute konnten von der Stapel- und Umschlagpflicht befreit werden und waren somit in der Lage, Waren über mehrere Gebiete hinweg zu befördern. Der wachsende Güteraustausch führte im 16. Jahrhundert zum Aufkommen des Fuhrmanngewerbes. Dies war der Vorläufer des heutigen Speditionsgewerbes.

Historische Entwicklung des Verkehrsnetzes

Zeit	Entwicklung
Mittelalter	Stapelrecht der Städte, Strackfuhrleute
16. Jahrhundert	Fuhrmanngewerbe
19. Jahrhundert	Mit der Dampfkraft kann die Transportkapazität gesteigert werden, das Verkehrsnetz wird dichter.
ab ca. 1920	Der Beginn der Massenmotorisierung begünstigt die räumliche Erschließung.
ab ca. 1930	Lkw-Verkehr entsteht
ab ca. 1950	Lufttransport wird zum Massentransportmittel
heute	Megaschiffe, die über 19 000 Container tragen, Jumbo-Jets als Vollfrachter, Hochgeschwindigkeitszüge sowie genormte Boxen und Behälter erleichtern den Massentransport und internationalen Verkehr.

1 Spedition und Logistikdienstleistung in der Volkswirtschaft

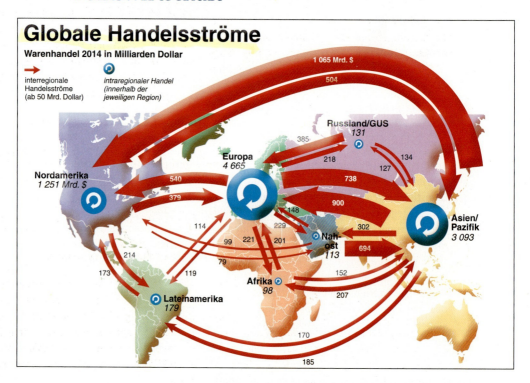

Moderne Volkswirtschaften sind geprägt von einer weltweiten Vernetzung der Arbeitsprozesse mit einer weitreichenden Arbeitsteilung. Noch nie in der Geschichte der Menschheit waren vergleichsweise so viele Unternehmen in eine Wertschöpfungskette eingebunden. Und noch nie wurde dabei auch nur annähernd so viel Raum zwischen Beschaffung, Produktion, Montage, Distribution und Konsum überbrückt. Spediteure und Logistiker sind damit Organisatoren intelligenter Material- und Warenströme.

Welche Tätigkeiten treffen auf den Spediteur zu? Besorgt er die Versendung eines Gutes? Organisiert er die Beförderung des Gutes? Führt der Spediteur den Transport selbst durch? Schlägt er die Waren um? Sammelt und verteilt er Güter? Lagert er die Güter? Versichert er die Güter?

Der Spediteur …	
besorgt …	HGB § 453 Abs. 1, § 454 Abs. 1
organisiert …	HGB § 454 Abs. 1
transportiert …	HGB § 458
versichert …	HGB § 454 Abs. 2
schlägt um …	HGB § 454 Abs. 1
lagert …	ADSp 2016 Ziffer 2
sammelt/verteilt …	HGB § 460 Abs. 1
erbringt alle Logistikdienstleistungen.	ADSp 2016 Ziffer 2.1

Alle genannten Tätigkeiten gehören zum Leistungsprofil der Spediteure und Logistikdienstleister und sind im HGB bzw. in den ADSp 2016 geregelt.

Aber selbstverständlich wird nicht jeder Spediteur alle Leistungen anbieten; vielmehr gibt es eine sehr starke Spezialisierung auf bestimmte Tätigkeiten, z. B. reine Möbelspedition oder Seehafenspedition.

Spedition und Logistikdienstleistung ist in Deutschland ein bedeutender Wirtschaftszweig. Der deutsche Speditions- und Logistikbereich hatte im Jahr 2015 ein Gesamtvolumen von ca. 250 Milliarden €. Dieser Umsatz wurde mit ca. 2,9 Millionen beschäftigten Personen erzielt. Damit ist der Speditions- und Logistikbereich nach dem Handel und der Automobilindustrie der drittstärkste Wirtschaftszweig in Deutschland.

Wirtschaftszweige in Deutschland

Umsatz	Wirtschaftszweig	Beschäftigte
1.883 Mrd. €	Handel	6 200 000
362 Mrd. €	Automobilindustrie	756 000
250 Mrd. €	Spedition und Logistikdienstleistung einschließlich Logistikabteilungen von Industrie und Handel	2 900 000
80 Mrd. €	… davon ausschließlich Speditions- und Logistikunternehmen	522 000

Speditionskaufleute verkaufen und erbringen Verkehrsleistungen und logistische Dienstleistungen. Sie organisieren den Versand von Gütern und die Lagerhaltung. Sie sorgen dafür, dass Waren pünktlich, schnell, sicher und umweltschonend in der richtigen Menge und Qualität an den richtigen Ort kommen. Speditionskaufleute vermitteln Speditions-, Transport- und Lagerversicherungen. Sie besorgen notwendige Dokumente im grenzüberschreitenden Verkehr und kümmern sich um die Abwicklung des Zollverkehrs. Weiterhin planen und realisieren sie gemeinsam mit Kunden Logistiksysteme und zusätzliche Logistikdienstleistungen.

Nebenleistungen oder Mehrwertdienste prägen das Logistikgeschäft. Die Nebenleistungen werden auch als Value Added Services bezeichnet. Value Added Services gehen über den reinen Transport, den Umschlag oder die Lagerhaltung hinaus und reichen von der Abrufsteuerung, dem Bestandsmanagement und dem Kommissionieren über die Konfektionierung bis hin zum Retourenmanagement.

Unter **Speditionslogistik** versteht man alle Maßnahmen, die notwendig sind, um das richtige Gut am richtigen Ort, dem richtigen Empfänger, zur richtigen Zeit, im richtigen Zustand, in der richtigen Menge, mit den richtigen Informationen zu den richtigen Preisen bedarfsgerecht zur Verfügung zu stellen.

Die acht R's der Speditionslogistik

2 Güterverkehr in der Volkswirtschaft

Nach Angaben des Statistischen Bundesamtes war das Transportaufkommen 2014 so hoch wie noch nie. Der Güterverkehr in Deutschland stieg im Jahr 2014 auf 4,5 Mrd. Tonnen. Zu diesem Anstieg trugen vor allem der Straßenverkehr und der Seeverkehr, aber auch die Luftfracht und die Binnenschifffahrt bei. Der Transport von Rohöl in Rohrleitungen blieb nahezu konstant. Dagegen ging das Aufkommen im Eisenbahnverkehr zurück.

Güterverkehr 2014 in Deutschland

Verkehrsmittel	Millionen Tonnen	Prozentualer Anteil	Milliarden Tonnenkilometer	Prozentualer Anteil
Lkw	3 572	78,7 %	474	71,7 %
– darunter inländische Lkws	*3 071*	*67,6 %*	*292*	*44,2 %*
Eisenbahn	361	7,9 %	114	17,2 %
Binnenschiff	221	4,9 %	55	8,4 %
Seeschiff	292	6,4 %		
Rohrleitung	91	2,0 %	18	2,7 %
Flugzeug	4	0,1 %		
Insgesamt	4 541	100 %	661	100 %

Quelle: Pressemitteilung des Statistischen Bundesamtes vom 26.02.2016

Beurteilt man den Güterverkehr in Deutschland nach den transportierten Gewichten, haben inländische Lkws mit 67,6 % einen relativ hohen Beförderungsgewichtsanteil; Eisenbahn mit 7,9 % und Binnenschiff mit 4,9 % einen relativ geringen Beförderungsgewichtsanteil. Die Transportlänge wird dabei nicht berücksichtigt.

Betrachtet man statt Tonnen nun aber Tonnenkilometer, werden neben dem Beförderungsgewicht auch die zurückgelegten Kilometer berücksichtigt. 1 **Tonnenkilometer** (tkm) drückt die Beförderung von Gütern im Gewicht von 1 t über 1 km aus. Beurteilt man den Güterverkehr in Deutschland nach den transportierten Gewichten und der Entfernung, bekommen Eisenbahn und Binnenschiff deutlich mehr Bedeutung, da sich Binnenschiff und Eisenbahn besonders für lange Transportstrecken eignen. Der inländische Lkw verliert bei der Betrachtung in Tonnenkilometern an Bedeutung. Bei kürzeren Transportstrecken ist der Lkw konkurrenzlos; bei längeren Transportstrecken sind aber Eisenbahn und Binnenschiff ernste Konkurrenten für den Lkw.

MERKE

Unterschied zwischen Tonnen und Tonnenkilometer
Tonnen gibt an, wie viel Tonnen, unabhängig von der Länge der Transportstrecke, befördert wurden.
Tonnenkilometer gibt die Beförderungsleistung im Güterverkehr (Verkehrsleistung) an, errechnet als Produkt aus dem Gewicht der beförderten Güter und der Versandentfernung.
1 Tonnenkilometer (tkm) = Beförderung von Gütern im Gewicht von 1 t über 1 km.

BEISPIEL

40 Lkws befördern jeweils 22 t über 400 km. Folglich werden 40 · 22 t = 880 t befördert.

Die Beförderungsleistung in Tonnenkilometern beträgt jedoch 40 · 22 t · 400 km = 352 000 tkm

Güterverkehr ist die Raumüberwindung durch Güter und Nachrichten. Die Bedeutung des Güterverkehrs wächst ständig. Die Wirtschaft ist mit ihrer hochgradigen Arbeitsteilung auf eine leistungsfähige Logistik angewiesen.

Am Güterverkehr sind unterschiedliche Verkehrsträger mit unterschiedlichen Verkehrsmitteln auf speziellen Verkehrswegen beteiligt:

Verkehrsträger	Verkehrsmittel	Verkehrsweg
Güterkraftverkehr	Lastkraftwagen	Straße
Schienenverkehr	Eisenbahn	Schiene
Binnenschifffahrt	Binnenschiff	Flüsse, Kanäle (z. B. Dortmund-Ems-Kanal)
Seeschifffahrt	Seeschiff	Meere, Kanäle (z. B. Panama-Kanal)
Luftverkehr	Flugzeug	Luftraum
Rohrleitungsverkehr	Pipeline	Leitungsnetz

Die Verkehrsträger sind auf eine gute Verkehrsinfrastruktur angewiesen. **Verkehrsinfrastruktur** ist die Gesamtheit aller Einrichtungen, die den Verkehr ermöglichen und maßgeblich unterstützen. Dazu zählen hauptsächlich die Verkehrswege selbst, aber auch weitere Einrichtungen, wie z. B. Güterbahnhöfe und Rastplätze.

Verkehrsinfrastruktur 2014 in Deutschland

Verkehrsinfrastruktur		... in km	... in %
Überörtliches Straßennetz		230 400 km	82,8 %
davon	Autobahnen	12 900 km	4,6 %
	Bundesstraßen	39 400 km	14,2 %
	Landesstraßen	86 200 km	31,0 %
	Kreisstraßen	91 900 km	33,0 %
Schienennetz		37 900 km	13,6 %
Wasserstraßen		7 700 km	2,8 %
Rohölleitungen		2 400 km	0,8 %
Insgesamt		278 400 km	100,0 %

Quelle: DESTATIS.de/DE/ZahlenFakten/Wirtschaftsbereiche/TransportVerkehr/Gueterverkehr/Gueterverkehr.html, abgerufen am 12. Mai 2016

3 Der Verkehrssektor in der Volkswirtschaft

Der Verkehrssektor spielt in der modernen Volkswirtschaft eine zentrale Rolle. Erst die Mobilität von Gütern, also z. B. Rohstoffe, Zwischen- und Fertigprodukte, gewährleistet letztlich arbeitsteiliges Wirtschaften und Wertschöpfung in allen Wirtschaftssektoren.

Bei der Auswahl des geeigneten Verkehrsmittels konkurrieren Lastkraftwagen, Eisenbahn, Binnenschiff, Seeschiff und Flugzeug miteinander, wobei Zeit, Bestimmungsort, Natur und Wert der Ware sowie die jeweiligen Frachtbeträge bereits eine Auswahl des verwendbaren Verkehrsträgers treffen.

Der Spediteur muss den effizient durchzuführenden Transport organisieren; das ist wichtig für den Erfolg seines Auftraggebers. Was aber ist effizient? Die Vielzahl der Möglichkeiten und Tarife machen den Transport ziemlich unübersichtlich. Dann ist der Spediteur gefragt, der zusammen mit seinem Auftraggeber für dessen Bedürfnisse die höchste Effizienz erreichen soll. Dazu muss der Spediteur die Vorstellungen seines Auftraggebers kennen. Welche Leistungsmerkmale sind dem Auftraggeber extrem wichtig bzw. völlig unwichtig? Um diese Frage zu beantworten, wird ein Anforderungsprofil erstellt.

Anforderungsprofil des Auftraggebers

Leistungsmerkmal	wichtig				unwichtig
Einstufung Leistungsmerkmal	1	2	3	4	5
Schnelligkeit	○	○	○	○	○
Zuverlässigkeit	○	○	○	○	○
Preis-Leistungs-Verhältnis	○	○	○	○	○
Nachhaltigkeit/Umweltschutz	○	○	○	○	○

Magisches Dreieck Güterverkehr/Logistik

4 Ausblick

Der Aktionsplan „Güterverkehr und Logistik" der Bundesregierung strebt bis zum Jahr 2025 ein zukunfts- und leistungsfähiges Logistik- und Güterverkehrssystem in Deutschland an. Es geht darum, den reibungslosen Transport von Waren zu ermöglichen und damit die Voraussetzung für Wachstum und Beschäftigung zu schaffen, ohne die Umwelt- und Klimaschutzbelange zu vernachlässigen.

In diesem Zusammenhang spielen die Verkehrsmittel Eisenbahn, Binnenschiff und Seeschiff, auf die ein möglichst großer Anteil des stark wachsenden Güterverkehrs verlagert werden soll, eine besondere Rolle. Um die Kapazitätsauslastung des Verkehrsträgers Schienenverkehr zu erhöhen, wird in gut ausgebauten Streckennetzen versucht, die Gesamtlänge der Güterzüge auf über 750 m Länge zu erhöhen.

Eine besondere Bedeutung im Zusammenspiel aller Verkehrsträger kommt dem Kombinierten Verkehr zu, ohne den ein wesentlicher Beitrag zur Reduzierung der CO_2-Emissionen nicht möglich wäre.

Der Aktionsplan Güterverkehr und Logistik der Bundesregierung ist ein strategisches Konzept und enthält konkrete Maßnahmen für die künftige Ausrichtung des Güterverkehrs.

B Verkehrsträger vergleichen

KAPITELEINSTIEG

Warum unterschiedliche Transportmittel genutzt werden

Automobilhersteller sind Kunden der Spediteure und gehören damit zur verladenden Wirtschaft. Sie verkaufen ihre Autos und Ersatzteile nicht nur im eigenen Land, sondern weltweit. Da die Käufer das neu erworbene Fahrzeug oder die benötigten Ersatzteile regelmäßig nicht selbst abholen, wird es zur Kundschaft hin transportiert. Dafür stehen eine Reihe von Transportmitteln zur Verfügung. Möglich sind Transporte mit dem Lkw, der Eisenbahn, dem Binnenschiff, dem Seeschiff und auch mit dem Flugzeug. Nicht selten ist eine Kombination dieser Transportmittel notwendig. Die Automobilhersteller bzw. ihre Spediteure müssen also die Entscheidung treffen, welches Transportmittel eingesetzt werden soll. Diese Entscheidung ist abhängig von verschiedenen Faktoren und Wünschen sowohl der Lieferanten als auch der Kundschaft.

△ *Pkw-Transport mit dem Binnenschiff*

MERKE

Zur verladenden Wirtschaft zählen vor allem die Industrie und der Handel. **Verlader** sind demnach sowohl Absender als auch Empfänger von Sendungen.

1 Transportbedürfnisse der Kunden

Einige Gegebenheiten, die nicht oder nicht schnell verändert werden können, müssen berücksichtigt werden und schränken die Kunden in ihrer Entscheidungsfreiheit ein.

Bereits der Standort eines Verladers wird unter Umständen zu einer Herausforderung. Zwar kann davon ausgegangen werden, dass jedes Unternehmen per Lkw erreichbar ist, aber schon ein Gleisanschluss, um einen Zug vom Werksgelände aus einzusetzen, ist nicht selbstverständlich. Genauso wenig ist davon auszugehen, dass der Empfänger über einen Gleisanschluss verfügt. Noch eindrücklicher wird diese Überlegung, wenn es um die Frage geht, ob die Verlader in direkter Erreichbarkeit einen Binnen-, See- oder Flughafen vorfinden.

△ Pkw-Transport mit der Eisenbahn

Der Vorlauf auf der Landstrecke zu einem Flughafen oder einem Seehafen, der Hauptlauf zwischen den Kontinenten und der Nachlauf zum Standort des Empfängers benötigen jeweils eigene Transportmittel. Es ist also für die Gesamtstrecke eine Kombination von Transportmitteln notwendig.

Beispielsweise werden der Vor- und Nachlauf mit dem Lkw, der Hauptlauf mit dem Flugzeug ausgeführt.

Die Entscheidung der Verlader ist aber auch von ihrem Willen und ihren Wünschen abhängig:
- Soll ein Auto oder sollen 1 500 Autos transportiert werden?
- Sollen die Autos kurzfristig geliefert werden oder ist die Auslieferung in einigen Wochen in Ordnung?
- Was darf der Transport kosten?
- Wie hoch ist das Risiko, dass die Autos während der Beförderung (Transport, Umschlag) beschädigt werden?

△ Pkw-Transport mit dem Lkw

Eine weitere Einschränkung der Entscheidungsfreiheit ergibt sich durch die Transportstrecke. Eine Lieferung von Deutschland nach Australien ist mit dem Lkw oder der Eisenbahn einfach nicht möglich. Diese Strecke muss aufgeteilt werden.

BEISPIELE

1. Ein ungeduldiger, reicher Kunde in Übersee möchte sein neues, teures Auto mit Sonderausstattung einfach nur schnell, ohne Beschädigung geliefert bekommen. Der Transportpreis spielt dann keine Rolle. Wichtig sind nur Geschwindigkeit und Schadenfreiheit.

2. Bei der Belieferung regionaler Autohäuser muss die Beförderung nach anderen Kriterien erfolgen. Geschwindigkeit ist dabei weniger wichtig als geringes Kostenniveau, Zuverlässigkeit oder Pünktlichkeit.

B VERKEHRSTRÄGER VERGLEICHEN

2 Entscheidungskriterien für die Auswahl von Transportmitteln

Bei der Auswahl eines Transportmittels haben die Versender verschiedene Kriterien zu beachten. Zur Auswahl stehen die Beförderung per Straße, Schiene, Wasser oder Luft. Es kommen Lkw, Bahn, Schiff oder Flugzeug zum Einsatz. Meistens werden Speditionen als Spezialisten für den Transport mit der Entscheidung beauftragt.

Entscheidungskriterien

➲ STANDORT/INFRASTRUKTUR
- Straßenanbindung vorhanden?
- Gleisanschluss vorhanden?
- Lage im Hafen? (Binnenhafen/Seehafen/Flughafen)

➲ STRECKE
- Kurz-, Mittel-, Langstrecke bzw. Nahbereichsverkehre – Fernverkehre
- Landweg, Seeweg, Luftweg
- Flächendeckung (alle Orte erreichbar?)

➲ KOSTEN
auch wirtschaftliche Transportfähigkeit des Gutes beachten (wertvolle Güter vertragen höhere Transportkosten)

➲ KAPAZITÄT
Tragfähigkeit bzw. Ausstattung der Transportmittel

➲ FREQUENZ
Flexibilität beim Einsatz, Verfügbarkeit

➲ ZEIT
Geschwindigkeit, Zeitfenster, Pünktlichkeit, Planbarkeit, Zuverlässigkeit

➲ SCHADENRISIKO
Ist die Ware empfindlich oder diebstahlgefährdet?

➲ UMWELTVERTRÄGLICHKEIT
z. B. CO_2-Fußabdruck: Maß für die Kohlendioxid-Emissionen, die durch sämtliche Aktivitäten im Rahmen eines Transports anfallen.

3 Merkmale der Transportmittel im Überblick

Es ist wenig sinnvoll bei den Transportmitteln alleine Vor- und Nachteile aufzuzählen. Jedes Transportmittel hat seine Merkmale und bietet, bezogen auf einzelne Kundenwünsche, Vorteile, die dann aber nicht unbedingt verallgemeinert werden können.

Beispiele für Merkmale der Transportmittel im **Nah- und Mittelstreckenbereich**

Merkmal	Lkw	Eisenbahn	Binnenschiff
Infrastrukturvoraussetzungen	flächendeckendes Straßennetz; damit Haus-Haus-Verkehr möglich ist	Bahnhof oder Gleisanschluss notwendig; daher häufig Vorlauf/Nachlauf mit anderem Verkehrsträger notwendig	Hafen bzw. Ablade-/Löschstelle an einer Wasserstraße notwendig; daher häufig Vorlauf/Nachlauf mit anderem Verkehrsträger notwendig

Fortsetzung nächste Seite

Merkmal	Lkw	Eisenbahn	Binnenschiff
Kapazität/ Zuladung	im Normalfall bis zu 25 t	pro Waggon bis zu 40 t; Zuglänge bis zu 35 Waggons; streckenabhängig	bis zu etwa 2 500 t; erweiterbar; abhängig von der Wasserstraße
Planbarkeit	flexibel einsetzbar; Verzögerungen durch hohes Verkehrsaufkommen oder Witterungseinflüsse	Fahrplan mit hoher Zuverlässigkeit; Frequenz streckenabhängig	flexibel einsetzbar; Verzögerungen durch Schleusen und Witterungseinflüsse (Hoch-, Niedrigwasser, Eisbildung)
Geschwindigkeit	Durchschnittsgeschwindigkeit bei ca. 60 km/h (Nahbereichsverkehre eher 30 km/h, Fernverkehre eher 75 km/h); Geschwindigkeitsbeschränkungen durch Straßenverkehrsordnung (max. 80 km/h) und Regelungen zu Lenk- und Ruhezeiten	streckenabhängig bis zu 120 km/h; im Einzelwaggonverkehr durch Notwendigkeit des Rangierens liegt die Durchschnittsgeschwindigkeit eher bei 20 km/h	bei Talfahrt in Fließrichtung des Flusses bis zu 25 km/h; bei Bergfahrt entgegen der Fließrichtung des Flusses bis zu 15 km/h; bis zu 24 Stunden/Tag Fahrt möglich; streckenabhängig beschränkt durch Schleusungen
Sonstiges	im Vergleich hier auf den Tonnenkilometer bezogen teuerstes Transportmittel; steigende Kostenlast durch Maut und Staus	häufig sind kurzfristige Buchungen schwierig; Vorrang der Reisezüge vor den Güterzügen	im Vergleich auf den Tonnenkilometer bezogen umweltfreundlichstes Transportmittel; hohe Umschlagskosten

FORMEL

Transportleistung in Tonnenkilometer (tkm) =
Ladungsgewicht in Tonnen (t) · Entfernung in Kilometer (km)

BEISPIELE

1. 25 t Ladung von Stuttgart nach Hamburg (655 km):
   25 t · 655 km = 16 375 tkm
2. 25 t Ladung von Hamburg nach Shanghai (8 500 km):
   25 t · 8 500 km = 212 500 tkm

MERKE

Im **Nahbereichsverkehr** und für kleine Mengen ist der Lkw unschlagbar.
Liegen Absender und Empfänger jedoch an einer Wasserstraße und sind große Gütermengen zu befördern, bietet sich das Binnenschiff an.
Dass die Eisenbahn auch im Langstreckenbereich eingesetzt werden kann, zeigen Beispiele wie die Transsibirische Eisenbahn oder die transkontinentalen West-Ost-Küsten-Verbindungen in den USA.

VERKEHRSTRÄGER VERGLEICHEN

Beispiele für Merkmale der Transportmittel im Verkehr zwischen Kontinenten

Merkmal	Seeschiff	Flugzeug
Infrastrukturvoraussetzungen	Seehafen; daher häufig Vorlauf/Nachlauf mit anderem Verkehrsträger notwendig; Seeweg führt teilweise um die Kontinente herum und ist dann sehr lang; Nutzung von Suez-Kanal, Panama-Kanal, Nord-Ostsee-Kanal gegen Entgelt	Flughafen; daher häufig Vorlauf/Nachlauf mit anderem Verkehrsträger notwendig
Kapazität bzw. Zuladung	abhängig vom Schiffstyp • Massengutschiffe bis zu ca. 300 000 t • Containerschiffe[1] bis zu 16 000 TEU[2]	abhängig vom Flugzeugtyp; reine Frachtmaschinen bis zu 250 t; nicht massenguttauglich
Planbarkeit	Schiffslisten im Linienverkehr geben vorgesehene Abfahrtszeiten bzw. Ankunftszeiten bekannt. ETD: estimated time of departure ETS: estimated time of sailing ETA: estimated time of arrival	Flugpläne der Flughäfen mit hoher Zuverlässigkeit; Zeitzonen sind zu beachten
Geschwindigkeit	Bis zu 40 km/h; (abhängig von Zwischenstopps und Wetter Hamburg – Shanghai 24 – 30 Tage für 21 500 km auf dem Seeweg	abhängig vom Flugzeugtyp bis zu 800 km/h; Hamburg – Shanghai ca. ein Tag für 8 500 km, mit Abfertigung 2 – 4 Tage
Sonstiges	der heutige Welthandel wäre ohne das Seeschiff nicht möglich; dank Containereinsatz sind Hafenumschlag- und Liegezeit der Schiffe minimiert; Güter müssen auf Seereisen besonders transportsicher verpackt sein und vor Feuchtigkeit und Meerwasser geschützt werden	die Abwicklungszeiten sind, um die Flugsicherheit zu gewährleisten, im Vergleich zur Flugdauer sehr lang; geringe Transportrisiken und damit geringere Versicherungsprämien; geringe Kapitalbindungskosten bei wertvollen Gütern

MERKE

Im **Verkehr zwischen den Kontinenten** sind das Flugzeug und das Seeschiff unverzichtbar. Regelmäßig sind bei beiden Transportmitteln ein Vor- und ein Nachlauf notwendig.
- Der Transport mit Flugzeugen ist schnell, teuer und an Flughäfen gebunden. Flughäfen liegen im Gegensatz zu Seehäfen auch im Landesinneren.
- Der Transport mit Seeschiffen ist langsam, kostengünstig und an Seehäfen gebunden. Transporte mit Seeschiffen sind auch für Massengüter geeignet.
- Tatsächlich gibt es zwischen Luft- und Seeschifffahrt sogar Kombinationsmöglichkeiten, bei denen sich die „Vorteile" beider Transportmittel gegenseitig ergänzen: Sea-Air-Verkehre. So dauert der Transport von Shanghai mit dem Seeschiff nach Dubai und von dort mit dem Flugzeug nach Hamburg 17 Tage. Das ist doppelt so schnell wie ein reiner Seefrachttransport und halb so teuer wie ein reiner Luftfrachttransport.

---

1 Container sind weltweit genormte und austauschbare Ladungsträger
2 Twenty-foot Equivalent Unit = 20´-Container

△ Pkw-Transport in einem Flugzeug

△ Pkw-Transport mit dem Seeschiff

FAZIT

➔ TRANSPORTENTSCHEIDUNGEN SIND ABHÄNGIG
- von Gegebenheiten am Abgangs- und Bestimmungsort
- von Leistungsmerkmalen der Transportmittel wie Kapazität oder Reichweite
- von Wünschen der Kunden wie Geschwindigkeit oder Sicherheit

➔ EIGENSCHAFTEN DER TRANSPORTMITTEL
- Vor- und Nachteile der Transportmittel beziehen sich immer nur auf einzelne Transporte.
- Unterschiede gibt es insbesondere bei Geschwindigkeit, Kapazität, Frequenz, Kosten und Umweltverträglichkeit.
- Transportmittel **können** sich ergänzen, wie im Sea-Air-Verkehr oder im Kombinierten Verkehr. Sie **müssen** sich ergänzen, wenn ein Vor- bzw. Nachlauf notwendig ist.

4 Ausblick – Entwicklungen

Schon immer versuchte die Transportbranche, die Transportmittel den sich wandelnden Wünschen der Kunden anzupassen und wird dies auch weiterhin tun. Heute können große und sperrige Güter sogar in Flugzeugen transportiert werden, da solche Flugzeuge auf Wunsch der Kunden gebaut wurden. Ein Ende der Entwicklung ist hier nicht in Sicht. Fahrzeuge können den sich ändernden Transporterfordernissen angepasst werden. Wenn sich diese Anpassung lohnt, d. h. der Preis dafür wirtschaftlich vertretbar ist, wird es gemacht.

Auch einzelne Verlader können sich im gewissen Rahmen an die Notwendigkeiten beim Einsatz verschiedener Transportmittel anpassen. Waren Gleisanschlüsse von Unternehmen früher noch üblich, wurden diese die letzten Jahre meistens stillgelegt. Es ist nicht auszuschließen, dass Gleisanschlüsse irgendwann für die Verlader wieder attraktiver werden, etwa, wenn unsere Straßen den wachsenden Lkw-Verkehr nicht mehr bewältigen können.

Bei großem Rohstoffbedarf oder großen Produktionsmengen, die zum oder vom Unternehmen befördert werden müssen, kann in Einzelfällen auch eine Standortverlegung interessant sein. Beim Bau eines neuen Betriebs muss die Herausforderung der Transportleistungen auf jeden Fall schon in die Standortentscheidung mit einbezogen werden.

C Transporte mit dem Lkw

KAPITELEINSTIEG

Mit Daimler fing es an

Bis Ende des 18. Jahrhunderts wurden Güter auf den Straßen mit Pferdewagen transportiert.

Der erste Lastkraftwagen mit Verbrennungsmotor wurde 1896 von der Daimler-Motoren-Gesellschaft an die Motor Syndicate Ltd. für den Straßentransport nach London geliefert. Zu den ersten Käufern in Deutschland zählten Brauereien, die den Lkw für Biertransporte nutzten.

Das von Wilhelm Maybach und Gottlieb Daimler entwickelte Fahrzeug mit dem Namen Phönix hatte eine Nutzlast von 1,25 t. Mit 5,6 PS und einer Geschwindigkeit 12 km/h galt das Fahrzeug damals als schnell. In der Grundausstattung saß der Fahrer wie ursprünglich auf dem Pferdewagen ohne Schutz und ohne Heizung. Tatsächlich konnte der erste Lkw auch mit einer „Heizung" bestellt werden. Hierbei wurde das erwärmte Kühlwasser mithilfe von Rohren unter die Fußauflage geleitet. Als weitere Sonderleistung war eine gepolsterte Ledersitzbank möglich.

△ Der erste Lkw der Welt

Der Phönix wurde in der Grundausstattung zu einem Preis von 4.600,00 Goldmark angeboten, was einem heutigem Gegenwert von knapp 50.000,00 € entspricht.

Ab 1900 gab es bereits Lkws mit bis zu 10 PS und einer Nutzlast von bis zu 5 t. So wurde zur Vergrößerung der Nutzfläche 1903 von der Neuen Automobil Gesellschaft (N.A.G.) mit Sitz in Berlin der erste Lastzug der Welt gebaut. Dieser bestand aus einem Lkw und zwei Anhängern.

Heutzutage liegt die Leistung eines Lkw mit 25 t Nutzlast bei durchschnittlich 400 PS. Lkws können für Transporte so eingerichtet werden, dass die unterschiedlichsten Güter transportierbar werden.

Allerdings müssen die Fahrzeuge in Länge, Breite, Höhe und Gewicht für den Alltag auf den Straßen so angepasst sein, dass es grundsätzlich nicht zu Verkehrsbehinderungen und Straßenschäden kommt. Für Transporte mit übergroßen Gütern bedarf es laut Straßenverkehrsordnung (StVO) einer Sondergenehmigung.

△ Schwerguttransport

1 Rahmenbedingungen für den Transport mit dem Lkw

1.1 Nationaler Güterkraftverkehr

Der nationale Güterkraftverkehr ist der Güterverkehr auf der Straße. In Deutschland unterliegt dieser dem Güterkraftverkehrsgesetz (GüKG). Das GüKG gilt für Beförderungen von Gütern, wenn diese mit einem Kraftfahrzeug mit einem zulässigen Gesamtgewicht (zGG) von über 3,5 Tonnen durchgeführt werden.

GESETZ

> § 1 Abs. 1 GüKG
> **Güterkraftverkehr** ist die geschäftsmäßige oder entgeltliche Beförderung von Gütern mit Kraftfahrzeugen, die einschließlich Anhänger ein höheres zulässiges Gesamtgewicht als **3,5** Tonnen haben.

1.1.1 Arten des Güterkraftverkehrs

Im GüKG wird unterschieden, ob der Güterkraftverkehr für eigene Zwecke durchgeführt wird oder für Dritte:

➲ GEWERBSMÄSSIGER GÜTERKRAFTVERKEHR GEGEN ENTGELT

ist Güterkraftverkehr **für Dritte**. Dabei ist der Transport die Haupttätigkeit des Unternehmens.

Für den gewerbsmäßigen Güterkraftverkehr gilt:
- Die Erlaubnis des Staates wird benötigt.
- Eine Güterschadenhaftpflichtversicherung **muss** abgeschlossen werden.

Ausnahmen sind Freistellungsverkehre, z. B. die Beförderung von beschädigten Fahrzeugen aus Gründen der Verkehrssicherheit.
Weitere Beispiele siehe § 2 GüKG.

➲ WERKVERKEHR (GESCHÄFTSMÄSSIGER GÜTERKRAFTVERKEHR)

ist Güterkraftverkehr **für eigene Zwecke**. Dabei ist der Transport nur eine Hilfstätigkeit des Unternehmens, z. B. wenn eine Brauerei ihr eigenes Bier mit eigenen Lkws und eigenem Personal an ihre Kunden ausliefert.

Für den Werkverkehr gilt:
- Es wird **keine** Erlaubnis benötigt.
- Es ist **keine** Güterschadenhaftpflichtversicherung vorgeschrieben.

BEISPIEL

Im Rahmen einer geplanten Markterweiterung transportiert eine Brauerei verstärkt Bier aus Krombach (Nordrhein-Westfalen) in den Süden der Bundesrepublik Deutschland. Da die eigenen Lkws aufgrund der großen Menge ausgelastet sein können, kommen hier als Alternative fremde Frachtführer infrage.

Die Bestimmungen und Gesetze, die der fremde Frachtführer[1] beachten muss, sind jedoch nicht dieselben wie bei einem Lkw-Transport durch die Brauerei. Bei einem Schaden während des Transports würde im Falle eines eigenen Transports die Brauerei ihre eigene Ware beschädigen. Im Fall eines Transports durch einen fremden Frachtführer ist dieser für fremdes Eigentum verantwortlich.

Um das Risiko für seine Kunden so gering wie möglich zu halten, unterliegt ein Frachtführer den Bestimmungen des Güterkraftverkehrsgesetzes und benötigt für die Durchführung von gewerbsmäßigem Güterkraftverkehr eine Erlaubnis des Staates und eine Haftpflichtversicherung für die fremden Güter.

---

[1] Ein Frachtführer ist ein gewerblicher Unternehmer, der sich aufgrund eines Beförderungsvertrags verpflichtet, einen Transport durchzuführen.

1.1.2 Bundesamt für Güterverkehr (BAG)

Das Bundesamt für Güterverkehr hat nach dem Güterkraftverkehrsgesetz verschiedene Aufgaben und Befugnisse. So kontrolliert das BAG unter anderem, ob der Frachtführer über eine Erlaubnis für den Güterkraftverkehr verfügt. Neben der Kontrolle der Lenk- und Ruhezeiten sowie der Lkw-Maut gehören auch die Marktbeobachtung und das Führen einer Statistik im Güterkraftverkehr zu den Aufgaben des BAG. Weitere Informationen (Aufgaben, Befugnisse, usw.) finden sich in den §§ 10–17 GüKG.

△ *Fahrzeug des BAG*

1.1.3 Erlaubnis für den nationalen Güterkraftverkehr

Nationaler Güterkraftverkehr liegt vor, wenn die Be- und Entladestelle eines Transports innerhalb eines Landes liegt. Für den nationalen Güterkraftverkehr benötigt der Unternehmer eine Erlaubnis des Staates.

Die Erlaubnis gilt für sein Unternehmen. Eine beglaubigte Abschrift/Kopie ist bei jedem Transport mitzuführen.

Der Unternehmer muss nach dem Güterkraftverkehrsgesetz und der Berufszugangsverordnung für den Güterkraftverkehr drei Voraussetzungen für die Erteilung einer Erlaubnis nach der Berufszugangsverordnung für den Güterkraftverkehr (GBZugV) erfüllen:

➲ **PERSÖNLICHE ZUVERLÄSSIGKEIT**
z. B. keine schweren Verstöße gegen Vorschriften des Güterkraftverkehrs

➲ **FINANZIELLE LEISTUNGSFÄHIGKEIT**
- keine erheblichen Rückstände an Steuern oder an Beiträgen zur Sozialversicherung aus unternehmerischer Tätigkeit
- Eigenkapital und Reserven in Höhe von mindestens 9.000,00 € für das erste und 5.000,00 € für jedes weitere Fahrzeug

➲ **FACHLICHE EIGNUNG**
z. B. bestandene Fachkundeprüfung IHK

Weitere Voraussetzungen sind in der Berufszugangsverordnung für den Güterkraftverkehr aufgelistet und beschrieben. Sind die Voraussetzungen erfüllt, wird dem Unternehmer von der Erlaubnisbehörde eines Bundeslandes eine Erlaubnis für **10 Jahre** erteilt. Danach ist eine zeitlich unbefristete Erteilung möglich.

Nach der EU Verordnung (EG) Nr. 1071/2009 muss seit 4. Dezember 2011 ein gewerbliches Güterkraftverkehrsunternehmen einen internen oder externen Verkehrsleiter benennen, der fachlich geeignet ist. Der **Verkehrsleiter** leitet tatsächlich und dauerhaft die Verkehrstätigkeiten des Unternehmens. Dies kann intern der Unternehmer selbst oder ein benannter Mitarbeiter sein. Ein externer Verkehrsleiter gehört nicht dem Unternehmen an und darf maximal vier Unternehmen mit höchstens 50 Fahrzeugen leiten.

GESETZ

Folgende Rechtsvorschriften sind für die oben genannten Themen relevant:
- Güterkraftverkehrsgesetz §§ 1–9 GüKG
- Berufszugangsverordnung für den Güterkraftverkehr §§ 1–7 GBZugV

1.2 Grenzüberschreitender Güterkraftverkehr

Im grenzüberschreitenden Güterkraftverkehr benötigt der Frachtführer eine spezielle Berechtigung. Hierbei stehen dem Frachtführer je nach Transportweg drei alternative Berechtigungen zur Verfügung.

Transportberechtigungen im grenzüberschreitenden Güterkraftverkehr

EU-Gemeinschaftslizenz	CEMT-Genehmigung	Bilaterale Genehmigung (Drittstaatengenehmigung)
Geltung: Grenzüberschreitender Güterkraftverkehr innerhalb der EU oder zwischen der EU und EFTA-Staaten (siehe unten) • Kabotage (siehe unten) i. d. R. zulässig • Dreiländerverkehre zulässig (siehe unten)	**Geltung:** Grenzüberschreitender Güterkraftverkehr zwischen Mitgliedstaaten der CEMT[1] • Kabotage nicht zulässig • Dreiländerverkehre zulässig	**Geltung:** Grenzüberschreitender Güterkraftverkehr zwischen zwei Staaten, die einen bilateralen Vertrag geschlossen haben • Kabotage nicht zulässig • Dreiländerverkehre i. d. R. nicht zulässig • bilaterale Genehmigung für einen Transit[2] durch ein Land notwendig
Voraussetzung und Besonderheiten: • Für ein deutsches Kraftfahrunternehmen gelten die gleichen Voraussetzungen wie bei der nationalen Erlaubnis. • Für jedes Fahrzeug eines Unternehmers erhält er eine Abschrift der EU-Lizenz • Gültigkeit: 10 Jahre, danach unbegrenzte Erteilung möglich • Erteilung durch eine Verkehrsbehörde; abhängig vom jeweiligen Bundesland	**Voraussetzung und Besonderheiten:** • nationale Erlaubnis/ EU-Lizenz • freies Kontingent muss vorhanden sein • die Nutzung der Genehmigung muss durch ein Fahrtenbuch nachgewiesen werden • eine CEMT-Genehmigung gilt für ein Fahrzeug • Gültigkeit: Ein Jahr • Erteilung durch das BAG	**Voraussetzung und Besonderheiten:** • nationale Erlaubnis/ EU-Lizenz • freies Kontingent muss vorhanden sein • eine bilaterale Genehmigung gilt für ein Fahrzeug • Gültigkeit: Gilt für eine bestimmte Anzahl von Einzelfahren oder eine bestimmte Zeit • Wer die bilaterale Genehmigung erteilt, hängt von den betroffenen Ländern ab.

---

[1] Conférence Européenne des Ministres des Transports/Europäische Verkehrsministerkonferenz. Zurzeit gehören der **CEMT** mehr als 40 europäische Staaten an.
[2] Ein Transit ist die reine Durchfahrt durch ein Land ohne Be- und Entladung.

MERKE

Kabotage liegt vor, wenn eine Transportdienstleistung innerhalb eines Landes durch ein ausländisches Unternehmen durchgeführt wird.
Beschränkung der Kabotage mit EU-Lizenz bei Transporten innerhalb der EU: Grundsätzlich maximal drei Kabotage-Fahrten in sieben Tagen innerhalb des Mitgliedstaates, im Anschluss an einen Transport in diesen Mitgliedstaat (Nachweis durch den CMR-Frachtbrief).

BEISPIEL – KABOTAGE

Ein deutscher Frachtführer führt in Spanien einen Transport von Barcelona nach Madrid durch.

MERKE

Dreiländerverkehr liegt vor, wenn eine Transportdienstleistung zwischen zwei Staaten durch ein Unternehmen, das seinen Sitz in einem dritten Staat hat, durchgeführt wird.

BEISPIEL – DREILÄNDERVERKEHR

Ein deutscher Frachtführer führt einen Transport von Warschau (Polen) nach Wien (Österreich) durch.

△ *Die Europäische Union*

> **MERKE**
>
> **EFTA** steht für European Free Trade Association (Europäische Freihandelsassoziation). Der EFTA gehören folgende Staaten an: Island, Liechtenstein, Norwegen, Schweiz.
>
> **Drittstaaten** sind aus Sicht der Europäischen Union Staaten, die nicht Mitgliedstaat der Europäischen Union oder der EFTA sind.

1.3 Mitführungspflicht während eines Transports im Güterkraftverkehr

Folgende Dokumente müssen im Rahmen des Güterkraftverkehrs im Fahrzeug mitgeführt werden:

Persönliche Dokumente des Fahrpersonals	Fahrzeugpapiere	Sonstige Papiere
- Führerschein - Fahrerkarte, ggf. Ausdrucke - Bescheinigungen für berücksichtigungsfreie Tage, wie bei Urlaub oder Krankheit - Personalausweis - Arbeitsgenehmigung für Fahrpersonal aus neuen EU-Mitgliedstaaten und Drittstaaten - ADR-Bescheinigung bei Gefahrguttransporten (siehe Kapitel N)	- Fahrzeug-Zulassungsbescheinigung Teil I - Anhänger-Zulassungsbescheinigung Teil I - Maut-Nachweis, in Deutschland ab 7,5 Tonnen zGG - Zulassungsbescheinigung nach ADR bei Gefahrgut	- beglaubigte Abschrift der nationalen Erlaubnisurkunde - Nachweis über die Güterschadenhaftpflichtversicherung - Warenbegleitpapier, wie z. B. den Frachtbrief - ggf. beglaubigte Abschrift der EU-Gemeinschaftslizenz - ggf. CEMT-Genehmigung oder bilaterale Genehmigung - ggf. CMR-Frachtbrief (siehe Seite 61) - ggf. Zolldokumente (siehe Kapitel I 5)

PRAXISBEISPIEL

Welche Fahrt benötigt welche Berechtigung?

Ein großer deutscher Frachtführer, der international tätig ist, transportiert täglich mit seinen Lkws Sendungen im In- und Ausland. Bevor ein Transportauftrag angenommen werden kann, müssen die notwendigen Berechtigungen für den anstehenden Transport mit dem Lkw überprüft werden.

Für die unten stehenden Transporte sollen deshalb die jeweils notwendigen Berechtigungen und gegebenenfalls auch sinnvolle alternative Berechtigungen vorgeschlagen werden. Gegebenenfalls sind zu den jeweiligen Transporten auch Besonderheiten anzugeben.

✓ LÖSUNG

	Transport	Notwendige Berechtigungen	Alternative Berechtigungen	Besonderheit
1	Kassel nach Barcelona	EU-Lizenz		
2	Rom nach Warschau	EU-Lizenz		Dreiländerverkehr
3	Hamburg nach Paris	EU-Lizenz		
4	Berlin nach Minsk	CEMT-Genehmigung	EU-Lizenz und eine bilaterale Genehmigung für Weißrussland	Weißrussland ist ein Drittstaat
5	Zagreb nach Nürnberg	EU-Lizenz		
6	Wien nach Salzburg	EU-Lizenz		Kabotage innerhalb der EU mit Einschränkung erlaubt.
7	Istanbul nach Antalya	nicht möglich	nicht möglich	Kabotage ist in einem Drittstaat nicht erlaubt.
8	Istanbul nach München	CEMT-Lizenz	EU-Lizenz (wenn die Fahrt bis zur türkischen Grenze nur durch die EU verläuft) und eine bilaterale Genehmigung für die Türkei	
9	Madrid nach Rotterdam	EU-Lizenz		Dreiländerverkehr

1.4 Der Lkw als Transportmittel im Güterkraftverkehr

Transportmittel im Güterkraftverkehr sind die Lastkraftwagen (Lkws).

Für alle Lastkraftwagen, die beschrieben werden, gilt eine einheitliche Innenbreite der Ladefläche von 2,40 m bis 2,44 m.[1]

Beispiel	Beschreibung
Grundriss: hier: 7,3 m	**Motorwagen mit Aufbau** als mittelschwerer Lkw: • zulässiges Gesamtgewicht (zGG) 12 t • Zuladung: je nach Bauart 5 t – 7 t • Innenlänge variiert je nach Hersteller

---

[1] Die Breite der Ladefläche variiert je nach Fahrzeuganbieter und Unternehmen bis zu einer Innenbreite von 2,50 m.

Beispiel	Beschreibung
Grundriss: hier: 7,3 m hier: 7,3 m	**Motorwagen mit Aufbau und Anhänger (Gliederzug; Lastzug)** • zulässiges Gesamtgewicht (zGG) 40 t • Zuladung: je nach Bauart 22 t – 25 t • Innenlänge variiert je nach Hersteller
Grundriss: hier: 13,4 m	**Sattelzugmaschine mit Auflieger** • zulässiges Gesamtgewicht (zGG) 40 t • Zuladung: je nach Bauart 22 t – 25 t • Innenlänge variiert je nach Hersteller

FAZIT

⊃ GRUNDSATZ

Die mögliche Zuladung und die Innenmaße variieren je nach Bauart und Zusammenstellung des Lkw:

- Das maximale zGG beträgt 40 t.
- Die Innenbreite liegt meistens bei 2,40 m bzw. 2,44 m.

Übliche Fahrzeuge und Fahrzeugkombinationen:

- Einzelfahrzeuge
- Gliederzüge
- Sattelzüge

⊃ SONDERFÄLLE

Je nach Auftrag:

- Tankfahrzeug
- Silofahrzeug
- Kühlfahrzeug, Thermo-Lkw
- Schwerlasttransporte mit Spezialfahrzeugen
- zGG bis 44 t im Kombinierten Verkehr (siehe Kapitel H 3.4)
- Lang-Lkw, auch Gigaliner genannt, mit bis zu 25,25 m Länge und zGG von 40 t[1]

---

[1] Das Bundesministerium für Verkehr und digitale Infrastruktur untersucht zurzeit in einigen Bundesländern die Einsetzbarkeit des Lang-Lkw in einem zeitlich befristeten Feldversuch.

1.4.1 Ladungsträger im Güterkraftverkehr

Ladungsträger nach DIN 30781 sind z. B. Paletten. Sie sind oft genormt. Durch diese Vereinheitlichung werden die Sicherung und der Umschlag von einzelnen Gütern erleichtert.

Beispiel	Beschreibung

	**Wechselbrücke** (alternative Bezeichnungen: WAB, Wechselbehälter, Wechselaufbau, Wechselpritsche, Wechselkoffer)
	• genormte Innenlängen Wechselbrückentyp
	  – C715: 7,00 m
	  – C745: 7,30 m
	  – C765: 7,50 m
	  – C782: 7,67 m
	• Innenbreite: 2,44 m
	• maximale Innenhöhe: 2,67 m
	• Eigengewicht: 2,5 t – 3 t
	• als Kofferaufbau (siehe Bild) oder Planenaufbau
	• Ein „Wechselbrücken-Lkw" kann die Wechselbrücke ohne weitere Hilfsmittel aufnehmen.

	**Container** (ISO-Container[1]) • typisch sind der 20'-Container und der 40'-Container • Innenlänge: 5,90 m bzw. 12,03 m • Innenbreite: 2,34 m (beide) • Innenhöhe: 2,38 m (beide) • Eigengewicht: ca. 2,2 t bzw. ca. 3,8 t • maximale Tragfähigkeit: ca. 24 t bzw. ca. 30 t
	**Euro-Flachpalette** (Abkürzung: EUR-FP) • Länge: 1,20 m • Breite: 0,80 m • Höhe: 0,144 m • Eigengewicht: 20 kg – 24 kg • maximale Tragfähigkeit: 2 000 kg • Besonderheiten: Die genormte Euro-Flachpalette kann i. d. R. getauscht werden.
	**Gitterboxpalette** mit Euro-Innenmaß (Abkürzung: Gibo) • Länge: 1,24 m • Breite: 0,835 m • Höhe: 0,97 m • Eigengewicht: ca. 70 kg • maximale Tragfähigkeit: 1 000 kg – 1 500 kg • Besonderheiten: Die genormte Gitterboxpalette kann i. d. R. getauscht werden. Stapelbar bis zu einem Gesamtgewicht von ca. 6 000 kg.

---

[1] Ein von der International Organization for Standardization vereinheitlichter Container.

FAZIT

➔ GRUNDSATZ
- Ladungsträger sollen den Umschlag der Güter erleichtern und beschleunigen.
- Ladungsträger sind oft genormt (WAB, ISO-Container, EUR-FP, Gibo).
- Ladungsträger können oft getauscht oder gemietet werden.

➔ SONDERFÄLLE
andere Ladungsträger:
- Industriepalette (1,20 m x 1,00 m x 0,144 m)
- Düsseldorfer Palette / Displaypalette (0,80 m x 0,60 m x 0,144 m); entspricht einer halben EUR-FP
- Gitterwagen
- Einweg-Paletten und Kisten in jeder Form und Größe

1.4.2 Beladung von Fahrzeugen im Güterkraftverkehr

Einsatz von Lkws und Ladungsträgern am Beispiel von Euro-Flachpaletten

Beim Einsatz von EUR-FP wird oft mit **Lademetern** gerechnet. Die Ladelänge eines Lkws mit einer Standartbreite wird oft in Lademeter angegeben.

Fahrzeuginnenlänge z. B. 8,10 m bzw. Lademeter

Wegen der einheitlichen Fahrzeuginnenbreite von 2,44 m bezeichnet man die Fahrzeuginnenlänge als Lademeter.

MERKE

Grundsatz:
Ein Lademeter (LDM) ist 1 m der Ladelänge eines Lkw bei einer Innenbreite von 2,44 m.

Berechnung der LDM für 1 EUR-FP:
Es gibt verschiedene Varianten, EUR-FP auf der Ladefläche zu stauen. Für die Berechnung der Lademeter macht dies keinen Unterschied:

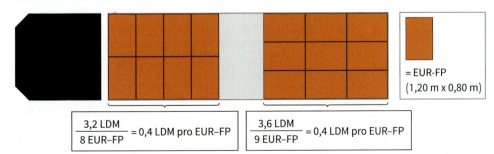

$$\frac{3{,}2 \text{ LDM}}{8 \text{ EUR–FP}} = 0{,}4 \text{ LDM pro EUR–FP}$$

$$\frac{3{,}6 \text{ LDM}}{9 \text{ EUR–FP}} = 0{,}4 \text{ LDM pro EUR–FP}$$

= EUR-FP (1,20 m x 0,80 m)

Wenn in einen Lkw nur EUR-FP geladen werden, kann die Anzahl der zuladbaren EUR-FP mithilfe einer einfachen Formel berechnet werden:

FORMEL

$$\text{Anzahl der zuladbaren EUR-FP} = \frac{\text{vorhandene Lademeter}}{0{,}4 \text{ LDM pro EUR-FP}}$$

BEISPIEL – BERECHNUNG DER ZULADBRAEN EUR-FP

Annahme: Stapelfaktor 0

$$\frac{8{,}10 \text{ LDM}}{0{,}4 \text{ LDM pro EUR-FP}} = 20{,}25 \text{ EUR-FP}$$

Es können bei einem Lkw mit 8,10 LDM Ladefläche 20 EUR-FP geladen werden.

Ladungssicherung im Güterkraftverkehr

Alle am Transport beteiligten Akteure sind je nach Rechtsgrundlage zur Ladungssicherung verpflichtet. Die Ladungssicherung nach dem HGB umfasst im weiteren Sinne neben der beförderungssicheren auch die betriebssichere Verladung.

FRACHTFÜHRER
§ 412 HGB
Der Frachtführer hat für die **betriebssichere** Verladung zu sorgen.
Ein geeignetes Fahrzeug mit angemessenen Vorrichtungen zur Ladungssicherung ist vom Frachtführer zu stellen. Er ist für die Einhaltung der Abmessungen, Achslasten und des zulässigen Gesamtgewichts sowie des Lastverteilplans verantwortlich.

ABSENDER
§ 412 HGB
Grundsätzlich hat der Absender das Gut **beförderungssicher** zu laden, zu stauen und zu befestigen sowie zu entladen. Das Gut darf während der Fahrt z. B. nicht verrutschen.

FAHRZEUGHALTER
§ 30 Abs. 1 und § 31 Abs. 2 StVZO
Der Fahrzeughalter hat für ein für den Transport geeignetes ausgerüstetes Fahrzeug zu sorgen.

FAHRZEUGFÜHRER
§ 22 Abs. 1 und § 23 Abs. 1 StVO
Pflichten des Fahrzeugführers:
- Ladungssicherung durchführen (auf der Basis der VDI-Richtlinie 2700)
- Kontrolle der Ladungssicherung und Lastverteilung vor Fahrtantritt
- Kontrolle und Nachbesserung der Ladungssicherung während des Transports
- angemessenes Fahrverhalten

FAZIT

KAPAZITÄT NACH GEWICHT
- Das zGG des Lkw abzüglich des Leergewichts des Lkw entspricht der Nutzlast des Lkw.

KAPAZITÄT FÜR EUR-FP
- Wird ein Fahrzeug nur mit EUR-FP beladen, kann die Kapazität problemlos berechnet werden.
- Die Fahrzeuginnenlänge entspricht den Lademetern.
- Eine EUR-FP benötigt 0,4 LDM.

KAPAZITÄT FÜR GIBO
- Bei Planenaufbauten können Gibo wie EUR-FP gerechnet werden, da die Außenwand flexibel ist.
- Bei Kofferaufbauten ist dies nicht möglich, da diese eine feste Außenwand haben.

STAPELFAKTOR
Der Stapelfaktor (SF) gibt an, wie oft beladene Paletten gestapelt werden können.
- SF1: zwei beladene Paletten aufeinander
- SF2: drei beladene Paletten aufeinander

BELADUNGSVORGANG
- Häufig werden Lkws über eine Laderampe mithilfe von Hubwagen beladen.
- Ohne Laderampe ist der Einsatz von Gabelstaplern oder einer Hebebühne am Fahrzeug notwendig.
- Bei der Kranverladung von schweren, großen Gütern ist es notwendig, dass die Ladefläche von oben frei zugänglich ist. Dies bedeutet, dass die Plane abnehmbar sein muss.
- Bei jedem Transport muss eine Ladungssicherung vorgenommen werden.

PRAXISBEISPIEL

Erstellen eines Ladeplans beim Einsatz von Euro-Flachpaletten

Eine Sendung mit 68 Euro-Flachpaletten mit dem Stapelfaktor 1 (SF 1) und einem Einzelgewicht von jeweils 200 kg soll von München nach Köln befördert werden. Es steht ein Gliederzug mit 40 t zGG zur Verfügung. Der Motorwagen mit Aufbau verfügt über 6 Lademeter, der Anhänger über 8,1 Lademeter.

Es wird a) rechnerisch und b) zeichnerisch geprüft, ob das Fahrzeug für diesen Transport geeignet ist.

LÖSUNG

a) rechnerische Lösung:

	Arbeitsschritt	Berechnung	Ergebnis	Beurteilung
1	Überprüfung des zGG	68 EUR-FP · 200 kg pro EUR-FP	13,6 t	Gliederzug einsetzbar, da 22 t – 25 t Zuladung möglich sind.
2	Überprüfung der Stellplätze auf dem Motorwagen mit Aufbau	$\dfrac{6 \text{ LDM}}{0,4 \text{ LDM pro EUR-FP}}$	15 EUR-FP	
3	Überprüfung der Stellplätze auf dem Anhänger	$\dfrac{8,1 \text{ LDM}}{0,4 \text{ LDM pro EUR-FP}}$	20,25 EUR-FP also 20 EUR-FP	
4	Berechnung der Stellplätze des Gliederzugs	15 EUR-FP + 20 EUR-FP	35 EUR-FP	Der Gliederzug hat Stellplätze für 35 EUR-FP.
5	Berücksichtigung des Stapelfaktors 1	35 EUR-FP · 2 (SF1)	70 EUR-FP	Durch den SF1 erhöht sich die Anzahl der zuladbaren EUR-FP auf 70.

Ergebnis: Der Lkw hat eine Kapazität von 70 EUR-FP. Die 68 EUR-FP können also geladen werden.

b) zeichnerische Lösung:

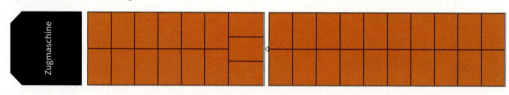

1.5 Verkehrswege im Güterkraftverkehr

1.5.1 Straßennetz der Bundesrepublik Deutschland

Übersicht über die Straßenarten der Bundesrepublik Deutschland

Bezeichnung	Abkürzung	Netzlänge in km (gerundet)	Bemerkung
Gemeindestraßen	-	k. A.	haben eigene Straßennamen, z. B. Bachstraße
Kreisstraßen	K	92 000	-
Landstraßen	L	87 000	-
Bundesstraßen	B	40 000	• wenige mautpflichtige Bundesstr. für Kfz ab 7,5 t zGG • teilweise Bestandteil des Europastraßennetzes
Bundes-autobahnen	BAB bzw. A	13 000	• mautpflichtig für Kfz ab 7,5 t zGG • teilweise Bestandteil des Europastraßennetzes

1.5.2 Ausgewählte Autobahnen der Bundesrepublik Deutschland

△ Ausgewählte Autobahnen der Bundesrepublik Deutschland

1.5.3 Grenzübergänge der Bundesrepublik Deutschland

Ausgewählte Grenzübergänge:

➔ NIEDERLANDE
- Bunde, A280
- Bad Bentheim, A30
- Emmerich, A3
- Goch, A57
- Straelen, A40
- Schwanenhaus, A61
- Vetschau, A4

➔ DÄNEMARK
- Ellund, A7

➔ POLEN
- Pomellen, A11
- Frankfurt/Oder, A12
- Forst, A15
- Görlitz, A4

➔ TSCHECHIEN
- Zinnwald, A17
- Waidhaus, A6

➔ BELGIEN
- Aachen-Süd, A44
- Steinebrück, A60

➔ SCHWEIZ
- Weil am Rhein, A5

➔ ÖSTERREICH
- Suben, A3
- Bad Reichenhall, A8
- Kiefersfelden, A93
- Füssen, A7
- Hörbranz, A96

➔ LUXEMBURG
- Mesenich, A64
- Perl, A8

➔ FRANKREICH
- Saarbrücken, A6
- Kehl, A5
- Neuenburg, A5

DEUTSCHLAND

1.5.4 Alpentransit

Die Alpen stellen verkehrstechnisch eine große Herausforderung für den Güterkraftverkehr dar.

Typische Herausforderungen im Alpentransit:

Herausforderung	Konkretes Problem
Steigung	Für schwer beladene Lkws stellen die Steigungen ein Hindernis dar.
Klima	Vor allem im Winter droht Gefahr durch Schnee und Glatteis. Folge: Diverse Straßen sind für Lkws nicht befahrbar.
wenige Verkehrswege	Es ist nur eine begrenzte Anzahl von Tunneln und Passstraßen[1] vorhanden. Folge: Hohes Verkehrsaufkommen
Schweiz	Die Schweiz gehört nicht der EU an. Folge: Zollformalitäten sind zu beachten.
Straßensperrungen	Straßensperrungen durch: Baustellen, Instandhaltung von Tunneln, Steinschlag, Lawinen
Nachtfahrverbote	In Österreich und der Schweiz sind Nachtfahrverbote zu beachten.

---

1 Passstraße: Verkehrsweg über ein Gebirge

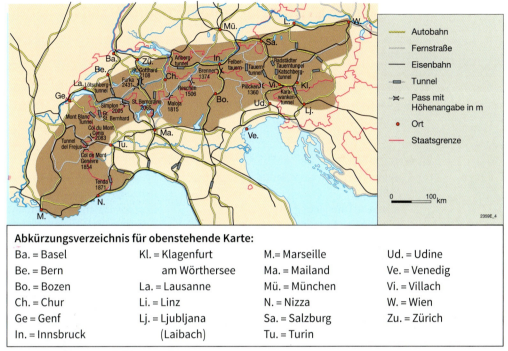

△ Alpentransit-Strecken

1.5.5 Fährverbindungen

In Zeiten verstärkter Kontrollen auf der Straße und permanent steigender Autobahnmauten bietet sich im Güterkraftverkehr die Überfahrt mit der Fähre zunehmend an – es werden Fahrkilometer gespart und zugleich können die gesetzlichen Ruhepausen des Fahrers auf der Fährüberfahrt eingehalten werden. Bei vielen, vor allem langen Fährüberfahrten ist man auf dem Wasser schneller und günstiger unterwegs als beim vollen Weg über Land.

Klassische Lkw-Fährverbindungen in Europa:
- Frankreich nach England (z. B. Calais nach Dover oder Dünkirchen nach Dover)
- Deutschland nach Schweden (z. B. Travemünde nach Trelleborg oder Rostock nach Trelleborg)
- Deutschland nach Finnland (z. B. Lübeck nach Helsinki oder Rostock nach Helsinki)
- Deutschland nach Norwegen (z. B. Kiel nach Oslo, oder Hirtshals nach Kristiansand)
- Italien nach Griechenland (z. B. Ancona nach Patras oder Bari nach Igoumenitsa)
- Italien in die Türkei (z. B. Triest nach Istanbul oder Triest nach Cesme)
- Italien nach Malta (z. B. Genua nach Valletta oder Catania nach Valletta)

1.5.6 Maut in der Bundesrepublik Deutschland

Die Maut in Deutschland ist eine streckenbezogene Straßennutzungsgebühr, die neben der Kfz-Steuer und der Mineralölsteuer für den Straßenbau genutzt wird.[1]

MAUTPFLICHTIGE STRASSEN
Alle deutschen Bundesautobahnen und einige Bundesstraßen.

MAUTPFLICHTIGE FAHRZEUGE
Kraftfahrzeuge und Fahrzeugkombinationen **im Güterkraftverkehr ab 7,5 t zGG**

MAUTZAHLUNG
- automatisch durch das On-Board-Unit (OBU)[2]
- manuelle Einbuchung an einem stationären Mautstellen-Terminal, z. B. an einer Tankstelle
- manuelle Einbuchung über das Internet mit einer Registrierung bei Toll Collect

AUSNAHMEN
Einige Fahrzeuge wie Omnibusse, Polizeifahrzeuge, Feuerwehrfahrzeuge und Straßenbetriebsfahrzeuge werden nach dem Bundesfernstraßenmautgesetz nicht mit Maut belegt.

KONTROLLE
- automatische Kontrollen durch Kontrollbrücken
- mobile Kontrollen durch das Bundesamt für Güterverkehr

Maut in €/km (Stand: 01.10.2015):

Kategorie	Schadstoff-Klasse (S) in der Zulassungsbescheinigung Teil I (Euro-Norm für Motoren)	2 Achsen	3 Achsen	4 Achsen	5 und mehr Achsen
A	S 6 (Euro VI)	0,081	0,113	0,117	0,135
B	EEV Klasse 1, S 5 (Euro V)	0,102	0,134	0,138	0,156
C	S 4 (Euro IV), S 3 (Euro III) mit mind. PMK[3] 2	0,113	0,145	0,149	0,167
D	S 3 (Euro III), S 2 (Euro II) mit mind. PMK 1	0,144	0,176	0,180	0,198
E	S 2 (Euro II)	0,154	0,186	0,190	0,208
F	S 1 (Euro I), S 0 (Euro 0)	0,164	0,196	0,200	0,218

---

1 Auch im Ausland fallen Straßennutzungsgebühren an. Die Mautsysteme unterscheiden sich jedoch je nach Land. Innerhalb der EU wird ein einheitliches Mautsystem angestrebt.
2 On-Board-Unit (OBU): Im Lkw eingebautes Gebührenerfassungsgerät.
3 PMK: Partikelminderungsklasse (mit Schadstofffilter)

PRAXISBEISPIEL

Berechnung der Lkw-Maut

Bei einem Transport von Dortmund nach Dresden wird ein Lkw mit vier Achsen und Schadstoffklasse 5 eingesetzt. Der Lkw fährt dabei 506 km auf folgenden Autobahnen: A44, A38, A14 und A4.

Wie hoch ist bei diesem Transport die Mautabgabe?

FORMEL ZUR BERECHNUNG DER MAUT

1. Bestimmung des relevanten Mautsatzes über die Schadstoffklasse und die Anzahl der Achsen (z. B. S 2 (Euro II) mit 3 Achsen: 0,186 €/km).
2. Multiplikation der gefahrenen Kilometer auf der Autobahn mit dem relevanten Mautsatz. Das Ergebnis ist die Mautabgabe (km · Mautsatz/km, z. B. 52 km · 0,186 €/km = 9,67 €).

 LÖSUNG

	Arbeitsschritt	Berechnung
1	Bestimmung des relevanten Mautsatzes	S 5 und vier Achsen: 0,138 €/km
2	Berechnung der Mautabgabe	506 km · 0,138 €/km = **69,83 €**

1.6 Lenk-, Ruhe- und Arbeitszeiten im Straßenverkehr

Damit kein Fahrer übermüdet Lkw fährt und damit sich, andere Personen oder Sachen gefährdet, gibt es Regelungen. Diese schreiben fest, wie lange er einen Lkw fahren darf.

Diese Regelungen sind in der EU einheitlich in der **Verordnung (EG) 561/2006** festgeschrieben und gewährleisten zusätzlich, dass kein Fuhrunternehmen eines bestimmten Staates Vorteile durch längeres Fahren erzielen kann.

Weiterhin gibt es generelle Lkw-Fahrverbote, deren Ziele Energieeinsparung, Schutz von Anwohnern oder der Umwelt sind. Dazu gehören z. B. das Sonntagsfahrverbot für Lkws über 7,5 Tonnen in Deutschland (mit Ausnahmen) und für Lkws über 3,5 Tonnen in der Schweiz.

1.6.1 Lenk- und Ruhezeiten

- Die Verordnung (EG) 561/2006 beschreibt die EG-Sozialvorschriften. Sie gilt generell in den Mitgliedstaaten der EU für das Fahren von Kfz mit einem zGG von über 3,5 t im gewerblichen Güterkraftverkehr.
- In der Bundesrepublik Deutschland gelten diese Vorschriften durch die Fahrpersonalverordnung bereits ab 2,8 t zGG.
- Im grenzüberschreitenden Verkehr zwischen AETR-Mitgliedstaaten[1] gelten die nahezu identischen AETR-Vorschriften.

---

1 **A**ccord **E**uropéen sur les **T**ransports **R**outiers/Europäisches Übereinkommen über die Arbeit des im internationalen Straßenverkehr beschäftigten Fahrpersonals
Mitgliedstaaten: Alle EU-Staaten sowie Albanien, Andorra, Armenien, Aserbaidschan, Bosnien-Herzegowina, Kasachstan, Liechtenstein, Mazedonien, Moldawien, Montenegro, Norwegen, Russische Föderation, San Marino, Schweiz, Serbien, Türkei, Turkmenistan, Ukraine, Usbekistan und Weißrussland

GRUNDSÄTZE LENKZEITUNTERBRECHUNG
Eine Lenkzeitunterbrechung ist eine echte Pause, in der der Fahrer keine Fahrtätigkeit ausübt. Er darf auch keine anderen Arbeiten ausführen (z. B. Beladung).
- mindestens 45 Minuten nach spätestens 4,5 Stunden Fahrt

AUSNAHMEN LENKZEITUNTERBRECHUNG
- Die Lenkzeitunterbrechung ist auch aufteilbar in zuerst 15 Minuten und nach spätestens 4,5 Stunden Fahrt 30 Minuten.

GRUNDSÄTZE RUHEZEITEN
Die Ruhezeit beschreibt die frei verfügbare Zeit zwischen zwei Arbeitstagen, in der der Fahrer frei über seine Zeit verfügen kann.
- mindestens 11 Stunden innerhalb von 24 Stunden
- mindestens 45 Stunden wöchentliche Ruhezeit am Stück nach spätestens sechs Tagen (Splittung u. U. möglich)

GRUNDSÄTZE LENKZEITEN
Die Lenkzeit beschreibt die tatsächliche Dauer der Fahrtätigkeit, damit z. B. auch das Warten an Ampeln oder in Staus (Fahrer kann das Lenkrad nicht verlassen).
- maximal 9 Stunden täglich
- maximal 4,5 Stunden ohne Pause
- maximal 56 Stunden wöchentlich
- maximal 90 Stunden zweiwöchentlich (Woche 1: 56 h, Woche 2: 34 h)

AUSNAHMEN LENKZEITEN
- Die Lenkzeit ist zweimal wöchentlich auf 10 Stunden verlängerbar.

AUSNAHMEN RUHEZEITEN
- Die Tagesruhezeit ist dreimal wöchentlich auf 9 Stunden verkürzbar.
- Bei einer Ruhezeit in der Schlafkabine muss der Lkw stillstehen. Keine Ruhezeiten sind Bereitschaftszeiten (z. B. bei zwei Fahrern die während der Fahrt verbrachte Zeit in einer Schlafkabine oder auf dem Beifahrersitz).

Bei Kontrollen muss der Fahrer im gewerblichen Güterkraftverkehr einen Tätigkeitsnachweis über die letzten 28 Tage mit sich führen. Seine Tätigkeit muss er durch die Fahrerkarte (ggf. Ausdrucke) bzw. Diagrammscheibe und die Bescheinigungen für berücksichtigungsfreie Tage bei Urlaub oder Krankheit nachweisen.

△ Die Abbildung zeigt oben einen digitalen Tachografen mit Fahrerkarte und unten einen mechanischen Tachografen mit Diagrammscheibe.

1.6.2 Arbeitszeiten

ARBEITSZEIT
Die tägliche Arbeitszeit besteht aus Lenkzeit und Zeit für andere betriebliche Tätigkeiten. Dazu gehören Be- und Entladen von Fahrzeugen, Durchführung und Kontrolle der Ladungssicherung, usw.
Sie darf mit Ausgleich maximal 10 Stunden betragen.

SCHICHTZEIT
Davon unterscheidet sich die Schichtzeit. Sie zählt vom Arbeitsbeginn bis zum Arbeitsende. In die Schichtzeit werden die Pausen mit eingerechnet.
Die maximale Schichtzeit für Kraftfahrer beträgt 13 Stunden und kann als Ausnahme bis zu dreimal in der Woche durch eine verkürzte Ruhezeit auf maximal 15 Stunden verlängert werden.

BEISPIELE ZUR UNTERSCHEIDUNG ZWISCHEN ARBEITSZEIT UND LENKZEIT

Tätigkeit	Arbeitszeit	Lenkzeit
Anfahrt zum Unternehmen/Arbeitsplatz mit dem eingesetzten Lkw	i. d. R. Ja	Ja
Anfahrt zum Unternehmen/Arbeitsplatz mit dem eigenen Pkw	Nein	Nein
Beladen durch den Fahrer oder Überwachung durch den Fahrer	Ja	Nein
Ausliefern/Abholen (Fahrt)	Ja	Ja
Entladen durch den Fahrer oder Überwachung durch den Fahrer	Ja	Nein
Fahrt vom Unternehmen/Arbeitsplatz nach Hause mit dem eingesetzten Lkw	i. d. R. Ja	Ja
Fahrt vom Unternehmen/Arbeitsplatz nach Hause mit dem eigenen Pkw	Nein	Nein

PRAXISBEISPIEL

Berechnung der voraussichtlichen Ankunftszeit

Ein Transport von 34 EUR-FP Kuckucksuhren von Freiburg im Breisgau nach Rostock (949 km) soll mit einem Lkw durchgeführt werden.

Die Durchschnittsgeschwindigkeit beträgt aufgrund von Erfahrungen aus früheren Transporten voraussichtlich 65 km/h.

Die Fahrt beginnt am Donnerstag, den 6. Oktober um 08:00 Uhr. Der Fahrer hat bereits am Montag und am Dienstag seine Lenkzeit jeweils auf 10 h erhöht.

Wann kann der Empfänger in Rostock mit der Ankunft des Lkw rechnen?

FORMEL ZUR BERECHNUNG DER REINEN FAHRZEIT IN STUNDEN UND MINUTEN

1. Die Strecke in km wird geteilt durch die Durchschnittsgeschwindigkeit in km/h.
   Das Ergebnis ist eine Stundenangabe in Dezimalform (z. B. 327 km / 60 km/h = 5,45 h)
2. Das Ergebnis wird aufgeteilt in ganze Stunden und Teilstunden (z. B. 5 h + 0,45 h)
3. Die Teilstunden werden in Minuten umgerechnet:
   Die Teilstunden werden mit 60 Minuten pro Stunde multipliziert (z. B. 0,45 h · 60 min/h = 27 min).
4. Das Ergebnis sind ganze Stunden und Minuten (z. B. 5 h 27 min).

LÖSUNG – BERECHNUNGSMÖGLICHKEIT 1

	Arbeitsschritt	Zeit
1	Berechnung der reinen Fahrzeit	949 km / 65 km/h = 14,6 h
2	Aufteilung in ganze Stunden und Teilstunden	14,6 h = 14 h und 0,6 h
3	Teilstunden in Minuten umrechnen	0,6 h · 60 min/h = 36 min
4	Ergebnis der reinen Fahrzeit	14 h 36 min
5	Aufteilung nach Tagen	erster Tag: 9 h, zweiter Tag: 5 h 36 min
5	Ruhezeiten nach jeweils 4 h 30 min Fahrt	erster Tag: 45 min, zweiter Tag: 45 min
6	Tagesruhezeit	11 h
7	Summe	27 h 06 min
8	berechnete Ankunftszeit	06. Oktober, 08:00 Uhr + 27 h 06 min = 07. Oktober, 11:06 Uhr

Berechnete Ankunftszeit: 11:06 Uhr. Der Empfänger in Rostock kann also am 07. Oktober zwischen 11:00 und 11:15 Uhr mit der Ankunft des Lkw rechnen.

 LÖSUNG – BERECHNUNGSMÖGLICHKEIT 2

Ablauftabelle

	Datum	Uhrzeit von	Uhrzeit bis	Dauer	Tätigkeit / Lenkzeit / Ruhezeit
1	06.10.	08:00	12:30	4,5 h	Fahrt: 292,5 km (bleiben noch 656,5 km)
2		12:30	13:15	0,75 h	45 min Ruhezeit
3		13:15	17:45	4,5 h	Fahrt: 292,5 km (Summe jetzt 585 km) (bleiben noch 364 km)
4		17:45	04:45	11 h	Tagesruhezeit
5	07.10.	04:45	09:15	4,5 h	Fahrt: 292,5 km (Summe jetzt 877,5 km) (bleiben noch 71,5 km)
6		09:15	10:00	0,75 h	45 min Ruhezeit
7		10:00	11:06	1,1 h	Fahrt: 71,5 km (Summe jetzt 949 km) (bleiben noch 0 km)

Berechnete Ankunftszeit: 11:06 Uhr. Der Empfänger in Rostock kann also am 07. Oktober zwischen 11:00 und 11:15 Uhr mit der Ankunft des Lkw rechnen.

2 Frachtrecht im nationalen Güterkraftverkehr

Ein Frachtvertrag wird zwischen einem **Frachtführer** und einem **Absender** geschlossen. Er kommt durch zwei übereinstimmende Willenserklärungen zustande. Es gibt für den Frachtvertrag keine Formvorschrift.
- Pflicht des Absenders: Zahlen der Fracht
- Pflicht des Frachtführers: Beförderung der Güter und Auslieferung an den Empfänger

Der Frachtvertrag ist ein Werkvertrag zugunsten eines Dritten:

Typisches Merkmal eines **Werkvertrags** ist, dass das versprochene Werk erfolgreich erfüllt werden muss. Das versprochene Werk ist hier eine Leistung, nämlich die Auslieferung an den Empfänger.

Der Dritte ist hier also der Empfänger.[1]

Variante 1: „Lieferung"

Variante 2: „Abholung"

Der Empfänger beauftragt hier den Frachtführer, die Güter bei der Beladestelle abzuholen. Er wird damit rechtlich nach dem Handelsgesetzbuch zum Absender.

2.1 Der Frachtvertrag im nationalen Güterkraftverkehr

Nationaler Güterkraftverkehr liegt vor, wenn Abgangsort und Bestimmungsort der Güterbeförderung in der Bundesrepublik Deutschland liegen. Die Regelungen zum nationalen Güterverkehr finden sich im Frachtrecht im Handelsgesetzbuch (HGB) wieder.

Nach § 407 Abs. 3 HGB gelten die Vorschriften des Frachtrechts gleichermaßen für nationale Güterbeförderungen auf der Straße, auf der Schiene, auf Binnengewässern und in der Luft.

Das deutsche Frachtrecht nach HGB folgt weitgehend – aber keineswegs auch im Detail in allen Punkten – dem Übereinkommen über den Beförderungsvertrag im internationalen Straßengüterverkehr (siehe Seite 58 CMR).

---

[1] Im Gegensatz zum Dienstvertrag verpflichtet man sich bei einem Werkvertrag nicht nur zu einer Leistung, sondern verspricht auch den Erfolg.

2.2 Der Frachtbrief

> **ANZAHL**
> Der Frachtbrief wird vom Absender auf Verlangen des Frachtführers in drei Ausfertigungen ausgestellt.[1]
> - eine für den Absender
> - eine als Warenbegleitpapier (für den Empfänger)
> - eine für den Frachtführer

> **BEGLEITPAPIER**
> Der Frachtbrief erfüllt die Anforderungen eines Warenbegleitpapiers nach § 7 GüKG.

> **BEWEISFUNKTION**
> Wenn Absender und Frachtführer den Frachtbrief unterschrieben haben, gilt dieser als Beweis für den Abschluss des Frachtvertrags, für dessen Inhalte und als Beweis für die reine Übernahme. D. h., das übernommene Gut ist vollständig und hatte bei der Übernahme durch den Frachtführer keinerlei äußerlich erkennbare Mängel.

> **INHALTE**
> Die Inhalte des Frachtbriefs sind in § 408 HGB aufgezählt, Ergänzungen sind erlaubt.

> **DOKUMENTATION VON UNREGELMÄSSIGKEITEN**
> Stellt der Frachtführer bei der Übernahme der Güter fest, dass diese nicht vollständig, beschädigt oder z. B. falsch gekennzeichnet sind, muss er diese Mängel als **Vorbehalt** in den Frachtbrief eintragen. Er nimmt damit eine sogenannte Abschreibung vor. Wenn er dies unterlässt, haftet er für diese Mängel.

> **INFORMATIONSFUNKTION**
> Der Frachtführer benötigt für den Transport eine Informationsgrundlage, um ein passendes Fahrzeug bereithalten zu können. Dazu muss er wissen, welche Art von Gütern er befördern soll, wie groß und wie schwer die Güter sind. Diese Informationen kann nur der Absender liefern.

Nachträgliche Weisungen durch den Absender

Grundsätzlich hat ein Absender nach § 418 HGB das Recht, nachträgliche Weisungen geben. Er kann z. B. während der Durchführung eines Transports dem Frachtführer mitteilen, dass er die Güter an einen anderen als den im Frachtbrief vermerkten Empfänger transportiert haben möchte.

Falls diese nachträgliche Weisung für den Frachtführer möglich ist, muss er sie durchführen. Er hat das Recht, für den Mehraufwand vom Absender eine zusätzliche Vergütung zu verlangen.[2]

---

1 Dem Frachtbrief gleichgestellt ist eine elektronische Aufzeichnung, die dieselben Funktionen erfüllt wie der Frachtbrief, sofern sichergestellt ist, dass die Echtheit und die Integrität der Aufzeichnung gewahrt bleiben (elektronischer Frachtbrief).
2 Siehe auch Seite 50 ff. „Grundsätzliche Regelungen des HGB für den nationalen Güterkraftverkehr"

Der Frachtbrief als Sperrpapier

Nach § 418 HGB kann durch einen Vermerk[1] im Frachtbrief das Recht des Absenders auf nachträgliche Weisungen eingeschränkt werden. Der Frachtführer darf in diesem Fall die nachträgliche Weisung des Absenders nur dann ausführen, wenn der Absender sein Absenderoriginal des Frachtbriefs beim Frachtführer vorlegt. Es **muss** das Original sein, d. h. keine Kopie, kein Fax, keine pdf-Datei. Der Frachtbrief ist dann ein **Sperrpapier**.

Zu beachten ist, dass dieses Original nicht dem Fahrer vorgelegt werden muss, sondern dem Frachtführer, d. h. dem Unternehmen, mit dem der Frachtvertrag geschlossen wurde.

Dadurch kann der Frachtbrief als Sicherung für den Empfänger eingesetzt werden. Wenn dafür gesorgt wird, dass der Absender sein Absenderoriginal nicht mehr hat, ist sichergestellt, dass der Frachtführer die Güter auf jeden Fall zum Empfänger befördert.

PRAXISBEISPIEL

Ausstellen eines Frachtbriefs

Die Karla Uber GmbH ❶ beauftragt den Frachtführer Bringer GmbH ❷ mit einem Transport von 33 ❸ EUR-FP ❹ mit Metallguss-Teilen ❺ von Erfurt nach Kassel. Da im Kaufvertrag die Lieferbedingung „ab Werk" ❻ festgeschrieben ist, soll die vereinbarte Fracht in Höhe von 270,00 € ❼ als Frachtnachnahme beim Empfänger eingezogen werden.

Der Empfänger, die Fritz Holland AG ❽ hat den Kaufpreis bereits überwiesen und möchte, dass der Frachtbrief als Sperrpapier ❾ eingesetzt wird. Das Absender-Original soll dem Frachtführer mitgegeben werden ❿, damit die Karla Uber GmbH keine Möglichkeit mehr hat, nachträgliche Weisungen zu erteilen. Dadurch ist gewährleistet, dass der Frachtführer auf jeden Fall den Transport zum Empfänger ausführen muss und nicht mehr durch die Karla Uber GmbH umgeleitet oder zurückgerufen werden kann.

Herr Haller von der Karla Uber GmbH füllt den Frachtbrief aus und verweist extra darauf, dass die EUR-FP im Lager ⓫ und nicht in den Büroräumen ⓬ abzuholen sind. Die gesamte Sendung wiegt 11 385 kg ⓭ und hat ein Volumen von 38,1 m³ ⓮.

Der Fahrer Fuchs nimmt die EUR-FP mit dem dazugehörigen Lieferschein entgegen und stellt keine Unregelmäßigkeiten ⓯ fest.

---

[1] Dieser Vermerk könnte lauten: „Der Frachtführer verpflichtet sich, nachträgliche Weisungen nur dann auszuführen, wenn der Absender sein Absenderoriginal des Frachtbriefs dem Frachtführer vorlegt."

LÖSUNG

Absender (Name, Anschrift) Karla Uber GmbH ❶ Bergrad-Voigt-Straße 12, 99198 Erfurt ⓬	**Frachtbrief** für den gewerblichen Güterkraftverkehr
Empfänger (Name, Anschrift) Fritz Holland AG ❽ Rudolf-Diesel-Straße 13, 34123 Kassel	Frachtführer (Name, Anschrift) Bringer GmbH ❷ Alte Mittelhäuser Straße 11 99091 Erfurt
Meldeadresse siehe Empfänger	Nachfolgende Frachtführer (Name, Anschrift)
Übernahme des Gutes Versandort Erfurter Landstraße 12 ⓫ Beladestelle 99198 Erfurt Ablieferung des Gutes Empfangsort siehe Empfänger Entladestelle Beigefügte Dokumente Lieferschein	Vorbehalte und Bemerkungen der Frachtführer --- ⓯

Anzahl der Packstücke	Zeichen und Nummern	Art der Verpackung	Bezeichnung des Gutes	Bruttogewicht in kg	Volumen in m³
33 ❸		EUR-FP ❹	Metallguss-Teile ❺	11 385 ⓭	38,1 ⓮

Gefahrgutklassifikation		Nettomasse kg/l
UN-Nummer Offizielle Benennung		
Nummer Gefahrzettelmuster	Verpackungsgruppe	

Weisungen des Absenders (Zoll- und sonstige amtliche Behandlung des Gutes)

Nachnahme Fracht: 270,00 € ❼	Besondere Vereinbarungen Nachträgliche Weisungen des Absenders dürfen nur ausgeführt werden, wenn der Absender dem Frachtführer seinen Original-Frachtbrief vorlegt. ❾
Frankatur ab Werk ❻	Der Fahrer soll sich das Absender-Original vom Absender übergeben lassen und mitnehmen. ❿

Ausgefertigt am 13.05.20..	in Erfurt	Empfangen am
Karla Uber GmbH 99198 Erfurt *i. A. Haller* Unterschrift / Stempel Absender	Bringer GmbH 99091 Erfurt *i. A. Fuchs* Unterschrift / Stempel Frachtführer	Unterschrift / Stempel Empfänger

	Amtliches Kennzeichen	Nutzlast in kg
KFZ	EF-FU 223	11 000
Anhänger	EF-FU 323	11 000

GESETZ

§ 408 HGB: Der Frachtführer kann die Ausstellung eines Frachtbriefs […] verlangen

§ 409 HGB: Der von beiden Parteien unterzeichnete Frachtbrief dient […] als Nachweis für Abschluss und Inhalt des Frachtvertrags sowie für die Übernahme des Gutes durch den Frachtführer.

§ 418 HGB: Nachträgliche Weisungen und der Frachtbrief als Sperrpapier.

2.3 Anwendung von Allgemeinen Geschäftsbedingungen im nationalen Güterkraftverkehr

Wenn bei einem nationalen Transport Fragen auftreten, die die beiden Vertragsparteien unterschiedlich beantwortet haben wollen, müssen „Spielregeln" dies regeln.

	Wenn nichts vereinbart wurde	Wenn die Vertragsparteien verhandelt haben	Wenn der Frachtführer AGB anwendet, die der Absender anerkennt
„Spielregel"	**HGB** §§ 407 ff. gilt automatisch, wenn nichts anderes vereinbart wurde.	**Ein individueller Vertrag** bedarf eines hohen Zeitaufwands. Die Ausgestaltung jedes Vertrags ist individuell.	**VBGL**[1] sind Allgemeine Vertragsbedingungen (AGB) für den Güterkraftverkehrs- und Logistikunternehmer
entwickelt durch	Der **Staat** hat durch ein Gesetz vorgesorgt.	Die **Vertragsparteien** nutzen ihre Vertragsfreiheit.	Die VBGL wurden durch den **BGL**[2] entwickelt und empfohlen.

BEISPIEL BE- UND ENTLADUNG

Der Fahrer Müller des Frachtführers Dannemann Transport GmbH meldet sich im Büro der Firma Ganter. Er teilt mit, dass die Güter des Absenders (Firma Kloster) jetzt vom Lkw abgeladen werden können. Wer ist für die Abladung zuständig?

Wenn nichts vereinbart wurde	Wenn die Vertragsparteien verhandelt haben	Wenn der Frachtführer AGB anwendet, die der Absender anerkennt
HGB § 412: Grundsätzlich muss der Absender entladen. Hier: Firma Kloster	Im individuellen **Vertrag** könnte stehen, dass der Frachtführer für die Entladung zu sorgen hat.	**VBGL § 5:** Der Empfänger muss entladen. Hier: Firma Ganter

---

1   Die **VBGL** sind die Vertragsbedingungen für den Güterkraftverkehrs-, Speditions- und Logistikunternehmer.
    Alternativ werden auch die **Allgemeinen Deutschen Spediteurbedingungen 2016 (ADSp 2016)** eingesetzt. Es steht zur Diskussion, die ADSp 2016 und die VBGL in einer einzigen Geschäftsbedingung zusammenzufassen. Vergleiche Kapitel D.

2   Bundesverband Güterkraftverkehr Logistik und Entsorgung e. V.

2.4 Grundsätzliche Regelungen des HGB für den nationalen Güterkraftverkehr

MERKE

In der Rechtssprache wird der Begriff „grundsätzlich" nicht mit „immer" gleichgesetzt. Vielmehr bedeutet „grundsätzlich" hier „im Normalfall" und lässt somit Ausnahmen zu.

HGB-Paragraf	Grundsatz	Ausnahmen, Besonderheiten
Frachtbrief § 408	Der Frachtführer kann die Ausstellung eines Frachtbriefs verlangen. Drei Ausfertigungen, eine für den Absender, eine als Warenbegleitpapier, eine für den Frachtführer.	Inhalte des Frachtbriefs sind im HGB aufgezählt, Ergänzungen sind erlaubt. Absender kann Unterschrift des Frachtführers verlangen.
Beweiskraft des Frachtbriefs § 409	Wenn Absender und Frachtführer den Frachtbrief unterschrieben haben, gilt dieser als Beweis für den Frachtvertrag und als Beweis für die reine Übernahme, d. h., das übernommene Gut hatte keinerlei äußerlich erkennbare Mängel.	Stellt der Frachtführer bei der Übernahme der Güter fest, dass diese nicht vollständig, beschädigt oder z. B. falsch gekennzeichnet sind, muss er diese Mängel als Vorbehalt in den Frachtbrief eintragen. Er nimmt damit eine Abschreibung vor.
Gefährliches Gut § 410	Der Absender muss dem Frachtführer rechtzeitig und schriftlich mitteilen, wenn Gefahrgut befördert werden soll.	Es gilt zusätzlich die Verordnung über die innerstaatliche und grenzüberschreitende Beförderung gefährlicher Güter auf der Straße, mit Eisenbahnen und auf Binnengewässern (GGVSEB).[1] Siehe auch Kapitel N Gefahrguttransporte.
Verpackung, Kennzeichnung § 411	Der Absender muss das Gut so verpacken, dass es ohne Schaden zu nehmen befördert werden kann.	Notwendige Kennzeichnungen sind anzubringen, z. B. der Hinweis, dass das Gut nicht gekippt werden darf.
Verladen und Entladen § 412	Der Absender muss das Gut beförderungssicher laden, stauen und befestigen (verladen) sowie entladen. Der Frachtführer hat für die betriebssichere Verladung zu sorgen, z. B. für die Einhaltung des zGG.	Das Entladen übernimmt in der Praxis als Vertragspartner des Absenders grundsätzlich der Empfänger. Die Zeit des Verladens und Entladens gehört mit zum Transport und kann nur berechnet werden, wenn sie übermäßig lange dauert. Der Frachtführer kann dann Standgeld verlangen.

Fortsetzung nächste Seite

---

[1] Die Grundlage der GGVSEB war das Europäische Übereinkommen über die internationale Beförderung gefährlicher Güter auf der Straße/Accord Européen Relatif au Transport International des Marchandises Dangereuses par Route (ADR).

HGB-Paragraf	Grundsatz	Ausnahmen, Besonderheiten
Begleitpapiere § 413	Benötigt das Gut z. B. für die Auslieferung besondere Papiere oder Dokumente, muss der Absender diese dem Frachtführer zur Verfügung stellen.	z. B. amtliche Behandlung, Zollabfertigung
Verschuldensunabhängige Haftung des Absenders § 414	Entstehen dem Frachtführer Schäden, weil der Absender z. B. seine Güter nicht richtig verpackt hat, so muss der Absender ohne Beschränkung für diese Schäden haften, auch wenn er daran keine Schuld tragen sollte.	Eine Einschränkung der Absenderhaftung gibt es nur, wenn der Frachtführer bei der Verursachung der Schäden mitgewirkt hat und somit auch Schuld trägt.
Kündigung durch den Absender § 415	Der Absender kann den Frachtvertrag jederzeit kündigen. Der Frachtführer kann dann ein Drittel der vereinbarten Fracht[1] verlangen oder die gesamte Fracht abzüglich dessen, was er an Kosten erspart hat, z. B. Treibstoffkosten.	
Anspruch auf Teilbeförderung § 416	Ist nur ein Teil der vereinbarten Güter verladen, kann der Absender trotzdem die Beförderung der unvollständigen Ladung verlangen.	Der Absender muss dann dennoch die volle Fracht bezahlen.
Rechte des Frachtführers bei Nichteinhaltung der Ladezeit § 417	Der Frachtführer muss nicht unbegrenzt auf die Verladung der Güter warten. Dauert das Verladen zu lange, kann er dem Absender eine angemessene Frist setzen. Ist diese Frist dann verstrichen, kann der Frachtführer den Vertrag kündigen oder bei Teilverladung mit der Beförderung der Teilladung beginnen.	Bei Kündigung durch den Frachtführer gilt: Der Frachtführer kann dann ein Drittel der vereinbarten Fracht verlangen oder die gesamte Fracht abzüglich dessen, was er an Kosten erspart hat, z. B. Treibstoffkosten. Bei Teilverladung gilt: Der Absender muss dann dennoch die voll Fracht bezahlen.
Nachträgliche Weisungen § 418	Der Absender darf bestimmen, was mit dem Gut geschehen soll. Damit ist vor allem gemeint, das Gut nicht weiter zu befördern oder woanders hin zu befördern oder an einen anderen Empfänger auszuliefern. Bei Ankunft des Gutes an der Ablieferstelle geht das Recht der Weisung auf den Empfänger über. Der Frachtbrief kann für die nachträgliche Weisung ein Sperrpapier sein. (siehe oben)	Der Frachtführer muss grundsätzlich die Weisungen des Absenders befolgen. Ausnahmen: • Es hat Nachteile für den Betrieb des Frachtführers. • Es hat Nachteile für andere Sendungen, die der Frachtführer befördert. • Der Absender ist nicht bereit, die entstehenden zusätzlichen Kosten zu tragen.

Fortsetzung nächste Seite

---

[1] Fracht ist das Entgelt, der Preis für den Transport.

HGB-Paragraf	Grundsatz	Ausnahmen, Besonderheiten
Beförderungs- und Ablieferungshindernisse § 419	Bei Beförderungs- und Ablieferungshindernissen muss der Frachtführer eine Weisung einholen. Ist dies nicht möglich, muss er selbst entscheiden, was im Interesse des Weisungsberechtigten zu tun ist. Mehrkosten hat immer der zu tragen, dessen Risikobereich das Hindernis zuzuordnen ist.	**Beförderungshindernis:** Der Transport kann nicht bis zur Ablieferungsstelle durchgeführt werden, z. B. wenn das Fahrzeug defekt oder eine Zugangsstraße gesperrt ist. Das Hindernis liegt dann im Risikobereich des Frachtführers. **Ablieferungshindernis:** Die Ablieferungsstelle wurde erreicht, das Gut kann aber nicht ausgeliefert werden, z. B. wenn die falsche Anschrift angegeben war oder der Empfänger die Annahme verweigert. Das Hindernis liegt dann im Risikobereich des Absenders.
Zahlung, Frachtberechnung § 420	Die Fracht ist bei Ablieferung des Gutes zu bezahlen.	
Rechte des Empfängers, Zahlungspflicht § 421	Der Empfänger darf die Auslieferung des Gutes verlangen. Der Empfänger hat die noch ausstehende Fracht zu bezahlen. Liegt ein Schaden am Gut vor, darf er die Haftung gegen den Frachtführer geltend machen.	Der Absender bleibt zur Zahlung der Fracht verpflichtet, wenn der Empfänger nicht bezahlt.
Nachnahme § 422	Ist eine Nachnahme vereinbart, darf der Frachtführer das Gut nur ausliefern, wenn der Empfänger den Betrag in bar oder mit gleichwertigem Zahlungsmittel[1] bezahlt.	Vergisst der Frachtführer den Nachnahmeeinzug, so haftet er bis zur Höhe der Nachnahme. **Warenwertnachnahme:** Der Rechnungswert des Gutes wird eingezogen. **Frachtnachnahme:** Die Fracht wird eingezogen.
Lieferfrist § 423	Der Transport darf so lange dauern, wie es vereinbart wurde oder wie es angemessen ist.	Eine angemessene Transportdauer hängt von verschiedenen Faktoren ab: • Einhaltung von Geschwindigkeitsbegrenzungen • Einhaltung von Lenk- und Ruhezeiten • Einhaltung von Sonn- und Feiertagsfahrverboten • allgemeine Verkehrslage

Fortsetzung nächste Seite

---

[1] Ein Scheck gilt nur dann als gleichwertiges Zahlungsmittel, wenn die auszahlende Bank eine Garantie abgegeben hat, dass gegen diesen Scheck die Summe auch ausbezahlt wird.

HGB-Paragraf	Grundsatz	Ausnahmen, Besonderheiten
Verlustvermutung § 424	Wenn ein Gut nicht rechtzeitig abgeliefert wird, gilt dies als Lieferfristüberschreitung. Ab einem bestimmten Zeitpunkt nach dem Ablauf der Lieferfrist kann das Gut als verloren betrachtet werden.	Man kann das Gut als verloren betrachten, wenn es nicht innerhalb der **doppelten Lieferfrist** abgeliefert wurde. Der Frachtführer hat **nach Ablauf der Lieferfrist** jedoch **mindestens 20 Tage** Zeit, das Gut abzuliefern. **Beispiele:** • vereinbarte Lieferfrist 21 Tage: Verlustvermutung 21 Tage + 21 Tage = 42 Tage • vereinbarte Lieferfrist 2 Tage: Verlustvermutung 2 Tage + 20 Tage = 22 Tage
Schadenanzeige § 438	Ein Schaden muss immer in Textform[1] reklamiert werden. Ein **äußerlich erkennbarer Schaden** muss sofort bei der Ablieferung angezeigt werden. Ein **nicht äußerlich erkennbarer Schaden** muss innerhalb von sieben Tagen nach der Ablieferung angezeigt werden.	Ansprüche wegen **Überschreitung der Lieferfrist** muss der Empfänger dem Frachtführer innerhalb von **21 Tagen** nach Ablieferung anzeigen.
Verjährung[2] § 439	Ansprüche aus dem Frachtvertrag verjähren nach einem Jahr[2]. Bei Vorsatz beträgt die Verjährungsfrist drei Jahre.	Die Verjährungsfrist beginnt mit Ablauf des Tages, an dem das Gut abgeliefert wurde. Wenn das Gut nicht abgeliefert wurde, beginnt die Verjährungsfrist mit Ablauf der Lieferfrist.
Pfandrecht § 440	Der Frachtführer hat für Forderungen aus dem Frachtvertrag ein Pfandrecht[3] an dem ihm zur Beförderung übergebenen Gut des Absenders bzw. Empfängers.	An dem Gut des Absenders hat der Frachtführer z. B. auch ein Pfandrecht für unbestrittene Forderungen aus früheren mit dem Absender abgeschlossenen Frachtverträgen. Man spricht hier von einem inkonnexen, nicht mit diesem Gut im Zusammenhang stehenden, Pfandrecht.

---

[1] Textform: Brief, Fax, E-Mail, SMS. Eine Unterschrift wird nicht benötigt.
[2] Ist ein Anspruch verjährt, kann er nicht mehr geltend gemacht werden. Ein Beispiel dafür wäre eine noch ausstehende Frachtzahlung an den Frachtführer.
[3] Werden Forderungen nicht beglichen, kann der Frachtführer das Gut zurückbehalten oder unter Umständen sogar verkaufen.

2.5 Haftung im nationalen Güterkraftverkehr

Kommt es durch die Beförderung zu einem Schaden, haftet nach dem HGB grundsätzlich der Frachtführer, d. h. er muss Schadenersatz leisten. Dabei ist die **Art des Schadens** zu berücksichtigen, weil die Haftung dementsprechend unterschiedlich hoch ist. In Einzelfällen ist der Frachtführer sogar von seiner Haftung befreit.

HGB-Regelungen zur Haftung des Frachtführers im nationalen Güterkraftverkehr

Art des Schadens	Haftungsprinzip/Haftungsbegrenzung
Güterschaden Verlust oder Beschädigung des Gutes	**Haftungsprinzip** • **Obhutshaftung**: Von der Annahme bis zur Ablieferung des Gutes haftet der Frachtführer für Gefahren des Transports und des Verkehrs (§ 425 HGB). • **Gefährdungshaftung**: Der Frachtführer haftet auch dann, wenn er an dem Schaden keine Schuld trägt (verschuldensunabhängige Haftung). Einen Haftungsausschluss gibt es nur bei höherer Gewalt, d. h. wenn der Schaden auch mit größter Sorgfalt nicht zu verhindern war (§ 426 HGB). **Wertersatz** Die Berechnungsgrundlage für den tatsächlichen Schaden ist der Wert des Gutes am Ort und zur Zeit der Übernahme (§ 429 HGB). **Haftungsbegrenzung** Der Frachtführer haftet **maximal mit 8,33 SZR[1]/kg brutto[2]** (§ 431 Abs. 1 HGB). Liegt dieser Wert über dem tatsächlichen Schaden, wird jedoch nur der tatsächliche Schaden ersetzt.
Güterfolgeschaden Schaden, der zusätzlich aufgrund des Güterschadens entsteht.	Der Frachtführer haftet grundsätzlich **nicht** für einen Güterfolgeschaden (§ 432 HGB). **Ausnahmen:** Der Frachtführer muss die **Schadenfeststellungskosten** für einen Sachverständigen tragen. Die Haftung ist jedoch inklusive des Güterschadens auf maximal 8,33 SZR/kg brutto begrenzt (§ 430 HGB). Der Frachtführer muss die **Kosten aus Anlass der Beförderung** in voller Höhe ersetzen. Dabei geht es z. B. um bereits bezahlte Fracht oder öffentliche Abgaben (§ 432 HGB).

---

1 Ein SZR (Sonderziehungsrecht) ist eine künstliche Währung, die vom Internationalen Währungsfonds (IWF) geschaffen wurde. Die Umrechnung erfolgt abhängig vom US Dollar, dem Euro, dem Japanischen Yen und dem britischen Pfund. 1,00 SZR entspricht etwa 1,20 €.
2 Brutto bedeutet hier das tatsächliche Gewicht der betroffenen Packstücke inklusive dem Gewicht der Verpackung.

Art des Schadens	Haftungsprinzip/Haftungsbegrenzung
reiner Vermögensschaden Ein Schaden am Vermögen des Vertragspartners, obwohl das beförderte Gut weder verloren noch beschädigt ist.	Auch hier gilt das Haftungsprinzip der **Gefährdungshaftung**. • **Lieferfristüberschreitung** Der Frachtführer haftet **maximal** mit dem **dreifachen Wert der Fracht** (§ 431 Abs. 3 HGB). Ein Schaden aufgrund einer Überschreitung der Lieferfrist kann entstehen, wenn es aufgrund der Verspätung einen Produktionsstillstand beim Empfänger gibt. • **vergessener Nachnahmeeinzug** Der Frachtführer haftet maximal mit dem Betrag der Nachnahme (§ 422 Abs. 3 HGB). • **sonstige reine Vermögensschäden** Der Frachtführer haftet maximal mit dem dreifachen Wert, der bei Verlust des Gutes zu zahlen wäre (§ 433 HGB). Ein sonstiger reiner Vermögensschaden ist z. B. der Verlust von Zollpapieren bei einer Abholung von Gütern am Hafen in Hamburg, die daraufhin neu erstellt werden müssen.
wichtige Sonderfälle	• **besondere Haftungsausschlussgründe** Der Frachtführer haftet z. B. nicht bei der Beförderung lebender Tiere (§ 427 HGB). • **Haftung für andere** Der Frachtführer haftet für seine Beschäftigten und andere Personen, die für ihn den Frachtvertrag tatsächlich ausführen (§ 428 HGB). • **Wegfall der Haftungsbefreiungen und -begrenzungen** Der Frachtführer haftet für einen Schaden ohne Einschränkung, wenn er vorsätzlich oder leichtfertig in dem Bewusstsein, dass ein Schaden mit Wahrscheinlichkeit eintreten wird, gehandelt hat (§ 435 HGB).

PRAXISBEISPIEL

Überprüfung/Berechnung der Frachtführerhaftung

Die Frachtführergesellschaft mbh hat folgende Schadenfälle zu überprüfen. Es soll festgestellt werden, ob sie zur Haftung herangezogen werden kann und in welcher Höhe sie gegebenenfalls haften muss. Dabei entspricht 1,00 SZR in den folgenden Fällen 1,20 €.

Fall 1: Ein Karton mit Kunststoffschüsseln, 65 kg, Wert: 820,00 €, geht auf dem Transport verloren. Die Fracht beträgt 122,00 €, wurde aber noch nicht bezahlt.

LÖSUNG

Es empfiehlt sich, bei der Bearbeitung von Schadenfällen nach folgendem Schema vorzugehen:

Rechtsgrundlage	HGB
Schadenart	Güterschaden (Verlust)
Schadenhöhe	820,00 €
Haftungsprinzip	Gefährdungshaftung
Haftungsausschluss	nein, nichts bekannt
Haftungsobergrenze	maximal 8,33 SZR/kg · 1,20 €/SZR · 65 kg = 649,74 €
Haftungsbetrag	**649,74 €**

Fall 2: Für die Beförderung eines dringend benötigten Ersatzteils wurden dem Absender eine Terminzusage gegeben und 467,00 € Fracht verlangt. Der Fahrer geriet in einen Unfall. Die Ware blieb unbeschädigt, der Termin wurde aber deutlich überschritten. Die Produktionsstillstandskosten in Höhe von 12.000,00 € will der Absender nun von der Frachtführergesellschaft mbh ersetzt haben.

LÖSUNG

Rechtsgrundlage	HGB
Schadenart	reiner Vermögensschaden (Lieferfristüberschreitung)
Schadenhöhe	12.000,00 €
Haftungsprinzip	Gefährdungshaftung
Haftungsausschluss	nein, nichts bekannt
Haftungsobergrenze	maximal dreifacher Wert der Fracht: max. 3 · 467,00 € = 1.401,00 €
Haftungsbetrag	**1.401,00 €**

Fall 3: Für eine Beförderung mit Terminzusage wurde eine Fracht in Höhe von 530,00 € vereinbart. Bei der Sendung handelt es sich um zwei Kisten Ersatzteile mit je 53 kg Bruttogewicht und einem Gesamtwert von 1.700,00 €. Der Fahrer geriet unverschuldet in einen Unfall, bei dem beide Kisten völlig zerstört wurden. Es entstand zusätzlich durch den Produktionsstillstand ein Vermögensschaden in Höhe von 6.500,00 €, da die Produktion ohne die Ersatzteile nicht fortgesetzt werden konnte.

LÖSUNG

Schadenart	Güterschaden (Beschädigung von zwei Kisten)	Güterfolgeschaden (Kosten des Produktionsstillstands)
Rechtsgrundlage	HGB § 431 (1), (2)	HGB § 432
Schadenhöhe	1.700,00 € (zwei Kisten)	6.500,00 € (Kosten des Produktionsstillstands)
Haftungsprinzip	Gefährdungshaftung (zwei Kisten)	keine Haftung für Güterfolgeschäden (Kosten des Produktionsstillstands)
Haftungsausschluss	nein, nichts bekannt (zwei Kisten)	keine Haftung für Güterfolgeschäden (Kosten des Produktionsstillstands)
Haftungsobergrenze	maximal 8,33 SZR/kg · 1,20 €/SZR · 106 kg = 1.059,58 € (zwei Kisten)	0,00 € (Kosten des Produktionsstillstands)
Haftungsbetrag	1.059,58 € gesamt	

Fall 4: Als der Fahrer eine Sendung (drei Holzkisten, je 125 kg brutto, Wert je 100,00 €) beim Empfänger ausliefert, stellt der Lagerarbeiter bei der Entladung einen Schaden fest. Von den 15 Tontöpfen, die hier befördert wurden, sind zwei während des Transports zerbrochen. Der Absender hatte keinerlei Füllmaterial zum Schutz der Töpfe in den Kisten benutzt.

LÖSUNG

Rechtsgrundlage	HGB
Schadenart	Güterschaden (Beschädigung)
Schadenhöhe	40,00 € (300,00 € / 15 x 2)
Haftungsprinzip	Gefährdungshaftung
Haftungsausschluss	ja, ungenügende Verpackung durch den Absender
Haftungsobergrenze	keine Haftung des Frachtführers
Haftungsbetrag	0,00 €

Fall 5: Bei einem Transport von 1 200 Paar Schuhen auf sechs Paletten (Gewicht jeweils 150 kg, Wert je Paar Schuhe: 45,00 €) kommt der Fahrer des Lkw in ein Gewitter. Da die Plane unseres Fahrzeugs nicht richtig dicht ist, werden 14 Paar Schuhe einer Palette so durchnässt, dass sie nicht mehr zu gebrauchen sind.

LÖSUNG

Rechtsgrundlage	HGB
Schadenart	Güterschaden (Beschädigung)
Schadenhöhe	14 Paar · 45,00 €/Paar = 630,00 €
Haftungsprinzip	Gefährdungshaftung
Haftungsausschluss	nein, nichts bekannt
Haftungsobergrenze	Grundlage der Haftungsobergrenze: Gewicht der betroffenen Packstücke maximal 8,33 SZR/kg · 1,20 €/SZR · 150 kg (hier: eine Palette) = 1.499,40 €
Haftungsbetrag	630,00 €

3 Frachtrecht im grenzüberschreitenden Güterkraftverkehr

Grenzüberschreitender Güterkraftverkehr liegt vor, wenn der Be- und der Entladeort einer Beförderung in zwei unterschiedlichen Staaten liegen. Im grenzüberschreitenden Güterkraftverkehr benötigt der Frachtführer eine spezielle Berechtigung. Hierbei stehen dem Frachtführer je nach Transportweg drei alternative Berechtigungen zur Verfügung (siehe Kapitel C, 1.2).

Weiterhin unterliegen die Vertragsbeteiligten den Bestimmungen der CMR[1]. Bei fast allen grenzüberschreitenden Beförderungen innerhalb Europas sind die Bestimmungen der CMR zwingend anzuwenden.

Geltungsbereich der CMR

Die Bestimmungen der CMR gelten für die gesamte Strecke, also auch schon für den deutschen Streckenanteil, wenn mindestens ein Staat die CMR anerkannt und unterzeichnet/ratifiziert hat.[2]

Die CMR gelten auch für sogenannte Huckepackverkehre, wenn also die Beförderung des Gutes und des Fahrzeugs auf einer Teilstrecke mit einem anderen Verkehrsmittel stattfindet. Das Gut darf hierbei nicht umgeladen werden.

Vergleich HGB-/CMR-Regelungen

Das HGB-Frachtrecht orientiert sich weitgehend an der CMR. Die Frachtrechtregelungen im nationalen und grenzüberschreitenden Güterkraftverkehr stimmen daher im Wesentlichen überein. Die wichtigsten Unterschiede werden in der nachfolgenden Tabelle dargestellt.

Ausgewählte Regelungen im HGB und in der CMR

Regelung	HGB	CMR
Frachtbrief	Kein Frachtbriefzwang: § 408 HGB: Ein Frachtbrief muss nur auf Verlangen des Absenders ausgestellt werden. Es reicht grundsätzlich ein Warenbegleitpapier, aus dem das Gut, der Be- und Entladeort sowie der Auftraggeber hervorgehen.	Frachtbriefzwang: Artikel 4 bis 9 CMR: Der CMR-Frachtbrief mit zusätzlichen Inhalten ist i. d. R. zwingend vorgeschrieben.
nachträgliche Weisung bzw. Verfügung	§ 418 HGB: Nachträgliche Weisungen sind grundsätzlich möglich. Eine Sperrfunktion gilt nur bei entsprechender Eintragung in den Frachtbrief.	Artikel 12 CMR: Nachträgliche Verfügungen sind grundsätzlich möglich. Für jede nachträgliche Verfügung ist jedoch das Absenderexemplar des CMR-Frachtbriefs dem Frachtführer vorzulegen (automatische Sperrfunktion).

Fortsetzung nächste Seite

---

1   CMR: Convention relative au Contrat de Transport International de Marchandises par Route/Übereinkommen über den Beförderungsvertrag im internationalen Straßengüterverkehr

2   CMR-Vertragsstaaten: Albanien, Armenien, Aserbaidschan, Belgien, Bosnien-Herzegowina, Bulgarien, Dänemark, Deutschland, Estland, Finnland, Frankreich, Georgien, Griechenland, Großbritannien, Iran, Irland, Island, Italien, Jordanien, Kasachstan, Kirgisistan, Kroatien, Lettland, Libanon, Litauen, Luxemburg, Malta, Marokko, Mazedonien, Moldawien, Mongolei, Montenegro, Niederlande, Norwegen, Österreich, Polen, Portugal, Rumänien, Russland, Schweden, Schweiz, Serbien, Slowenien, Slowakei, Spanien, Syrien, Tadschikistan, Tschechien, Tunesien, Turkmenistan, Türkei, Ukraine, Ungarn, Usbekistan, Weißrussland, Zypern

Regelung	HGB	CMR
Verlustvermutung des Gutes	**§ 424 HGB:** Wird ein Gut nicht innerhalb der Lieferfrist und einem weiteren Zeitraum, der der Lieferfrist entspricht (jedoch mindestens 20 Tage) abgeliefert, wird es als verloren betrachtet.	**Artikel 20 CMR:** Wird ein Gut nicht innerhalb von 30 Tagen nach Ablauf der vereinbarten Lieferfrist abgeliefert, wird es als verloren betrachtet. Wurde keine Lieferfrist vereinbart, beträgt die Zeit 60 Tage nach Übernahme des Gutes.
Haftungshöchstgrenzen bei Güterschäden	**§§ 431 und 449 HGB:** maximal **8,33 SZR/kg** brutto **Ausnahme:** Haftungskorridor von 2 SZR/kg bis 40 SZR/kg in den AGB möglich	**Artikel 23 und 24 CMR:** maximal **8,33 SZR/kg** brutto **Ausnahme:** Durch die Angabe eines **Lieferwertes** im Frachtbrief wird die Haftung auf diesen eingetragenen Wert erhöht. Dem Frachtführer wird dafür ein Zuschlag zur Fracht gezahlt.
Haftungshöchstgrenzen bei Vermögensschäden durch Lieferfristüberschreitung	**§ 431 HGB:** maximal der **dreifache** Betrag der vereinbarten Fracht	**Artikel 26 CMR:** maximal der **einfache** Betrag der vereinbarten Fracht **Ausnahme:** Durch die Angabe eines **Lieferinteresses**[1] im Frachtbrief wird die Haftung auf diesen eingetragenen Wert erhöht. Dem Frachtführer wird dafür ein Zuschlag zur Fracht gezahlt.
Be- und Entladen der Transportmittel	**§ 412 HGB:** Grundsätzlich ist der Absender für das Be- und Entladen zuständig.	Es gibt in der CMR **keine** entsprechende Regelung zur Be- und Entladung.

---

[1] Der Wert des Lieferinteresses wird meist in Euro angegeben. Damit sollen neben möglichen Güterschäden auch Güterfolgeschäden und reine Vermögensschäden, wie Schäden aus Lieferfristüberschreitungen, abgedeckt werden.

PRAXISBEISPIEL

Unterschiede in der Haftung bei einer Lieferfristüberschreitung im nationalen und grenzüberschreitenden Güterkraftverkehr

Fall 1: Nationaler Güterkraftverkehr

Der Frachtführer Niedrigmaier hat den Auftrag erhalten, für 650,00 € eine Komplettladung Schaumstoff (insgesamt 200 Stücke im Gesamtwert von 50.000,00 € und einem Gesamtgewicht von 6 t) bis übermorgen, 12:00 Uhr, von Karlsruhe nach München zu befördern und auszuliefern.

Durch einen Unfall auf der A8 kommt Niedrigmaier am vereinbarten Tag erst abends um 21:30 Uhr beim Empfänger an. Dort steht kein Personal zum Entladen zur Verfügung, da alle schon Feierabend gemacht haben. Außerdem konnte der Empfänger seine Produktion nicht weiterlaufen lassen, da ihm der Schaumstoff fehlte.

Dem Empfänger entsteht ein Schaden in Höhe von 11.000,00 € durch unterbeschäftigtes Personal am Nachmittag und einer Extraschicht am Abend. Der Empfänger kann diese Zusatzkosten nachweisen.

Die maximale Haftung des Frachtführers soll ermittelt werden.

Fall 2: Grenzüberschreitender Güterkraftverkehr

Variante: Der Transport erfolgte von Karlsruhe aus nach Paris. Die restlichen Rahmendaten bleiben gleich.

Die maximale Haftung des Frachtführers soll ermittelt werden.

 LÖSUNG

Fall 1: Nationaler Güterkraftverkehr

tatsächlicher Schaden: 11.000,00 € (reiner Vermögensschaden)

Haftungshöchstgrenze nach **HGB: 3-fache Fracht**, also 3 · 650,00 € (Fracht) = 1.950,00 €

Schadenersatz durch den Frachtführer: **1.950,00 €**

Fall 2: Grenzüberschreitender Güterkraftverkehr

tatsächlicher Schaden: 11.000,00 € (reiner Vermögensschaden)

Haftungshöchstgrenze nach **CMR: 1-fache Fracht**, also 1 · 650,00 € (Fracht) = 650,00 €

Schadenersatz durch den Frachtführer: **650,00 €**

△ *CMR-Frachtbrief*

4 Ausblick – Entwicklungen der EU verändern den Verkehrsmarkt

Die Europäische Union ist mittlerweile ein aus 28 Staaten bestehender Staatenbund. Es ist anzunehmen, dass sich diese Zahl in einigen Jahren auf über 30 Staaten erhöht. Die CEMT-Genehmigung und bilaterale Genehmigungen werden deshalb für Lkw-Transporte ihre Bedeutung verlieren, da mit der EU-Lizenz beinahe jedes Land in Europa befahren werden kann. Auch die Türkei rückt näher an die EU heran. Zollrechtliche Verfahren wurden hier gelockert. So gilt das gemeinsame Versandverfahren (siehe Kapitel J 1.3, S. 277 ff.) zwischen der EU und den EFTA-Staaten mittlerweile auch mit der Türkei. Diese Erweiterung bringt wesentliche Vereinfachungen für die Wirtschaftsbeteiligten, die im Handel zwischen diesen Staaten tätig sind.

Die Zukunft wird es auch zeigen, ob die einzelnen EU-Staaten die Kabotageregelungen der EU einheitlich umsetzen werden und wie die heimischen Frachtführer auf eine mögliche Lockerung der Kabotagebeschränkungen reagieren.

Der Verkehr auf der Straße wird in und zwischen den europäischen Staaten zunehmen. Eine von der EU-Kommission beauftragte Studie zeigt das erwartete Verkehrsaufkommen im Rahmen der transeuropäischen Verkehrskorridore. Beispielhaft sei hier das erwartete Verkehrsaufkommen des Skandinavien-Mittelmeer-Korridors dargestellt.

Um das hohe Verkehrsaufkommen zu kompensieren, wird es Alternativlösungen benötigen. Ein stetiger Ausbau der Autobahnen wird hierbei nicht ausreichen.

Die vollständige Elektrifizierung des Schienennetzes und die Installation eines effizienten grenzüberschreitenden Schienenmanagementsystems sollen bis 2030 innerhalb der EU als Standard gelten, um den gestiegenen Anforderungen des transeuropäischen Güterverkehrs gerecht zu werden.

△ Verkehrsaufkommensprognose Straße für den Skandinavien-Mittelmeer-Korridor (SMK) im Jahr 2030

D Speditionsaufträge

KAPITELEINSTIEG

Ein Beispiel aus dem Alltag

Es ist Samstagvormittag, der Kühlschrank ist leer und Frau Maier muss mal wieder einkaufen gehen. Auf dem Weg zu ihrem Auto trifft sie auf ihren geschätzten Nachbarn, Herrn Huber. Auch dieser befindet sich gerade auf dem Weg in den nahegelegenen Supermarkt. Als beide auf dem Parkplatz des Supermarktes ankommen, sehen sie ihren Nachbarn, Herr Butz, der am Ende ihrer Straße wohnt, wie er gerade sein Auto mit Lebensmitteln belädt. Dieses Schauspiel wiederholt sich fast jeden Samstagvormittag.

Frau Maier ist ein Mensch, der immer ein Auge auf die Umweltbelastungen im Alltag hat. Daher schlägt sie den beiden vor, in Zukunft doch auf drei Einzelfahrten zu verzichten und ab sofort gemeinsam mit einem Auto zum Einkaufen zu fahren. Damit können zwei Fahrten eingespart werden und die Umwelt wird weniger belastet.

Herr Butz ist ein Mensch mit wenig Zeit. Um das Einkaufen noch mehr zu optimieren, schlägt er vor, dass ab sofort nur noch eine Person mit einem Auto zum Einkaufen fährt und die Einkäufe für alle drei Personen besorgt. So muss jeder der drei nur noch jedes dritte Mal seinen Samstagvormittag im Supermarkt verbringen. Zusätzlich könne man auch zeitgleich die Einkäufe für Frau Abel, die kein Auto besitzt, besorgen. Der Vorschlag von Herrn Butz wird von der Gruppe begeistert aufgenommen.

Ein Beispiel aus dem Güterverkehr

Im oben stehenden Beispiel aus dem Alltag war zu sehen, dass es unter Umständen Sinn macht, Transporte von Gütern zu bündeln bzw. sich von einer anderen Person besorgen zu lassen.

Auch im Güterverkehr ist es notwendig, die Güter von anderen Unternehmen transportieren zu lassen, da z. B. nicht jedes Unternehmen der verladenden Wirtschaft geeignete Kraftfahrzeuge zum Transport seiner Güter besitzt. Auch ist es oft für kleinere Unternehmen nicht lohnenswert, sich für einen Transport von z. B. zwei Euro-Paletten einen Lkw anzuschaffen.

Weiterhin kann es z. B. für ein deutsches Industrieunternehmen sehr aufwendig sein, den Transport von hunderten verschiedener Zulieferteile für ein Endprodukt aus dem In- und Ausland zu besorgen. Kommen die Transporte dann auch noch aus Drittländern, also nicht aus der EU, müssen zusätzlich diverse Zollformalitäten beachtet werden.

Damit sich die Unternehmen der verladenden Wirtschaft auf ihre Kernkompetenzen konzentrieren können, beauftragen sie Spediteure. So besorgen Spediteure die Gütertransporte für eine Vielzahl von Unternehmen. Dabei gliedert sich der Prozess eines Transports von der Verladestelle bis zur endgültigen Entladestelle oft in einen Vor-, Haupt- und Nachlauf.

Da sich der oben beschriebene Prozess sehr komplex gestalten kann, hat der Gesetzgeber zum Schutz aller Beteiligten diverse Regelungen zur Besorgung bzw. Organisation eines Transports erlassen. Diese finden sich im Handelsgesetzbuch (HGB) im Speditionsrecht wieder.

1 Speditionsrecht nach dem HGB

Üblicherweise **besorgt** ein Spediteur die Versendung von Gütern. Er **organisiert** somit als Dienstleister die Versendung von Gütern für seine Kunden. Der tatsächliche Transport der Güter erfolgt dann durch einen Frachtführer. Für den Spediteur gilt bei der Besorgung der Versendung deshalb das HGB-Speditionsrecht.

GESETZ

§ 453 HGB Speditionsvertrag
(1) Durch den Speditionsvertrag wird der Spediteur verpflichtet, die Versendung des Gutes zu besorgen.
(2) Der Versender wird verpflichtet, die vereinbarte Vergütung zu zahlen. […]

§ 454 HGB Besorgung der Versendung
(1) Die Pflicht, die Versendung zu besorgen, umfasst die Organisation der Beförderung, […]

Durch einen **Speditionsvertrag** wird die Besorgung der Versendung vertraglich festgehalten. Ein Speditionsvertrag kommt durch zwei inhaltlich übereinstimmende Willenserklärungen zwischen einem **Versender** und einem **Spediteur** zustande. Der Versender ist der **Auftraggeber** des Spediteurs. Je nach Auftragserteilung kann dies der Verkäufer **oder** der Käufer der zu transportierenden Güter sein.

Der Speditionsvertrag ist, wie der Frachtvertrag, formlos gültig. Er kann also sowohl schriftlich als auch mündlich abgeschlossen werden.

1.1 Vertragsbeziehungen bei der Besorgung einer Versendung

Durch die Beauftragung eines Spediteurs, die Versendung einer Ware zu besorgen, also zu organisieren, werden verschiedene **Verkehrsverträge** benötigt.

MERKE

Verkehrsverträge sind Speditionsverträge, Frachtverträge, Lagerverträge und sonstige speditionsübliche Verträge.

Grundsätzlich schließt der Spediteur die erforderlichen Verkehrsverträge **im eigenen Namen** ab. Der Spediteur ist dann z. B. der Vertragspartner des ausführenden Frachtführers und wird rechtlich gesehen zum Absender.

Vereinfachte Darstellung der Vertragsbeziehungen

| Versender | Spediteur Absender | Frachtführer | Empfänger |

Speditionsvertrag — Transport**organisation**
Frachtvertrag — Transport**durchführung**

BEISPIEL 1: VERTRAGSBEZIEHUNGEN BEI DER LIEFERBEDINGUNG „FREI HAUS"

Vertragsbeziehungen, bei der sich der **Verkäufer** um die Beförderung kümmern und die Transportkosten zahlen muss:

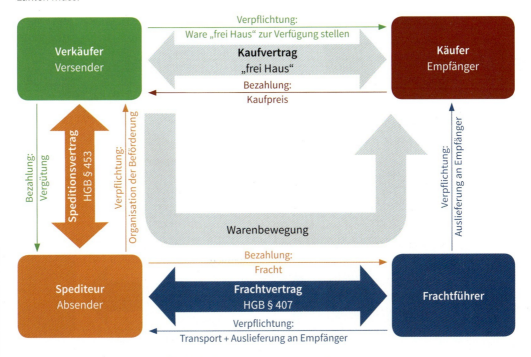

Variante zu Beispiel 1: Der Verkäufer ist Versender und Absender

Manchmal benötigt der Versender die Original-Frachtpapiere, um den Transport nachweisen zu können. Er möchte dann selbst als Absender im Frachtbrief erscheinen. Der Verkäufer kann den Spediteur dann ausdrücklich beauftragen, den Frachtbrief in seinem Namen zu unterschreiben. Wenn der Spediteur den Frachtvertrag im Namen des Verkäufers abschließt, ist der Verkäufer bei einer „frei Haus"-Sendung auch der Absender. Der Frachtvertrag wird dann zwischen dem Verkäufer und dem Frachtführer geschlossen.

BEISPIEL 2: VERTRAGSBEZIEHUNGEN BEI DER LIEFERBEDINGUNG „UNFREI"

Vertragsbeziehungen, bei der sich der **Käufer** um die Beförderung kümmern und die Transportkosten zahlen muss:

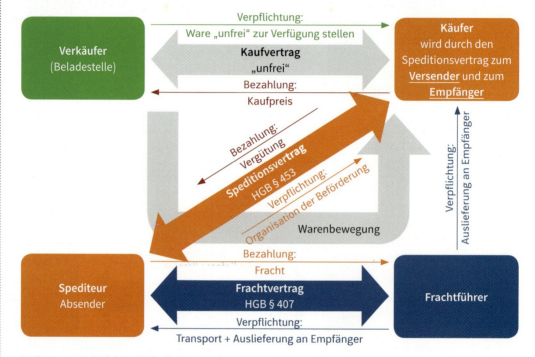

Variante zu Beispiel 2: Käufer ist Versender, Empfänger und Absender.
Wenn der Spediteur den Frachtvertrag im Namen des Käufers abschließt, ist der Käufer bei einer „unfrei"-Sendung auch der Absender. Der Frachtvertrag wird dann zwischen dem Käufer und dem Frachtführer geschlossen. Der Käufer muss den Spediteur hierzu jedoch ausdrücklich beauftragen.

1.2 Arten von Spediteuren

Je nach Speditionsvertrag unterscheidet man die Funktion und die Haftung des Spediteurs.

Übernimmt z. B. ein Spediteur nur die reine **Organisationstätigkeit, haftet** er gegenüber dem Versender **nicht für Schäden, die während des Transports entstehen**. Er haftet hier nach HGB-Speditionsrecht nur für die reine Organisationstätigkeit. Der ausführende Frachtführer haftet gegenüber dem Versender nach HGB-Frachtrecht für Schäden, die während des Transports entstehen.

Übernimmt jedoch ein Spediteur im Rahmen eines Auftrags über die Tätigkeit der Organisation hinaus auch die **Beförderung des Gutes**, führt also die Frachtführertätigkeit selbst aus, **haftet** er gegenüber dem Versender **auch für Schäden, die während des Transports entstehen**. In diesem Fall ist er während der Beförderung nach dem HGB auch wie ein Frachtführer zu behandeln.

GESETZ

Transport**organisation**	→ HGB-**Speditionsrecht**:	§§ 453 – 466 HGB
Transport**durchführung**	→ HGB-**Frachtrecht**:	§§ 407 – 449 HGB

1.2.1 Spediteur mit reiner Organisationstätigkeit ohne Obhut über das Gut

Beschreibung	Rechtsgrundlage
• Der Spediteur betreibt nur die reine Organisationstätigkeit. • Der Spediteur kommt mit den Gütern nicht in direkten Kontakt. • Der Spediteur ohne Obhut über das Gut wird in der Praxis als Schreibtischspediteur, Sofaspediteur oder klassischer Spediteur bezeichnet.	HGB-Speditionsrecht

BEISPIEL

Eine Spedition wird von einem Automobilzulieferer (Versender) beauftragt, die Beförderung von acht Tonnen Getriebeteilen von Duisburg Hafen nach Leipzig zu besorgen. Die Spedition verfügt über keine eigenen Lkws und keine Lagerräume. Sie beauftragt einen geeigneten Lkw-Frachtführer, der die Sendung in Duisburg abholt und direkt nach Leipzig befördert.
Die Spedition stellt die Frachtkosten plus eine Provision dem Automobilzulieferer in Rechnung.

1.2.2 Spediteur mit teilweiser Obhut über das Gut während des Umschlags

Beschreibung	Rechtsgrundlage
• Der Spediteur betreibt sowohl Organisations- als auch Umschlagstätigkeit[1] für einen Versender. • Der Spediteur kommt z. B. während des Umschlags von einem Frachtführer auf den nächsten mit den Gütern in einem Umschlags- oder Zwischenlager in direkten Kontakt. • Der Spediteur befördert die Güter nicht.	HGB-Speditionsrecht

BEISPIEL

Eine Spedition wird von einem Automobilzulieferer (Versender) beauftragt, die Beförderung von acht Tonnen Getriebeteilen von Duisburg Hafen nach Leipzig zu besorgen. Die Spedition verfügt über keine eigenen Lkws. Die Getriebeteile werden in Duisburg im Umschlagslager der Spedition zwischengelagert, bevor sie von einem Lkw-Frachtführer abgeholt und als Einzelsendung direkt zum Empfänger transportiert werden.

---

[1] Der Umschlag im Sinne des Transportwesens ist das Wechseln von Gütern von einem Verkehrsmittel zu einem anderen innerhalb des Transportprozesses. Der Umschlag der Güter wird oft mithilfe eines Hubwagens, eines Krans, eines Gabelstaplers usw. durchgeführt.

1.2.3 Spediteur mit der zusätzlichen Eigenschaft eines Frachtführers und rechtlich vollständiger Obhut über das Gut

Beschreibung	Rechtsgrundlage
Spediteur im Selbsteintritt nach § 458 HGB: Der Spediteur übernimmt • die **Organisation** der Beförderung • und die **Beförderung** mit einem eigenen Lkw, also ohne einen fremden Frachtführer.	HGB-Speditionsrecht HGB-Frachtrecht
Fixkostenspediteur nach § 459 HGB: Der Spediteur vereinbart mit seinem Kunden einen Übernahmesatz, also einen festen/fixen Preis für die Organisation und Durchführung der Beförderung von „Haus zu Haus"[1]. Dieser Preis schließt neben • der **Organisation** der Beförderung auch • die **Beförderung** mit ein, obwohl der Transport auch von einem fremden Frachtführer durchgeführt werden kann. Auch durch das Zugrundelegen einer Kundensatztabelle, also einer Preisliste von „Haus zu Haus", ist der Spediteur rechtlich als Fixkostenspediteur einzustufen. Der Versender weiß also direkt beim Abschluss des Speditionsvertrags, was ihn die Beförderung insgesamt kosten wird.	HGB-Speditionsrecht HGB-Frachtrecht
Sammelgutspediteur § 460 HGB: • Der Spediteur kann die Beförderung eines Gutes im Rahmen eines Sammelgutverkehrs[2] organisieren. Dabei versendet der Spediteur die Güter eines Versenders zusammen mit Gütern anderer Versender. • Hierbei kann der Spediteur für den Hauptlauf der Gesamtsendung auch einen fremden Frachtführer einsetzen. Unabhängig davon, ob der Transport im Hauptlauf, im Selbsteintritt oder durch einen fremden Frachtführer ausgeführt wird, gilt für den Spediteur gegenüber dem Versender das HGB-Frachtrecht.	HGB-Speditionsrecht HGB-Frachtrecht

BEISPIELE

- **Spediteur im Selbsteintritt:**
  Eine Spedition wird von einem Automobilzulieferer (Versender) beauftragt, die Beförderung von acht Tonnen Getriebeteilen von Duisburg Hafen direkt nach Leipzig zu besorgen.
  Die Getriebeteile werden in Duisburg im Umschlagslager der Spedition zwischengelagert und werden von einem eigenen Lkw der Spedition direkt zum Empfänger befördert.
- **Fixkostenspediteur:**
  Eine Spedition wird von einem Automobilzulieferer (Versender) beauftragt, die Beförderung von acht Tonnen Getriebeteilen von Duisburg nach Leipzig zu besorgen.
  Die Spedition nennt dem Versender einen festen Preis für den kompletten Transport von „Haus zu Haus". Der Versender erhält keine detaillierte Kostenaufstellung über eingesetzte Frachtführer.

---

1 „Haus zu Haus" bedeutet hier: Von der Versandstelle bis zur Ablieferungsstelle incl. Vor-, Haupt- und Nachlauf.
2 Sammelgutverkehr siehe Seite 101.

- **Sammelgutspediteur:**
Eine Spedition wird von einem Automobilzulieferer (Versender) beauftragt, die Beförderung von acht Tonnen Getriebeteilen von Duisburg Hafen nach Leipzig zu besorgen.
Die Getriebeteile werden in Duisburg im Umschlagslager der Spedition zwischengelagert, bevor sie zusammen mit Sendungen anderer Versender von einem Lkw-Frachtführer abgeholt und zu einem Empfangsspediteur gebracht werden.

1.2.4 Spediteur als reiner Frachtführer

Hat der Spediteur ausschließlich den Auftrag, die Güter von A nach B zu transportieren, wird der Spediteur in dieser Situation zum reinen Frachtführer, weil er die Beförderung nur durchführt und nicht organisiert. Es gilt dann das HGB-Frachtrecht.

BEISPIEL

Die Spedition A (hier: reiner Frachtführer) erhält von der Spedition B (hier: Absender) folgenden Transportauftrag: Acht Tonnen Getriebeteile eines Automobilzulieferers sind im Duisburger Hafen abzuholen und direkt nach Leipzig zu transportieren.
Den Transport vom Duisburger Hafen nach Leipzig führt die Spedition A durch.
Die Organisation der vorherigen Zwischenlagerung der Getriebeteile im Duisburger Hafen erfolgt durch die Spedition B. Also muss die Spedition B die Frachtpapiere erstellen, für die transportsichere Verpackung der Sendung sorgen und das Fahrzeug beladen.

1.3 Pflichten aus dem Speditionsvertrag

Ein Speditionsvertrag wird zwischen einem Versender und einem Spediteur geschlossen. Die Rechtsgrundlage sind die §§ 453 ff. HGB. Daraus ergeben sich für die Vertragspartner verschiedene Pflichten.

1.3.1 Pflichten des Spediteurs nach dem HGB

> **HAUPTPFLICHT – BESORGUNG DER VERSENDUNG**
> - Organisation der Beförderung
> - Bestimmung des Beförderungsmittels und des Beförderungswegs
> - Auswahl geeigneter Frachtführer
> - Abschluss der erforderlichen Verkehrsverträge, meistens in eigenem Namen
> - Erteilung von Informationen und Weisungen an die ausführenden Frachtführer
> - Sicherung von Schadenersatzansprüchen des Versenders, z. B. gegenüber einem ausführenden Frachtführer
> - Wahrnehmung des Interesses des Versenders
> - Befolgung von Weisungen durch den Versender

> **NEBENPFLICHTEN – BEISPIELE**
> Folgende Pflichten hat der Spediteur nur zu erfüllen, wenn sie ausdrücklich im Speditionsvertrag vereinbart wurden:
> - Versicherung des Gutes
> - Verpackung des Gutes
> - Kennzeichnung des Gutes
> - Zollbehandlung des Gutes

1.3.2 Pflichten des Versenders nach dem HGB

> **PFLICHTEN DES VERSENDERS**
> - Vergütung der Speditionsleistungen
> - Information über Gefahrgut
> - verpacken, kennzeichnen
> - Urkunden beifügen

1.4 Haftung nach dem HGB

1.4.1 HGB-Regelungen zur Haftung des Spediteurs im Rahmen der Transportorganisation

GESETZ

Art des Schadens	Haftungsprinzip/Haftungsbegrenzung
Güterschaden Verlust oder Beschädigung des Gutes, während der Spediteur die Güter in seiner Obhut hat, z. B. in seinem Umschlagslager	**Haftungsprinzip** • Obhutshaftung: Der Spediteur haftet von der Annahme bis zur Ablieferung des Gutes (§ 461 HGB). • Gefährdungshaftung: Der Spediteur haftet auch dann, wenn er für den Schaden keine Schuld trägt (verschuldensunabhängige Haftung). Einen Haftungsausschluss gibt es nur bei höherer Gewalt, d. h. wenn der Schaden auch mit größter Sorgfalt nicht zu verhindern war (§ 461 HGB verweist auf § 426 HGB). **Wertersatz** Die Berechnungsgrundlage für den tatsächlichen Schaden ist der Wert des Gutes am Ort und zur Zeit der Übernahme (§ 461 HGB verweist auf den § 429 HGB). **Haftungsbegrenzung** Der Spediteur haftet maximal mit **8,33 SZR/kg brutto**[1] (§ 461 HGB verweist auf den § 431 Abs. 1 HGB). Liegt dieser Wert über dem tatsächlichen Schaden, wird jedoch nur der tatsächliche Schaden ersetzt. **Achtung:** Wenn ein Spediteur die reine Organisationstätigkeit ohne Obhut über das Gut ausübt und es zu einem Güterschaden kommt, muss der Spediteur nicht für diesen Güterschaden haften. Er ist nur verpflichtet, die Schadenersatzansprüche des Versenders gegenüber dem ausführenden Frachtführer zu sichern (§ 454 HGB). Der Spediteur hat nur die richtige Auswahl des geeigneten Frachtführers zu vertreten.

---

[1] Brutto bedeutet hier das tatsächliche Gewicht der betroffenen Packstücke inklusive dem Gewicht der Verpackung.

Art des Schadens	Haftungsprinzip/Haftungsbegrenzung
Güterfolgeschaden Schaden, der zusätzlich aufgrund des Güterschadens entsteht	Der Spediteur haftet grundsätzlich **nicht** für einen Güterfolgeschaden (§ 461 HGB verweist auf den § 432 HGB). **Ausnahmen:** Der Spediteur muss die **Schadenfeststellungskosten** für einen Sachverständigen tragen. Die Haftung ist jedoch inklusive des Güterschadens auf maximal 8,33 SZR/kg brutto begrenzt (§ 461 HGB verweist auf den § 430 HGB). Der Spediteur muss die **Kosten aus Anlass der Beförderung**, wie z. B. im Voraus bezahlte Fracht, in voller Höhe ersetzen (§ 461 HGB verweist auf den § 432 HGB).
reiner Vermögensschaden Schaden am Vermögen des Vertragspartners, obwohl das beförderte Gut weder verloren noch beschädigt ist	**Haftungsprinzip** • Verschuldenshaftung: Der Spediteur haftet nur, wenn er nicht mit der Sorgfalt eines ordentlichen Kaufmanns gearbeitet hat (§ 461 Abs. 2 HGB). **Haftungsbegrenzung** Der Spediteur haftet **unbegrenzt**, wenn er eine Pflicht verletzt hat, die er nach § 454 HGB erfüllen muss. Ein reiner Vermögensschaden entsteht z. B., wenn der Spediteur vergisst, die Zollabwicklung für einen Import von Gütern zu erledigen und die Güter aus diesem Grund beschlagnahmt werden.
wichtige Sonderfälle	• **besondere Haftungsausschlussgründe** Der Spediteur haftet z. B. nicht bei der Beförderung lebender Tiere (§ 461 HGB verweist auf den § 427 HGB). • **Haftung für andere** Der Spediteur haftet für seine Beschäftigten und andere Personen, die für ihn den Speditionsvertrag tatsächlich ausführen (§ 462 HGB). • **Wegfall der Haftungsbefreiungen und -begrenzungen** Der Spediteur haftet für einen Schaden ohne Einschränkung, wenn er vorsätzlich oder leichtfertig in dem Bewusstsein, dass ein Schaden mit Wahrscheinlichkeit eintreten wird, gehandelt hat (§ 461 HGB verweist auf den § 435 HGB).

MERKE

- Bei **Güterschäden** und **Güterfolgeschäden** gelten für den Spediteur nach HGB grundsätzlich die gleichen Regeln wie für den nationalen Transport.
- Bei **reinen Vermögensschäden** bestehen für den Spediteur nach HGB andere Regelungen.

1.4.2 HGB-Regelungen zur Haftung des Spediteurs im Rahmen der Transportdurchführung

Wenn der **Spediteur im Selbsteintritt**, als **Fixkostenspediteur** oder als **Sammelladungsspediteur** tätig ist, erhält er bezüglich der Beförderung die gleichen Rechte und Pflichten wie der ausführende Frachtführer. Es gilt also das HGB-Frachtrecht[1].

---

1 Siehe Tabelle Seite 54.

Das heißt, wenn es hier zu einem Schadenfall während eines nationalen Transports im Güterkraftverkehr kommt, muss der Spediteur haften, als ob er selbst der Frachtführer gewesen wäre. Es gelten dann die Haftungsregelungen wie sie in Kapitel C beschrieben sind.

Kommt es z. B. zu einem Schadenfall während eines internationalen Luftfrachttransports, muss auch hier der Spediteur haften, als ob er selbst der Frachtführer gewesen wäre. Es gelten dann die Haftungsregelungen wie sie in Kapitel G beschrieben sind.

In jedem dieser Fälle kann der Spediteur den ausführenden Frachtführer in **Regress** nehmen. Das bedeutet, der Spediteur macht den Schaden, der ihm entstanden ist, weil er haften musste, gegenüber dem tatsächlich ausführenden Frachtführer geltend.

MERKE

Ist der Spediteur **nicht** im Selbsteintritt, als Fixkostenspediteur oder als Sammelladungsspediteur tätig, muss er für Schäden, die **während des Transports** entstehen, **nicht haften**.
Er muss nach HGB § 454 lediglich die Schadenersatzansprüche des Versenders gegenüber dem Frachtführer sichern.

1.4.3 Haftungskorridor und weitere Regelungen durch Allgemeine Geschäftsbedingungen

Für allgemeinen Geschäftsbedingungen (AGB) lässt das HGB eine Sonderregel zu. Der § 466 HGB gestattet für **Güterschäden** einen sogenannten Haftungskorridor von 2 SZR/kg bis 40 SZR/kg. Der Spediteur kann seine ursprüngliche Haftungshöchstgrenze innerhalb dieses Haftungskorridors abändern. Hierzu muss der Spediteur die gewünschte Haftungshöhe z. B. in seinen AGB benennen und seinen Vertragspartner in geeigneter Weise darauf hinweisen. Dies kann z. B. mit der Übergabe der AGB an den Vertragspartner geschehen.

Wie in den Haftungsregelungen zu sehen ist, haftet der Spediteur bei einem **reinen Vermögensschaden** unbegrenzt. Wenn also der Spediteur z. B. vergisst, die Zollabwicklung für einen Import von Gütern zu erledigen und die Güter aus diesem Grund beschlagnahmt werden, haftet er voll für den eingetretenen Schaden. Da die Haftungsbegrenzung für den Spediteur für reine Vermögensschäden im HGB nicht geregelt ist, kann der Spediteur in seinen AGB eine Regelung hierzu aufnehmen.

Da die Beschränkung der Haftung für jeden Spediteur zu empfehlen ist, bedienen sich Spediteure in der Bundesrepublik Deutschland fast immer der Allgemeinen Deutschen Spediteurbedingungen 2016 (ADSp 2016), da in diesen konkrete Haftungsregelungen für Spediteure schon vorformuliert sind. Weiterhin stehen in den ADSp 2016 Regelungen zu Versicherungsfragen, dem Umgang mit Beförderungspapieren usw.

2 Speditionsrecht nach den Allgemeinen Deutschen Spediteurbedingungen 2016 (ADSp 2016)

Über 90 % der Speditionsgeschäfte werden in Deutschland nach den Allgemeinen Deutschen Spediteurbedingungen 2016 (ADSp 2016) abgewickelt. Die ADSp 2016 sind **Allgemeine Geschäftsbedingungen,** die vom Deutschen Speditions- und Logistikverband (DSLV) empfohlen werden.

Die ursprüngliche ADSp wurden 1927 als Grundlage der Zusammenarbeit zwischen Verladenden, der Wirtschaft und den Speditionen entwickelt. Die neueste Fassung der ADSp, die ADSp 2016, findet seit dem 01.01.2016 Anwendung. Sie sind nicht mehr in Zusammenarbeit mit den Spitzenverbänden der Verlader und der Wirtschaft entstanden.

Dennoch dürften sie immer noch die größte Akzeptanz beim Abschluss von Verkehrsverträgen genießen. Die ADSp 2016 sind in 30 Ziffern unterteilt und wurden geschaffen, um für eine Vielzahl von Verkehrsverträgen die Rechte und Pflichten des Spediteurs genauer festzulegen.

2.1 Anwendbarkeit der ADSp 2016

Deutsche Spediteure legen üblicherweise ihren Vertragsabschlüssen die ADSp 2016 zugrunde, da durch die ADSp 2016 speditionstypische Vorgänge detaillierter geregelt sind als im HGB und die Haftung bei der Organisationstätigkeit und beim Umschlag der Güter beschränkt wird.

Der Spediteur muss seinem Auftraggeber mitteilen, inwieweit die Haftung nach ADSp 2016 von der gesetzlichen Haftung abweicht. Der Spediteur ist also erst auf der sicheren Seite, wenn ihm sein Auftraggeber bestätigt, von den in Ziffer 23 ADSp 2016 verankerten Haftungsbeschränkungen Kenntnis zu haben. Im Schadenfall muss der Spediteur beweisen, dass er seinen Auftraggeber qualifiziert über die Haftungsregelungen der ADSp 2016 informiert hat.

Es bietet sich daher an, dass der Spediteur seinem Geschäftspartner eine Information und/oder den Text der ADSp 2016 zukommen lässt und der Geschäftspartner den Empfang dieser Information/der ADSp 2016 bestätigt.

Nach Ziffer 2 ADSp 2016 gelten die ADSp 2016 unter Kaufleuten „für Verkehrsverträge über alle Arten von Tätigkeiten, gleichgültig ob sie Speditions-, Fracht-, Lager- oder sonstige üblicherweise zum Speditionsgewerbe gehörende Geschäfte betreffen." Hierzu zählen auch speditionsübliche logistische Leistungen, wenn diese mit der Beförderung oder Lagerung von Gütern im Zusammenhang stehen.

Nach Ziffer 2 gelten die ADSp 2016 nicht für Geschäfte, die ausschließlich zum Gegenstand haben:
- Verpackungsarbeiten,
- die Beförderung und Lagerung von abzuschleppendem oder zu bergendem Gut,
- die Beförderung von Umzugsgut […],
- Kran-, Schwer- oder Großraumtransporte […],
- Verkehrsverträge mit Verbrauchern[1].

BEISPIELE: SPEDITIONSÜBLICHE LOGISTISCHE LEISTUNGEN IM ZUSAMMENHANG MIT DER BEFÖRDERUNG ODER LAGERUNG VON GÜTERN

- Verzollungen und Erledigung von Zollförmlichkeiten; ggf. auch ohne Beförderung oder Lagerung möglich
- Besorgung von Ablieferungsnachweisen
- Vermittlung und Gestellung von Lademitteln, z. B. Paletten, Container
- Nachnahmegeschäfte (Kapitel C 2.4, S. 52) und Akkreditivgeschäfte (Kapitel I 3.2, S. 253)
- Behandlung des Gutes vor dem Transport, z. B. Verpacken, Mengenfeststellung, Verwiegen

---

1 Ein Verbraucher ist eine natürliche Person, die Verträge für einen privaten Zweck abschließt.

FAZIT

Da das Berufsbild des Spediteurs im stetigen Wandel ist, werden die ADSp 2016 den aktuellen logistischen Gegebenheiten von Zeit zu Zeit angepasst.

Auch kann sich die Anwendbarkeit der ADSp 2016 im Laufe der Zeit ändern. Was heute noch nicht als speditionsübliche logistische Leistung gilt, kann in einem Jahr schon zum Standardgeschäft eines Spediteurs gehören. Deshalb ist bei der Anwendung der ADSp 2016 immer zu prüfen, ob die zu erbringende Dienstleistung nach aktuellem Stand zu den speditionsüblichen logistischen Leistungen gehört.

2.1.1 ADSp-2016-Regelungen zur Haftung des Spediteurs im Rahmen der Transportorganisation

Art des Schadens	Haftungsprinzip/Haftungsbegrenzung
Güterschaden Verlust oder Beschädigung des Gutes, **während der Spediteur die Güter in seiner Obhut hat**, z. B. in seinem Umschlagslager	**Haftungsprinzip** • **Obhutshaftung:** Der Spediteur haftet von der Annahme bis zur Ablieferung des Gutes (ADSp 2016 Ziffer 22.1 verweist auf § 461 HGB). • **Gefährdungshaftung:** Der Spediteur haftet auch dann, wenn er für den Schaden keine Schuld trägt (verschuldensunabhängige Haftung). Einen **Haftungsausschluss** gibt es nur bei höherer Gewalt, d. h. wenn der Schaden auch mit **größter Sorgfalt** nicht zu verhindern war (ADSp 2016 Ziffer 22.1 verweist auf § 461 HGB). **Wertersatz** Die Berechnungsgrundlage für den tatsächlichen Schaden ist der Wert des Gutes am Ort und zur Zeit der Übernahme (ADSp 2016 Ziffer 22.2 verweist auf § 429 HGB). **Haftungsbegrenzung** Der Spediteur haftet maximal mit **8,33 SZR/kg brutto** (ADSp 2016 Ziffer 23.1.1). Liegt dieser Wert über dem tatsächlichen Schaden, wird jedoch nur der tatsächliche Schaden ersetzt. **Übersteigt die Haftung des Spediteurs aus Ziffer 23.1.1 ADSp 2016 einen Betrag von 1 Mio. € je Schadensfall**[1], ist seine Haftung begrenzt auf 1 Mio. € oder 2 SZR/kg, je nachdem, welcher Betrag höher ist. Der Spediteur haftet für jedes **Schadenereignis**[2] nach ADSp 2016 Ziffer 23.5 maximal mit 2 Mio. € oder 2 SZR/kg, je nachdem welcher Betrag höher ist.

Fortsetzung nächste Seite

---

1 Ein Schadensfall bezieht sich auf einen einzelnen Speditionsvertrag. Güter eines Auftraggebers kommen innerhalb eines bestimmten Auftrags zu Schaden, z. B. wenn ein Lagerarbeiter mit dem Gabelstapler dagegen gefahren ist.
2 Ein Schadenereignis ist die tatsächliche Ursache für einen Schaden, z. B. wenn eine Lagerhalle abbrennt und dabei die Sendung eines oder mehrerer Kunden zerstört wird. Ein Schadenereignis kann also einen oder mehrere Schadenfälle verursachen.

Art des Schadens	Haftungsprinzip/Haftungsbegrenzung
Güterfolgeschaden Schaden, der zusätzlich aufgrund des Güterschadens entsteht	Der Spediteur haftet **grundsätzlich nicht für einen Güterfolgeschaden** (ADSp 2016 Ziffer 22.1 verweist auf den § 461 HGB). **Ausnahmen:** Der Spediteur muss die **Schadenfeststellungskosten für einen Sachverständigen** tragen (ADSp 2016 Ziffer 22.2 verweist auf den § 430 HGB). Der Spediteur muss die **Kosten aus Anlass der Beförderung**, wie z. B. im **Voraus bezahlte Fracht**, in voller Höhe ersetzen (ADSp 2016 Ziffer 22.1 verweist auf den § 432 HGB).
reiner Vermögensschaden Schaden am Vermögen des Vertragspartners, obwohl das beförderte Gut weder verloren noch beschädigt ist	**Haftungsprinzip** • **Verschuldenshaftung:** (ADSp 2016 Ziffer 22.1 verweist auf den § 461 HGB). Der Spediteur haftet **maximal mit dem Dreifachen des Betrags, der bei Verlust zu zahlen wäre**. Aber auch dann nur **mit maximal 100.000,00 €** (ADSp 2016 Ziffer 23.4.1). Ein reiner Vermögensschaden entsteht z. B., wenn der Spediteur vergisst, die Zollabwicklung für einen Import von Gütern zu erledigen und die Güter aus diesem Grund beschlagnahmt werden.
wichtige Sonderfälle	• **Haftung für andere** Der Spediteur haftet für seine Beschäftigten und andere Personen, die für ihn den Speditionsvertrag tatsächlich ausführen (ADSp 2016 Ziffer 22.1 verweist auf § 462 HGB). • **Wegfall der Haftungsbefreiungen und -begrenzungen** Der Spediteur haftet für einen Schaden ohne Einschränkung, wenn er vorsätzlich **grob fahrlässig gehandelt** hat (ADSp 2016 Ziffer 27). • **Haftung bei verfügter Lagerung** Eine Lagerung im Umschlagslager eines Spediteurs gilt als **transportbedingte Lagerung**. Wenn der Versender den Spediteur jedoch beauftragt, seine Güter einzulagern, ist das eine **verfügte Lagerung** und es gelten besondere Regelungen (ADSp 2016 Ziffer 24, siehe Kapitel K 8.1).

BEISPIELE: BERECHNUNG DES HAFTUNGSHÖCHSTBETRAGS BEI GÜTERSCHÄDEN, WENN DER SCHADEN ÜBER 1.000.000,00 € LIEGT[1]

Es gilt nach Ziffer 23 ADSp 2016 bei Güterschäden folgende Höchsthaftung:

A) maximal mit 8,33 SZR/kg brutto
B) aber je Schadenfall
   – maximal mit 1 Mio. € oder 2 SZR/kg, je nachdem, welcher Betrag höher ist

Fall 1
Das Umschlagslager eines Spediteurs brennt ab. Die **völlig zerstörte** Sendung eines Versenders hatte ein Gesamtgewicht von **90 000 kg** und einen Gesamtwert von 1.400.000,00 €.

---

1 Bei Güterschäden von **unter** 1.000.000,00 € muss nur die Haftungsbegrenzung vom **max. 8,33 SZR/kg brutto** geprüft werden.

A) max. Haftung des Spediteurs mit 8,33 SZR/kg brutto:
90 000 kg · 8,33 SZR/kg · 1,20 €/SZR = **899.640,00 €**
B) aber je Schadenfall
- max. Haftung des Spediteurs: 1.000.000,00 €
- 90 000 kg · 2 SZR/kg · 1,20 €/SZR = 216.000,00 €
  → 1.000.000,00 € ist höher als 216.000,00 € → 1.000.000,00 €

Der Spediteur haftet hier mit maximal 899.640,00 €, da dies hier die maximale Obergrenze ist und die anderen Regelungen hier nicht betroffen sind.

Fall 2
Das Umschlagslager eines Spediteurs brennt ab. Die Sendung eines Versenders hat ein Gesamtgewicht von **300 000 kg** und einen Gesamtwert von 1.400.000,00 €.
A) max. Haftung des Spediteurs mit 8,33 SZR/kg brutto:
300 000 kg · 8,33 SZR/kg · 1,20 €/SZR = 2.998.800,00 €
B) aber je Schadenfall
- max. Haftung des Spediteurs: **1.000.000,00 €**
- 300 000 kg · 2 SZR/kg · 1,20 €/SZR = 720.000,00 €
  → 1.000.000,00 € ist höher als 720.000,00 € → 1.000.000,00 €

Der Spediteur haftet hier mit maximal 1.000.000,00 €, da diese Zusatzgrenze die Haftung von 8,33 SZR/kg brutto unterschreitet und somit angewandt werden muss.

Fall 3
Das Umschlagslager eines Spediteurs brennt ab. Die Sendung eines Versenders hat ein Gesamtgewicht von **550 000 kg** und einen Gesamtwert von 1.400.000,00 €.
A) max. Haftung des Spediteurs mit 8,33 SZR/kg brutto:
550 000 kg · 8,33 SZR/kg · 1,20 €/SZR = 5.497.800,00 €
B) aber je Schadenfall
- max. Haftung des Spediteurs: 1.000.000,00 €
- 550 000 kg · 2 SZR/kg · 1,20 €/SZR = **1.320.000,00 €**
  → 1.320.000,00 € ist höher als 1.000.000,00 € → 1.320.000,00 €

Der Spediteur haftet hier mit maximal 1.320.000,00 €, da diese Zusatzgrenze die Haftung von 8,33 SZR/kg brutto unterschreitet und somit angewandt werden muss.

2.1.2 ADSp-2016-Regelungen zur Haftung des Spediteurs im Rahmen der Transportdurchführung

Muss der Spediteur, z. B. als Fixkostenspediteur, für Schäden während des Transports haften, gelten für ihn die jeweiligen gesetzlichen oder festgeschriebenen Regelungen. Dies sind bei einem nationalen Lkw-Transport das HGB-Frachtrecht bzw. bei einen internationalen Lkw-Transport die CMR (ADSp 2016 Ziffer 23.1.2).

BEISPIEL

Ein Fixkostenspediteur organisiert einen Lkw-Transport von Kassel nach Paris. Bei einem Unfall während des Transports entsteht ein Güterschaden. Nach CMR muss der Spediteur jetzt gegenüber seinem Auftraggeber mit maximal 8,33 SZR/kg haften.

2.1.3 Schnittstellenkontrolle nach ADSp 2016

Da der Spediteur die Verantwortung für die Beförderung der Güter übernommen hat, muss er auch immer die Kontrolle über die Güter haben. Wenn Schäden eintreten, muss er haften und es muss bekannt sein, nach welcher Rechtsgrundlage die Schadensabwicklung stattfindet. Aus diesem Grund ist es sehr wichtig, nachweisen zu können, wo ein Schaden tatsächlich eingetreten ist. Die ADSp 2016 sehen dafür in der **Ziffer 7.2** die **Schnittstellenkontrolle** vor:

Eine Schnittstelle ist ...

> **JEDER ÜBERGANG DER PACKSTÜCKE VON EINER RECHTSPERSON AUF EINE ANDERE**
> Eine Rechtsperson ist dabei **nicht** der einzelne Fahrer als Privatperson. Der Fahrer arbeitet für ein Unternehmen, nämlich die Spedition oder einen Frachtführer. Diese Unternehmen sind die Rechtspersonen.

> **DER ÜBERGANG VON EINER HAFTUNGSORDNUNG IN EINE ANDERE**
> Solch ein Wechsel würde z. B. eintreten, wenn Güter nach Anlieferung mit dem Lkw (Haftungsobergrenze: 8,33 SZR/kg bei Güterschäden) mit dem Flugzeug weitertransportiert werden sollen (Haftungsobergrenze: 19 SZR/kg bei Güterschäden).
> Die Situation, dass beim Transport die Haftungsordnung wechselt, ist in der Praxis regelmäßig mit dem Übergang der Güter auf eine andere Rechtsperson verbunden. Der Übergang erfordert auch eine Schnittstellenkontrolle, da die wenigsten Spediteure im Selbsteintritt mit dem Flugzeug transportieren.
> Außerdem ist auch hier ein Umschlag notwendig und somit wird sowieso eine (informelle) Schnittstellenkontrolle eingerichtet.

An jeder Schnittstelle muss der Spediteur ...

> **DIE PACKSTÜCKE ÜBERPRÜFEN AUF**
> - Vollzähligkeit
> - Identität
> - äußerlich erkennbare Schäden
> - Unversehrtheit von Plomben und Verschlüssen

> **UNREGELMÄSSIGKEITEN DOKUMENTIEREN**
> Dazu muss beispielsweise eine Beschädigung in einem Begleitpapier oder durch eine besondere Benachrichtigung **schriftlich** vermerkt werden.[1]

---

[1] Dieser Vermerk wird Abschreibung genannt.

Übersicht über die Schnittstellen nach ADSp 2016 Ziffer 7.3

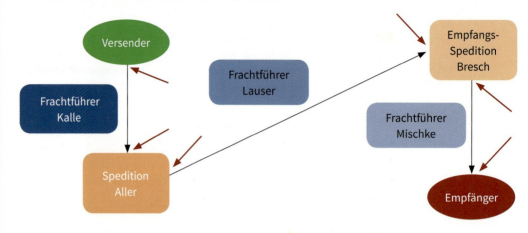

Übersicht über Schnittstellen bei Selbsteintritt des Spediteurs

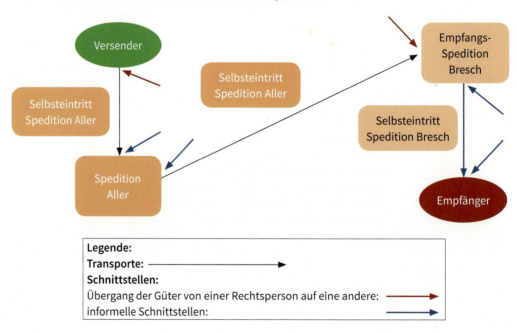

Informelle Schnittstellen werden von den ADSp 2016 nicht gefordert. Da die Rechtsprechung hier aber höhere Anforderungen definiert, um im Schadenfall den Schadenort und Schadenzeitpunkt eingrenzen zu können, wird **bei jedem Umschlag** eine Schnittstelle notwendig.

2.2 Ausgewählte Ziffern aus den ADSp 2016 mit teilweiser Erläuterung für die tägliche Anwendung

Anmerkungen zur Tabelle: Es werden im Folgenden ausgewählte Ziffern der ADSp 2016 tabellarisch dargestellt. Die eckige Klammer [...] bedeutet, dass weitere Ziffern und Inhalte an dieser Stelle in den ADSp 2016 vorhanden, jedoch hier nicht abgedruckt sind.

ADSp Ziffer	Inhalt	Erläuterung / Hinweis
1	**Geltung der ADSp 2016, Vorrang zwingenden Rechts**	Grundsätzlich schließen die ADSp 2016 andere Allgemeine Geschäftsbedingungen aus. Ausnahmen werden in den Ziffern 2.3 und 2.4 genannt.
1.1	Die ADSp 2016 gelten für alle Verträge und Leistungen des Spediteurs, es sei denn, die in Ziffern 2.3 und 2.4 definierten Ausnahmen liegen vor. Allgemeine Geschäftsbedingungen oder sonstige vorformulierte Vertragsbedingungen des Auftraggebers finden keine Anwendung, auch dann nicht, wenn sie lediglich ergänzende Regelungen zu den ADSp 2016 enthalten.	
1.2	Nur gesetzliche Bestimmungen, von denen im Wege vorformulierter Vertragsbedingungen nicht abgewichen werden darf, gehen den ADSp 2016 vor.	
2	**Anwendungsbereich**	Die ADSp 2016 gelten für alle Verkehrsverträge. Siehe Seite 73.
3	**Auftragserteilung, Informationspflichten, besondere Güterarten**	
3.1	Der Auftraggeber ist verpflichtet, den Spediteur rechtzeitig vor Auftragserteilung über alle wesentlichen, die Ausführung des Auftrags beeinflussenden Umstände zu unterrichten.	Siehe auch Ziffer 3.6 ADSp 2016.
3.1.1	Hierzu zählen alle für die Leistungserbringung relevanten Daten wie Adressen, Zeichen, Nummern, Anzahl der Packstücke oder anders angegebene Mengen, Art, Beschaffenheit und Eigenschaften des Gutes (wie lebende Tiere und Pflanzen, Verderblichkeit), das Rohgewicht (inklusive Verpackung und Lademittel), Lieferfristen und der Warenwert (z. B. für zollrechtliche Zwecke oder eine Versicherung des Gutes nach Ziffer 21).	
3.1.2	Insbesondere hat der Auftraggeber den Spediteur hinzuweisen auf a. alle öffentlich-rechtlichen, z. B. zollrechtlichen, außenwirtschaftsrechtlichen (insbesondere waren-, personen- oder länderbezogene Embargos) und sicherheitsrechtlichen Verpflichtungen, b. im Falle von Seebeförderungen alle nach den seerechtlichen Sicherheitsbestimmungen (z. B. SOLAS) erforderlichen Daten, c. Dritten gegenüber bestehende gewerbliche Schutzrechte, z. B. marken- und lizenzrechtliche Beschränkungen, die mit dem Besitz des Gutes verbunden sind sowie gesetzliche oder behördliche Hindernisse, die der Auftragsabwicklung entgegenstehen, d. besondere technische Anforderungen an das Beförderungsmittel und spezielle Ladungssicherungsmittel, die der Spediteur gestellen soll.	

Fortsetzung nächste Seite

ADSp Ziffer	Inhalt	Erläuterung / Hinweis
3.2	Bei gefährlichem Gut hat der Auftraggeber im Auftrag dem Spediteur in Textform die Menge, die genaue Art der Gefahr und – soweit erforderlich – die zu ergreifenden Vorsichtsmaßnahmen mitzuteilen. Außerdem hat der Auftraggeber die Klassifizierung nach dem einschlägigen Gefahrgutrecht mitzuteilen und spätestens bei Übergabe des Gutes die erforderlichen Unterlagen zu übergeben. Gefährliche Güter sind Güter, von denen auch im Rahmen einer normal verlaufenden Beförderung, Lagerung oder sonstigen Tätigkeit eine unmittelbare Gefahr für Personen, Fahrzeuge und Rechtsgüter Dritter ausgehen kann. Gefährliche Güter sind insbesondere die Güter, die in den Anwendungsbereich einschlägiger Gefahrgutgesetze und -verordnungen sowie gefahrstoff-, wasser- oder abfallrechtlichen Vorschriften fallen.	Die Versendung von Gefahrgut muss vom Auftraggeber in Textform mitgeteilt werden, also auch z. B. per E-Mail oder SMS. Die Gefahrgutklasse muss vom Auftraggeber i. d. R. angegeben werden.
3.3	Bei wertvollem oder diebstahlsgefährdetem Gut hat der Auftraggeber im Auftrag den Spediteur in Textform über Art und Wert des Gutes und das bestehende Risiko zu informieren, sodass der Spediteur über die Annahme des Auftrags entscheiden oder angemessene Maßnahmen für eine sichere und schadenfreie Abwicklung des Auftrags treffen kann. Wertvolles Gut ist Gut mit einem tatsächlichen Wert am Ort und zur Zeit der Übernahme von mindestens 50,00 €/kg oder 10.000,00 €/Packstück. Diebstahlgefährdetes Gut ist Gut, das einem erhöhten Raub und Diebstahlrisiko ausgesetzt ist, wie Geld, Edelmetalle, Schmuck, Uhren, Edelsteine, Kunstgegenstände, Antiquitäten, Scheckkarten, Kreditkarten oder andere Zahlungsmittel, Wertpapiere, Valoren, Dokumente, Spirituosen, Tabakwaren, Unterhaltungselektronik, Telekommunikationsgeräte, EDV Geräte und -Zubehör.	Die Versendung von wertvollen oder diebstahlgefährdeten Gütern muss vom Auftraggeber in Textform mitgeteilt werden. Valoren ist eine Sammelbezeichnung für sämtliche Wertsachen.
3.4	Entspricht ein dem Spediteur erteilter Auftrag nicht den in den ADSp 2016 genannten Anforderungen, so steht es dem Spediteur frei,	
3.4.1	die Annahme des Gutes zu verweigern,	
3.4.2	bereits übernommenes Gut zurückzugeben beziehungsweise zur Abholung bereitzuhalten oder	
3.4.3	den Auftrag ohne Benachrichtigung des Auftraggebers auszuführen und eine zusätzliche, angemessene Vergütung zu verlangen, wenn eine sichere und schadenfreie Ausführung des Auftrages mit erhöhten Kosten verbunden ist.	

Fortsetzung nächste Seite

ADSp Ziffer	Inhalt	Erläuterung / Hinweis
3.5	Der Spediteur ist nicht verpflichtet, die Angaben des Auftraggebers nachzuprüfen oder zu ergänzen.	
3.6	Die im Auftrag enthaltenen Bezeichnungen wie „Messegut" oder Hinweise wie „eilig" verpflichten den Spediteur weder für eine beschleunigte Ausführung des Auftrags (z. B. als Expresssendung) noch für eine bevorzugte Abfertigung zu sorgen.	
4	Übernahme weiterer Leistungspflichten durch den Spediteur	
4.1	Der dem Spediteur erteilte Auftrag umfasst mangels ausdrücklicher Vereinbarung nicht	„mangels Vereinbarung" bedeutet, „wenn nichts vereinbart wurde"
4.1.1	die Verpackung des Gutes,	Also z. B. keine Verpackung des Gutes durch den Spediteur, wenn nichts vereinbart wurde.
4.1.2	die Verwiegung, Untersuchung, Maßnahmen zur Erhaltung oder Besserung des Gutes und seiner Verpackung, es sei denn, dies ist geschäftsüblich,	
4.1.3	die Gestellung und den Tausch von Paletten oder sonstigen Ladehilfs- und Packmitteln (Paletten). Haben die Parteien eine abweichende Vereinbarung getroffen, gilt im Zweifel: a. Palette und Ware bilden wirtschaftlich eine Einheit, b. Paletten sind an der Entladestelle Zug-um-Zug zurückzugeben, c. ein bei Nichttausch ausgestellter Palettenschein hat allein Quittungsfunktion, begründet aber keine weitergehenden Pflichten des Spediteurs, d. nur gebrauchsfähige Paletten (mittlerer Art und Güte im Sinne von § 243 BGB) sind zu tauschen, bei Euro-flachpaletten entspricht dies mindestens der Qualitätsstufe C (Qualitätsklassifizierung gemäß EPAL/GS 1 Germany, Stand 2015), e. bei Nichttausch erfolgt eine Abholung nur, wenn ein neuer Auftrag erteilt wird, es sei denn, der Tausch unterbleibt auf Veranlassung des Spediteurs,	
4.1.4	die Ver- und Entladung der Güter, es sei denn, aus den Umständen oder der Verkehrssitte ergibt sich etwas anderes. Fahrer, die bei der Ver- oder Entladung ohne vertragliche Vereinbarung mitwirken, handeln ausschließlich auf Weisung und unter Aufsicht des Auftraggebers; sie sind Erfüllungsgehilfen des Auftraggebers und werden auf dessen Risiko tätig, es sei denn, die Ver- oder Entladung erfolgt eigenmächtig,	

Fortsetzung nächste Seite

ADSp Ziffer	Inhalt	Erläuterung / Hinweis
4.1.5	Retouren, Umfuhren und verdeckte Beiladungen,	Retouren sind z. B. Rücklieferungen an den Lieferanten aufgrund von Reklamation.
4.1.6	ein Umladeverbot (§ 486 HGB findet keine Anwendung),	
4.1.7	die Bereitstellung eines Sendungsverfolgungssystems.	
4.2	Besorgt der Spediteur im Interesse des Auftraggebers Geschäfte nach Ziffer 4.1 oder erbringt er diese Leistungen, so steht ihm auch ohne Vereinbarung eine ortsübliche, ansonsten angemessene Vergütung zu.	
4a	**Kontaktperson, elektronische Kommunikation und Dokumente**	
4a.1	Auf Verlangen einer Vertragspartei benennt jede Vertragspartei für den Empfang von Informationen, Erklärungen und Anfragen für die Vertragsabwicklung eine oder mehrere Kontaktpersonen und teilt Namen und Kontaktadressen der anderen Partei mit. Bestimmt eine Partei keine Kontaktperson, gilt diejenige Person als Kontaktperson, die den Vertrag für die Partei abgeschlossen hat.	Es soll rechtlich abgesichert sein, wer rechtswirksam Willenserklärungen abgeben und entgegennehmen darf.
4a.2	Mangels ausdrücklicher Vereinbarung bedürfen Erklärungen des Lager- und Fahrpersonals zu ihrer Wirksamkeit der Genehmigung des Spediteurs.	Lager- und Fahrpersonal dürfen ohne vorherige Vereinbarung keine Willenserklärungen für den Spediteur abgeben und entgegennehmen.
4a.3	Der Auftraggeber hat dafür Sorge zu tragen, dass der Verlader oder Empfänger für den Auftraggeber die an der Ver- oder Entladestelle zur Abwicklung des Verkehrsvertrags erforderlichen Erklärungen abgibt und tatsächliche Handlungen, wie die Übergabe oder Übernahme des Gutes, vornimmt. Verlader ist die Person, bei der das Gut nach dem Verkehrsvertrag oder aufgrund wirksamer Weisung abzuholen ist.	„Verlader" ist hier die Rechtsperson, bei der sich die Beladestelle befindet.
4a.4	Haben die Parteien den elektronischen Austausch von Daten unter Verwendung elektronischer Standards wie Edifact zur Auftragsdurchführung vereinbart, ist jede Partei berechtigt, Erklärungen und Mitteilungen auf elektronischem Wege zu erstellen, zu übermitteln und auszutauschen (elektronischer Datenaustausch), sofern die übermittelnde Partei erkennbar ist. Die übermittelnde Partei trägt die Gefahr für den Verlust und die Richtigkeit der übermittelten Daten. Der elektronische Datenaustausch umfasst auch die elektronische Rechnungserstellung, soweit steuerrechtliche Vorschriften dem nicht entgegenstehen.	**Edifact:** Electronic Data Interchange for Administration, Commerce and Transport. Ermöglicht den Datenaustausch, auch wenn der Spediteur und der Auftraggeber unterschiedliche IT-Systeme nutzen. Siehe auch: Thema Systemverkehre Seite 116.

Fortsetzung nächste Seite

ADSp Ziffer	Inhalt	Erläuterung / Hinweis
4a.5	Die Parteien sorgen dafür, dass das eigene IT-System betriebsbereit ist, die gelieferten Daten entsprechend verarbeiten kann und die üblichen Sicherheits- und Kontrollmaßnahmen durchgeführt werden, um den elektronischen Datenaustausch vor dem Zugriff Dritter zu schützen sowie der Veränderung, dem Verlust oder der Zerstörung elektronisch übermittelter Daten vorzubeugen. Die übermittelnde Partei trägt die Gefahr für den Verlust, die Richtigkeit und Vollständigkeit der übermittelten Daten bis zur vereinbarten, ansonsten üblichen Schnittstelle. Sofern zur Verbindung beider Datensysteme eine gemeinsame Schnittstelle durch den Spediteur einzurichten ist, erhält dieser die hierfür notwendigen Aufwendungen vom Auftraggeber erstattet. Jede Partei trägt die bei ihr entstehenden Kosten für die Einrichtung, den Betrieb und die Pflege ihres eigenen IT-Systems und ihrer eigenen EDI/DFÜ-Verbindung selbst. Jede Partei ist verpflichtet, der anderen Partei rechtzeitig Änderungen ihres IT-Systems mitzuteilen, die Auswirkungen auf den elektronischen Datenaustausch haben können.	IT: Informationstechnik **EDI/DFÜ-Verbindung:** Electronic Data Interchange/Daten-Fern-Übertragung
4a.6	Elektronisch oder digital erstellte Dokumente, insbesondere Abliefernachweise, stehen schriftlichen Dokumenten gleich. Zudem ist jede Partei berechtigt, schriftliche Dokumente lediglich elektronisch oder digital zu archivieren und unter Beachtung der gesetzlichen Vorschriften die Originale zu vernichten	Textform besteht auch bei elektronisch oder digital festgehaltenen Dokumenten. So muss z. B. die Ablieferung nicht zwingend auf einem Papier schriftlich dokumentiert sein.
5	**Zollabwicklung und sonstige gesetzlich vorgeschriebene Behandlung des Gutes**	
5.1	Der Spediteur ist berechtigt, die zollamtliche Abwicklung von der Erteilung einer schriftlichen Vollmacht abhängig zu machen, die ihm eine direkte Vertretung ermöglicht.	
5.2	Der Auftraggeber hat dem Spediteur alle Urkunden und sonstigen Unterlagen zur Verfügung zu stellen und Auskünfte (z. B. Eintarifierung) zu erteilen, die für die ordnungsgemäße Zoll- oder sonstige gesetzlich vorgeschriebene Behandlung – hierzu zählen auch Sicherheitskontrollen z. B. für Luftfrachtsendungen – des Gutes notwendig sind.	

Fortsetzung nächste Seite

ADSp Ziffer	Inhalt	Erläuterung / Hinweis
5.3	Betrifft der dem Spediteur erteilte Auftrag den Transport einer Sendung nach einem Bestimmungsort im Ausland, ist der Spediteur zur zollamtlichen, sicherheitsrechtlichen oder einer anderen gesetzlich vorgeschriebenen Behandlung des Gutes berechtigt, wenn ohne sie die Beförderung bis zum Bestimmungsort nicht ausführbar ist. Er darf hierbei	Der Spediteur darf bei der Organisation eines Transports in ein Drittland die Ausfuhr für den Auftraggeber durchführen. Siehe auch Kapitel J 5, Seite 310.
5.3.1	im Namen des Auftraggebers handeln, wenn er hierzu bevollmächtigt ist.	
5.3.2	Verpackungen öffnen, wenn dies zum Zweck der Durchführung einer gesetzlich vorgeschriebenen Kontrolle (z. B. Spediteur als Reglementierter Beauftragter) erforderlich ist, und anschließend alle zur Auftragsabwicklung erforderlichen Maßnahmen treffen, z. B. das Gut neu verpacken.	Reglementierter Beauftragter: Siehe Kapitel G 3.1.3, Seite 195.
5.4	Betrifft der dem Spediteur erteilte Auftrag eine unter zollamtlicher Überwachung stehende Sendung, ist der Spediteur berechtigt, die erforderlichen Zollformalitäten zu erledigen und die zollamtlich festgesetzten Abgaben auszulegen, wenn ohne sie die Auftragsdurchführung, insbesondere die Ablieferung beim Empfänger nicht ausführbar ist.	
5.5	Besorgt der Spediteur im Interesse des Auftraggebers die in Ziffern 5.3 und 5.4 beschriebenen Geschäfte oder erbringt er diese Leistungen, so steht ihm auch ohne Vereinbarung eine ortsübliche, ansonsten angemessene Vergütung zu.	
6	**Verpackungs- und Kennzeichnungspflichten des Auftraggebers**	Beispiel für ein Symbol für die Handhabung, auch **Handlingslabel**[1] genannt: „vor Nässe schützen"
6.1	Die **Packstücke sind vom Auftraggeber** deutlich und haltbar **mit** den für ihre auftragsgemäße Behandlung erforderlichen **Kennzeichen** zu **versehen**, wie Adressen, Zeichen, Nummern, Symbolen für Handhabung und Eigenschaften; alte Kennzeichen müssen entfernt oder unkenntlich gemacht sein.	ISO 7000-2014-01
6.2	Darüber hinaus ist der **Auftraggeber verpflichtet**,	

Fortsetzung nächste Seite

---

[1] Ein Label ist z. B. ein Etikett, ein Aufkleber auf einem Packstück.

ADSp Ziffer	Inhalt	Erläuterung / Hinweis
6.2.1	zu **einer** Sendung gehörende Packstücke als zusammengehörig leicht erkennbar, zu kennzeichnen;	Kennzeichnung der Packstücke als **zusammengehörig**, z. B. durch eine Nummerierung „1/3, 2/3, 3/3"[1]
6.2.2	Packstücke so herzurichten, dass ein Zugriff auf den Inhalt ohne Hinterlassen äußerlich sichtbarer Spuren nicht möglich ist (Klebeband, Umreifungen oder ähnliches sind nur ausreichend, wenn sie individuell gestaltet oder sonst schwer nachahmbar sind; eine Umwickelung mit Folie nur, wenn diese verschweißt ist);	
6.2.3	bei einer im Spediteursammelgutverkehr abzufertigenden Sendung, die aus mehreren Stücken oder Einheiten mit einem Gurtmaß (größter Umfang[2] zuzüglich längste Kante) von weniger als 1 m besteht, diese zu größeren Packstücken zusammenzufassen;	Beispiel für die Berechnung des **Gurtmaßes nach ADSp 2016**: Maße 30 cm x 15 cm x 5 cm ➡ größter Umfang: 2 x 15 cm + 2 x 5 cm = 40 cm ➡ längste Kante: 30 cm ➡ Gurtmaß: 70 cm
6.2.4	bei einer im Hängeversand abzufertigenden Sendung, die aus mehreren Stücken besteht, diese zu Griffeinheiten in geschlossenen Hüllen zusammenzufassen;	
6.2.5	auf Packstücken von mindestens 1 000 kg Rohgewicht die durch das Gesetz über die Gewichtsbezeichnung an schweren auf Schiffen beförderten Frachtstücken vorgeschriebene Gewichtsbezeichnung anzubringen,	
6.2.6	wertvolle oder diebstahlgefährdete Güter neutral zu verpacken.	
6.3	**Packstücke sind Einzelstücke oder vom Auftraggeber zur Abwicklung des Auftrags gebildete Einheiten**, z. B. Kisten, Gitterboxen, Paletten, Griffeinheiten, geschlossene Ladegefäße, wie gedeckt gebaute oder mit Planen versehene Waggons, Auflieger oder Wechselbrücken, Container, Iglus, die der Spediteur als Ganzes zu behandeln hat (Frachtstück im Sinne von §§ 409, 431, 504 HGB).	
6.4	Entsprechen die Packstücke **nicht** den in Ziffern 6.1 und 6.2 genannten Bedingungen, findet Ziffer **3.4** entsprechende Anwendung.	
7	**Ladungssicherungs- und Kontrollpflichten des Spediteurs**	
7.1	Erfolgt die Ver- oder Entladung an mehr als einer Stelle, hat der Spediteur durchgehend für die Ladungssicherung hinsichtlich der bereits auf dem Fahrzeug befindlichen oder verbleibenden Güter zu sorgen.	

Fortsetzung nächste Seite

---

[1] „erstes Packstück von drei Packstücken, zweites von drei, drittes von drei"
[2] Der Umfang ist i. d. R. 2 x die Breite + 2 x die Höhe eines Packstücks.

ADSp Ziffer	Inhalt	Erläuterung / Hinweis
7.2	Der Spediteur ist verpflichtet, nach Übernahme des Gutes an Schnittstellen	
7.2.1	die Packstücke auf Vollzähligkeit und Identität sowie äußerlich erkennbare Schäden und Unversehrtheit von Plomben und Verschlüssen zu überprüfen und	Auch **Schnittstellenkontrolle** genannt.
7.2.2	Unregelmäßigkeiten zu dokumentieren (z. B. in den Begleitpapieren oder durch besondere Benachrichtigung).	
7.3	Schnittstelle ist jeder Übergang der Packstücke von einer Rechtsperson auf eine andere sowie aus einer Haftungsordnung in eine andere.	Siehe Schnittstellenkontrolle nach ADSp 2016 Seite 77.
8	**Quittung**	
8.1	Der Spediteur ist verpflichtet, auf Verlangen des Auftraggebers die Übernahme des Gutes – gegebenenfalls mit Vorbehalt – zu quittieren. Mit der Übernahmequittung bestätigt der Spediteur nur die Anzahl und Art der Packstücke, nicht jedoch deren Inhalt, Wert, Gewicht oder anders angegebene Menge.	Diese Empfangsbescheinigung ist für den Auftraggeber bedeutend.
8.1.1	Bei vorgeladenen oder geschlossenen Ladeeinheiten wie Containern oder Wechselbrücken und vorab vom Auftraggeber übermittelten Daten (Ziffer 4a) gilt die Richtigkeit einer Übernahmequittung über Anzahl und Art der geladenen Packstücke als widerlegt, wenn der Spediteur dem Auftraggeber unverzüglich (Mengen-)Differenzen und Beschädigungen meldet, nachdem er die Ladeeinheit entladen hat.	
8.1.2	Bei Massengütern, Wagenladungen, Containern oder sonstigen vorgeladenen Ladeeinheiten enthält die Quittung im Zweifel keine Bestätigung des Rohgewichts oder der anders angegebenen Menge des Gutes.	
8.2	Als Ablieferungsnachweis hat der Spediteur vom Empfänger eine Ablieferungsquittung über die im Auftrag oder in sonstigen Begleitpapieren genannten Packstücke zu verlangen. Weigert sich der Empfänger, die Ablieferungsquittung zu erteilen, so hat der Spediteur Weisung einzuholen. Ist das Gut beim Empfänger bereits ausgeladen, so ist der Spediteur berechtigt, es wieder an sich zu nehmen. Der Auftraggeber kann die Herausgabe der Ablieferungsquittung nur innerhalb eines halben Jahres nach Ablieferung des Gutes verlangen.	Dieser Ablieferungsnachweis ist sowohl für den Spediteur als auch für den Auftraggeber bzw. Empfänger bedeutend.

Fortsetzung nächste Seite

ADSp Ziffer	Inhalt	Erläuterung / Hinweis
8.3	Bei Verwendung eines Fracht- oder Seefrachtbriefs, Ladescheins oder Konnossements gelten diese als Übernahme oder Ablieferungsquittung. Die Ziffern 8.1 und 8.2 gelten entsprechend.	
8.4	Die Übernahme- oder Ablieferungsquittung kann auch elektronisch oder digital erstellt werden, es sei denn, der Auftraggeber verlangt die Ausstellung eines Fracht- oder Seefrachtbriefs, Ladescheins oder Konnossements.	
9	**Weisungen** Der Spediteur ist verpflichtet, jede ihm nach Vertragsschluss erteilte Weisung über das Gut zu beachten, es sei denn, die Ausführung der Weisung droht Nachteile für den Betrieb seines Unternehmens oder Schäden für die Auftraggeber oder Empfänger anderer Sendungen mit sich zu bringen.	Beispiel: Weil Empfänger A die Sendung an einem anderen Ort zugestellt bekommen will, wird die Lenk- und Ruhezeit des Fahrers ausgeschöpft und die Sendung eines anderen Empfängers B kann nicht zum vereinbarten Termin zugestellt werden.
10	**Frachtüberweisung, Nachnahme**	Die **Transportkosten** zahlt bei einer unfrei-Sendung der Empfänger.
10.1	Die Mitteilung des Auftraggebers, der Auftrag sei unfrei abzufertigen oder der Auftrag sei, z. B. nach Maßgabe der Incoterms®, für Rechnung des Empfängers oder eines Dritten auszuführen, berührt nicht die Verpflichtung des Auftraggebers gegenüber dem Spediteur, die Vergütung sowie die sonstigen Aufwendungen (Frachten, Zölle und sonstige Abgaben) zu tragen.	Die **Organisationskosten** sind grundsätzlich vom Auftraggeber zu zahlen.
10.2	Die Mitteilung nach Ziffer 10.1 enthält keine Nachnahmeweisung.	Nachnahmeweisung bedeutet, wie der Spediteur die Fracht- oder Warenwertnachnahme einzuziehen hat. Hier gilt die Vorschrift nach HGB.
11	**Nichteinhaltung von Ver- und Entladezeiten, Standgeld**	
11.1	Hat der Auftraggeber das Fahrzeug zu beladen oder entladen, ist er verpflichtet, die vereinbarte, ansonsten eine angemessene Ver- oder Entladezeit einzuhalten.	„angemessen" bedeutet, dass normal, also nicht hektisch, aber auch nicht überaus langsam gearbeitet wird
11.2	Mangels Vereinbarung beträgt die Ver- oder Entladezeit für Straßenfahrzeuge unabhängig von der Anzahl der Sendungen pro Ver- oder Entladestelle bei	„mangels Vereinbarung" bedeutet, „wenn nichts vereinbart wurde"

Fortsetzung nächste Seite

ADSp Ziffer	Inhalt	Erläuterung / Hinweis
11.2.1	**auf Paletten** aller Art verladenen Gütern a. bis zehn Europalettenstellplätze höchstens 30 Minuten, b. bis zwanzig Europalettenstellplätze höchstens 60 Minuten, c. über zwanzig Europalettenstellplätze höchstens 90 Minuten;	Hier werden die Regeln des HGB („angemessene Frist") konkret durch genaue Minutenangaben ersetzt. Die ADSp 2016 verdeutlichen hier, was aus Sicht des Spediteurs als „angemessen" akzeptiert wird.
11.2.2	**in allen anderen Fällen** bei Gütern (nicht jedoch bei schüttbaren Gütern) mit einem umzuschlagenden Gewicht a. bis drei Tonnen höchstens 30 Minuten, b. bis sieben Tonnen höchstens 60 Minuten, c. über sieben Tonnen höchstens 120 Minuten.	
11.3	Die Ver- oder Entladezeit beginnt mit der Ankunft des Straßenfahrzeugs an der Ver- oder Entladestelle (z. B. Meldung beim Pförtner) und endet, wenn der Auftraggeber seinen Verpflichtungen vollständig nachgekommen ist und er die Abfahrt des Straßenfahrzeugs freigegeben hat. Ist jedoch für die Ankunft des Straßenfahrzeugs am Ver- oder Entladeort die Nutzung eines Zeitfenstermanagementsystems vereinbart, so beginnt die Ver- oder Entladezeit nicht vor der für die Gestellung vereinbarten Uhrzeit.	**Zeitfenstermanagementsystem:** Der Fahrer bekommt einen ganz bestimmten Zeitraum für das Ver- oder Entladen zugewiesen: z. B. zwischen 15:30 Uhr – 16:15 Uhr
11.4	Wird die Ver- oder Entladezeit aufgrund vertraglicher Vereinbarung oder aus Gründen, die nicht dem Risikobereich des Spediteurs zuzurechnen sind, überschritten, hat der Auftraggeber dem Spediteur das vereinbarte, ansonsten ein angemessenes Standgeld als Vergütung zu zahlen.	**angemessenes Standgeld:** Das Standgeld je Stunde entspricht oft den Fixkosten des Spediteurs für das eingesetzte Fahrzeug je Stunde (aus der Fahrzeugkalkulation)
11.5	Die vorstehenden Bestimmungen finden entsprechende Anwendung,	
11.5.1	wenn der Auftraggeber verpflichtet ist, das Gut zur Verladung bereitzustellen oder nach Entladung entgegenzunehmen,	
11.5.2	bei Unterbrechungen des Transports, die nicht dem Risikobereich des Spediteurs zuzurechnen sind, mit der Maßgabe, dass abweichend von Ziffer 11.2 mangels Vereinbarung eine Wartezeit von 30 Minuten als vereinbart gilt.	

Fortsetzung nächste Seite

ADSp Ziffer	Inhalt	Erläuterung / Hinweis
12	**Leistungshindernisse, höhere Gewalt**	
12.1	Kann der Spediteur das Gut nicht oder nicht rechtzeitig übernehmen, so hat er dies dem Auftraggeber unverzüglich anzuzeigen und entsprechende Weisungen einzuholen. § 419 HGB findet entsprechende Anwendung.	
12.2	Leistungshindernisse, die nicht dem Risikobereich einer Vertragspartei zuzurechnen sind, befreien die Vertragsparteien für die Dauer der Störung und den Umfang ihrer Wirkung von den Leistungspflichten. § 412 Abs. 3 HGB bleibt unberührt. Als solche Leistungshindernisse gelten höhere Gewalt, Unruhen, kriegerische oder terroristische Akte, Streiks und Aussperrungen, behördliche Maßnahmen, Blockade von Beförderungswegen sowie sonstige unvorhersehbare, unabwendbare und schwerwiegende Ereignisse. Im Falle eines Leistungshindernisses ist jede Vertragspartei verpflichtet, die andere Partei unverzüglich zu unterrichten.	„unberührt" bedeutet, dass die gesetzliche Haftung gilt und diese nicht geändert wird
13	**Ablieferung**	
13.1	Wird mit der Entladung nicht innerhalb der Entladezeit (Ziffer 11) begonnen, ist der Spediteur berechtigt, dies als Ablieferungshindernis zu betrachten. In diesem Fall hat der Spediteur dies dem Auftraggeber unverzüglich anzuzeigen und entsprechende Weisungen einzuholen. § 419 HGB findet entsprechende Anwendung.	
13.2	Wird der Empfänger in seiner Wohnung, in dem Geschäftsraum oder in einer Gemeinschaftseinrichtung, in der der Empfänger wohnt, nicht angetroffen, kann das Gut abgeliefert werden a. in der Wohnung an einen erwachsenen Familienangehörigen, eine in der Familie beschäftigte Person oder einen erwachsenen ständigen Mitbewohner, b. in Geschäftsräumen an eine dort beschäftigte Person, c. in Gemeinschaftseinrichtungen dem Leiter der Einrichtung oder einem dazu ermächtigten Vertreter, es sei denn, es bestehen offenkundige Zweifel an deren Empfangsberechtigung.	Grundsätzlich hat der Spediteur durch die Ablieferung des Gutes den Vertrag erfüllt.

Fortsetzung nächste Seite

SPEDITIONSAUFTRÄGE

ADSp Ziffer	Inhalt	Erläuterung / Hinweis
13.3	Wenn der Spediteur mit dem Auftraggeber oder Empfänger eine Vereinbarung getroffen hat, wonach die Ablieferung ohne körperliche Übergabe an den Empfänger erfolgen soll (z. B. Nacht-, Garagen- oder Bandanlieferung), erfolgt die Ablieferung mit der tatsächlichen Bereitstellung des Gutes am vereinbarten Ort.	
14	**Auskunfts- und Herausgabepflicht des Spediteurs**	
14.1	Der Spediteur ist verpflichtet, dem Auftraggeber die erforderlichen Nachrichten zu geben, **auf Verlangen über den Stand des Geschäftes Auskunft zu geben** und nach dessen Ausführung Rechenschaft abzulegen; zur Offenlegung der Kosten ist er jedoch nur verpflichtet, wenn er für Rechnung des Auftraggebers tätig wird.	z. B. auch durch ein Sendungsverfolgungssystem (Tracking & Tracing siehe Seite 120) z. B. sind • eingezogene Beträge bei einer Warenwertnachnahme dem Auftraggeber auszuzahlen • Zollpapiere an den Auftraggeber weiterzuleiten
14.2	Der Spediteur ist verpflichtet, dem Auftraggeber alles, was er zur Ausführung des Geschäfts erhält und was er aus der Geschäftsführung erlangt, herauszugeben.	
15	**Lagerung**	Ausführungen zum Thema Lager siehe Kapitel K.
16	**Angebote und Vergütung**	
16.1	Angebote des Spediteurs und Vereinbarungen mit ihm über Preise und Leistungen beziehen sich stets nur auf die namentlich aufgeführten Leistungen, Gut normalen Umfangs, normalen Gewichts und normaler Beschaffenheit und ein im Wesentlichen unverändertes Güter-, Auftragsaufkommen oder Mengengerüst. Sie setzen normale unveränderte Beförderungsverhältnisse, ungehinderte Verbindungswege, Möglichkeit unmittelbarer sofortiger Weiterversendung, Weitergeltung der bisherigen der Vereinbarung zugrunde liegenden Frachten, Valutaverhältnisse und Tarife, unveränderte Datenverarbeitungsanforderungen, Qualitätsvereinbarungen und Verfahrensanweisungen sowie unveränderte öffentliche Abgaben, Energie- und Personalkosten voraus, es sei denn, die Veränderungen sind unter Berücksichtigung der Umstände bei Vertragsschluss vorhersehbar gewesen.	
16.2	Wird ein Nachnahme- oder sonstiger Einziehungsauftrag nach Beförderungsbeginn zurückgezogen, oder geht der vom Empfänger einzuziehende Betrag nicht ein, kann der Spediteur dennoch Provision erheben.	

Fortsetzung nächste Seite

ADSp Ziffer	Inhalt	Erläuterung / Hinweis
17	Aufwendungen des Spediteurs, Freistellungsanspruch	Beispiel: Ein Spediteur sieht, dass ein Packstück nicht ausreichend verpackt ist. Er sorgt durch eine Nachverpackung für einen ausreichenden Schutz des Gutes. Er darf dann die Kosten hierfür dem Auftraggeber in Rechnung stellen.
17.1	Der Spediteur hat Anspruch auf Ersatz der Aufwendungen, die er den Umständen nach für erforderlich halten durfte, insbesondere Beiträge zu Havereiverfahren[1], Detention- oder Demurrage-Kosten, Nachverpackungen zum Schutz des Gutes.	
[...]	[...]	
18	Rechnungen, fremde Währungen	„Sofort" bedeutet tatsächlich sofort nachdem der Auftraggeber die Rechnung erhalten hat. Oft gewährt der Spediteur dem Auftraggeber jedoch ein Zahlungsziel und trifft damit eine individuelle Absprache.
18.1	Rechnungen des Spediteurs über fällige Forderungen sind sofort zu begleichen. Die Fälligkeit der Vergütung hängt nicht von der Vorlage eines Ablieferachweises ab.	
[...]	[...]	
19	Aufrechnung, Zurückbehaltung	
[...]	[...]	
20	Pfand- und Zurückbehaltungsrecht	
20.1	Zur Absicherung seiner Forderungen aus verkehrsvertraglichen Leistungen darf der Spediteur sich auf die ihm zustehenden gesetzlichen Pfand- und Zurückbehaltungsrechte berufen.	
20.2	Die Pfandverwertung erfolgt nach den gesetzlichen Bestimmungen mit der Maßgabe, dass	
20.2.1	bei Ausübung des gesetzlichen Pfandrechts des Frachtführers oder Verfrachters die Androhung des Pfandverkaufs und die erforderlichen Benachrichtigungen an den Empfänger zu richten sind,	
20.2.2	an die Stelle der in § 1234 BGB bestimmten Frist von einem Monat die von einer Woche tritt.	
20.3	Der Auftraggeber ist berechtigt, die Ausübung des Pfandrechts zu untersagen, wenn er dem Spediteur ein hinsichtlich seiner Forderungen gleichwertiges Sicherungsmittel (z. B. selbstschuldnerische Bankbürgschaft) einräumt.	

Fortsetzung nächste Seite

---

[1] Siehe Kapitel F 4.5.2

ADSp Ziffer	Inhalt	Erläuterung / Hinweis
21	Versicherung des Gutes	Ausführungen zum Thema Speditionsversicherungen siehe Seite 96.
21.1	Der Spediteur besorgt die Versicherung des Gutes (z. B. Transport- oder Lagerversicherung) bei einem Versicherer seiner Wahl, wenn der Auftraggeber ihn vor Übergabe der Güter beauftragt. Kann der Spediteur wegen der Art der zu versichernden Güter oder aus einem anderen Grund keinen Versicherungsschutz eindecken, hat der Spediteur dies dem Auftraggeber unverzüglich mitzuteilen.	
21.2	Der Spediteur ist berechtigt, aber nicht verpflichtet, die Versicherung des Gutes zu besorgen, wenn dies im Interesse des Auftraggebers liegt. Der Spediteur darf vermuten, dass die Eindeckung einer Versicherung im Interesse des Auftraggebers liegt, insbesondere wenn a. der Spediteur bei einem früheren Verkehrsvertrag eine Versicherung besorgt hat, b. der Auftraggeber im Auftrag einen Warenwert für eine Versicherung des Gutes angegeben hat. Die Vermutung des Interesses an der Eindeckung einer Versicherung besteht insbesondere nicht, wenn a. der Auftraggeber die Eindeckung schriftlich untersagt, b. der Auftraggeber ein Spediteur, Frachtführer oder Lagerhalter ist.	
[...]	[...]	
22	Haftung des Spediteurs, Abtretung von Ersatzansprüchen	Ausführungen zum Thema Haftung siehe Seite 74 ff.
23	Haftungsbegrenzungen	Ausführungen zum Thema Haftungsbegrenzungen siehe Seite 74 ff.
24	Haftungsbegrenzungen bei verfügter Lagerung	Ausführungen zum Thema Lager siehe Kapitel K.
25	Haftungsausschluss bei See- und Binnenschiffsbeförderungen	Ausführungen zum Thema Seeschiff siehe Kapitel F.
25.1	Gemäß § 512 Abs. 2 Nr. 1 HGB ist vereinbart, dass der Spediteur in seiner Stellung als Verfrachter ein Verschulden seiner Leute und der Schiffsbesatzung nicht zu vertreten hat, wenn der Schaden durch ein Verhalten bei der Führung oder der sonstigen Bedienung des Schiffes, jedoch nicht bei der Durchführung von Maßnahmen, die überwiegend im Interesse der Ladung getroffen wurden, oder durch Feuer oder Explosion an Bord eines Schiffes entstanden ist.	Ausführungen zum Thema Binnenschiff siehe Kapitel E.

Fortsetzung nächste Seite

ADSp Ziffer	Inhalt	Erläuterung / Hinweis
25.2	Gemäß Art 25 Abs. 2 CMNI ist vereinbart, dass der Spediteur in seiner Stellung als Frachtführer oder ausführender Frachtführer nicht für Schäden haftet, die	
25.2.1	durch eine Handlung oder Unterlassung des Schiffsführers, Lotsen oder sonstiger Personen im Dienste des Schiffes oder eines Schub- oder Schleppbootes bei der nautischen Führung oder der Zusammenstellung oder Auflösung eines Schub- oder Schleppverbandes verursacht werden, vorausgesetzt, der Spediteur hat seine Pflichten nach Art. 3 Abs. 3 CMNI hinsichtlich der Besatzung erfüllt, es sei denn, die Handlung oder Unterlassung wird in der Absicht, den Schaden herbeizuführen, oder leichtfertig und in dem Bewusstsein begangen, dass ein solcher Schaden mit Wahrscheinlichkeit eintreten werde,	
25.2.2	durch Feuer oder Explosion an Bord des Schiffes verursacht werden, ohne dass nachgewiesen wird, dass das Feuer oder die Explosion durch ein Verschulden des Spediteurs, des ausführenden Frachtführers oder ihrer Bediensteten oder Beauftragten oder durch einen Mangel des Schiffes verursacht wurde,	
25.2.3	auf vor Beginn der Reise bestehende Mängel seines oder eines gemieteten oder gecharterten Schiffes zurückzuführen sind, wenn er beweist, dass die Mängel trotz Anwendung gehöriger Sorgfalt vor Beginn der Reise nicht zu entdecken waren.	
26	Außervertragliche Ansprüche [...]	
27	Qualifiziertes Verschulden	Der Spediteur **haftet** für einen Schaden **ohne Einschränkung**, wenn er • vorsätzlich, • grob fahrlässig • oder leichtfertig in dem Bewusstsein, dass ein Schaden mit Wahrscheinlichkeit eintreten wird, gehandelt hat.
27.1	Die in den Ziffern 22.2, 22.3, 23.3 und 23.4 i. V. m. 23.5, sowie 24 genannten Haftungsausschlüsse und -begrenzungen gelten nicht, wenn der Schaden verursacht worden ist	
27.1.1	durch Vorsatz oder grobe Fahrlässigkeit des Spediteurs oder seiner leitenden Angestellten oder	
27.1.2	durch Verletzung vertragswesentlicher Pflichten, wobei Ersatzansprüche in letzterem Fall begrenzt sind auf den vorhersehbaren, typischen Schaden. Vertragswesentliche Pflichten sind Pflichten, deren Erfüllung die ordnungsgemäße Durchführung des Verkehrsvertrags erst ermöglicht und auf deren Einhaltung der Vertragspartner regelmäßig vertrauen darf.	

Fortsetzung nächste Seite

ADSp Ziffer	Inhalt	Erläuterung / Hinweis
27.1.3	Abweichend von Ziffer 27.1.2 entfallen die Haftungsbegrenzungen in Ziffer 24.1 und 24.2 nur bei einer grob fahrlässigen oder vorsätzlichen Verletzung vertragswesentlicher Pflichten.	
27.2	§ 435 HGB bleibt in den von Ziffer 23.1 i. V. m. 23.5 und § 507 HGB bei einem Verkehrsvertrag über eine reine Seebeförderung in den von Ziffer 23.2 erfassten Fällen anwendbar.	
27.3	Ziffer 27.1 findet keine Anwendung auf gesetzliche Vorschriften wie Art. 25 MÜ, Art. 36 CIM oder Art. 21 CMNI, die die Haftung des Spediteurs erweitern oder die Zurechnung des Verschuldens von Leuten oder sonstigen Dritten ausdehnen.	
28	**Haftungsversicherung des Spediteurs**	Ausführungen zum Thema Speditionsversicherungen siehe Seite 96.
28.1	Der Spediteur ist verpflichtet, bei einem Versicherer seiner Wahl eine Haftungsversicherung abzuschließen und aufrecht zu erhalten, die mindestens im Umfang der Regelhaftungssummen seine verkehrsvertragliche Haftung nach den ADSp und nach dem Gesetz abdeckt.	Entspricht der Haftpflichtversicherung des § 7a GüKG
28.2	Die Vereinbarung einer Höchstersatzleistung je Schadenfall, Schadenereignis und Jahr ist zulässig; ebenso die Vereinbarung einer angemessenen Selbstbeteiligung des Spediteurs.	
28.3	Der Spediteur hat dem Auftraggeber auf Verlangen das Bestehen eines gültigen Haftungsversicherungsschutzes nachzuweisen. Hierfür genügt die Vorlage einer Versicherungsbestätigung. Erbringt er diesen Nachweis nicht innerhalb einer angemessenen Frist und verfügt er nicht über einen gültigen Versicherungsschutz, darf sich der Spediteur gegenüber dem Auftraggeber nicht auf die Haftungsbestimmungen der ADSp 2016 berufen.	
29	**29. Geheimhaltung, Compliance**	
29.1	Die Parteien sind verpflichtet, sämtliche ihnen bei der Durchführung des Verkehrsvertrags bekannt werdenden und als vertraulich gekennzeichneten Informationen vertraulich zu behandeln. Die Informationen dürfen ausschließlich zum Zwecke der Leistungserbringung genutzt werden. Nicht erfasst hiervon sind Informationen, die öffentlich zugänglich oder bei objektiver Betrachtung für die andere Vertragspartei nicht schutzbedürftig sind.	

Fortsetzung nächste Seite

ADSp Ziffer	Inhalt
29.2	Beide Parteien verpflichten sich bei der Ausführung der vertraglichen Verpflichtungen, die für ihr Unternehmen geltenden gesetzlichen Vorschriften einzuhalten, und unterstützen und achten die Grundsätze des Global Compact (UNGC), der allgemeinen Erklärung der Menschenrechte der Vereinten Nationen und die Erklärung der International Labor Organization über grundlegende Prinzipien und Rechte bei der Arbeit von 1998 (Declaration on Fundamental Principles and Rights at Work) in Übereinstimmung mit nationalen Gesetzen und Gepflogenheiten. Insbesondere werden beide Parteien in ihren Unternehmen a. keine Kinder beschäftigen oder Zwangsarbeiter einsetzen, b. die jeweiligen nationalen Gesetze und Regelungen über Arbeitszeiten, Löhne und Gehälter, insbesondere zur Zahlung des gesetzlichen Mindestlohns, und sonstige Arbeitgeberverpflichtungen einhalten, c. die geltenden Arbeits- und Gesundheitsbestimmungen einhalten und für ein sicheres und gesundheitsförderliches Arbeitsumfeld sorgen, um die Gesundheit der Beschäftigten zu erhalten und Unfälle, Verletzungen sowie arbeitsbedingte Erkrankungen zu vermeiden, d. jegliche Diskriminierung aufgrund Rasse, Religion, Behinderung, Alter, sexueller Orientierung oder Geschlecht unterlassen, e. die internationalen Antikorruptionsstandards, wie sie im UNGC und lokalen Antikorruptions- und -bestechungsgesetzen festgelegt sind, beachten, f. alle geltenden Umweltgesetze und -regelungen einhalten.
30	**Erfüllungsort, Gerichtsstand, anzuwendendes Recht**
30.1	Für die Rechtsbeziehung zwischen Spediteur und Auftraggeber gilt deutsches Recht.
30.2	Der Erfüllungsort ist für alle Beteiligten der Ort derjenigen Niederlassung des Spediteurs, an die der Auftrag oder die Anfrage gerichtet ist.
30.3	Der Gerichtsstand für alle Rechtsstreitigkeiten, die aus dem Verkehrsvertrag, seiner versuchten Anbahnung oder im Zusammenhang damit entstehen, ist für alle Beteiligten, soweit sie Kaufleute sind, der Ort derjenigen Niederlassung des Spediteurs, an die der Auftrag oder die Anfrage gerichtet ist; für Ansprüche gegen den Spediteur ist dieser Gerichtsstand ausschließlich. Die vorstehende, ausschließliche Gerichtsstandsbestimmung gilt im Fall der Art. 31 CMR und 46 § 1 CIM als zusätzliche Gerichtsstandsbestimmung, im Falle der Art. 39 CMR, 33 MÜ, 28 WA nicht.

2.3 Versicherungen nach ADSp 2016

Die ADSp 2016 sehen zwei unterschiedliche Versicherungen vor. Diese dienen dazu, die Risiken, die durch Verkehrsverträge entstehen können, zu verringern bzw. abzumildern.

Die Unterscheidung der Versicherungen nach ADSp 2016

Bezeichnung	Haftungsversicherung	Versicherung des Gutes
Zweck	Die Haftungsversicherung des Spediteurs dient dazu, die Schadenersatzbeträge aus der Haftung zu garantieren.	Die Versicherung des Gutes für den Auftraggeber soll darüber hinaus gewährleisten, dass der volle Schaden ersetzt wird, auch wenn die Haftung des Spediteurs oder Frachtführers nicht ausreichen würde.
Fundstelle	ADSp 2016 Ziffer 28	ADSp 2016 Ziffer 21
Versicherungsnehmer	der Spediteur	der Auftraggeber
Prämienzahler	Der Spediteur muss die Kosten für die Haftungsversicherung, die Versicherungsprämie, bezahlen.	Der Auftraggeber muss die Kosten für die Versicherung des Gutes, die Versicherungsprämie, bezahlen.
Notwendigkeit	Wenn der Spediteur nach ADSp 2016 arbeiten will, muss er diese Versicherung **zwingend** abschließen. Ohne diese Versicherung gilt für ihn sonst automatisch das HGB. Für Spediteure, die im Selbsteintritt tätig sind, entspricht der Abschluss dieser Versicherung der Forderung nach einer Haftpflichtversicherung nach §7a GüKG. Der Gesamtverband der Deutschen Versicherungswirtschaft e. V. (GDV) hat ein grundlegendes Modell für diese Versicherung entwickelt: Die DTV-VHV (Deutsche Transport-Versicherer-Verkehrshaftungsversicherung).	Der Versender **kann** verlangen, dass eine Transport- oder Lagerversicherung für ihn abgeschlossen wird. Sie wird nur dann automatisch für ihn abgeschlossen, wenn der Spediteur das Interesse des Auftraggebers begründet vermuten darf. Wenn z. B. bei früheren Aufträgen auch die Versicherung gewünscht wurde oder wenn der Auftraggeber im Speditionsauftrag eine Warenwertangabe angibt. Der Spediteur wird hier als Vermittler zwischen dem Auftraggeber und einem Versicherungsunternehmen tätig.
Leistungen	Die Versicherung übernimmt Zahlungen, die der Spediteur aufgrund von Haftungsregelungen zu leisten hat.	Die Versicherung leistet für Schäden, die über die Haftungsleistungen aus dem Verkehrsvertrag hinausgehen. Siehe Praxisbeispiel 1 und 2 auf Seite 89 ff.

Fortsetzung nächste Seite

Bezeichnung	Haftungsversicherung	Versicherung des Gutes
Rahmenbedingungen	Der Spediteur muss vor Abschluss der Versicherung eine **Betriebsbeschreibung** einreichen.[1] Dadurch weiß die Versicherung, welche Tätigkeiten zu versichern sind und kann das Risiko abschätzen. Wichtig sind z. B.: • Welche **Tätigkeiten** übt der Spediteur aus? • An welchen **Standorten** arbeitet der Spediteur? • Welche **Relationen** bedient der Spediteur? (nationale Transporte, EU-Länder, Übersee usw.) • Welche **Güter** werden typischerweise befördert? • Nach welchen **Rechtsgrundlagen** wird üblicherweise gearbeitet?	Je nach Kundenwunsch werden die Versicherungen pauschal als • **Transportversicherung** oder als • **Lagerversicherung** abgeschlossen. **Grundsätzlich** kommt der Versicherungsvertrag durch die Meldung der Rahmendaten an die Versicherung zustande, auch ohne Bestätigung durch die Versicherung.
Einschränkungen	Die Haftungsversicherung deckt nicht alle Risiken ab. Einschränkungen in der Leistung erfolgen für • bestimmte, z. B. diebstahlgefährdete, Güter[2], oder für • bestimmte Zielgebiete mit besonders hohem Risiko, z. B. Russland. In beiden Fällen muss vorab mit der Versicherung Rücksprache genommen werden.	• **antragspflichtige Güter:** Bei genau beschriebenen Gütern, muss die Versicherung **vor** Vertragsabschluss einwilligen. • **auflagepflichtige Güter:** Genau beschriebene Güter, bei denen die Versicherung für den Vertragsabschluss besondere Vorkehrungen verlangt, wie z. B. eine besondere Art der Verpackung. • **prämiendifferenzierte Güter:** Je nach Güterart können die Versicherungsprämien unterschiedlich hoch ausfallen.

---

1 Falls ein einzelner Auftrag nicht der Betriebsbeschreibung entspricht, können ausnahmsweise die fehlenden Beschreibungen innerhalb eines Monats nachgereicht werden.
2 diebstahlgefährdete Güter: Ziffer 3 ADSp 2016, siehe Seite 80

PRAXISBEISPIEL 1

Eine Transportversicherung für den Versender bei einem nationalen Lkw-Transport eindecken

Ein Auftraggeber möchte den Lkw-Transport von 200 Dampfreinigern von Berlin nach Hannover organisiert bekommen. Der Spediteur bietet ihm diesen Transport zu einem Fixpreis von 360,00 € an. Die Dampfreiniger haben einen Stückpreis von 225,00 € und ein Gewicht von je 8 kg.

Im Schadenfall würde die Haftung des Spediteurs nicht ausreichen, da die Haftungsobergrenze je Dampfreiniger bei einem Lkw-Transport 79,97 € beträgt.

Dies ergibt sich aus folgender Rechnung: 8,33 SZR/kg · 8 kg · 1,20 €/SZR = 79,97 €.

Der Auftraggeber möchte daher den Transport versichern und von der Spedition vorab die Versicherungsprämie wissen.

Prämientabelle inkl. Güterfolge- und reinen Vermögensschäden
- Prämien in Promille (‰) „volle Deckung" für eine komplette Übernahme des Schadens
- Land-, See- und Lufttransporte von und nach Deutschland (vereinfacht)

		Warengruppe I	Warengruppe II
1.1	Deutschland	0,750	1,900
1.2	EU-Staaten	1,000	3,500
1.3	Rest-Europa	1,700	4,550
1.4	Nordamerika	2,600	5,500
1.5	Mittelamerika und Südamerika	6,000	12,000
1.6	Afrika	7,500	auf Anfrage
1.7	Asien	4,000	7,500
2.	Lufttransporte	70 % der genannten Sätze	75 % der genannten Sätze
3.	Mindestprämie	2,50 €	3,00 €
4.	Güter mit einem Versicherungswert über 100.000,00 €	auf Anfrage	auf Anfrage
6	Prämien inklusive Güterfolge- und reine Vermögensschäden	ja	ja
8.	Versicherungssteuer bei innerdeutschen Transporten	19 %	19 %

Warengruppe I	Warengruppe II	Warengruppe III	Warengruppe IV
allgemeine Handelsgüter	besondere Handelsgüter	besonders gefährdete Handelsgüter	nicht versicherbare Handelsgüter
alle Güter, die nicht in II bis IV aufgezählt sind	alkoholische Getränke, Computer, Computerbauteile, Foto- und Filmapparate, Arzneien, Unterhaltungselektronik, Neumöbel	unverzollter Alkohol, frisches Gemüse, Kunstgegenstände, Mobiltelefone, Schnittblumen, lebende Tiere	Antiquitäten, Dokumente, echte Perlen, Edelmetalle, Geld, Juwelen, Urkunden, Wertpapiere
Versicherungsschutz: ohne besondere Anfrage	Versicherungsschutz: ohne besondere Anfrage	Versicherungsschutz: besondere Anfrage vor Risikobeginn	Versicherungsschutz: nicht möglich
Haftungshöchstgrenze: bis 800.000,00 € je Transportmittel	Haftungshöchstgrenze: bis 80.000,00 € je Transportmittel		

LÖSUNG

	Arbeitsschritt	Überprüfung / Berechnung	Ergebnis	Beurteilung
1	Überprüfung Zielgebiet	Der Transport erfolgt innerhalb Deutschlands.	Deutschland	Versicherungssteuer fällig
2	Überprüfung Warengruppe	Dampfreiniger sind in den Warengruppen II, III und IV nicht aufgeführt.	Warengruppe I	Versicherungsprämie 0,750 ‰ des Warenwertes
3	Berechnung Warenwert	200 Dampfreiniger · 225,00 €/Dampfreiniger	45.000,00 €	
4	Berechnung Versicherungsprämie	45.000,00 € · 0,750 ‰ (45.000,00 € / 1 000 · 0,750)	33,75 €	Die Prämie liegt damit über der Mindestprämie von 2,50 €.
5	Berechnung Versicherungssteuer	33,75 € · 19 % (33,75 € / 100 · 19)	6,41 €	

Ergebnis: Der Auftraggeber muss insgesamt 33,75 € Transportversicherungsprämie + 6,41 € Versicherungssteuer = 40,16 €[1] bezahlen.

Anmerkung:
Bei einem Totalschaden würde der Auftraggeber durch den Abschluss einer Güterversicherung den kompletten Schaden von 225,00 € je Dampfreiniger ersetzt bekommen.

---

1 Grundsätzlich muss für diese 40,16 € keine Umsatzsteuer bezahlt werden. Wird der Betrag aber auf der Rechnung des Spediteurs als Bestandteil der Leistungen mit ausgewiesen, wird hier die anteilige Umsatzsteuer nicht herausgerechnet.

Der Auftraggeber würde aus der Frachtführerhaftung, die sich durch die Fixkostenspedition ergibt, 79,97 € je Dampfreiniger erhalten. Dieser Schadenersatz würde von der **Haftungsversicherung** des Spediteurs getragen werden. Außerdem bekommt der Auftraggeber die restlichen 145,03 € des Schadens je Dampfreiniger von der zusätzlich abgeschlossenen **Güterversicherung** ersetzt.

Wurden beide Versicherungen bei der gleichen Versicherungsgesellschaft abgeschlossen, ist es möglich, dass die Güterversicherung den Schaden komplett trägt und die Haftungsversicherung des Spediteurs nicht belastet wird.

PRAXISBEISPIEL 2

Eine Transportversicherung für den Versender bei einem internationalen Luftfracht-Transport eindecken

Ein Auftraggeber möchte den Luftfracht-Transport von 200 Dampfreinigern von Berlin nach Chicago organisiert bekommen. Der Spediteur bietet ihm diesen Transport zu einem Fixpreis von 4.600,00 € an. Die Dampfreiniger haben einen Stückpreis von 225,00 € und ein Gewicht von je 8 kg.
Im Schadenfall würde die Haftung des Spediteurs nicht ausreichen, da die Haftungsobergrenze je Dampfreiniger bei einem Luftfracht-Transport 182,40 € beträgt.
Dies ergibt sich aus der Rechnung: 19 SZR/kg · 8 kg · 1,20 €/SZR = 182,40 €, da in der Luftfracht mit maximal 19 SZR/kg[1] gehaftet wird.
Der Auftraggeber möchte daher den Transport versichern und von der Spedition vorab die Versicherungsprämie wissen.

 LÖSUNG

	Arbeitsschritt	Überprüfung / Berechnung	Ergebnis	Beurteilung
1	Überprüfung des Zielgebiets	Der Transport erfolgt grenzüberschreitend	Nordamerika	Keine Versicherungssteuer fällig
2	Überprüfung der Warengruppe	Dampfreiniger sind in den Warengruppen II, III und IV nicht aufgeführt.	Warengruppe I	Versicherungsprämie 0,750 ‰ des Warenwertes
3	Berechnung Warenwert	200 Dampfreiniger · 225,00 €/Dampfreiniger	45.000,00 €	
4	Berechnung der Versicherungsprämie	45.000,00 € · 2,600 ‰ = 117,00 € **aber:** da Luftfracht davon nur 70 %: 117,00 EUR · 70 %	81,90 €	Die Prämie liegt damit über der Mindestprämie von 2,50 €.
5	Berechnung Versicherungssteuer			Entfällt, siehe 1

Ergebnis: Der Versender muss insgesamt 81,90 € Transportversicherungsprämie bezahlen.

---

1 Haftungshöchstgrenze in der Luftfracht nach dem Montrealer Übereinkommen, siehe Kapitel G 3.5, Seite 205.

Anmerkung:
Bei einem Totalschaden würde der Auftraggeber durch den Abschluss einer Güterversicherung den kompletten Schaden von 225,00 € je Dampfreiniger ersetzt bekommen.

Der Auftraggeber würde aus der Frachtführerhaftung, die sich durch die Fixkostenspedition ergibt, 182,40 € je Dampfreiniger erhalten. Dieser Schadenersatz würde von der **Haftungsversicherung** des Spediteurs getragen werden. Außerdem bekommt der Auftraggeber die restlichen 42,60 € des Schadens von der zusätzlich abgeschlossenen **Güterversicherung** ersetzt.

Wurden beide Versicherungen bei der gleichen Versicherungsgesellschaft abgeschlossen, ist es möglich, dass die Güterversicherung den Schaden komplett trägt und die Haftungsversicherung des Spediteurs nicht belastet wird.

3 Sammelladungs- und Systemverkehre

Häufig ist eine Sendung für die Auslastung eines Fahrzeugs zu klein. Der Grundgedanke bei Sammelladungsverkehren ist es, einzelne, relativ kleine Sendungen nicht alleine zu befördern, Direktverkehr (Abbildung 1), sondern durch viele Sendungen ins gleiche Zielgebiet das Fahrzeug möglichst voll auszulasten, Sammelladungsverkehr (Abbildung 2). Dabei spielt es keine Rolle, ob der Sammelladungstransport mit dem Lkw, dem Flugzeug oder dem Schiff ausgeführt wird.

Da ein Spediteur für viele Kunden Transporte organisiert, hat er die beste Möglichkeit, Transporte zu bündeln und kann so durch die bessere Fahrzeugauslastung Kostenvorteile erzielen.

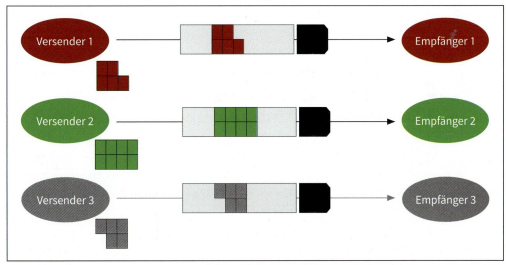

△ *Direktverkehre*

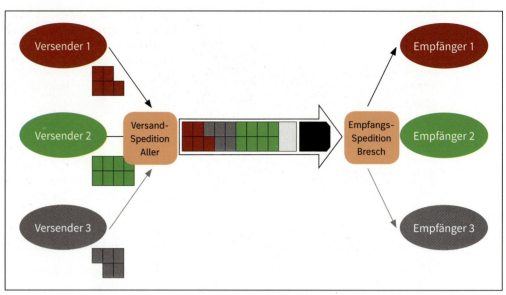

△ Sammelladungsverkehr

Dabei müssen die Kosten, die durch die Bündelung der Einzelsendungen bei Sammelladung entstehen, niedriger sein, als die Kosten, die durch die Einzelfahrten entstehen würden.

MERKE

Die typische Sendung für den Sammelladungsverkehr wiegt unter drei Tonnen.

3.1 Typische Prozesse bei Sammelladungsverkehren

Der **Vorlauf**, also das Einsammeln der Einzelsendungen zum Spediteur kann auf unterschiedliche Arten erfolgen:

- **Abholung:**
  Die Sendungen werden durch eigene Nahverkehrsfahrzeuge des Spediteurs oder durch Fremdunternehmer, die vom Spediteur beauftragt wurden, beim Versender abgeholt.
- **Direktabholung:**
  Die Sendung des Versenders ist so groß, dass das Fahrzeug des Hauptlaufes zum Versender fährt und die Sendung abholt. Man spricht dann von einer **Stockpartie**, die alleine schon für eine große Auslastung des Sammelladungsverkehrs sorgt. Dadurch wird der Hallenumschlag dieser Sendung vermieden.

- **indirekte Abholung:**
  Dem Versender wird eine Wechselbrücke oder ein Anhänger zur Verfügung gestellt. Diesen belädt alleine dieser Versender. Die Wechselbrücken bzw. der Anhänger werden abgeholt und bilden dann mit den restlichen Sendungen anderer Versender die Sammelladungssendung. Auch hier wird der Hallenumschlag vermieden.
- **Selbstanlieferung:**
  Der Versender bringt seine Sendung selbst zur Spedition.

Für den **Nachlauf** gelten diese Prinzipien analog. So gibt es die normale Zustellung, die direkte Zustellung, die indirekte Zustellung und die Selbstabholung.

△ Beladung eines Hauptlauffahrzeugs

Für die Sendung im **Hauptlauf** werden der Spediteur zum Absender und der Empfangsspediteur im Zielgebiet zum Empfänger des Hauptlaufes. Für diese eine Sammel-Sendung wird **nur ein Frachtbrief ausgestellt**, obwohl sie aus verschiedenen Einzelsendungen zusammengesetzt wird. Diese Einzelsendungen werden in einem besonderen Dokument zusammengefasst, das als **Bordero** (siehe Praxisbeispiel Seite 110) bezeichnet wird. In der Luftfracht und der Schifffahrt entspricht das Cargo Manifest[1] dem Bordero.

Im Sammelladungsverkehr werden die Fahrzeuge im Hauptlauf oft im sogenannten Nachtsprung eingesetzt. Dies bedeutet, dass z. B. ein Lkw am Abend beim Versandspediteur startet, damit er am nächsten Morgen bis 05:00 Uhr beim Empfangsspediteur eintrifft. So kann der Empfangsspediteur an diesem Tag sofort mit der Verteilung der einzelnen Sendungen an die Endempfänger beginnen.

MERKE

- **Vorlauf:**
  Transport der Güter von der Verladestelle bis zu einem Umschlagsterminal
- **Hauptlauf:**
  Transport der Güter von einem Umschlagsterminal auf der Hauptstecke bis zu einem anderen Umschlagsterminal. Der Transport erfolgt wegen der besseren Auslastung des Hauptverkehrsmittels meist zusammen mit anderen Sendungen.
- **Nachlauf:**
  Transport der Güter von einem Umschlagsterminal bis zur endgültigen Entladestelle

---

[1] teilweise auch nur Manifest oder Ship's Manifest genannt

SPEDITIONSAUFTRÄGE

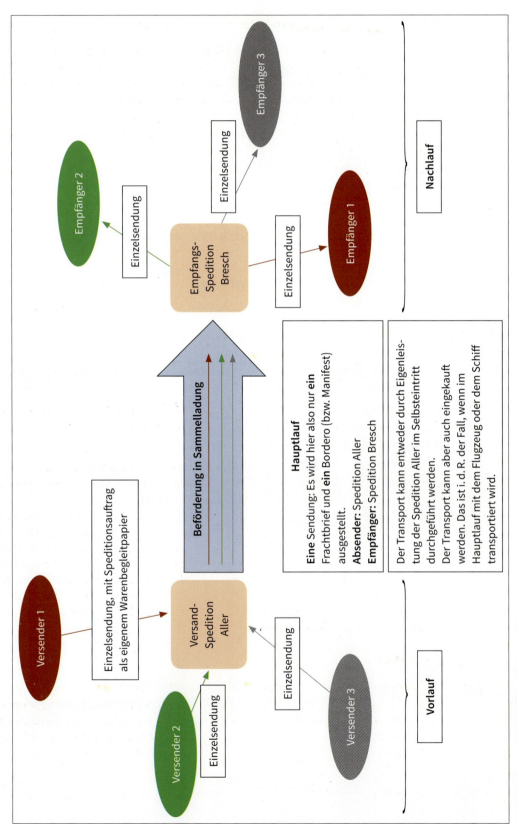

△ Typische Prozesse bei einem Sammelladungsverkehr

3.2 Vertragsbeziehungen bei Sammelladungsverkehren

Im Sammelladungsverkehr organisiert der Spediteur die Transporte der Versender. Dazu fasst er sie zu einer Sammel-Sendung zusammen und lässt sie zu einem Empfangsspediteur transportieren. Der Empfangsspediteur organisiert für den Versandspediteur den Transport im Zielgebiet, indem er die Sammel-Sendung wieder in die ursprünglichen Einzelsendungen zerlegt und dann zustellt oder zustellen lässt.

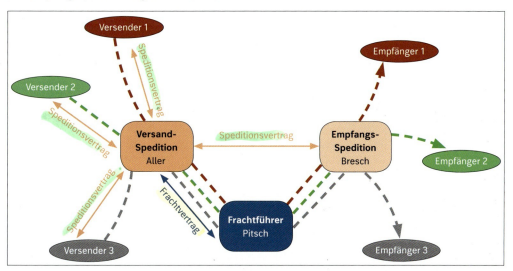

In Bezug auf die Organisation der **Verteilung der Sammel-Sendung** im Empfangsgebiet besteht zwischen dem Versandspediteur und dem Empfangsspediteur ein Speditionsvertrag. Der Versandspediteur ist dann nach HGB-Speditionsrecht der Versender, der Empfangsspediteur ist der Spediteur.

Auch im Sammelladungsverkehr werden die meisten Speditionsverträge auf der Grundlage der ADSp abgeschlossen.

Alle Kaufverträge haben in der Abbildung oben die Lieferbedingung „frei Haus". Dies bedeutet, dass der Verkäufer für den Transport zuständig ist und diesen bezahlen muss. Die Kaufverträge bestehen jeweils zwischen den einzelnen Versendern und Empfängern, z. B. zwischen Versender 1 und Empfänger 1.

Die Versandspedition Aller organisiert die Beförderung der Einzelsendungen, hier durch einen Sammelladungstransport.

Die Empfangsspedition Bresch organisiert die Beförderung der Einzelsendungen in der Zustellung. Der Empfangsspediteur erstellt für die Leistungen, die er für den Versandspediteur erbracht hat, an den Versandspediteur eine **Rückrechnung**. Diese Rückrechnung ist die Bezahlung des Empfangsspediteurs für seine Leistungen.

Typische Leistungen des Empfangsspediteurs

➲ **EMPFANG DER SAMMELSENDUNG**
- Schnittstellenkontrolle
- Trennung der Sammelsendung in die Einzelsendungen
- Hallenumschlag

➲ **ZUSTELLUNG**
Die Einzelsendungen werden den jeweiligen Empfängern zugestellt. Dies geschieht im Selbsteintritt oder durch fremde Frachtführer.

> **AVISIERUNG VON ZUSTELLUNGEN**
> Durch eine Avisierung wird der Empfänger darüber informiert, dass er in Kürze mit einer Zustellung zu rechnen hat. Dadurch ist die Wahrscheinlichkeit, dass die Sendung problemlos entgegengenommen werden kann, sehr viel größer.

> **ZUSTELLUNG MIT NACHNAHMEEINZUG**
> Nachnahmeeinzug ist bei unfreien Sendungen oder auch für Warenwertnachnahmen notwendig:
> - Bei unfreien Sendungen muss der Empfänger die Fracht und die dazu fällige Umsatzsteuer bezahlen.
> - Bei Warenwertnachnahmen muss der Empfänger dem Versender die Rechnung für die Ware per Nachnahme begleichen. Dieser Betrag ist beim Spediteur ein durchlaufender Posten, den er komplett an den Versender weiterleitet.

3.3 Beiladung

Manchmal ist es einem Sammelladungsspediteur nicht möglich die geplante Auslastung eines Fahrzeugs zu erreichen. Für ihn würde das bedeuten, dass dieser Sammelladungsverkehr nicht gewinnbringend ausgeführt werden kann.

In diesem Fall hat er die Möglichkeit der **Beiladung**. Er ist dann ein Spediteur, der wegen zu geringem Sendungsaufkommen einem anderen Versandspediteur seine Sammelladung **beilädt**.

BEISPIEL

Ein Versandspediteur A aus Augsburg hat einen Empfangsspediteur C in Bochum.
Der Spediteur A sammelt die Sendungen von zwei Versendern im Großraum Augsburg ein und macht sie zu einer Sammelladung mit vier EUR-FP (siehe rote Umrandung in der Grafik auf Seite 107). Da es nur vier EUR-FP sind, kann er mit seiner Sammelladung seinen Lkw nicht wie geplant auslasten.
Er hat aber die Möglichkeit, seine Sammelladung einem anderen Versandspediteur B aus Augsburg beizuladen. Der Versandspediteur B hat im Zielgebiet der vier EUR-FP einen Empfangsspediteur D in Dortmund, der die vier EUR-FP als eine Sendung an den Empfangsspediteur C ausliefert.

Ablauf:
- Der Versandspediteur A hat mit dem Versandspediteur B einen Speditionsvertrag.
- Der Versandspediteur A wird somit zum Versender und wird hier als **Beilader** bezeichnet.
- Der Versandspediteur A sendet dem Empfangsspediteur C das Bordero, z. B. als Brief oder E-Mail, zu.
- Der Empfangsspediteur C wird damit als **Briefspediteur** bezeichnet.
- Der Empfangsspediteur C ist aus Sicht des Empfangsspediteurs D der Endempfänger der Sammelladung.
- Die eingehende Sammelladung aus vier EUR-FP behandelt der Empfangsspediteur C schließlich wie vorgesehen als Empfangsspediteur und stellt die vier EUR-FP den zwei Empfängern in Bochum zu.

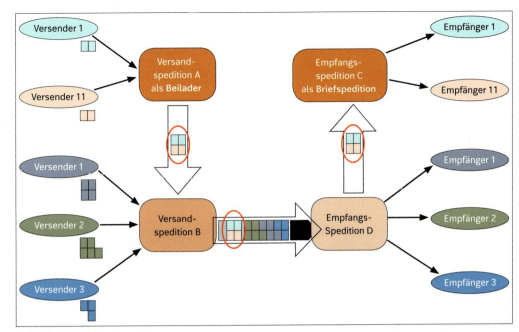

△ Ablauf einer Beiladung

3.4 Abrechnung von Sammelladungsverkehren

Um festzustellen, ob sich ein Sammelladungsverkehr gelohnt hat, müssen die Erlöse den Kosten gegenübergestellt werden.

Ergebnisberechnung

➔ ERLÖSE

Erlöse sind der von den Versendern zu zahlende Preis für den gesamten Transport. Dazu kommen evtl. die Preise für die Zusatzleistungen, wie Nachnahmeeinzug oder Avisierung. Häufig kann der Kunden den Preis in einer Kundensatztabelle ablesen. Je höher das Gewicht der Sendung und je höher die Entfernung von Versender zum Empfänger ist, desto höher ist der Preis. In der Kundensatztabelle sind die Preise ohne Umsatzsteuer, also netto, angegeben.

➔ KOSTEN

Die Kosten im Sammelladungsverkehr entstehen vor allem durch
- die Organisation der Beförderung,
- die Abholung der Sendungen beim Versender,
- den Hallenumschlag,
- den Hauptlauf und
- die Rückrechnung, also die Bezahlung des Empfangsspediteurs.

FORMEL

Erlöse – Kosten = Ergebnis
Ein positives Ergebnis bedeutet Gewinn. Ein negatives Ergebnis bedeutet Verlust.

PRAXISBEISPIEL

Sammelladungsverkehr abrechnen

Die Spedition Aller, Stuttgart, führt zweimal die Woche einen Sammelladungsverkehr nach München zum Empfangsspediteur Bresch durch.

Den Versendern werden **Preise** nach der eigenen Kundensatztabelle angeboten. Diese Preise sind ein Haus-Haus-Tarif ohne Nebenentgelte, d.h. die Versender bezahlen entsprechend der Entfernung von der Abholstelle bis zum Empfangsort und entsprechend dem Gewicht der Einzelsendung.

Hinzu kommen Entgelte für Nachnahmesendungen, die beim Empfangsspediteur einen höheren Aufwand verursachen, da die Beträge beim Empfänger eingezogen werden und dem Versandspediteur übermittelt werden müssen.

Im Folgenden wird der **Ablauf der Abwicklung einer Sammelladung** dargestellt:

①	Darstellung der **Preise für die Kunden/Versender** in Form einer **Kundensatztabelle für den Transport von Haus zu Haus**
②	Darstellung der **Kosten für die Spedition Aller**, die die Versendung der Güter organisiert
③	Abbildung des **Borderos** für den Empfangsspediteur
④	Darstellung einer **Entfernungstabelle**, um die Strecke in Kilometer für die einzelnen Sendungen zu bestimmen
⑤	Berechnung der **gesamten Erlöse** für die Spedition Aller anhand der Kundensatztabelle, des Borderos (Gewicht der Einzelsendungen) und der Entfernungstabelle (km)
⑥	Berechnung der **Kosten** für die Spedition Aller für die **Abholung** der Einzelsendungen bei den einzelnen Versendern
⑦	Berechnung der **Kosten** für die Spedition Aller für den **Umschlag** beim Übergang vom Vorlauf in den Hauptlauf
⑧	Berechnung der **Kosten** für die Spedition Aller für den **Hauptlauf** durch den fremden Frachtführer Pitsch
⑨	Berechnung der **Kosten** für die Spedition Aller für den **Umschlag** beim Empfangsspediteur Bresch beim **Übergang** vom Hauptlauf in den Nachlauf
⑩	Berechnung der **Kosten** für die Spedition Aller für den **Nachlauf** (Zustellung), organisiert durch den Empfangsspediteur Bresch
⑪	Berechnung der gesamten **Kosten** für die Spedition Aller
⑫	Berechnung des **Ergebnisses** der Sammelladung für die Spedition Aller (Gewinn oder Verlust)

❶ Kundensatztabelle für den Transport von Haus-zu-Haus

Entfernung in km	Gewicht in kg							
	1–50	51–100	101–200	201–300	301–400	401–500	501–600	601–700
1–100	34,70 €	58,80 €	83,20 €	120,60 €	154,60 €	184,70 €	215,20 €	251,90 €
101–200	37,50 €	64,90 €	95,60 €	141,20 €	183,30 €	221,90 €	260,30 €	305,20 €
201–300	38,20 €	66,20 €	97,50 €	144,60 €	188,10 €	227,70 €	267,90 €	313,90 €
301–400	38,30 €	66,60 €	98,40 €	146,50 €	190,60 €	230,60 €	271,50 €	318,50 €
401–500	38,50 €	67,10 €	99,60 €	148,10 €	193,00 €	233,90 €	275,30 €	322,70 €
501–600	39,30 €	68,10 €	101,50 €	151,30 €	197,60 €	240,40 €	282,90 €	331,70 €
601–700	40,00 €	70,20 €	105,50 €	158,10 €	207,40 €	252,40 €	297,90 €	349,60 €
701–800	40,60 €	71,20 €	107,60 €	161,60 €	211,90 €	258,40 €	305,50 €	358,30 €
801–1 000	41,30 €	73,20 €	111,70 €	168,60 €	221,90 €	270,90 €	320,40 €	376,20 €
Zusatzentgelt für Kunden der Spedition Aller für Nachnahmesendungen:								18,50 € je Sendung

Entfernung in km	Gewicht in kg							
	701–800	801–900	901–1 000	1 001–1 250	1 251–1 500	1 501–2 000	2 001–2 500	2 501–3 000
1–100	288,40 €	300,20 €	333,80 €	363,90 €	394,60 €	405,90 €	406,90 €	407,70 €
101–200	349,80 €	369,60 €	411,70 €	456,20 €	500,20 €	520,00 €	542,70 €	563,00 €
201–300	360,20 €	381,20 €	424,60 €	471,70 €	518,10 €	539,00 €	565,20 €	588,80 €
301–400	365,40 €	387,50 €	431,20 €	479,30 €	527,20 €	548,40 €	576,30 €	601,90 €
401–500	370,20 €	393,00 €	437,60 €	487,20 €	536,00 €	557,90 €	587,90 €	614,70 €
501–600	380,60 €	404,50 €	450,60 €	502,50 €	553,80 €	577,00 €	610,40 €	640,70 €
601–700	401,30 €	427,80 €	476,60 €	533,20 €	589,00 €	614,80 €	655,50 €	692,40 €
701–800	411,20 €	439,40 €	489,30 €	548,40 €	606,70 €	633,90 €	678,40 €	718,20 €
801–1 000	431,90 €	462,80 €	515,30 €	579,20 €	642,10 €	672,10 €	723,50 €	769,80 €
Zusatzentgelt für Kunden der Spedition Aller für Nachnahmesendungen:								18,50 € je Sendung

❷ Die **Kosten der Spedition Aller** wurden durch deren eigene Kosten- und Leistungsrechnung ermittelt oder sind durch die Preise des Hauptlauffrachtführers Pitsch und der Empfangsspedition Bresch gegeben:

Vorlauf/Abholung beim Versender:	1,10 € je km Entfernung vom Versender zum Spediteur
Umschlag in der Spedition Aller:	6,50 € / angefangene 100 kg jede Sendung
Hauptlauf durch Frachtführer Pitsch:	bis 4 LDM: 28,00 €/Palettenstellplatz
	bis 8 LDM: 20,00 €/Palettenstellplatz
	über 8 LDM: 15,00 €/Palettenstellplatz
Umschlag bei der Spedition Bresch:	7,20 € / angefangene 100 kg jede Sendung
Nachlauf/Zustellung durch Spedition Bresch:	1,50 € je km Entfernung vom Spediteur zum Empfänger

Für **Nachnahme**sendungen berechnet die Spedition Bresch der Spedition Aller für den Mehraufwand 16,80 € je Sendung.

SPEDITIONSAUFTRÄGE

❸ Die Einzelaufträge der Sammelladungssendung sind in folgendem **Bordero** dokumentiert:

Versandspediteur: Spedition Aller							Bordero-Nummer: 006 Datum: xx.xx.xxxx Blatt: 1 Relation: Stgt – M		Frachtführer: Pitsch		Empfangsspediteur: Spedition Bresch		
Lfd. Nr.	Zeichen und Nummern	An-zahl	Art	Sta-pel-fak-tor[1]	Inhalt	Ge-wicht (kg)	Versender	Empfänger	Fran-katur[2]	USt-frei beim Empfänger einzuziehen (Waren-nachnahmen)	Fracht und Nebenge-bühren vom Empfänger zu zahlen: **netto**	vom Empfänger zu zahlen: **USt**	vom Empfänger zu zahlen: **gesamt**
1	ABC	2	EUR-FP	0	Putzwolle	356	Schöpf KG	Klaas GmbH	1				
2	DEF	5	EUR-FP	0	leere Kanister	590	Haller OHG	Lorch GmbH	1				
3	GHI	4	EUR-FP	0	Gemüse	236	Frische AG	Handelsgenossenschaft	2		163,10 €	30,99 €	194,09 €
4	JKL	3	EUR-FP	0	Elektrogeräte	312	Juster e. K.	Kollrich & Co	1				
5	MNO	7	EUR-FP	0	Maschinenteile	1230	Flache GmbH	Richter GmbH	1				
									Summe:		163,10 €	30,99 €	194,09 €

[1] Stapelfaktor: 0 = nicht stapelbar, 1 = einmal stapelbar, ...
[2] Frankaturvermerke: 1 = frei Haus; 2 = unfrei

Bei den Sendungen 1, 2, 4 und 5 sind keine Frachten eingetragen, da der Empfangsspediteur bei „frei Haus"-Sendungen keine Beträge bei den Empfängern einzuziehen hat. Bei Sendung 3 fallen 144,60 € Fracht + 18,50 € Nachnahmeentgelt = 163,10 € an. (siehe Seite 111, Tabelle unten)

4 Entfernungstabelle

	Sped. Aller	Klaas S1	Lorch S2	Handelsg. S3	Kollrich S4	Richter S5
Schöpf S1	12 km	190 km				
Haller S2	36 km		253 km			
Frische S3	19 km			245 km		
Juster S4	6 km				198 km	
Flache S5	23 km					289 km
Sped. Esch	202 km	56 km	33 km	14 km	46 km	41 km

LÖSUNG

5 Die Spedition Aller erzielt laut Kundensatztabelle folgende **Erlöse**:

1. Beispielrechnung: Für den **Versender Schöpf** (Sendung 1) ergibt sich als Entgelt für den Transport seiner EUR-FP (356 kg) zum Empfänger Klaas (190 km) 183,30 €.

Kundensatztabelle für den Transport von Haus zu Haus

Entfernung in km	Gewicht in kg							
	1–50	51–100	101–200	201–300	301–400	401–500	501–600	601–700
1–100	34,70 €	58,80 €	83,20 €	120,60 €	154,60 €	184,70 €	215,20 €	251,90 €
101–200	37,50 €	64,90 €	95,60 €	141,20 €	183,30 €	221,90 €	260,30 €	305,20 €
201–300	38,20 €	66,20 €	97,50 €	144,60 €	188,10 €	227,70 €	267,90 €	313,90 €
301–400	38,30 €	66,60 €	98,40 €	146,50 €	190,60 €	230,60 €	271,50 €	318,50 €
401–500	38,50 €	67,10 €	99,60 €	148,10 €	193,00 €	233,90 €	275,30 €	322,70 €
501–600	39,30 €	68,10 €	101,50 €	151,30 €	197,60 €	240,40 €	282,90 €	331,70 €
601–700	40,00 €	70,20 €	105,50 €	158,10 €	207,40 €	252,40 €	297,90 €	349,60 €
701–800	40,60 €	71,20 €	107,60 €	161,60 €	211,90 €	258,40 €	305,50 €	358,30 €
801–1 000	41,30 €	73,20 €	111,70 €	168,60 €	221,90 €	270,90 €	320,40 €	376,20 €

2. Für alle anderen Kunden ergeben sich nach dem gleichen Prinzip folgende Entgelte:

Sendung	Gewicht der Sendung	Entfernung zum Empfänger	Nebenentgelte für Nachnahme (1)	Erlöse aus Kundensatztabelle (2)	Gesamterlöse (1) + (2)
1	356 kg	190 km		183,30 €	**183,30 €**
2	590 kg	253 km		267,90 €	**267,90 €**
3	236 kg	245 km	18,50 €	144,60 €	**163,10 €**
4	312 kg	198 km		183,30 €	**183,30 €**
5	1 230 kg	289 km		471,70 €	**471,70 €**

Nettoerlöse der Spedition Aller: 1.269,30 €

Bei der Erbringung ihrer Dienstleistung erhält die Spedition Aller Erlöse in Höhe von 1.269,30 €.

6 Der Spedition Aller entstehen folgende **Kosten** für die **Abholung** der Einzelsendungen:

Sendung	Anzahl Packstücke	Gewicht der Sendung	Entfernung Vorlauf	Abholung: 1,10 € je km
1	2 Paletten	356 kg	12 km	12 km · 1,10 €/km = **13,20 €**
2	5 Paletten	590 kg	36 km	36 km · 1,10 €/km = **39,60 €**
3	4 Paletten	236 kg	19 km	19 km · 1,10 €/km = **20,90 €**
4	3 Paletten	312 kg	6 km	6 km · 1,10 €/km = **6,60 €**
5	7 Paletten	1 230 kg	23 km	23 km · 1,10 €/km = **25,30 €**
				Gesamtkosten Abholung: **105,60 €**

7 Beim **Umschlag** bei der Spedition Aller entstehen folgende **Kosten**:

Sendung	Anzahl Packstücke	Gewicht der Sendung	Entfernung Vorlauf	Umschlag: 6,50 € je angefangene 100 kg
1	2 Paletten	356 kg	12 km	4 angefangene 100 kg · 6,50 €/100 kg = **26,00 €**
2	5 Paletten	590 kg	36 km	6 angefangene 100 kg · 6,50 €/100 kg = **39,00 €**
3	4 Paletten	236 kg	19 km	3 angefangene 100 kg · 6,50 €/100 kg = **19,50 €**
4	3 Paletten	312 kg	6 km	4 angefangene 100 kg · 6,50 €/100 kg = **26,00 €**
5	7 Paletten	1 230 kg	23 km	13 angefangene 100 kg · 6,50 €/100 kg = **84,50 €**
				Gesamtkosten Umschlag Spedition Aller: **195,00 €**

8 Kosten für den **Hauptlauf** durch die Fracht an Frachtführer Pitsch:
21 Paletten · 0,4 LDM/Palette = 8,4 LDM
Laut Preisliste des Frachtführer Pitsch sind also 15,00 € pro Palettenstellplatz zu bezahlen.

Sendung	Anzahl Packstücke	Stapelfaktor	Hauptlauf: 15,00 € je Palettenstellplatz
1	2 Paletten	0	2 Pal. · 15,00 €/Pal. = **30,00 €**
2	5 Paletten	0	5 Pal. · 15,00 €/Pal. = **75,00 €**
3	4 Paletten	0	4 Pal. · 15,00 €/Pal. = **60,00 €**
4	3 Paletten	0	3 Pal. · 15,00 €/Pal. = **45,00 €**
5	7 Paletten	0	7 Pal. · 15,00 €/Pal. = **105,00 €**

Gesamtkosten Hauptlauf Frachtführer Pitsch: **315,00 €**

⑨ Kosten für den **Umschlag** bei der Spedition Bresch, die an die Spedition Aller abgerechnet werden:

Sendung	Anzahl Packstücke	Gewicht der Sendung	Umschlag: 7,20 € je angefangene 100 kg
1	2 Paletten	356 kg	4 angefangene 100 kg · 7,20 €/100 kg = **28,80 €**
2	5 Paletten	590 kg	6 angefangene 100 kg · 7,20 €/100 kg = **43,20 €**
3	4 Paletten	236 kg	3 angefangene 100 kg · 7,20 €/100 kg = **21,60 €**
4	3 Paletten	312 kg	4 angefangene 100 kg · 7,20 €/100 kg = **28,80 €**
5	7 Paletten	1 230 kg	13 angefangene 100 kg · 7,20 €/100 kg = **93,60 €**

Gesamtkosten Umschlag Spedition Bresch: 216,00 €

⑩ Kosten, die durch den Preis der Spedition Bresch für die **Zustellung** beim Empfänger entstehen:

Sendung	Anzahl Packstücke	Gewicht der Sendung	Entfernung Nachlauf	Zustellung: 1,50 € je km	Kosten für Nachnahme
1	2 Paletten	356 kg	56 km	56 km · 1,50 €/km = **84,00 €**	
2	5 Paletten	590 kg	33 km	33 km · 1,50 €/km = **49,50 €**	
3	4 Paletten	236 kg	14 km	14 km · 1,50 €/km = **21,00 €**	16,80 €
4	3 Paletten	312 kg	46 km	46 km · 1,50 €/km = **69,00 €**	
5	7 Paletten	1 230 kg	41 km	41 km · 1,50 €/km = **61,50 €**	

Gesamtkosten Zustellung Spedition Bresch: 301,80 €

⑪ Zusammenfassung aller **Kosten** des **Sammelladungsverkehrs**:

Sendung	Abholung	Umschlag	Hauptlauf	Umschlag	Zustellung	Summe
1	13,20 €	26,00 €	30,00 €	28,80 €	84,00 €	182,00 €
2	39,60 €	39,00 €	75,00 €	43,20 €	49,50 €	246,30 €
3	20,90 €	19,50 €	60,00 €	21,60 €	37,80 €	159,80 €
4	6,60 €	26,00 €	45,00 €	28,80 €	69,00 €	175,40 €
5	25,30 €	84,50 €	105,00 €	93,60 €	61,50 €	369,90 €
Summe	105,60 €	195,00 e	315,00 €	216,00 €	301,80 €	1.133,40 €

Um ihre Dienstleistung erbringen zu können, entstehen der Spedition Aller **Kosten in Höhe von 1.133,40 €**.

⑫ Ergebnis des Sammelladungsverkehrs:

Das Ergebnis, also die Frage, ob ein Gewinn oder ein Verlust erwirtschaftet wird, ergibt sich aus der Rechnung „Erlöse minus Kosten":

Sendung	Erlöse, netto	Kosten, netto	Ergebnis
1	183,30 €	182,00 €	1,30 €
2	267,90 €	246,30 €	21,60 €
3	163,10 €	159,80 €	3,30 €
4	183,30 €	175,40 €	7,90 €
5	471,70 €	369,90 €	101,80 €
Gesamt	1.269,30 €	1.133,40 €	135,90 €

Die Spedition Aller erzielt bei diesem Sammelladungstransport einen Gewinn in Höhe von 135,90 €.

Zusammenfassung für den Ablauf eines Sammelladungsverkehrs

	Vorlauf →	Versand-spediteur →	Hauptlauf → (Lkw, Bahn, Flugzeug, Schiff)	Empfangs-spediteur →	Nachlauf Zustellung	
Versender 1 → Versender 2 → Versender 3 → Versender x →	• normale Abholung • Direktabholung • indirekte Abholung • Selbstanlieferung	Sendungen des Vorlaufs an Zielstationen vorlagern	Vom Versandspediteur geht **eine** Sendung an den Empfangsspediteur!	• Entladung des Hauptlauf-fahrzeugs • Vorlagerung für Zustelltouren **Loco-Güter** im Ortsbereich **Transitgüter** in andere Gemeinden	• normale Zustellung • direkte Zustellung • indirekte Zustellung • Selbstabholung evtl.: z. B. Nachnahmeeinzug	Empfänger 1 Empfänger 2 Empfänger 3 Empfänger x
Ablauf eines Sammel-ladungs-verkehrs	**1. Schnittstelle** Übergang von einer Rechtsperson auf eine andere; **hier:** vom Versender auf den Versand-spediteur	**2. Schnittstelle** Übergang von einer Rechtsperson auf eine andere *hier: vom Nah-verkehrsunternehmen an den Versand-spediteur*	**3. Schnittstelle** wenn Fremdfrachtführer: Übergang von einer Rechtsperson auf eine andere evtl. zusätzlich: Übergang von einer Haftungsord-nung auf eine andere, z. B. wenn der Hauptlauf mit dem Flugzeug erfolgt wenn Selbsteintritt: informelle Schnittstelle	**4. Schnittstelle** Übergang von einer Rechtsperson auf eine andere evtl. zusätzlich: Übergang von einer Haftungsord-nung auf eine andere, z. B. wenn der Hauptlauf mit dem Flugzeug erfolgte	**5. Schnittstelle** wenn Fremdfrachtführer: Übergang von einer Rechtsperson auf eine andere wenn Selbsteintritt: informelle Schnittstelle	**6. Schnittstelle** Übergang von einer Rechtsperson auf eine andere

Papiermäßige Abwicklung:

Speditionsauftrag Vertragsbeweis; begleitet Sendung **Abholauftrag** für den Fahrer; Warenbegleitpapier	**Entladeliste** für vorgeholte Sendungen; Vermerk des Ladeplatzes in der Umschlaghalle des Versandspediteurs beim Hallenumschlag	**Ladeliste** alle Angaben für Verladung: • Anzahl Packstücke • Verpackungsart • Zeichen, Nummern • Inhalt • Gewicht **Bordero/Manifest** erfasst die Einzelsendungen des Hauptlaufes, enthält Einzelsendungs-Infos für Empfangsspediteur **Frachtbrief** eine Sendung im Hauptlauf	**Entladeliste** meist Kopie des Bordero mit Vermerk des Ladeplatzes in der Umschlaghalle des Empfangsspediteurs für Nachlauf	**Rollkarte** für Nahverkehrsfahrer in Reihenfolge Ausliefe-rungs-tour, häufig als Ausliefe-rungsnachweis	Unterschrift des Empfängers auf • Rollkarte oder • Speditionsauftrag

3.5 Systemverkehre — Oberbegriff

Grundsätzlich beschreibt ein System die Prinzipien, nach denen etwas geordnet ist. Auch Sammelladungsverkehre können auf verschiedene Art und Weise geordnet werden.

Eine Ordnung würde schon dadurch stattfinden, dass ein Sammelladungsverkehr regelmäßig durchgeführt wird. Die wöchentliche Bedienung einer Direktrelation ist beispielsweise ein Linienverkehr und in diesem Sinne schon ein Systemverkehr.

Im Beförderungswesen beschreibt ein Systemverkehr die Zusammenarbeit verschiedener Speditionen, um Sammelladungsverkehre zu organisieren und gegenseitig Ladung zu akquirieren. Diese Zusammenarbeit nennt man auch Sammelgut-Kooperation. Grundlegender Vorteil ist ein flächendeckendes Transportnetz durch viele kleinere bzw. mittelständische Spediteure. Als Nachteil wird meistens der hohe Aufwand bei der Abstimmung zwischen den kooperierenden Speditionen gesehen. Beispiele für Sammelgut-Kooperationen sind die Kooperationen Cargoline, System Alliance Europe oder auch die ILS-East Logistik GmbH.

Beispiele für Systemverkehre sind Begegnungsverkehre als eine Art der Direktverkehre, Hub-and-Spoke-Verkehre und KEP-Dienste.

3.5.1 Begegnungsverkehre

Bei einem Begegnungsverkehr arbeiten zwei Speditionen zusammen. Sie liegen räumlich etwa eine Tagesfahrt voneinander entfernt. Da jede der Speditionen für die jeweils andere eine Sammelladung zur Zustellung liefert, nutzen sie die Möglichkeit, sich auf dem Weg zum Partner zu treffen und die Ladungen und die Papiere auszutauschen. Der Treffpunkt auf der Hälfte der Fahrstrecke kann ein Parkplatz sein. Voraussetzung für den Austausch ist, dass beide Speditionen Fahrzeuge einsetzen, die den Austausch der Ladung technisch zulassen. Gut geeignet sind dabei Wechselaufbauten, wie z. B. Wechselbrücken. Der Austausch dauert i. d. R. 30 bis 60 Minuten. Der Vorteil dabei ist, dass jeder Fahrer wieder die Heimreise antreten kann und die Rückfracht gesichert ist. Bei guter Planung erreicht jeder Fahrer innerhalb der regulären Lenk- und Ruhezeiten wieder seinen eigenen Betrieb.

3.5.2 Hub-and-Spoke-Verkehre

Eine Erweiterung des Begegnungsverkehrs ist das Hub-and-Spoke-System. Hier arbeiten nicht nur zwei, sondern mehrere Speditionen zusammen. Diese Speditionen liegen räumlich so zueinander, dass eine große Fläche, beispielsweise die Bundesrepublik Deutschland, abgedeckt werden kann.

Zentral sorgt eine Spedition mit ihrem Umschlagslager, dem Hub, für einen Treff- und Austauschplatz. Die anderen Speditionen liegen sternförmig um dieses Hub herum und richten jeweils einen Direktverkehr zu diesem Hub ein. In einem Schaubild sieht das dann wie ein Rad mit Nabe (Hub) und Speichen (Spoke) aus.

Die Sammelladung, die beim Hub angeliefert wird, ist jetzt nicht mehr für nur einen Empfangsspediteur, sondern für alle Partnerspeditionen bestimmt. Sie wird entladen und auf die verschiedenen Partnerspeditionen der jeweiligen Zielgebiete aufgeteilt. Außerdem erhält jeder Spediteur für die Rückfahrt die Teilladungen aus den anderen Gebieten. Dadurch ist gewährleistet, dass die Fahrzeuge sowohl bei der Hinfahrt zum Hub als auch bei der Rückfahrt vom Hub immer gut ausgelastet sind.

Vorteil:

Die Hub-and-Spoke-Verkehre sind aufwendiger als die Begegnungsverkehre, da für die Transporte vom Hub zum eigenen Betrieb zurück neue Papiere, insbesondere ein neuer Frachtbrief und ein neues Bordero erstellt werden müssen. Außerdem entstehen bei Ankunft und Abfahrt beim Hub zwei neue Schnittstellen, die in einem gewöhnlichen Sammelladungsverkehr nicht anfallen.

Nachteil:

BEISPIEL

Die Spedition Aller sammelt im südwestdeutschen Raum Sendungen für das gesamte Bundesgebiet ein. Diese Sendungen werden als eine Sammelladung zum Hub der Spedition Frisch in der Mitte Deutschlands transportiert, dort entladen und entsprechend der Zielgebiete neu verteilt. Auf die gleiche Weise verfahren alle an diesem System beteiligten Spediteure.

Auf der Rückfahrt nimmt jeder Spediteur die Sendungen für sein Gebiet als Sammelladung wieder mit.

Aus der Sicht der Spedition Aller:
Fahrt zum Hub und Verteilung der Einzelsendungen auf die Partnerspediteure, die dann für die Zustellung sorgen. Im Bild sind die Versender mit „V" und die Empfänger mit „E" gekennzeichnet.

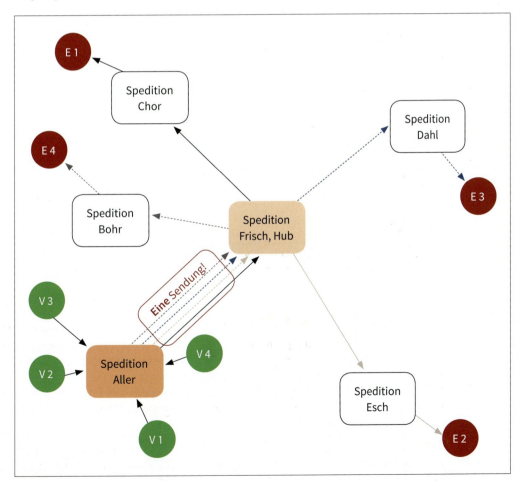

△ *Sammelladung der Spedition Aller zum Hub*

Aus der Sicht der Spedition Aller:
Fahrt vom Hub nach Verteilung der Einzelsendungen, die die Partnerspediteure in der gesamten Bundesrepublik eingesammelt haben. Die Spedition Aller besorgt die Zustellung dieser Sendungen. Im Bild sind die Versender mit „V" und die Empfänger mit „E" gekennzeichnet.

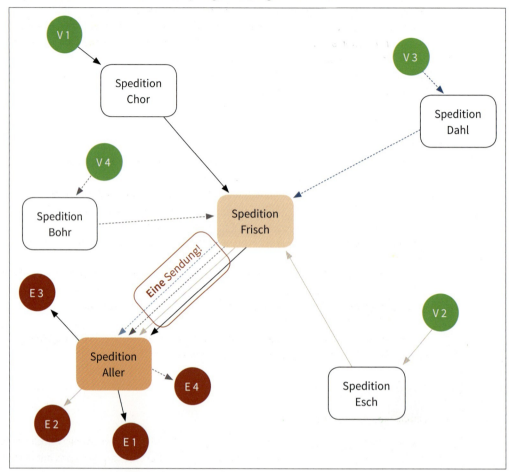

△ Sammelladung der Spedition Aller vom Hub

3.5.3 Kurier-, Express- und Paketdienste – KEP-Dienste[1]

△ Paketzusteller bei der Übergabe einer Sendung

KEP-Dienstleister sind Spezialspediteure für **Kleinsendungen**.
Kleinsendungen sind in der Regel Päckchen und Pakete.
Die Kleinsendungen sind in der Zustellung sehr aufwendig.
Die Gründe dafür sind unter anderem:
- Kleinsendungen werden regelmäßig von Einzelhandelsgeschäften in den Innenstädten oder von Privatpersonen in Wohngebieten bestellt. Innenstädte und Wohngebiete sind für große Fahrzeuge nur schwer zugänglich.

---
1 KEP wird auch als Kurier-, Express- und Postdienst bezeichnet.

- Kleinsendungen sind in großen Fahrzeugen nicht kostendeckend, da für eine Auslastung des Fahrzeugs sehr viele Empfänger angefahren werden müssen.
- Verbraucher, also Privatpersonen, sind schwer zu erreichen, da sie tagsüber häufig nicht zu Hause anzutreffen sind.
- Bei Privatpersonen muss regelmäßig an der Wohnungstür zugestellt werden. Das ist z. B. in Hochhäusern äußerst zeitraubend.

Die Empfänger dieser meist Kleinsendungen sind sowohl Endverbraucher, also Privatpersonen, als auch Kaufleute. In diesem Zusammenhang werden für Versender und Empfänger gerne Abkürzungen genutzt:
- „B" für Business, also Kaufleute
- „C" für Consumer, also Verbraucher

BEISPIEL

Folgende Kombinationen von Versendern und Empfängern sind möglich:[1]
- Die Großmutter schickt dem Enkel zum Geburtstag ein Paket:
  Anders ausgedrückt: Eine Verbraucherin schickt etwas an einen Verbraucher.
  ➡ C2C, dabei steht die „2" für das englische „to", im Deutschen: „an"
- Das Versandhaus Amazon schickt ein Paket an Herrn Müller privat:
  Anders ausgedrückt: Ein Kaufmann schickt etwas an einen Verbraucher.
  ➡ B2C
- Herr Müller schickt das Paket an das Versandhaus Amazon wieder zurück, weil ihm die Ware nicht gefällt:
  Anders ausgedrückt: Ein Verbraucher schickt etwas an einen Kaufmann.
  ➡ C2B
- Der Winklers Verlag schickt neue Speditionshandbücher an die Buchhandlung Mayer.
  Anders ausgedrückt: Ein Kaufmann schickt etwas an einen Kaufmann.
  ➡ B2B

Merkmale von KEP-Dienstleistern

Für Sammelladungskooperationen ist der Aufwand für Kleinsendungen zu groß. Daher übergeben Speditionen solche Sendungen an einen KEP-Dienstleister. KEP-Dienstleister haben sich beispielsweise mit speziellen Zustellfahrzeugen den besonderen Anforderungen der Kleinsendungen angepasst. Die Fahrzeuge sind klein genug, um auch in Innenstädten und Wohngebieten zustellen zu können.

KEP-Dienstleister können durch Standardisierung und Spezialisierung besser mit diesen Sendungen umgehen.
- **Standardisierung** bedeutet, dass bestimmte Sendungsmaße vorgegeben werden. Dadurch können Fahrzeuge und sonstige Hilfsmittel so beschafft werden, dass sie für diese Sendungen optimal geeignet sind und nicht auf Sondergrößen Rücksicht nehmen müssen.
- **Spezialisierung** bedeutet beispielsweise auch, dass es unter Umständen sinnvoll ist, Fahrräder bei der Zustellung einzusetzen.

---

[1] Bei Postsendungen von oder zu Verwaltungen, wie z. B. dem Finanzamt, wird auch der Buchstabe „A" für Administration, also Verwaltung, verwendet.

Merkmale von KEP-Dienstleistungen

	Kurierdienste	Expressdienste	Paketdienste
Sendungen	Die Art und Größe der möglichen Sendungen ist, je nach Kurierdienst, unterschiedlich.	Da Expressdienste meist eine Zusatzleistung für den Paketdienst darstellen, gelten grundsätzlich die Bestimmungen des jeweiligen Paketdienstleisters.	Die Sendungen werden über Standards definiert, z. B.: max. Länge: 120 cm max. Höhe: 60 cm max. Breite: 60 cm max. Gewicht: 31,5 kg
Merkmale	Eine Person holt die Sendung beim Absender ab, transportiert sie selbst und stellt sie beim Empfänger zu. Die Sendung wird permanent, persönlich von einer Person begleitet.	Die Zustellung erfolgt in einem vorgegebenen Zeitfenster, z. B.: bei Einlieferung bis 18:00 Uhr erfolgt die Auslieferung bis 12:00 Uhr am Folgetag	Günstigste Variante für den Kunden. Es werden keine Laufzeiten und Zustellzeiten garantiert.

Grundsätzlich werden Beförderungsleistungen wie im Fracht- bzw. Speditionsvertrag erbracht. Allerdings arbeiten die KEP-Dienstleister regelmäßig nicht nach den ADSp 2016, sondern gestalten eigene AGBs.

3.5.4 Sendungsverfolgung

Der häufige Wechsel der Güter von einer Rechtsperson auf eine andere macht bei den Systemverkehren eine genaue Dokumentation notwendig. Weiterhin muss der Spediteur bei Anwendung der ADSp 2016 seinem Auftraggeber jederzeit Auskunft über den Stand des Transports geben können. Hierzu bedienen sich Speditionen oft der Methode des **Tracking & Tracing**.

> **TRACKING**
>
> **Sendungsverfolgung:**
> Die Nachvollziehbarkeit des Transports, während dieser gerade durchgeführt wird, bezeichnet man als **Tracking**.
> Diese Möglichkeit ist nicht nur ein Sicherheitswerkzeug für den Spediteur, sondern stellt gleichzeitig einen erheblichen Mehrwert für die Versender und Empfänger dar. Wenn die Informationen des **Tracking** den Kunden zur Verfügung gestellt werden, ist beispielsweise eine weitere Avisierung der Zustellung überflüssig.

> **TRACING**
>
> **Sendungsrückverfolgung:**
> Nach einem Transport muss belegbar sein, wo sich eine Einzelsendung zu einem bestimmten Zeitpunkt befunden und wer dort die Obhut über diese Einzelsendung hatte.
> So kann im Schadenfall belegt werden, wer letztendlich in die Haftung genommen werden muss.
> Diese Möglichkeit, den Transport nachträglich nachzuvollziehen, nennt man **Tracing** und wird im Deutschen als Sendungsrückverfolgung bezeichnet.

Das Tracking & Tracing wird mit unterschiedlichen **technischen Hilfsmitteln** durchgeführt. Am üblichsten ist zurzeit das Bekleben jedes einzelnen Packstücks mit einem **Barcode-Label**. Diese Kennzeichnung der Packstücke durch einen Strich-Code oder QR-Code[1] steht für eine Nummer. Diese

---

[1] QR: Quick Response bzw. „schnelle Antwort"

Nummer ist ein Schlüssel zu den Sendungsdaten, die in der Datenverarbeitung hinterlegt sind. So können zu jedem Packstück sofort die notwendigen Daten wie Versender, Empfänger, Anzahl der weiteren Packstücke oder Gewicht abgerufen werden. Meist geschieht das an den verschiedenen Schnittstellen mithilfe von **Handscannern**.

Eine weitere technische Möglichkeit der Sendungserfassung ist die **Radio-Frequenz-Identifikation, RFID**. Hier wird der Nummern-Schlüssel zu den Daten nicht optisch, sondern mit elektromagnetischen Wellen umgesetzt. Die Packstücke werden hier mit einem Funketikett, dem sog. **Transponder**, ausgestattet. Diese Transponder können so hergestellt werden, dass sogar jedes einzelne Teil im Packstück gekennzeichnet werden kann. So werden Transponder beispielsweise auch in Kleidungsstücke eingenäht. Der Transponder jedes Einzelstücks hat dann seine eigene Verschlüsselung. Gelesen werden die Informationen der Transponder durch Lesegeräte, die zum Beispiel auch in Türrahmen der Hallentore eingebaut sein können und magnetische Wechselfelder aufbauen oder hochfrequente Radiowellen aussenden. Auf diese Weise wird die Einzelerfassung der Packstücke automatisiert und es muss kein Mitarbeiter dafür abgestellt werden.

Der große Vorteil von Barcode-Labeln und RFID-Transpondern liegt darin, dass auf einmal erfass-

△ *Scannen eines Barcode-Labels mit einem Handgerät*

te, vorhandene Daten zurückgegriffen werden kann. Diese Daten müssen also nicht an jeder Schnittstelle neu aufgenommen werden und es besteht auch nicht die Gefahr, dass Daten falsch übertragen werden.

Damit alle Beteiligten Zugriff auf diese Informationen haben, ist es in Systemverkehren wichtig, dass die Partnerunternehmen informationstechnisch vernetzt sind. Die **Datenfernübertragung**, kurz DFÜ, muss durch angepasste DV-Systeme aller Beteiligten gewährleistet sein.

3.6 Zusammenfassende Übersicht zu Speditionsaufträgen bei Sammelladungs- und Systemverkehren

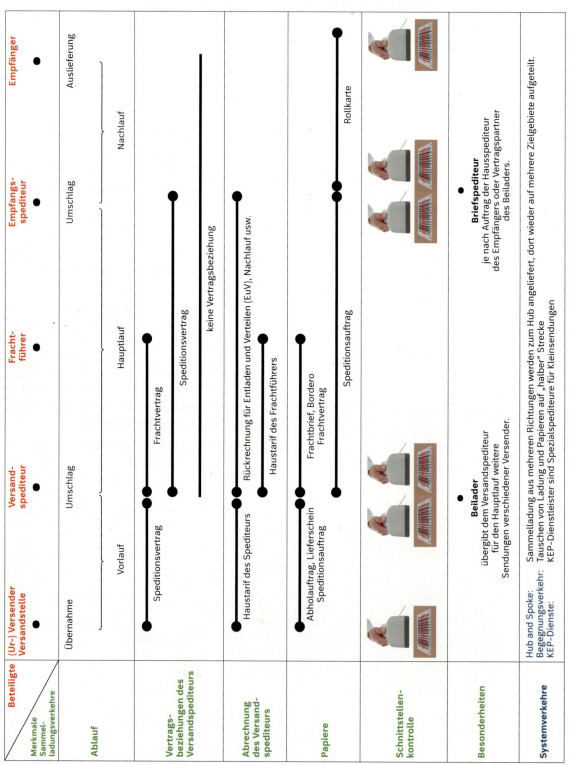

E Transporte mit dem Binnenschiff

KAPITELEINSTIEG

Der älteste Verkehrsträger – auch heute noch modern

Die Binnenschifffahrt ist der älteste Verkehrsträger und dient den Menschen bereits seit tausenden von Jahren zur Fortbewegung und zum Transport von Lasten, zunächst mit Einbaum und Floß nur wenige Zentner, heute mit modernen Motorschiffen bis zu 4 000 Tonnen und mit Schubeinheiten bis zu 17 000 Tonnen.

Ab 10 000 v. Chr. verkehrten auf dem Nil große Lastflöße, etwa 1 500 v. Chr. betrieben die Ägypter Schwergutschiffe für den Transport von Baumaterial, darunter bis zu 700 t schwere Obelisken. Ab dem 1. Jh. n. Chr. befuhren die Römer mit ruder- und segelfähigen Booten den Rhein und seine Nebenflüsse.

Die Fortbewegung auf den Flüssen, flussabwärts angetrieben durch Strömung, Ruder und Segel, flussaufwärts in der Regel getreidelt, d. h. gezogen durch Menschen oder Pferde und unterstützt durch Ruder und Segel, änderte sich bis ins 19. Jahrhundert kaum.

△ Trogbrücke über die Elbe

1557 wurde in Andernach ein Kran in Betrieb genommen, der bis 1911 im Einsatz war. Er diente der Verladung von Weinfässern und Steinen aus der Eifel. Im 17. Jh. konnten Binnenschiffe die Last von bis zu 75 vierspännigen Wagen transportieren. 1757 erfolgte die Gründung des Hafens Ruhrort (Duisburg), heute größter Binnenhafen Europas. 1758 wurde mit der Rheinregulierung (Ausbau und Begradigung) begonnen.

Bereits 1816, noch vor dem Start der ersten Eisenbahn in Deutschland 1835 auf der Strecke Nürnberg – Fürth, befuhr das erste deutsche Dampfschiff die Weser. Wo die Strömung für die damaligen Dampfschiffe zu stark war, wurden Ketten in Flüssen wie Elbe und Neckar verlegt, an denen sich die Kettenschlepper mit ihren Lastkähnen mit ca. 4 km/h bergwärts zogen.

Ab 1890 erfolgte in Deutschland der Bau von Kanälen (u. a. Dortmund-Ems-Kanal, Rhein-Herne-Kanal, Mittellandkanal) zur Verbindung des Ruhrgebiets mit der Nordsee (Emden, Bremen, Hamburg). 1921 begannen die Kanalisierung und der Ausbau von Main, Neckar, Mosel und Saar. Letzte Großprojekte waren 1992 die Fertigstellung des Main-Donau-Kanals zur Verbindung des Rheinstromgebietes (Nordsee) mit dem Donaustromgebiet (Schwarzes Meer) und 2003 zur Verbesserung der Verbindung vom Ruhrgebiet nach Berlin die Fertigstellung einer Trogbrücke, in der der Mittellandkanal die Elbe überquert.

1 Verkehrsträger Binnenschifffahrt

Ems, Weser und Elbe erschließen für die wichtigen deutschen Nordseehäfen (u. a. Emden, Bremen, Bremerhaven, Hamburg) das Hinterland und über die west- und norddeutschen Kanäle (Rhein-Herne-Kanal, Dortmund-Ems-Kanal, Wesel-Datteln-Kanal, Küstenkanal, Mittellandkanal, Elbe-Seiten-Kanal) verbinden sie die Nordseeküste mit dem Rhein. Über den Main-Donau-Kanal besteht seit 1992 eine durchgehende Verbindung vom Rheinstromgebiet zur Donau und Südosteuropa.

1.1 Bundeswasserstraßen

Quelle: Bundesministerium für Verkehr und digitale Infrastruktur, Januar 2014, Karte W 161 k
Kartographie: Fachstelle für Geoinformationen Süd, Regensburg, zur Verfügung gestellt gemäß GeoNutzV
Bundeswasserstraßen, die eine Länge von unter 5 km aufweisen, sind maßstabsbedingt teilweise nicht dargestellt.

Grafisches Symbol	Klasse der Binnenwasserstraße	Eignung für Motorschiffe mit Maximalmaßen			
		Länge (m)	Breite (m)	Tiefgang (m)	Tonnage (t)
—	I	38,5	5,05	1,8 – 2,2	250 – 400
—	II	50 – 55	6,60	2,5	400 – 600
—	III	67 – 80	8,20	2,5	650 – 1 000
—	IV für Europaschiffe	80 – 85	9,50	2,5	1 000 – 1 500
—	Va für große Rheinschiffe	95 – 110	11,40	2,5 – 2,8	1 500 – 3 000
—	Vb für Motorgüterschiffe	140	15,00	3,9	> 3 000
—	Vb für Schubverbände (Schubschiff und 2 – 4 Schubleichter)				

Das wichtigste deutsche Stromgebiet, mit etwa 80 % der in Deutschland und 50 % in der EU erbrachten Verkehrsleistungen, ist der Rhein mit seinen Nebenflüssen Mosel, Main und Neckar. Über das Rheinstromgebiet sind die großen Nordseehäfen an der Rheinmündung (Amsterdam, Rotterdam, Antwerpen) mit den Wirtschaftszentren Ruhrgebiet und Rhein-Main-Neckarraum sowie mit Frankreich und der Schweiz verbunden.

△ Mitteleuropäisches Wasserstraßennetz

Mitteleuropa verfügt über ein dichtes Wasserstraßennetz. Kanäle sowie Rhein, Donau und Elbe mit ihren Nebenflüssen verbinden eine Vielzahl wichtiger Städte und Ballungszentren zwischen den Niederlanden, Belgien, Luxemburg, Frankreich, Deutschland, Österreich und der Schweiz sowie Polen, Tschechien und den Ländern Südosteuropas. So wird beispielsweise Sojaschrot aus Süd- und Nordamerika in den Nordseehäfen auf Binnenschiffe umgeschlagen und über das Netz an Binnenwasserstraßen bis nach Ungarn verteilt.

△ Containerschiff-Klasse, Tragfähigkeit bis zu 500 TEU

◁ Ungefährer Größenvergleich der Binnenschiffe

△ Europaschiff, Tragfähigkeit bis zu 87 TEU

1.1.1 Eignung der Binnenwasserstraßen für Containertransporte

Seit den 1990er Jahren hat sich die Bedeutung von Containern für den weltweiten Versand von Waren erheblich erhöht. Im Kombinierten Verkehr werden Container von verschiedenen Verkehrsträgern befördert. Auf dem Rhein verkehren Schiffe mit einer Länge von bis zu 135 m und einer Breite von bis zu 17 m bei einer Ladekapazität von bis zu 500 TEU. Sie können bis zu sechs Container neben- und bis zu fünf übereinander laden. Diese Schiffe besitzen speziell installierte Ladesysteme für Container und sind daher nicht mehr für den Transport von Schütt- oder Stückgut geeignet. Auf den nord- und westdeutschen Kanälen ist das „Europaschiff" mit 85 m Länge und 9,5 m Breite das größte einsetzbare Schiff. Es hat eine Kapazität von maximal 87 TEU, wenn jeweils drei Container neben- und übereinander geladen werden können.

Fluss/Kanal	Maximale Containerlagen	Verkehrsgeografische Einschränkungen bei der Ausführung von Containertransporten
Rhein – Basel bis Straßburg – Straßburg bis Mündung	 3 4	Der Transport von Stückgütern im Überseeverkehr erfolgt zum Großteil in Containern. Für den Vorlauf zum Verschiffungshafen/Nachlauf ab dem Empfangshafen steht neben Lkw und Bahn auch das Binnenschiff als leistungsfähiger Verkehrsträger mit großer Transportkapazität bereit. In den letzten Jahren erfolgte besonders im Rheinstromgebiet ein verstärkter Einsatz von Binnenschiffen für den Transport von Export- und Importcontainern. Immer mehr Binnenreedereien bieten den gesamten Rundlauf ab Seehafen an. Die Brückendurchfahrtshöhen beeinflussen die Wirtschaftlichkeit von Containertransporten mit dem Binnenschiff, da sie vorgeben, wie viele Lagen Container beim Transport auf den einzelnen Flüssen maximal möglich sind.
Mosel	2	
Main	2/3[1]	
Neckar	2	
Main-Donau-Kanal	2	
Donau	3	
Elbe	2	
nord- und westdeutsche Kanäle	1/2[1]	
Ems	1/2[1]	
Weser	1/2[1]	

---

[1] Die zusätzliche Lage ist mit Ballast möglich. Dadurch liegt das Schiff tiefer im Wasser und die Brückendurchfahrtshöhe steigt.

1.1.2 Stärken und Schwächen des Transports mit dem Binnenschiff

Binnenschiff 2 500 t	Kriterien	Stärken und Schwächen
Ein Binnenschiff mit 2 500 t Tragfähigkeit ersetzt 100 Lkw-Transporte mit jeweils 25 t Ladung.	Transportkapazität	Binnenschiffe sind aufgrund ihrer großen Kapazität (je nach befahrenem Fluss/Kanal zwischen 800 t und 2 500 t, im Unterlauf des Rheins bis zu 4 000 t) besonders für den Transport von Massengütern und Schwergütern geeignet.
	Transportkosten je Tonne	Basierend auf der hohen Kapazität bietet das Binnenschiff einen günstigen Transportpreis je Tonne.
	hohe Umweltfreundlichkeit	Das Binnenschiff ist durch den sparsamen Kraftstoffverbrauch (durchschnittlich etwa 60 Liter je Betriebsstunde) ein umweltfreundlicher Verkehrsträger.
	geringe Netzdichte	Die meisten per Binnenschiff transportierten Güter müssen in einem Vor- und/oder Nachlauf zusätzlich mit einem anderen Verkehrsträger transportiert werden. Gebrochener Verkehr verursacht zusätzliche Umschläge und verteuert dadurch den Preis für den Binnenschifftransport.
	geringe Geschwindigkeit	Die geringe Geschwindigkeit verursacht eine lange Transportdauer. Weiterhin ist die Transportzeit davon abhängig, ob das Binnenschiff flussaufwärts (zu Berg/bergwärts) oder mit der Strömung flussabwärts (zu Tal/talwärts) fährt. So benötigt ein Binnenschiff für die Strecke von Mannheim nach Rotterdam etwa 28 Stunden, die Fahrtzeit von Rotterdam nach Mannheim beträgt dagegen etwa 56 Stunden.
	hohe Witterungsabhängigkeit	Die lange Transportzeit kann sich durch die starke Wetterabhängigkeit des Binnenschiffs zusätzlich verlängern, z. B. durch Niedrigwasser, Hochwasser oder Eisgang.

MERKE

- Binnenschiffe können große Mengen kostengünstig transportieren
- Binnenschiffe sind langsam und witterungsabhängig

1.1.3 Binnenschiffarten

Die verschiedenen Binnenschiffarten erleichtern die Auswahl eines geeigneten Schiffes für die Ausführung eines Transports.

TRANSPORTE MIT DEM BINNENSCHIFF

Binnenschiffarten	Beschreibung
Gütermotorschiff — Tragfähigkeit: 2 220 t, Länge: 110 m, Breite: 11,4 m **Tankmotorschiff** — Tragfähigkeit: 2 220 t, Länge: 110 m, Breite: 11,4 m	**Selbstfahrer** sind Binnenschiffe mit eigenem Antrieb und Laderaum (z. B. **Gütermotorschiff**, **Tankmotorschiff**). Sie werden eingesetzt, wenn bei Verkehren keine Regelmäßigkeit besteht und häufig auch kein direkter Anschlusstransport möglich ist.
Schubboot — Leistung: 4 000 PS, Länge: 30 m, Breite: 11 m **Schubleichter** — Tragfähigkeit: 1 710 t, Länge: 76,5 m, Breite: 11,4 m	**Schubverbände** bestehen aus einem **Schubboot** (Schiff mit Antrieb, aber ohne Laderaum) und mindestens einem **Schubleichter** (Schiff mit Laderaum, aber ohne Antrieb). Schubverbände werden eingesetzt, wenn mehrere Transporte zwischen einer Lade- und Entladestelle zeitlich hintereinander stattfinden. Die leeren oder beladenen Schubleichter bleiben in den jeweiligen Häfen zum Umschlag zurück, während das Schubboot mit anderen Leichtern unterwegs ist. Da in den Binnenhäfen nur die Schubleichter ab- und angekoppelt werden, haben Schubverbände trotz ihrer großen Kapazität nur geringe Wartezeiten beim Umschlag.
Koppelverband — Tragfähigkeit: 3 930 t, Länge: 185 m, Breite: 11,4 m	**Koppelverbände** bestehen aus einem Selbstfahrer und mindestens einem Schubleichter.
RoRo-Schiff — Länge: 110 m, Breite: 11,4 m	**RoRo-Schiffe** (**Roll-on/Roll-off-Schiffe**) transportieren rollende Ladung (z. B. Lkws, Pkws, Sattelauflieger, Traktoren) und fahren vom Oberlauf des Rheins zu den Seehäfen oder auf der Donau zum Schwarzen Meer.

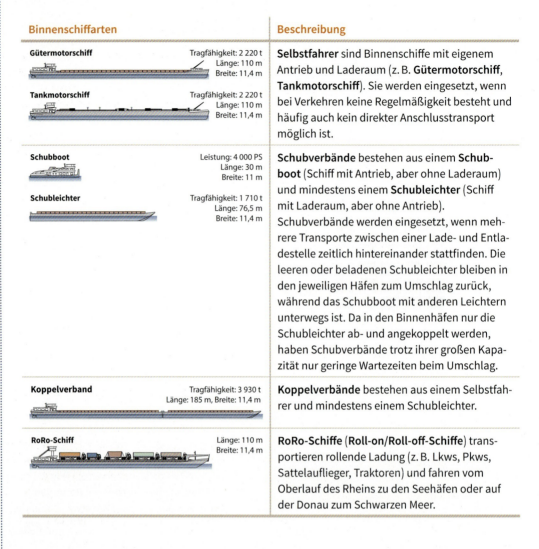

FAZIT

Für den Transport großer Mengen oder von Schwergut ist das Binnenschiff der geeignete Verkehrsträger. Die Binnenschifffahrt stellt für die verschiedenen Anforderungen die geeigneten Schiffe.

➲ **TROCKENGÜTERSCHIFFE**
- für Container-, Stückgut- und Massenguttransporte

➲ **TANKSCHIFFE**
- für den Transport von Chemikalien, Mineralölprodukten und sonstigen flüssigen oder gasförmigen Gütern

➲ **RORO-SCHIFFE (ROLL-ON/ROLL-OFF)**
- für den Huckepackverkehr mit Fahrzeugen, Lkw-Aufliegern und Traktoren

➲ **SCHUBVERBÄNDE**
- bestehen aus einem Schubboot und bis zu sechs motorlosen Schubleichtern
- für den Massengut- oder Schwerguttransport

1.2 Betriebsformen in der Binnenschifffahrt

Partikuliere und Binnen-Reedereien bieten Binnenschifftransporte an. **Partikuliere** sind Kleinunternehmer mit in der Regel nur einem Schiff.[1] **Reedereien** organisieren Binnenschifftransporte und betreiben die Binnenschifffahrt mit eigenen und/oder fremden Schiffen. Häufig setzen Reedereien für die Transportausführung Partikuliere ein. Dies ist der Fall, wenn die eigene Kapazität für die Ausführung eines Auftrags nicht ausreicht. Um für eine kontinuierliche Beschäftigung zu sorgen, hat sich etwa die Hälfte der deutschen Partikuliere vertraglich an eine Reederei gebunden, die andere Hälfte hat sich einer **Partikulier-Genossenschaft** angeschlossen. Ungebundene Partikuliere sind nur in kleiner Zahl tätig.

Die meisten Binnenschifftransporte werden im Rahmen der **Trampschifffahrt** (Einzelauftrag) ausgeführt. Durch den verstärkten Transport von Containern per Binnenschiff steigt jedoch der Anteil der **Linienverkehre** kontinuierlich an. Die Containerliniendienste fahren mehrmals wöchentlich ihre Tour mit 20'- und 40'-Containern zwischen See- und Binnenhäfen, unabhängig von der Auslastung des Schiffes. Die größten Containermotorschiffe auf dem Rhein haben eine Kapazität von 500 TEU[2].

BEISPIEL: CONTAINERLINIENDIENSTE

Containerbinnenschifffahrt von und nach Rotterdam

Fahrschema	B	B	F	F	T	T	T
Rotterdam ab	5	1	5	1	5	2	6
Stuttgart an	2	5	2	5	2	6	4
Stuttgart ab	2	5	2	5	5	1	3
Rotterdam an	5	1	5	1	1	3	5

Erklärung zum Fahrschema:

B: Reederei CFNR   F: Danser Containerline   T: Rhinecontainer

1 Montag, **2** Dienstag, **3** Mittwoch, **4** Donnerstag, **5** Freitag, **6** Samstag, **7** Sonntag

Der Frachtführer B (CFNR) fährt am Tag 5 (= Freitag) in Rotterdam los und erreicht Stuttgart am Tag 2 (= Dienstag). Da auf dem Neckar wegen der Brückenhöhen nur zweilagig gefahren werden kann, werden in Mannheim Container abgeladen. Auf der Rückfahrt können ab Mannheim weitere Container zugeladen werden.

---

1 Partikulier stammt aus dem französischen und bedeutet privat. Ein Partikulier ist ein selbstständiger Schiffseigner, der selbst fährt.
2 Die Abkürzung TEU bedeutet Twenty Foot Equivalent Unit und ist die Bezeichnung für einen 20-Fuß-Standardcontainer mit etwa 6 m Länge. Die Abkürzung TEU findet Verwendung bei der Ermittlung der Ladekapazität von Binnen- und Seeschiffen beim Transport von Containern. 40-Fuß-Container werden als FEU (Forty Foot Equivalent Unit) bezeichnet und entsprechen zwei TEU.

MERKE

- Das Binnenschiff ist der umweltfreundlichste Landverkehrsträger.
- Das Binnenschiff ist bei großen Transportmengen der kostengünstigste Landverkehrsträger.
- Der Einsatz von Binnenschiffen bietet folgende Vorteile:
    - keine Sonntags- und Ferienreiseverbote
    - Transport großer Mengen
    - Transport von sperrigen Gütern und Schwergütern
    - umweltfreundlich
    - kostengünstig je Tonnenkilometer
- Der Einsatz von Binnenschiffen hat folgende Nachteile:
    - langsamster Landverkehrsträger
    - geringstes Verkehrsnetz aller Landverkehrsträger
    - häufig gebrochener Verkehr
    - hohe Wetterabhängigkeit

2 Abwicklung eines Frachtvertrags in der Binnenschifffahrt

2.1 Abschluss des Frachtvertrags

Jedes Frachtgeschäft bedarf einer vertraglichen Regelung. In der Binnenschifffahrt können je nach Vereinbarung gesetzliche sowie vertragliche Regelungen Bestandteil nationaler und internationaler Frachtverträge sein.

2.1.1 Rechtliche Grundlagen des Frachtgeschäfts bei nationalen Transporten

Für die Ausführung eines Binnenschifftransports gelten bei innerdeutschen Transporten unterschiedliche Rechtsgrundlagen.

Gesetzliche Regelungen	Vertragliche Regelungen
• Für **innerdeutsche Beförderungen** mit den Verkehrsträgern Lkw, Bahn, **Binnenschiff** und Flugzeug gilt das **HGB** als einheitliches Frachtrecht. • Im **HGB** ist die Rechtsbeziehung zwischen dem Frachtführer und seinem Auftraggeber geregelt. • Das **HGB** ermöglicht die Begrenzung der Haftung für Güterschäden (Verlust oder Beschädigung des Gutes) durch Vereinbarung im Rahmen des **Haftungskorridors** zwischen 2 SZR/kg und 40 SZR/kg.	• Da die gesetzlichen Regelungen nicht alle Einzelheiten des Frachtgeschäfts regeln und dispositiven Charakter haben, finden in der Binnenschifffahrt auch **privatrechtliche Absprachen** Anwendung. • **Frachtführer** (Reeder) haben häufig ihre eigenen **Verlade- und Transportbedingungen** (Geschäftsbedingungen), die dem AGB-Gesetz (Gesetz zur Regelung der Allgemeinen Geschäftsbedingungen) unterliegen.

Fortsetzung nächste Seite

Gesetzliche Regelungen	Vertragliche Regelungen
• Im **Binnenschifffahrtsgesetz** ist die Haftung der Beteiligten (Frachtführer und Versender) bei einer großen Havarie festgelegt.	• Die **Vertragsfreiheit** findet ihre Grenzen, wo das HGB zwingende Vorschriften enthält (z. B. Haftungsgrundsätze).
• Die Regelung der Lade- und Löschzeiten erfolgt in der **Verordnung über die Lade- und Löschzeit sowie das Liegegeld in der Binnenschifffahrt (Lade- und Löschzeitenverordnung/ BinSchLV)**. Diese Verordnung ist dispositiv. Dispositiv bedeutet, die Beteiligten können von der Verordnung abweichende Vereinbarungen treffen.	• Neben den Frachtführern nutzen auch **Großverlader** eigene Verlade- und Transportbedingungen, die von denen der Frachtführer abweichen.

2.1.2 Rechtliche Grundlagen des Frachtgeschäfts bei grenzüberschreitenden Transporten

Da in der Binnenschifffahrt die grenzüberschreitenden Transporte einen Marktanteil von über 60 % haben, besteht auch für internationale Transporte die Notwendigkeit von einheitlichen Verlade- und Transportbedingungen.

Gesetzliche Regelungen	Vertragliche Regelungen

• Für den grenzüberschreitenden Transport mit dem Binnenschiff gilt das **Budapester Übereinkommen über den Frachtvertrag in der Binnenschifffahrt (CMNI)**.[1]
• Dieses Abkommen dient der Rechtsvereinheitlichung für den internationalen Binnenschiffverkehr in Europa und gilt in fast allen europäischen Staaten, in denen internationale Binnenschifffahrt betrieben wird.[2]
	• Auch im Ausland können **Verlade- und Transportbedingungen** (Konnossementsbedingungen) die dortigen nationalen Regelungen abbedingen, soweit diese dispositiv sind.
	• Die Vereinbarung von Verlade- und Transportbedingungen sind zwischen den beiden vertragsschließenden Parteien (Individualvereinbarung), möglich als
	  – Geschäftsbedingungen einzelner Reedereien
	  – in Form der **Internationalen Verlade- und Transportbedingungen (IVTB)**.
	• Die Privatvereinbarungen sollen einen reibungslosen Ablauf grenzüberschreitender Binnenschifftransporte regeln.

---

[1] Das Budapester Übereinkommen über den Frachtvertrag in der Binnenschifffahrt heißt offiziell Convention de Budapest relative au contract de transport de marchandises en navigation intérieure und wird als CMNI bezeichnet.
[2] CMNI Vertragsstaaten Anfang 2016: Belgien, Bulgarien, Deutschland, Frankreich, Kroatien, Luxemburg, Moldawien (Republik Moldau), Niederlande, Rumänien, Russland, Schweiz, Slowakei, Tschechische Republik, Ukraine, Ungarn.
Keine Vertragsstaaten sind Österreich und Polen.

MERKE

- Gesetzliche Regelung des Frachtvertrags im nationalen Binnenschifftransport: **HGB**
- Gesetzliche Regelung des Frachtvertrags im grenzüberschreitenden Binnenschifftransport: **CMNI**
- Sowohl beim nationalen als auch beim grenzüberschreitenden Binnenschifftransport können bei gesetzlichen dispositiven Regelungen auch vertragliche Regelungen wie **Verlade- und Transportbedingungen** vereinbart werden.

2.1.3 Beteiligte am Frachtvertrag

Beim Abschluss und der Ausführung eines Frachtvertrags können neben Absender und Frachtführer weitere Beteiligte einbezogen sein.

Beteiligte	Aufgaben
Absender	• schließt den Frachtvertrag mit dem Frachtführer
Frachtführer	• führt die Beförderung per Binnenschiff durch (Partikulier, Reederei)
Hauptfrachtführer	• schließt den Frachtvertrag mit dem Absender • kann die Ausführung der Beförderung ganz oder teilweise auf andere Frachtführer übertragen
Unterfrachtführer	• vom Hauptfrachtführer für die (Teil-) Ausführung des Transports eingesetzter Frachtführer
Schiffseigner	• Eigentümer eines Binnenschiffs • Eintragung im Binnenschiffregister

Schiffsführer (Schiffer)	• verantwortlich für fahrtüchtigen Zustand des Schiffes
	  – Partikuliere: Schiffseigner und Schiffsführer in einer Person
	  – Reedereien: angestellte Schiffsführer

Empfänger	• legitimierte empfangsberechtigte Person, an die die Güter am Bestimmungsort auszuliefern sind

Übersicht: Frachtführer – Unterfrachtführer

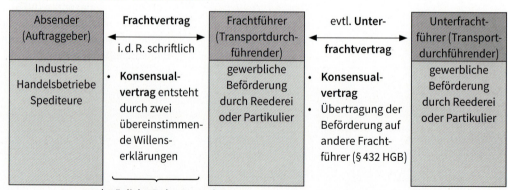

2.1.4 Arten der Verfrachtung

Transport „in Miete" (Charter)		Transport „in Fracht"		
Anmietung eines Schiffes • über einen bestimmten Zeitraum • zu einer festgelegten Tagesmiete		Abschluss eines Frachtvertrags über den Transport • einer bestimmten Gütermenge • auf einer festgelegten Transportstrecke		
Zeitcharter	**Bare-Boat-Charter**	**Gesamt-verfrachtung**	**Teilverfrachtung**	**Stückgut**
Anmietung des Schiffes einschließlich Besatzung	Anmietung des Schiffes ohne Besatzung	Tragfähigkeit des Schiffes wird vollständig benötigt	mindestens zwei getrennt zu haltende Teilpartien	z. B. Containertransporte nach festem Fahrplan
⬇ **Basis des Entgelts** ⬇		⬇ **Basis des Entgelts** ⬇		
• Tragfähigkeit des Schiffes • Mietdauer (Anzahl der Tage)		• Gewicht der Sendung in Tonnen/evtl. Volumen • Anzahl der Tage für die Ausführung des Transports: Ladezeit + Transportdauer + Löschzeit		

2.2 Fracht- und Begleitpapiere

In der Binnenschifffahrt findet neben dem **Frachtbrief** auch der **Ladeschein (Konnossement)** als Beförderungspapier Verwendung. Zusätzlich zu dem jeweiligen Beförderungspapier können weitere Begleitpapiere notwendig werden, wie z. B. Zollpapiere, Gefahrgutpapiere.

2.2.1 Der Frachtbrief

Der vom Absender ausgestellte Frachtbrief dient als Beweisurkunde im Rechtsverhältnis zwischen Absender und Frachtführer. Der Frachtbrief ist ein **Warenbegleitpapier**.

Frachtbrief bei einem nationalen Transport	Frachtbrief bei einem grenzüberschreitenden Transport
<ul><li>**kein Frachtbriefzwang**</li><li>Der Frachtführer kann vom Versender die Ausstellung eines Frachtbriefs verlangen (§ 408 HGB).</li><li>Die Beförderung erfolgt nach den Angaben im Frachtbrief.</li><li>Ausstellung des Frachtbriefs in **drei Originalausfertigungen** (je eine für den Absender, den Frachtführer und als **Warenbegleitpapier** für den Empfänger)</li><li>Der von Absender und Frachtführer unterzeichnete Frachtbrief ist eine **Beweisurkunde** für den Abschluss und Inhalt des Frachtvertrags und Übernahme des Gutes durch den Frachtführer (§ 409 HGB).</li><li>Um als Beweisurkunde gelten zu können, muss der Frachtbrief die Mindestangaben aus dem § 408 HGB enthalten.</li><li>Durch die Annahme des Gutes verpflichtet sich der Empfänger, die Kosten gemäß des Frachtbriefs zu bezahlen (z. B. Lade- und Löschkosten, Binnenschifftransport, Kleinwasserzuschlag, Ufergeld, Hafengeld).</li><li>reedereiabhängige Frachtbriefformulare</li></ul>	<ul><li>Frachtbriefzwang</li><li>Der Frachtführer muss eine **Frachturkunde** (Frachtbrief oder Konnossement/Ladeschein) ausstellen (Artikel 11 Abs. 1 CMNI).</li><li>Der Frachtführer hat ein Konnossement auszustellen, wenn dies der Absender verlangt und vor Verladung der Güter oder deren Übernahme zur Beförderung vereinbart worden ist.</li><li>Die Originalausfertigung der Frachturkunde ist vom Frachtführer zu unterzeichnen.</li><li>Der Frachtführer kann verlangen, dass der Absender das Original oder eine Kopie mitunterzeichnet (Artikel 11 Abs. 2 CMNI).</li><li>Die Frachturkunde dient als Nachweis für den Abschluss und den Inhalt des Frachtvertrags sowie für die Übernahme der Güter durch den Frachtführer (Artikel 11 Abs. 3 CMNI).</li><li>Durch die Annahme des Gutes verpflichtet sich der Empfänger, die Kosten gemäß des Frachtbriefs zu bezahlen (z. B. Lade- und Löschkosten, Binnenschifftransport, Kleinwasserzuschlag, Ufergeld, Hafengeld).</li><li>reedereiabhängige Frachtbriefformulare</li></ul>

MERKE

Frachtbrief bei einem nationalen Transport
- Beweisurkunde im Rechtsverhältnis zwischen Absender und Frachtführer
- kein Frachtbriefzwang
- Ausstellung durch Absender

Frachtbrief bei einem grenzüberschreitenden Transport
- Beweisurkunde im Rechtsverhältnis zwischen Absender und Frachtführer
- Zwang zur Ausstellung einer Frachturkunde
- Ausstellung durch Frachtführer

BEISPIEL: FRACHTBRIEF

Frachtbrief für den Transport von 1 653 t Südafrika-Steinkohle von Antwerpen, Leopolddok, nach Heilbronn, Schwaben-Energie

Absender **SA Coal**		
Ladeplatz **Antwerpen Leopolddok**	Ladestelle **SA Coal**	**BADENIA FRACHTBRIEF**
Empfänger **Schwaben-Energie**		Dieser Frachtbrief ist **kein Wertpapier**. Er kann weder verpfändet noch übertragen werden.
Löschplatz **Heilbronn Kanalhafen**	Löschstelle **Schwaben-Energie**	Die Auslieferung der Güter erfolgt ohne Vorlage bzw. Rückgabe eines Exemplars.
Motorschiff **MS Badenia IV**	Schiffsführer **Herbert Klimmer**	Ohne schriftlichen Auftrag wird keine Versicherung eingedeckt.

Nach Angaben des Absenders bzw. Auftraggebers			
Markierung	Menge/ Verpackung	Bezeichnung der Ware	Gewicht in kg
		Steinkohle aus Südafrika	1 653 000

Unverantwortlich für Stückzahl, Maß, Gewicht, Nummern, Merkzeichen, Inhalt, Art, Gattung, Qualität, Zustand, Wert, Beschaffenheit der Verpackung

Teilladung	☐ ja	☒ nein	Meldetag nur an erster Löschstelle	☐

Grenzabfertigung **Antwerpen**	
Frankatur **EXW**	Löschzeit
Herkunftsland **Südafrika**	Bestimmungsland **Deutschland**
Sonstiges	

Dem Transport liegen unsere Übernahme- sowie umseitige Verlade- und Transportbedingungen, welche Absender, Ablader und Empfänger anerkennen, zugrunde.

Ausgefertigt am **14.11.20..**
in **Antwerpen**

i. A. Ronald van Fries
Unterschrift des Versenders

i. A. Herbert Klimmer
Unterschrift der Reederei/Agentur

2.2.2 Ladeschein, Konnossement, Arten des Ladescheins

Der Absender kann vom Frachtführer die Ausstellung eines Ladescheins verlangen. Der Inhalt des Ladescheins entspricht dem Inhalt eines Frachtbriefs (vgl. § 444 HGB). Das **Original des Ladescheins** erhält der **Absender**, der das Original des Ladescheins an den Empfänger schickt, mit dem dieser seine Empfangsberechtigung gegenüber dem Frachtführer nachweist. Es können auch mehrere Originale ausgestellt werden, die gleichberechtigt sind. Der Frachtführer erhält lediglich ein Duplikat (Kopie).

Im Ladeschein verpflichtet sich der Frachtführer, das Gut nur gegen die Vorlage des Original-Ladescheins an den legitimierten Besitzer des Ladescheins auszuliefern. Durch dieses **Auslieferungsversprechen** wird der Ladeschein zu einem **Warenwertpapier**. Der jeweilige Inhaber des Ladescheins hat gegenüber dem Frachtführer einen **Rechtsanspruch auf die Herausgabe des Gutes**. Diese Verpflichtungserklärung betrifft die Rechtsbeziehung des Frachtführers zum Empfänger.

Arten des Ladescheins

Namensladeschein	Orderladeschein	Inhaberladeschein
Empfänger ist namentlich genannt	Empfänger ist, wer an Order eingetragen ist	ohne Bezeichnung eines Empfängers
Aushändigung des Gutes an den genannten Empfänger nur gegen Vorlage des Originalladescheins	Aushändigung des Gutes an den rechtmäßigen Besitzer des Originalladescheins	Aushändigung der Ware an den jeweiligen Inhaber (Besitzer) des Originalladescheins
Übertragung der Besitzansprüche aus dem Ladeschein per Abtretung (Zession)	Übertragung des Eigentums an den Gütern per Indossament[1]	einfache Weitergabe ohne Zession oder Indossament
legitimierter Inhaber hat Besitzansprüche (Anspruch auf Herausgabe der Ware)	legitimierter Inhaber ist Eigentümer der Ware	jeweiliger Inhaber ist Eigentümer der Ware → Verlust des Inhaberscheins ist gleichbedeutend mit dem Verlust des Eigentums an der Ware

MERKE

- Der Ladeschein ist ein **Warenwertpapier**.
- Ein Warenwertpapier verbrieft den Anspruch des legitimierten Besitzers auf Herausgabe der Ware.
- Der Besitzer des Originalladescheins hat die Verfügungsgewalt über die Güter.
- Die Weitergabe des Ladescheins ersetzt die Übergabe des Gutes.
- Damit der Ladeschein zum Warenwertpapier wird, sind folgende **rechtliche Voraussetzungen** zu beachten:
  1. **Ordnungsgemäße Begebung**
     Aushändigung des Originals an den Versender.
     Behält der Frachtführer das Original des Ladescheins, handelt es sich um ein Fahrkonnossement mit der Funktion eines Frachtbriefs.

---

[1] Ein Indossament ist eine schriftliche Erklärung auf einem Orderpapier, wodurch das Eigentum und die Rechte auf den neuen Eigentümer übergehen. Dieser schriftliche Übertragungsvermerk befindet sich meistens auf der Rückseite des Orderpapiers.

2. **Verpflichtungserklärung des Frachtführers,** die Güter nur gegen Vorlage des Originalladescheins an den legitimierten Berechtigten auszuliefern.
3. **Unterschrift des Frachtführers**
   Ein Stempelaufdruck kann die Unterschrift ersetzen (vgl. § 443 HGB).
- Die Bezeichnung Ladeschein ist nicht notwendig, um als solcher zu gelten.

BEISPIEL: ORDERLADESCHEIN

Orderladeschein für den Transport von 1 350 t Steinsalz von Heilbronn, Salzhafen, nach Duisburg, Kaiserhafen

---

Südwestsalz AG
Absender

Salzhafen Heilbronn ....   **Liegeplatz 2**
Ladeplatz ....   Ladestelle

Chemiewerke Baumann GmbH
Empfänger

Duisburg Kaiserhafen ....   **Intra-LOG** ....
Löschplatz ....   Löschstelle

MS Jagsttal ....   **Heinz Güntert** ....
Motorschiff..................................   Schiffsführer

Reederei BADENIA
Schifffahrtsgesellschaft mbH

LADESCHEIN
Die Auslieferung der Güter erfolgt nur gegen Rückgabe des ordnungsgemäß übertragenen **Original-Ladescheins**.

Menge	Bezeichnung der Ware	Gewicht in kg
	Loses Steinsalz	1 350 000

Die Reederei Badenia GmbH, Mannheim, verpflichtet sich, dieses Gut an den genannten Empfänger oder dessen Order abzuliefern.

Die Löschung erfolgt nach Anweisung des Empfängers auch zur Nachtzeit sowie an Sonn- und Feiertagen.

Von diesem Ladeschein sind ......**1**...... Original und ......**2**...... Kopien ausgefertigt worden.

1. Ladetag .... Inanspruchnahme des Meldetages vereinbart beim   Laden ☐
                                                                                                                                            beim Löschen ☐

Dem Transport liegen unsere Übernahme- sowie umseitige Verlade- und Transportbedingungen zugrunde.

Ausgefertigt in **Heilbronn**.....................   am **19.09.20..** ....

i. A. Anton Koslowski   *i. A. Heinz Güntert*
Unterschrift des Versenders   Unterschrift der Reederei/Agentur

2.2.3 Zusätzliche Begleitpapiere

Je nach Transport benötigt der Frachtführer weitere Begleitpapiere zu Erfüllung von Zoll-, Steuer- und Gefahrgutvorschriften.

Zollpapiere für Versandverfahren[1] beim Transport unter Zollaufsicht	Gefahrgutpapiere beim Transport von Gefahrgut[2]
T1-Dokument beim Transport unverzollter Drittlandsware (Nichtgemeinschaftswaren) unter Zollüberwachung innerhalb der EU. Beispiel: Transport von 1 700 t indischem Stahl vom Grenzzollamt der EU im Hafen Rotterdam zu dem Binnenzollamt im Hafen Duisburg	• schriftliche Weisungen nach GGVSEB[3] beim Transport von Gefahrgut • Beispiel: Transport von 1 850 t Dieselkraftstoff von Köln nach Koblenz
T2-Dokument beim Transport von Gemeinschaftsware nach dem EFTA-Land Schweiz unter Zollüberwachung Beispiel: Transport von 2 200 t belgischem Dünger nach Basel **Rheinmanifest**: Amtliches Verzeichnis aller sich an Bord des Schiffes befindenden Güter zur Beförderung von Nichtgemeinschaftswaren im Rhein-Main-Verkehr. Es hat in der Praxis jedoch nur eine geringe Bedeutung. **Anmeldung der Angaben über Verbrauchsteuern** beim Transport von Gütern, die der Verbrauchsteuer unterliegen, aus einem Drittland oder einem Land der EU nach Deutschland Beispiel 1: Transport von 1 200 t Mineralöl von Antwerpen nach Wesel Beispiel 2: Transport von 1 500 t Industriealkohol von Rotterdam nach Mainz	• Begleitpapiere gemäß ADNR

2.3 Lade- und Löschzeit – Liegegeld

Die **Verordnung über die Lade- und Löschzeiten sowie das Liegegeld in der Binnenschifffahrt** regelt die Umschlagsdauer (Ladezeit, Löschzeit) sowie bei deren Überschreitung die Höhe des anfallenden Liegegelds. Diese Verordnung ist dispositiv. Dispositiv bedeutet, die Vertragspartner können von der Verordnung abweichende Vereinbarungen treffen.

Lade- und Löschzeit	Liegegeld
• Grundsätzlich beträgt die Lade-/Löschzeit je angefangene 45 t eine Stunde. • Angerechnet wird die Zeit von 06.00 Uhr bis 20.00 Uhr an Werktagen.	• Das Liegegeld wird fällig, wenn die zur Be- oder Entladung vorgesehene Liegezeit überschritten wird. • Das Liegegeld beträgt bei einem Schiff mit einer Tragfähigkeit bis zu 1 500 t für jede angefangene Stunde 0,05 € je Tonne Tragfähigkeit. • Das Liegegeld beträgt bei einem Schiff mit einer Tragfähigkeit über 1 500 t für jede angefangene Stunde 75,00 € zuzüglich 0,02 € für jede Tonne über 1 500 t.

---

[1] vgl. Kapitel I Grundlagen des Außenhandels, S. 243 ff.
[2] vgl. Kapitel N Gefahrguttransporte, S. 455
[3] GGVSEB: Verordnung über die innerstaatliche und grenzüberschreitende Beförderung gefährlicher Güter auf der Straße, mit Eisenbahnen und auf Binnengewässern. Diese Verordnung regelt die innerstaatliche und grenzüberschreitende Beförderung einschließlich der Beförderung von und nach Mitgliedstaaten der Europäischen Union (innergemeinschaftliche Beförderung) gefährlicher Güter.

PRAXISBEISPIEL

Berechnung der Ladezeit und des Liegegelds

Das Motorschiff „Wesertal", Tragfähigkeit 1 350 t, soll in Bremerhaven 980 t Sojabohnen übernehmen. Das Schiff erreicht die Anlegestelle dienstags morgens um 06.00 Uhr. Der Schiffsführer meldet sofort die Ladebereitschaft. Die Beladung beginnt um 08.00 Uhr und endet am Mittwoch um 18.20 Uhr.

LÖSUNG

Berechnung der Ladezeit

- 980 t : 45 t/Std = 21,78 Stunden
  Angebrochene Stunden werden immer aufgerundet (21,78 Stunden → 22 Stunden).
  Der Umschlag der 980 t hat innerhalb von **22 Stunden** zu erfolgen.
- Umschlag: Di. 08.00 Uhr bis 20.00 Uhr (12 Std.) und Mi. 06.00 Uhr bis 18.20 Uhr (12 Std. 20 Min.)
- Tatsächlich benötigt der Umschlagsbetrieb 24 Stunden 20 Minuten → Aufrundung auf **25 Stunden**.
- Somit steht dem Frachtführer ein **Liegegeld für drei Stunden** zu.

Berechnung des Liegegelds

- 1 350 t Tragfähigkeit · 0,05 €/Stunde · 3 Stunden = 202,50 € Liegegeld

2.4 Frankatur

Zusätzlich zu den bekannten Frankaturen wie „Ab Werk" oder „Frei Haus" finden bei Binnenschifftransporten die beiden speziellen Frankaturen „Frei Abgangsschiff" und „Frei Ankunftsschiff" Anwendung.

Übersicht: Lieferklauseln in der Binnenschifffahrt am Beispiel eines Transports von Containern mit dem Lkw von Jever nach Bremen, anschließend mit dem Binnenschiff nach Mainz, von wo die Container per Bahn nach Trier weitertransportiert werden.

Gebräuchliche Lieferklauseln in der Binnenschifffahrt

Frei Abgangsschiff = ab frei gestaut Abgangsschiff Ladestelle (Bremen)	Frei Ankunftsschiff = bis frei gestaut Ankunftsschiff Löschstelle (Mainz)
• Absender zahlt alle Kosten bis einschließlich Umschlag in das Binnenschiff im Ladehafen Bremen.	• Absender zahlt alle Kosten bis zum Empfangshafen Mainz einschließlich Hauptlauf mit dem Binnenschiff.
• Empfänger trägt alle Kosten ab dem Hauptlauf mit dem Binnenschiff.	• Empfänger trägt alle Kosten nach dem Erreichen des Löschhafens Mainz.

2.5 Nachträgliche Verfügungen

Nach dem Beginn eines Binnenschifftransports verlangt der Versender einer Ware, die geladenen 2 500 t nicht wie ursprünglich vereinbart in Kehl zu löschen, sondern bei seinem Zweigwerk in Mannheim.

Welche nachträglichen Verfügungen sind **einseitig durch den Versender** möglich?	Welche nachträglichen Verfügungen sind **nur mit Zustimmung des Frachtführers** möglich?	Wie lange kann der Absender über die Sendung verfügen?
• **Verkürzung der** im Frachtvertrag **vereinbarten Strecke**; der Frachtführer hat dennoch Anspruch auf volle Fracht gemäß ursprünglichem Frachtvertrag Beispiel: Binnenschifftransport von Duisburg nach Kehl. Statt in Kehl soll die Ladung nun bereits in Mannheim gelöscht werden.	• **Verlängerung der** im Frachtvertrag **vereinbarten Strecke** Beispiel: Binnenschifftransport von Duisburg nach Ludwigshafen. Statt in Ludwigshafen soll die Ladung nun in Basel gelöscht werden. • **Änderung der Reiserichtung** Beispiel: Binnenschifftransport von Duisburg nach Nürnberg. Statt in Nürnberg soll die Sendung nun in Trier entladen werden	• bei **Frachtbriefverwendung:** bis der Empfänger den Frachtbrief einlöst • bei **Ladescheinverwendung:** bis der Berechtigte einen der Original-Ladescheine vorlegt.

2.6 Haftung bei einem Binnenschifftransport

Für einen nationalen Binnenschifftransport, Lade- und Löschort liegen jeweils in Deutschland, gelten die Haftungsvorschriften des **HGB**. Liegen Lade- und Löschort in zwei verschiedenen Ländern, liegt ein internationaler Transport vor, für den die Haftungsvorschriften des **Budapester Übereinkommens über den Frachtvertrag in der Binnenschifffahrt (CMNI)** gelten.

MERKE

Haftung bei nationalen Transporten nach § 431 HGB Lade- und Löschort liegen in Deutschland	
Güterschäden (Beschädigung, Verlust)	• maximal 8,33 SZR/kg • Vereinbarungen im Rahmen des Haftungskorridors (2 SZR/kg bis 40 SZR/kg) möglich
Güterfolgeschäden	• keine Haftung für Güterfolgeschäden
reine Vermögenschäden (Lieferfristüberschreitung)	• maximal das Dreifache des Frachtentgelts

MERKE

Haftung bei internationalen Transporten nach **Artikel 20 CMNI**
Lade- und Löschort liegen in zwei verschiedenen Ländern

Güterschäden (Beschädigung, Verlust)	• bei Transporten von Stückgut/losem Gut/Massengut
	  – **entweder** maximal **666,67 SZR je Packung/Ladungseinheit**
	  – **oder** maximal **2 SZR je Kilogramm**
	• bei Containertransporten
	  – maximal **25.000,00 SZR für die Güter** im Container
	  – **und** maximal **1.500,00 SZR für den Container**
	• Vereinbarung höherer Haftungsbeträge möglich

Güterfolgeschäden	• keine Haftung für Güterfolgeschäden
reine Vermögenschäden (Lieferfristüberschreitung)	• maximal die Höhe des Frachtentgelts

2.7 Havarie

Havarie[1] bezeichnet in der Schifffahrt ein Schiffsunglück, bei dem Schäden an Schiff und Ladung entstehen. Allerdings wird der Begriff Havarie in der Praxis unterschiedlichen Sachverhalten zugeordnet, die als Kleine Havarie, Besondere Havarie und Große Havarie bezeichnet werden.

Die **Kleine Havarie** umfasst die durch eine Schiffsreise üblicherweise anfallenden Kosten, die der Verfrachter tragen muss, wie Schleusen- oder Hafengeld. Diese anfallenden Kosten werden vom Verfrachter in die Frachtrate eingerechnet. Bei dieser Art der Havarie liegt kein Schiffsunglück vor.

Die **Besondere Havarie** umfasst alle durch ein Schiffsunglück, wie Zusammenstoß oder Strandung, entstandenen Kosten, die nicht zur Großen Havarie gehören. Dies ist dann der Fall, wenn zum Zeitpunkt des Schiffsunglücks keine weitere Gefahr für das Schiff und die Ladung bestand. Bei der Besonderen Havarie trägt der Verfrachter die Schäden, die am Schiff entstehen, und der Befrachter die Schäden, die an der Ladung entstehen.

Die **Große Havarie**[2] umfasst alle Kosten, die der Kapitän vorsätzlich veranlasst, um bei einem drohenden oder bereits eingetretenen Schiffsunglück Schäden von den Schiff und der Ladung abzuwenden. Zu den Kosten einer Großen Havarie zählt beispielsweise bei Ausfall des Schiffsmotors das Abschleppen des Schiffes in den nächsten Binnenhafen.

Große Havarie

Sowohl Binnenschifffahrt und Seeschifffahrt kennen bei der Haftung die Große Havarie. Eine **Große Havarie** liegt vor, wenn bei einem Schiffsunfall **Schiff und Ladung einer gemeinsamen Gefahr ausgesetzt** sind.

Beispiel für eine Große Havarie in der Binnenschifffahrt:

Während des Transports auf der Unterweser nach Bremerhaven fällt das Rudersystem eines Binnenschiffs aus, wodurch das Schiff durch starke Winde aus dem Fahrwasser geweht wird und zu stranden droht. Dadurch geraten das Schiff und die Ladung gemeinsam in Gefahr. Um die Gefahr des Strandens zu verhindern, veranlasst der Kapitän die Bergung des Schiffes und das Schleppen in den nächsten Hafen.

---

1 Havarie stammt aus dem Arabischen und bedeutet „durch Meerwasser beschädigte Ware".
2 auch bezeichnet als **gemeinschaftliche Havarie** oder **Havarie grosse**

Die durch die Maßnahmen zur Rettung von Schiff und Ladung aus der gemeinsamen Gefahr des Strandens entstehenden Kosten, wie z. B. der Schlepplohn, sind von den Beteiligten eines Binnenschifftransports anteilsmäßig zu tragen. Bei der großen Havarie haften nach § 78 BinSchG neben dem Binnenschiffer auch der Ladungseigner für die Rettung von Schiff und Ladung aus einer bestehenden gemeinsamen Gefahr. Alle durch die große Havarie entstandenen Kosten werden anhand ihres Wertes anteilig auf Schiffseigner und Ladungseigner verteilt.

PRAXISBEISPIEL

Haftung bei einer Havarie

Das Binnenschiff „Ems", Wert 1,4 Mio. €, beladen mit 1 280 t Düngemitteln, Wert 1.350,00 €/t, erleidet durch Grundberührung Schlagseite und einen Wassereinbruch.

Durch die große Havarie entstehen folgende Schäden: 250.000,00 € am Schiffrumpf und an der Ruderanlage, 260 t der Ladung verlieren durch Nässe 50 % ihres Wertes, 80 t Düngemittel werden durch das eindringende Wasser aus dem Schiff gespült, Umladen des Schiffes 22.000,00 €, Auspumpen und Abdichten des Schiffes 31.000,00 €, Frachtkosten für ein Ersatzschiff 4.500,00 €.

Wie hoch ist der Betrag des Ladungseigners an der Bergung von Schiff und Ladung?

LÖSUNG

In einer Verteilungsrechnung wird die prozentuale Schadensquote ermittelt, mit der anschließend die Haftungsbeträge von Schiffseigner und Ladungseigner berechnet werden.

Berechnung der Haftung der an der Havarie Beteiligten

❶ **Entstandene Schäden/Kosten**
am Schiff	250.000,00 €
an der Ladung	
– durch Nässe	175.500,00 €
– durch Verlust	108.000,00 €
Umladen	22.500,00 €
Auspumpen/Abdichten	31.000,00 €
Fracht für Ersatzschiff	4.500,00 €
	591.500,00 €

❷ **Beitragende Werte**
Schiff	1.400.000,00 €
Ladung	1.728.000,00 €
	3.128.000,00 €

❸ **Beitragsquote**
Gesamtwert	3.128.000,00 € – 100 %
Gesamtschaden	591.500,00 € – x %
	x = 18,909847 %

❹ **Haftung des Schiffseigners**
18,909847 % von 1.400.000,00 € = 264.737,85 €

❺ **Haftung des Ladungseigners**
18,909847 % von 1.728.000,00 € = 326.762,16 €

Havarien können zu Schäden in Millionenhöhe führen. Betroffen sind nicht nur die direkt beteiligten Frachtführer und Ladungseigner, sondern auch die Binnenschiffer, deren Weiterfahrt durch die Havarie verhindert wird, sowie die verladenden Unternehmen, die auf andere Verkehrsträger ausweichen müssen.

MERKE

Große Havarie
- Erfassung und Verteilung aller Kosten, die vorsätzlich verursacht werden, um das Binnenschiff und die Ladung aus einer gemeinsamen Gefahr zu retten
- Zusammenstellung der entstandenen Kosten und beitragspflichtigen Werte von Schiff und Ladung in einer Verteilungsrechnung. Der Fachbegriff für diese Verteilungsrechnung ist Dispache.
- Die Erstellung der Dispache erfolgt durch einen vereidigten Sachverständigen für Havarien, den Dispacheur.

Frachterunglück auf dem Rhein verursacht einen millionenschweren Verlust

△ Ein verlorener Container liegt in Köln neben dem Schiff „Excelsior"

Aufgrund der Havarie eines Containerschiffs gingen am Sonntag 31 Container über Bord, darunter drei Gefahrgutcontainer. Zur Bergung der Container ist der Rhein auf einer Strecke von circa 20 km voraussichtlich bis zum Ende der Woche gesperrt, wodurch inzwischen mehr als 400 Binnenschiffe ihre Reise auf Europas wichtigster Wasserstraße nicht fortsetzen können.

Die Sperrung verursacht nach Angaben des Bundesverbandes der Deutschen Binnenschifffahrt für jedes vor Anker gegangene Schiff rund 2.000,00 € Betriebskosten pro Tag.

3 Kalkulation eines Binnenschifftransports

Das Entgelt in der Binnenschifffahrt ist frei vereinbar. Jeder Frachtführer muss anhand seiner Kosten ermitteln, welchen Preis er benötigt. Dazu erstellt er einen Haustarif.

Die Binnenschiffer ermitteln durch eine Kalkulation ihre Jahreskosten, aus denen sie den Tagessatz des Schiffes berechnen. Neue Schiffe oder Schiffe mit höherer Tonnage und mehr Besatzungsmitgliedern haben einen höheren Tagessatz als kleinere oder ältere Schiffe. Aus den Gesamtkosten eines Transports lässt sich ein Tonnensatz berechnen, der es dem Auftraggeber erleichtert, verschiedene Angebote miteinander zu vergleichen.

Bei der Kalkulation der Gesamtkosten für einen Transport muss der Frachtführer neben seinen eigenen Kosten noch weitere Kosten berücksichtigen. Für das Befahren der meisten Flüsse und Kanäle fallen Befahrungsabgaben (z. B. Kanalabgaben) und Schleusengebühren an, für den Umschlag in den Binnenhäfen Ufergeld, für die Nutzung der Infrastruktur der Binnenhäfen Hafengeld. Weiterhin muss der Frachtführer beachten, ob der Transport berg- oder talwärts erfolgt, da hierdurch die Transportdauer entscheidend beeinflusst wird. Auf dem Mittel- und Oberrhein verdoppelt sich bei einer Bergfahrt die Fahrtzeit aufgrund der starken Strömung gegenüber einer Talfahrt.

PRAXISBEISPIEL 1

Transportkosten/Tonnensatz

Transportkosten eines Binnenschifftransports von Heilbronn nach Antwerpen

Der Partikulier Herbert Windisch schließt mit einem belgischen Chemiewerk einen Frachtvertrag über den Transport von 1 870 t Industriesalz von Heilbronn nach Antwerpen. Für den reinen Transport kalkuliert Windisch vier Fahrttage, für das Laden und Entladen jeweils einen Arbeitstag. Für Ufergeld und Hafengeld im Lade- und im Löschhafen fallen insgesamt 420,00 € an. Die Schifffahrtsabgaben für den Neckar betragen nach dem Tarif für die Schifffahrtsabgaben auf den süddeutschen Bundeswasserstraßen 0,414 Cent je Tarifkilometer und Tonne. Den Tagessatz von 1.590,00 € hat Windisch mithilfe einer Binnenschiffkalkulation ermittelt. Die Entfernung vom Salzwerkhafen Heilbronn bis zur Mündung des Neckars beträgt laut Entfernungstafel Neckar 112 Tarifkilometer.

Welchen Tonnensatz stellt Windisch dem Chemiewerk bei einem Gewinnzuschlag von 4,5 % in Rechnung?

 LÖSUNG

Berechnung der Transportkosten:

6 Tagessätze (4 Tage Fahrt + 2 Tage Umschlag)	1.590,00 €/Tag · 6 Tage =	9.540,00 €
Hafen- und Ufergeld in Heilbronn und Antwerpen		420,00 €
Schifffahrtsabgaben für den Neckar	112 km · 0,414 Ct/t · 1 870 t =	867,08 €
Gesamtkosten des Transports		10.827,08 €
+ 4,5 % Gewinnzuschlag		487,22 €
Frachtkosten, netto		11.314,30 €

Ermittlung des Tonnensatzes: 11.314,30 € : 1 870 t = **6,05 €/t**

PRAXISBEISPIEL 2

Kleinwasserzuschlag (KWZ)

Bei Niedrigwasser kann der Binnenschiffer bei gleichen Kosten weniger transportieren. Deshalb sehen die Haustarife für diesen Fall einen Kleinwasserzuschlag (KWZ) vor. Die Höhe des Kleinwasserzuschlags wird durch Pegelstände ermittelt (z. B. Pegel in Kaub für die Schifffahrt auf dem Oberrhein).

Kleinwasserzuschlag für einen Binnenschifftransport von Rotterdam nach Kehl
Die Reederei Badenia fährt für einen Auftraggeber mit ihrem Binnenschiff „Greifenstein", Tragfähigkeit 3 200 t, regelmäßig 2 800 t Getreide von Rotterdam nach Kehl. Für die Ausführung des Transports inklusive Laden und Löschen kalkuliert die Reederei sieben Tage. Der Tagessatz für das Binnenschiff beträgt 1.870,00 €. Ufer- und Hafengelder sind bei dieser regelmäßigen Transportleistung im Tagessatz berücksichtigt. Auf der Basis dieser Daten ermittelt die Reederei einen Tonnensatz von 4,675 €/t.
Lösung: (7 Tage · 1.870,00 €/Tag) : 2800 t = 4,675 €/t

Aufgrund des Pegelstandes von 0,85 m am Pegel Kaub kann die Reederei das Binnenschiff nur mit 1 500 t beladen. Nach dem vereinbarten Haustarif berechnet die Reederei bei einem Pegelstand zwischen 0,90 m und 0,81 m einen Kleinwasserzuschlag von 70 %. Dadurch hat der Auftraggeber einen Tonnensatz von 7,9475 €/t zu bezahlen.
Lösung: 4,675 € · 1,7 = 7,9475 €/t

Wie hoch ist der Gewinn/Verlust aus diesem Transport?

LÖSUNG

bei Berechnung des KWZ:			ohne Berechnung des KWZ:		
Kosten:	7 · 1.870,00 € =	13.090,00 €	Kosten:	7 · 1.870,00 € =	13.090,00 €
Einnahmen:	1 500 t · 7,9475 €/t =	11.921,25 €	Einnahmen:	1 500 t · 4,675 €/t =	7.012,50 €
Verlust		**1.168,75 €**	Verlust		**6.077,50 €**

Durch die Berücksichtigung von 70 % KWZ, zum teilweisen Ausgleich der geringeren Transportmenge, erhält die Reederei ein Entgelt in Höhe von 11.921,15 €. (Ohne Berechnung des KWZ würde das Entgelt nur 7.012,50 € betragen.)

MERKE

Die **Transportkosten für einen Binnenschifftransport** setzen sich zusammen aus
- **Frachtentgelt** des Binnenschiffers
  Berechnung: Tagessatz des Schiffes · Dauer des Transports in Tagen inklusive Lade- und Löschzeit
- **Ufergeld** für den Umschlag in einem Binnenhafen
- **Hafengeld** für die Nutzung der Infrastruktur in einem Binnenhafen
- **öffentlich-rechtliche Schifffahrtsabgaben** für die Benutzung von Schleusen und Kanälen
- **Kleinwasserzuschlag** zur Deckung der anfallenden Kosten des Binnenschiffs, wenn bei Niedrigwasser bei annähernd gleichen Kosten eine geringere Transportmenge transportiert werden kann

4 Chancen der Binnenschifffahrt

Die Binnenschifffahrt verliert seit Jahren beim Vergleich der Transportleistung der Landverkehrsträger Marktanteile zugunsten von Lkw und Bahn. Aufkommenszuwächse der Binnenschifffahrt resultieren hauptsächlich aus Containerbeförderungen im Hinterlandverkehr der ARA-Häfen Amsterdam, Rotterdam und Antwerpen sowie der norddeutschen Häfen Bremen und Hamburg. Durch den geplanten Ausbau von Wasserstraßen und Schleusen, wie z. B. am Neckar, können in Zukunft auf vielen Flüssen auch Schubleichter eingesetzt werden. Dadurch sinken bei paarigen Verkehren und Linienverkehren die langen Wartezeiten in den Lade- und Löschhäfen, was den Transport mit dem Binnenschiff schneller und flexibler macht.

Sowohl das deutsche als auch das europäische Wasserstraßennetz verfügen über ungenutzte Transportkapazitäten. Der Gütertransport auf Binnenwasserstraßen macht innerhalb der EU nur 7 % des gesamten Güterverkehraufkommens aus, während die Anteile von Straße und Schiene bei 74 % und 14 % liegen.

Eine wichtige Herausforderung des 21. Jahrhunderts ist der Klimawandel. Versender müssen sich den veränderten Anforderungen der Verbraucher stellen und in Zukunft verstärkt ihr nachhaltiges und klimaschonendes Handeln dokumentieren, z. B. ihren durch Transporte verursachten CO_2-Ausstoß. Aufgrund der hohen Tonnage ist das Binnenschiff der umweltfreundlichste Landverkehrsträger. Es verursacht den geringsten CO_2-Ausstoß je Tonnenkilometer bei gleichzeitig günstigstem Transportpreis je Tonnenkilometer.

F Transporte mit dem Seeschiff

KAPITEL**EINSTIEG**

Weltweiter Warentransport

60 000 t Getreide von Chicago nach Antwerpen, 120 000 t Erdöl vom Bandar Abbas nach Neapel, 3 500 Neuwagen von Bremerhaven nach Los Angeles, 240 beladene Lkws von Kiel nach Göteborg, 180 000 t Kohle von Port Elizabeth nach Yokohama, 20 000 t Stahl von Chennai nach Belém, 25 Windkrafträder von Cuxhaven nach Trondheim, tausende Container von Shanghai nach verschiedenen Häfen in Europa und Nordamerika, …

Mehr als 90 % des internationalen Warenverkehrs werden über den Seeweg transportiert. Weltweit werden mit Seeschiffen jährlich mehr als 1,1 Mrd. t Kohle, 1,9 Mrd. t Erdöl, 0,9 Mrd. t Ölprodukte und 1,5 Mrd. t Güter in Containern transportiert. 2014 wurden in deutschen Häfen knapp 300 Mio. t Güter von und auf Seeschiffe umgeschlagen. Für die Ausführung der verschiedensten Transporte stehen geeignete Seeschiffe zur Verfügung. Neben Massengutfrachtern, Autotransportern, Fähren, Tankschiffen, Schwergutschiffen und Containerschiffen werden auch konventionelle Stückgutschiffe, Kühlschiffe und Spezialschiffe eingesetzt.

Schon seit Jahrtausenden bedient sich die Menschheit des Seeschiffs, um größere Warenmengen einfach und kostengünstig zu transportieren. Zunächst befuhren die europäischen Seefahrernationen lediglich Mittelmeer sowie Nord- und Ostsee. Mit dem Bau größerer und stabilerer Schiffe und der Entdeckung neuer Kontinente wurden die Transportrouten erweitert und alle Erdteile in das Strecken- und Transportnetz der Reedereien aufgenommen.

Mit dem Verschwinden der Segelschiffe und dem Einsatz von Dampfschiffen und Motorschiffen wurden die Seeschiffe schneller und die Transportstrecken, auch bei Gegenwind, zeitlich planbar, was zu einem enormen Aufschwung der Seeschifffahrt führte. Seit den 1960er Jahren feiern Container und Containerschiffe ihren Siegeszug und verdrängen die bisher eingesetzten konventionellen Seeschiffe wie Stückgut- und Kühlschiffe.

Die weltweite Arbeitsteilung und der darauf basierende weltweite Handel führen zu Transporten von Waren und Rohstoffen, oft in großen Mengen und über weite Strecken. Ohne den Einsatz von Seeschiffen wäre ein weltweiter Güteraustausch nicht mehr vorstellbar. Und ohne leistungsfähige und gut erreichbare Seehäfen wären deutsche Unternehmen vom Welthandel abgekoppelt.

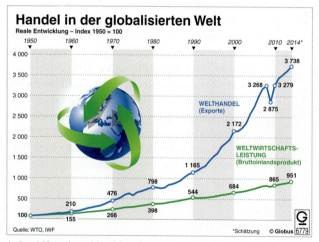

△ Entwicklung des Welthandels und der Weltwirtschaftsleistung

1 Seeschiffe

1.1 Vermessung von Seeschiffen

Die **Schiffsgröße** dient als Grundlage für die Berechnung von Gebühren, wie z. B. Kanal-, Schleusen-, Hafen- oder Lotsengebühren. Ebenso beeinflusst die Schiffsgröße die Anwendbarkeit von Schiffsbesetzungsverordnungen, Unfallverhütungs- und Sicherheitsvorschriften.

Die Vermessung von Seeschiffen erfolgte früher nach **Registertonnen**[1], seit 1982 nach der **Raumzahl**. Die **Bruttoraumzahl BRZ** gibt den Bruttoraumgehalt eines Schiffes an, während die **Nettoraumzahl NRZ** die Ladekapazität des Schiffes angibt. Ermittelt wird die jeweilige Raumzahl aus dem ermittelten Raumgehalt, der mit einem festgelegten Umrechnungsfaktor multipliziert wird.

In Schiffsstatistiken taucht neben der Raumzahl auch die **Tragfähigkeit** des Seeschiffs für die Angabe der Schiffsgröße auf. Die Tragfähigkeit gibt die Kapazität des Schiffes in Tonnen an. Die dafür international gebräuchliche Abkürzung **tdw** bedeutet **tons deadweight**.

1.2 Schiffsarten

Steigende Leistungsanforderungen an die Verkehrsträger und neue Techniken in Transport und Umschlag führen ständig zu größeren Schiffen sowie zu neuen Schiffsarten. Für den sicheren und schnellen Transport der unterschiedlichsten Güter, wie z. B. Massengut, Schwergut, Flüssiggut, Container, Kühlgüter oder rollende Ladung, werden Spezialschiffe eingesetzt, die den Anforderungen des jeweiligen Gutes beim Transport und Umschlag entsprechen.

1.2.1 Containerschiffe

Containerschiffe transportieren **genormte 20'- und 40'-ISO-Container**[2]. Das erleichtert den Umschlag in den Seehäfen, da lediglich die Container umgeschlagen werden. Die zeitaufwendige Stauung der oft empfindlichen Waren erfolgt bereits bei dem Versender oder bei Sammelcontainern durch den Seehafenspediteur.

Die Kapazität eines Containerschiffs wird mit **TEU**[3] angegeben. Die größten Containerschiffe können mehr als 19 000 TEU transportieren. **Vollcontainerschiffe** können nur Container transportieren, **Semicontainerschiffe** sind für den gleichzeitigen Transport von Containern und Stückgut einsetzbar.

Die großen **Round-the-World-Schiffe** fahren auf den einzelnen Kontinenten lediglich wenige große Häfen an und schlagen dort hunderte Container um. Kleinere **Feederschiffe** dienen zum Weitertransport und Verteilung der Container in die kleineren Häfen. Ab Hamburg bieten viele Reedereien Feederdienste über den Nord-Ostsee-Kanal zu den Häfen der Ostsee, andere Feederdienste gehen nach Dänemark und Norwegen, nach Großbritannien oder zu den ARA-Häfen Amsterdam, Rotterdam und Antwerpen.

△ *Containerschiff*

---

1 Eine Registertonne ist das Raummaß von 100 Kubikfuß. 100 Kubikfuß entsprechen 2,83 m³.
2 ISO: International Standard Organisation
3 TEU ist die Abkürzung für „Twenty Foot Equivalent Unit", der internationalen Bezeichnung für einen 20'-Container.

Containerschiffe nach ihrer Transportkapazität in TEU (1. bis 5. Generation)[1]

Containerreihen	Container-schichten	maximale Maße und Tragfähigkeit
Containerschiff der 1. Generation		Länge: 192 m Breite: 28 m Tiefgang: 10 m Kapazität: 1 000 TEU
Containerschiff der 2. Generation		Länge: 213,5 m Breite: 28 m, Tiefgang: 11,5 m Kapazität: 2 000 TEU
Containerschiff der 3. Generation		Länge: 289 m Breite: 32,20 m Tiefgang: 12,5 m Kapazität: 4 000 TEU
Containerschiff der 4. Generation (Panamax-I-Schiff)[1]		Länge: 295 m Breite: 39 m Tiefgang: 13,5 m Kapazität: 5 000 TEU
Containerschiff der 5. Generation (Panamax-II-Schiff)		Länge: 350 m Breite: 45,00 m Tiefgang: 14,80 m Kapazität: 13 000 TEU

Einzelne Reedereien setzen inzwischen Containerschiffe mit einer Kapazität von circa 19 000 TEU ein und planen bereits Containerschiffe mit einer Kapazität von mehr als 20 000 TEU.

1.2.2 Stückgutschiffe oder General Cargo Ships

Mit **Stückgutschiffen** können alle Arten von Gütern transportiert werden, die nicht in einem Container angeliefert werden. Stückgutschiffe haben eigene Ladekräne. Die Laderäume, in denen die Güter gestaut werden, sind durch Zwischendecks unterteilt. Der Umschlag und die Stauung von Stückgut sind zeitintensiv. Aufgrund des schnelleren Umschlags in den Seehäfen wurden die reinen Stückgutschiffe weitgehend verdrängt von **Semicontainerschiffen**. Diese modernen Stückgutschiffe können neben Stückgut wie Seekisten und Ballen auch Container transportieren.

△ Stückgutschiff

---

1 Mit Panamaxschiff werden die Schiffe bezeichnet, die den Panamakanal aufgrund der Schleusenmaße gerade noch durchfahren können. Post-Panamax-Schiffe sind für die Durchfahrt der Schleusen des Panama-Kanals zu groß. Der Begriff Panamax-I-Schiff bezieht sich auf die Zeit bis 2016, der Begriff Panamax-II-Schiff auf die Zeit nach dem Ausbau der Schleusen des Panama-Kanals (siehe Seite 154).
Für den Suez-Kanal gibt es keine Längeneinschränkungen für Seeschiffe, da für die Fahrt durch den Suez-Kanal keine Schleusen notwendig sind. Einschränkungen gibt es aufgrund der Fahrrinne und des Wasserstandes lediglich bei der Breite und beim Tiefgang des Schiffes (siehe Seite 153).

1.2.3 Spezialschiffe

Roll-on/Roll-off-Schiffe oder RoRo-Schiffe

△ RoRoSchiff für Eisenbahnwaggons

RoRo-Schiffe transportieren hauptsächlich rollende Güter wie Eisenbahnwaggons, Lastkraftwagen und Trailer. RoRo-Schiffe übernehmen die Beförderung von Straßenfahrzeugen und Eisenbahnwaggons. Klassische Einsatzgebiete für RoRo-Schiffe sind im **Short-Sea-Verkehr** die Seetransporte nach Skandinavien, nach Großbritannien sowie Mittelmeerverkehre.

RoPax-Schiffe übernehmen zusätzlich zur Beförderung von rollfähiger Ladung die Beförderung von Passagieren.

ConRo-Schiffe können gleichzeitig rollende Güter und Container transportieren.

Schwergutschiffe

△ Schwergutschiff

Schwergutschiffe dienen dem Transport von sperriger, schwerer oder die üblichen Lademaße überschreitender Fracht. Kennzeichnend für Schwergutschiffe sind ihre großen Ladeluken sowie die bordeigenen Schwergutkräne für das Laden und Löschen der Schwergüter.

Autotransporter

△ Autotransporter

Autotransporter finden Einsatz bei der weltweiten Auslieferung von Neuwagen. Die größten Autotransporter können auf bis zu 12 Decks etwa 8 000 Pkws transportieren.

Massengutschiffe

△ Massengutschiff

Massengutschiffe transportieren Rohstoffe in großen Mengen. Zum Transport von Schüttgut, wie z. B. Eisenerz, Kohle, Getreide oder Bauxit, dienen **Bulkcarrier**. Zum Transport von flüssigem und gasförmigem Gut, wie z. B. Erdöl, Erdgas und Chemikalien, werden **Tanker** eingesetzt. Die Tragfähigkeit der Massengutschiffe kann mehr als 300 000 t betragen.

1.3 Stärken und Schwächen des Seeschiffs

Stärken/Schwächen	Beschreibung
Transport von Gütern in großen Mengen über große Entfernungen	Bei der **Ladekapazität** hat das Seeschiff einen entscheidenden Vorteil gegenüber allen anderen Verkehrsträgern. Die Reedereien bieten Schiffe für alle Transportbedürfnisse an, vom Küstenmotorschiff für den Short-Sea-Verkehr mit einigen hundert Tonnen Tragfähigkeit bis hin zum riesigen Massengutschiff. Weiterhin ist das Seeschiff am besten für den Transport von sperrigem Gut geeignet. Massengutschiffe können mehr als 300 000 t transportieren, Stückgutschiffe bis zu 50 000 t und die größten Containerschiffe mehr als 19 000 TEU.
geringe Frachtkosten je Tonne	Trotz der Langsamkeit gegenüber den anderen Verkehrsträgern kommt für viele Güter nur der Seetransport infrage, wie z. B. bei Rohstoffen oder preiswerten Textilien aus Asien. Durch den Transport großer Mengen bleiben die **Transportkosten je Stück oder je Tonne** sehr gering. Je nach Umverpackung können in einem 20′-Container mehr als 50 000 T-Shirts versandt werden. Bei 1.600,00 € Frachtkosten für den 20′-Container betragen die Kosten für den Transport eines T-Shirts von China nach Deutschland lediglich 0,032 €.
Lange Transportzeiten	Die **Geschwindigkeit** eines Seeschiffs ist relativ gering. Die Durchschnittsgeschwindigkeit liegt bei etwa 20 Seemeilen/Knoten[1] in der Stunde. Dies entspricht ca. 35 bis 40 km/h. Laut Hamburger Schiffsliste benötigt ein Containerschiff von Hamburg nach Singapur 18 bis 20 Tage und nach Hongkong 21 bis 22 Tage.
höhere Risiken durch hohe Witterungsabhängigkeit, Umschlag, Vor- und Nachläufe	Seetransporte unterliegen einer hohen **Witterungsabhängigkeit**. Schiff und Ladung sind bei schwerer See einer ständigen **Wind- und Wellenbelastung** ausgesetzt. Dadurch entstehen Zusatzkosten für geeignete Verpackungen und für Transportversicherungen. Weiterhin kommen zum reinen Seetransport häufig noch die Risiken langer Vor- und Nachläufe mit anderen Verkehrsträgern. Jeder zusätzliche Verkehrsträger verursacht einen weiteren Umschlag der Güter, wodurch das Beschädigungsrisiko steigt.

Fortsetzung nächste Seite

---

[1] Eine Seemeile sowie ein Knoten haben jeweils die Länge von 1,852 km.

Stärken/ Schwächen	Beschreibung
Frequenz	Aufgrund der langen Transportdauer je Fahrt kann ein Seeschiff in einem bestimmten Zeitraum weniger Abfahrten von einem Seehafen nach einem bestimmten Löschhafen erbringen als ein Flugzeug auf der selben Relation. Durch die Bildung von Allianzen versuchen die Reedereien die **Anzahl der Abfahrten** zu erhöhen und aufeinander abzustimmen.
Netzdichte	Weltweit werden etwa **140 Länder** im Linienverkehr angefahren. Die Seehäfen befinden sich i. d. R. nur an den Rändern der Kontinente. Dadurch ergibt sich ein hoher Anteil an gebrochenem Verkehr. Große Seeschiffe fahren auf den einzelnen Kontinenten nur wenige Häfen an, weshalb häufig ein zusätzlicher Vor- und Nachlauf mit einem Feederschiff[1] notwendig wird.
Zuverlässigkeit	In der Seeschifffahrt werden die Abfahrts- und Ankunftszeiten in Tagen angegeben, da Wetter und Wasserstände das Anfahren einzelner Häfen beeinflussen. Dennoch bietet die Linienschifffahrt eine hohe **Pünktlichkeit**.
Umweltverträglichkeit	Aufgrund der großen Transportmengen hat das Seeschiff von allen Verkehrsträgern den geringsten **CO_2-Ausstoß** je tkm.

MERKE

Das Seeschiff ist besonders geeignet für den Transport von Gütern
- in großen Mengen (Gewicht/Sperrigkeit) über große Entfernungen,
- die nur mit geringen Frachtkosten belastbar und
- nicht an kurze Transportzeiten gebunden sind.

1.4 Flagge des Seeschiffs

△ Ausgeflaggte Schiffe einzelner Handelsflotten

Jedes Seeschiff wird im **Schiffsregister** des Amtsgerichts seines **Heimathafens** registriert. Diese Eintragung gibt Auskunft über
- das Schiff, wie Name, Bauart, Stapellauf und Vermessung,
- den/die Eigentümer,
- Rechte anderer Personen am Schiff, z. B. Belastungen durch Schiffshypotheken.

Durch die Eintragung erhält das Schiff die Nationalität des registrierenden Staates und unterliegt dem Recht des Flaggenstaates. Dies wird dokumentiert durch das Führen von dessen Nationalflagge.

Deutsche Reedereien flaggen ihre Schiffe wegen Kosteneinsparungen häufig aus. Das bedeutet,

---

1 Kleinere Schiffe erbringen einen seewärtigen Vor- und Nachlauf (Zubringerdienst) für größere Häfen.

dass sie ihre Schiffe in einem anderen Land registrieren lassen und das Schiff unter der Flagge dieses Landes fährt. Diese „Billigflaggen" bieten den Reedereien finanzielle Vorteile, z. B. durch eingeschränkte Sicherheitsvorschriften, weniger Besatzung, Bezahlung der Besatzung nach günstigeren Tarifen sowie Steuervorteile.

Länder wie Antigua und Barbuda, Liberia oder Malta haben sehr viele Schiffe deutscher Reeder unter ihrer Flagge registriert.

2 Seeverkehrswege

2.1 Wichtige Schifffahrtsrouten für den Welthandel

Von Europa führen wichtige Schifffahrtsrouten nach Amerika und nach Asien. Die Schifffahrtsrouten nach Nord- und Südamerika führen über den Atlantischen Ozean. Die Schifffahrtsroute nach Asien verläuft zunächst ebenfalls auf dem Atlantik. Nach der Umfahrung des Kaps der guten Hoffnung an der Südspitze Afrikas führt die Route über den Indischen Ozean zu den Häfen in Asien. Eine kürzere Alternative von Europa nach Asien bietet die Passage des Suez-Kanals, der den Atlantik über das Mittelmeer mit dem Roten Meer und dem Indischen Ozean verbindet.

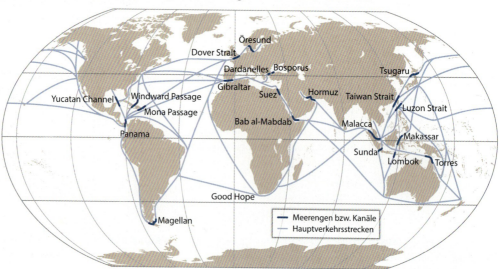

△ Wichtige Schifffahrtsrouten

Eine weitere wichtige Schifffahrtsroute verbindet Asien über den Pazifischen Ozean mit der Westküste Amerikas. Viele Schiffe aus Asien haben allerdings Zielhäfen an der Ostküste Nordamerikas. Die zeitaufwendige und wegen des meist stürmischen Wetters risikoreiche Umfahrung von Kap Hoorn an der Südspitze Südamerikas kann durch die Passage des Panama-Kanals vermieden werden. Die Nutzung von Panama-Kanal und Suez-Kanal ist allerdings nicht für alle Schiffe möglich, da Schleusenmaße oder Tiefgang eine jeweils maximale Schiffsgröße bestimmen.

Neben Panama-Kanal und Suez-Kanal gehören die Schifffahrtsgewässer in Europa, wie z. B. Ärmelkanal, Nordsee und Nord-Ostsee-Kanal, zu den meistbefahrenen Schifffahrtsrouten der Welt. Aufgrund des prosperierenden Welthandels mit ständig steigenden Importen und Exporten steigt auch das Frachtaufkommen in den Seehäfen Deutschlands, Belgiens, der Niederlande und der anderen Anrainerstaaten der Nordsee und der Ostsee.

2.2 Wichtige Seekanäle

2.2.1 Nord-Ostsee-Kanal

Der 1895 eröffnete Nord-Ostsee-Kanal (NOK) ist die die meistbefahrene künstliche Wasserstraße der Welt. Der 98,6 Kilometer lange Kanal verbindet die Nordsee mit der Ostsee. Der NOK ist an beiden Enden durch Schleusen vom Meer getrennt. Dies ist notwendig aufgrund der durch die Gezeiten hervorgerufenen unterschiedlichen Wasserstände der Nordsee und der Ostsee. Die Schleuse zur Ostsee befindet sich in Kiel-Holtenau, die Schleuse zur Nordsee an der Elbe in Brunsbüttel.

Die Passage des NOK bringt gegenüber der Umfahrung Dänemarks je nach Zielhafen eine Ersparnis von acht bis zwölf Stunden. Jährlich fahren mehr als 30 000 Seeschiffe durch den NOK. Der Großteil der Schiffe sind Feederschiffe, die die Containerhäfen des Ostseeraums mit den wichtigen Containerhäfen an der Nordsee verbinden.

NOK-Max-Schiff
maximale Schiffsabmessungen für die Passage des NOK

Länge	Breite	Höhe über dem Wasserspiegel	Tiefgang
235 m	32,5 m	40,0 m	9,5 m

Das größte Schiff, das den NOK bisher passierte, war der Massengutfrachter „Aeolian Vision" mit 43 767 BRZ, 229 Metern Länge, 32,24 Metern Breite und 7,2 Meter Tiefgang.

Die Gebühren für die Passage des NOK sind von der Größe des Schiffes abhängig. Schiffe, die eine Länge von 120 m und eine BRZ von 20.000 überschreiten, müssen für die Durchfahrt inklusive Lotsengebühren und Kanalsteuern rund 5.800,00 € bezahlen.

△ Ersparnis von etwa 450 km bei der Passage des NOK

△ Nord-Ostsee-Kanal

2.2.2 Suez-Kanal

Der 1869 eröffnete Suez-Kanal verbindet den Nordatlantik über das Mittelmeer und das Rote Meer mit dem Indischen Ozean. Der 163 km lange Kanal ist eine wichtige Abkürzung für Seeschiffe zwischen Europa und Asien, da bei der Durchfahrt des Kanals Afrika nicht umfahren werden muss. Die Nutzung des Suez-Kanals bringt eine Ersparnis von rund zehn Tagen, bei Transporten von und zu Mittelmeerhäfen sogar bis zu 15 Tagen. Bei einem Seetransport von Rotterdam nach Singapur verkürzt sich die Transportstrecke von 11 755 Seemeilen um fast 30 % auf 8 280 Seemeilen.

Bei einer Fahrt vom Mittelmeer zum Roten Meer beginnt der schleusenlose Suez-Kanal im Mittelmeer bei Port Said und endet am Roten Meer bei Suez. Da der Suez-Kanal recht schmal ist, kann er an einigen Stellen nur im Konvoi aus mehreren Schiffen und im Einbahnverkehr durchfahren werden. Die Passage des Kanals dauert zwischen 12 und 15 Stunden. Pro Jahr nutzen etwa 17 000 Schiffe mit circa 230 Mio. t Fracht den Suez-Kanal. Im Normalfall fahren drei Konvois pro Tag mit insgesamt 60 Schiffen. Die jährlichen Einnahmen, die der Kanal für den ägyptischen Staat abwirft, betragen etwa 4 Mrd. US-$. Der Durchschnittspreis der Passage liegt bei 250.000,00 €, für die großen Containerschiffe mit mehr als 10 000 TEU sind bis zu 475.000,00 € je Schiffspassage fällig.

Suezmax-Schiff
maximale Schiffsabmessungen für die Passage des Suez-Kanals

Länge	Breite	Höhe über dem Wasserspiegel	Tiefgang
unbegrenzt	50,0 m	68,0 m	20,1 m
unbegrenzt	77,5 m	68,0 m	12,2 m[1]

Der Suez-Kanal ist befahrbar für Suezmax-Schiffe bis circa 270 000 t Tragfähigkeit.
Schiffe, die zu groß sind, um durch den Suez-Kanal zu fahren, nennt man Capesize-Schiffe.

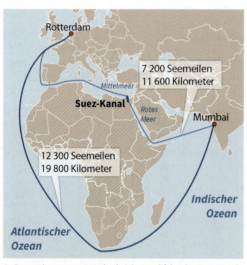

△ Ersparnis von etwa 8 200 km bei der Durchfahrt des Suez-Kanals

△ Suezkanal

2.2.3 Panama-Kanal

Der 81,6 km lange **Panama-Kanal** verbindet den Atlantik mit dem Pazifik. Bei Nutzung des 1914 eröffneten mittelamerikanischen Kanals entfällt eine Umfahrung von Südamerika. Die Passage des Panama-Kanals dauert etwa 10 bis 15 Stunden. Dadurch sinkt auf der Relation New York – San Francisco die Seestrecke von 20 900 km auf 8 370 km, wodurch sich der Seetransport um bis zu 15 Tage verkürzt. Jährlich fahren etwa 14 000 bis 15 000 Seeschiffe durch den Panama-Kanal. Die dabei transportierte Warenmenge entspricht etwa 5 % des Seefrachtverkehrs.

Der Panamakanal hat drei Schleusenanlagen, die die Abmessungen der Schiffe begrenzen. Die größten Schiffe, die den Panama-Kanal gerade noch passieren können, werden als Panamax-Schiffe bezeichnet. Für Containerschiffe werden je TEU circa 74,00 US-$ als Passagegebühr berechnet. Ein Panamax-Containerschiff mit maximal 4 600 TEU muss Grundgebühren von 340.400,00 US-$ zuzüglich weiterer Nebengebühren bezahlen. Nach der Vollendung des 2007 begonnenen Ausbaus können seit Juni 2016 Schiffe mit maximal 366 m Länge und 49 m Breite den Kanal passieren, was Containerschiffen bis 12 000 TEU die Durchfahrt ermöglicht.

---

[1] Die Tiefe des Suezkanals ist in der Mitte des Kanals höher als am Rand, sodass sehr breite Schiffe den Kanal nur mit einem geringeren Tiefgang passieren können.

Panamax-I-Schiff
maximale Schiffsabmessungen für die Passage des Panama-Kanals vor dem Ausbau

Länge	Breite	Höhe über dem Wasserspiegel	Tiefgang
294,3 m	32,3 m	57,9 m	12,0 m

Panamax-II-Schiff
maximale Schiffsabmessungen für die Passage des Panama-Kanals nach dem Ausbau des Panama-Kanals ab 2016

366,0 m	49,0 m	57,9 m	15,2 m

Panamax-I-Schiffe haben in den Schleusen an beiden Längsseiten nur 0,61 m Abstand, an Bug und Heck je 5,33 m.
Größere Schiffe können den Kanal nicht durchfahren und werden **Post-Panamax-I-Schiffe** genannt.

Nach dem Ausbau des Panamakanals gelten für **Panamax-Schiffe** andere Maße. Schiffe mit einer Länge bis 366 Metern werden dann als **Panamax-II-Schiff** bezeichnet, Schiffe mit mehr als 366 Metern Länge als **Post-Panamax-II-Schiff**.

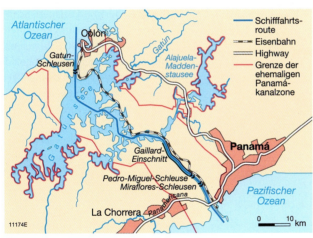

△ Panama-Kanal

△ Ersparnis von etwa 12 500 km bei der Durchfahrt des Panama-Kanals

2.3 Seehäfen

Leistungsfähige Seehäfen sind in allen Kontinenten vorhanden und mit dem Hinterland verbunden. Vorteilhaft ist, wenn ein Seehafen neben Straßen- und Gleisanschluss auch über einen leistungsfähigen Binnenwasseranschluss verfügt.

2.3.1 Wichtige europäische Seehäfen für deutsche Verlader/Spediteure

Spediteure müssen sich bei der Organisation von Seetransporten für einen Seehafen entscheiden. Häufig ist der Versand über einen deutschen Seehafen naheliegend. Neben den beiden größten Häfen Hamburg und Bremen/Bremerhaven gehören Wilhelmshaven, Brunsbüttel, Brake, Bützfleth

(Seehafen Stade), Emden und Cuxhaven zu den wichtigen deutschen **Nordseehäfen**. Neben diesen **Nordhäfen** liegen weitere wichtige deutsche Häfen an der Ostsee, darunter Rostock, Lübeck, Kiel, Saßnitz/Rügen und Puttgarden/Fehmarn. Die **Ostseehäfen** bieten hauptsächlich Short-Sea-Verkehre innerhalb Europas sowie Fährverkehre nach Skandinavien und ins Baltikum.

Für süddeutsche und westdeutsche Versender besteht die Alternative, ihre Ex- und Importe über belgische und niederländische Nordseehäfen abzuwickeln. Die **ARA-Häfen** Amsterdam, Rotterdam und Antwerpen sind von Süddeutschland mit dem Binnenschiff über den Rhein relativ schnell zu erreichen. Weitere **Westhäfen** sind Zeebrügge, Ostende und die französischen Häfen Calais und Le Havre.

Für Transporte nach Nordafrika und Asien stehen als Alternative die **Südhäfen** zur Verfügung, die aufgrund einer kürzeren Fahrtstrecke zum Empfangshafen eine spätere Abfahrt bieten. Wichtige Südhäfen in Frankreich sind Marseille und Nizza, in Italien neben Genua, Neapel, Triest und Ancona auch der Containerhafen Gioia Tauro an der Südspitze Italiens, der als Hub eine wichtige Verteilerfunktion im Mittelmeerverkehr hat.

Nach der **Zufahrt/Lage** werden die Häfen am Meer in Tidehäfen und Schleusenhäfen unterschieden. **Tidehäfen** sind zum Meer hin offen. Der Wasserstand im Hafen ist von den Gezeiten abhängig, wie z. B. in Hamburg und Bremen. Schiffe mit großem Tiefgang ist das Ein- und Auslaufen nur während der Flut möglich. Bei **Schleusenhäfen** trennen Schleusen das Hafengebiet wegen der starken Gezeitenunterschiede vom offenen Meer ab, wie z. B. in Bremerhaven, Antwerpen und Amsterdam. Durch die Schleuse ist der Wasserstand im Hafen vom Tidenhub unabhängig. Beim Ein- und Auslaufen müssen die Schiffe allerdings die Schleuse passieren, was zu Schleusekosten und Wartezeiten führt.

△ Umschlag deutscher Häfen

Europäische Häfen für deutsche Verlader

Regionale Zuordnung	Häfen
Nordhäfen deutsche Seehäfen an der Nordsee	Brake, Bremen, Bremerhaven, Brunsbüttel, Bützfleth (Stade), Cuxhaven, Emden, Hamburg, Wilhelmshaven
Ostseehäfen deutsche und polnische Ostseehäfen	Danzig, Flensburg, Kiel, Lübeck, Puttgarden/Fehmarn, Rostock, Sassnitz/Rügen
Westhäfen niederl., belg. und franz. Nordseehäfen	Amsterdam, Antwerpen, Calais, Dünkirchen, Le Havre, Rotterdam, Zeebrügge
Südhäfen französische und italienische Mittelmeerhäfen	Ancona, Genua, Gioia Tauro, Marseille, Neapel, Nizza, Triest, Venedig

2.3.2 Lage wichtiger europäischer Häfen

Viele wichtige Häfen liegen nicht direkt am Meer, sondern am Unterlauf großer Flüsse. So liegt Rotterdam am Rhein, Antwerpen an der Schelde, Bremen/Bremerhaven an der Weser und Hamburg an der Elbe. Durch diese Lage, bis zu 120 km von der offenen See entfernt, verlängert sich die Anfahrt eines Seeschiffs zu den jeweiligen Häfen.

Lage wichtiger europäischer Häfen

Hafen	Entfernung vom Hafen zur offenen See	Vorhafen	Entfernung vom Vorhafen zur offenen See
Hamburg	120 km	Cuxhaven	25 km
		Brunsbüttel	50 km
Bremen	100 km	Bremerhaven	50 km
Rotterdam	40 km	Maasvlakte	7 km
		Europoort	15 km
Brügge	15 km	Zeebrügge	-

2.3.3 Weltweit wichtige Containerhäfen

Die größten Containerhäfen der Welt befinden sich in Fernost. Größe bezieht sich hierbei auf die Umschlagsmenge an **TEU**. Platz eins erreichte 2014 der chinesische Hafen Shanghai mit einem Umschlag von **35,3 Mio. TEU**. Hamburg erreicht im weltweiten Vergleich Platz 15 mit 9,7 Mio. TEU, Bremen/Bremerhaven mit 5,8 Mio. TEU Rang 25. Schaut man nur auf Europa, liegt Rotterdam vorne, gefolgt von Hamburg, Antwerpen und Bremen/Bremerhaven.

	Hafen	Land	Mio. TEU		Hafen	Land	Mio. TEU
1	Shanghai	China	35,3	11	Rotterdam	Niederlande	12,3
2	Singapur	Singapur	33,9	12	Port Kelang	Malaysia	10,9
3	Shenzhen	China	24,0	13	Kaohsiung	Taiwan	10,6
4	Hong Kong	China	22,3	14	Dalian	China	10,1
5	Ningbo	China	19,5	15	Hamburg	Deutschland	9,7
6	Busan	Süd Korea	18,7	16	Antwerpen	Belgien	9,0
7	Qingdao	China	16,6	17	Xiamen	China	8,6
8	Guangzhou	China	16,2	18	Tanjung Pelepas	Malaysia	8,5
9	Dubai	VAE	15,2	19	Los Angeles	USA	8,3
10	Tianjin	China	14,1	20	Long Beach	USA	6,8

2.4 Fahrtgebiete in der Linienschifffahrt

Speditionen chartern für ihre Frachtaufträge i. d. R. kein ganzes Schiff, sondern schließen Stückgutverträge mit einem Verfrachter, der Linienverkehr anbietet. Anhand der Zielhäfen werden die Liniendienste in **kartografische Fahrtgebiete** aufgeteilt.

In den Schiffslisten der Häfen werden die Abfahrts- und Ankunftstage der einzelnen Schiffe genannt. In der Schiffsliste Hamburg werden die von Hamburg im Linienverkehr angefahrenen Zielhäfen weltweit in 36 Fahrtgebiete unterteilt.

Beispiele für Fahrtgebiete nach der Schiffsliste Hamburg

Nr.	Fahrtgebiete	Mögliche Zielhäfen des jeweiligen Fahrtgebietes
1	Kanada/Große Seen	Chicago, Cleveland, Detroit, Halifax, Milwaukee, Montreal, …
6	Nordamerika Westküste	Honolulu/Hawaii, Long Beach, Los Angeles, Oakland, Portland, San Diego, San Francisco, Seattle, Tacoma, Vancouver, …
16	Südost- und Ostasien	Bangkok, Busan, Guangzhou, Hongkong, Kaohsiung, Kobe, Manila, Ningbo, Osaka, Penang, Port Kelang, Shanghai, Singapore, Tokyo, Vladivostok, …
18	Australien/Neuseeland	Adelaide, Auckland, Brisbane, Melbourne, Sydney, …
21	Nordafrika	Algier, Casablanca, Tanger, Tripoli, Tunis, …
22	Levante/Schwarzes Meer	Alexandria, Antalya, Beirut, Haifa, Istanbul, Izmir, Limassol, Malta, Odessa, Port Said, Tel Aviv, …
25	Deutsche Nordseehäfen	Bremerhaven, Hamburg
26	Niederlande	Rotterdam
27	Belgien	Antwerpen
36	Ostseehäfen	Gdansk, Gdynia, Kaliningrad, Klaipeda, Riga, St. Petersburg, …

PRAXISBEISPIEL

Auswahl eines geeigneten Seeschiffs aus der Schiffsliste

Die MABAU AG, Hannover, schließt mit der JULIO VALO INC. in Santa Ana/Kalifornien einen Kaufvertrag über mehrere Industrie-Bohrmaschinen. Die Bohrmaschinen werden für den Transport in einen 20′-Container verladen. Den Versand des Containers von Hannover nach Santa Ana organisiert die internationale Spedition S & Z GmbH. Die Maschinen stehen ab dem 30.01.20.. zum Transport bereit und sollen spätestens am 04.03.20.. beim Empfänger in Santa Ana sein.

Auszug aus der Schiffsliste für das Fahrtgebiet 6 Nordamerika/Westküste

Nordamerika/Westküste							Fahrtgebiet 6
LAX	LOS ANGELES	CAL.	(USA)				
ETS	Schiff	Typ	ETA	Liege-platz	Reeder	Makler	Telefon
27.01.	NYK Meteor	F	23.02.	PUB	ECU	LCL/Ecu-Line	23889463
29.01.	Houston Express	F	25.02.	KUSV	SMP	LCL/SeaM*	3202012
03.02.	Chicago Express	F	02.03.	KUSV	SMP	LCL/SeaM*	3202012
07.02.	NYK Nebula	F	05.03.	PCH4	SAR	LCL/Saco*	311918-0
…	…	…	…	…	…	…	…

Begriffserklärungen zur Schiffsliste

Erklärungen der Abkürzungen		Schiffstypen	
ETS	**Estimated Time of Sailing** voraussichtlicher Abfahrtstag des Schiffes im Abgangshafen	C	**Containerschiff**
		F	**Vollcontainerschiff** kann nur Container transportieren
ETA	**Estimated Time of Arrival** voraussichtlicher Ankunftstag des Schiffes im Ankunftshafen	k	**Konventionelles Schiff/Stückgutschiff/ General Cargo Ship** für Ladungen geeignet, die nicht in Containern transportiert werden
*	• Ein **NVOCC** (**N**on **V**essel **O**perating **C**ommon **C**arrier) ist ein Transportunternehmen ohne eigenes Schiff, der Sammelladungstransporte anbietet. • Der NVOCC handelt als **Mittler zwischen Beförderer und Versender**, indem er bei einem Verfrachter Schiffraum ankauft und diesen in kleinen Partien an seine Auftraggeber weiter verkauft. • Der NVOCC haftet als Generalfrachtführer für die Gesamtstrecke • Der NVOCC stellt Konnossemente im eigenen Namen aus.	K	**Schiff mit Kühlraum** z. B. Bananenfrachter
		M	**Multi Purpose Vessel/Mehrzweckschiff** zum Transport verschiedenster Ladungsgüter wie Stückgut, Massengut, Schüttgut und/oder Container
		R	**RoRo-Schiff/Roll-on-Roll-off-Schiff** für rollfähige Ladung wie Trailer, Lkws, Pkws
		S/ LCL	**Semicontainerschiff/modernes Stückgutschiff** für den Transport von Stückgut in Laderäumen sowie Containern an Deck

Für die Verschiffung nach Kalifornien bieten sich verschiedene Seehäfen an der Nordsee an. Aus verkehrstechnischen Gründen entscheiden sich S & Z sich für den **Verschiffungshafen Hamburg**.

LÖSUNG

1. **Wahl eines geeigneten Verschiffungshafen** anhand der Schiffsliste des Verschiffungshafens
Für die USA gibt die Schiffsliste Hamburg u. a. die Fahrtgebiete 1 und 6 an:
   - **Fahrtgebiet 1 Kanada/Große Seen** mit den Häfen Chicago, Detroit, Montreal, Toronto,…
   - **Fahrtgebiet 6 Nordamerika Westküste** mit den Häfen Long Beach, Los Angeles San Francisco, …

Da die Sendung nach Kalifornien verschifft werden soll, entscheiden sich S & Z für einen Hafen des **Fahrtgebiets 6 Nordamerika/Westküste**.
- Als **Zielhäfen** geeignet sind die beiden Häfen **Long Beach** und **Los Angeles**.
- Wegen des günstigeren Lkw-Nachlaufs nach Santa Ana entscheiden sich S & Z für den Hafen **Los Angeles**.

2. Auswahl eines geeigneten Seeschiffs
- Für den Transport ist ein Schiff notwendig, das **Container** transportieren kann.
Alle angegebenen Schiffe nach Los Angeles sind Containerschiffe und somit für den Transport geeignet.
- Bei der Auswahl des Schiffes ist das **späteste Ankunftsdatum 04.03.** zu berücksichtigen: Somit bleiben für die Auswahl die Containerschiffe **NYK Meteor** mit Ankunftsdatum 23.02.20.., die **Houston Express** mit Ankunftsdatum 25.02.20.. und die **Chicago Express** mit Ankunftsdatum 02.03.20..
- Bei der Auswahl des Seeschiffs ist aber auch der **früheste Verschiffungstermin 30.01.20..** zu berücksichtigen: somit bleiben für die Auswahl die Containerschiffe **Chicago Express** und **NYK Nebula**.
- Der frühesten Verschiffungstermin 30.01.20.. und der späteste Ankunftstermin 04.03.20.. kann nur mit der **Chicago Express** eingehalten werden.
- S & Z buchen einen **Containerstellplatz auf der Chicago Express.**

3 Betriebsformen in der Seeschifffahrt

3.1 Linienschifffahrt und Trampschifffahrt

Große Reedereien betreiben für den Stückgutverkehr weltweite Liniendienste. Manche Reedereien schließen sich auch zu Konferenzen zusammen, um gemeinsam einen Liniendienst anzubieten.

Die **Linienschifffahrt** bietet dem Versender fahrplanmäßige Seetransporte zu festgelegten Seehäfen. Die Abfahrten der Linienschiffe werden in den Schiffslisten der Häfen veröffentlicht. Daher kann ein Versender schon Wochen im Voraus ein geeignetes Schiff buchen. Die Frachtraten gelten langfristig. Bei größeren Versandmengen (z. B. ab einer gewissen Anzahl von Containern in einem Fahrtgebiet) gewähren die Linienreedereien einen Rabatt.

Bei der **Trampschifffahrt** erfolgt der Einsatz eines Seeschiffs kurzfristig nach dem jeweiligen Frachtauftrag. Für den Transport von Massengut oder Schwergut muss ein Schiff oder ein Laderaum gechartert werden. Die Preisbildung erfolgt durch Angebot und Nachfrage.

MERKE

Linienschifffahrt	Trampschifffahrt
Linienverkehre	**Bedarfs- oder Gelegenheitsverkehre**
• **Transport** von Stückgut i. d. R. in Containern • **regelmäßig nach** festem **Fahrplan** • zwischen festgelegten Lade- und Löschhäfen • nach festen Seefrachtraten	• **Transport** von Massengut und Schwergut • nach Bedarf • zwischen vereinbartem Lade- und Löschhafen • nach von Angebot und Nachfrage abhängigen Charterraten

3.2 Konferenzen

Viele Reedereien kooperieren in einzelnen Fahrtgebieten in **Konferenzen**. Dadurch können sie ihren Auftraggebern mehr Abfahrten anbieten und diese durch Absprache mit den anderen Kooperationspartnern zeitlich entzerren. Allerdings gibt es auch Linienreedereien, die keinerlei Kooperation mit anderen Reedereien betreiben, und als **Outsider** bezeichnet werden.

Eine **Konferenz** ist der Zusammenschluss von (Linien)Reedereien, um Frachtraten, Transport- und Zahlungsbedingungen sowie Fahrtgebiete für die Konferenzmitglieder einheitlich festzulegen. In der Europäischen Union sind Konferenzen verboten, bei Transporten über die Grenzen der EU hinaus allerdings weit verbreitet.

Die Konferenzen vereinbaren mit den Verladern **Kontraktraten**.

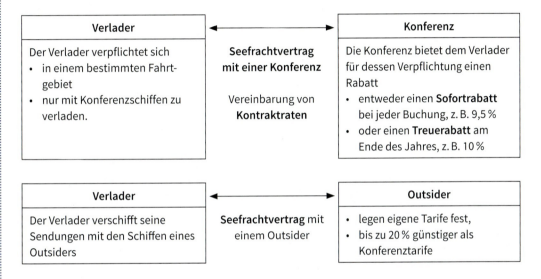

4 Abwicklung eines Beförderungsvertrags in der Seeschifffahrt

4.1 Beteiligte am Seefrachtvertrag

Der Seefrachtvertrag wird zwischen dem **Befrachter** und dem **Verfrachter** zugunsten des **Empfängers** abgeschlossen. Häufig besorgen (Seehafen-) **Spediteure** im Auftrag der Befrachter die Verschiffung und als **Ablader** die Übergabe des Gutes im Versandhafen an den Verfrachter.

TRANSPORTE MIT DEM SEESCHIFF

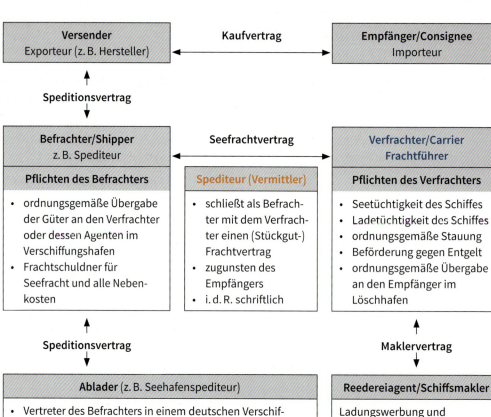

MERKE

Mögliche Vertragspartner bei einem Seefrachtvertrag
- Ein Seefrachtvertrag wird zwischen dem Befrachter und dem Verfrachter abgeschlossen.
- Im Stückgutverkehr über See erhöht sich die Zahl der Beteiligten durch den Einbezug von Sammelladungsspediteuren in den Seehäfen.
- Zusätzlich können beim Abschluss von Seefrachtverträgen Ablader, Verschiffungsspediteure, FOB-Spediteure, Schiffsmakler und Schiffsagenten der Reedereien beteiligt sein, wobei einzelne Beteiligte auch mehrere dieser Aufgaben übernehmen können.

Vertragspartner bei einem Seefrachtvertrag

Vertragspartner	Erklärung
Versender	• Der **(Ur)Versender** ist der **Auftraggeber einer Transportleistung**. • Versender sind Hersteller und Händler, die ihre Ware ins Ausland exportieren.
Befrachter oder **Shipper** oder **Verlader**	• In der Seeschifffahrt wird der **Versender** als **Befrachter** bezeichnet. • Der **Befrachter** schließt mit dem **Frachtführer/Verfrachter** einen **Frachtvertrag**. • Bei Stückgutverträgen und Containertransporten schließt häufig ein **Spediteur** den Seefrachtvertrag für den eigentlichen Versender.
Ablader	• Der **Ablader** liefert für den Befrachter die Güter im Verschiffungshafen an das Schiff oder an eine Annahmestelle des Verfrachters, z. B. an einen Kaischuppen. • Der Ablader ist der Befrachter selbst oder ein Dritter, der im Namen des Befrachters tätig wird. Ablader sind in der Regel Spediteure.
Verfrachter oder **Carrier** oder **Frachtführer**	• In der Seeschifffahrt wird der **Frachtführer** als **Verfrachter** bezeichnet. • Der Verfrachter verspricht im Frachtvertrag die Beförderung von Gütern mit dem Seeschiff.
Reeder	• Ein **Reeder** ist der **Eigentümer eines Seeschiffs**. • Reeder sind häufig gleichzeitig Verfrachter.
Schiffsmakler	• Ein **Schiffsmakler** akquiriert von Fall zu Fall für eine Reederei Ladung. Beispiel: Ein Trampschiff fährt erstmalig Cuxhaven an. Die Reederei beauftragt einen ortsansässigen Vermittler **einmalig** mit der Ladungsakquise. • Der Schiffsmakler hat für die Vermittlung von Ladung Anspruch auf eine Provision bzw. Kommission.
Schiffsagent	• Ein **Schiffsagent** akquiriert dauerhaft für eine Reederei Ladung. Beispiel: Ein Linienschiff fährt regelmäßig alle zehn Tage Cuxhaven an. Die Reederei beauftragt einen ortsansässigen Vermittler **dauerhaft** mit der Ladungsakquise. • Der Schiffsagent hat für die Vermittlung von Ladung Anspruch auf eine Provision.
Empfänger oder **Consignee**	• Der Empfänger ist die im Konnossement eingetragene **Person, die für den Empfang der Sendung berechtigt ist**.
Verschiffungsspediteur	• Der Verschiffungsspediteur **besorgt** im Auftrag des Käufers **die Verschiffung**. • Er schließt den Seefrachtvertrag mit dem Verfrachter ab und übernimmt dadurch die Funktion des Befrachters • Verschiffungsspediteure fassen Stückgutsendungen in Sammelcontainern zusammen.
FOB-Spediteur	• Der FOB-Spediteur **besorgt** im Auftrag des Verkäufers **den Umschlag der Ladung an Bord** des Schiffes sowie die Ausfuhrzollabfertigung. • Er übernimmt die Funktion des Abladers und muss dabei die Weisungen des Befrachters befolgen, wie z. B. Zeitpunkt der Anlieferung, Schiff, Kaischuppen.

4.2 Umschlag der Güter im Verschiffungshafen

Im Linienverkehr müssen die Sendungen, wie z. B. Container oder Seekisten, im Verschiffungshafen bis zum Verladeschluss beim Verfrachter oder bei einer vom Verfrachter benannten Annahmestelle an einem Kai oder Kaischuppen angeliefert werden. Im Trampverkehr hingegen kann auch ein direkter Umschlag erfolgen.

Umschlag im Seehafen

Indirekter Umschlag	Direkter Umschlag
• Der Ablader liefert die Ladung an einen Kaischuppen gegen **Empfangsquittung/Kaiempfangsschein**. • Der Verfrachter stellt ein **Übernahmekonnossement** aus, falls zu diesem Zeitpunkt ein Konnossement verlangt wird. • Der Verfrachter stempelt nach der erfolgten Übernahme der Ladung auf das Seeschiff das **Übernahmekonnossement zu einem Bordkonnossement** um.	• Der Ablader liefert die Ladung direkt vom anliefernden Verkehrsträger auf das Seeschiff. • Die Ladung wird im Hafen nicht zwischengelagert. • Der Verfrachter stellt nach der erfolgten Übernahme der Ladung ein **Bordkonnossement** aus.

4.3 Frachtraumbuchung

Da ein Versender bei der Buchung manchmal noch gar nicht weiß, ob seine Sendung zum geplanten Termin versandbereit sein wird, reserviert er zunächst Laderaum auf einem bestimmten Schiff. Solche Reservierungen werden **konditionelle Buchungen** genannt. Durch die konditionelle Buchung besteht für ihn keine Verpflichtung, den gebuchten Laderaum auch tatsächlich zu nutzen. Konditionelle Buchungen verfallen je nach Reederei eine bestimmte Anzahl von Tagen vor der Schiffsabfahrt automatisch. Um dies zu vermeiden, muss der Befrachter die konditionelle Buchung bestätigen und in eine **Festbuchung** umwandeln. Durch die Festbuchung verpflichtet er sich zum tatsächlichen Versand mit der Reederei. Die Reederei reserviert den gebuchten Frachtraum für diesen Befrachter und erstellt nach der Erfassung in der Buchungsliste die Buchungsnote (booking note). Kommt es zu keinem Versand, hat die Reederei aus der Festbuchung Anspruch auf Schadenersatz, in der Praxis als Fehlfracht oder Fautfracht bezeichnet.

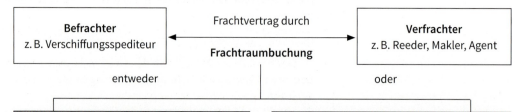

4.4 Fracht- und Begleitpapiere in der Seeschifffahrt

Je nach Wunsch des Befrachters wird ein Seefrachtbrief oder ein Konnossement ausgestellt. Bei **Seetransporten nach Übersee** werden häufig **Konnossemente** ausgestellt, da die Schiffe bis zum Löschhafen oft mehrere Wochen unterwegs sind. Das Konnossement wird in der Zwischenzeit dem Empfänger per Post zugeschickt. Auch bei langen Postwegen erhält der Empfänger das Konnossement rechtzeitig, um die Sendung gegen Vorlage des Original-Konnossements vom Verfrachter zu erhalten. Anders sieht es aber im **Short-Sea-Verkehr** und im **Container-Verkehr auf kurzen Seestrecken** aus. Nach den Schiffslisten verschiedener europäischer Häfen erreichen die Schiffe im Short-Sea-Verkehr ihre Löschhäfen häufig binnen eines Tages, also lange bevor ein Konnossement per Post den Empfänger erreichen würde. Um Wartezeiten zu vermeiden, werden bei diesen kurzen Transitzeiten meistens **Seefrachtbriefe** ausgestellt, mit der Anweisung an den Verfrachter, die Güter im Empfangshafen an den genannten Empfänger auszuliefern.

Übersicht: Fracht- und Begleitpapiere in der Seeschifffahrt

Fracht- und Begleitpapiere	Beschreibung
Mate's Receipt oder Steuermannsquittung oder Empfangsquittung	Die Steuermannsquittung ist eine **Bescheinigung des Verfrachters**, dass sich die **Ware** tatsächlich **an Bord des Schiffes** befindet. Sie geht häufig einem Bordkonnossement voraus. Der Verfrachter händigt das Bordkonnossement nur gegen Rückgabe des Mate's Receipt aus.
Schiffszettel • Kaiannahmeschein • Bordempfangsschein • Tallyschein • Verladeschein	Der **Schiffszettel** ist der Antrag des Seehafenspediteurs an den Kaischuppen auf Verschiffung ausgehender Ladung. Der Schiffszettel wird in achtfacher Ausfertigung erstellt und begleitet die gesamte Abladung organisatorisch. Der Schiffszettel erfüllt folgende Funktionen: • **Kaiannahmeschein I**: Arbeitsunterlage für den Schuppen/Kai • **Kaiannahmeschein II**: Grundlage für die Berechnung des Umschlagsentgelts • **Kai-/Bordempfangsschein**: Quittung für den Empfang der Ladung durch den Kaibetrieb oder das Schiff • **Tallyschein**: Der Tallymann kontrolliert die Ladung auf Vollständigkeit und äußerlich erkennbare Schäden. Reklamationen oder Abschreibungen trägt er in den Tallyschein ein. • **Verladeschein I**: Auf der Basis des Tallyscheins werden die Frachttonnen und die Seefracht berechnet. • **Verladeschein II**: Ausfertigung für den Ablader, die dieser zusammen mit dem B/L erhält • **Verladeschein III**: Kopie für den Aussteller • **Durchschrift**: für das Freihafenamt

Fracht- und Begleitpapiere	Beschreibung
Konnossement oder Bill of Lading/ B/L	Das **Konnossement** ist eine **vom Verfrachter ausgestellte Urkunde**, in der er die Übernahme der Ladung bestätigt und ihre Auslieferung an den Berechtigten verspricht. Das Konnossement bestimmt die **Rechtsbeziehung zwischen Verfrachter und Empfänger**. Es ist **kein Warenbegleitpapier**, sondern ein **Empfangspapier** und zugleich ein **Warenwertpapier**, dessen Übergabe die Übergabe des Gutes ersetzt.
• Übernahme-B/L	• **Übernahmekonnossement/Übernahme-B/L**: Der Verfrachter bestätigt im Konnossement, dass er die Güter zur Verschiffung angenommen hat. Durch den späteren Vermerk „Shipped on Board" wird aus dem Übernahmekonnossement ein Bordkonnossement.
• Bord-B/L	• **Bordkonnossement/Bord-B/L**: Der Verfrachter bestätigt im Konnossement, dass die Güter an Bord des benannten Schiffes verladen worden sind.
• Master-B/L • NVOCC-B/L	• **Master-B/L/Ocean-B/L**: Konnossement über einen kompletten Container • **NVOCC-B/L**: Konnossement eines Verfrachters, der keine eigenen Schiffe besitzt
Seefrachtbrief oder Sea Waybill oder Cargo Bill	Ein **Sea Waybill**, auch **Cargo Bill** genannt, ist ein **Seefrachtbrief**. Er ist **kein Warenwertpapier**, sondern lediglich ein **Warenbegleitpapier**. Verwendung findet er hauptsächlich im Containerverkehr, um Verzögerungen durch relativ lange Postwege bei gleichzeitig kurzen Transitzeiten zu verhindern. Für den Ablader ist er die Empfangsquittung des Verfrachters über die Annahme der Güter. Für den Verfrachter ist er die Anweisung des Abladers, die Güter an den genannten Empfänger auszuliefern.
Express Cargo Bill	Das Express Cargo Bill ist ein **elektronischer Seefrachtbrief**. Die im Ladehafen eingegebenen Verschiffungsdaten werden im Löschhafen vom Reederei-Agenten als Express Cargo Bill ausgedruckt und dem Empfänger übergeben. Somit ist auch bei kurzen Seestrecken im Short-Sea-Verkehr eine schnelle Auslieferung garantiert. In dem Moment, in dem der auf dem Seefrachtbrief genannte Empfänger die Ware in unbeschädigtem Zustand entgegennimmt, hat das Transportunternehmen seine Aufgabe, die Ware vom Ursprungsort an ihren Bestimmungsort zu transportieren, ordnungsgemäß erfüllt.
Zollpapiere	• **Handelsfaktura/Handelsrechnung**: Dies ist eine Rechnung des Lieferanten für die gelieferte Ware oder die erbrachte Leistung. • **Konsulatsfaktura**: Das Konsulat des Einfuhrlandes beglaubigt die Preise der Handelsrechnung für die Verzollung im Einfuhrland. • **Ursprungszeugnis/Certificate of Origin**: Die IHK beglaubigt die Herkunft der Ware. • **Packliste**: Auflistung der Waren je Colli nach Art, Gewicht und Stückzahl • **Gesundheitszeugnis**: Amtliche Bestätigung bei land- und forstwirtschaftlichen Erzeugnissen, dass diese frei von Seuchen und Krankheiten sind • **Wiegebescheinigung**: Bescheinigung der Masse der Ware

4.4.1 Verladeschein

Beim Stückgutversand werden die Güter zunächst beim Linienagenten angemeldet, um einen Stückgutvertrag abzuschließen. Nach der Buchung der Güter durch den Agenten erstellt er einen Verladeschein (in Hamburg „Schiffszettel", in Bremen „Verkehrsantrag"). Nach § 22 der Hamburger Kaibetriebsordnung[1] hat der Schiffszettel folgende Inhalte aufzuweisen: Schiffsname/Liniendienst Bestimmungshafen, Marke und Nummer der Sendung, Stückzahl, Verpackungsart, Inhalt, Gewicht, Namen des Ausstellers.

Mit dem Verladeschein liefert der Verlader oder der von ihm beauftragte Ablader die Güter bei dem angegebenen Kaiumschlagsbetrieb an. Der Ladeschein ist der Antrag des Befrachters/Abladers an die Kaiverwaltung zur Übernahme des Exportguts. Er ist bei der Anlieferung oder vorab per DFÜ an den Kaibetrieb zu übertragen. Nach Übernahme der Güter durch den Kaiumschlagsbetrieb wird der Verladeschein zum **Kaiannahmeschein** und dient dem Befrachter/Ablader als Empfangsbestätigung der Kaiverwaltung. Nach der Übernahme der Güter durch den Verfrachter unterzeichnet der Ladungsoffizier den Verladeschein. Dadurch wird er zum **Mate's Receipt** (Steuermannsquittung) und bestätigt die Empfangnahme der Güter durch den Verfrachter. Gegen Rückgabe des Mate's Receipt kann später ein Bordkonnossement ausgestellt werden.

BEISPIEL

VERLADESCHEIN

REEDEREI KANNINGA GmbH
Am Alten Kamp 7, 28777 Bremen

Übernommen wurden ohne äußerliche Mängel
von FLEXI-Transporte und Logistikdienstleistungen GmbH
an Bord des Seeschiffs   Island
zur Beförderung von   Bremen
zum Löschhafen   Sankt Petersburg
auszuliefern an   Sergei Smirnow SAO
Fracht zahlbar in   Bremen

Marke	Nummer	Packstücke		Inhalt	Bruttogewicht in kg
		Zahl	Art		
19/4 -19/12	4-12	9	Kisten	Maschinenteile	980

Frachtberechnung bezahlt am 21.09.20..

Über diese Verladung wurden 3 Original-Konnossemente gleichen Inhalts und Datums ausgestellt. Bei Vorlage eines Original-Konnossements verlieren die anderen ihre Wirkung.

Bremen, den   23.09.20..

Unterzeichnet   i.A. Kai Strobel

Kapitän/Agent

△ Verladeschein

---

[1] unverbindliche Empfehlung für Allgemeine Geschäftsbedingungen der Kaiumschlagsunternehmen im Hafen Hamburg (Kaibetriebsordnung)

4.4.2 Seefrachtbrief oder Sea Waybill

Der **Seefrachtbrief** ist lediglich ein **Warenbegleitpapier** und kann kein Eigentum übertragen. Für den Ablader ist der Seefrachtbrief die Quittung des Verfrachters für die Übernahme der aufgelisteten Güter in äußerlich unbeschädigtem Zustand, für den Verfrachter ist der Seefrachtbrief die Anweisung, die Güter an den benannten Empfänger auszuliefern.

4.4.3 Konnossement oder Bill of Lading (B/L)

Das Konnossement ist ein **Warenwertpapier**. Es dient als **Beweisurkunde** für den Abschluss und Inhalt des Frachtvertrags und als **Empfangsbescheinigung** für die zur Beförderung übernommenen Güter. Das B/L dokumentiert das **Beförderungsversprechen** des Verfrachters, die Güter mit einem bestimmten Schiff von einem bestimmten Verschiffungshafen zu einem bestimmten Löschhafen zu transportieren. Weiterhin enthält das Konnossement ein **Ablieferungsversprechen** des Verfrachters, das Gut im Löschhafen nur gegen Vorlage eines Original-B/L an den aus dem B/L Berechtigten auszuliefern.

Üblicherweise werden **drei Original-B/L** ausgestellt. Die Anzahl der Originale werden auf dem B/L vermerkt, z. B. „Number of original B/L: 3/3". Durch die Einlösung von einem Original werden die beiden anderen Originale wertlos.

BEISPIEL

ECL European Container Line				**Bill of Lading**	
Shipper			Booking No.		Bill of Lading No.
Consignee			Point and Country of Origin of Goods		
Notify Party			Also Notify Party-Routing & Instructions		
Ocean Vessel		Port of Loading	Loading Pier/Terminal		Port of Discharge
Container Marks & Numbers	Quantity Packages	Description of Packages and Goods	Gross Weight		Measurement

Received the described goods or packages or containers said to contain goods, in apparent good order and condition, unless otherwise indicated, to be transported and delivered as herein provided.

The receipt, custody, carriage and delivery of the goods are subject tom the terms appearing on the face and back hereof and to the Carrier's applicable tariff.

In witness whereof ____ original bills of lading have been signed, one of which being accomplished, the other(s) to be void.

Freight & Charges payable at/by   Signed

△ *Konnossement*

4.4.4 Konnossementarten

Konnossemente lassen sich unterscheiden nach der Übertragbarkeit, nach der Aussage über den Zustand der Ware sowie nach dem Status der Ware.

Konnossementarten

Unterscheidung nach der Übertragbarkeit

Namenskonnossement
- Empfänger ist genannt
- Aushändigung des Gutes an den genannten Empfänger gegen Vorlage des Originalkonnossements
- Übertragung der Besitzansprüche aus dem Konnossement per Abtretung (Zession)
- legitimierter Inhaber hat Anspruch auf Herausgabe des Gutes

Orderkonnossement
- Empfänger ist, wer an Order eingetragen ist
- Aushändigung des Gutes an den rechtmäßigen Besitzer des Originalkonnossements gegen Vorlage
- Übertragung des Eigentums per Indossament (Erklärung, das Eigentum auf den Erwerber zu übertragen)
- legitimierter Inhaber ist Eigentümer des Gutes

Inhaberkonnossement
- ohne Bezeichnung des Empfängers
- Aushändigung des Gutes an den jeweiligen Inhaber (Besitzer) des Originalkonnossements
- einfache Weitergabe ohne Zession oder Indossament
- Jeweiliger Inhaber ist Eigentümer der Ware. Der Verlust des Scheines bedeutet automatisch den Verlust des Eigentums

Ausstellung möglich als

Übernahmekonnossement/Received-B/L

Der Verfrachter bescheinigt lediglich die **Übernahme des Gutes**, z. B. die Anlieferung an den Kaischuppen.
Nach der Verladung erfolgt die **Umstempelung zu einem Bordkonnossement**.

Bordkonnossement/Shipped-B/L

Der Verfrachter bescheinigt mit einem Bordkonnossement die tatsächliche **Verladung des Gutes an Bord** eines bestimmten Schiffes.

Aussage über die Ware

Reines Konnossement/Clean-B/L

Das Gut wurde vom Verfrachter ohne äußerlich erkennbare Schäden angenommen/verladen.

Unreines Konnossement

Das Konnossement enthält einen Vermerk über eine Beschädigung oder über einen Verlust.

Weitere Konnossementarten	Inhalte
Durchfrachtkonnossement oder Combined Transport-B/L	Der **Verfrachter organisiert** auch den **Vor- und Nachlauf** des Containers.
Durchkonnossement oder Through-B/L oder TBL	Das Durchkonnossement ist **ein durchgehendes Konnossement für alle** am Gesamttransport beteiligten **Reedereien**. Beispiel: 15 Container werden mit einem Jumbo-Containerschiff der Reederei A von New York nach Hamburg transportiert. In Hamburg erfolgt die Umladung auf ein Feederschiff der Reederei B, um die 15 Container von Hamburg durch den Nord-Ostsee-Kanal nach St. Petersburg zu transportieren.
Teilkonnossement	Das **Originalkonnossement wird** auf einem Teil des Transports **durch mehrere Teilkonnossemente ersetzt**. Beispiel: 12 Container werden mit einem Round-the-World-Schiff von New York nach Bremerhaven transportiert, wo verschiedene Feederschiffe der Reederei den Weitertransport übernehmen: 5 Container nach Helsinki in Finnland, 4 Container nach Felixstowe in Großbritannien, 2 Container nach Seebrügge in Belgien und 1 Container nach Bergen in Norwegen.
Sammelkonnossement oder Sammel-B/L	Der Seehafenspediteur erstellt im Sammelgutverkehr das Sammelkonnossement für einen **Container mit Sammelgut**.
Fiata Bill of Lading oder FBL	Das FBL ist **vergleichbar mit dem Durchkonnossement** einer Reederei. Das FBL wird von der Internationalen Handelskammer und den Banken als Transportdokument für die **Abwicklung von Akkreditivgeschäften** international anerkannt.
NVOCC-Konnossement[1]	Der als NVOCC tätiger Spediteur stellt eigene Konnossemente für i. d. R. Sammelladungsdienste an

MERKE

Aufgaben und Eigenschaften des Konnossements:
- **Empfangsbescheinigung** für die zur Beförderung übernommenen oder verladenen Güter
- **Beförderungsversprechen** des Verfrachters
- **Ablieferungsversprechen** des Verfrachters
- **Beweisurkunde** für den Abschluss des Stückgutfrachtvertrags und dessen Inhalt
- **Warenwertpapier**
- Von einem Konnossement können beliebig viele Originale und Kopien erstellt werden.
- **Im Überseeverkehr werden meist drei Originale** erstellt.
- Die Anzahl der Originale muss auf dem Konnossement vermerkt werden.
- **Jedes Original hat die gleichen Rechte**. Bei Vorlage eines Originals muss die Ware ausgehändigt werden. Die übrigen Originale werden damit ungültig und wertlos.

---

[1] NVOCC: Non Vessel Owning Common Carrier = Frachtführer ohne eigenen Schiffsraum

MERKE

Aufgaben und Eigenschaften des Seefrachtbriefes:
- Der Sea Waybill findet Verwendung im Short-Sea-Verkehr sowie im Containerverkehr.
- Der Seefrachtbrief ist ein Warenbegleitpapier.
- Der Seefrachtbrief ist kein Warenwertpapier.
- Der Seefrachtbrief kann kein Eigentum übertragen.

4.5 Haftung des Verfrachters

4.5.1 Haftung bei Güterschäden

Das für Seetransporte zwingende **Seefrachtrecht des HGB** basiert auf den **Haager Regeln** von 1924 und den **Visby-Rules** von 1968, die eine Haftung des Verfrachters lediglich für Güterschäden vorsehen. Als Haftungsbasis sieht das Seefrachtrecht zwei Möglichkeiten vor. Entweder erfolgt die Haftung des Verfrachters nach der beschädigten oder verlorenen Stückzahl oder nach dem beschädigten/verlorenen Gewicht der Sendung. Der Verfrachter muss immer nach der Variante haften, die dem Geschädigten einen höheren Haftungsbetrag erbringt.

GESETZ

Haftung des Verfrachters bei nationalen und internationalen Seetransporten nach § 504 Abs. 1 HGB
- **Haftung für Güterschäden**
  - **entweder bis 666 2/3 SZR je Stück oder Einheit**   – **oder bis 2 SZR je kg Gewicht**
    = Haftungsbegrenzung nach Stückzahl/Einheit   = Haftungsbegrenzung nach Gewicht
    je nachdem, welcher Betrag höher ist
- **keine Haftung für Güterfolgeschäden und Verspätung**

Für Güterschäden, die der Frachtführer nicht zu vertreten hat, muss er nach den §§ 488 und 499 HGB nicht haften.

Sachverhalte für die Haftungsbefreiung	Beispiele
Schäden aus Gefahren oder Unfällen auf See	• nautisches Verschulden der Besatzung bei der Führung des Schiffes • Feuer an Bord
Schäden aus kriegerischen Ereignissen und Unruhen	• Ware verdirbt durch mehrwöchige Geiselnahme vor der Küste Somalias
Schäden aus Handlungen oder Unterlassungen des Abladers oder Eigentümers	• keine Angaben über Gefahrgut • falsche Gewichtsangaben im Konnossement • falsche Warenangaben im Konnossement
Schäden aus der Rettung von Leben oder Eigentum zur See	• Verspätung durch Hilfeleistung für ein havariertes Schiff
Schäden aus Schwund an Raumgehalt oder Gewicht	• Bananen verlieren trotz Kühlung auf dem Transport einen Anteil ihres Wassergehalts

4.5.2 Havarie

Havarie[1] bezeichnet in der Seeschifffahrt ein Schiffsunglück, bei dem Schäden an Schiff und Ladung entstehen. Allerdings wird der Begriff Havarie in der Praxis unterschiedlichen Sachverhalten zugeordnet, die als Kleine Havarie, Besondere Havarie und Große Havarie bezeichnet werden.

Die **Kleine Havarie** umfasst die durch eine Schiffsreise üblicherweise anfallenden Kosten, die der Verfrachter tragen muss, wie Lotsen- oder Hafengeld. Diese anfallenden Kosten werden vom Verfrachter in die Frachtrate eingerechnet. Bei dieser Art der Havarie liegt kein Schiffsunglück vor.

Die **Besondere Havarie** umfasst alle durch ein Schiffsunglück wie Zusammenstoß oder Strandung entstandenen Kosten, die nicht zur Großen Havarie gehören. Dies ist dann der Fall, wenn zum Zeitpunkt des Schiffsunglücks keine weitere Gefahr für das Schiff und die Ladung bestand. Bei der Besonderen Havarie trägt der Verfrachter die Schäden, die am Schiff entstehen, und der Befrachter die Schäden, die an der Ladung entstehen.

Die **Große Havarie**[2] umfasst alle Kosten, die der Kapitän vorsätzlich veranlasst, um bei einem drohenden oder bereits eingetretenen Schiffsunglück Schäden von Schiff und der Ladung abzuwenden. Zu den Kosten einer Großen Havarie zählt beispielsweise bei Ausfall des Schiffsmotors das Abschleppen des Schiffes in den nächsten Seehafen, um dadurch das Schiff und die Ladung vor einer drohenden Strandung zu bewahren.

Große Havarie oder Haverie grosse oder Grosse haverei

Die **Große Havarie** bezeichnet eine **gemeinsame Seenotgefahr für Schiff und Ladung**. Um das Schiff und die Ladung aus der gemeinsamen Seenotgefahr zu retten, muss der Kapitän alle notwendigen Rettungsmaßnahmen zur Schadenverhütung oder Schadenminderung ergreifen. Die durch die **große Haverei** verursachten Kosten, wie das Abschleppen des Schiffes und eventuell das Überbordwerfen von Containern, werden anteilsmäßig auf die Werte der von der Haverei Betroffenen verteilt. Nach § 591 HGB wird zur Berechnung der entstandenen Kostenanteile der Wert der Ladung am Empfangshafen zugrunde gelegt. Deshalb müssen bei der Kostenverteilung, der sogenannten **Dispache**, neben den Schiffseignern und Ladungseignern auch die Empfänger von unfrei-Sendungen mit dem ausstehenden Frachtentgelt einstehen. Die betroffenen Versicherungen setzen bei der Schadenabwicklung Sachverständige, sogenannte **Havariekommissare** ein. Havariekommissare sind Spezialisten für die Ermittlung der Schadenursache und Schadenhöhe.

Beispiel für eine große Havarie in der Seeschifffahrt:

Während des Transports auf der Nordsee fällt das Rudersystem eines Seeschiffs aus, wodurch das Schiff durch starke Winde aus dem Fahrwasser geweht wird und zu stranden droht. Dadurch geraten das Schiff und die Ladung gemeinsam in Gefahr. Um die Gefahr des Strandens zu verhindern, veranlasst der Kapitän die Bergung des Schiffes und das Schleppen in den nächsten Seehafen.

MERKE

- Bei einer großen Haverei werden alle Schäden des Schiffes und der Ladung sowie alle Kosten zur Rettung des Schiffes und der Ladung von allen Beteiligten gemeinschaftlich getragen.
- Die Kostenverteilung erfolgt anteilmäßig anhand des Schiffswerts, des Ladungswerts und des noch ausstehenden Frachtentgelts.

1　Havarie stammt aus dem arabischen und bedeutet „durch Meerwasser beschädigte Ware".
2　Auch bezeichnet als **gemeinschaftliche Havarie** oder als **Havarie grosse**

PRAXISBEISPIEL 1

Haftung bei einer Großen Havarie

Aufgrund einer großen Havarie entsteht beim Transport mit dem Containerschiff COSMOS IV ein Gesamtschaden in Höhe von 3.758.655,00 €. Der entstandene Schaden ist auf alle an der Havarie Beteiligten zu verteilen, in diesem Fall auf das Containerschiff, die Ladung sowie die ausstehende Fracht.

Folgende Werte liegen für die Ermittlung der Haftungsbeträge der einzelnen Beteiligten vor:
Wert des Schiffes 12.300.000,00 €, Wert der Ladung 17.680.000,00 €, ausstehende Fracht 210.000,00 €.

LÖSUNG

In einer Verteilungsrechnung wird zunächst eine prozentuale Schadenquote ermittelt, mit der anschließend die Haftungsbeträge von Verfrachter, Ladungseignern und Frachtschuldnern berechnet werden.

Beitragende Werte ❶		Ermittlung der Beitragsquote ❷		Haftungsbetrag ❸
Schiff	12.300.000,00 €	Gesamtwert	30.190.000,00 € – 100 %	12.300.000,00 € · 12,45 % = 1.531.350,00 €
Ladung	17.680.000,00 €	Gesamtschaden	3.758.655,00 € – x %	17.680.000,00 € · 12,45 % = 2.201.160,00 €
Aussteh. Fracht	210.000,00 €	x = 12,45 %		210.000,00 € · 12,45 % = 26.145,00 €
Summe	30.190.000,00 €			30.190.000,00 € · 12,45 % = 3.758.655,00 €

❶ Ermittlung der Summe der in der Kostenverteilung zu berücksichtigenden Werte
❷ Ermittlung der Beitragsquote in Prozent des Gesamtwerts
❸ Berechnung der Haftungsbeträge aller Beteiligten in Euro anhand der Schadenquote

Ergebnis: Alle an der großen Haverei Beteiligten müssen jeweils 12,45 % Kosten tragen, bezogen auf ihren individuellen beitragenden Wert. So müssen der Schiffseigner 1.531.350,00 €, alle Ladungseigentümer zusammen 2.201.160,00 € und die Frachtschuldner der unfrei-Sendungen 26.145,00 € der entstandenen Havariekosten tragen.

PRAXISBEISPIEL 2

Anwendung der Beitragsquote auf einzelne Ladungseigner

Die MABAU AG hat mit der COSMOS IV zwei 20'-Container Maschinenteile verschifft. Der Wert der beiden beladenen Container beträgt jeweils 100.000,00 €. Einer der beiden Container wird bei der Großen Havarie gerettet, der andere Container wird bei den Rettungsmaßnahmen geopfert und über Bord geworfen.

Welche finanziellen Auswirkungen hat die unterschiedliche Behandlung der beiden Container auf den Ladungseigner MABAU AG?

LÖSUNG

Container 1
- Die MABAU AG muss für den geretteten Container mit einer Beitragsquote von 12,45 % = **12.450,00 €** haften.

Container 2
- Der Container ist durch das Überbordwerfen zu 100 % verloren.
- Die Kosten der Großen Havarie sind durch alle Beteiligten gemeinsam zu tragen.
- Die Eigner der bewusst geopferten Ladung sollen nicht schlechter gestellt werden als die Eigner der geretteten Ladung.

- Die MABAU AG erhält für den bewusst geopferten Container deshalb eine Gutschrift, die durch die Haftung der anderen Beteiligten aufgebracht wird..
- Die Höhe der Gutschrift (= 87,55 %) wird ermittelt als Differenz zwischen Ladungswert (= 100 %) und Beitragsquote (= 12,45 %).
- Die MABAU AG erhält 87,55 % des Ladungswerts als Gutschrift (= 87.550,00 €).
- Dadurch entsteht für den geopferten Container ebenfalls eine Beitragsquote von 12,45 % = **12.450,00 €**.

5 Abrechnung von Seetransporten

5.1 Frachtraten und Zuschläge in der Seeschifffahrt

In der Seeschifffahrt gibt es keine international verbindlichen Tarife. Die Abrechnung erfolgt nach dem **Stückguttarif einer Reederei** oder nach einem für **alle an einer Konferenz beteiligten Reedereien verbindlichen Konferenztarif**. Die Frachtrate umfasst nur die reinen Beförderungskosten zwischen Lade- und Löschhafen. Lade- und Löschkosten gehen zulasten des Befrachters. Die Höhe der Frachtrate ist abhängig vom eingesetzten Schiff (Art, Größe, Flagge), von der Ladung (Gewicht, Sperrigkeit), von den Besonderheiten der Reiseroute, wie z. B. Kanalgebühren, Hafengebühren oder Lotsengebühren, und von vereinbarten Rabatten.

5.1.1 Frachtraten

Die Berechnung des Frachtentgelts kann nach verschiedenen Frachtraten erfolgen.

Arten der Frachtraten	Basis für die Berechnung des Transportpreises
reine Gewichtsraten	Preisangabe **je Tonne**, z. B. 250,00 €/t
reine Maßraten	Preisangabe **je m³**, z. B. 105,00 €/m³
Maß-/Gewichtsraten	Preisangabe gilt **alternativ je Tonne oder je m³**, z. B. 250,00 € M/G; 105,00 USD/frt; 129,00 GBP/WM Dieser Tarif ist gekennzeichnet mit dem Zusatz **M/G** (Maß/Gewicht) oder **W/M** (Weight/Measurement) oder **frt** (Frachttonne)

> **MERKE:** Alternative Abrechnung nach Gewicht oder nach Maß, je nachdem, welche Abrechnung dem Verfrachter eine höhere Frachteinnahme erbringt.

Seefrachtraten mit Wertstaffeln	Sie basieren auf dem **Warenwert**. Je wertvoller eine Sendung ist, desto höher sind die Frachtkosten je Tonne oder m³. z. B. • bis 1.500,00 € Warenwert/t 100,00 € M/G • über 1.500.00 € Warenwert/t 120,00 € M/G
Wertraten oder **ad Valorem Rates**	Als Frachtentgelt wird ein **Prozentsatz des Warenwerts** festgelegt. z. B. 3 % vom Warenwert
FAK-Raten (Freight-All-Kinds)	**artikelunabhängige Pauschalfracht**, beispielsweise beim Containerversand, z. B. 780,00 € je 20'-Container von Hamburg nach Dubai
Lumpsum-Raten	**Pauschalfracht je Ladeeinheit** z. B. 450,00 € je überführtem Neuwagen von Korea nach Deutschland

5.1.2 Zuschläge

Das Frachtentgelt erhöht sich meistens durch individuelle Frachtzuschläge der Reedereien für spezielle Risiken des Transports, wie beispielsweise Überlänge, Schwergut, Preisschwankungen beim Treibstoff oder das Währungsrisiko bei der Fakturierung in einer anderen Währung.

Zuschläge zu den Frachtraten	Basis für die Berechnung der Zuschläge
Längenzuschlag	für lange Gegenstände, häufig ab 12 m Länge z. B. • ab 12 m Länge 5,00 € je Meter Gesamtlänge • ab 10 m Länge 15,00 € je angefangener Meter zusätzliche Länge
Schwergutzuschlag	für schwere Sendungen, bei vielen Reedereien ab 5 t je Sendungsteil z. B • ab 5 t Gewicht je Sendungsteil 30,00 € je zusätzlich angefangene Tonne Gewicht • ab 5 t Gewicht je Sendungsteil 20,00 € je t Gesamtgewicht
Währungszuschlag/CAF (Currency Adjustment Factor)	für den Ausgleich von Währungsrisiken z. B. Währungszuschlag + 12 %
Bunkerölzuschlag/BAF (Bunker Adjustment Factor)	für den Ausgleich von Dieselpreisschwankungen z. B. 5 % der Frachtrate M/G
Verstopfungszuschlag/ Congestion Surcharge	für längere Wartezeiten in Häfen z. B. 120,00 € je 20'-Container
Gefährdungszuschlag/ War Risk Surcharge	bei Fahrten durch kriegsgefährdete Gebiete zur Abdeckung der höheren Versicherungsprämien, z. B. 30 % der Frachtrate M/G

PRAXISBEISPIEL

Berechnung des Frachtentgelts

Eine verpackte Maschine soll von Bremerhaven nach Kapstadt (Südafrika) transportiert werden. Die Überseekiste wiegt 8,998 t und hat einen Rauminhalt von 19,211 m³. Die Seefrachtrate beträgt 250,00 € M/G. Für Sendungen ab 5 t Gesamtgewicht berechnet die Reederei einen Schwergewichtszuschlag von 29,00 € je Tonne Gesamtgewicht. Der Bunkerölzuschlag beträgt 16,4 % auf die Gesamtfracht.

Wie hoch ist das Entgelt für den Transport der Maschine?

LÖSUNG

Berechnung des Frachtentgelts:

	Grundfracht ❶	19,211 frt · 250,00 €/frt =	4.802,75 €
+	Schwergewichtszuschlag ❷	8,998 t · 29,00 €/t =	260,94 €
=	Gesamtfracht		5.063,69 €
+	16,4 % Bunkerölzuschlag ❸	5.063,69 € · 0,164 =	830,45 €
=	Frachtentgelt		5.894,14 €

① Bei der Frachtrate M/G hat der Verfrachter die Wahlmöglichkeit, nach dem Maß (= m³) oder nach dem Gewicht (= Tonnen) abzurechnen, je nachdem welche Variante das höhere Entgelt ergibt.
Die Abrechnung nach Maß erbringt ein Entgelt von 19,211 frt · 250,00 €/frt = 4.802,75 €
Die Abrechnung nach dem Gewicht erbringt ein Entgelt von 8,998 frt · 250,00 €/frt = 2.249,50 €.
Deshalb erfolgt in diesem Fall die Abrechnung nach Maß.

② Der Verfrachter berechnet den Schwergewichtszuschlag vom tatsächlichen Gewicht 8,998 t.

③ Den Bunkerölzuschlag berechnet der Verfrachter von der bisher ermittelten Gesamtfracht.

5.2 Besonderheiten beim Versand von Containern

Möglichkeiten der Containerabwicklung

Abhängig vom Sendungsaufkommen für einzelne Empfänger oder auf einzelnen Relationen ergeben sich für den Versender mehrere Varianten der Containerabwicklung. Bei hohem Sendungsaufkommen kann der Versender den Container bereits in seinem Werk beladen, bei niedrigem Sendungsaufkommen erfolgt erst im Verschiffungshafen die Verladung in einen Sammelcontainer. Wenn ein Container nur Waren für einen Empfänger enthält, wird der Container bis zum Empfänger transportiert. Sammelcontainer hingegen werden i. d. R. im Empfangshafen entladen und die darin enthaltenen Sendungen den Empfängern im Rahmen des Sammelgutverkehres ausgeliefert.

Im internationalen Containerverkehr werden viele englische Bezeichnungen und Abkürzungen, wie z. B. Stuffing, Stripping, FCL und LCL verwendet.

Abkürzung	Erklärung
Stuffing	Beladen eines Containers
Stripping	Entladen eines Containers
FCL Full Container Load	**FCL beim Versand des Containers**: • Full Container Load bedeutet, dass der Versender den Container dem Frachtführer des Vorlaufs übergibt. • Sowohl der Vorlauf als auch der Hauptlauf finden im Container statt. **FCL beim Empfang des Containers**: • Full Container Load bezeichnet den Weitertransport des Containers ab Empfangshafen zum Empfänger. Erst dort wird der Container entladen. **FCL/FCL** • Bei **FCL/FCL** finden der Vorlauf sowie der Hauptlauf und der Nachlauf im Container statt.
LCL Less than full Container Load	**LCL beim Versand des Containers**: • Less than full Container Load bedeutet, dass Waren mehrerer Versender in einem Container transportiert werden. Nachdem ein Versender seine Waren an den Verfrachter geliefert hat, werden diese in einer Container-Freight-Station gemeinsam mit den Partien anderer Versender in einen Container gepackt. • Der Vorlauf findet im Speditions-Sammelgutverkehr statt, der Hauptlauf im Container.

Abkürzung	Erklärung
LCL Less than full Container Load	**LCL beim Empfang des Containers:** • Less than full Container Load bedeutet, dass der Container im Ankunftshafen in der dortigen Container-Freight-Station entpackt wird. Danach erfolgt der Transport an die jeweiligen Empfänger. **LCL/LCL** • Lediglich der Hauptlauf findet im Container statt, Vor- und Nachlauf jeweils im Speditions-Sammelgutverkehr.
MH Merchant's Haulage	Verlader/Ablader/Spediteur organisiert den Landtransport des FCL-Containers im Vorlauf und Nachlauf.
CH Carrier's Haulage	Verfrachter organisiert zusätzlich zum Seetransport den Landtransport des FCL-Containers im Vorlauf und Nachlauf.
CFS Container Freight Station	Ort, an der eine Reederei LCL-Container vom Frachtführer des Vorlaufs zum Hauptlauf annimmt oder nach dem Hauptlauf an den Frachtführer des Nachlaufs abgibt.
TEU	**T**wenty Foot **E**quivalent **U**nit (20'-Container)
FEU	**F**ourty Foot **E**quivalent **U**nit (40'-Container)
OOG Out of Gauge	Sendung mit Lademaßüberschreitung, z. B. Transport von übergroßer Ladung wie Generatoren, Maschinenteile oder sperrige Fahrzeuge mit speziellen Containern wie Flat Racks
Demurrage Charge	Gebühr für verzögerte Abnahme von Containern im Löschhafen.
Free Time	• Zeitraum, für den keine Containermiete anfällt • Ab Abholung/Gestellung des Leercontainers zur Beladung bis, abhängig von den einzelnen Reedereien, z. B. fünf Tage nach Übernahme des beladenen Containers im Container-Terminal des Empfangshafens.
Detention Charge	• Container-Mietgebühr bei Überschreitung der free Time • Die Höhe ist abhängig vom Container-Typ. • Die Mietgebühr kann progressiv sein, um den Containerumlauf zu beschleunigen.
THC Terminal Handling Charge	• Gebühr für die Bewegung der Container auf dem Terminal und deren Umschlag auf und aus dem Schiff. • Die THC werden hafenabhängig auch als **CSC** (**C**ontainer **S**ervice **C**harge) oder **PSC** (**P**ort **S**ervice **C**harge) bezeichnet.

Durch die Kombination der verschiedenen FCL- und LCL-Varianten ergeben sich vier Möglichkeiten der Containerabwicklung.

Übersicht: Möglichkeiten der Abwicklung eines Containertransports

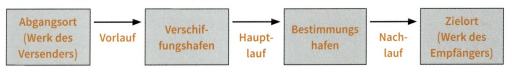

Beispiel 1: Ein Autohersteller liefert einen 20'-Container Autoteile an ein Zweigwerk in den USA. Der Transport im Container erfolgt ab dem Werk in Deutschland bis zum Werk in den USA.

Beispiel 2: Ein Autohersteller liefert 229 kg Ersatzteile in einer Kiste für einen Großhändler an der Ostküste der USA. Der Vorlauf zum Seehafen erfolgt im Lkw-Sammelgutverkehr. Der Seehafenspediteur versendet die 220 kg zusammen mit anderen Sendungen als Sammelladung in einem Sammelcontainer an die Ostküste der USA. Dort entlädt der amerikanische Seehafenspediteur den Container und besorgt den Weiterversand zum Empfänger im Lkw-Sammelgutverkehr.

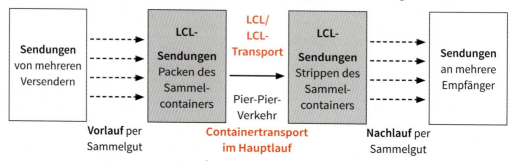

Beispiel 3: Ein Autohersteller liefert Autoteile für ein Zweigwerk in den USA und Ersatzteile für mehrere amerikanische Großhändler. Die Sendungen werden beim Versender zu einer Sendung zusammengefasst und in einen 20'-Container verladen. In den USA wird der Container im Seehafen entladen und die einzelnen Sendungen den Empfängern per Lkw zugestellt.

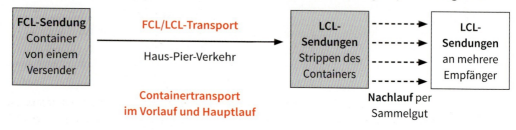

Beispiel 4: Mehrere Autozulieferer verschicken Sendungen an einen Autohersteller in den USA. Der Vorlauf zum Versandhafen erfolgt per Lkw-Sammelgutverkehr oder Partiefracht. Der Seehafenspediteur fasst die einzelnen Sendungen zu einer Sammelladung zusammen. Der Sammelladungscontainer wird vom amerikanischen Seehafenspediteur zum Werk des Empfängers weitergeleitet.

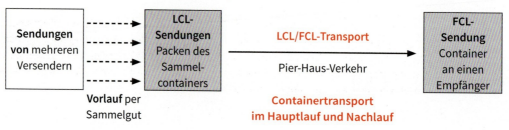

MERKE

FCL oder **Full Container Load**
- Die Sendung füllt/beansprucht einen kompletten Container.

LCL oder **Less than Container Load**
- Die Sendung füllt/beansprucht keinen kompletten Container.
- Die Sendung wird als Teil einer Sammelladung im Container versandt.

5.3 Seefrachtabrechnung im Containerverkehr

5.3.1 Frachtraten im Containerverkehr

Beim Containerverkehr beziehen sich die Seefrachtraten auf den reinen Seetransport und beinhalten i. d. R. weder die Hafenumschlagskosten noch Vorlauf- und Nachlaufkosten.

Arten der Frachtraten	Basis für die Berechnung des Transportpreises
güterabhängige Maß-/Gewichtsrate	Abrechnung nach **frt**, z. B. 150,00 € **M/G**
güterabhängige Rate pro Containereinheit/ Commodity-Box-Rates	**Pauschalfracht je Container**, die **von der** zu transportierenden **Güterart abhängig** ist. z. B. Preis für 20'-Kühl-Container zwischen Panama und Hamburg • 1.200,00 € für Bananen • 1.500,00 € für Orangensaft
güterunabhängige Rate pro Containereinheit/FAK-Raten (Freight all Kinds)	**Pauschalfracht je Container**, die **von der** zu transportierenden **Güterart unabhängig** ist. z. B. 1.500,00 € für einen 20'-Container von Bremerhaven nach New York

5.3.2 Hafenumschlagskosten beim Containertransport

Beim Containerversand entstehen zusätzlich zu den Seefrachtkosten noch die Umschlagskosten im Verschiffungs- und Löschhafen. Diese **THC** (**T**erminal **H**andling **C**harges) oder **CSC** (**C**ontainer-**S**ervice-**C**harges) sind je nach Fahrtgebiet, Hafen und Reederei unterschiedlich hoch.

5.3.3 Mietfreie Zeit und Mietgebühren (Free Time and Demurrage Charge)

Die Reedereien stellen die Container für den Transport zur Verfügung. Mietfrei sind die Container im Zeitraum zwischen der Beladung und der nächsten erreichbaren Schiffsabfahrt, während der Seereise sowie für den Container-Inlandstransport zum Empfänger. Wird der Container danach nicht innerhalb einer vorgegebenen Frist – in Europa meist fünf Werktage – in einem Container-Depot abgeliefert, verlangt die Reederei **Mietgebühren**.

6 Ausblick

Seit 1980 hat sich das Volumen des weltweiten Handels verfünffacht. Handelsliberalisierungen sorgen dafür, dass der Austausch von Gütern und Dienstleistungen weiterhin zunimmt. Nach einer Studie des Internationalen Transport Forums ITF der OECD von 2015 wird sich der internationale Güterverkehr bis 2050 vervierfachen. Die Handelsströme werden sich von der bisher wichtigsten Handelsroute Nordatlantik auf die Nordpazifikroute verschieben, für die ein doppelt so hohes Wachstum erwartet wird. Ein besonders hohes Wachstum auf das Vierfache der aktuellen Tonnenkilometer wird für die Seerouten im Indischen Ozean erwartet. Die Entfernungen, die die Güter beim Seetransport zurücklegen, werden bis 2050 um etwa 10 % zunehmen.

Die Reedereien setzen immer größere Frachtschiffe ein. So geht bei den Container-Reedereien der Trend zu Megafrachtern mit mehr als 18 000 TEU Tragfähigkeit. Dies bedeutet, dass immer längere und breitere Schiffe mit größerem Tiefgang die Häfen anfahren werden. Das bis 2015 weltweit größte Containerschiff CSCL Globe, das den Hamburger Hafen im Januar 2015 erstmals anlief, ist 400 m lang, 59 m breit und kann bei einem Tiefgang von 16 Metern 19 100 TEU transportieren.

Lange Zeit gehörte der Hamburger Hafen zu den zehn größten der Welt. Mittlerweile liegt er auf Rang 15. Seine Stellung verschlechtert sich zusehends durch den Trend zu Megafrachtern. Die größeren Containerschiffe benötigen eine tiefere Fahrrinne und können den Hamburger Hafen deshalb nur bei Flut anfahren und bei Flut wieder verlassen, und selbst dann nicht voll beladen. Rotterdam, Antwerpen oder Wilhelmshaven können von den Megafrachtern ohne Beachtung von Ebbe oder Flut rund um die Uhr angefahren werden.

Um am steigenden Welthandel teilzuhaben, planen einige mittelamerikanische Länder neue Eisenbahnverbindungen für den Containertransport zwischen den Häfen am Pazifik und den Häfen am Karibischen Meer. Panama baute den Panamakanal aus, um ab 2017 größeren Schiffen die Passage zu ermöglichen. Nicaragua plant den Bau eines rund 280 km langen Kanals zwischen Pazifik und Atlantik als Alternative zum etwa 80 km langen Panamakanal. Der „Gran Canal Interoceánico" soll breiter und tiefer werden als der Panamakanal und damit Schiffen die Passage ermöglichen, die auch nach dem Ausbau des Panama-Kanals aufgrund ihrer Größe oder ihres Tiefgangs diesen nicht durchfahren können.

G Transporte mit dem Flugzeug

KAPITELEINSTIEG

100 Jahre Luftfracht – als die Morgenpost abhob

„In der Geschichte der Luftfahrt ist es vielleicht nicht mehr als eine Fußnote. Für die Luftfracht in Deutschland aber ist der 19. August 1911 die Geburtsstunde des Gütertransports per Flugzeug. Von einer Graspiste in Berlin Johannisthal hob am 19. August 1911 eine einmotorige Harlan mit Ziel Frankfurt an der Oder ab, die ausschließlich Fracht an Bord hatte. Es waren druckfrische Exemplare der Berliner Morgenpost. Die Ladung sollte symptomatisch sein für die Entwicklung der Luftfracht in den nächsten 100 Jahren. Denn bekanntlich ist nichts älter als die Zeitung von gestern. Printmedien sind ein verderbliches Produkt. Wie Rosen aus Kenia, Hummer aus Kanada oder Thunfisch für Japan. Handys aus China oder Mode aus Bangladesch würden viel zu lange teures Kapital binden, wären sie per Schiff unterwegs. [...]"

Quelle: IHK WirtschaftsForum, Nils Haupt, Leiter Unternehmenskommunikation Lufthansa Cargo, Frankfurt, Oktober 2011

Luftfracht wurde zunächst nur als zusätzliche Beifracht in sogenannten PAX-Maschinen befördert. PAX ist die Verkürzung von Passenger bzw. Passagier. Erst Ende der 1950er Jahre begann der systematische Einsatz von sogenannten CAO-Maschinen (CAO = **C**argo **A**ircraft **O**nly), also reinen Frachtmaschinen, die ausschließlich mit Luftfracht beladen waren.

△ *Beladung einer MD-11-F mit Containern durch die Frachttür ins Hauptdeck*

△ *Beförderung von Flugpost um 1919*

Etwa 50 % der Luftfracht wird als sogenannte Belly-Fracht[1] mit PAX-Maschinen befördert, die andere Hälfte mit reinen Frachtmaschinen. Dass die Luftfracht ein wichtiges Segment im internationalen Handel ist, zeigt das jährlich steigende Wachstum im letzten Jahrzehnt. Den Hauptanteil der weltweiten Luftfracht machen hierbei die Warenströme zwischen Europa, Nordamerika und Asien aus.

---

1 Belly (engl.) = Bauch; damit ist die Beladung eines Flugzeugs im Lower Deck bzw. Unterdeck gemeint.

1 Merkmale der Luftfracht

1.1 Leistungsmerkmale

➲ GESCHWINDIKEIT

- Das Flugzeug ist mit Ausnahmen bei Kurzstrecken das schnellste Transportmittel.
- Die maximale Geschwindigkeit beträgt abhängig vom Flugzeugtyp ca. 800 km/h.
- Der durchschnittliche Transportzeitaufwand einer Luftfrachtsendung beträgt
  - für den Vorlauf ca. 26 %
  - für den Hauptlauf (Flugzeit) ca. 17 %
  - für den Nachlauf ca. 57 %

➲ UMWELTBELASTUNG

Durch den hohen Treibstoffverbrauch pro Tonne transportierter Ware ist das Flugzeug das am wenigsten umweltfreundliche Transportmittel.

Weiterhin besteht durch die hohe Lärmbelastung an vielen Flughäfen ein Nachtflugverbot.

➲ KOSTEN

Relativ hohe Transportkosten, jedoch niedrige Kapitalbindungskosten

△ *Antonow An-225 Mrija*

➲ ZUVERLÄSSIGKEIT

Die Flugpläne der Flughäfen haben mit minutengenauer Taktung eine hohe Zuverlässigkeit. Bei einem grenzüberschreitenden Transport sind ggf. die unterschiedlichen Zeitzonen zu beachten.

➲ INFRASTRUKTURVORAUSSETZUNGEN

Im interkontinentalen Verkehr hat die Luftfracht die höchste Netzdichte, da man nicht wie bei der Seefracht auf die Küsten angewiesen ist. Ein Vorlauf und ein Nachlauf mit anderen Verkehrsträgern sind notwendig. Durch die vielen Flughäfen innerhalb der Länder verkürzen sich die Vor- und Nachläufe jedoch erheblich.

➲ SICHERHEIT

- Pro Tonne transportierter Ware treten die wenigsten Beschädigungen im Vergleich zu den anderen Verkehrsträgern auf.
- Geringe Transportrisiken bedingen niedrigere Versicherungsprämien und einen geringeren Verpackungsaufwand.

➲ KAPAZITÄT

Abhängig vom Flugzeugtyp können reine Frachtmaschinen wie die Antonow bis zu 250 t laden.

Mit einem Flugzeug kann jedoch grundsätzlich nur ein Bruchteil dessen transportiert werden, was zum Beispiel auf ein Seeschiff oder einen Güterzug passt.

Weiterhin sind Flugzeuge grundsätzlich nicht massenguttauglich.

Kombination mit anderen Verkehrsträgern

Grundsätzlich muss das Flugzeug mit dem Lkw im Vor- und Nachlauf kombiniert werden, um die Güter zum endgültigen Bestimmungsort zu transportieren. Aber auch zwischen der Luft- und Seeschifffahrt gibt es Kombinationsmöglichkeiten, bei denen sich die Vorteile beider Transportmittel gegenseitig ergänzen. Dies sind die sogenannten **Sea-Air-Verkehre**. So dauert der Transport von Shanghai mit dem Seeschiff nach Dubai und von dort mit dem Flugzeug nach Hamburg 17 Tage und dauert damit halb so lange wie ein reiner Seefrachttransport und ist halb so teuer wie ein reiner Luftfrachttransport.

1.2 Für die Luftfracht besonders geeignete Güter

Grundsätzlich gibt es wenig, was nicht auch per Luftfracht befördert werden könnte. Bestes Beispiel dafür ist die Berliner Luftbrücke 1948 bis 1949. In einer beispiellosen logistischen Leistung wurde die Bevölkerung West-Berlins vom amerikanischen und englischen Militär mit allen notwendigen Dingen (Lebensmittel, Medikamente, Brennstoffe, usw.) – durch die im Berliner Volksmund „Rosinenbomber" genannten Flugzeuge – aus der Luft versorgt.

Aufgrund der Leistungsmerkmale der Luftfracht lassen sich dennoch typische Luftfrachtgüter charakterisieren. Insbesondere die Eilbedürftigkeit und die Empfindlichkeit einzelner Güter machen diese zu typischen Luftfrachtgütern.

Typische Guteigenschaften	Beispiele für typische Luftfrachtgüter
leicht verderblich	Schnittblumen, frischer Fisch, Gemüse
Wertfracht	Diamanten, Wertpapiere
hochpreisige Güter	Tablets/Tablet-PCs, Luxusautos
Lebendtransporte	Turnierpferde, Koikarpfen
empfindliche Güter	medizinische Geräte, Messtechnik
zeitsensible Güter	Ersatzteile, Tageszeitungen

MERKE

Teure und qualitativ hochwertige Güter vertragen auch hohe Transportkosten.

1.3 Transportmittel und Ladungsträger in der Luftfracht

1.3.1 Flugzeugtypen

Transportmittel in der Luftfracht sind Flugzeuge. Die Beförderung von Gütern erfolgt hierbei entweder in
- Passagiermaschinen, sogenannten **PAX-Maschinen,** im Unterflurfrachtraum (Lower Deck/Belly)[1]
- oder reinen Frachtmaschinen, sogenannten **CAO-Maschinen**.

Ausgewählte Beispiele reiner Frachtmaschinen von Lufthansa Cargo	Beschreibung
	Boeing MD 11 • max. Zuladung: 93,23 t • Ladevolumen: 534 m³ • Ladehöhe/Türhöhe: Hauptdeck: 245 cm Unterdeck: 163 cm
  △ Boeing 777 – Große Klappe, viel dahinter! △ Boeing 777F	**Boeing 777-200** • max. Zuladung: 103 t • Ladevolumen: 653 m³ • Ladehöhe/Türhöhe: Hauptdeck: 305 cm Unterdeck: 163 cm

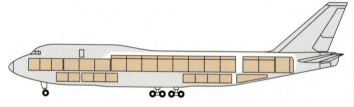	**Boeing 747-400 F**
	• max. Zuladung 110 t
	• Ladevolumen: 600 m³
	• Ladehöhe/Türhöhe:
	Hauptdeck:
	  – Side-Door: 300 cm
	  – Nose-Door: 244 cm
	Unterdeck: 163 cm

 △ Boeing 747-400F mit geöffneter Nose-Door	

---

[1] Je nach Flugzeugtyp sind bis zu fünf Tonnen zusätzliche Beifracht möglich. Gefahrgut darf mit PAX-Maschinen nur unter bestimmten Voraussetzungen befördert werden. Die Packing Instructions (Verpackungsrichtlinien) der Dangerous Goods Regulations (IATA DGR) bzw. der Technical Instructions (ICAO TI) geben die Bedingungen für die Verpackung sowie die erlaubten Mengen von Gefahrgut im Passagierflugzeug an.

1.3.2 Ladungsträger in der Luftfracht

Die Form und die Maße eines Flugzeugs verlangen speziell darauf abgestimmte Lademittel, sogenannte **U**nit **L**oad **D**evices, abgekürzt **ULD**. Hierbei werden **ULD-Container** aus Aluminium und teilweise aus Kunststoff oder **ULD-Paletten** aus Aluminiumblech mit Ösen zur Befestigung von Frachtnetzen eingesetzt.

Die Luftfrachtgesellschaften stellen ihren Kunden für deren individuelle Bedürfnisse die geeigneten Flugzeuge und Ladungsträger zur Verfügung. Allerdings müssen hierbei einige Restriktionen, wie z. B. Kapazität und Maße der Ladetüren, beachtet werden.

Ausgewählte Beispiele von Ladungsträgern	Beschreibung
	Standard-Palette (flat) • Abmessungen: 318 cm x 224 cm • nutzbare Ladefläche: 304 cm x 210 cm • Leergewicht: 115 kg • maximale Nutzlast: 6 689 kg • in weiteren Palettengrößen vorhanden
	Autotransport-Einheit (hier für zwei Autos) • Abmessungen: 498 cm x 244 cm • nutzbare Ladefläche: 485 cm x 230 cm
	Oberdeckcontainer **z. B. 10-ft-Container** • Abmessungen außen: 318 cm x 244 cm x 244 cm • Abmessungen innen: 306 cm x 230 cm x 240 cm • nutzbares Volumen: 15 m^3 • Leergewicht: 260 kg – 320 kg • maximale Nutzlast: 6 484 kg – 6 544 kg
	Unterdeckcontainer **z. B. Container LD 3**[1] • Abmessungen außen: 156 cm x 153 cm x 163 cm • Abmessungen innen: 146 cm x 144 cm x 160 cm • nutzbares Volumen: 3,8 m^3 • Leergewicht: 100 kg • maximale Nutzlast: 1 488 kg

Zusätzlich existieren verschiedenste Formen und Typen von Luftfrachtladeträgern, z. B. Tiercontainer, Tiefkühlcontainer, Container für den Hängeversand von Textilien.

---

1 LD steht hier für Lower Deck.

2 Rahmenbedingungen für den Transport mit dem Flugzeug

2.1 Internationale Luftverkehrsorganisationen

2.1.1 International Civil Aviation Organization (ICAO)

Ein in Frankfurt startendes Frachtflugzeug nach Tokio überfliegt bis zur Landung das Hoheitsgebiet vieler Staaten. Es wird auf seinem Flug einmal zum Tanken zwischenlanden und ist auf der gesamten Strecke lückenlos auf navigatorische Unterstützung vom Boden aus angewiesen. Da der internationale Luftverkehr auf allgemein gültige internationale Abkommen über hoheitsrechtliche und technische Voraussetzungen angewiesen ist, gab es bereits seit 1910 internationale Regelungen und Absprachen. 1944 wurde eine Internationale Organisation der zivilen Luftfahrt gegründet, die ICAO.

△ Logo der ICAO

Die **Mitglieder** der ICAO sind Staaten, die der UNO angehören.

Die **Aufgaben** der ICAO sind insbesondere
- die Regelungen der neun Freiheiten der Luft, wie z. B. Überflug- und Landerechte,
- die Festlegung von Fachbegriffen in der Luftfahrt,
- die Festlegung von Standards und Leistungsmerkmalen für Flughäfen und Flugsicherungseinrichtungen.

2.1.2 International Air Transport Association (IATA)

Als Ergänzung zu der ICAO, in der die Regierungen ihre staatlichen Luftverkehrsinteressen wahrnehmen, wurde im Jahr 1919 die IATA als Zusammenschluss von Luftfahrtgesellschaften gegründet, mit den Zielen, durch internationale Zusammenarbeit die wirtschaftlichen Interessen zu fördern, Flugpläne und gemeinsame Beförderungsbedingungen zu erarbeiten und technische Standards zu entwickeln.

△ Logo der IATA

Die **Mitglieder** der IATA sind Luftfahrtgesellschaften, deren Heimatland der UNO angehört.

Die **Aufgaben** der IATA[1] sind insbesondere
- die Förderung der Kooperation zwischen den Fluggesellschaften,
- die Festlegung von Frachttarifen (TACT) und Beförderungsbedingungen,
- die Vereinheitlichung von Versandpapieren,
- das Zulassen von IATA-Agenturen[2] und
- die Entwicklung von IATA-Codes:
  - **Two Letter Codes** für Fluggesellschaften, z. B. **LH** für Lufthansa
  - **Two Letter Codes** für die Länder, z. B. **DE** für Deutschland
  - **Three Letter Codes** für Flugzeugtypen z. B. **74F** für Boeing 747 all freighter models
  - **Three Letter Codes** für Flughäfen, z. B. **FRA** für Frankfurt am Main

---

[1] weitere Aufgaben der IATA finden sich auf der IATA-Homepage http://www.iata.org
[2] IATA-Agent siehe Seite 194.

Traffic Conference (TC) Areas

Um den Interessen regionaler Bedürfnisse entgegenzukommen, unterteilt die IATA die Erde in drei Konferenzgebiete:

TC1	TC2	TC3
Grönland, Nordamerika, Mittelamerika, Südamerika und Hawaii	• TC2-*Europa* u. a. mit der Türkei, Marokko, Tunesien und Algerien • TC2-*Afrika* • TC2-*naher/mittlerer Osten* u. a. mit dem Iran, Sudan, Ägypten und Zypern	Asien und Australien

IATA Clearing House (ICH)

Das IATA Clearing House (ICH) ist die Abrechnungszentrale der IATA. Ausgangs- und Eingangsrechnungen jeder Gesellschaft werden hier gegenübergestellt. Eine Airline muss z. B. bei Inanspruchnahme eines Anschlussflugs durch eine andere Airline nur mit dem Clearing-House und nicht mit der anderen Airline abrechnen. Das ICH verrechnet seinerseits dann mit der jeweiligen Airline.

MERKE

> Ein weltumspannendes Luftfrachtsystem kann nur funktionieren, wenn Regeln und Vereinbarungen international anerkannt und akzeptiert werden. Die ICAO (Organisation der Staaten) und die IATA (Organisation der Airlines) geben diese Regeln allgemeinverbindlich vor.

2.2 Frachtflughäfen

Eine effiziente Abwicklung von Luftfracht stellt an die Flughäfen zahlreiche Anforderungen. Deshalb wird die weltweite Luftfracht über vergleichsweise wenige Luftfracht-Drehkreuze abgewickelt. Auf lediglich 30 Flughäfen wird ca. 60 % der weltweit beförderten Luftfrachtmenge umgeschlagen. Bezüglich des Frachtaufkommens rangiert Deutschlands größter Flughafen in Frankfurt am Main weltweit an neunter Stelle.

Größte Frachtflughäfen der Welt (Stand: 2014)

Nr.	Flughafen	IATA airport code (three letter code)	Land (two letter code)	Frachtumschlag in Mio. Tonnen	Zeitzone[1]
1.	Hongkong	HGK	Volksrep. China (CN)	4,42	GMT +8
2.	Memphis	MEM	USA (US)	4,26	GMT −5
3.	Shanghai-Pud.	PVG	Volksrep. China (CN)	3,18	GMT +8
4.	Seoul-Incheon	ICN	Südkorea (KR)	2,56	GMT +9
5.	Anchorage	ANC	USA (US)	2,49	GMT −8
6.	Dubai-International	DXB	Vereinigte Arabische Emirate (EA)	2,37	GMT +4
7.	Louisville	SDF	USA (US)	2,29	GMT −4

Fortsetzung nächste Seite

Nr.	Flughafen	IATA airport code (three letter code)	Land (two letter code)	Frachtumschlag in Mio. Tonnen	Zeitzone[1]
8.	Tokio-Narita	NRT	Japan (JP)	2,13	GMT +9
9.	Frankfurt/Main	FRA	Deutschland (DE)	2,13	GMT +1
10.	Taipei/Taipeh	TPE	Taiwan (TW)	2,09	GMT +8

2.3 Zeitzonen

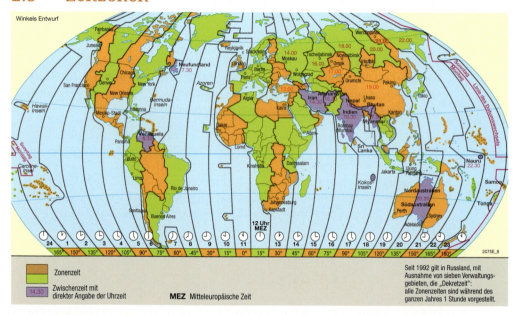

Geschichte der Zeitzonen

Bevor die Welt in Zeitzonen aufgeteilt wurde, gab es an vielen Orten eine eigene Zeit. Diese richtete sich mithilfe der Sonnenuhr nach der Sonne aus. Da sich die Erde um die Sonne bewegt bzw. rotiert, war 12:00 Uhr Mittag an einem Ort nur dann 12:00 Uhr Mittag an einem anderen Ort, wenn sich dieser auf dem gleichen Längengrad befand. Wenn sich zwei Orte aber auf einem unterschiedlichen Längengrad befanden, herrschten dort zum gleichen Zeitpunkt zwei unterschiedliche Uhrzeiten. Nach diesem System ist es in Berlin genau 25 Minuten später als in Köln.

Als die Eisenbahn im Laufe des 19. Jahrhunderts systematisch eingeführt wurde, musste eine einheitliche Zeit gestaltet werden, da ständige Zeitumstellungen in den Fahrplänen berücksichtigt werden mussten. Um zuverlässige und komfortable Fahrpläne zu gestalten, nahm man als Basis für die Zeitzonen zuerst die Hauptstädte, bevor auf der Internationalen Meridiankonferenz im Oktober 1884 in Washington, D. C. die Erde zunächst in 24 Stundenzonen von je 15 Längengraden aufgeteilt wurde. Die Differenz zwischen jeder Zone beträgt damit 60 Minuten. Aufgrund politisch-historischer oder auch geografischer Gegebenheiten gibt es von der einheitlichen Regelung „15 Längengrade entsprechen eine Stunde" jedoch einige Ausnahmen. Weiterhin kann es bei größeren Ländern mehrere Zeit-

---

[1] Datumsgrenze bei UTC +12/−12:
Der Wechsel von einem Tag auf den anderen erfolgt auf der Höhe des 180. Längengrades im Pazifik. Überquert man diese Datumslinie von West nach Ost, so muss das Datum um einen Tag zurückgestellt werden. Überquert man diese Datumslinie von Ost nach West, muss das Datum um einen Tag vorgestellt werden.

zonen geben (z. B. USA, Russland) oder das Land verfügt über eine einheitliche Zeitzone (z. B. China)

Als Start wählte man Greenwich/London in Großbritannien mit der Bezeichnung „**G**reenwich **M**ean **T**ime" (GMT). Sie ist nach dem nullten Längengrad ausgerichtet, der durch Greenwich/London verläuft und somit die Zeitzone „GMT +/-0" hat.

Heute sind die Zeiten in den verschiedenen Zeitzonen auch an die Koordinierte Weltzeit/**U**niversal **T**ime **C**oordinated (**UTC**) angekoppelt, die der „Greenwich Mean Time" entspricht.[1]

Anwendung in der Luftfahrt

Befliegt ein Flugzeug mehr als eine Zeitzone, unterscheidet sich die Abflugs- und Ankunftszeit nicht nur durch die Flugdauer, sondern auch durch die Verschiebung der Zeit nach den Zeitzonen.

MERKE

- Fliegt man in **Richtung Osten**, muss die Uhr vorgestellt werden, d. h. die Stunden müssen **dazu gezählt** werden.
- Fliegt man in **Richtung Westen**, muss die Uhr zurückgestellt werden, d. h. die Stunden müssen **abgezogen** werden.

Der Flugplan – Official Airline Guide (OAG)

Der OAG stellt das Kursbuch für den internationalen Flugverkehr dar. Um einen geeigneten Flug für einen Transport auszuwählen, nutzen die Luftfrachtspediteure die Flugpläne der Airlines. Um seine Kunden optimal beraten zu können, ist es notwendig, dass Spediteure den Aufbau eines OAGs kennen.

Lesen eines Flugplans

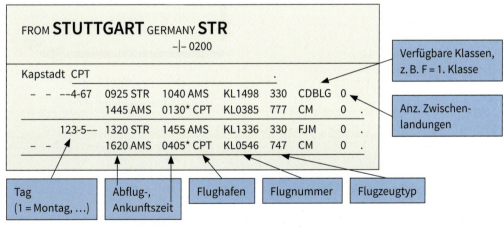

△ Ausschnitt aus dem Official Airline Guide (OAG)

---

1 Innerhalb der Europäischen Union verwenden viele Länder die Bezeichnung der Mitteleuropäischen Zeit (MEZ), die eine Stunde vor der koordinierten Weltzeit liegt (UTC +1). Aktuell gibt es in manchen Ländern wie Deutschland eine **Sommerzeit**. Hier wird die Uhr eine Stunde vorgestellt, sodass in Deutschland im Sommer die Zeitzone UTC +2 gilt.

PRAXISBEISPIEL 1

Berechnung der voraussichtlichen Ankunftszeit I

Maschinenersatzteile sollen von Frankfurt/Main (GMT+1) nach Tokio, Flughafen Narita (GMT +9), transportiert werden. Die Boeing 747-400F der Lufthansa Cargo (LH) von Frankfurt (FRA) nach Tokio (NRT) hebt am Mittwoch, 03.03. um 22:30 Uhr Frankfurt/Main Ortszeit ab. Die Flugdauer wurde mit 11 h berechnet.

Wann kann mit der Ankunft der Maschinenersatzteile in Tokio, Ortszeit Tokio gerechnet werden?

 LÖSUNG

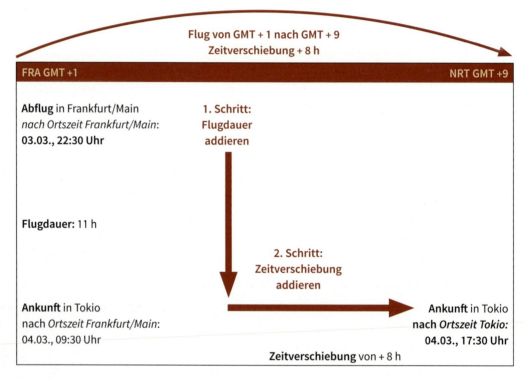

Als **Variante** kann auch zuerst die Zeitverschiebung berücksichtigt und dann die Flugdauer hinzugerechnet werden.

 LÖSUNG – KURZFORM

FRA GMT +1			NRT GMT +9
Abflug *Ortszeit Frankfurt/Main*	**+ Flugdauer**	**+ Zeitverschiebung**	**= Ankunft** *Ortszeit Tokio*
03.03., 22:30 Uhr	+ 11 h	+ 8 h	= 04.03., 17:30 Uhr

PRAXISBEISPIEL 2

Berechnung der voraussichtlichen Ankunftszeit II

Automobilersatzteile sollen von Frankfurt/Main (GMT +1) nach Detroit (GMT -4), transportiert werden. Die Boeing 747-400F der Lufthansa Cargo (LH) von Frankfurt (FRA) nach Detroit hebt am Dienstag, 27.10. um 08:30 Uhr Frankfurt/Main Ortszeit ab. Die Flugdauer wurde mit 9h 10min berechnet.

Wann kann mit der Ankunft der Automobilersatzteile in Detroit, Ortszeit Detroit gerechnet werden?

LÖSUNG

Als **Variante** kann auch zuerst die Zeitverschiebung berücksichtigt und dann die Flugdauer hinzugerechnet werden.

LÖSUNG – KURZFORM

FRA GMT +1			DTW GMT -4
Abflug *Ortszeit Frankfurt/Main*	**+ Flugdauer**	**– Zeitverschiebung**	**= Ankunft** *Ortszeit Detroit*
27.10., 08:30 Uhr	+ 9 h 10 min	– 5 h	= **27.10., 12:40 Uhr**

3 Frachtrecht in der Luftfracht

Ein Luftfrachtvertrag wird zwischen einem Luftfrachtführer und einem Absender geschlossen. Er kommt durch zwei übereinstimmende Willenserklärungen zustande. Es gibt für den Luftfrachtvertrag keine Formvorschrift.
- Pflicht des **Absenders/Shippers**: Zahlen der Fracht
- Pflicht des **Frachtführers/Carriers**: Beförderung der Güter und Auslieferung an den Empfänger

Im Luftfrachtverkehr sind wegen des meist grenzüberschreitenden Transports englische Bezeichnungen der Beteiligten üblich.

3.1 Vertragsbeziehungen im Luftfrachtverkehr

Grundsätzlich sind zwei Vertragsvarianten bei einem Luftfrachttransport üblich:
1. **Einzelsendung**, siehe Beispiel 1
2. **Luftfrachtsammelsendung**, siehe Beispiel 2

BEISPIEL 1: ABWICKLUNG EINER EINZELSENDUNG (EINFACHE DARSTELLUNG)

Darstellung der Vertragsbeziehungen, wenn die Klausel Incoterm® 2010 DAT Bestimmungsflughafen vereinbart wurde. Gemäß DAT Bestimmungsflughafen muss sich der Verkäufer um die Beförderung kümmern und die Transportkosten zahlen.

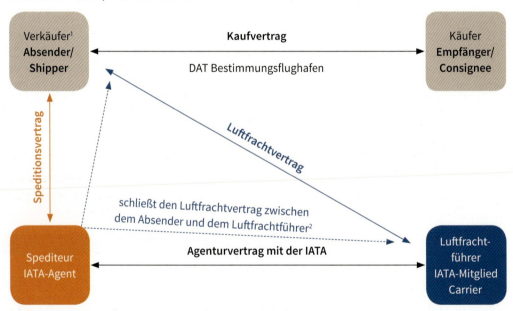

BEISPIEL 2: LUFTFRACHTSAMMELSENDUNG

Im Schaubild auf der folgenden Seite werden die Vertragsbeziehungen einer Luftfrachtsammelsendung mit zwei Versendern abgebildet. Hierbei schließen die Versender mit jeweils einer Sendung mit dem IATA-Agenten jeweils einen Speditionsvertrag. Dieser wiederum schließt einen Frachtvertrag mit dem Luftfrachtführer über **eine** Sendung. Durch die Konstellation des Agenturvertrags wird der IATA-Agent zum vertraglichen Frachtführer der Versender.

---

1 Der Verkäufer ist hier nach dem HGB im Rahmen des Speditionsvertrages auch **Versender**.
2 Die Luftfrachtzahlung des Absenders erfolgt i. d. R. direkt an den IATA-Agenten. Dieser rechnet dann über das sogenannte Cargo Account Settlement Systems (CASS) mit dem Luftfrachtführer ab.

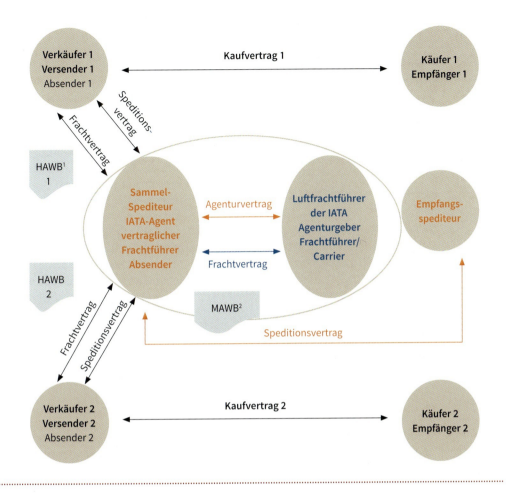

3.1.1 Frachtführer/Carrier

Einige wenige Luftfrachtgesellschaften teilen sich die weltweit anfallende Luftfrachttonnage. Cargo-Airlines oder Luftfracht-Carrier sind Fluggesellschaften, die auf den Transport von Fracht spezialisiert sind, z. B. Lufthansa Cargo (LH) unter dem Dach der Lufthansa, FedEx, DHL oder UPS.

Road Feeder Service (RFS)

Mitunter wird ein für den Transport empfindlicher Luftfrachtgüter geeigneter Lkw als Luftfrachtersatzverkehr eingesetzt.

Die Airlines befördern die Luftfracht vor allem zwischen den Hauptflughäfen. Sendungen, die für andere Destinationen bestimmt sind, werden von den Road Feeder Services im Nachtsprungverfahren transportiert. Ein Weiterflug zu anderen Bestimmungsorten wäre aufgrund der hohen Treibstoffkosten und Landegebühren unwirtschaftlich.

BEISPIEL:

Ein Transport von Leipzig/LEJ über Frankfurt/FRA nach New York/JFK. Hier könnte ein Lkw im Luftfrachtersatzverkehr von Leipzig nach Frankfurt eingesetzt werden. Also: LEJ – FRA: RFS; FRA – JKF: Flug

---

1 HAWB siehe Seite 200
2 MAWB siehe Seite 200

3.1.2 IATA-Agent

IATA-Agenten erhalten von der IATA die Lizenz, Güter per Luftfracht über IATA-Carriers zu versenden. Sie schließen stellvertretend für die Fluggesellschaften Beförderungsverträge ab. Ein IATA-Agent ist i. d. R. ein Spediteur, der die Interessen der Airlines gegenüber der Verladerschaft vertritt und ebenso die Interessen der Verladerschaft gegenüber den Airlines. In seltenen Fällen können IATA-Agenten auch Großverlader oder Spezialfirmen sein.

Die **Ernennung zum IATA-Agenten** durch die IATA unterliegt bestimmten **Voraussetzungen**:

- Der Spediteur muss mindestens sechs Monate Luftfrachtgeschäfte getätigt haben und eine Nachfrage an potenziellem Luftfrachtaufkommen nachweisen.
- Der Spediteur benötigt eine gewisse finanzielle Leistungsfähigkeit/Kreditwürdigkeit.
- Der Spediteur benötigt fachkundiges Personal, wie z. B. mind. zwei Mitarbeiter, die ausschließlich in der Luftfracht tätig sind und entsprechende Qualifikationen haben.
- Der Spediteur benötigt je nach Güteraufkommen und -art eine geeignete räumliche und technische Ausstattung.

Mit der Ernennung zum IATA-Agenten verpflichtet sich der Spediteur, Marketing für den Luftfrachtverkehr zu betreiben und den Airlines Frachtaufträge zu beschaffen. So besorgt der IATA-Agent für seine Kunden die Auswahl des geeigneten Carriers und ermittelt die Flugdaten. Hierbei bedient sich der IATA-Agent entweder der Hausflugpläne seiner Vertrags-Airline oder er sucht im Kursbuch für den internationalen Flugverkehr, im Official Airline Guide (OAG) einen Flug aus.

Mit Abschluss des Speditionsvertrags mit einem Versender entstehen für den IATA-Agenten weitere Rechte und Pflichten.

Rechte/Vorteile und Pflichten/Aufgaben eines IATA-Agenten

Rechte/ Vorteile	• Verladung mit jedem IATA-Carrier möglich. Dieser muss den Auftrag annehmen, falls für die Sendung ausreichend Platz im Flugzeug vorhanden ist. • Preisvorteile bei den Luftfracht-Tarifen der Airlines • Der IATA-Agent darf den Luftfrachtbrief ausstellen und seinem Kunden diverse Gebühren berechnen.

Pflichten/ Aufgaben	• Die Sendung ist „Ready for Carriage" bereitzustellen:
	  – Erstellen des Luftfrachtbriefes (AWB) und beifügen der notwendigen Begleitpapiere, z. B. Handelsrechnung
	  – die Güter verpacken und z. B. mit der Luftfrachtbriefnummer, dem Bestimmungsflughafen, dem Empfänger, der Kollianzahl, usw. belabeln
	  – Überprüfung der Verpackung, ggf. wiegen/messen, Gefahrgutvorschriften entsprechend der DGR (Dangerous Goods Regulations) beachten
	  – Die Sendung ist zur Ausfuhr in ein Drittland abgefertigt.[1]
	• IATA-Bestimmungen einhalten
	• je nach Kundenwunsch eine Transportversicherung besorgen
	• Zahlung der vereinbarten Frachten und ggf. Nebengebühren an den Luftfrachtführer, sowie die Abrechnung mit den Auftraggebern/Kunden

Typische Label in der Luftfracht

Je nach Packstückinhalt werden in der Luftfracht verschiedene Label auf den Packstücken angebracht, hierzu zählen z. B. Handlinglabel oder auch Gefahrgutlabel. Weiterhin werden auf Labels diverse Informationen, wie z. B. der Bestimmungsflughafen, aufgedruckt.

---

[1] Zur Abwicklung einer Sendung siehe Kapitel J 5, Seite 310.

△ Beispiel des Gefahrgutlabels „Cargo Aircraft Only"

△ Beispiel des Gefahrgutlabels „Lithium Ionen Batterie (Lithium Ion Battery)"

3.1.3 Reglementierter Beauftragter und behördlich anerkannter bekannter Versender

Bei der Annahme, Bearbeitung oder beim Umgang mit Luftfrachtgut ist grundsätzlich zu gewährleisten, dass ordnungsgemäß angestelltes und ausgebildetes Personal durch Sicherheitskontrollen dafür sorgt, dass in den Sendungen keine verbotenen Gegenstände, wie z. B. Sprengstoff oder bestimmte Chemikalien, enthalten sind.

Da Luftfrachtgesellschaften jedoch nicht in der Lage sind, selbst alle Frachtstücke zu prüfen, hat der Gesetzgeber den „reglementierten Beauftragten" und den „behördlich anerkannten bekannten Versender"[1] geschaffen. Durch die Vorschriften der EU (VO EG 300/2008 und VO EU 185/2010) sollen sichere Lieferketten gewährleistet werden.

Um reglementierter Beauftragter oder behördlich anerkannter bekannter Versender zu werden, muss beim Luftfahrtbundesamt (LBA) ein entsprechender Antrag gestellt werden. Das LBA führt dann eine Zuverlässigkeitsprüfung durch und zertifiziert im positiven Fall den Status für fünf Jahre.

Reglementierter Beauftragter (Regulated Agent)

Reglementierte Beauftragte sind Luftfahrtunternehmen, IATA-Agenturen, Spediteure oder sonstige Stellen, die die Sicherheitskontrollen für Fracht oder Post gewährleisten.

Übernimmt eine Airline Sendungen von einem reglementierten Beauftragten, kann sie darauf vertrauen, dass die Sicherheitskontrollen im Vorfeld des Lufttransports durchgeführt worden sind. Die Fracht wird dann als „secured" (sicher) eingestuft.

Voraussetzungen:
- Bestimmung eines geschulten Luftsicherheitsbeauftragten und dessen Stellvertreters
- Die Betriebsstätte ist mit Zugangskontrollen zu schützen.
- Erstellung und Einreichung eines Sicherheitsprogramms beim LBA, das die einzelnen Arbeitsabläufe einschließlich Lagerung und Übergabe der Güter am Flughafen näher beschreibt.

Behördlich anerkannter bekannter Versender (Known Consignor)

Hierbei handelt es sich um Versender von Luftfrachtgütern, die geschäftliche Beziehungen zu reglementierten Beauftragten oder Luftverkehrsgesellschaften haben.

Voraussetzungen:
- Bestimmung eines geschulten Luftsicherheitsbeauftragten und dessen Stellvertreters
- Die Betriebsstätte ist mit Zugangskontrollen zu schützen.
- Personal, das Zugriff auf Luftfrachtsendungen hat, muss entsprechend geschult sein.
- Erstellung und Einreichung eines Sicherheitsprogramms beim LBA

---

[1] Seit 29. April 2013, davor hieß der Status nur „bekannter Versender".

MERKE

Die Luftfracht wird bei der Übergabe an die Fluggesellschaft nur dann als **„secured"** eingestuft, wenn sie zwischen einem behördlich anerkannten bekanntem Versender und reglementiertem Beauftragten abgewickelt wurde.

Wurden von einem reglementierten Beauftragten entsprechende **Sicherheitskontrollen durchgeführt**, ist dies im Luftfrachtbrief mit folgenden Daten zu vermerken[1]:
- **SPX** – Secured for Passenger Aircraft (sicher für Passagiermaschinen **und** reine Frachtmaschinen)
- **SCO** – Secured for all Cargo Aircraft (sicher nur für reine Frachtmaschinen)
- **Name** des reglementierten Beauftragten
- **Zulassungsnummer** des LBA des reglementierten Beauftragten

Ist die Sendung von einem behördlich anerkannten bekannten Versender, ist der Sicherheitsstatus im Luftfrachtbrief um die Buchstaben KC (Known Consignor) zu ergänzen.

Wurden die **Sicherheitskontrollen** im Vorfeld **nicht durchgeführt**, ist die Sendung als **„not secured"** zu kennzeichnen. Der Carrier muss in diesem Fall die zeitlich aufwendigen Sicherheitskontrollen selbst durchführen. Typische Vorgehensweisen sind Röntgen, Durchsuchen mit der Hand, Einsatz eines Sprengstoffspürhunds oder durch „Sniffen"[2].

3.2 Der Luftfrachtbrief – Air Waybill (AWB)

Der AWB ist ein im internationalen Luftfrachtverkehr verwendetes Beförderungspapier.

Er wird in dreifacher Ausfertigung ausgestellt:
- **Die erste Ausfertigung (grün)** ist für den **first Carrier** (erster Frachtführer).
- **Die zweite Ausfertigung (rot)** ist für den **Consignee** (Empfänger) und begleitet die Ware.
- **Die dritte Ausfertigung (blau)** ist für den **Shipper** (Absender) und wird auch als Absenderoriginal bezeichnet.

Grundsätzlich sind weitere Kopien möglich.

3.2.1 Funktionen des AWB

> **BEWEISFUNKTION**
> Der AWB beweist den Abschluss des Frachtvertrags, die Annahme der Beförderungsbedingungen.

> **EMPFANGSBESCHEINIGUNG**
> Der Carrier bescheinigt dem Absender den ordnungsgemäßen Empfang der Güter.

> **BERECHNUNGSGRUNDLAGE**
> - für die Rechnungserstellung
> - für den Zoll

> **VERSICHERUNGSZERTIFIKAT**
> Falls eine Transportversicherung über die Airline abgeschlossen wurde, dient der AWB als Nachweis.

---

[1] Siehe auch Seite 198 f.
[2] Hierbei werden „Wischproben" von der Sendung genommen und mit einem speziellem Spurendetektionsgerät/"Sniffer" nach Sprengstoff überprüft.

⊃ **SPERRPAPIER**
Der Frachtführer darf nachträgliche Weisungen des Absenders nur dann ausführen, wenn der Absender die dritte AWB-Ausfertigung beim Frachtführer vorlegt. Es muss das Original sein, d. h. keine Kopie, kein Fax, keine pdf-Datei.

⊃ **VERSANDANWEISUNG**
Der AWB enthält oftmals Weisungen des Absenders bezüglich Behandlung und Auslieferung der Güter.

⊃ **NOT NEGOTIABLE**
Der AWB ist nicht handelbar und nicht begebbar. Begebbar kennzeichnet die Möglichkeit, ein Wertpapier weiterzugeben. Der AWB ist aber nur ein Warenbegleitpapier und nicht wie das Konnossement in der Seefracht[2] ein Warenwertpapier.

⊃ **AKKREDITIVFÄHIG**[1]
Der AWB kann als Sicherung für den Empfänger eingesetzt werden. Wenn dafür gesorgt wird, dass der Absender sein Absenderoriginal, also die dritte AWB-Ausfertigung (blau) an eine Bank weitergegeben hat, ist sichergestellt, dass der Frachtführer die Güter zum Empfänger befördern muss und der Absender keine nachträglichen Weisungen mehr geben kann.

Wird der AWB in einem Akkreditiv eingesetzt, wird als Consignee die Bank des Käufers eingetragen. Die Sendung darf dann von der Airline oder dem Empfangsspediteur erst ausgeliefert werden, wenn eine schriftliche Freigabeerklärung der Bank vorliegt.
Der eigentliche Endempfänger wird dann als „Notify Adress" im Feld „Handling Informations" eingetragen.

3.2.2 Aufbau eines AWB

Nr	Bezeichnung	Erläuterung[3]
❶	AWB-Nummer	Die AWB-Nummer wird von der Luftfahrtverkehrsgesellschaft oder dem IATA-Agenten eingetragen. Sie besteht aus dem IATA-Code für die Luftfahrtverkehrsgesellschaft, dem IATA-Code des Abgangsflughafens und einer Seriennummer. Sie erscheint links und rechts (dort ohne IATA-Code des Abgangsflughafens) in der Kopfzeile.
❷	Issued by	Hier steht der Frachtführer. Master-AWB: Luftfahrtgesellschaft; House-AWB: IATA-Agent
❸	• to • by first Carrier • Airport of Destination	Three-Letter-Code des ersten Bestimmungsflughafens. Erster Luftfrachtführer; in den Feldern „to"/„by" können folgende Flughäfen (to) und weitere am Transport beteiligte Airlines (by) eingetragen werden. Bestimmungsflughafen (ausgeschrieben)
❹	Flight/Date	Flugnummer und Abflugtag des Monats (12 = 12.), z. B. LH 774/12
❺	• Currency • WT/VAL • Other	Währung der Frachtraten Weight Charge/Valuation Charge werden mit einem „x" bei prepaid (vorausbezahlt) oder bei collect (nachzunehmen) gekennzeichnet. Alternativ wird „P" oder „C" eingetragen. übrige Kosten, wie z. B. Security Fee prepaid oder collect

Fortsetzung nächste Seite

---

1 Für weitere Erläuterungen zum Akkreditiv siehe Kapitell 3.2, Seite 352.
2 Für weitere Erläuterungen zum Konnossement siehe Kapitel F 4.4.3, Seite 168.
3 Hier werden einige wichtige Felder des AWB, die nicht selbsterklärend sind, näher erläutert.

TRANSPORTE MIT DEM FLUGZEUG

Nr	Bezeichnung	Erläuterung
6	• Amount of Insurance • Declared Value for Carriage • Declared Value for Customs	Die *Versicherungssumme* wird hier eingetragen, wenn die Versicherung über den Luftfrachtführer eingedeckt ist. Falls keine Versicherung eingedeckt werden soll, wird „NIL" eingetragen. NIL ist die lateinische Abkürzung für „nichts". Eine *Lieferwertangabe*, mit der die Haftung des Luftfrachtführers erhöht wird, wird hier eingetragen. Falls dies nicht der Fall ist: „NVD" (No Value Declared). Eine *Zollwertangabe* wird hier eingetragen, wenn der Zollwert vom Güterwert abweicht. Falls dies nicht der Fall ist: „NCV" (No Commercial Value bzw. No Customs Value).
7	Handling Information	Eintragung verschiedener Anweisungen an den Luftfrachtführer, z. B. Notify Address, Hinweis auf besondere Begleitpapiere. Auch Angaben zum Sicherheitsstatus der Sendung, z. B.: SPX = sicher für Passagierflugzeuge **und** reine Frachtflugzeuge KC = Sendung von behördlich anerkanntem bekanntem Versender erhalten
8	• No. of Pieces • RCP	Anzahl der Packstücke und unter dem Strich die Summe Ratenkombinationspunkt für spezielle Frachtberechnungen
9	• Gross Weight • Chargeable Weight	tatsächliches Gewicht pro Packstück und unter dem Strich die Summe frachtpflichtiges Gewicht
10	Commodity Item No.	Warenklassennummer für oft günstigere Spezialraten
11	• Rate/Charge • Total	Frachtrate pro kg frachtpflichtigem Gewicht gesamte Frachtkosten pro Packstück und unter dem Strich die Summe
12	Nature and Quantity of Goods	Produktbeschreibung, Anzahl der Packstücke und Abmessungen (Anzahl, L x B x H in cm), Volumen in m^3 und ggf. das Volumengewicht
13	• Weight Charge • Other Charges	Frachtkosten, Valuation Charge usw. werden bei „Prepaid" oder „Collect" eingetragen. Andere Kosten, wie z. B. AWB-Fee (Ausstellungsgebühr für den AWB), Fuel Surcharge (Treibstoffzuschlag), Security Fee (Sicherheitszuschlag), werden hier mit Betrag eingetragen.
14	• Signature of …	• Unterschrift des Absenders oder des Agenten (meist Spediteur) • Unterschrift des Luftfrachtführers oder seines Agenten (meist IATA-Agent/Sped.) In der Praxis unterschreibt der Spediteur ein Mal als Agent des Versenders und einmal als Agent des Luftfrachtführers.

Shipper's Name and Address	Shipper's Account Number	Not Negotiable **Air Waybill** issued by
		Copies 1, 2 and 3 of this Air Waybill are originals and have the same validity.
Consignee's Name and Address	Consignee's Account Number	It is agreed that the goods declared herein are accepted in apparent good order and condition (except as noted) for carriage SUBJECT TO THE CONDITIONS OF CONTRACT ON THE REVERSE HEREOF. ALL GOODS MAY BE CARRIED BY ANY OTHER MEANS INCLUDING ROAD OR ANY OTHER CARRIER UNLESS SPECIFIC CONTRARY INSTRUCTIONS ARE GIVEN HEREON BY THE SHIPPER, AND SHIPPER AGREES THAT THE SHIPMENT MAY BE CARRIED VIA INTERMEDIATE STOPPING PLACES WHICH THE CARRIER DEEMS APPROPRIATE. THE SHIPPER'S ATTENTION IS DRAWN TO THE NOTICE CONCERNING CARRIER'S LIMITATION OF LIABILITY. Shipper may increase such limitation of liability by declaring a higher value for carriage and paying a supplemental charge if required.
Issuing Carrier's Agent Name and City		Accounting Information
Agent's IATA Code	Account No.	

Airport of Departure (Addr. of First Carrier) and Requested Routing					Reference Number				Optional Shipping Information		

To	By First Carrier	Routing and Destination	to	by	to	by	Currency	CHGS	WT/VAL PPD	Other PPD COLL	Declared Value for Carriage	Declared Value for Customs

Airport of Destination	Requested Flight/Date	Amount of Insurance	INSURANCE - If carrier offers insurance, and such insurance is requested in accordance with the conditions thereof, indicate amount to be insured in figures in box marked "Amount of Insurance".

Handling Information

SCI

No. of Pieces RCP	Gross Weight	kg lb	Rate Class / Commodity Item No.	Chargeable Weight	Rate / Charge	Total	Nature and Quantity of Goods (incl. Dimensions or Volume)

Prepaid	Weight Charge	Collect	Other Charges
	Valuation Charge		
	Tax		
Total Other Charges Due Agent			I hereby certify that the particulars on the face hereof are correct and that insofar as any part of the consignment contains dangerous goods, **I hereby certify that the contents of this consignment are fully and accurately described above by proper shipping name and are classified, packaged, marked and labeled, and in proper condition for carriage by air according to applicable national governmental regulations.**
Total Other Charges Due Carrier			
			Signature of Shipper or his Agent
Total Prepaid	Total Collect		
Currency Conversion Rates	CC Charges in Dest. Currency		
			Executed on (date) at (place) Signature of Issuing Carrier or its Agent
For Carrier's Use only at Destination	Charges at Destination	Total Collect Charges	

△ *Air Waybill*

Weitere wichtige Erläuterungen zum AWB

 PREPAID UND COLLECT
- Prepaid bedeutet, dass die Fracht schon im Voraus bezahlt wurde.
- Collect bedeutet, dass die Fracht nach der Beförderung einzuziehen ist (Frachtnachnahme).

 UNTERSCHRIFTENFELD
In der Praxis unterschreibt der Spediteur den AWB zweimal, einmal im Auftrag des Absenders und einmal als IATA-Agent des Carriers.

MERKE

Grundsätzlich haftet der Absender für die Richtigkeit der Angaben im Luftfrachtbrief. Er ist von der Haftung befreit, wenn er beweisen kann, dass ihn kein Verschulden der falschen Angaben trifft, z. B. wenn der IATA-Agent die Daten falsch eingetragen hat.

3.2.3 Arten des AWB

IATA-Direkt AWB	Consol AWB	Back-to-Back AWB
Der IATA-Direkt-AWB zeigt den echten Absender als Absender, den echten Empfänger als Empfänger mit der eingetragenen IATA-Luftfrachtrate. • auch „Direct to Consignee" (DTC) genannt • Der Shipper ist der tatsächliche Versender und der Consignee ist der Endempfänger der Sendung.	Wie im Sammelgutverkehr im Güterkraftverkehr werden hier Sendungen von mehreren Versendern gesammelt. Alle Einzelsendungen werden dann als eine Sammelsendung bei der Fluggesellschaft angeliefert. **Master-AWB (MAWB)** • **Hauptluftfrachtbrief** für die Sammelsendung (Consolidated Shipments) • Verweist auf die beigefügten House AWBs bzw. auf das Cargo Manifest: „as per attached manifest" • Beförderungspapier/Frachtvertrag zwischen IATA-Agent und Carrier • Shipper ist der IATA-Agent. • Consignee ist der Empfangsspediteur. • Es werden die original IATA-TACT-Frachtraten eingetragen. **House-AWB (HAWB)** • **Unterfrachtbrief** zwischen einem Versender und einem IATA-Agenten für eine Einzelsendung innerhalb der Sammelladung • Der IATA-Agent wird hier als Carrier eingetragen. • Der IATA-Agent übernimmt alle Rechte und Pflichten eines Carriers. • nicht akkreditivfähig • bei „prepaid"-Sendungen werden in den HAWB keine Frachten eingetragen, sondern nur der Vermerk „as agreed" • bei „collect"-Sendungen sind die Frachten im HAWB vermerkt, da dieser HAWB vom Empfangsspediteur als Rechnung beim Empfänger genutzt wird; der Empfangsspediteur muss dort die Frachten noch einziehen	Eine Einzelsendung kann der IATA-Agent nicht als Collect- bzw. Frachtnachnahmesendung abwickeln, da der Carrier die Fracht für die einzelne Sendung nicht beim Empfänger einziehen wird. • Deshalb organisiert der IATA-Agent für den Einzug der Frachtnachnahme beim Empfänger einen Empfangsspediteur für diese einzelne Sendung. • Es gibt deshalb auch einen MAWB (prepaid) zwischen dem IATA-Agent und dem Carrier. • Dieser wird mit einem HAWB(collect) zwischen dem IATA-Agenten und dem Versender der Einzelsendung verknüpft. • Die Sendung wird vom Carrier an den Empfangsspediteur ausgeliefert, der dann dem Empfänger gegen Einzug der Frachtnachnahme die Einzelsendung aushändigt.

3.2.4 Cargo-Manifest

Das Cargo-Manifest ist ein Warenbegleitpapier, das Informationen über die Einzelsendungen einer einzelnen Sammelladung auflistet.
- Es gilt als Ausweis gegenüber dem Zoll und als Unterlage zur Ladungskontrolle.
- Es wird dem Master-AWB beigefügt und enthält die AWB-Nummer des Master-AWB.
- Es entspricht dem Bordero im Lkw-Sammelladungsverkehr.
- Es dient dem Empfangsspediteur als Informationsgrundlage, wie die Sammelladung in die jeweiligen Einzelsendungen wieder aufzuteilen ist.

Eine Abbildung des Cargo-Manifests befindet sich auf Seite 211 oben im Praxisbeispiel.

3.3 Luftfrachtberechnung

Grundlage für die Abrechnung von Luftfrachttransporten bildet der Luftfrachttarif TACT – The Air Cargo Tarif –, der regelmäßig von der IATA herausgegeben wird. Er gilt für die IATA-Mitglieder als Höchstpreisvorgabe. Alternativ dazu bieten die Luftfrachtgesellschaften ihren IATA-Agenten eigene Haustarife an, die unter dem TACT liegen.

Der Betrag, der für die Beförderung zu zahlen ist, ist die Luftfracht. Die Rate aus dem TACT wird hierzu mit dem frachtpflichtigen Gewicht in kg multipliziert.

Ablauf der Berechnung der Luftfracht

Schritt	Bezeichnung	Handlung	Ergebnis
1	**tatsächliches Gewicht berechnen**	Summe **aller** Packstücke einer Sendung in kg	kg (Gross Weight)
2	**Volumengewicht berechnen**	$\dfrac{\text{Länge x Breite x Höhe \textbf{aller} Packstücke in cm}^3}{6.000 \text{ cm}^3/\text{kg}}$	Volumenkilogramm (Vol.kg)
3	**Sperrigkeitsregel**	Überprüfung, ob die **Sendung** sperrig ist: Vergleich von tatsächlichem Gewicht (kg) mit Volumengewicht (Vol.kg). Der **größere** Wert ist das frachtpflichtige Gewicht in kg.	vorläufiges frachtpflichtiges Gewicht in kg
4	**Rundungsregel** Ermittlung des **Chargeable Weight**	Das frachtpflichtige Gewicht ist auf das nächste halbe oder volle kg aufzurunden, z. B. • 52,4 kg auf 52,5 kg • 52,6 kg auf 53,0 kg	gerundetes frachtpflichtiges Gewicht in kg
5	**Frachtberechnung**	Mithilfe des gerundeten frachtpflichtigen Gewichts wird aus dem TACT die passende Rate, z. B. EUR/kg, ausgewählt und diese mit dem frachtpflichtigen Gewicht multipliziert	Fracht in Währung des Abgangslandes, z. B. EUR
6	**Alternativrechnung**	Alternativberechnung mit der nächsthöheren Gewichtsstufe im TACT, die aber auch gebucht werden muss. Die Rate, die den **niedrigen** Transportpreis ergibt, wird bei der Luftfrachtgesellschaft gebucht.	Fracht in Währung des Abgangslandes, z. B. EUR

BEISPIEL: BERECHNUNG DES FRACHTPFLICHTIGEN GEWICHTS

Eine Direktsendung aus zwei Paketen (Paket 1: 190 kg, 240 cm x 115 cm x 60 cm; Paket 2: 120 kg, 190 cm x 110 cm x 45 cm) mit Ersatzteilen für einen Spezialkran sollen per Luftfracht von Stuttgart über Chicago nach Illinois transportiert werden. **Das frachtpflichtige Gewicht dieser Sendung soll ermittelt werden.**

LÖSUNG

1. **tatsächliches Gewicht berechnen:** 190 kg + 120 kg = **310 kg**

2. **Volumengewicht berechnen:**

$$\frac{(240 \text{ cm} \times 115 \text{ cm} \times 60 \text{ cm}) + (190 \text{ cm} \times 110 \text{ cm} \times 45 \text{ cm})}{6\,000 \text{ cm}^3/\text{kg}} = \frac{1\,656\,000 \text{ cm}^3 + 940\,500 \text{ cm}^3}{6\,000 \text{ cm}^3/\text{kg}} = \mathbf{432{,}75 \text{ Vol.kg}}$$

3. **Sperrigkeitsregel:** 432,75 Vol.kg ist größer als 310 kg, **vorläufiges frachtpflichtiges Gewicht:** 432,75 kg

4. **Rundungsregel:** 432,75 kg sind auf **433,00 kg** aufzurunden (Chargeable Weight).

Ergebnis: Das **frachtpflichtige Gewicht** dieser Sendung beträgt **433,00 kg**.

Frachtberechnung mithilfe eines Beispieltarifs

Stuttgart	DE	STR	Legende	
	KGS	EUR		
Chicago	M	63,84	**1.** Allgemeine	a) M-Mindestfracht
	N	4,84	Frachtraten	b) N-Rate
	45	4,62		c) Q-Raten
	100	3,74		
	300	3,09		
	500	2,54		
4202	100	2,95	**2.** Spezialraten	
/C		3,02	**3.** Container- und Palettenraten	
5 /B	2000	6.700,00	a) /C Over Pivot Rate	
			b) /B Pivot Rate/Pivot Charge	
4202	ELECTRIC EQUIPMENT, ELECTRIC APPLIANCES, EXCLUDING BUSINESS MACHINERY, OFFICE MACHINERY		Güterbeschreibung für die Spezialraten	

Class-Rates | | | **4.** Warenklassenraten |

R – Reduced	S – Surcharges
Newspapers: 50 % von N	Live-Animals: 150 % von N

- Die Preise im TACT sind richtungsgebunden (hier: von STR nach CHI).
- Die Währung ist immer die des Abgangslandes (hier: EUR).
- Die Raten beziehen sich i. d. R. auf 1 kg (KGS) **frachtpflichtiges Gewicht (Chargeable Weight)**.

1. **Allgemeine Frachtraten (General Cargo Rates, GCR):**

a) **M** – Mindestfracht (Minimum Charge); diese muss mindestens berechnet werden, wenn die N- oder Q-Raten weniger als 63,84 € Fracht ergeben.

b) **N** – Normalrate (Normal Rate) bis unter 45 kg: hier 4,84 €/kg

c) **Q** – Mengenrabattraten (Quantity-Rates):
   Q45: ab 45 kg bis unter 100 kg, hier 4,62 €/kg   *Q300:* ab 300 kg bis unter 500 kg: hier 3,09 €/kg
   Q100: ab 100 kg bis unter 300 kg: hier 3,74 €/kg   *Q500:* ab 500 kg: hier 2,54 €/kg

2. **Spezialraten (Specific Commodity Rates):**

Sie gelten für bestimmte Warengruppen, haben einerseits ein bestimmtes Mindestgewicht, das gebucht werden muss und sind andererseits oft stark ermäßigt. Sie sind mit vierstelligen Warennummern versehen und bei Anwendung im AWB unter „Rate Class": S für Specific Commodity Rates und unter „Commodity Item No." einzutragen, z. B: 4202 für ELECTRIC EQUIPMENT: ab 100 kg, 2,95 €/kg

Die Spezialraten sind anzuwenden, wenn sie zu einer günstigeren Luftfracht führen, als sich bei der Anwendung der allgemeinen Frachtraten ergeben würde.

3. **Container- und Palettenraten (ULD-Raten; Unit Load Devices):**

a) **Over Pivot Rate (/C)** pro kg für jedes kg über dem Mindestgewicht eines Containers/einer Palette: hier 3,02 €/kg

b) **Pivot Rate/Pivot Charge (/B)** für den Versand eines kompletten Containers/einer kompletten Palette mit einem Pauschalpreis für den ganzen Container/die ganze Palette: hier 6.700,00 € (hier für Container Typ 5)

Für ULD-Raten gilt i. d. R. eine FAK(Freight All Kind)-Rate, d. h. es wird nicht nach der Warenart unterschieden.

4. **Warenklassenraten (Class Rates bzw. R oder S):**

Sie gelten für bestimmte Warengruppen. Ausgehend von der Normalrate gelten je nach Ware Abschläge (Reductions; R), z. B. Zeitungen, oder Zuschläge (Surcharge; S), z. B. lebende Tiere.

BEISPIEL: BERECHNUNG DER LUFTFRACHT

Das frachtpflichtige Gewicht der Sendung in oben stehendem Beispiel aus Stuttgart beträgt **433 kg**.

Die Airline, die diese Direktsendung ausführen soll, legt oben stehenden Tarif für die Luftfracht zugrunde. **Es soll der optimale Preis für den Shipper berechnet werden.**

LÖSUNG

1. – 4. siehe **Beispiel oben**
5. **Frachtberechnung mit der Rate Q300:** 433 kg frachtpflichtiges Gewicht bedeutet, dass die 300er Q-Rate zu 3,09 €/kg genommen werden kann. 3,09 €/kg · 433 kg = **1.337,97 €**
6. **Alternativberechnung mit der Rate Q500:** Alternativberechnung mit der nächsthöheren Gewichtsstufe, d. h., es ist zu überprüfen, ob es sich hier lohnt, bei der Luftfrachtgesellschaft 500 kg zu buchen. Somit würde man die günstigere Rate von 2,54 €/kg bekommen. Bedingung ist jedoch, dass auch 500 kg frachtpflichtiges Gewicht berechnet werden, obwohl die Sendung nur ein frachtpflichtiges Gewicht von 433 kg hat. Überprüfung: 2,54 €/kg · 500 kg = **1.270,00 €**
In diesem Fall würde es sich lohnen, die höhere Gewichtsrate von 500 kg zu buchen.

Ergebnis: Der optimale Preis bei einem frachtpflichtigen Gewicht von 500 kg und einer Rate von 3,09 €/kg liegt für die Shipper bei **1.270,00 €**.

Ausgewählte Zuschläge in der Luftfracht

Je nach Sendung wird neben der reinen Luftfracht eine Nebengebühr erhoben. Diese beinhaltet oft verschiedene Aufschläge auf die Luftfracht:

- **Fuel Surcharge**: Treibstoffzuschlag je kg (an den Luftfrachtführer)
- **Security Fee**[1]: Sicherheitsgebühr je kg (an den Luftfrachtführer)
- **DGR-Check Fee**: Gebühr für den Umgang mit Gefahrgut (an den Luftfrachtführer)
- **Charges Collect Fee**: Gebühr für Einkassieren der Frachtnachnahme (an den Luftfrachtführer)
- **AWB Fee**: Gebühr für die AWB-Ausstellung (an den IATA-Agenten)
- **Handling Charge**: Abfertigungsgebühren für Wiegen, Messen usw. (an den IATA-Agenten)
- **X-Ray Fee**: Gebühr für Röntgen (an den Durchführer des Röntgens)

MERKE

Als Berechnungsgrundlage in der Luftfracht dient der von der IATA veröffentlichte **TACT**.
Die Praxis bedient sich aber immer häufiger **individuell vereinbarter Raten**, die IATA-Agent und Carrier untereinander aushandeln.
Die **Luftfrachtnebengebühren**, wie z. B. Fuel Surcharge (Treibstoffzuschlag), Security Fee (Sicherheitszuschlag) oder AWB Fee (Ausstellungsgebühr für den Luftfrachtbrief), werden teilweise gemeinsam mit der ausgehandelten Rate als „All-in-Rate" (alles in einer Luftfrachtrate kalkuliert) ausgewiesen.

3.4 Rechtsgrundlagen in der Luftfracht

Innerdeutsche Luftfrachtbeförderung

Für innerdeutsche Luftfrachtbeförderungen gilt das **Handelsgesetzbuch**, also das HGB-Frachtrecht.

Dies kann teilweise durch Allgemeine Beförderungsbedingungen (AGB) der Fluggesellschaften oder durch die IATA-Beförderungsbedingungen (Conditions of Carrige) und IATA-Vertragsbedingungen (Conditions of Contract) ergänzt und innerhalb des Haftungskorridors sogar geändert werden.

Zusätzlich können wie bei jedem Frachtvertrag individuelle Vereinbarungen getroffen werden.

Grenzüberschreitende Luftfrachtbeförderung

Meistens haben **beide** Staaten, in denen die Luftfrachtvertragspartner ihren Sitz haben, das **Montrealer Übereinkommen (MÜ)** unterzeichnet. In diesem Fall gilt zwingend das MÜ.[2]

Das MÜ kann durch Allgemeine Beförderungsbedingungen (ABB) der Fluggesellschaften oder durch die IATA-Beförderungsbedingungen (Conditions of Carrige) und IATA-Vertragsbedingungen (Conditions of Contract) **ergänzt** werden.

Zusätzlich können wie bei jedem Frachtvertrag individuelle Vereinbarungen getroffen werden.

---

[1] Sowohl bei dem Fuel Surcharge, als auch bei der Security Surcharge wird bei der kg-Angabe auf 100 g gerundet. Z. B. werden tatsächliche 17,32 kg als 17,4 kg gerechnet.
[2] Hat nur ein Staat das MÜ unterzeichnet, gilt z. B. das Recht, das der andere Staat unterzeichnet hat bzw. anwendet (z. B. Warschauer Abkommen, neue Fassung).

3.5 Haftung im Luftfrachtverkehr

Innerdeutsche Luftfrachtbeförderung

Da für innerdeutsche Frachttransporte das HGB-Frachtrecht gilt, ist ein Luftfrachtführer bei einem Schaden, der während eines innerdeutschen Transports eingetreten ist, grundsätzlich wie ein Lkw-Frachtführer zu behandeln.

Es gelten für den Luftfrachtführer folgende **Haftungshöchstgrenzen** (vereinfachte Darstellung; nähere Erläuterungen siehe Kapitel Kapitel C 2.5, Seite 54, HGB-Regelungen zur Haftung des Frachtführers im nationalen Güterkraftverkehr):

- **Güterschaden:** Maximal 8,33 SZR/kg brutto
- **Güterfolgeschäden:** Grundsätzlich keine Haftung
- **Lieferfristüberschreitung:** Maximal der dreifache Wert der Fracht

Grenzüberschreitende Luftfrachtbeförderung

Im Rahmen eines grenzüberschreitenden Luftfrachttransports gilt i. d. R. das Montrealer Übereinkommen (MÜ).

MÜ-Regelungen zur Haftung des Luftfrachtführers

Art des Schadens	Haftungsprinzip/Haftungsbegrenzung nach dem Montrealer Übereinkommen
Güterschaden Verlust oder Beschädigung des Gutes	**Haftungsprinzip** • **Obhutshaftung:** Von der Annahme bis zur Ablieferung des Gutes haftet der Luftfrachtführer für Gefahren des Transports und des Verkehrs (MÜ Artikel 18). • **Gefährdungshaftung:** Der Frachtführer haftet auch dann, wenn er für den Schaden keine Schuld trägt (verschuldensunabhängige Haftung). **Haftungsbegrenzung** Der Luftfrachtführer haftet **maximal mit 19 SZR/kg brutto** (MÜ Art. 22). Liegt dieser Wert über dem tatsächlichen Schaden, wird jedoch nur der tatsächliche Schaden ersetzt.
Güterfolgeschaden	Keine Haftung für Güterfolgeschäden nach dem MÜ.
Lieferfristüberschreitung bzw. Verspätungsschaden	**Haftungsprinzip** • **Verschuldenshaftung:** Der Luftfrachtführer haftet **maximal mit 19 SZR/kg brutto** (MÜ Art. 22) für den Schaden aufgrund einer Überschreitung der Lieferfrist, wenn es aufgrund der Verspätung einen Produktionsstillstand beim Empfänger gibt. Der Luftfrachtführer ist **von der Haftung befreit**, wenn er nachweisen kann, dass er alle zumutbaren Maßnahmen zur Vermeidung des Schadens getroffen hat.
wichtige Sonderfälle	• **besondere Haftungsausschlussgründe** (MÜ Art. 18 und 20) (**Luftfrachtführer muss den Nachweis erbringen**) Der Frachtführer haftet nicht bei: Schäden aufgrund der Eigenart der Güter, aufgrund mangelhafter Verpackung, infolge von Krieg, aufgrund hoheitlichen Handelns, unrechtmäßige Handlung des Absenders • **Wegfall der Haftungsbefreiungen und -begrenzungen** Existiert im MÜ nicht.

Art des Schadens	Haftungsprinzip/Haftungsbegrenzung nach dem Montrealer Übereinkommen

wichtige Sonderfälle	**Haftungserhöhung für Güterschäden**
	• **Lieferinteresse** (MÜ Artikel 22 Nr. 3)
	  Durch Angabe einer Wertdeklaration im Luftfrachtbrief im Feld „Declared Value for Carrige", z. B. durch die Angabe des Warenwerts, wird die Haftung des Luftfrachtführers auf diesen Wert erhöht.
	  Wird die Abkürzung „NVD" (No Value Declared) eingetragen, besteht keine Haftungserweiterung. Dies entspricht der Regelung in der Praxis.
	  Findet eine Haftungserhöhung statt, muss der Shipper eine **Valuation Charge**[1] an den Carrier zahlen. Diese beträgt meistens 0,75 % des Differenzbetrags zwischen eingetragenem Warenwert und der gesetzlicher Höchsthaftung.
	• Zusätzlich ist eine Haftungserhöhung durch eine individuelle Vereinbarung zwischen dem Absender und dem Luftfrachtführer laut MÜ Artikel 25 zulässig.

BEISPIEL: BERECHNUNG DER VALUATION CHARGE

Eine Sendung (350 kg; 100 cm x 70 cm x 70 cm) mit Automobilersatzteilen soll von Frankfurt/Main nach Sydney transportiert werden. Der Absender macht im ABW im Feld „Declared Value for Carrige" eine Wertdeklaration in Höhe des Warenwerts von 20.500,00 €. Valuation Charge 0,75 %; 1,00 SZR = 1,20 €.

Aufgrund der Angabe dieses Lieferinteresses wird die Höchsthaftung des Luftfrachtführers auf diesen Wert erhöht. Als Nebengebühr muss jetzt die Valuation Charge berechnet werden.

LÖSUNG

Warenwert:	20.500,00 €
– Haftungshöchstgrenze (MÜ): 350 kg · 19 SZR/kg · 1,20 €/SZR =	7.980,00 €
= Deckungslücke	12.520,00 €

Valuation Charge: 12.520,00 € · 0,75/100 = **93,90 €**

---

[1] Die Valuation Charge ist ein Entgelt, das vom Absender an den Luftfrachtführer für die Erhöhung der Haftungshöchstgrenze zu zahlen ist.

MONTREALER ÜBEREINKOMMEN (MÜ)

Artikel 18 MÜ – Beschädigung von Gütern
1. Der Luftfrachtführer hat den Schaden zu ersetzen, der durch Zerstörung, Verlust oder Beschädigung von Gütern entsteht, jedoch nur, wenn das Ereignis, durch das der Schaden verursacht wurde, während der Luftbeförderung eingetreten ist. […]

Artikel 19 MÜ – Verspätungen
Der Luftfrachtführer hat den Schaden zu ersetzen, der durch Verspätung bei der Luftbeförderung von […] Gütern entsteht. Er haftet jedoch nicht für den Verspätungsschaden, wenn er nachweist, dass er und seine Leute alle zumutbaren Maßnahmen zur Vermeidung des Schadens getroffen haben oder dass es ihm oder ihnen nicht möglich war, solche Maßnahmen zu ergreifen.

Artikel 22 MÜ – Haftungshöchstbeträge
[…]
3. Bei der Beförderung von Gütern haftet der Luftfrachtführer für Zerstörung, Verlust, Beschädigung oder Verspätung nur bis zu einem Betrag von 19 Sonderziehungsrechten für das Kilogramm; diese Beschränkung gilt nicht, wenn der Absender bei der Übergabe des Frachtstücks an den Luftfrachtführer das Interesse an der Ablieferung am Bestimmungsort betragsmäßig angegeben und den verlangten Zuschlag entrichtet hat. In diesem Fall hat der Luftfrachtführer bis zur Höhe des angegebenen Betrags Ersatz zu leisten […]

PRAXISBEISPIEL

Luftfracht-Sammelladungsverkehr abrechnen

Die Spedition Schule OHG, Stuttgart, führt als IATA-Agent zweimal die Woche einen Luftfracht-Sammelladungsverkehr über Frankfurt/Main nach Chicago durch. Empfangsspediteur dort ist die amerikanische Spedition Delmar.

Im Folgenden wird der **Ablauf der Abwicklung einer Sammelladung** wie folgt dargestellt:

① Eingang von zwei Speditionsaufträgen	⑤ Berechnung des frachtpflichtigen Gewichts und Abrechnung mit den Versendern (ggf. auch mit den Empfängern)
② Abbildung einer eigenen Preisliste der Spedition Schule OHG für die Versender	⑥ Berechnung der Kosten der Spedition Schule OHG
③ Abbildung der kalkulierten Kosten der Spedition Schule OHG und der vereinbarten Raten mit dem Luftfrachtführer	⑦ Berechnung des Ergebnisses der Sammelladung (Gewinn oder Verlust)
④ erstelltes Cargo-Manifest auf Grundlage der Speditionsaufträge	⑧ Erstellung der notwendigen HAWBs und des MAWBs

TRANSPORTE MIT DEM FLUGZEUG

① Folgende zwei Speditionsaufträge sollen als Sammelladung abgewickelt und mit den Kunden abgerechnet werden:

Speditionsauftrag

Versender:	Sped.-Auftragsnummer:
Ascher KG Dieselstraße 34 70499 Stuttgart Weilimdorf	-

Beladestelle:	Datum:	Relations-Nummer:
s. o.	13.07.20..	-

Empfänger:	
Morales Industries, Inc. One Medline Place Mundelein Illinois 60060	**Spedition Schule OHG Zentrale Stuttgart Luftfrachtzentrum 56/C 70629 Stuttgart Tel.: 0711 900 00 -0 Fax.: 0711 900 00 -20**

Anlieferstelle:	Versender-Vermerke:
s. o.	

Zeichen u. Nummern	Anzahl	Packstück	SF[1]	Inhalt	Lademittel-gewicht in kg	Brutto-gewicht in kg
A	1	Paket	-	Sägeblätter (Keramik) 50 cm x 50 cm x 25 cm	-	44,5
B	1	Paket	-	Verankerung 160 cm x 40 cm x 15 cm		13,7
Summe:	2	Summe: Rauminhalt/Lademeter: -				58,2

Gefahrgut-Klassifikation:
-

Frankatur: Incoterm® 2010 FCA Stuttgart Flughafen		Warenwert für Transportversicherung: -	Versender- Nachnahme: -

Datum:	Unterschrift:
13.07.20..	*i. A. Holler*

Wir arbeiten ausschließlich auf Grundlage der Allgemeinen Deutschen Spediteurbedingungen 2016 (ADSp 2016). Die ADSp 2016 beschränken in Ziffer 23 die gesetzliche Haftung für Güterschäden nach § 431 HGB in Höhe von 8,33 SZR/kg je Schadenfall bzw. je Schadenereignis auf 1 Mio. € bzw. 2 Mio. € oder 2 SZR/kg, je nachdem welcher Betrag höher ist, und bei multimodalen Transporten unter Einschluss einer Seebeförderung generell auf 2 SZR/kg.

[1] SF = Stapelfaktor; 0 = nicht stapelbar; 1 = einmal stapelbar; …

△ *Speditionsauftrag des Versenders Ascher KG*

Speditionsauftrag						
Versender: Borsch GmbH Bahnhofstraße 3 - 17 73033 Göppingen			Sped.-Auftragsnummer: -			
Beladestelle: Bahnhofstraße 13			Datum: 13.07.20..		Relations-Nummer: -	
Empfänger: Finch & Wessle 214 Edward St Joliet IL 60436			**Spedition Schule OHG Zentrale Stuttgart Luftfrachtzentrum 56/C 70629 Stuttgart Tel.: 0711 900 00 -0 Fax.: 0711 900 00 -20**			
Anlieferstelle: s. o.			Versender-Vermerke:			
Zeichen u. Nummern	Anzahl	Packstück	SF[1]	Inhalt	Lademittel-gewicht in kg	Brutto-gewicht in kg
TZH1 TZH2	2	Pakete	-	Ersatzteile für Hydraulikpresse je 240 cm x 115 cm x 45 cm	-	je 190
Summe:	2	Summe: Rauminhalt/Lademeter: -				380
Gefahrgut-Klassifikation: -						
Frankatur: Incoterm® 2010 DAT Chicago Flughafen			Warenwert für Transportversicherung: -		Versender-Nachnahme: -	
Datum: 13.07.20..		Unterschrift: *i. A. Behrwein*				
Wir arbeiten ausschließlich auf Grundlage der Allgemeinen Deutschen Spediteurbedingungen 2016 (ADSp 2016). Die ADSp 2016 beschränken in Ziffer 23 die gesetzliche Haftung für Güterschäden nach § 431 HGB in Höhe von 8,33 SZR/kg je Schadenfall bzw. je Schadenereignis auf 1 Mio. € bzw. 2 Mio. € oder 2 SZR/kg, je nachdem welcher Betrag höher ist, und bei multimodalen Transporten unter Einschluss einer Seebeförderung generell auf 2 SZR/kg.						

[1] SF = Stapelfaktor; 0 = nicht stapelbar; 1 = einmal stapelbar; …

△ *Speditionsauftrag des Versenders Borsch GmbH*

② Für die Versender stellt die Spedition Schule OHG eine eigene **Preisliste** zur Verfügung, in der auch sämtliche Nebenentgelte aufgeführt sind.

Luftfrachtraten für die Versender:		
Stuttgart EUR	DE KGS	STR EUR
Chicago	M	63,84
	N	4,84
	45	4,62
	100	3,74
	300	3,09
	500	2,54

Nebengebühren für den Luftfrachttransport	Grundlage	
Fuel Surcharge	tatsächliche kg	1,00 EUR
Security Surcharge	tatsächliche kg	0,25 EUR

Nebenentgelte für die Speditionsleistungen	Grundlage	
Vorlauf/Pick up	je angefangene 50 kg Sendungsgewicht	35,00 EUR
AWB Fee	je Sendung	15,00 EUR
Handling Charge	je Sendung	35,00 EUR
Collect Fee	reine Luftfracht	5 %

③ Folgende **Kosten** wurden von der Spedition Schule OHG für die Organisation der Sammelladung kalkuliert.

kalkulierte Selbstkosten	Grundlage	
Vorlauf/Pick up (Selbsteintritt)	je angefangene 50 kg Sendungsgewicht	25,00 EUR
Erstellung des AWB	je Sendung	9,00 EUR
Handling Charge	je Sendung	30,00 EUR
Collect Fee	reine Luftfracht	5 %

Die Spedition Schule OHG hat mit der Lufthansa (LH, 020) als IATA-Agent eigene Raten vereinbart:

Stuttgart EUR	DE KGS	STR EUR
Chicago	M	46,82
	N	3,55
	45	3,39
	100	2,74
	300	2,27
	500	1,86

Nebengebühren für den Luftfrachttransport	Grundlage	
Fuel Surcharge	tatsächliche kg	1,00 EUR
Security Surcharge	tatsächliche kg	0,25 EUR

Die Spedition Schule OHG muss auch den Empfangsspediteur Delmar bezahlen.

Kosten für die Leistung des Empfangsspediteurs: Jeweils 10 % der reinen Luftfracht, die jeder Versender zu bezahlen hat.

✓ LÖSUNG

(4) Die Spedition Schule OHG erstellt folgendes **Cargo-Manifest**:

from	manifest: 089	Master AWB: 020 STR 12345678	carrier:	to
Spedition Schule OHG Luftfrachtzentrum 56/C 70629 Stuttgart	date: 14.07.2015 page: 1 relation: STR – ORD LH456 / LH6502		Lufthansa	Delmar 1555 Mittel Blvd Wood Dale, Illinois 60191

item	House-AWB	marks	pcs	nature of goods	weight (kg)	volume (cm x cm x cm)	shipper	consignee	INCO-TERM 2010	freight CC/PP	freight collect
1	SPS 15000987	A B	1 1	sawing blades (ceramics) anchorage	44,5 13,7	50 x 50 x 25 60 x 40 x 5	Ascher KG Dieselstraße 14 70499 Stuttgart	Morales Industries Inc. One Medline Place Mundelein Illinois 60060	FCA	CC	in EUR: 356,53 in USD: 402,87[1]
2	SPS 15000988	TZH1 TZH2	2	spare parts (hydraulic press)	2 x 190	2 x 240 x 115 x 45	Borsch GmbH Bahnhofstr. 3 – 17 73033 Göppingen	Finch & Wessle 214 Edward St Joliet Illinois 60436	DAT	PP	

(5) Erlöse der Spedition Schule OHG:

Sendungsdaten der Sendung 1		
Versender: Ascher KG; Empfänger: Morales Industries, Inc.		
Bezeichnung	Rechenschritte	Ergebnis
tatsächliches Gewicht in kg	44,5 kg + 13,7 kg =	58,2 kg
Volumengewicht in Vol.kg	$\dfrac{\text{Packstücke A + B}}{6\,000 \text{ cm}^3/\text{kg}}$ $\dfrac{(50 \text{ cm} \times 50 \text{ cm} \times 25 \text{ cm}) + (160 \text{ cm} \times 40 \text{ cm} \times 15 \text{ cm})}{6\,000 \text{ cm}^3/\text{kg}} =$	26,42 Vol.kg
Chargeable Weight	Das tatsächliche Gewicht ist hier höher. Deshalb müssen die 58,2 frachtpflichtige kg auf das nächste halbe oder volle kg aufgerundet werden.	58,5 kg

Wegen der Incoterm® 2010 FCA Stuttgart Flughafen werden an die **Ascher KG** folgende Positionen abgerechnet:

Bezeichnung	Rechenschritte	Ergebnis
Vorlauf/Pick up	58,2 kg bedeutet für die Abrechnung, dass zweimal angefangene 50 kg Sendungsgewicht vorliegen. 2 · 35,00 € =	70,00 €
AWB Fee		15,00 €
Handling Charge		35,00 €
Summe		**120,00 €**

---

1   1,00 € = 1,13 $

Wegen der Incoterm® 2010 FCA Stuttgart Flughafen werden an die **Morales Industries, Inc.** folgende Positionen abgerechnet:

Bezeichnung	Rechenschritte	Ergebnis
Luftfracht nach eigener Preisliste	58,5 kg: Q 45 58,5 kg · 4,62 €/kg = 270,27 € Alternativrechnung: Q 100 100 kg · 3,74 EUR/kg = 374,00 € (ist höher, wird also nicht gebucht)	270,27 €
Fuel Surcharge	58,2 kg · 1,00 €/kg =	58,20 €
Security Surcharge	58,2 kg · 0,25 €/kg =	14,55 €
Collect Fee	270,27 € · 5 % =	13,51 €
Summe		**356,53 €**

Sendungsdaten der Sendung 2		
Versender: Borsch GmbH; Empfänger: Finch & Wessle		
Bezeichnung	Rechenschritte	Ergebnis
tatsächliches Gewicht in kg	190 kg + 190 kg =	380 kg
Volumengewicht in Vol.kg	$\dfrac{\text{Packstücke TZH1 + TZH2}}{6000 \text{ cm}^3/\text{kg}}$ $\dfrac{(240 \text{ cm} \times 115 \text{ cm} \times 45 \text{ cm}) + (240 \text{ cm} \times 115 \text{ cm} \times 45 \text{ cm})}{6000 \text{ cm}^3/\text{kg}} =$	414 Vol.kg
Chargeable Weight	Das Volumen-Gewicht ist hier höher. Also müssen 414 frachtpflichtige kg berechnet werden.	414 kg

Wegen der Incoterm® 2010 DAT Chicago Flughafen werden an die **Borsch GmbH** folgende Positionen abgerechnet:

Bezeichnung	Rechenschritte	Ergebnis
Vorlauf/Pick up	380 kg bedeutet für die Abrechnung, dass achtmal angefangene 50 kg Sendungsgewicht vorliegen. 8 · 35,00 € =	280,00 €
AWB Fee		15,00 €
Handling Charge		35,00 €
Luftfracht nach eigener Preisliste	414 kg: Q 300 414 kg x 3,09 €/kg = 1.279,26 € Alternativrechnung: Q 500 500 kg · 2,54 €/kg = 1.270,00 € (ist günstiger)	1.270,00 €
Fuel Surcharge	380 kg · 1,00 €/kg =	380,00 €
Security Surcharge	380 kg · 0,25 €/kg =	95,00 €
Collect Fee	entfällt, da prepaid	
Summe		**2.075,00 €**

Die Summe aller Rechnungen ergeben die **Erlöse dieses Sammelladungsverkehrs:**

Summe Rechnung an Ascher KG	120,00 €
Summe Rechnung an Morales Industries, Inc.	356,53 €
Summe Rechnung an Borsch GmbH	2.075,00 €
gesamte Erlöse	**2.551,53 €**

⑥ **Kosten** für die Sammelladungssendung:

Sendungsdaten der gesamten Sammelladungssendung		
Bezeichnung	Rechenschritte	Ergebnis
tatsächliches Gewicht in kg	44,5 kg + 13,7 kg + 190 kg + 190 kg =	438,2 kg
Volumengewicht in Vol.kg	$\dfrac{\text{Summe der Volumina der einzelnen Sendungen in cm}^3}{6\,000 \text{ cm}^3/\text{kg}}$	
	(50 cm x 50 cm x 25 cm) Packstück A	62 500 cm³
	+ (160 cm x 40 cm x 15 cm) Packstück B	96 000 cm³
	+ (240 cm x 115 cm x 45 cm) Packstück TZH1	1 242 000 cm³
	+ (240 cm x 115 cm x 45 cm) Packstück TZH2	1 242 000 cm³
	$\dfrac{2\,642\,500 \text{ cm}^3}{6\,000 \text{ cm}^3/\text{kg}} =$	440,42 Vol.kg
Chargeable Weight	Das Volumengewicht ist hier höher. Deshalb müssen die 440,42 frachtpflichtige kg auf das nächste halbe oder volle kg aufgerundet werden.	440,5 kg

Bezeichnung	Rechenschritte	Ergebnis
Vorlauf/Pick up (Selbsteintritt)	zwei angefangene 50 kg Sendungsgewicht von Sendung 1 + acht angefangene 50 kg Sendungsgewicht von Sendung 2 = 10 angefangene 50 kg Sendungsgewicht 10 · 25,00 € =	250,00 €
Erstellung des AWB	2 · HAWB + 1 · MAWB = 3 AWB 3 · 9,00 € =	27,00 €
Handling Charge	2 · 30,00 €	60,00 €
Luftfracht nach vereinbarten Raten mit der IATA	440,5 kg: Q 300 440,5 kg · 2,27 €/kg = 999,94 € Alternativrechnung: Q 500 500 kg · 1,86 €/kg = 930,00 € (ist günstiger)	930,00 €
Fuel Surcharge	438,2 kg x 1,00 €/kg =	438,20 €
Security Surcharge	438,2 kg x 0,25 €/kg =	109,55 €
Zahlung an den Empfangsspediteur	reine Luftfracht der Versender: 270,27 € + 1.270,00 € = 1.540,27 € davon 10 %: 1.540,27 · 10 % =	154,03 €
gesamte Kosten		1.968,78 €

⑦ Ergebnis des Sammelladungsverkehrs:

Erlöse	– Kosten	= Ergebnis
2.551,53 €	1.968,78 €	582,75 €

Die Spedition Schule OHG erzielt bei diesem Sammelladungsverkehr einen **Gewinn in Höhe von 582,75 €.**

G TRANSPORTE MIT DEM FLUGZEUG

⑧ Die Spedition Schule OHG erstellt für die Versender jeweils einen House-AWB:

STR 15000987			15000987
Shipper's Name and Address Ascher KG Dieselstraße 14 70499 Stuttgart	Shipper's Account Number	Not Negotiable **Air Waybill** issued by	**Spedition Schule OHG**
		Copies 1, 2 and 3 of this Air Waybill are originals and have the same validity.	
Consignee's Name and Address Morales Industries Inc. One Medline Place Mundelein Illinois 60060	Consignee's Account Number	It is agreed that the goods declared herein are accepted in apparent good order and condition (except as noted) for carriage SUBJECT TO THE CONDITIONS OF CONTRACT ON THE REVERSE HEREOF. ALL GOODS MAY BE CARRIED BY ANY OTHER MEANS INCLUDING ROAD OR ANY OTHER CARRIER UNLESS SPECIFIC CONTRARY INSTRUCTIONS ARE GIVEN HEREON BY THE SHIPPER, AND SHIPPER AGREES THAT THE SHIPMENT MAY BE CARRIED VIA INTERMEDIATE STOPPING PLACES WHICH THE CARRIER DEEMS APPROPRIATE. THE SHIPPER'S ATTENTION IS DRAWN TO THE NOTICE CONCERNING CARRIER'S LIMITATION OF LIABILITY. Shipper may increase such limitation of liability by declaring a higher value for carriage and paying a supplemental charge if required.	
Issuing Carrier's Agent Name and City Spedition Schule OHG Luftfrachtzentrum 56/C 70629 Stuttgart		Accounting Information MAWB: 020 STR 12345678 notify: Delmar 1555 Mittel Blvd Wood Dale, Illinois 60191	
Agent's IATA Code	Account No.		
Airport of Departure (Addr. of First Carrier) and Requested Routing Stuttgart		Reference Number	Optional Shipping Information

To FRA	By First Carrier Lufthansa	Routing and Destination	to ORD	by LH	to	by	Currency EUR	CHGS CC	WT/VAL PPD COLL x	Other PPD COLL x	Declared Value for Carriage NVD	Declared Value for Customs NCV

Airport of Destination Chicago	Requested Flight/Date LH7201s/LH430 15.07.	Amount of Insurance NIL	INSURANCE – If carrier offers insurance, and such insurance is requested in accordance with the conditions thereof, indicate amount to be insured in figures in box marked "Amount of Insurance".

Handling Information

SCI

No. of Pieces RCP	Gross Weight	kg/lb	Rate Class / Commodity Item No.	Chargeable Weight	Rate / Charge	Total	Nature and Quantity of Goods (incl. Dimensions or Volume)
1	44,5	kg	Q	58,5	4,62	270,27	sawing blades (ceramics) 50 cm x 50 cm x 25 cm
1	13,7						anchorage 60 cm x 40 cm x 15 cm
2	58,2					270,27	

Prepaid	Weight Charge 270,27	Collect	Other Charges
	Valuation Charge		fuel: 58,20 (C) sec.: 14,55 (C) cc: 13,51 (A)
	Tax		
	Total Other Charges Due Agent 13,51		I hereby certify that the particulars on the face hereof are correct and that insofar as any part of the consignment contains dangerous goods, I hereby certify that the contents of this consignment are fully and accurately described above by proper shipping name and are classified, packaged, marked and labeled, and in proper condition for carriage by air according to applicable national governmental regulations.
	Total Other Charges Due Carrier 72,75		
			i. A. Franke Signature of Shipper or his Agent
Total Prepaid	Total Collect 356,53		
Currency Conversion Rates	CC Charges in Dest. Currency 402,87	14.07.20..	Stuttgart *i. A. Franke*
For Carrier's Use only at Destination	Charges at Destination	Executed on (date) Total Collect Charges	at (place) Signature of Issuing Carrier or its Agent

△ House-AWB für den Versender Ascher KG

STR	15000988			15000988

Shipper's Name and Address	Shipper's Account Number	Not Negotiable **Air Waybill** issued by **Spedition Schule OHG**
Borsch GmbH Bahnhofstraße 3 - 17 73033 Göppingen		

Copies 1, 2 and 3 of this Air Waybill are originals and have the same validity.

Consignee's Name and Address	Consignee's Account Number	It is agreed that the goods declared herein are accepted in apparent good order and condition (except as noted) for carriage SUBJECT TO THE CONDITIONS OF CONTRACT ON THE REVERSE HEREOF. ALL GOODS MAY BE CARRIED BY ANY OTHER MEANS INCLUDING ROAD OR ANY OTHER CARRIER UNLESS SPECIFIC CONTRARY INSTRUCTIONS ARE GIVEN HEREON BY THE SHIPPER, AND SHIPPER AGREES THAT THE SHIPMENT MAY BE CARRIED VIA INTERMEDIATE STOPPING PLACES WHICH THE CARRIER DEEMS APPROPRIATE. THE SHIPPER'S ATTENTION IS DRAWN TO THE NOTICE CONCERNING CARRIER'S LIMITATION OF LIABILITY. Shipper may increase such limitation of liability by declaring a higher value for carriage and paying a supplemental charge if required.
Finch & Wessle 214 Edward St Joliet IL 60436		

Issuing Carrier's Agent Name and City	Accounting Information
Spedition Schule OHG Luftfrachtzentrum 56/C 70629 Stuttgart	MAWB: 020 STR 12345678 notify: Delmar 1555 Mittel Blvd Wood Dale, Illinois 60191

Agent's IATA Code	Account No.		

Airport of Departure (Addr. of First Carrier) and Requested Routing	Reference Number	Optional Shipping Information
Stuttgart		

To	By First Carrier	Routing and Destination	to	by	to	by	Currency	CHGS	WT/VAL PPD COLL	Other PPD COLL	Declared Value for Carriage	Declared Value for Customs
FRA	Lufthansa		ORD	LH			EUR	PP	X	X	NVD	NCV

Airport of Destination	Requested Flight/Date	Amount of Insurance	INSURANCE - If carrier offers insurance, and such insurance is requested in accordance with the conditions thereof, indicate amount to be insured in figures in box marked "Amount of Insurance".
Chicago	LH7201s/LH430 15.07.	NIL	

Handling Information	
	SCI

No. of Pieces RCP	Gross Weight	kg lb	Rate Class / Commodity Item No.	Chargeable Weight	Rate / Charge	Total	Nature and Quantity of Goods (incl. Dimensions or Volume)
2	380	kg	Q	500			spare parts (hydraulic press) 2 x 240 cm x 115 cm x 45 cm
						as agreed[1]	
2	380						

Prepaid	Weight Charge	Collect	Other Charges
	Valuation Charge		
	Tax		
	Total Other Charges Due Agent		I hereby certify that the particulars on the face hereof are correct and that insofar as any part of the consignment contains dangerous goods, **I hereby certify that the contents of this consignment are fully and accurately described above by proper shipping name and are classified, packaged, marked and labeled, and in proper condition for carriage by air according to applicable national governmental regulations.**
	Total Other Charges Due Carrier		
			i. A. Franke
			Signature of Shipper or his Agent
Total Prepaid	Total Collect		
Currency Conversion Rates	CC Charges in Dest. Currency	14.07.20..	Stuttgart *i. A. Franke*
For Carrier's Use only at Destination	Charges at Destination	Executed on (date) Total Collect Charges	at (place) Signature of Issuing Carrier or its Agent

△ House-AWB für den Versender Borsch GmbH

---

[1] Bei einem HAWB, der prepaid abgewickelt wird, sind keine Eintragungen der Frachten vorgesehen, da diese vom Absender/shipper bezahlt werden und für den Empfänger/consignee die Preise nicht relevant sind.

TRANSPORTE MIT DEM FLUGZEUG

Zusätzlich muss die Spedition Schule OHG für die Sammelladungssendung einen **Master-AWB** ausstellen.
In den Master-AWB müssen die originalen IATA-TACT-Raten eigetragen werden.

Stuttgart	DE	STR
EUR	KGS	EUR
Chicago	M	85,12
	N	6,45
	45	6,16
	100	4,98
	300	4,12
	500	3,38

---

020 | STR | 12345678   12345678

Shipper's Name and Address: Spedition Schule OHG, Luftfrachtzentrum 56/C, 70629 Stuttgart

Not Negotiable Air Waybill issued by Lufthansa

Copies 1, 2 and 3 of this Air Waybill are originals and have the same validity.

Consignee's Name and Address: Delmar, 1555 Mittel Blvd., Wood Dale, Illinois 60191

It is agreed that the goods declared herein are accepted in apparent good order and condition (except as noted) for carriage SUBJECT TO THE CONDITIONS OF CONTRACT ON THE REVERSE HEREOF. ALL GOODS MAY BE CARRIED BY ANY OTHER MEANS INCLUDING ROAD OR ANY OTHER CARRIER UNLESS SPECIFIC CONTRARY INSTRUCTIONS ARE GIVEN HEREON BY THE SHIPPER, AND SHIPPER AGREES THAT THE SHIPMENT MAY BE CARRIED VIA INTERMEDIATE STOPPING PLACES WHICH THE CARRIER DEEMS APPROPRIATE. THE SHIPPER'S ATTENTION IS DRAWN TO THE NOTICE CONCERNING CARRIER'S LIMITATION OF LIABILITY. Shipper may increase such limitation of liability by declaring a higher value for carriage and paying a supplemental charge if required.

Issuing Carrier's Agent Name and City: Spedition Schule OHG, Luftfrachtzentrum 56/C, 70629 Stuttgart

Accounting Information: HAWB: STR 15000987 / STR 15000988

Airport of Departure: Stuttgart

To	By First Carrier	Routing and Destination	to	by	to	by	Currency	CHGS	WT/VAL PPD COLL	Other PPD COLL	Declared Value for Carriage	Declared Value for Customs
FRA	Lufthansa		ORD	LH			EUR	PP	X	X	NVD	NCV

Airport of Destination: Chicago | **Requested Flight/Date:** LH7201s/LH430 15.07. | **Amount of Insurance:** NIL | INSURANCE - If carrier offers insurance, and such insurance is requested in accordance with the conditions thereof, indicate amount to be insured in figures in box marked "Amount of Insurance".

Handling Information: Cargo status: SPX

SCI

No. of Pieces RCP	Gross Weight	kg/lb	Rate Class / Commodity Item No.	Chargeable Weight	Rate / Charge	Total	Nature and Quantity of Goods (incl. Dimensions or Volume)
4	438,2	kg	Q	500	3,38	1.690,00	as per attached manifest
4	438,2					1.690,00	

Prepaid: 1.690,00 | **Weight Charge** | **Collect** | **Other Charges:** fuel: 438,20 / sec.: 109,55

Valuation Charge

Tax

Total Other Charges Due Agent: ---

Total Other Charges Due Carrier: 547,75

I hereby certify that the particulars on the face hereof are correct and that insofar as any part of the consignment contains dangerous goods, I hereby certify that the contents of this consignment are fully and accurately described above by proper shipping name and are classified, packaged, marked and labeled, and in proper condition for carriage by air according to applicable national governmental regulations.

i.A. Franke
Signature of Shipper or his Agent

Total Prepaid: 2.237,75 | **Total Collect:**

14.07.20.. Stuttgart *i.A. Franke*
Executed on (date) at (place) Signature of Issuing Carrier or its Agent

Currency Conversion Rates | **CC Charges in Dest. Currency**

For Carrier's Use only at Destination | **Charges at Destination** | **Total Collect Charges**

△ Master-AWB

5 Ausblick – stetiges Wachstum in der Luftfracht erwartet

Trotz hoher Kosten und geringer Kapazität hat sich die Luftfracht seit Beginn des 20. Jahrhunderts stetig weiter entwickelt. Ein weit verzweigtes Netz von leistungsstarken Flughäfen sowie der Einsatz von immer größeren Flugzeugen, z. B. Boeing 777 „Tripple Seven" und Airbus A380, sowie der Einsatz reiner Frachtflugzeuge führten zu niedrigeren Stückkosten und somit einer höheren Attraktivität der Luftfracht. Selbst die Geschehnisse von „Nine Eleven", dem Terroranschlag auf das World Trade Center in New York am 11.09.2001, konnten den Aufschwung nur kurzfristig bremsen.

Die Welt rückt immer enger zusammen. Globalisierung und damit einhergehend arbeitsteilige Vernetzung der Unternehmen, gestiegene Ansprüche an Laufzeiten und veränderte Güterstrukturen hin zu immer kleineren Sendungsgrößen führen zu dieser optimistischen Einschätzung der Wachstumsprognosen. Ein jährliches Wachstum des Luftfrachtaufkommens von ca. 5 % stellt einige Herausforderungen an die IATA-Agenten sowie an die Infrastruktur von Flughäfen und die Konstrukteure von Flugzeugen.

Boeing prognostiziert in den nächsten zehn Jahren für das Luftfrachtaufkommen eine Verdopplung der verkauften Tonnenkilometer; in den nächsten 20 Jahren sogar eine Verdreifachung. Die RTK (Revenue Ton Kilometer) sind ein Indikator für die Cargo-Wachstumsrate.

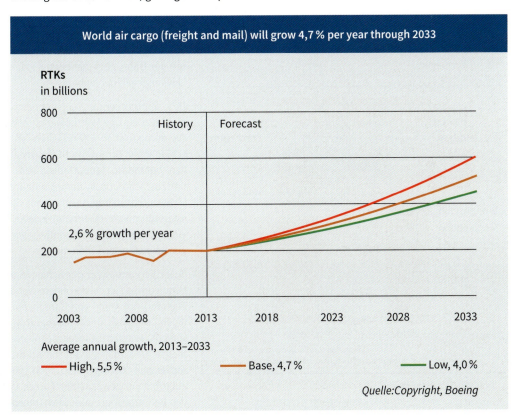

△ Boeing World Air Cargo Forecast

H Transporte mit der Eisenbahn

KAPITEL**EINSTIEG**

Immer mehr Güterverkehr

Prognosen gehen von einem weiteren starken Wachstum des Güterverkehrs aus. Deutschland als Exportnation und Transitland in der Mitte Europas wird davon stark betroffen sein. Globalisierter Warenverkehr und veränderte Produktionsverfahren der Industrie, die immer stärker auf zeitlich getaktete und kleinteilige Just-in-Time- oder Just-in-Sequence-Lieferungen setzt, führt seit Jahren dazu, dass der Anteil des Bahngüterverkehrs am Modalsplit[1] zugunsten des Güterkraftverkehrs sinkt.

Seit Jahrzehnten bevorzugt die Politik auf nationaler und auf europäischer Ebene den Straßengüterverkehr gegenüber dem Güterverkehr auf der Schiene. Während das Straßennetz weiterhin wächst, schrumpft das europäische Schienennetz. Der Anteil der Eisenbahn am Güterverkehr in der EU sank seit 1990 von 18 % auf heute weniger als 12 % der beförderten Tonnage. Aufgrund der relativ großen Entfernungen des Eisenbahngüterverkehrs lag der in Tonnenkilometern gemessene Anteil der Bahn 2014 bei etwa 17 %, der Anteil des Lkw hingegen bei mehr als 75 %.

Das schrumpfende Schienennetz ist allerdings nicht der einzige Wettbewerbsnachteil der Bahn. Die europäischen Eisenbahnen fahren mit unterschiedlichen Strom- und Signalsystemen. Zusätzlich behindern länderindividuelle Strom-, Leit- und Zugsicherungssysteme sowie unterschiedliche Lichtraumprofile und variierende Spurweiten den internationalen Eisenbahnverkehr, wodurch an vielen Grenzen die Lokomotiven vor den Güterzügen gewechselt werden müssen.

Zusätzlich unterliegt der Schienengüterverkehr in Mitteleuropa seit Jahren einem Wandlungsprozess. Während der Anteil von Ganzzügen im internationalen Container- und Massenguttransport wächst, sinkt der Anteil des Einzelwagenverkehrs. Der Sammelgut- und Stückgutversand wurde von vielen europäischen Bahngesellschaften aufgegeben, da aufgrund der gewünschten kurzen Transportzeiten der Bahntransport zum Lkw-Transport auf vielen Relationen zeitlich nicht konkurrenzfähig ist.

Entwicklung des Güterverkehrs nach Verkehrsträgern bis 2030

	2010	2030	Wachstum
		838	+38 %
Binnenschiff	62,3	76,5	+23 %
Eisenbahn	107,6	153,7	+43 %
Straße	437,1	607,8	+39 %
Gesamt (Mrd.tkm)	607	838	

(Quelle: Bundesministerium für Verkehr und digitale Infrastruktur; www.bmvi.de; 3. Februar 2015)

△ Entwicklung des Güterverkehrs

---

1 Verteilung des Transportaufkommens auf verschiedene Verkehrsmittel

1 Güterverkehr auf der Schiene

1.1 Eisenbahnverkehrsunternehmen

Schienengüterverkehr umfasst die Verkehrsleistungen von **Eisenbahnverkehrsunternehmen (EVU)** mit Güterzügen. Neben dem eigentlichen Transport kommen im Schienengüterverkehr häufig weitere Leistungen hinzu, wie z. B. die Verladung der Güter auf den Verkehrsträger Schiene oder Rangiertätigkeiten zur Umgruppierung von Güterzügen. Zum Leistungsspektrum der EVU zählt auch der Kombinierte Verkehr/Rollende Landstraße.

Die Unternehmen im öffentlichen Schienengüterverkehr in Deutschland fahren jährlich über 100 Mrd. tkm. Das größte deutsche Güterverkehrsunternehmen ist die DB Cargo AG. Sie ist eine Tochtergesellschaft der Deutschen Bahn AG und hatte 2014 einen Marktanteil von rund zwei Dritteln an den in Deutschland erbrachten Schienentransportleistungen. Das restliche Drittel entfällt auf die große Anzahl der nichtbundeseigenen Eisenbahnen.

Besonders geeignet für den Schienentransport sind Güter, deren Verladung schnell und automatisierbar ist und die über lange Entfernungen oder in großen Massen transportiert werden. Deshalb stellen Massengüter wie Metalle, Brennstoffe, Steine und Erden, Mineralölerzeugnisse, Erze, Schrott sowie 20'- und 40'-Container die wichtigsten Güterarten im Schienengüterverkehr.

△ Marktanteile im Eisenbahnverkehr

1.2 Spurweiten

Eine einheitliche Spurweite ist die wichtigste Voraussetzung, damit Bahnfahrzeuge in verschiedenen Ländern eingesetzt werden können. Als Spurweite wird der Abstand zwischen den Innenkanten der beiden Schienen eines Gleises bezeichnet.

Die Spurweite des deutschen Bahnnetzes beträgt 143,5 cm und entspricht der Spurweite der meisten europäischen Eisenbahnen. Deshalb wird diese Spurweite als **Normalspur** bezeichnet. Allerdings gibt es in einigen europäischen Ländern von der Normalspur abweichende Schmal- oder Breitspuren.[1]

---

[1] Die ersten Lokomotiven wurden in England gebaut und hatten die Spurweite 143,5 cm. Nach dem Kauf englischer Lokomotiven wurde diese Spurweite von den meisten Ländern übernommen.

Unterschiedliche Spurweiten in Europa

Art der Spurweite	Spurweite in cm	Erklärung/Beschreibung
Normalspur	143,5 cm	Spurweite der ersten in England entwickelten Eisenbahnen, die von den meisten Ländern Europas übernommen wurde
Schmalspur alle Spurweiten unter 143,5 cm	meistens Spurweiten zwischen 60,0 cm und 120,0 cm	Verwendung aus Kostengründen beim • Ausbau einzelner Gebirgsstrecken (z. B. in den Alpen, im Harz oder in den Karpaten), • Bau von Nebenstrecken mit geringem Güterverkehr, • Bau von Industriebahnen (z. B. Feldbahnen zum Torf-, Kies- oder Lehmabbau).
Breitspur alle Spurweiten über 143,5 cm	152,4 cm	Estland, Finnland, Lettland, Litauen, Russland, Ukraine, Weißrussland
	160,0 cm	Irland
	166,5 cm	Portugal
	167,4 cm	Spanien

1.3 Lichtraumprofile der Lokomotiven und Güterwagen sowie Lademaße

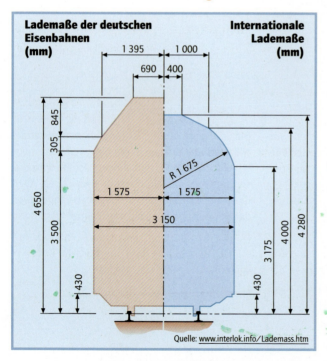

Quelle: www.interlok.info/Lademass.htm

Das Lademaß gibt die Begrenzungslinien für die Höhe und Breite eines Bahnwagens an. Bei Eisenbahnfahrzeugen der Normalspur ist die Gesamtbreite auf 3,15 m beschränkt. Dadurch bieten die Güterwagen der Bahn eine Innenbreite zwischen 2,40 m und 2,90 m. Die Gesamthöhe und das Lichtraumprofil der Eisenbahnfahrzeuge sind von den Lademaßen der einzelnen Länder abhängig. Das **Lademaß der deutschen Eisenbahnen**[1] begrenzt die maximale Gesamthöhe auf 4,65 m, das internationale Lademaß[2] auf 4,28 m. Sonderregelungen gelten für das Lademaß Großbritanniens, das lediglich eine Gesamtbreite von 2,692 m und eine Gesamthöhe von 3,861 m erlaubt. Im Eisenbahnverkehr mit Großbritannien werden deshalb besonders schmale Fährbootwagen eingesetzt.

Insbesondere bei der Beladung offener Güterwagen ist das Lademaß zu beachten. Das kleinste Lademaß der Strecke ist maßgeblich. Ansonsten könnte es bei der Fahrt unter Brücken und durch Tunnel oder bei der Durchfahrt von Bahnhöfen zu Transportschäden kommen.

---

1 Das in Deutschland verwendete Lademaß wird auch von Albanien, Bosnien-Herzegowina, Bulgarien, Dänemark, Griechenland, Irak, Kroatien, Litauen, Luxemburg, Mazedonien, Montenegro, Niederlande, Österreich, Polen, Rumänien, Serbien, Slowakei, Slowenien, Syrien, Tschechien, Türkei und Ungarn angewandt.

2 Das internationale Lademaß ist für die Strecken der übrigen europäischen Eisenbahnverwaltungen gültig, wie z. B. Frankreich, Italien und die Schweiz

1.4 Anschriftenfeld eines Güterwagens

Jeder Güterwagen verfügt über ein Anschriftenfeld mit Anschriften, Symbolen und Piktogrammen, die Auskunft geben über seine seine wichtigsten ladetechnischen Eigenschaften. Aus dem Anschriftenfeld lassen sich die Einsatzmöglichkeiten des Güterwagens auf unterschiedlichen Bahnstreckenklassen erkennen. Das Streckennetz der Deutschen Bahn ist der Streckenklasse D zugeordnet. Das Lastgrenzenraster gibt die maximale Zuladung des Güterwagens an. Bei der Beförderungsart „S" gilt eine Höchstgeschwindigkeit von 100 km/h. 120 km/h darf der Güterwagen nur unbeladen fahren.

Beispiel für das Lastgrenzenraster eines Güterwagens (Ausschnitt aus dem Anschriftenfeld)

	A	B	C	D	
S	44,0	52,0	62,0	68,0	Streckenklassen der einzelnen Eisenbahngesellschaften / maximale Beladung je Streckenklasse bis 100 km/h
120		00	,0		maximale Beladung je Streckenklasse über 100 km/h

△ Ausschnitt aus dem Anschriftenfeld

BEISPIEL

Mit wie viel Tonnen darf der Güterwagen bei einem Transport von Kehl nach Wilhelmshaven beladen werden?

Da die Eisenbahnstrecken in Deutschland der Streckenklasse D zugeordnet sind, kann der Wagen mit maximal 68 t beladen werden. Dabei ist die maximale Geschwindigkeit von 100 km/h zu beachten.

Weiterhin sind dem Anschriftenfeld am Güterwagen weitere Informationen zu entnehmen, wie Gesamtlänge (Länge über Puffer), Ladelänge, Eigenmasse, Bodenfläche und Laderaum oder Fassungsraum des Güterwagens (z. B. Tankwagen).

1.5 Stärken und Schwächen des Schienenverkehrs

Transport-kapazität	• Ein Bahnwaggon kann je nach Bauart mehr als 50 t transportieren. • Ein Güterzug kann mehr als 2 000 t transportieren.
Bahntypische Transportgüter	• Typische Transportgüter sind Massengüter oder großvolumige Güter auf langen Relationen. • Um den Transportanteil von wertvollen und zeitintensiven Gütern zu steigern, spezialisiert sich die Bahn auf Nachtsprungrelationen zwischen großen Verkehrszentren. Diese Konzentration auf relativ wenige Hauptrelationen führt zur Vernachlässigung des Einzelwagenverkehrs.
Umweltfreundlicher Transport	• Bahntransporte haben gegenüber dem Güterkraftverkehr eine gute Umweltbilanz aufgrund geringerem Energieverbrauch und dadurch geringerem Schadstoffausstoß je tkm.

Fahrplanmäßiger Transport im Nachtsprung	• Durch die Direktverbindung wichtiger Wirtschaftszentren über Nacht bieten EVU auf langen Strecken günstige Transportzeiten (z. B. Abfahrt im Terminal Stuttgart Hafen um 20:20 Uhr, Ankunft im Terminal Bremen-Roland am nächsten Morgen um 07:45 Uhr). • Fahrplanmäßige Güterzüge genießen im Nachtsprung Vorfahrt vor anderen Zügen, was zu einer hohen Transportzuverlässigkeit führt.
Transportkosten	• Eisenbahnverkehrsunternehmen (EVU) transportieren große Mengen über große Entfernungen zu einem günstigen Tonnenpreis.
Keine Fahrverbote	• EVU unterliegen keinem Fahrverbot an Sonn- und Feiertagen sowie an Ferienwochenenden.
Schadenrisiko/ Großes Angebot an Spezialgüterwagen	• Die Auswahl der richtigen Güterwagen erlaubt einen optimalen Eisenbahntransport und senkt das Transportrisiko. • Die EVU beraten den Versender bei der Auswahl der geeigneten Güterwagen. • DB Cargo AG bietet einen elektronischen Güterwagenkatalog im Internet.
Stationengebunden	• Im Eisenbahnverkehr sind aufgrund fehlender Gleisanschlüsse i. d. R. keine Haus-Haus-Verkehre möglich. • Der Vor- und der Nachlauf erfolgen per Güterkraftverkehr. • Durch die zwei notwendigen Umschläge wird der Transport zeitlich länger und teurer.
Transportdauer	• Auf Kurzstrecken ist die Bahn dem flexibleren Lkw zeitlich klar unterlegen, auf Langstrecken ebenbürtig und im Direktverkehr zwischen Wirtschaftszentren überlegen.
Geringe Dichte/ wenige Gleisanschlüsse	• Das Schienennetz der Bahn ist mit rund 34 000 km relativ klein. • Das Gleisnetz in Deutschland und der EU schrumpft weiterhin. • Die Anzahl der bedienten Güterbahnhöfe wird immer weiter ausgedünnt. • Die Anzahl der Gleisanschlüsse sinkt stetig. • Der Anteil an gebrochenem Verkehr ist hoch, da ein Bahntransport in vielen Fällen einen Umschlag im Versandbahnhof (Umladen vom Lkw auf einen Bahnwaggon) und einen erneuten Umschlag im Empfangsbahnhof erfordert. Dadurch erhöhen sich neben der Transportzeit auch die Transportkosten. • Immer mehr Bahntransporte benötigen aufgrund der Ausdünnung einen immer größeren Vor- oder Nachlauf per Lkw.
Geringe Geschwindigkeit auf Kurzstrecken	• Eisenbahnverkehre auf Kurzstrecken sind für Just-in-time-Transporte nicht geeignet.

2 Wichtige Eisenbahnstrecken

2.1 Wichtige Eisenbahnstrecken in Deutschland

△ Das deutsche Schienennetz

Deutschland hat das längste Schienennetz in Europa. Täglich fahren auf den knapp 34 000 km Bahnlinien etwa 32 000 Güter- und Personenzüge. Pro Jahr sind in Deutschland mehr als 11 632 000 Züge unterwegs. Die Zahl der Gleisanschlüsse der Unternehmen ist seit 1994 allerdings von 11 500 auf heute weniger als 3 000 gesunken.

2.2 Wichtige Eisenbahnstrecken für den Transitverkehr

△ Belastung des Schienennetzes durch Güterzüge

Der Schienengüterverkehr ist für Langstreckenverkehre besonders vorteilhaft. Viele europäische Verkehrslinien durchqueren Europa. Die Schienenverkehrswege in Deutschland, Österreich und der Schweiz bilden das Zentralstück des europäischen Eisenbahnnetzes. Etwa die Hälfte der in Deutschland erbrachten Transportleistung im Schienengüterverkehr wird mit grenzüberschreitenden Transporten und Transitverkehren erbracht. Dieser internationale Schienengüterverkehr in Deutschland konzentriert sich auf wenige Routen. Die wichtigsten Strecken verbinden die Nordseehäfen in Deutschland, Niederlande und Belgien sowie die Ballungsräume Rhein-Ruhr und Rhein-Main mit Polen, Tschechien, Österreich und der Schweiz. Diese Nord-Süd-Transporte werden weitgehend auf nur zwei Strecken abgewickelt: Auf der Rheinschiene von Emmerich bis Basel sowie auf der Strecke von München/Österreich oder Stuttgart/Schweiz über Würzburg, Fulda und Hannover zu den Seehäfen Bremen und Hamburg.

Die wichtigste internationale West-Ost-Verbindung führt vom Ballungsgebiet Rhein-Ruhr über Hannover und Magdeburg Richtung Polen und Tschechien. Alle drei Korridore sind überlastet oder nahe an der Leistungsgrenze.

Um den Anteil der Bahn am internationalen Güterverkehr zu halten oder gar zu erweitern, plant die EU **Hochleistungskorridore im Schienengüterverkehr**. Die geplanten Hochleistungskorridore in Deutschland sind Teil des geplanten Europäischen Verkehrsleitsystems für die Eisenbahn (European Rail Traffic Management System) und des Transeuropäischen Verkehrsnetzes. Somit nimmt das stark vom Schienentransitverkehr geprägte Deutschland eine starke Rolle bei der Errichtung des Vorrangnetzes ein.

Geplante Hochleistungskorridore im Schienengüterverkehr durch Deutschland

△ Übersichtskarte der Korridore im Schienengüterverkehr

Korridor	Zu verbindende europäische Regionen	Geplante Eisenbahnverkehre
A	Nordseehäfen – Polen/Tschechien	Containerverkehre aus den deutschen Nordseehäfen
B	Nordseehäfen – Südosteuropa	KLV-/Containerverkehr im Hinterland der deutschen Nordseehäfen
C	Nordseehäfen – Norditalien	KLV-/Containerverkehr im Hinterland der deutschen Nordseehäfen
D	ARA-Häfen/ Rhein-Ruhr – Schweiz	KLV-/Containerverkehr verschiedener EVU im Hinterland der ARA-Häfen
E	ARA-Häfen/ Rhein-Ruhr – Südosteuropa	KLV-/Containerverkehr im Hinterland der ARA-Häfen nach Süddeutschland/Österreich/Südosteuropa
F	ARA-Häfen/ Rhein-Ruhr – Polen	KLV-/Containertransporte verschiedener EVU/Operateure im Hinterland der ARA-Häfen nach Osteuropa
G	Einzelstrecken und Knoten Hamburg	Skandinavienverkehre

2.3 Wichtige europäische Bahnstrecken

3 Leistungsangebote der Bahn am Beispiel von DB Cargo AG

Die DB Cargo AG ist Europas führende Güterbahn. Sie erwirtschaftet mit 25 000 Mitarbeitern einen Jahresumsatz von 3,7 Mrd. € und bedient in Deutschland etwa 3 000 Gleisanschlüsse. Für den Güterverkehr werden neun Rangierbahnhöfe sowie weitere Güter- und Umschlagbahnhöfe benutzt.

Das Unternehmen bietet Transportleistungen in den Segmenten **Ganzzüge, Einzelwagenverkehr und Kombinierter Verkehr** sowie logistische Leistungen in **Railports** an.

3.1 Ganzzugverkehr

Beim Ganzzugverkehr beauftragt ein Versender ein EVU mit dem Transport einer großen Menge Güter. Dadurch lohnt sich der **Einsatz eines kompletten Güterzugs** zwischen Versand- und Empfangsbahnhof. Nach der Planbarkeit für das EVU werden drei Varianten unterschieden.

Art des Ganzzugverkehrs	Beschreibung
Plantrain	**Feste Planung von Güterzügen im Voraus** Anwendbar beim regelmäßigen Transport großer Mengen auf festen Relationen zu festen Verkehrstagen und Verkehrszeiten. Beispiele: • täglicher Logistikzug zwischen zwei Werken eines Automobilherstellers • fahrplanmäßige Containerzüge zwischen Seehäfen und dem Hinterland
Variotrain	**Variable Planung großer Transportmengen** Anwendbar für den eventuellen Transport großer Mengen durch optionale Reservierung von festen Relationen zu festen Verkehrstagen und Verkehrszeiten. Beispiel: Transport von Neuwagen vom Hersteller zum Überseehafen Emden je nach Bedarf
Flextrain	**Größtmögliche Bestellflexibilität** Anwendbar bei kurzfristiger Festlegung von Transportmengen, Relationen und Verkehrszeiten. Der gewünschte Zug wird von der Bahn innerhalb von 24 Stunden bereitgestellt. Beispiel: Aufgrund von Hochwasser auf Rhein und Neckar erfolgt der Transport von 1 800 t Getreide von Rotterdam nach Stuttgart mit dem Zug anstatt mit dem Binnenschiff.

3.2 Einzelwagenverkehr

Für kleine bis mittlere Transportvolumen bieten die EVU den Einzelwagentransport an. Durch **Regellaufzeiten** erhält der Versender eine Planungssicherheit. Die **Lade- und Entladefristen** betragen jeweils mindestens acht Stunden. DB Cargo AG transportiert täglich rund 50 000 Güterwagen im Einzelwagensystem und bedient europaweit etwa 4 000 Gleisanschlüsse sowie ca. 1 400 Bahnhöfe zur Abfertigung von Einzelwaggons.

3.3 Railports

Fehlende Gleisanschlüsse oder der erforderliche Einsatz von Wechselbehältern im Kombinierten Verkehr verhindern häufig einen Bahnversand. Railports sollen diese Lücke schließen. **Railports dienen dem Handling von Gütern**, egal ob verpackt oder unverpackt, fest oder flüssig, palettiert oder in loser Schüttung. Für die jeweiligen Anforderungen stehen Umschlaggeräte wie Gabelstapler, Förderbänder, Bagger und Portalkran zur Verfügung. Darüber hinaus bieten die Railports zusätzliche Dienstleistungen an, wie z. B. Lagerung, Bestandsmanagement, Qualitätskontrolle, Zollabwicklung und Kommissionierung.

BEISPIEL: EINSATZ EINES RAILPORTS

Versendung von Gips in loser Schüttung
Der in Schüttgutwagen angelieferte Gips wird entladen und zwischengelagert. Auf Kundenauftrag wird der Gips im Railport in Säcke abgefüllt und anschließend per Lkw an Baumärkte geliefert.

3.4 Schienengebundener Kombinierter Verkehr

Beim Kombinierten Verkehr werden die Vorteile von zwei Verkehrsträgern miteinander verknüpft. Ein wichtiges Standbein des Kombinierten Verkehrs ist die Kombination der beiden Verkehrsträger Eisenbahnverkehr und Güterkraftverkehr.

Im **schienengebundenen Kombiverkehr** werden die Stärken der beiden Verkehrsträger besonders gut genutzt. Der Lkw wird aufgrund seiner Flexibilität im Nahbereich für den Vor- und Nachlauf eingesetzt, was auch Unternehmen ohne Gleisanschluss einen Haus-Haus-Verkehr ermöglicht. Der Einsatz der Bahn erfolgt im Hauptlauf auf langen Strecken, wie z. B. im Nachtsprung von Bremen nach Stuttgart oder von München nach Hamburg.

Kombinierter Verkehr Schiene – Straße möglich als

	Großcontainertransport	Kombiverkehr Bahn	Bimodaler Transport
Ladeeinheit	• ISO-Container (20′, 40′) • Binnen-Container (20′, 40′)	• Container • Wechselaufbauten • Sattelauflieger • Lkw	• spezielle Satteltrailer
Transportmöglichkeit	• Tragwagen der EVU für Großcontainer • Lastkraftwagen • Sattelanhänger (Trailer) für zwei 20′ oder einen 40′-Container • Gliederzug für zwei 20′-Container	• unbegleiteter Kombiverkehr • begleiteter Kombiverkehr (Rollende Landstraße)	• als Sattelauflieger im Straßenverkehr (Road Railer) • als Bahngüterwagen im Trailerzug, der durch das Unterschieben von Eisenbahndrehgestellen zum Bahnwaggon wird.

3.4.1 Kombinierter Verkehr – multimodaler Verkehr

Ein **Kombinierter Verkehr** liegt vor, wenn eine **durchgehende Beförderung der Güter mithilfe mehrerer Verkehrsträger** (Lkw, Bahn, Binnenschiff, Seeschiff) erfolgt, **wobei lediglich das beladene Transportgefäß** (Container, Wechselbrücke oder ganzer Lkw) **von einem Beförderungsmittel auf das andere umgesetzt wird.** Die Güter selbst bleiben in dem bisherigen Transportgefäß.

BEISPIEL

Eine beladene Wechselbrücke soll von Jever nach Ludwigsburg transportiert werden. Neben dem reinen Lkw-Transport besteht die Möglichkeit, die beiden Verkehrsträger Schiene und Straße zu kombinieren. Zunächst wird die Wechselbrücke mit dem Lkw zum Umschlagsterminal Bremen transportiert, wo sie auf einen Tragwagen der Bahn umgeschlagen und auf der Schiene zum Umschlagsterminal Stuttgart-Kornwestheim transportiert wird. Dort erfolgt ein erneuter Umschlag vom Güterwagen der Bahn auf einen Lkw, der die Wechselbrücke zum Empfänger weiter transportiert.
Sowohl für den Lkw-Vor- und -Nachlauf als auch für den Bahntransport gilt das Frachtrecht des HGB.

Werden bei einem durchgehenden Frachtvertrag im kombinierten Verkehr **mindestens zwei verschiedene Verkehrsmittel** eingesetzt und finden dabei **mindestens zwei verschiedene Rechtsgrundlagen** Anwendung, handelt es sich um einen **multimodalen Transport** nach § 452 HGB.

BEISPIEL

Eine beladene Wechselbrücke soll von Jever nach Wien transportiert werden. Auch hier besteht die Möglichkeit, die beiden Verkehrsträger Schiene und Straße zu kombinieren. Nach dem Lkw-Transport der Wechselbrücke zum Umschlagsterminal Bremen erfolgt der Umschlag auf einen Tragwagen der Bahn. Nach dem Schienentransport nach Wien erfolgt am dortigen Terminal der Umschlag vom Bahngüterwagen auf einen Lkw, der die Wechselbrücke zum Empfänger weiter transportiert.

Bei diesem Transport gelten unterschiedliche Rechtsgrundlagen für den Lkw-Vorlauf in Deutschland (HGB), den auf der Schiene ausgeführten Hauptlauf von Deutschland nach Österreich (CMR) und den Lkw-Nachlauf in Österreich (österreichisches Recht).

Kommt es bei einem multimodalen Transport zu einem **Schadenfall**, haftet der multimodale Frachtführer nach dem allgemeinen Frachtrecht (in diesem Fall: CMR, da über die Schiene geleiteter Straßengüterverkehr). Ist der Schadenort bekannt, haftet der multimodale Frachtführer nach der Rechtsgrundlage der jeweiligen Teilstrecke.

Haftung bei Multimodalem Transport

Unbekannter Schadenort	Haftung des multimodalen Frachtführers nach dem allgemeinen Frachtrecht des Transports Beispiel: Beim schienengebundenen internationalen Kombiverkehr haftet der multimodale Frachtführer nach CMR, da es sich rechtlich um einen über die Schiene geleiteten Straßengüterverkehr handelt.
Bekannter Schadenort	Haftung nach dem Frachtrecht des Frachtführers nach dem Recht der Teilstrecke Beispiel: Die am schienengebundenen kombinierten Verkehr beteiligten Eisenbahnverkehrsunternehmen haften auf ihrem Streckenteil nach CIM.

3.4.2 Rechtliche Rahmenbedingungen für den schienengebundenen Kombinierten Verkehr

- **erhöhtes zulässiges Gesamtgewicht**
  Das zGG eines am Kombiverkehr teilnehmenden Lkws kann bis zu 44 t aufweisen.
- **Strecke zum Kombibahnhof**
  Die auf der Straße zurückgelegte Strecke muss zum nächstgelegenen Umschlagsterminal führen.
- **Ausnahmen von Ferien-, Sonn- und Feiertagsverboten**
  Die Fahrverbote gelten nicht bei der direkten Fahrt zum nächsten Kombibahnhof.
- **KFZ-Steuer-Erstattung**
  Der Staat gewährt zur Förderung des KV eine KFZ-Steuererstattung. Diese kann je nach Anzahl der durchgeführten Fahrten bis zu 100 % betragen.
- **Ruhe- und Lenkzeiten**
  Die bei der Rollenden Landstraße im Zug verbrachte Zeit wird auf die tägliche Ruhezeit angerechnet.

> **MERKE**
>
> **Kombinierter Verkehr** liegt vor **bei durchgehender Beförderung der Güter**
> - **ohne Wechsel des Transportgefäßes** (Container, WAB, evtl. gesamter Lkw mit Ladung)
> - **mit mehreren Verkehrsträgern** (Lkw, Bahn, Binnenschiff, Seeschiff)

3.4.3 Haftung im nationalen schienengebundenen Kombinierten Verkehr

Übersicht

	Versender ⇄ Speditionsvertrag ⇄ Spediteur ⇄ Speditionsvertrag ⇄ KV-Operateur ⇄ Frachtvertrag ⇄ EVU

Rechtsgrundlage	ADSp		**AGB** des **Operateurs**	**ALB** der **DB Cargo AG**
Güterschäden	8,33 SZR/kg	i. d. R. Fixkostenspediteur[1]	8,33 SZR/kg	8,33 SZR/kg
Umschlag	8,33 SZR/kg		8,33 SZR/kg	8,33 SZR/kg
Lieferfristüberschreitung	**dreifaches Frachtentgelt**		**dreifaches Frachtentgelt**	**dreifaches Frachtentgelt**
Abstellen der LE in Umschlagsbahnhöfen				5,00 €/kg max. 5.000,00 € je LE

Vertragsverhältnis	Vertragsgrundlage	Haftungsbegrenzungen	
		Güterschäden	**Verspätung**
Auftraggeber – Spediteur	ADSp	**8,33 SZR/kg** für Schäden bei Umschlagtätigkeit **8,33 SZR/kg** für Schäden bei der Beförderung (Haftung wie der eingesetzte Frachtführer)	**3-facher Betrag wie bei Verlust**
Als Fixkostenspediteur Haftung nach HGB wie ein Frachtführer	HGB	**8,33 SZR/kg** für Schäden bei Umschlag und der Beförderung	**3-facher Betrag der vereinbarten Fracht**

Fortsetzung nächste Seite

---

[1] Ein Fixkostenspediteur haftet nach HGB für den Transport wie der jeweils ausführende Frachtführer.

Vertragsverhältnis	Vertragsgrundlage	Haftungsbegrenzungen	
		Güterschäden	Verspätung
Spediteur – Kombiverkehr	AGB der Kombiverkehrsgesellschaft	8,33 SZR/kg für Schäden bei der Beförderung 5,00 €/kg/max. 5.000,00 € für abgestellte und gelagerte Ladeeinheiten	3-facher Betrag der vereinbarten Fracht
Kombiverkehr – DB Cargo AG	ALB (Allgemeine Leistungsbedingungen der Bahn)	8,33 SZR/kg für Schäden bei Umschlag und der Beförderung	3-facher Betrag der vereinbarten Fracht

Neben der **Kombination der Verkehrsträger Schiene und Straße** im Kombinierten Verkehr finden u. a. auch folgende Kombinationen Anwendung:
- **Kombinierter Verkehr Straße – Binnenschiff** als Vor- und Nachläufe zu den Seehäfen an der Nordsee
- **Kombinierter Verkehr Straße – Seeschiff** als Fährverkehre in der Nord- und Ostsee und als Containertransporte nach Übersee
- **Kombinierter Verkehr Schiene – Seeschiff** als Eisenbahnfähre in der Ostsee oder als Landbrückenverkehr für den Containertransport von Europa nach der Westküste der USA/Kanada zwischen der Ost- und der Westküste Nordamerikas

3.4.4 Arten des Kombinierten Verkehrs Schiene – Straße

Der Kombinierte Verkehr Schiene – Straße verknüpft die Stärken dieser beiden Verkehrsträger. Der Fernverkehr erfolgt über die Schiene, der Nahverkehr hingegen mittels Lkw. Dadurch wird ein Teil des Güteraufkommens umweltfreundlich per Bahn bewältigt. Durch den Umschlag zwischen den beiden Verkehrsträgern und den dadurch bedingten Wartezeiten entstehen beim KV allerdings zusätzliche Kosten.

DB Cargo Intermodal nutzt für sein KV-Angebot mehr als 40 Terminals in Deutschland. Jede Nacht verbinden mehr als 60 Züge 21 Terminals in Deutschland. Die eingesetzten Güterzüge haben eine Länge bis zu 700 Metern und eine Transportleistung bis zu 1 500 t. Zusammen mit leistungsstarken Anbietern (z. B. Kombiverkehr, TFG Transfracht, Hupac, Metrans, Polzug oder Intercontainer) bietet DB Cargo Intermodal im KV ein europaweites Netz von Ganzzügen und Gatewayverbindungen. Wöchentlich verbinden mehr als 1 500 Züge die wichtigsten Wirtschaftsregionen und Seehäfen Europas miteinander. Dadurch werden jährlich mehr als 2,7 Millionen Ladeeinheiten[1] im KV auf der Schiene transportiert. Bei Gatewayverbindungen wechseln die Ladeeinheiten zwischen zwei Zügen. Dadurch kann eine Ladeeinheit ein Zielterminal erreichen, das vom Startterminal aus nicht über eine Direktverbindung angeboten wird.

BEISPIEL

Für den KV-Transport von zwei Ladeeinheiten von Duisburg nach Verona (Italien) besteht keine Direktverbindung. Daher werden die Sendungen zunächst nach München transportiert und im dortigen Gateway auf den Direktzug nach Verona umgeschlagen.

---

1 Im KV werden drei verschiedene Ladeeinheiten verwendet: Container, Wechselbehälter und Sattelauflieger.

Arten des Kombinierten Verkehrs

Unbegleiteter Kombinierter Verkehr	Begleiteter Kombinierter Verkehr „Rollende Landstraße"
Transport der Ladeeinheit (Container, Wechselbehälter, Sattelauflieger) ohne Motorfahrzeug und ohne Fahrer	**Transport der kompletten Lkws** auf speziellen Eisenbahnwaggons. Der Fahrer begleitet den Lkw in einem Reisezugwagen.
<ul><li>Beförderung der Ladeeinheit</li><li>Der Umschlag der Ladeeinheiten erfolgt mit einem Mobil- oder Portalkran und wird als **Lift-on-Lift-off-Verfahren** bezeichnet.</li><li>Der Umschlag erfolgt in See- und Binnenhäfen, Güterbahnhöfen und Güterverkehrszentren (GVZ).</li><li>Einfacher und schneller Umschlag aufgrund der Normung der Ladeeinheiten möglich.</li></ul>	<ul><li>Beförderung des kompletten Kraftfahrzeugs inklusive Fahrer</li><li>Der Lkw rollt auf einen Niederflurwagen (sehr kleine Räder, niedrige Ladefläche). Diese Art des Umschlags wird als **Roll-on-Roll-off-Verfahren (Ro/Ro-Verfahren)** bezeichnet.</li><li>Die Transportzeit ist für den Fahrer Ruhezeit.</li><li>Nutzung der Rollenden Landstraße hauptsächlich im Alpentransit, bei mangelnden Fahrerkapazitäten oder aus Umweltschutzaspekten.</li></ul>

△ Verladung eines Satteltrailers per Kran

△ Lkw-Verladung durch Auffahren auf einen Niederflurwagen

3.4.5 Stärken und Schwächen des schienengebundenen Kombinierten Verkehrs

- Der Kombiverkehr ermöglicht einen Haus-Haus-Verkehr auch ohne Gleisanschluss.
- Schneller Umschlag des Ladegefäßes von einem Verkehrsträger auf den anderen.
- Geringeres Diebstahl- und Beschädigungsrisiko, da die Ware bis zum Empfänger im Ladegefäß bleibt.
- Der Kombiverkehr führt zu einer Entlastung der Straßen.
- Der schienengebundene Kombinierte Verkehr kann auch mit den Verkehrsmitteln Binnenschiff und Seeschiff kombiniert werden.

- Die Zeitdauer des Bahntransports bei der Rollenden Landstraße ist für den Fahrer Ruhezeit.
- Mauterspanis auf den Autobahnen in Deutschland oder beim Alpentransit.
- Beim begleiteten Kombinierten Verkehr wird der gesamte Lkw (Fahrzeug und Ladeinheit) per Bahnwaggon transportiert. Dies führt zu einem höheren Transportgewicht beim Bahntransport. Weiterhin kann der Lkw wegen des Bahntransports nicht im Zweischichtbetrieb eingesetzt werden.

- Das Eigengewicht der i. d. R. kranbaren Ladeeinheiten (Container und Wechselbrücken) senkt die Nutzlast der im Kombiverkehr eingesetzten Lkws.
- Der Umschlag erfolgt in speziellen Umschlagsterminals, wodurch häufig Umwegverkehre entstehen.
- In den Terminals fallen Wartezeiten für den Umschlag der Ladeeinheiten an.
- Durch die Fahrplangebundenheit im Hauptlauf wird die Ladeeinheit eines verspätet das Umschlagsterminal erreichenden Lkw erst mit dem nächsten Güterzug transportiert.
- Durch die zwei Umschläge in den Bahnterminals und die dadurch hervorgerufenen Wartezeiten der Lkws entstehen im Kombinierten Verkehr zusätzliche Kosten.

4 Der Frachtvertrag

Bei den Frachtverträgen im nationalen Eisenbahngüterverkehr gilt das Frachtrecht des HGB. Da das HGB in weiten Bereichen nachgiebiges Recht darstellt, vereinbart die DB Cargo AG für nationale Frachtverträge ihre Allgemeinen Geschäftsbedingungen, die **Allgemeine Leistungsbedingungen (ALB)** und **Preise und Leistungen der DB Cargo AG**. Viele private Güterbahnen verwenden ebenfalls die ALB des Marktführers für ihre Transportleistungen.

Für den internationalen Eisenbahnverkehr schaffen die Rechtsvorschriften für den **Vertrag über die internationale Eisenbahnbeförderung von Gütern (CIM)** ein einheitliches Recht hinsichtlich Form und Inhalt des Eisenbahnfrachtvertrags.

4.1 Abschluss des Frachtvertrags – Frachtdokumente

Nach einer per Internet durchgeführten Transportanfrage an den Kundenservice von DB Cargo in Duisburg erhält der Kunde ein **Angebot**. Der **Frachtvertrag** entsteht durch die Annahme.

Beim Inlandsverkehr erstellt DB Cargo nach der Annahme durch den Absender automatisch ein **Beförderungspapier**, das den Inlandsfrachtbrief ersetzt.

Für internationale Eisenbahntransporte schreibt CIM zwingend einen **CIM-Frachtbrief** als Warenbegleitpapier vor. Der CIM-Frachtbrief dokumentiert den grenzüberschreitenden Gütertransport per Eisenbahn.

BEISPIEL: MUSTERAUFGABE ZUM CIM-FRACHTBRIEF

Die Hansen GmbH, An der Alster 17-19, 20099 Hamburg, Hersteller von Spezialschrauben, versendet am 19.09.20.. mit einem Schiebewandwagen Hbins-tt 292, Wagennummer 3180 4452 214-8, 31 Euro-Flachpaletten, beladen mit Spezialschrauben und -muttern, aus nicht rostendem Stahl, NHM-Code-Nr. 731814. Die Kennzeichnung der Paletten lautet Hans/AT/1-31.
Die Paletten haben ein Eigengewicht von 24 kg und sind beladen mit jeweils 780 kg Schrauben und Muttern (kg-Wert 28,50 €). Empfänger ist die Firma Schrauben-Hofer, Salzachstraße 39, A-5020 Salzburg. Die USt-Identifikationsnummer des Absenders ist DE 145 721 117, die des Empfängers AT 762 004 321. Der Kundencode des Versenders ist 241 847 9, der des Empfängers 897 433 3. Dem Frachtbrief ist eine Verladeskizze beigegeben.
Der anzuwendende Tarif hat die Nummer 957500, der vorgesehene Grenzbahnhof ist Salzburg Hbf.
Der ausgewählte Achsenwagen weist folgende Maße auf: Innenlänge 12 630 mm, Innenbreite 2 600 mm, Innenhöhe 3 000 mm. Die Zuladung des Güterwagens ist auf 29 t beschränkt.
Der Versand erfolgt ab dem Anschlussgleis Werk 1 der Hansen GmbH in Hamburg Süd (010801). Die Anlieferung soll über das Anschlussgleis der Firma Hofer in Salzburg Liefering (011163) erfolgen.

Die Tarifentfernung beträgt 890 km, das vereinbarte Entgelt 1.934,00 €. Vereinbart wurde die Incoterm® 2010 EXW. Die E-Mail-Adresse des Absender lautet hansen@hansen.de, die des Empfängers Schrauben-Hofer@Salzburg.at.

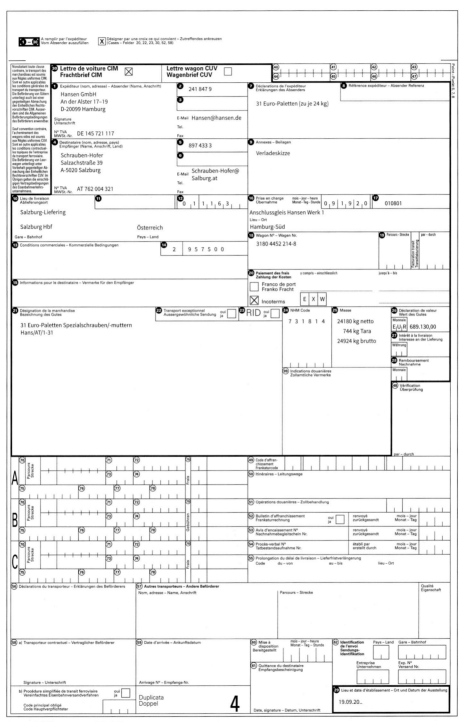

△ Ausgefüllter CIM-Frachtbrief

Mindestangaben im CIM-Frachtbrief sind:
- Absender und Empfänger
- Zielland, Ablieferungsort und Ablieferungsbahnhof
- Bezeichnung des Gutes, Wagennummer, Gefahrgutbenennung gemäß RID (Regelung für die internationale Eisenbahnbeförderung gefährlicher Güter)
- Bruttogewicht der Sendung, Tara der tauschbaren Lademittel

Weitere Angaben wie Grenzübergänge, Zollbehandlung oder Frankatur **sind möglich**.

Der **CIM-Frachtbrief besteht aus fünf** nummerierten **Blättern**:

Blatt	Bezeichnung	Empfänger des Blattes
1	Frachtbrieforiginal	**Warenbegleitpapier** → erhält der Empfänger zusammen mit dem Gut
2	Frachtkarte	**Abrechnungsblatt** der am Transport beteiligten Bahngesellschaften → verbleibt bei der Empfangsbahn
3	Empfangsschein	**Beweispapier** für die Übergabe der Sendung an den Empfänger → verbleibt bei der Empfangsbahn
4	Frachtbriefdoppel	**Beweispapier** für Abschluss des Frachtvertrags und Übergabe der Sendung an die Versandbahn → erhält der Absender nach der Annahme des Gutes
5	Versandschein	**Beweispapier** für den abgeschlossenen Frachtvertrag → verbleibt bei der Versandbahn

4.2 Rechte und Pflichten aus dem Frachtvertrag nach CIM

Aus dem Abschluss des Frachtvertrags ergeben sich für Absender, Empfänger und die beteiligten Eisenbahngesellschaften folgende Rechte und Pflichten.

Versandbahn	- stellt den geeigneten Güterwagen zur Verfügung
Absender	- erstellt den CIM-Frachtbrief - ist als Vertragspartner der Versandbahn grundsätzlich zahlungspflichtig für alle entstandenen Kosten (Fracht, Nebengebühren, Zölle) - verpackt, kennzeichnet und verlädt die Güter - stellt alle notwendigen Zollpapiere zur Verfügung - hat das Recht auf Umverfügung während des Transports gegen Vorlage des Frachtbriefdoppels
Empfänger	- entlädt die Güter
Beteiligte Bahngesellschaften	- sind verpflichtet zur Einhaltung der vereinbarten Lieferfristen

4.3 Einschränkung der CIM-Regelungen durch allgemeine Geschäftsbedingungen

Nachnahme

Für den nationalen Verkehr bietet DB Cargo AG aufgrund ihrer **ALB** keinen Nachnahme-Service als Standardleistung an und lässt daher keine Nachnahmesendungen zu.

Die CMR sehen im Artikel 17 bei der Abwicklung des internationalen Bahnfrachtvertrags Nachnahmesendungen vor. DB Cargo AG schließt diese Leistung durch ihre Allgemeinen Geschäftsbedingungen für den internationalen Bahntransport ausdrücklich aus. In dem **ALB-Abschnitt 3.1 Bestimmungen der DB Cargo AG für den internationalen Eisenbahnverkehr** wird der CMR-Artikel 17 „Nachnahme" nicht zugelassen.

Nachträgliche Weisungen

Im nationalen Bahnverkehr sind nachträgliche Weisungen des Absenders jederzeit möglich. Für die nachträgliche Weisung ist die Vorlage des Frachtbriefdoppels (Blatt 2 des nationalen Beförderungspapiers) nur notwendig, wenn der Frachtbrief mit einer Sperrfunktion versehen ist. Ist dies der Fall, muss die Bahn die nachträgliche Verfügung des Absenders nur befolgen, wenn sich dieser durch die Vorlage seines Frachtbriefteils als weisungsbefugt ausweisen kann. International sind Verfügungen des Absenders nur zulässig, wenn im Frachtbrief vermerkt wurde „Empfänger nicht verfügungsberechtigt". Der verfügende Absender muss seinen nachträglichen Verfügungen das Frachtbriefdoppel immer beilegen.

4.4 Haftung bei nationalen und internationalen Transporten

Die EVU haften bei **nationalen Bahntransporten nach HGB**, bei **internationalen Bahntransporten nach CIM**. Sowohl bei nationalen als auch bei internationalen Bahntransporten gilt das Prinzip der **Gefährdungshaftung**.

Schaden	Nationaler Bahntransport Haftung nach HGB	Internationaler Bahntransport Haftung nach CIM
Güterschaden	maximal 8,33 SZR/kg	maximal 17,00 SZR/kg
Güterfolgeschaden	keine Haftung	keine Haftung
Reiner Vermögensschaden Lieferfristüberschreitung	maximal das Dreifache des Frachtentgelts	maximal das Vierfache des Frachtentgelts
Erhöhung der Haftung für Güterschäden oder Lieferfristüberschreitung **durch Angabe eines besonderen Interesses** im Frachtbrief		Ersatz des nachgewiesenen Schadens bis zur Höhe des im Frachtbrief angegebenen Betrags
Haftungsbefreiung des Eisenbahnverkehrsunternehmens durch Beweis, dass der Schaden aus folgenden Ursachen entstanden ist		• Verschulden des Absenders, wie z. B. mangelhafte Verpackung der Sendung nachträgliche Verfügung des Absenders, die z. B. zu einer Überschreitung der vereinbarten Lieferfrist führt höhere Gewalt durch Krieg, Streik, Beschlagnahme oder Unwetter besondere Mängel des Gutes, wie z. B. Schwund oder Rinnverlust

MERKE

Haftung der Bahn nach § 425 HGB

Das ausführende Eisenbahnverkehrsunternehmen haftet
1. wenn die Haftungsvoraussetzungen erfüllt sind
   - abgeschlossener Frachtvertrag
   - entstandener Schaden (Verlust oder Beschädigung oder Überschreitung einer vereinbarten Lieferfrist)
   - Schadeneintritt zwischen Annahme und Ablieferung (Schadenanzeige nach § 438 HGB)
2. wenn keine Haftungsbefreiung möglich ist (§§ 425–427 HGB)
   - Verhalten von Absender/Empfänger (§ 425 HGB)
   - Mangel des Gutes (§ 425 HGB)
   - unabwendbares Ereignis (§ 426 HGB)
   - besondere Gefahr (§ 427 HGB)
3. wenn die Ansprüche nicht erloschen sind (§ 438 Abs. 3–5 HGB)
   - frist- und formgerechte Anzeige des Schadens
4. wenn die Verjährungsfrist eingehalten ist (§ 439 HGB)
   - Grundsatz: ein Jahr (bei qualifiziertem Verschulden: drei Jahre)

5 Abrechnung von Bahntransporten

5.1 Preislisten/Tarife

DB Cargo AG rechnet innerdeutsche Transporte nach ihrem Haustarif **PKL (Preise und Leistungen der DB Cargo AG)**, grenzüberschreitende Verkehre hingegen nach **internationalen Tarifen** ab. Der Transport im Kombinierten Verkehr und der Transport von Privatgüterwagen erfolgt nach eigenen Preislisten. Für das Überschreiten der jeweils mindestens achtstündigen Lade- und Entladefrist verrechnet DB Cargo AG Standgeld. Alle über den reinen Transport hinausgehenden Zusatzleistungen sind ebenfalls entgeltpflichtig (z. B. Verzollung, Verwiegung der Güterwagen).

5.2 Zahlung und Frachtschuldner

Der Absender ist als Vertragspartner des beauftragten EVU **Frachtschuldner**. Allerdings kann er durch Vorgaben eines Zahlungsvermerks im CIM-Frachtbrief die Zahlungspflicht ganz oder teilweise auf den Empfänger übertragen, z. B. durch den Eintrag einer Incoterm® 2010 wie EXW („ab Werk"), FCA („frei Frachtführer"), CPT („frachtfrei bis …").

5.3 Berechnung des Frachtentgelts

Die **Abrechnung nationaler Transporte** erfolgt anhand von **Preislisten**:
- **Preistafel 1** enthält das Entgelt für den Transport mit zweiachsigen Güterwagen (**Achsenwagen**),
- **Preistafel 2** enthält das Entgelt für den Transport mit Güterwagen mit mehr als zwei Achsen (**Drehgestellwagen**) bis 26,99 m Länge.

Das Frachtentgelt kann auch abweichend individuell vereinbart werden. In der Praxis werden den

Frachtzahlern häufig Nachlässe (Margen) gewährt oder es wird ein Festpreis für den Transport vereinbart

Vorgehensweise zur Ermittlung des Frachtentgelts anhand der Preislisten:
- Die **Frachtberechnung** erfolgt für jeden Wagen einzeln.
- Das **Bruttogewicht** wird jeweils auf ganze Tonnen gerundet (unter 500 kg wird abgerundet, ab 500 kg wird aufgerundet).
- Euro-Paletten werden im Lastlauf frachtfrei befördert, wenn ihr Eigengewicht im Frachtbrief separat angegeben ist.
- Nach der Ermittlung des frachtpflichtigen Gewichts kann das Frachtentgelt unter Beachtung der Entfernung im Tarif abgelesen werden.

Preistafel 1: Wagenpreise in € für Transporte in einem Wagen mit zwei Achsen (Achsenwagen)

Entfernung bis km	Sendungsgewicht in Tonnen					
	bis 13,499	13,500 – 17,499	17,500 – 21,499	21,500 – 25,499	25,500 – 30,499	jede weitere t
....	....	....	....	....	....	....
550	1.527	1.762	1.998	2.230	2.499	92
600	1.608	1.854	2.101	2.347	2.626	97
650	1.683	1.944	2.201	2.455	2.754	102
700	1.758	2.032	2.300	2.570	2.877	104
750	1.819	2.099	2.374	2.653	2.971	108
800	1.858	2.145	2.428	2.713	3.040	114
850	1.902	2.191	2.484	2.775	3.107	115
900	1.942	2.239	2.540	2.835	3.175	116
950	1.984	2.289	2.592	2.896	3.243	120
1.000	2.024	2.338	2.647	2.955	3.314	122
1.100	2.089	2.410	2.729	3.048	3.416	126
1.200	2.170	2.506	2.837	3.172	3.551	130

△ *Auszug aus der Preistafel 1 für Frachten des Wagenladungsverkehrs, Stand 01.01.2016*

PRAXISBEISPIEL 1

Frachtentgeltberechnung für einen Achsenwagen

Ein EVU transportiert mit einem Achsenwagen 23,575 t. Die Tarifentfernung beträgt 732 km. Berechnen Sie das Frachtentgelt.

LÖSUNG

1. Ermittlung des frachtpfl. Gewichts
kaufmännische Rundung des Bruttogewichtes auf ganze Tonnen
- unter 500 kg wird abgerundet
- ab 500 kg wird aufgerundet

23,757 t werden aufgerundet auf 24 t

2. Ermittlung des Entgelts mithilfe der Preistafel 1
24 t → Spalte 21,500 t bis 25,499 t
732 km → aufrunden auf 750 km
Ablesen des Nettoentgelts Im Schnittpunkt:
2.653,00 €

Preistafel 2:	Wagenpreise in € für Transporte in einem Wagen mit mehr als zwei Achsen (Drehgestellwagen)								
Entfernung bis km	Sendungsgewicht in Tonnen								
	bis 34,499	34,500 – 39,499	39,500 – 44,499	44,500 – 49,499	49,500 – 54,499	54,500 – 59,499	59,500 – 64,499	64,500 – 69,499	69,500 – 74,499	jede weitere Tonne
....	....	....	....	....	....	....	....	....	....	....
550	3.087	3.419	3.857	4.291	4.725	5.160	5.594	6.030	6.375	89
600	3.249	3.599	4.055	4.514	4.968	5.429	5.887	6.342	6.709	92
650	3.404	3.770	4.250	4.728	5.205	5.689	6.167	6.645	7.029	97
700	3.555	3.934	4.440	4.938	5.436	5.938	6.441	6.941	7.342	101
750	3.673	4.066	4.583	5.104	5.620	6.136	6.651	7.171	7.584	103
800	3.756	4.162	4.687	5.220	5.751	6.277	6.807	7.339	7.761	104
850	3.845	4.258	4.797	5.338	5.881	6.421	6.961	7.500	7.936	108
900	3.926	4.350	4.902	5.455	6.008	6.560	7.114	7.667	8.111	113
950	4.011	4.444	5.005	5.574	6.138	6.702	7.270	7.833	8.283	114
1.000	4.097	4.536	5.112	5.685	6.269	6.844	7.416	7.996	8.461	116
1.100	4.224	4.679	5.268	5.865	6.461	7.057	7.650	8.244	8.719	120
1.200	4.393	4.862	5.482	6.099	6.720	7.339	7.959	8.573	9.066	125

△ Auszug aus der Preistafel 2 für Frachten des Wagenladungsverkehrs, Stand 01.01.2016

PRAXISBEISPIEL 2

Frachtentgeltberechnung für mehrere Güterwagen

Versand von mehreren Güterwagen vom Hafen Hamburg nach Süddeutschland:
- **Wagen 1:** 23,120 t in einem Achsenwagen, (2 Achsen), Entfernung 787 km,
- **Wagen 2:** 32,879 t in einem Achsenwagen, (2 Achsen), Entfernung 608 km
- **Wagen 3:** 48,785 t in einem Drehgestellwagen, (4 Achsen), Entfernung 1 192 km
- **Wagen 4:** 80,390 t in einem Drehgestellwagen, (4 Achsen), Entfernung 986 km

Berechnen Sie das Frachtentgelt für die einzelnen Wagen.

 LÖSUNG

Wagen 1: Achsenwagen
- Ermittlung des frachtpflichtigen Gewichts: 23,120 t → abrunden auf 23 t
- Entfernung: 787 km → aufrunden auf 800 km
- Frachtentgelt für 21,500 t bis 25,499 t bei 800 km Entfernung: 2.713,00 €

Wagen 2: Achsenwagen
- Ermittlung des frachtpflichtigen Gewichts: 32,879 t → aufrunden auf 33 t
- Entfernung: 608 km → aufrunden auf 650 km
- Frachtentgelt für 25,500 t bis 30,499 t bei 650 km Entfernung: 2.754,00 €
- \+ Frachtentgelt für 3 zusätzliche Tonnen: 3 · 102,00 € 306,00 €
- Frachtentgelt für Wagen 2: 3.060,00 €

Wagen 3: Drehgestellwagen
- Frachtpflichtiges Gewicht: 48,785 t → aufrunden auf 49 t
- Entfernung: 1 192 km → aufrunden auf 1 200 km
- Frachtentgelt für 44,500 t bis 49,499 t bei 1 200 km Entfernung: 6.099,00 €

Wagen 4: Drehgestellwagen
- Frachtpflichtiges Gewicht: 80,390 t → abrunden auf 80 t
- Entfernung: 986 km → aufrunden auf 1 000 km
- Frachtentgelt für 69,5 bis 74,499 t bei 1 000 km: 8.461,00 €
- \+ Frachtentgelt für zusätzliche 6 Tonnen: 6 · 116,00 € 696,00 €
- Frachtentgelt für Wagen 4: 9.157,00 €

6 Güterwagen

Für den Transport bieten die Eisenbahngesellschaften eine große Auswahl an verschiedenen Güterwagen. Je nach Bedarf kann der Absender offene oder geschlossene Güterwagen, Kessel- oder Silowagen für flüssiges, staubförmige oder feinkörniges Gut, Schüttgutwagen oder Containertragwagen nutzen.

DB Schenker Rail bietet dem Absender die Möglichkeit, sich im Internet über die verschiedenen Gattungen und Bauarten der Güterwagen zu informieren. Zu den einzelnen Güterwagen gibt es Angaben wie Ladebreite, Ladelänge, Ladehöhe, Ladefläche in m², Laderaum in m³, Maße der Türen sowie Nutzlast.

Wichtige Güterwagen für den Spediteur

Offene Güterwagen

Offene Güterwagen (Gattung E) sind für die Beförderung unterschiedlichster Güter in loser Schüttung (Kohle, Briketts, Schrott, Erze, Steine und Erden) sowie in Stücken (Ballen, Fässer, Rundhölzer und Stabeisen).

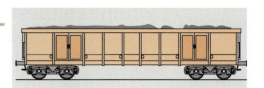

Z. B.: Ladelänge: 12 792 mm
Ladebreite: 2 760 mm
Ladehöhe: 2 060 mm
Breite je Tür: 1 800 mm

Offene Schüttgutwagen

Offene Schüttgutwagen (Gattung F) mit Schwerkraftentladung sind für den Transport nässeunempfindlicher Güter, wie z. B. Kohle oder Schotter.

Z. B.: Länge der Beladeöffnung: 11 000 mm
Breite der Beladeöffnung: 1 200 mm
Laderaum: je nach Bauart 67 m^3 – 90 m^3

Gedeckte Schüttgutwagen

Wagen mit öffnungsfähigem Dach (Gattung T) sind geeignet für den Transport von witterungsempfindlichen Schüttgütern, wie z. B. Getreide, Kunstdünger, Kalk oder Zement. Der Entladevorgang erfolgt über die Schwerkraft des Ladeguts.

Z. B.: Länge der Beladeöffnung: 7 390 mm
Breite der Beladeöffnung: 1 200 mm
Laderaum: je nach Bauart 32 m^3 – 38 m^3

Gedeckte großräumige Schiebewandwagen

Gedeckte großräumige Schiebewandwagen (Gattung H) mit großem Ladevolumen sind für den Transport witterungsempfindlicher Güter geeignet. In geöffnetem Zustand ist der Zugang zur gesamten Ladefläche von beiden Seiten möglich. Die verschieb- und verriegelbaren Trennwände sorgen für eine optimale Ladungssicherung.

Z. B.: Ladelänge: 12 776 mm
Ladebreite: 2 590 mm
Ladehöhe: 3 050 mm
Breite je Schiebewandöffnung: 6 313 mm
Maximaler Laderaum: 100,5 m^3

Wagen mit öffnungsfähigem Dach

Wagen mit öffnungsfähigem Dach und Schiebewänden (Gattung T) sind geeignet für den Transport nässeempfindlicher Güter, wie z. B. Papierrollen und -ballen, Holzplatten, Bleche. Die Be- und Entladung kann seitlich oder per Kran erfolgen.

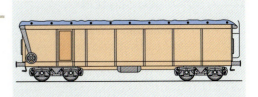

Z. B.:	Ladelänge:	12 774 mm
	Ladebreite:	2 670 mm
	Ladehöhe:	2 290 mm
	Breite je Schiebewandöffnung:	6 313 mm
	Länge der Dachöffnung:	6 070 mm
	Maximaler Laderaum:	86 m^3

Tragwagen für Großcontainer und Wechselbehälter im Kombinierten Verkehr

Tragwagen für den Transport von Großcontainern und Wechselbehältern.

Z. B.: Ladelänge: 12 400 mm
　　　　Maximale Zuladung: 30 t
　　　　Ladekapazität in TEU: 2

Autotransportwagen

Die Spezialwagen können je nach Bauart auf zwei Ladeebenen mit insgesamt 9 bis 14 Mittelklasse-Pkw beladen werden.

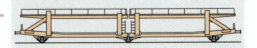

Z. B.:	Ladelänge oben:	25 730 mm
	Ladebreite oben:	2 850 mm
	Ladelänge unten:	25 430 mm
	Ladebreite unten:	2 990 mm

7 Ausblick

Trotz Zunahme des Güterverkehrsaufkommens in den letzten Jahren partizipiert die Eisenbahn nicht oder nur geringfügig an diesem Wachstum. Die Güterbahn der Zukunft muss sich gegen neue Transportketten behaupten, wobei die starke Konkurrenz des vielfach flexibleren Verkehrsträgers Straße beinahe erdrückend wirkt. Aber es wird auch in Zukunft gute Gründe für den Güterverkehr auf der Schiene geben.

Der Schienentransport kann die Straße deutlich entlasten und damit Standzeiten im Stau, aber auch Fahrbahnbeschädigungen durch Dauerbelastungen reduzieren. Bereits heute entlastet die Bahn die Straße pro Arbeitstag um 100 000 Lkws. Aneinandergereiht entspricht das einer Schlange von Hamburg bis Rom. Der längste Güterzug ist 1 000 m lang. Der schwerste Güterzug bringt beim Eisenerztransport von den Nordseehäfen zu den Stahlwerken in Deutschland 4 000 t auf die Waage.

In diesen Bereichen ist der Schienenverkehr dem mächtigen Konkurrenten überlegen. Der Schienenverkehr wird bestrebt sein, noch mehr Lkws auf der Straße zu ersetzen, die Länge der Güterzüge auszudehnen und höhere Gewichte zu transportieren.

Mit langen Güterzügen können Kosten gesenkt und die Eisenbahnnetze besser ausgelastet werden. Doch in Deutschland ist die Zuglänge im Regelbetrieb bisher auf 740 m begrenzt. Zwischen Maschen bei Hamburg und dem dänischen Padborg verkehren schon sechsmal in der Woche Güterzüge mit 835 m Länge. Die Bahn hat für die Zukunft 1 500 m lange Güterzüge im Blick. Bei deutlich über 1 000 m langen Güterzügen ist die Leistung der Lokomotive das geringste Problem. Vielmehr sind der Umgang mit der Bremstechnik, den im Zug wirkenden Längskräften und der bisher auf max. 750 m ausgerichteten Infrastruktur problematisch.

I Grundlagen des Außenhandels

KAPITELEINSTIEG

Wie ein Navigationsfehler neue Märkte schaffte

Als Kolumbus im Jahr 1492 den Seeweg nach Indien suchte und dabei zufällig Amerika entdeckte, geschah das aufgrund eines Navigationsfehlers. Kolumbus hatte sich um ca. 10 000 km verrechnet. Auch wenn Kolumbus als Eroberer kam, war die Entdeckung eines neuen Kontinents ein Meilenstein im Welthandel. Sie brachte neue Märkte mit Rohstoffen und Agrarprodukten.

Heute ist der Außenhandel ein wichtiger Bestandteil jeder Volkswirtschaft. Im Jahr 2015 wurden von Deutschland Waren im Wert von ca. 1.200 Mrd. € exportiert und Waren im Wert von ca. 950 Mrd. € importiert. Rund 70 % seines Außenhandels wickelt Deutschland mit europäischen Staaten ab. Der Handel mit Asien ist mittlerweile bedeutender als der Warenverkehr mit Amerika. Fehlende Rohstoffaufkommen sowie unterschiedliche klimatische Bedingungen sind neben bestehenden Kostenvorteilen die Hauptursachen für den Gütertausch mit dem Ausland. Beim Außenhandel zwischen Entwicklungsländern und Industrieländern werden vorrangig Rohstoffe gegen Industriegüter getauscht. Zwischen Industrieländern werden dagegen auch Waren der gleichen Produktgruppe gehandelt. So ist Deutschland beispielsweise nicht nur größter Exporteur, sondern auch zweitgrößter Importeur von Automobilen.

◁ Kakao – einer von vielen Importartikeln

Die wichtigsten deutschen Handelswaren 2015
in Mrd. EUR, Export

- Kraftwagen und Kraftwagenteile (226)
- Maschinen (169)
- Chemische Erzeugnisse (108)
- DV-Geräte, elektrische und optische Erzeugnisse (97)
- Elektrische Ausrüstungen (72)
- Pharmazeutische und ähnliche Erzeugnisse (70)
- Sonstige Fahrzeuge (58)
- Metalle (50)
- Nahrungs- und Futtermittel (49)
- Gummi- und Kunststoffwaren (42)

Vorläufiges Ergebnis.
© Statistisches Bundesamt, Wiesbaden 2016

Die größten Handelspartner Deutschlands 2015
in Mrd. EUR

Export			Import
Vereinigte Staaten	114	92	China
Frankreich	103	88	Niederlande
Vereinigtes Königreich	89	67	Frankreich
Niederlande	79	59	Vereinigte Staaten
China	71	49	Italien
Italien	58	44	Polen
Österreich	58	43	Schweiz
Polen	52	39	Tschechische Republik
Schweiz	49	38	Vereinigtes Königreich
Belgien	41	37	Österreich

Vorläufiges Ergebnis.
© Statistisches Bundesamt, Wiesbaden 2016

1 Außenhandelsrisiken

Jedes Handelsgeschäft ist mit Risiken verbunden. Gegenüber dem Inlandsgeschäft kommen beim Außenhandel neue Risiken hinzu. Diese Risiken müssen rechtzeitig erkannt werden und durch geeignete Maßnahmen möglichst ausgeschlossen oder wenigstens minimiert werden.

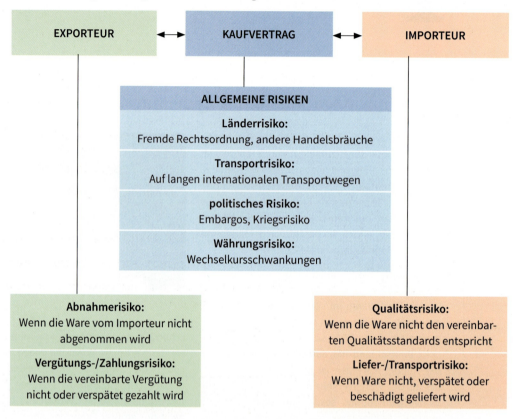

2 Rechtsgrundlagen

2.1 Nationales und internationales Kaufrecht

Beim Abschluss eines Kaufvertrags im internationalen Handel treffen verschiedene Rechtsordnungen aufeinander. Die Vertragsparteien können vereinbaren, welche Rechtsordnung zur Abwicklung des Kaufvertrags gelten soll. Wird eine derartige Rechtsvereinbarung nicht getroffen, muss im Einzelfall geprüft werden, welches nationale Recht jeweils anzuwenden ist. Liegen Kaufverträge zwischen Unternehmen verschiedener EU-Mitgliedstaaten vor, wird zu diesem Zweck die sogenannte Rom-I-Verordnung über vertragliche Schuldverhältnisse herangezogen. Bei Kaufverträgen zwischen Unternehmen in der EU und Unternehmen außerhalb der EU wird diese Entscheidung über das UN-Kaufrecht getroffen.

BEISPIEL

Ein deutscher Automobilhersteller liefert Fahrzeuge an einen Unternehmer in den USA. Die Fahrzeuge haben nicht die zugesicherte Beschaffenheit. Deshalb stehen dem Käufer Gewährleistungsansprüche zu. Die Vertragspartner haben keine Vereinbarung getroffen, ob in diesem Fall deutsches oder amerikanisches Recht anzuwenden ist. Nach dem UN-Kaufrecht muss diese Entscheidung nun ein amerikanisches Gericht treffen. Dies erfordert Zeit und ist auch kostenintensiv. Erfolgt die Regulierung der Ansprüche nach amerikanischem Recht, muss der Schadenersatz durch das deutsche Unternehmen auch nach dem amerikanischen Recht erfolgen.

2.2 Incoterms® 2010[1]

Incoterms® sind internationale Handelsklauseln der International Chamber of Commerce (ICC). Sie dienen der standardisierten Abwicklung von Handelsgeschäften und der Vereinfachung der Vertragsabwicklung. Die Incoterms® sind kein Ersatz für einen Kaufvertrag, sondern ergänzende Elemente. Incoterms® haben die Aufgabe, die Kostenverteilung, die Risikoverteilung und die Sorgfaltspflichten zwischen den Vertragspartnern festzulegen. Die Bedeutung der Incoterms® liegt dabei in der durch ihre Verwendung gewonnenen Klarheit der gegenseitigen Verpflichtungen. Wesentliche Regelungsinhalte sind:

Elemente der Incoterms®	Regelungsinhalt
Gefahrübergang	Bis zu welchem Ort hat der Verkäufer das Transportrisiko zu tragen?
Kostenübergang	Bis zu welchem Ort hat der Verkäufer die Kosten zu tragen?
Übergang der Sorgfaltspflicht	Wer muss welche Dokumente und Unterlagen wann und in welchem Umfang beschaffen? (Dispositionspflicht)
Transportversicherungspflicht	Besteht Versicherungspflicht, wenn ja, wer muss eine Transportversicherung in welchem Umfang eindecken?

Die aktuelle Fassung sind die Incoterms® 2010, bestehend aus elf Klauseln. Zu ihrer Wirksamkeit müssen die Incoterms® 2010 im Kaufvertrag zwischen dem Verkäufer und Käufer ausdrücklich vereinbart werden. Obwohl sie keinen Gesetzescharakter haben, erfahren sie auch vor internationalen Gerichten eine große Akzeptanz als Regelwerk für bestimmte Elemente internationaler Kaufverträge.

Nicht durch die Incoterms® 2010 geregelt werden kaufvertragliche Bestimmungen, die zwischen dem Käufer und Verkäufer im Kaufvertrag zu vereinbaren sind, wie z. B. Art und Zeitpunkt des Eigentumserwerbs, Zahlungsmodalitäten, Sanktionen bei Vertragsverstößen oder Gewährleistungsansprüche.

Incoterms® sind auch bei nationalen Handelsgeschäften anwendbar.

MERKE

- Incoterms® ergänzen den Kaufvertrag.
- Incoterms® ersetzen nicht den Kaufvertrag.
- Incoterms® regeln insbesondere die Kostenaufteilung und den Gefahrenübergang.
- Incoterms® regeln nicht die Zahlungsabwicklung und den Eigentumsübergang.

---

[1] Incoterms® ist ein eingetragens Markenzeichen der internationalen Handelskammer, ICC – International Chamber of Commerce; www.iccgermany.de.

2.2.1 Gliederungsstruktur der Pflichten nach Incoterms® 2010

Der Aufbau der Incoterms® 2010 ist für alle elf Klauseln einheitlich und verbindlich. In einer tabellarischen Gegenüberstellung wird zwischen den Pflichten von Verkäufer (A) auf der einen und den spiegelbildlichen Pflichten des Käufers (B) auf der anderen Seite unterschieden. Es sind jeweils zehn Pflichten des Verkäufers (A1 bis A10) und des Käufer (B1 bis B10) vorgegeben.

	A Pflichten des Verkäufers		B Pflichten des Käufers
A1	**Allgemeine Pflichten des Verkäufers** Modalitäten zur Erfüllung des Kaufvertrags	B1	**Allgemeine Pflichten des Käufers** Regelung zur Kaufpreiszahlung
A2	**Genehmigungen, Zulassungen, Unbedenklichkeitsbescheinigung und andere Formalitäten** Umfang der auf eigene Gefahr und Kosten zu erbringenden Unterlagen	B2	**Genehmigungen, Zulassungen, Unbedenklichkeitsbescheinigung und andere Formalitäten** Umfang der auf eigene Gefahr und Kosten zu erbringenden Unterlagen
A3	**Beförderungsvertrag und Versicherungsvertrag** Regelung dazu, in welchem Umfang und auf wessen Kosten ein Beförderungs- und/oder Versicherungsvertrag durch den Verkäufer abzuschließen ist	B3	**Beförderungsvertrag und Versicherungsvertrag** Regelung ob, in welchem Umfang und auf wessen Kosten ein Beförderungs- und/oder Versicherungsvertrag zugunsten des Käufers abzuschließen ist
A4	**Lieferung** Regelung zum Ort und Zeitpunkt der Erfüllung der Lieferverpflichtung	B4	**Empfangnahme** Regelung zum Übergabeanerkenntnis und Abnahme
A5	**Gefahrenübergang** Ort und Zeitpunkt, bis zu dem der Verkäufer die Gefahr des Verlusts und der Beschädigung der Ware zu tragen hat	B5	**Gefahrenübergang** Ort und Zeitpunkt, wann die Gefahr des Verlusts und der Beschädigung der Ware auf den Käufer übergehen
A6	**Kostenverteilung** Tragen aller vereinbarten Kosten bis zum Kostenübergang auf den Käufer	B6	**Kostenverteilung** Tragen aller Kosten ab dem Kostenübergang vom Verkäufer auf den Käufer
A7	**Benachrichtigung des Käufers** Art und Umfang der Benachrichtigung des Käufers über die erfolgte Lieferung	B7	**Benachrichtigung des Verkäufers** Benachrichtigung des Verkäufers über vom Käufer zu bestimmende Orte und Zeitpunkte
A8	**Lieferdokument** Art und Umfang der auf eigene Kosten für den Käufer zu beschaffenden Transportdokumente	B8	**Lieferdokument** Annahmepflicht des Käufers der durch den Verkäufer in Übereinstimmung mit dem Kaufvertrag beschafften Transportdokumente
A9	**Kontrolle – Verpackung – Marken** Umfang der Kosten für die Prüfung der Ware und die Transportverpackung durch den Verkäufer	B9	**Kontrolle – Verpackung – Marken** soweit nicht anders bestimmt, Art und Umfang der Kosten für Warenkontrollen
A10	**Unterstützung mit Informationen und damit verbundene Kosten** Art und Umfang der Unterstützung des Käufers auf dessen Gefahr und Kosten bei der Beschaffung von Dokumenten (außer A8)	B10	**Unterstützung mit Informationen und damit verbundene Kosten** Umfang der Kosten und Gebühren für die vom Verkäufer auf Verlangen des Käufers nach A10 beschafften Dokumente

> **MERKE**
>
> Die Incoterms® 2010 regeln bestimmte Pflichten von Käufer und Verkäufer klar und eindeutig. Missverständnisse und Rechtstreitigkeiten werden vermieden. Die von den Incoterms® 2010 erfassten Vertragsinhalte müssen nicht einzeln ausgehandelt werden, dies spart Zeit und Kosten.

2.2.2 Gruppierung der Incoterms® 2010

Die Incoterms® 2010 werden nach unterschiedlichen Kriterien gegliedert und gruppiert. Die Einteilung erfolgt in vier Gruppen: E-, F-, C- und D-Klauseln. Von E über F und C zu D nehmen die Pflichten des Verkäufers ab und die des Käufers zu. Zur besseren Ordientierung siehe Übersicht Incoterms auf **Seite 484**.

Gruppen			Merkmale	EPK/ZPK
E	**Abholklausel** Der Verkäufer stellt dem Käufer die Ware an einem benannten Ort zur Verfügung.	EXW	Ab Werk … benannter vereinbarter Lieferort Ex Works insert named Place of Delivery	EPK
F	**Absendeklauseln** Der Gefahrübergang erfolgt mit der Übergabe der Ware an einen vom Käufer bestimmten Frachtführer des Hauptlaufs. Der Haupttransport wird vom Käufer bezahlt.	FCA	Frei Frachtführer … benannter vereinbarter Lieferort Free Carrier … insert named Place of Delivery	EPK
		FAS	Frei Längsseite Schiff … benannter vereinbarter Verschiffungshafen Free alongside Ship … insert named Port of Shipment	
		FOB	Frei an Bord … benannter vereinbarter Verschiffungshafen Free on Board Ship … insert named Port of Shipment	
C	**Absendeklauseln** Der Gefahrübergang erfolgt mit der Übergabe der Ware an einen vom Käufer bestimmten Frachtführer des Hauptlaufs. Der Haupttransport wird vom Verkäufer bezahlt.	CFR	Kosten und Fracht … benannter vereinbarter Bestimmungshafen Cost and Freight insert … named Place of Destination	ZPK
		CIF	Kosten, Versicherung und Fracht … benannter vereinbarter Bestimmungshafen Cost, Insurance, Freight insert named Place of Destination	
		CPT	Frachtfrei… benannter vereinbarter Bestimmungsort Carriage paid to … insert named Place of Destination	
		CIP	Frachtfrei versichert … benannter vereinbarter Bestimmungsort Carriage, Insurance paid to … insert named Place of Destination	
D	**Ankunftsklauseln** Der Verkäufer trägt alle Gefahren und Kosten, bis die Ware am Bestimmungshafen/-ort ist	DAP	Geliefert … benannter vereinbarter Bestimmungsort Delivered at Place … insert named Place of Destination	EPK
		DAT	Geliefert Terminal … benannter vereinbarter Bestimmungshafen/-ort Delivered at Terminal … insert named Place of Destination	
		DDP	Geliefert verzollt … benannter vereinbarter Bestimmungsort Delivered, Duties paid, … insert named Place of Destination	

Unterscheidung nach dem gleichzeitigen/getrennten Gefahr- und Kostenübergang:

EPK	Einpunktklausel	Der Gefahr- und Kostenübergang vom Verkäufer zum Käufer finden am selben Ort statt. E-, F- und D-Klauseln sind Einpunktklauseln.
ZPK	Zweipunktklausel	Der Gefahr- und Kostenübergang vom Verkäufer zum Käufer finden an unterschiedlichen Orten statt. C-Klauseln sind Zweipunktklauseln.

BEISPIEL

a) Vereinbart wird im Kaufvertrag die Incoterm® 2010 FOB Bremen.
Der Verkäufer trägt dann alle Kosten und Risiken, bis sich die Ware auf dem Schiff im Verschiffungshafen Bremen befindet.
Vom Verkäufer zu tragende Kosten bei Incoterm® 2010 FOB Bremen:
Fracht bis zum Verschiffungshafen einschließlich Rollgeld, Provision für FOB Spediteur, Kaigebühren, Zollabfertigungsgebühren, Rollgeld zur Verladeeinrichtungen, Verladekosten auf das Schiff.
Für den Fall, dass die Ware während des Transports zum Seehafen oder beim Umschlag auf das Seeschiff zu Schaden kommt, haftet der Verkäufer.
b) Die Beteiligten vereinbaren alternativ CIF Chicago/Verschiffungshafen Bremen. Am Gefahrübergang ändert sich dabei nichts. Der Verkäufer trägt jetzt allerdings zusätzlich zu den aufgeführten Kosten noch die Kosten für Konnossemente, Verschiffungsprovision, Seefracht und die Transportversicherungsprämie.

Die Incoterms® 2010 werden des Weiteren danach unterschieden, für welchen Verkehrsträger bzw. welche Transportart sie anwendbar sind.
Für alle Verkehrsträger anwendbar (multimodal) sind EXW, FCA, CPT, CIP, DAP, DAT.
Ausschließlich für die Schifffahrt (See- und Binnenschifftransport) anwendbar sind FAS, FOB, CFR, CIF.

2.2.3 Pflichtenaufteilung bei Incoterm® 2010 FOB

BEISPIEL

Ein Spediteur wird beauftragt, für den Exporteur den Transport einer Ware von Leipzig nach Chicago mit dem Seeschiff von Hamburg zu organisieren. Zwischen Exporteur und Importeur wird Incoterm® 2010 FOB Hamburg als Lieferklausel vereinbart. Es ergeben sich folgende Pflichten (siehe Seite 484) bei FOB Hamburg:

Pflichten		FOB Hamburg
Wer hat die Güter seemäßig zu verpacken?	A9	Verkäufer
Wer hat den Beförderungsvertrag mit der Reederei abzuschließen?	B3a	Käufer
Wer hat die Frachtkosten für den Seetransport zu übernehmen?	B6	Käufer
Wer schließt die Transportversicherung mit welchem Leistungsumfang ab?	A3b	keine Verpflichtung zum Abschluss einer Versicherung
Wer trägt die Kosten der Transportversicherung?	–	entfällt, nicht vorgesehen bei FOB

Fortsetzung nächste Seite

Pflichten		FOB Hamburg
Wer muss das Konnossement beschaffen und die Kosten für das Papier tragen?	B	Käufer
Welche Nachrichten sind eventuell zu erteilen?	A7	Verkäufer muss Käufer benachrichtigen, dass Ware an Bord des benannten Schiffes (B7) geliefert wurde (A4).
Bis zu welchem Punkt trägt der Verkäufer das Transportrisiko?	A5	bis zum Verladen der Ware an Bord des Schiffes im Verschiffungshafen Hamburg (A4)
Wann hat der Verkäufer seine Lieferverpflichtung erfüllt?	A4	Ware befindet sich innerhalb vereinbarter Frist an Bord des Schiffes im Verschiffungshafen Hamburg
Wer muss die Ausfuhrverzollung besorgen?	A2	Verkäufer
Wer muss die Kosten der Ausfuhrverzollung tragen?	A6	Verkäufer
Wer hat die Kosten der Entladung im Bestimmungshafen zu tragen?	B6c	Käufer

Erläuterung:

Beauftragt der Verkäufer den Spediteur mit der Besorgung des Auftrags, dann sind vom Spediteur folgende Aufgaben zu erledigen:
- Organisation des Vorlaufs
- Auswahl und Beauftragung Seehafenspediteur
- Organisation des Umschlags im Seehafen und Verladen an Bord des Seeschiffs nach Auswahl des Käufers
- besorgen der Ausfuhrverzollung auf Kosten des Verkäufers
- Information des Verkäufers/Käufers, dass die Ware an Bord des Seeschiffs verladen wurde.

2.2.4 Zusammenhang zwischen den Incoterms® 2010 und dem Rechnungspreis

Mit der Vereinbarung einer bestimmten Incoterms® 2010 im Kaufvertrag treffen die Beteiligten auch eine wichtige Entscheidung darüber, welche Kosten im Rechnungspreis bereits enthalten sind. Vereinbaren die Vertragspartner einen Rechnungspreis von 100.000,00 € und die Incoterm® 2010 EXW, dann enthält der Rechnungspreis neben dem Preis für die Ware nur die Kosten für die Versandverpackung und die Ausfuhrdokumente. Wird hingegen die Incoterm® 2010 CIF vereinbart, dann enthält der Rechnungspreis von 100.000,00 € den Warenpreis einschließlich aller Kosten bis zum Bestimmungshafen.

PRAXISBEISPIEL

Rechnungsbeträge bei unterschiedlichen Incoterms®

Ein Automobilhersteller exportiert Ersatzteile von Leipzig nach Rochester (USA). Die Ware wird im Lager des Automobilherstellers in Leipzig ausgeliefert bzw. bereitgestellt. Der Vorlauf erfolgt mit der Bahn, der Hauptlauf mit dem Seeschiff von Hamburg (Seehafen) nach Norfolk (USA). Der Automobilhersteller

GRUNDLAGEN DES AUSSENHANDELS

möchte vom Spediteur wissen, welche Rechnungsbeträge sich bei den unterschiedlichen Incoterms® 2010 EXW Leipzig, FCA Leipzig, FAS Hamburg, FOB Hamburg, CFR Norfolk, CIF Norfolk, DAT Norfolk und DDP Rochester ergeben, wenn der reine Warenwert 130.000,00 EUR ausmacht.

Dem Spediteur stehen folgende Daten zur Verfügung:

a)	Verpackungskosten	2.500,00 EUR	
b)	Ausfuhrdokumente	150,00 EUR	
c)	Umschlagskosten Bahnverladung Leipzig	110,00 EUR	
d)	Zollabfertigungsgebühr Ausfuhr	100,00 EUR	
e)	Vorlaufkosten per Bahn	1.300,00 EUR	
f)	Terminal Handling Charge (THC) Hamburg	230,00 EUR	
g)	Seefracht	1.850,00 USD	1.723,65 EUR
h)	Transportversicherung See	453,00 USD	422,06 EUR
i)	THC Norfolk	210,00 USD	195,66 EUR
k)	Nachlauf	920,00 USD	857,16 EUR
l)	Einfuhrzoll USA	3.700,00 USD	3.447,29 EUR

1,00 USD = 0,9317 EUR

✓ LÖSUNG

Position			Rechnungsbetrag
a) Kosten für Versandverpackung	EXW Leipzig		132.500,00 EUR
b) Kosten für Ausfuhrdok. c) Umschlagskosten Bahnverladung	FCA Leipzig		132.760,00 EUR
d) Bahnfracht bis zum Verschiffungshafen, Kaigebühren e) Zollabfertigungsgeb., Rollgeld zur Verladeeinrichtung	FAS Hamburg		134.160,00 EUR
f) Verladekosten auf das Schiff	FOB Hamburg		134.390,00 EUR
g) Kosten für Konnossemente, Seefracht	CFR Norfolk		136.113,65 EUR
h) Seeversicherungskosten	CIF Norfolk		136.535,71 EUR
i) Umschlagskosten im Bestimmungshafen	DAT Norfolk		136.731,37 EUR
k) Fracht bis zum Bestimmungsort l) Einfuhrzoll		DDP Rochester	141.035,82 EUR

2.2.5 Übersicht zu den Incoterms® 2010

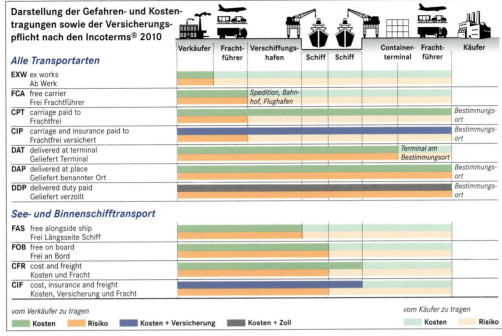

△ Incoterms © 2010

3 Zahlungssicherung im Außenhandelsgeschäft

Für den Exporteur ist ein Geschäft erst dann erfolgreich abgeschlossen, wenn er auch fristgemäß sein Entgelt erhält. Die Zahlungsmodalitäten werden im Kaufvertrag vereinbart. Zur Anwendung kommen die aus dem Inlandsgeschäft bekannten Formen, wie z. B. Anzahlung, Vorauszahlung oder Zahlung auf Rechnung. Bei diesen Zahlungsformen handelt es sich um nicht-dokumentäre Zahlung, da keine weiteren Dokumente als Voraussetzung für die Zahlung vorzulegen sind. Im internationalen Handelsgeschäft ist das Risiko eines Zahlungsausfalls wesentlich höher als im Inland. Gründe sind neben den allgemeinen Außenhandelsrisiken auch die größere Distanz zwischen Verkäufer und Käufer und der Zeitumfang von Außenhandelsgeschäften. Zur Reduzierung des Zahlungsrisikos werden Banken in die Zahlungsabwicklung einbezogen. Die Zahlung der Bank erfolgt gegen die Vorlage bestimmter Dokumente (z. B. Konnossement, Ladeschein, CMR Frachtbrief). Man spricht deshalb von dokumentärer Zahlungsabwicklung. Typische dokumentäre Zahlungsabwicklungen sind das Dokumenteninkasso und das Dokumentenakkreditiv.

3.1 Dokumenteninkasso D/P

Beim Dokumenteninkasso werden dem Zahlungspflichtigen die Dokumente gegen Zahlung ausgehändigt, wobei Banken bei dieser Abwicklung mitwirken. Der Exporteur beauftragt seine Hausbank nach Versenden der Ware und Einreichen der Dokumente mit dem Einzug des Geldbetrags beim Importeur (Documents against Payment; D/P).

Dazu vereinbaren Exporteur und Importeur im Kaufvertrag, welche Dokumente zu erstellen sind. Neben den Beförderungspapieren (z. B. CMR Frachtbrief, Konnossement oder Air Waybill) gehören dazu auch die Handelsrechnung, Genehmigungen zur Einfuhr oder ein Ursprungszeugnis. Diese Dokumente muss der Exporteur fristgemäß seiner Bank als Nachweis, dass die Ware versendet wurde, vorlegen. Die Exportbank prüft die Dokumente nur auf Vollständigkeit, nicht auf Richtigkeit. Durch Weitergabe der Dokumente von der Exportbank zur Importbank hat der Exporteur die Sicherheit, dass die Dokumente nur gegen Zahlung des Rechnungspreises an den Importeur ausgehändigt werden. Auch können weder Exporteur noch Importeur zwischenzeitlich über die Ware verfügen, da die Herausgabe an die Präsentation der Dokumente gebunden ist. Mit dem Dokumenteninkasso schaltet der Exporteur das Risiko aus, dass der Importeur die Ware nicht bezahlt, obwohl er sie erhalten hat. Die Gefahr, dass der Importeur die Annahme der Dokumente verweigert und nicht bezahlt, bleibt jedoch bestehen.

3.1.1 Ablauf des Dokumenteninkassos

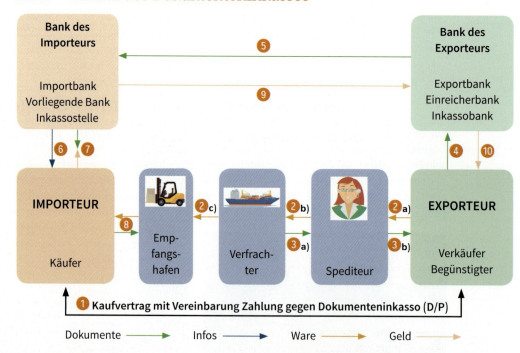

Beschreibung des Ablaufs eines Dokumenteninkassos

❶	Exporteur und Importeur vereinbaren im Kaufvertrag die Zahlung des Importeurs gegen Dokumenteninkasso	❻	Information des Importeurs durch die Importbank, dass die Dokumente zur Abholung vorliegen
❷	Versendung der Waren durch den Exporteur, in der Regel mithilfe eines Spediteurs	❼	Abholung der Dokumente durch den Importeur bei der Importbank Zug um Zug gegen Zahlung des vereinbarten Betrags.

Fortsetzung nächste Seite

Beschreibung des Ablaufs eines Dokumenteninkassos

③	a) Ausstellen und Übergabe Konnossement aller für den Export erforderlichen Dokumente b) Weitergabe der Dokumente	⑧	Abholung der Waren am Empfangsort durch den Exporteur oder den von ihm Beauftragten Zug um Zug gegen die Vorlage der Dokumente.
④	Präsentation der Dokumente bei der Exportbank und Anweisung an die Exportbank zum Einzug des Betrags beim Importeur gegen Herausgabe der Dokumente (Inkassoauftrag)	⑨	Nach Zahlung des Geldbetrags durch den Importeur erfolgt die Weiterleitung der Zahlung an die Exportbank.
⑤	Prüfen der Dokumente auf Vollständigkeit (nicht auf Richtigkeit) durch die Exportbank und Weiterreichen der Dokumente an die Importbank	⑩	Übergabe des Geldbetrags an den Exporteur nach erfolgtem Zahlungseingang bei der Exportbank

3.1.2 Vor- und Nachteile des Dokumenteninkassos

	Vorteile	Nachteile
Exporteur	keine Eigentumsübertragung der Ware ohne Bezahlung	• Bei Nichtabnahme der Dokumente erhält er keine Zahlung. • Warenverwertungsrisiko bei Nichtabholung (Weiterverkauf, eventuell Verderb, Lagerkosten, Rückholung)
Importeur	Zahlung erfolgt erst, wenn er die Dokumente erhält und somit über die Ware verfügen kann.	Ware kann erst nach Vorlage der Dokumente am Empfangsort begutachtet werden. Dokumente garantieren weder Echtheit noch Qualität der Ware.

3.2 Dokumentenakkreditiv L/C

Das Dokumentenakkreditiv (engl. Letter of Credit, L/C) ist eine abstrakte vertragliche Verpflichtung einer Bank (Importbank), die losgelöst vom Kaufvertrag besteht. Im Auftrag und für Rechnung des Auftraggebers (Importeur) verpflichtet sich die Bank, an einen bestimmten Empfänger (Exporteur) innerhalb einer festgelegten Frist bei einem beauftragten Kreditinstitut einen bestimmten Geldbetrag zur Verfügung zu stellen und gegen Vorlage von akkreditiv-konformen Dokumenten auszuzahlen. Für diesen Zeitraum gewährt sie dem Importeur einen Kredit. Es handelt sich um ein selbstständiges Zahlungsversprechen der Importbank. Erst wenn dem Exporteur das Zahlungsversprechen der Bank vorliegt, wird die Ware versendet. Man unterscheidet verschiedene Arten des Akkreditivs. Größte praktische Bedeutung hat die Unterscheidung zwischen bestätigtem und unbestätigtem Akkreditiv.

Akkreditivart	Besonderheit
unbestätigtes Akkreditiv	Es liegt (nur) das Zahlungsversprechen der Importbank vor, bei fristgemäßer Vorlage bestimmter Dokumente die Zahlung zu leisten.
bestätigtes Akkreditiv	Die Bank des Importeurs beauftragt eine weitere Bank (i. d. R. die des Exporteurs) ein eigenes Zahlungsversprechen abzugeben.

Fortsetzung nächste Seite

Akkreditivart	Besonderheit
befristetes Akkreditiv	Die Vorlage der Dokumente bei der Exportbank hat innerhalb einer vorgegebenen Frist zu erfolgen.
unbefristetes Akkreditiv	Akkreditiv ohne Angabe eines Verfalldatums oder einer Laufzeit (in der Praxis nicht üblich)
widerrufliches Akkreditiv	Die eröffnende Bank kann bis zum Zeitpunkt der Dokumentenaufnahme das Akkreditiv ändern oder annullieren (kommt in der Praxis selten vor).
unwiderrufliches Akkreditiv	Die Importbank kann ein einmal eröffnetes Akkreditiv nicht widerrufen (Normalfall).

Die Abwicklung erfolgt immer dann, ausschließlich nach den Standardbedingungen ERA[1] 600 der ICC, wenn ein deutsches Kreditinstitut an dem Akkreditiv beteiligt ist. Die Standardbedingungen ERA 600 von der ICC ermöglichen außerdem eine elektronische Authentifizierung und dienen der Vereinfachung der Akkreditivabwicklung.

MERKE

Akkreditive nach ERA 600 sind stets unwiderruflich, auch wenn keine diesbezügliche Angabe vorliegt. Außerdem sind unwiderrufliche Akkreditive grundsätzlich befristet, das heißt, es wird ein Verfalldatum festgelegt.

3.2.1 Ablaufschema eines unbestätigten Dokumentenakkreditivs

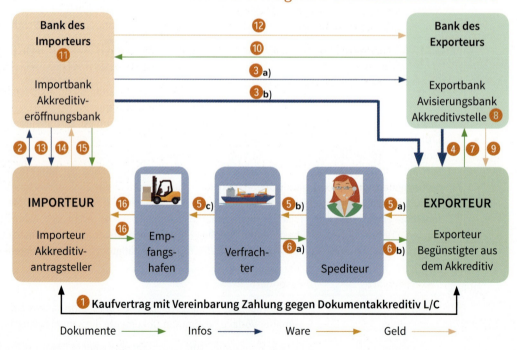

---

1 ERA = Einheitliche Richtlinien und Gebräuche für Dokumentenakkreditive

Beschreibung des Ablaufs eines unbestätigten Dokumentenakkreditivs

1	Abschluss eines Kaufvertrags zwischen Exporteur und Importeur und Vereinbarung der Zahlungssicherung durch ein unbestätigtes Dokumentenakkreditiv	**9**	Auszahlung des vereinbarten Betrags an den Exporteur
2	Beantragung der Eröffnung eines Akkreditivs zugunsten des Exporteurs durch den Importeur bei der Importbank – bei Vorliegen der Voraussetzungen Eröffnung durch die Importbank. **Bank überprüft**: 1. die Zahlungsfähigkeit des Käufers (= Sicherheit für den Verkäufer) 2. den Kaufvertrag (= Sicherheit für Käufer)	**10**	Versenden der Dokumente von der Exportbank zur Importbank
3	a) Mitteilung der Importbank an die Bank des Exporteurs, dass zu dessen Gunsten ein Akkreditiv eröffnet wurde b) abstraktes Zahlungsversprechen, d. h. losgelöst vom Kaufvertrag	**11**	Eingehende Prüfung der Dokumente durch die Importbank
4	Avisierung der Exportbank an den Exporteur über die Eröffnung des Akkreditivs zu dessen Gunsten	**12**	bei einwandfreien Dokumenten Auszahlung des vereinbarten Betrags an die Exportbank
5	Versenden der Waren in der Regel mithilfe eines Spediteurs innerhalb der vorgegebenen Frist gegen Nachweis durch den Frachtführer	**13**	Information der Importbank an den Importeur, dass die Dokumente vorliegen
6	a) Ausstellen und Übergabe des Dokuments b) Weitergabe des Dokuments	**14**	Zahlung des vereinbarten Betrags durch den Importeur bei der Importbank
		15	Übergabe der Dokumente an den Importeur
7	Präsentieren der im Akkreditiv vorgegebenen Dokumente unter Einhaltung der vorgebebene Fristen bei der Exportbank	**16**	Präsentation der Dokumente durch den Importeur am Empfangsort der Ware und Übergabe der Waren an den Importeur oder dessen Beauftragten (Zug um Zug).
8	Eingehende Prüfung der Dokumente durch die Exportbank		

3.2.2 Vor- und Nachteile des unbestätigten Dokumentenakkreditivs

	Vorteile	Nachteile
Exporteur	• Versand der Ware erst, nachdem das Akkreditiv eröffnet wurde • erhält Geld sofort nach Versand der Waren und der fristgemäßen Präsentation der vollständigen und korrekten Dokumente • Zahlungsversprechen greift ab der Ankunft des Akkreditivs bei der Avisbank	• Annahmeverweigerung der Bank bei nicht akkreditiv-konformen oder zu spät eingereichten Dokumenten • mögliche Insolvenz der Akkreditivbank • hohe Bankgebühren; bis zu 5 % des Kaufpreises
Importeur	• erhält mit Akkreditiveröffnung einen Kredit der Importbank, Zahlung erfolgt erst bei Übergabe der Dokumente • Zahlung erfolgt nur gegen Dokumente	• Ware kann erst nach Bezahlung und Vorlage der Dokumente am Empfangsort begutachtet werden • Exporteur muss Akkreditiv erst akzeptieren • Qualität und Lieferung der Ware sind ungewiss, da nur Dokumente garantiert sind.

3.2.3 Bestätigtes Dokumentenakkreditiv

Beim bestätigten Akkreditiv beauftragt die Importbank eine weitere Bank, in der Regel die Bank des Exporteurs, ein eigenes (abstraktes) Zahlungsversprechen abzugeben. Damit erhält der Exporteur eine zusätzliche Zahlungssicherheit für den Fall, dass die Importbank nicht zahlen kann. Wie schon beim unbestätigten Akkreditiv muss der Exporteur die Dokumente fristgemäß und in der geforderten Qualität (akkreditiv-konform) bei der Exportbank einreichen. Sinnvoll ist das bestätigte Akkreditiv insbesondere beim Vorliegen politischer Risiken, wie z. B. Embargos oder Zahlungsverboten im Importland oder bei fehlendem Vertrauen in die Importbank.

	Zusätzliche Vorteile gegenüber unbestätigtem Akkreditiv	Zusätzliche Nachteile gegenüber unbestätigtem Akkreditiv
Exporteur	Bank des Exporteurs ist zur Zahlung verpflichtet, wenn die Bank des Importeurs nicht zahlen kann.	sehr hohe Bankprovisionen
Importeur	keine	keine

BEISPIEL

Aus dem nachfolgenden Dokumentenakkreditiv kann der Exporteur alle notwendigen Informationen über Art und Umfang der Dokumente und Unterlagen entnehmen, die der Bank vorgelegt werden müssen. Reicht der Exporteur diese Dokumente fristgemäß ein, erhält er den vereinbarten Geldbetrag von der Exportbank.

THE INTERNATIONAL BANK
INTERNATIONAL OPERATIONS
07544 GERA / Germany

Erklärungen:

OUR ADVICE NO:	0815	ISSUING BANK REF. NO. & DATE

CJK-
To:
MaschinenBau GmbH
Musterstr. 1
07545 Gera

SBRE-777 June 29, 20..

Dear Sirs and Madams:

We have been requested by
The International Bank of Shanghai, Sunlight BLVD 34, Shanghai, P. R. China,
to advice that they have opened with us their irrevocable credit number SB 86-444444 for account of **International Trading ltd. Main Street 444, Yanpu, Shanghai, P. R. China** in your favour in amount of not exceeding Fifty Five Thousand U. S. Dollars (USD 55.000) available by the following documents:

a)
Importbank gibt erstes Zahlungsversprechen

unwiderruflich

1. Signed commercial invoice in five (5) copies indicating the buyer's Purchase order No. DEF- 1, dated May12, 20..

2. Packing list in five (5) copies

3. Full set 3/3 clean on ocean board bill of lading, plus two (2) non-negotiable copies issued to order of the **International Bank of Shanghai, Sunlight BLVD 34, Shanghai, P. R. China** notify the above the accountee, marked: Freight Prepaid, dated latest December 07, 20.. and showing documentary credit number.

4. Insurance policy in duplicate for 110 % CIF value covering Institute cargo Clauses (A), Institute War Clauses and Strike Clauses

Geforderte Dokumente:
Handelsrechnung,in 5-facher Ausfertigung

Packliste in 5-facher Ausfertigung

voller Satz reiner on-Bord-Reedereikonnossemente, ausgestellt auf die Importbank

Versicherungspolice 110 % CIF Wert nach ICC Klausel A

Covering: 1 x 20 standard container

Shipment from   North sea port to Shanghai
Partial shipment   prohibited
Transshipment
                        permitted

Special conditions
1. All document indicated the Import License No. IP 654321 dated June 10, 20...
2. All charges outside the Import- Country are on beneficiary´s account.

Documents must be presented for payment within – 15 – days after the day of shipment.

We confirm this credit

Very truly yours
Ludwig Schmitt

Authorized Signature

Angaben zu Teilladungen und zum Umladen

b) **Fristen und Termine**

c)
Exportbank gibt weiteres Zahlungsversprechen. Durch weiteres Zahlungsversprechen wird aus dem unbestätigten Akkreditiv ein bestätigtes Akkreditiv.

Zusammenfassung zum Beispiel:

a) unwiderrufliches Akkreditiv	Irrevocable Das Akkreditiv ist unwiderruflich.
b) befristetes Akkreditiv	Documents must be presented for payment within 15 days after the day of shipment. Akkreditiv enthält Vorlagefrist für die Dokumente.
c) bestätigtes Akkreditiv	We confirm this credit. Exportbank gibt zweites Zahlungsversprechen.

MERKE

dokumentäre Zahlungsabwicklung: Dokumenteninkasso, Dokumentenakkreditiv
nicht-dokumentäre Zahlungsabwicklung: Vorauszahlung, Anzahlung, Zahlung gegen Rechnung

4 Transportversicherungen im Außenhandel

Die langen Transportwege im internationalen Handel erhöhen auch das Risiko der Beschädigung und des Verlusts der Güter. Das internationale Transportrecht (z. B. CMR, HGB Seerecht) enthält je nach Verkehrsträger Haftungshöchstgrenzen und Haftungsausschlüsse. Deshalb sollte eine Transportversicherung abgeschlossen werden, die unabhängig von einer Haftung des Spediteurs oder Frachtführers leistet.

Anders als im nationalen Fracht- und Speditionsrecht kann aus diesen Vorschriften nicht zwingend eine Versicherungspflicht der Beteiligten abgeleitet werden. Werden die Incoterms® 2010 CIP oder CIF (siehe S. 246 f.) vereinbart, ist die Eindeckung einer Transportversicherung in Höhe von 110 % des CIF-Wertes durch den Verkäufer (A3) vorgeschrieben. Banken verlangen im Zusammenhang mit der Eröffnung eines Dokumentenakkreditivs in der Regel die Eindeckung einer Transportversicherung zur Abdeckung des Schadenrisikos.

△ *Schiffsunglück*

BEISPIEL

Der deutsche Exporteur und der amerikanische Importeur vereinbaren im Kaufvertrag die Incoterm 2010® DDP New York. Kosten und Gefahr gehen bei diesem Außenhandelsgeschäft somit in New York über. Eine Transportversicherung ist nicht vorgeschrieben. Für den Fall, dass während des Transports die Waren beschädigt werden oder verloren gehen, trägt der deutsche Exporteur das finanzielle Risiko allein. Er kann seine Lieferpflicht nicht termingerecht erfüllen, muss eine Ersatzware beschaffen und den beim Importeur entstandenen Verzugsschaden. Für den Exporteur ist hier eine Transportversicherung sinnvoll und geboten. Damit kann er den entstandenen Schaden ausgleichen.

TRANSPORTVERSICHERUNG

Von Haus zu Haus
DTV Gütersicherungsbedingungen 2000/2011[1]

beschränkte Deckung:
Leistung der Versicherung im Schadenfall beschränkt auf:
- Unfall des die Güter befördernden Transportmittels,
- Einsturz von Lagergebäuden,
- Brand, Blitzschlag, Erdbeben u. Ä.
- Aufopferung der Güter,
- Schäden beim Be- und Entladen und Umschlag.

keine Abdeckung von:
- Güterfolgeschäden,
- Schäden durch inneren Verderb,
- Verzögerung der Reise,
- reine Vermögensschäden
- Kriegsklausel, Streikklausel, für mutwillige Beschädigung oder Zerstörung

volle Deckung: All-Risk[2]
alle o. g. Risiken und zusätzlich
- Güterfolgeschäden (durch Prämienerhöhung),
- Schäden durch inneren Verderb,
- Verzögerung der Reise,
- reine Vermögensschäden (durch Prämienerhöhung),

jedoch ohne Kriegsklausel, Streikklausel, Aufruhrklausel, Ersatz für mutwillige Beschädigung oder Zerstörung

Nur für den Hauptlauf
Institute Cargo Clauses Institute of London Underwriters

Klausel C:
Gefahren 1. – 7. nach ICC Gefahrenkatalog:
1. Feuer und Explosion
2. Stranden, auf-Grund-laufen, Kentern
3. Überschlagen und Entgleisen von Landtransportmitteln
4. Kollision oder Berühren des Transportmittels mit anderen Gegenständen, ausgenommen Wasser
5. Entladen von Gütern in einem Nothafen
6. Aufopferung und Seewurf bei der Großen Haverei
7. Beiträge zur Großen Haverei und Bergungskosten

Entspricht den Mindestanforderungen nach Incoterm® 2010 CIF

Klausel B: Gefahren 1.–11. nach ICC Gefahrenkatalog
1. – 7.   wie C jedoch zusätzlich:
8. – 11. Überbordspülen, Erdbeben, Vulkanausbruch, Blitzschlag, sowie Eindringen von See- und Flusswasser in das Transportmittel, den Container oder den Lagerplatz

Klausel A: All Risk:
auch Güterfolgeschaden und reine Vermögensschäden, jedoch ohne Kriegsklausel, Streikklausel, Ersatz für mutwillige Beschädigung oder Zerstörung

Zusätzlich können vereinbart werden: Institute War Clauses (Kriegsklausel), Institute Strike Clauses (Streikklausel), Malicious Damage Clauses (für mutwillige Beschädigung oder Zerstörung), Institute Commodity Trade Clauses

---

1   Fassung September 2011
2   Andere Bezeichnung für „All-Risk": Full Covered

GRUNDLAGEN DES AUSSENHANDELS

BEISPIEL

Beispielhaft ausgefülltes Zertifikat (Vorderseite)

Einzelversicherung ☐
Marine/CargoPolicy

Güterversicherungszertifikat ☒
Cargo Insurance Certificate

Versicherungssumme / Sum Insured	Ausfertigungsort/ -tag Place and Date of Issue	Exemplare Issues	Einzelversicherungs-Nr. Policy-No.	
EUR 100.000,00 (=110 %)	Hamburg, 01.01.2003	2	General-Police-Nr. Open Cover No. 1000000000	Zertifikat-Nr. Certificate No. 100000

Hiermit wird bescheinigt, dass aufgrund der obengenannten Einzelversicherung / General-Police Versicherung übernommen worden ist gegenüber: / This is to certify that insurance has been granted under the above Policy / Open Cover to:
Versicherungsnehmer oder "to whom it may concern" oder "to the holder"

für Rechnung wen es angeht, auf nachstehend näher bezeichnete Güter: / for account of whom it may concern, on following goods:
MACHINE W; TYPE XY
AS PER PURCHASE ORDER NO: 1. (M) DD. 2002-12-01
CREDIT NO. 11110011
CONTAINER NO. TISD 011000 1
GROSS 20.000 KGS

für folgenden Transport (Transportmittel, Transportweg) / for the following transport (means of transport, route):
KATARINA VESSEL
FROM ROTTERDAM PORT TO ALEXANDRIA PORT
Von Haus zu Haus, sofern nicht anderweitig vereinbart, gemäß Ziffer 8 der DTV-Güter 2000/2011, Volle Deckung
From warehouse to warehouse, unless otherwise agreed, in accordance with no. 8 of the DTV Cargo 2000/2011, Full Cover

Schäden zahlbar an den Inhaber dieser Einzelversicherung / dieses Zertifikates. Mit Schadenzahlung gegen eine Ausfertigung werden die anderen ungültig. Claims payable to the holder of this Policy / Certificate. Settlement under one copy shall render all others null and void.

Bedingungen / Conditions:

A. DTV-Güterversicherungsbedingungen 2000/2011 (DTV-Güter 2000/2011)
 / DTV Cargo Insurance Conditions 2000/2011 (DTV Cargo 2000/2011)
 Volle Deckung / Full Cover (siehe Rückseite)

B. Bedingungen der obengenannten Einzelversicherung / General-Police / Terms and conditions of the above Policy/Open Cover.

C Besondere Bedingungen/Klauseln / Special Conditions/Clauses:
 1. Kriegsklausel für die Versicherung von Seetransporten sowie von Lufttransporten im Verkehr mit dem Ausland nach den DTVGüter 2000/2011 / War Clauses for the insurance of goods carried by sea and air transports to and from foreign countries governed by the provisions of DTV Cargo 2000/2011
 2. Streik- und Aufruhrklauseln für die Versicherung nach den DTV-Güter 2000/2011 / Strikes, Riots and Civil Commotions Clause for insurances governed by DTV Cargo 2000/2011

CLAIMS PAYABLE AT DESTINATION FOR THE FULL INVOICE VALUE PLUS 10 % PCT.

Anweisungen für den Schadenfall siehe Rückseite.
See overleaf for instructions to be followed in case of loss or damage.

Namens und in Vollmacht der beteiligten Gesellschaften: / For and on behalf of the leading company and all co-insurers:

Musterversicherung
Hege-Allee 21, 20251 Hamburg

Im Schadenfall ist zur Schadenfeststellung unverzüglich hinzuziehen: / In case of loss or damages immediately apply for survey to:
Fa Mustermann Surveyors
9nd Floor, Example Street, No. 10;
P.O. Box 555; Musterhausen, Schlaraffenland
Tel. u. Fax 123456789

Prämie bezahlt/Premium paid

DTV Güter 2000/2011 – Versicherungszertifikat, beispielhaft ausgefüllt   Seite 1 / 2

△ *Akkreditivfähige Transportversicherungspolice Haus zu Haus*

Erläuterung zur Versicherungspolice:

Ziffer	Inhalt	Beschreibung
1	Art der Versicherung	Güterversicherung auf der Grundlage einer Generalpolice
2	Versicherungssumme	hier 165.000,00 €, dies entspricht 110 % des Kaufpreises
3	Versicherter	Begünstigter aus der Versicherung: Versicherungsnehmer/ ggf. Bank beim Akkreditiv oder der Inhaber des Papiers
4	versicherte Güter	genaue Güterbezeichnung, für wessen Rechnung bzw. Hinweis auf versicherte Güter in einem genau bezeichneten Dokument
5	Reichweite der Police	Haus zu Haus vom Exporteur bis zum Importeur
6	Vertragsgrundlage	DTV Versicherungsbedingungen in der Fassung 2000/2011
7	Leistungsumfang	volle Deckung für die versicherten Gefahren
8	Art des Zertifikates	Inhaberpapier, Begünstigter ist derjenige, der zuerst das Original vorlegt (Weitere Originale werden ungültig)
9	Versicherungsbedingungen	vereinbarte oder im Akkreditiv geforderte Deckung zusätzlich Kriegsklausel, Streik,- und Aufruhrklausel
10	Versicherer	die Gesellschaft, die sich im Zertifikat verpflichtet, im Schadenfall zu zahlen
11	Zahlungsvermerk Prämie	eingedruckter Vermerk als Bestätigung, dass der Versicherer zu den vereinbarten Bedingungen im Schadenfall leistet

BEISPIEL

Exporteur und Importeur vereinbaren im Kaufvertrag für einen Transport von Mannheim zum Empfänger nach Los Angeles mit dem Flugzeug (von Flughafen Frankfurt/Main – Flughafen Los Angeles) die Incoterm® 2010 CIP Los Angeles. Der Exporteur gibt einen Lieferwert an. Die Ware wird vom Exporteur am Flughafen angeliefert. Hinsichtlich der Transportversicherung gilt: Exporteur trägt die Versicherungskosten ab dem 1. Frachtführer (Luftfrachtführer) bis Flughafen Los Angeles.

FRAGE: Welche Ansprüche bestehen im Schadenfall für diesen Transport, wenn a) der Lieferwert angegeben wurde oder b) eine Transportversicherung nach ICC oder c) eine Güterversicherung nach **DTV 2000/2011** eingedeckt wurde.

LÖSUNG

a) Wertzuschlag
Durch Angabe des Lieferwerts wird die Haftung des Luftfrachtführers bis zur Höhe des angegebenen Lieferwerts erhöht, soweit nicht durch Haftungsausschluss, z. B. Streikklausel, die Haftung ausgeschlossen ist.

b) Transportversicherung nach ICC
Abgedeckt werden nur die Schäden ab dem 1. Frachtführer (Luftfrachtführer) zum Flughafen Los Angeles. Nicht abgedeckt ist demnach der Transport vom Haus des Exporteurs bis zum 1. Frachtführer. Für den Fall, dass der Transport zum Empfänger mit dem Lkw erfolgt, wäre der abholende Lkw Unternehmer der 1. Frachtführer und damit dieser Transport versichert. Die Versicherungssumme entspricht 110 % des Güterwerts.

c) Güterversicherung DTV 2000/2011
Diese beinhaltet den Versicherungsschutz von Haus zu Haus. Beim Transport mit dem Flugzeug ist der Vorlauf eingedeckt. Güterfolgeschäden und reine Vermögensschäden, einschließlich imaginärer Gewinn, werden auf Antrag über Prämienerhöhung versichert.

5 Dokumente im Außenhandel

5.1 Handelsrechnung

Die Handelsrechnung (Commercial Inovice, Exportrechnung) ist ein Dokument im Auslandsgeschäft. Mit der Handelsrechnung wird der Empfänger aufgefordert, einen bestimmten Betrag für die gelieferte Ware oder die erbrachte Leistung zu zahlen. Darüber hinaus dient die Handelsrechnung für die zollamtliche Behandlung im Einfuhrland, zur Überprüfung der Vertragsabwicklung und als Beweismittel bei Kaufvertragsstörungen. Eine verbindliche Formvorschrift für die Handelsrechnung existiert nicht. Üblich sind alle Angaben zur Ware, wie z. B. Namen und Anschriften der Vertragspartner, die Warenbezeichnung, Menge und Preis der Ware, die statistische Warennummer aus der Kombinierten Nomenklatur sowie vereinbarte Liefer- und Zahlungsbedingungen. Beim Exportgeschäft wird für die Einfuhr der Waren in bestimmte Länder eine Konsulatsfaktura (siehe Kapitel J Seite 314) gefordert. Ist die Handelsrechnung für die Eröffnung eines Dokumentenakkreditivs vorzulegen, gelten die in den Standardbedingungen ERA 600 enthaltenen Mindestanforderungen. Die Proforma-Rechnung ist eine vorläufige Rechnung. Sie dient als Arbeitsunterlage bei Abschluss- und Finanzierungsverhandlungen bzw. zur Eröffnung eines eventuell vereinbarten Akkreditivs. Sie sollte stets den Vermerk „Nicht für Zollzwecke/Not for Customs Purpose" tragen.

BEISPIEL

Die MaschinenBau GmbH Gera, Musterstr. 1, 07545 Gera (Exporteur) verkauft 200 Kartons Ersatzteile (Ursprungsland Deutschland) an die International Trading ltd. Main Street 444, Yanpu, Shanghai, Tel.: Shanghai 05123, P.R. China. Der Verkaufspreis je Karton beträgt 15.000,00 USD. Rechnungsdatum ist der 12.07.20...
Weitere Angaben: EORI Exporteur: DE 00123456789000; USt- ID Exporteur: 4660542123; USt- ID Importeur: 25-23-22-11; Rechnungsnummer: 0815-20..; Warentarifnummer: 84669400; Lieferbedingung/Frankatur: CIF Shanghai; Bruttogesamtgewicht: 6 050 kg, Nettogesamtgewicht:3 800 kg. Der Versand erfolgt im 20 Fuß Standard Container mit dem Seeschiff. Die Handelsrechnung über 3.000.000,00 USD ist in englischer Sprache zu erstellen.

Commercial Invoice/Handelsrechnung

Sent by/Versenderadresse

Shipper:
MaschinenBau GmbH
Musterstr. 1
07545 Gera

Phone/Tel.:
Fax:
VAT number/USt-ID   USt ID 4660542123   ①

Sent to/Empfängeradresse

International Trading ltd.   ②
Main Street 444
Yanpu, Shanghai, P.R. China

Phone/Tel.:   Shanghai 05123
Fax:
VAT number/USt-ID: 25-23-22-11

Invoice no./Rechnungsnr.   0815-20..   ③ a)

Terms of Delivery/Frankatur   Cif Shanghai   ③ b)

Movement Certificate/Warenverkehrsbescheinigung   ③ c)

EORI   DE 00123456789000   ③ d)

Detailed Description of Goods/Warenbezeichnung	Customs Commodity Code/Warentarifnummer	QTY/Menge	Country of Origin/Ursprungsland	Unit Value and Currency/Stückpreis und Währung	Sub-total/Zwischensumme
1 x 20´ - Standard container S.T.C. 200 cartons Spareparts	84669400	200	DE	15000 USD	3 000 000
④	⑤	⑥	⑦	⑧	⑨

I declare that the above information is true and correct to the best of my knowledge.

Ich erkläre, dass die obenstehenden Angaben der Wahrheit entsprechen.

12.07.20..
Date/Datum   Signature/Unterschrift

Mustermann
Name/Klarschrift

Total Value and Currency/Gesamtwert und Währung	⑩ 3 000 000
Total gross Weight/Bruttogesamtgewicht	Total net Weight/Nettogesamtgewicht
⑪ 6 050	⑫ 3 800

Company Stamp/Firmenstempel

Declaration of origin/Ursprungserklärung

The exporter of the products covered by this document declares that, except where otherwise clearly indicated, these products are of Germany (country) preferential origin.

Der Ausführer der Waren, auf die sich dieses Handelspapier bezieht, erklärt, dass diese Waren, soweit nicht anders angegeben, präferenzbegünstigte Deutschland (Land) Ursprungswaren sind.

Gera, 12.07.20..   Mustermann
Place and Date/Ort und Datum   Name/Klarschrift

Signature/Unterschrift

△ Handelsrechnung

Ziffer	Erläuterung zur Handelsrechnung: Position in der Commercial Invoice
1	Name und Anschrift des Verkäufers, Versenders, Exporteurs
2	Name und Anschrift Empfänger/Importeur
3	a) Rechnungsnummer b) vereinbarte Lieferbedingung/Frankatur c) Warenverkehrsbescheinigung d) EORI-Nummer (Economics Operators Registration and Identifikationnumber – Nummer zur Registrierung und Identifizierung von Wirtschaftsbeteiligten
4	Warenbezeichnung
5	Warentarifnummer 84669400 steht für „Ersatzteile"
6	Menge
7	Ursprungsland
8	Stückpreis und Währung
9	Zwischensumme
10	Gesamtsumme
11	Bruttogesamtgewicht
12	Nettogesamtgewicht

5.2 Präferenzpapiere

Entscheidend für die zollrechtliche Behandlung einer Ware ist ihr Warenursprung. Die EU hat verschiedene Präferenz- (ein- oder zweiseitig) und Freihandelskommen mit Nicht-Unionsstaaten abgeschlossen. Bestimmte Waren werden dann mit einem ermäßigten Zollsatz oder zollfrei in das Zollgebiet der Union eingeführt.

Überblick zu den wichtigsten Präferenzvorschriften

	Einseitige Präferenzabkommen	Zweiseitige Präferenzabkommen	Freiverkehrspräferenz Freihandelsabkommen
Merkmal	Eine Vertragspartei gewährt der anderen Vorzugsbehandlung für die Einfuhr von Ursprungsware.	Die Vertragsparteien gewähren sich gegenseitig Vorzugsbehandlung für die Einfuhr von Ursprungswaren.	Waren, die sich im jeweiligen Vertragsstaat im zollrechtlich freien Verkehr befunden haben, sind bei der Einfuhr im jeweils anderen Vertragsstaat zollfrei.
Zollvergünstigung	Einfuhr zum Präferenzzollsatz	Einfuhr zum Präferenzzollsatz	Einfuhr zollfrei

Fortsetzung nächste Seite

	Einseitige Präferenzabkommen	Zweiseitige Präferenzabkommen	Freiverkehrspräferenz Freihandelsabkommen
Anwendungsländer	EG mit Entwicklungsländern nach dem Allgemeinen Präferenzsystem (APS)	z. B. mit den EFTA-Staaten, BCMS[1], Mexiko, Chile, Südafrika, EMA[2], AKP[3]	gewerblicher Warenverkehr mit der Türkei mit Ausnahme von Agrarprodukten, Andorra, San Marino
Voraussetzungen	Präferenznachweis für die Entwicklungsländer APS	Nachweis Präferenzursprung	Nachweis Freihandelscharakter
erforderliche Dokumente zur Nachweisführung	Ursprungszeugnis Form A	Warenverkehrsbescheinigung EUR.1 EUR. MED	Warenverkehrsbescheinigung A.TR. (siehe unten)
Höhe des Präferenzzolls	ermäßigt	ermäßigt	zollfrei
Ursprungszeugnis	gemäß Einfuhrliste für bestimmte Güter mit nicht präfenziellem Ursprung aus bestimmten Ländern		
Ursprungserklärung	alternativ auf Handelsrechnung bei Sendungen bis 6.000,00 €/ BCMS 3.000,00 €[4]	alternativ auf Handelsrechnung bei Sendungen bis 6.000,00 €/ BCMS 3.000,00 €	alternativ auf Handelsrechnung bei zugelassenem Exporteur
	entbehrlich, wenn Ursprungszeugnis vorgelegt wird		

Um die jeweiligen Präferenzen zu erlangen, sind in der Regel Nachweise zu führen und die erforderlichen Dokumente vorzulegen.

Art des Nachweises	Merkmal	
Ursprungszeugnis	Das Ursprungszeugnis bescheinigt oder beglaubigt die Herkunft einer Ware. Diese Herkunft muss nachgewiesen werden, wenn Einführer in einem Bestimmungsland Zollvergünstigung erlangen wollen. Die Ausstellung erfolgt durch eine unabhängige Stelle, wie z. B. IHK, Handwerkskammer oder Landwirtschaftskammer. Voraussetzung für Zollvergünstigungen.	
	Ursprungszeugnis **Form A**	Formblatt zum Nachweis des Warenursprungs im Rahmen des Allgemeinen Präferenzsystems (APS – Schwellen- und Entwicklungsländer in Afrika, Asien, der Karibik, Latein- und Südamerika), wenn Waren von dort in die EU eingeführt werden
Ursprungserklärung	Eine Ursprungserklärung ist ein vereinfachter Präferenznachweis für Sendungen bis zum Warenwert von 6.000,00 € (BCMS bis 3.000,00 €). Die Ursprungserklärung wird direkt auf der Handelsrechnung abgegeben und muss unterschrieben sein. Der Wortlaut ist je nach Empfangsland unterschiedlich.	

Fortsetzung nächste Seite

---

[1] Bosnien-Herzegowina, Serbien, Mazedonien, Albanien, Montenegro
[2] Euro Mediterran-arabischer Landverein
[3] institutionelle Organisation von 79 Ländern aus Afrika, Karibik, Pazifik

GRUNDLAGEN DES AUSSENHANDELS

Art des Nachweises	Merkmal	
Warenverkehrsbescheinigung (WVB)	Zur Erlangung eines niedrigeren Zollsatzes oder Zollbefreiung im Bestimmungsland der Ware. **Ausstellung:** Auf Antrag bei Zollbehörden. Anwendung für Staaten, mit denen die EU Freihandels-, Präferenz- oder Kooperationsabkommen hat bzw. Gebieten, mit denen EU assoziiert hat (soweit nicht bereits Ursprungszeugnis oder Ursprungserklärung anwendbar). Ab einem Warenwert von 6.000,00 € ist sie zwingend vorgeschrieben (Ausnahme: Bewilligung durch Zoll als Ermächtigter Ausführer). **Voraussetzung:** Wesentliche Be- oder Verarbeitung hat stattgefunden, Waren wurden im EWR gewonnen oder hergestellt oder Waren beinhalten nicht mehr als 10 % Nicht-Unionswaren	
	Arten der Warenverkehrsbescheinigungen	
	EUR 1	Warenverkehr EU mit z. B. EFTA, BCMS, Andorra
	EUR.MED	Warenverkehr mit den Staaten der Paneuropa-Mittelmeer-Kumulierung
	A.TR.	Warenverkehr zwischen der EU und der Türkei (außer Agrarprodukte)

Welche Nachweise erforderlich sind, wird durch bestehende Übereinkommen, im Unionszollkodex sowie in den länderspezifischen Regelungen zur Ein- und Ausfuhr bestimmt. Neben den bereits genannten Gründen spielen auch Sicherheitsaspekte, wie z. B. die Zusammensetzung von Lebensmitteln oder rechtliche Kriterien im Zusammenhang mit Lizenzen und mit Produktpiraterie eine Rolle. In der EU werden Ursprungszeugnisse nur für die im Zolltarif der Union gekennzeichneten Waren gefordert. Andere Staaten verlangen grundsätzlich die Vorlage von Ursprungszeugnissen (z. B. Russland).

Sollen Präferenzen gewährt werden, müssen die entsprechenden Vordrucke EUR1, EUR.MED, A.TR. und FORM A bei den Zollbehörden vorgelegt werden. Aktuelle Auflistungen der Staaten sind über www.zoll.de abrufbar.

BEISPIEL

Ein in Deutschland ansässiges Unternehmen importiert Schuhe aus der Schweiz (Warennummer 6402190000). Der Rechnungspreis beträgt 25.000,00 EUR , der Zollsatz beträgt 17 %. Wird der schweizerische Ursprung durch eine Warenverkehrsbescheinigung nachgewiesen beträgt der Zollsatz 0 %.
Werden die Schuhe von Deutschland in die Schweiz exportiert und wird der deutsche Ursprung durch eine Warenverkehrsbescheinigung nachgewiesen, erhält der Schweizer Importeur gemäß dem Schweizer Steuerrecht eine Zollermäßigung bzw. Zollbefreiung.
Der Warenwert liegt über 6001,00 EUR, zum Erlangen der Zollbegünstigung ist in beiden Fällen im jeweiligen Bestimmungsland die Warenverkehrsbescheinigung EUR.1 vorzulegen.
Bis zu einem Wert von 6000,00 EUR genügt eine entsprechende Erklärung zum Ursprung der Waren auf der Handelsfaktura (Ursprungserklärung).

△ Muster EUR.1 (informell) Quelle: Formularverlag Purschke + Hensel GmbH, Berlin

Erläuterungen zum EUR.1:

Erläuterung zu den rot eingekreisten Feldern

Feld	Inhalt	Feld	Inhalt
①	Anschrift Exporteur		
③	Anschrift Empfänger	⑧ / ⑨ / ⑩	Beschreibung der Ware
②	WVB zw. der EU und der Schweiz	⑪	Sichtvermerk der Zollbehörde
⑥	Angaben zum Beförderungsmittel	⑫	Exporteur/Anmelder /Unterschrift

BEISPIEL

Die Schmitz GmbH mit Sitz in Essen exportiert 100 Sauerstofftherapiegeräte (450 kg Rohgewicht) mit dem Lkw zur Firma Bostas Ticaret A. S. in die Türkei. Der Warenursprung ist in Deutschland. Zwischen der EU und der Türkei besteht ein Freihandelsabkommen. Die Waren, die ihren Ursprung in einem Mitgliedstaat der EU haben, hier Deutschland, können in der Türkei zollfrei eingeführt werden. Gleiches gilt im umgekehrten Fall für Ursprungswaren aus der Türkei bei Einfuhr in die EU. Ausgenommen sind Agrarprodukte. Um die Zollfreiheit zu erlangen, ist ein Nachweis in Form der Warenverkehrsbescheinigung A.TR. zu erbringen.

△ *Warenverkehrsbescheinigung A.TR.*   *Quelle: Formularverlag Purschke + Hensel GmbH, Berlin*

Erläuterung A.TR.:

Position	Inhaltsbeschreibung
①	Angaben zum Ausführer
②	Bezeichnung Warenverkehrsbescheinigung, fortlaufende Nummer, ggf. Angabe des Frachtpapiers
③	Angaben zum Empfänger
④	Angaben zum Präferenzabkommen hier: Freihandelsabkommen der Europäischen Union mit der Türkei
⑤	Angaben zum Ausfuhrstaat
⑥	Angaben zum Bestimmungsstaat
⑦	Transportmittel
⑧	genaue Angaben zur Ware (Bezeichnung, Anzahl, Gewicht usw.)
⑨	Sichtvermerk der Zollstelle und Vergabe einer MRN (Movement Reference Number; Versandbezugsnummer)
⑩	Erklärung des Ausführers (Exporteur, Spediteur)

5.3 Speditionsdokumente

Für die Abwicklung von Speditionsgeschäften im internationalen Verkehr setzt der Spediteur unterschiedliche Dokumente ein. Diese bescheinigen die Übernahme der Güter und die Verpflichtung zur Auslieferung an den berechtigten Empfänger. In Abhängigkeit von der Qualität der Papiere werden folgende Speditionsdokument unterschieden:

Dokument	Beschreibung	Erläuterung
FCR Forwarders Certificate of Receipt	internationale Spediteurübernahmebescheinigung, Ausgabe in englischer Sprache als Standarddokument für Banken KEIN WARENWERTPAPIER	**Spediteur bescheinigt** • Warenübernahme einer genau bezeichneten Ware in äußerlich guter Beschaffenheit • zum unwiderruflichen Versand an den benannten Empfänger. • Die Auslieferung an den Empfänger erfolgt unabhängig von der Vorlage des FCR. • nachträgliche Verfügung oder Widerruf nur gegen Rückgabe des FCR • FCR ist akkreditivfähig, wenn es im Akkreditiv ausdrücklich zugelassen ist, z. B. wenn der Absender den Nachweis erbringen soll, dass er bei „ab Werk Lieferungen" seine Lieferverpflichtung erfüllt hat. Ein Widerruf ist nur gegen Vorlage des Original FCR möglich. Autorisierung durch FIATA erforderlich.

Fortsetzung nächste Seite

Dokument		Beschreibung	Erläuterung
FCT	Forwarders Certificate of Transport	internationale Spediteur-Transport-bescheingung, mit Konnossement vergleichbares Papier WARENWERTPAPIER	Spediteur bescheinigt • die unwiderrufliche Empfangnahme der Güter zum Transport • die Auslieferung der Güter nur gegen Rückgabe des FCT • Auslieferungsversprechen Die Auslieferung der Güter ist nur gegen Vorlage des Originaldokuments möglich. Der FCR ist akkreditivfähig, wenn es im Akkreditiv ausdrücklich zugelassen ist.
FBL	FIATA Multimodal Transport Bill of Lading	Spediteur-Durchkon-nossement für den kombinierten Transport mit mehreren Verkehrs-trägern (multimodaler Transport) WERTPAPIER	Spediteur bescheinigt • Empfangnahme • Beförderungsversprechen • Auslieferung an legitimierten Empfänger gegen FBL Der FBL ist begebbar (negotiable) und akkreditiv-fähig.

PRAXISBEISPIEL

Prüfen der Einhaltung der Akkreditiv-bestimmungen

Das deutsche Unternehmen MaschinenBau GmbH mit Sitz in Gera (DE) schließt einen Kaufvertrag über die Lieferung von Ersatzsteilen mit der chinesischen Firma international trading ltd. ab. Die Beförderung erfolgt mit dem Seeschiff. Vereinbart wurde im Kaufvertrag die Incoterm® 2010 CIF Shanghai. Der Vorlauf wird mit dem Lkw von Gera zum Verladehafen nach Hamburg durchgeführt.

Folgende Unterlagen liegen vor:
Bill of Lading (siehe Seite 271), Handelsrechnung (siehe Seite 263), eine Packliste und die Versicherungspolice mit einer Deckung von 110 % des CIF-Wertes nach ICC-Klauseln (siehe Seite 259)

Aufgabe:
Prüfen Sie anhand des Bill of Lading (siehe Seite 271), ob die Akkreditivbedingungen der International Bank (siehe Seite 257) erfüllt wurden.

TRANS-WORLD SHIPPING AG
Hamburg

Bill of Lading

Shipper: MaschinenBau GmbH Musterstr. 1 07545 Gera	Voyage-No. 2345	ECB-No. 3456
	Shipper's Reference 20144/B 24	
Consignee: To order to International Bank of Shanghai Sunlight BLVD 34 Shanghai, P. R. China ③	Carrier: **TRANS-WORLD SHIPPING AG** **Europe – North America Services** ①	
Notify address ⑤ International Trading ltd. Main Street 444 Yanpu, Shanghai, P. R. China		
Ocean Vessel Sunrise	Port of Loading **HAMBURG**	
Port of Discharge SHANGHAI		

Container No.s, Marks and No.s	Number and kind of packages; description of goods	Gross weight (kg)	Measurement (cbm)
	1 x 20´ - Standard container Tare ⑥	2 250 KGS	15.400
	S. T. C. 200 cartons Spare parts Total: ⑦	3 800 KGS 6 050 KGS	
FREIGHT PREPAID	**SHIPPED ON BOARD** ②	Trans- World Shipping AG 20.11.20.. *S. Schulze*	

Received by the Carrier in apparently good order an condition the goods or packages specified herein and to be discharged at the above mentioned port of discharge. The weight, measure, marks, numbers, quality, contents and value, being particulars furnished by the Shipper, are not checked by the Carrier on loading. The Shipper, Consignee and the Holder of this Bill of Lading hereby expressly accept an agreement to all printed, written or stamped provisions, exceptions an conditions of this Bill of Lading, including those on the back hereof.
In witness whereof, the Carrier or his Agent has signed Bills of Lading all of this tenor and date, one of which being accomplished, the others to stand void. Shippers are requested to note particularly the exceptions and conditions of this Bill of Lading with reference to the validity of the insurance upon their goods.

Movement: FCL/ FCL	Total No. of Containers received by the Carrier: -1-	No. of original Bs/L 3/THREE ④
Freight payable at: **HAMBURG** ⑧	Place and date of issue: Hamburg, 20.11.20..	
ORIGINAL	*M. Meyer*	Trans-World Shipping AG Hamburg

✓ LÖSUNG

Prüfkriterien	Vorgabe im Akkreditiv		Prüfergebnis
Widerspruchsfreiheit	keine Abweichungen zwischen Akkreditiv und B/L		Alle Angaben zur Ware und zu den Beteiligten stimmen überein.
Konnossement-Qualität	reines Konnossement		Liegt vor, es gibt keine Beanstandungen (keine Schäden an der Ware).
Aussteller	Reedereikonnossement	❶	Aussteller ist Trans-World Shipping AG, eine Reederei.
Bord-/Übernahme-konnossement	Bordkonnossement	❷	Shipped on Board, die Ware wurde verladen.
Namens-/Orderkonnossement	Orderkonnossement zugunsten der Importbank	❸	To order to the International Bank of Shanghai (Ordervermerk liegt vor)
voller Satz	3/Three-	❹	liegt vor
Absender/Empfänger/Notify	Notify	❺	Empfänger (Importeur) ist angegeben
Warenbeschreibung	vorgegeben	❻	stimmt mit Akkreditiv überein
Lieferbedingung	keine Teilladung Umladung erlaubt	❼	Erfüllt, es wird ein Container verschifft.
Frachtkosten	prepaid	❽	Fracht bezahlt in Hamburg
Versicherung	einzudecken		Eingedeckt 110 % CIF/ ICC gemäß Aufgabenstellung

Ergebnis:
Die Dokumente entsprechen vollumfänglich den Akkreditivbedingungen.
Es liegt ein unwiderrufliches, bestätigtes und befristetes Akkreditiv vor. Die Ware wurde innerhalb der vorgegebenen Frist verladen. Der Exporteur erhält den Kaufpreis nach Präsentation der Dokumente bei der Exportbank und eingehender Prüfung der Dokumente bei der Bank.

J Import- und Exportgeschäfte abwickeln

KAPITELEINSTIEG

Zollfreiheit der Europäischen Union

Bereits seit dem Mittelalter werden Zölle[1] erhoben. Zur damaligen Zeit waren es vor allem Geleitzölle, die zuerst vom Kaiser und später von den Territorialherren der einzelnen Städte gefordert wurden. Später im 16. Jh. bis 18. Jh. wurden Zölle in verschiedenen Ausprägungen vorrangig als wirtschaftspolitische Maßnahme zum Schutz der inländischen Wirtschaft festgesetzt. Neben besonderen Zöllen, die die Einfuhr von ausländischen Produkten verhindern sollten, existierten auch sogenannte Erziehungszölle zur Förderung der inländischen Wirtschaft und Schutzzölle zum Schutz der Märkte vor ausländischer Konkurrenz.

△ Zollbereich des Hamburger Hafens

Seit 1947 werden im Rahmen von internationalen Vereinbarungen die Zölle weltweit abgebaut, denn sie widersprechen dem Prinzip des Freihandels, da Zölle Handelshemmnisse darstellen.. Gegenwärtig wird zwischen Einfuhr- und Ausfuhrzöllen unterschieden. Durchfuhrzölle für den Transit durch ein anderes Zollgebiet sind durch allgemeine Zollabkommen inzwischen grundsätzlich verboten. Die Europäische Gemeinschaft baute bis 1968 die Binnenzölle schrittweise ab. Mit dem Inkrafttreten des Unionszollkodex (UZK) im Mai 2016 werden Handelshemmnisse weiter abgebaut und das Zollrecht der EU den Anforderungen der Datenverarbeitung angepasst. Für die Einfuhr von Gütern, die aus Nicht EU-Staaten in das Zollgebiet der Europäischen Union verbracht werden, erhebt die EU Einfuhrzölle nach einheitlichen Zollsätzen, geregelt im Zolltarif der Union. Die Zölle und Agrarabgaben betragen etwa 15 % der Haushaltseinnahmen der Europäischen Union. Zirka 4,5 Mrd. € Zolleinnahmen pro Jahr hat die Bundesrepublik Deutschland in den letzten Jahren durchschnittlich an die EU abgeführt. Um die Exportbereitschaft der Unternehmen zu stärken, werden in der EU keine Ausfuhrzölle erhoben. Freihandelsabkommen zwischen der EU und Drittländern erleichtern die Zollabwicklung mit diesen Staaten und ermöglichen die zollbegünstigte oder zollfreie Einfuhr von Waren. Diese tragen zur Förderung der Wirtschaft in den Entwicklungsländern bei und stärken aufgrund der Zollvergünstigungen bei der Einfuhr auch die nationale Wirtschaft.

△ Grenzübergang

---

1 Zölle sind Abgaben, die beim unmittelbaren Eingang von Waren in den Wirtschaftskreislauf (Einfuhrzoll) oder beim Verlassen des Wirtschaftskreislaufes (Ausfuhrzoll) erhoben werden.

1 Allgemeine Vorschriften

1.1 Rechtsgrundlagen des Außenhandels

Der Außenwirtschaftsverkehr umfasst den freien Verkehr mit Gütern, Dienstleistungen und Kapital mit dem Ausland. Einschränkungen des freien Außenwirtschaftsverkehrs regeln das EU-Recht, das Außenwirtschaftsgesetz (AWG) und die Außenwirtschaftsverordnung (AWV).

Rechtsgrundlagen Außenwirtschaftsverkehr

Nationale Vorschriften

- **Außenwirtschaftsgesetz (AWG)**: Das Außenwirtschaftsgesetz regelt den Außenwirtschaftsverkehr und den Wirtschaftsverkehr zwischen Inländern und Ausländern bezogen auf das Hoheitsgebiet der Bundesrepublik Deutschland.
- **Außenwirtschaftsverordnung (AWV)**: Die AWV ist die Verordnung zur Durchführung des deutschen Außenwirtschaftsgesetzes (Genehmigungs-, Verfahrens- und Meldebestimmungen sowie die dazugehörigen Straf- und Bußgeldvorschriften).
- **Nationale Steuergesetze**: Abgabenordnung und Verbrauchsteuergesetze treffen nationale Regelungen zur Erhebung und Zahlungsweise der Zölle und Einfuhrabgaben

EU Regelungen

- **Zollkodex der Union (UZK)**: verbindliche Vorschriften und Verfahren für die in das und aus dem Zollgebiet der Union verbrachten Waren
- **Gemeinsamer Zolltarif der Union**: Zolltarif der Europäischen Union zur Bestimmung der Einfuhr- und Ausfuhrabgaben
- **Internationale Übereinkünfte mit zollrechtlichen Vorschriften zur Anwendung in der Union**: z. B. Carnet-Verfahren

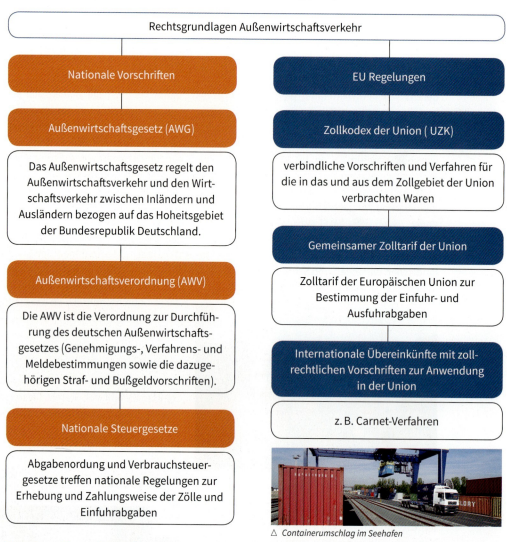

△ Containerumschlag im Seehafen

Export- und Importkontrolle

Die Rechtsvorschriften des Außenwirtschaftsverkehrs enthalten Regelungen zu Einschränkungen, die wirtschaftliche, politische oder sicherheitsrelevante Gründe haben. Die Europäische Union hat verschiedene Verordnungen zu personen- und länderbezogenen Embargos erlassen, die in nationales Recht umzusetzen sind. Insbesondere handelt es sich um die Umsetzung von internationalen Wirtschafts- und Finanzsanktionen (z. B. Waffenembargos). Für „Dual-Use-Güter", d. h. für Güter, die sowohl zivil als auch militärisch genutzt werden können, enthält das Außenwirtschaftsrecht Vorschriften zur restriktiven Exportkontrolle. Die Abwicklung des gesamten Warenverkehrs ist so geregelt, dass eine lückenlose Überwachung und Kontrolle der zollrechtlich relevanten Vorgänge durchgängig erfolgt.

> **BEISPIEL**
>
> **Dual-Use-Güter:** Eine Werkzeugmaschine kann sowohl zivil für die Herstellung von Werkzeugen als auch militärisch für die Herstellung von Rüstungsgütern genutzt werden. Soll die Ausfuhr dieser Maschine in einen Staat erfolgen, der auf der Liste der Embargoländer steht, ist dies genehmigungspflichtig.

1.2 Staatsgebiet, Zollgebiet und Freihandelszonen

△ Karte der EU-Mitgliedstaaten

Art und Umfang der zollrechtlichen Vorschriften (Anwendungsbereich) sind abhängig vom zollrechtlichen Status der beteiligten Länder. Während die Europäische Gemeinschaft das gesamte Staatsgebiet aller EU-Mitgliedstaaten in deren politischen und territorialen Grenzen umfasst, existieren Abweichungen zum Zollgebiet und damit zur Anwendung der zollrechtlichen Vorschriften der Union in diesen Gebieten. Darüber hinaus bestehen Zollunionen mit verschiedenen Europäischen Nicht-EU-Staaten und der Europäischen Union zur Vereinfachung des Warenhandels.

Gebietsstruktur

Mitgliedstaaten der EU: Belgien, Bulgarien, Dänemark, Deutschland, Estland, Finnland, Frankreich, Griechenland, Irland, Italien, Kroatien Lettland, Litauen, Luxemburg, Malta, Niederlande, Österreich, Polen, Portugal, Rumänien, Schweden, Slowakei, Slowenien, Spanien, Tschechische Republik, Ungarn, Vereinigtes Königreich[1], Zypern

Zollgebiet der Union: EU Mitgliedsländer mit Ausnahme der folgenden Gebiete:

Dänemark	Färöer Inseln, Grönland
Deutschland	Büsingen, Insel Helgoland
Frankreich	französische überseeische Länder und Hoheitsgebiete
Italien	Livigno, Campione d'Italia, Teil des Luganer Sees
Niederlande	außereuropäische Gebiete
Spanien	Ceuta, Melilla

Zollgebiet der Union aufgrund besonderer Verträge:
Frankreich-Fürstentum Monaco
Zypern-Hoheitszonen Akrotiri/Dhekelia

Europäische Freihandelszone EFTA: Island, Liechtenstein, Norwegen, Schweiz

BEISPIEL

Ein Deutscher Unternehmer beliefert eine Gaststätte auf der Insel Helgoland mit Lebensmitteln. Die Insel Helgoland gehört zum Staatsgebiet der Bundesrepublik Deutschland, allerdings nicht zum Zollgebiet der Union. Deshalb werden Warenlieferung dorthin als Export behandelt.

Im Außenhandel treffen verschiedene nationale und internationale Rechtsvorschriften aufeinander. Grundsätzlich sind internationale Vorschriften zu berücksichtigen. Das EU-Recht geht dem nationalen Recht vor. Zu beachten ist, dass die politischen Grenzen eines Landes, die sogenannten Staatsgebiete, nicht immer mit dem Zollgebiet identisch sind.

Begriff	Erklärung
Inland	das Staatsgebiet der Bundesrepublik Deutschland
Ausland	das Gebiet, das kein Inland ist
Gemeinschaftsgebiet	das Staatsgebiet der Mitgliedstaaten der Europäischen Union
Drittland	Staatsgebiete, die weder Inland noch Gemeinschaftsgebiet sind

---

[1] Volksabstimmung Austritt aus EU (Brexit) - Juni 2016

1.3 Internationale Abkommen

Internationale Abkommen, die auch das Zollgebiet der Union betreffen werden über Rechtsakte der Union in das Zollrecht der Union übernommen. Die Carnet-Verfahren als internationale Versandverfahren werden im **U**nions**z**oll**k**odex (UZK) dem Versand zugeordnet.

1.3.1 Carnet-Verfahren

Das Carnet TIR und das Carnet ATA sind selbstständige Zollverfahren mit Drittländern aufgrund internationaler Abkommen. Die Verfahren dienen der Vereinfachung von Zollformalitäten zwischen den beteiligten Ländern. Carnet ist die französische Bezeichnung für „Heft" und bezeichnet das bei diesen Verfahren jeweils zu verwendende Zollpapier.

MERKE

Carnet-Verfahren sind selbstständige Zollverfahren, die aufgrund der jeweiligen Rechtsvorschrift durchzuführen sind. Im Unionszollkodex werden sie dem Versand (externer und interner) zugeordnet.

1.3.2 Carnet TIR[1]

Merkmale	Inhalt
Rechtsgrundlage	Das TIR-Verfahren dient der Erleichterung des internationalen Warentransports mit Straßenfahrzeugen. Internationales Zollpapier für die Güterbeförderung auf Straßen unter zollamtlicher Überwachung der beteiligten Zollverwaltungen. Ursprünglich für die Beförderung im Straßenverkehr konzipiert, inzwischen genügt Teilstrecke. Im Zollgebiet der Union erfolgt die Carnet-Abfertigung im NCTS-System und im ATLAS-System (s. S. 283).
Bedeutung	Zollverschlussanerkenntnis, Passieren der Zollgrenzen ohne Gestellung und Nämlichkeitssicherung. Kontrolle der Unversehrtheit der Plomben. Zollversandverfahren; 68 Länder der Welt
Einfuhrabgaben	Einfuhrabgaben werden erst an der Bestimmungszollstelle erhoben.
Anwendungsbereich	Anwendung für die Beförderung von Unionsware und Nicht-Unionsware, auch wenn beides in einem Behälter transportiert wird. Anwendungsbereich beginnt, wo der Anwendungsbereich des Unionsversands endet, gegenwärtig an den Grenzen von EU und EFTA.
Fahrzeuge und Behälter	Fahrzeuge und Behälter müssen zollsicher sein und zur Beförderung unter Zollverschluss zugelassen sein. Kennzeichnung der Fahrzeuge vorn und hinten mit je einer TIR Tafel (25 cm x 40 cm); Buchstaben TIR. mindestens 20 cm hoch und 2 cm breit, weiß auf blauem Grund, sichtbare Anbringung, abnehmbar. Befestigung am Fahrzeug muss durch Zollverschluss gesichert werden können.

Fortsetzung nächste Seite

---

1 TIR (frz.) = Transport International de Marchandises par la Route

Merkmale	Inhalt
Carnet TIR	Zollbegleitscheinheft, wird für jedes Fahrzeug bzw. jeden Behälter gesondert erstellt, gültig für eine Fahrt i. d. R. zwei Monate, für Lastzüge wird nur ein Carnet TIR erstellt. Dieser besteht aus mehreren Abschnitten, an jeder Zollstelle wird einer entnommen (ungerade Nr. – weiß, Entnahme bei Annahme; gerade Nr. – grün, Entnahme bei Erledigung).
Warenmanifest (Ladungsverzeichnis)	ist in der Sprache des Abgangslands auszufüllen, Übersetzung kann verlangt werden, Zusatzblätter sind erlaubt
Aussteller	Internationale Straßentransportunion (IRU-International Road Transport Union/Union International des Routiers)
Ausgabe	in Deutschland BGL oder eine seiner Organisationen gegen Gebühr
Haftungsumfang der Verbände	ausgebender Verband tritt als Bürge auf (60.000,00 € je Carnet TIR.), keine Haftung für Geldstrafen des Carnet-TIR-Inhabers, Abgabenbefreiung für durch Unfall untergegangene oder verlorengegangene Waren
Grenzübertritt innerhalb der EG	Abgabe bei der jeweiligen Grenzeingangsstelle genügt, diese erledigt die Förmlichkeiten für die Ausgangszollstelle mit
Rückgabe	Erledigtes Carnet TIR muss an eine Kontrollstelle zurückgeben werden. In Deutschland erfolgt die Erledigung bei den Zollstellen.
Ablauf	Gestellung der Ware und Eröffnung Carnet TIR an der Abgangszollstelle, Gestellung an der Bestimmungszollstelle, Prüfen der Übereinstimmung zwischen Ware und Warenmanifest, Beendigung des Carnet TIR mit Zahlung der Zölle und Abgaben

MERKE

Mehrere Abgangs- und Bestimmungszollstellen sind zulässig, wenn die Abgangszollstellen nur in einem Teilnehmerstaat und die Bestimmungszollstellen in nicht mehr als zwei Teilnehmerstaaten liegen. Insgesamt dürfen es nicht mehr als vier Abgangs- und Bestimmungszollstellen sein.

Zollstellen – Carnet TIR

Zollstellen	Erklärung
Abgangszollstelle	Zollstellen der Teilnehmerstaaten, bei denen die Warenbeförderung für die Gesamtladung oder eine Teilladung beginnt
Bestimmungszollstelle	Zollstellen der Teilnehmerstaaten, bei denen die Warenbeförderung für die Gesamtladung oder eine Teilladung endet
Durchgangszollstelle	Zollstellen der Teilnehmerstaaten an der Grenze, die während der Warenbeförderung berührt werden
Eingangszollstelle	Durchgangszollstellen beim Eingang
Ausgangszollstellen	Durchgangszollstellen beim Ausgang

△ *Kennzeichnung Carnet TIR*

△ Muster eines Carnet TIR

Erläuterungen zum Formular:

❶	Angaben zur Abgangszollstelle
❷	Carnet-Nummer (wird vom ausgebenden Verband vorgegeben)
❸	vollständige Angaben zum Inhaber einschließlich ID-Nummer sowie der EORI[1]-Kennnummer (Stempel empfohlen) Ausgangsland/-länder, Bestimmungsland/-länder
❹	Kennzeichen des Fahrzeugs (Nummernschild), der Zugmaschine und des/der Laderaums/-räume
❺	Beigefügte Dokumente (CMR, Packliste usw.)
❻	Laderäume (getrennte Angaben für jeden Laderaum), Kollimarkierungen, Nummer und Art der Kolli sowie Warenbeschreibung, 6-stelliger Warencode, Warengewicht in kg
❼	Name(n) der Bestimmungszollstelle(n) und die Anzahl der Kolli, die jeweils ausgeliefert werden
❽ ❾ ❿ ⓫ ⓬	Vermerk der beteiligten Zollstellen (Abgangszollstelle/n), Durchgangszollstellen, Bestimmungszollstelle

BEISPIEL

Ein in Frankfurt/Oder ansässiger deutscher Exporteur beauftragt eine in Berlin ansässige Spedition mit der Beförderung von Maschinenteilen (Unionsware) von Frankfurt/Oder nach Nishni Nowgorod (Russland/RU). Die Beförderung erfolgt über Polen (PL) und Weißrussland (BY).
Grenzübergänge: Frankfurt/Oder, Terespol/Brest, Asinouka/Kransoa.
Bei diesem Transport wird Unionsware in ein Drittland (Russland) befördert. Für den Transport ist ein Carnet TIR zu eröffnen. Die Ware ist an der Abgangszollstelle in Frankfurt/Oder zu gestellen.

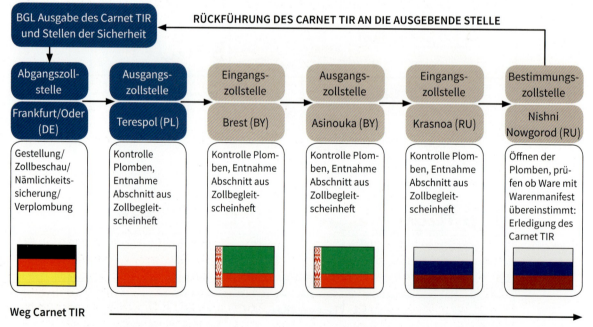

---

[1] EORI = Economic Operators Registration and Identification Number – Nummer zur Registrierung und Identifizierung von Wirtschaftsbeteiligten

1.3.2 Carnet ATA

Ein Carnet ATA[1] findet Anwendung für Güter, die vorübergehend aus dem Zollgebiet der Union ausgeführt werden. Die hauptsächlichen Anwendungsgebiete des Carnet ATA sind Handelsmessen mit internationaler Beteiligung.

Merkmale	Inhalt
Rechtsgrundlage	Das Carnet ATA ist ein internationales Zollbegleitscheinheft. Dem Verfahren sind alle Länder angeschlossen, die Mitglied der internationalen Handelskammer sind.
Anwendung	Wird für Güter, die nur zur vorübergehenden Verwendung, Ausstellung oder Vorführung in einem Drittland aus der EU ausgeführt werden (z. B. Messegut, Ausrüstungsgegenstände für Künstler, Montagewerkzeuge), verwendet.
Aussteller	Die Ausstellung des Carnet ATA erfolgt durch die zuständige IHK gegen Gebühren in Abhängigkeit von dem Wert der Güter einschließlich Versicherung.
Einfuhrabgaben	Die Ausfuhr erfolgt zollfrei, ebenso die Wiedereinfuhr. Die Güter müssen in unveränderter Form wieder eingeführt werden.
Ablauf	Jede Durchgangszollstelle erteilt einen Zollvermerk und entnimmt ein Blatt aus dem Carnet ATA. Nach Beendigung des Verfahrens ist das Carnet an die IHK zurückzugeben.

MERKE

Verbleiben die Güter oder Teilsendungen im Drittland, muss dort die Abfertigung zum freien Verkehr erfolgen.

BEISPIEL

Ein in Deutschland ansässiges Unternehmen will Maschinen auf einer Messe in Oslo ausstellen. Nach Beendigung der Messe werden die Maschinen unverändert wieder nach Deutschland zurückgebracht. Zur Anwendung kommt hier das Carnet ATA unter Verwendung des bei der jeweiligen IHK erhältlichen Vordrucks.

1.4 Außenwirtschaftliche Begriffe

Das Außenwirtschaftsgesetz unterscheidet, ausgehend von Definitionen zum Inland und zum Ausland, zwischen Export und Import. Werden die Exporte und Importe mit Volkswirtschaften getätigt, die zum Zollgebiet der Union gehören, spricht man vom Intrahandel. Alle anderen grenzüberschreitenden Handlungen werden dem Extrahandel zugeordnet. Der Intrahandel ist zollfrei. Die Erfassung und Überwachung der Export- und Importvorgänge innerhalb des Gemeinschaftsgebiets erfolgt über das nationale Umsatzsteuerrecht. Dazu erhalten die beteiligten Unternehmen eine Umsatzsteueridentifikationsnummer und geben die innergemeinschaftlichen Lieferungen und

---

1 ATA (frz.) = Admission Temporaire = zeitweilige Erlaubnis

Leistungen (Export) sowie die innergemeinschaftlichen Erwerbe (Import) in der Umsatzsteuererklärung und zusätzlich in einer dafür gesondert vorgesehen zusammenfassenden Meldung an. Der Extrahandel wird im Rahmen der Zollverfahren, z. B. über die Zollanmeldung, erfasst und nachgewiesen.

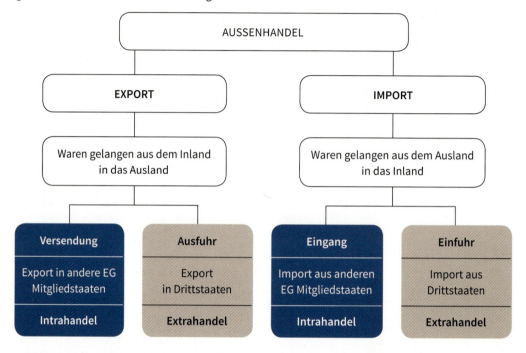

BEISPIEL

Ein Mitarbeiter des Papstes kauft bei einem Buchhändler in Italien (Rom) Bücher für die Bibliothek des Vatikans. Diese werden mit dem Lkw in die Vatikanstadt geliefert. Es liegt ein Export von Italien nach Vatikanstadt vor. Da es sich bei der Vatikanstadt um ein Drittland handelt, tätigt der italienische Buchhändler eine Ausfuhr und der Vatikan eine Einfuhr.

2 Das Zollrecht der Europäischen Union

2.1 Allgemeine Grundlagen

Das Außenwirtschaftsgesetz der Bundesrepublik Deutschland folgt den Anforderungen des Zollrechts der Union. Für alle Mitgliedstaaten der EU gelten sowohl für den Handel miteinander als auch mit den Drittländern einheitliche zollrechtliche Vorschriften. Im **U**nions**z**oll**k**odex (UZK) und im gemeinsamen Zolltarif der Union werden alle für das Erheben von Zöllen relevanten Vorschriften einheitlich für das Gemeinschaftsgebiet geregelt.

MERKE

Es gilt der Grundsatz: EU-Recht vor nationalem Recht. Die Umsetzung auf nationaler Ebene ist zwingend.

2.2 Grundsatz der elektronischen Datenverarbeitung

Die Zollvorschriften der Union, insbesondere der Unionszollkodex, schreiben zwingend die Abwicklung von zollrechtlich relevanten Vorgängen über die elektronische Datenverarbeitung (Art. 6 Abs. 1 UZK) vor. Die Erstellung von Zolldokumenten in Papierform ist die Ausnahme, z. B. im privaten Reiseverkehr. Bereits seit 2005 ist der externe und interne Versand von Waren zwischen zwei Orten im Zollgebiet der Union nur noch auf elektronischem Weg möglich, seit 2009 wird die Ausfuhr aus dem Zollgebiet der Union über IT-Verfahren abgewickelt. Zu diesem Zweck sind alle Wirtschaftsbeteiligten und alle zollrechtlich relevanten Vorgänge zu erfassen.

Übersicht zu den IT-Verfahren

Elektronische Verfahren	Anwendungsbereich
New **C**omputerized **T**ransit **S**ystem (NCTS)	IT-System zur elektronischen Abwicklung von Versandverfahren
Automated **E**xport **S**ystem (AES)	zur elektronischen Abwicklung der Ausfuhrverfahren
Automatisiertes **T**arif- und **l**okales Zoll**a**bwicklungs**s**ystem (ATLAS)	ATLAS ist das in Deutschland verwendete IT-Verfahren, mit dessen Hilfe alle Zollverfahren elektronisch erfasst und abgewickelt werden können.

△ Atlas-Logo

Zur Umsetzung der Anforderung, alle Zollverfahren elektronisch abzuwickeln, müssen umfangreiche technische Voraussetzungen geschaffen werden. Zurzeit verfügen die Mitgliedstaaten der EU in der Regel über eigene und damit unterschiedliche IT-Lösungen. Bis 2020 sieht der Unionszollkodex eine Vereinheitlichung vor. Um die elektronische Verarbeitung zu ermöglichen, müssen die Daten so verschlüsselt werden, dass eine Zuordnung zu den zollrechtlich relevanten Vorgängen eindeutig möglich ist. Bisher diente ein achtseitiger Dokumentensatz im Durchschreibeverfahren dazu, jedem Verfahren (z. B. Import, Export) farblich unterschiedliche Vordrucke zuzuordnen. Mit der Anwendung von IT-Verfahren wird jeder Vorgang über Zahlen oder Buchstabencodes verschlüsselt.

Elektronische Erfassung

Bezeichnung	Beschreibung	Anwendung
EORI Economic Operators Registration and Identification System EU-Zollidentifizierungs- und Registrierungssystem	Registrierung und Identifizierung von Unternehmen und Privatpersonen zu zollrechtlichen Zwecken Länderkürzel + 15-stellige Nummernkombination Beispiel: (DE für Deutschland) **DE 001234567890034**	erforderlich ab dem ersten Export- oder Importvorgang, Bedingung für Atlasausfuhr Internetzollanmeldung

Bezeichnung	Beschreibung	Anwendung
MRN Movement Reference Number (Zoll-Identifizierungs-Nummer)	Die Movement Reference Number ist die Nummer, die jeder Sendung beim Ausfuhrverfahren mittels ATLAS zugeordnet wird. Für den kompletten Ausfuhrvorgang bleibt diese Nummer gleich. MRN 09DE100200085292E3	Bei Anmeldung von Waren beim Zoll bestätigt dieser auf elektronischem Wege die Zollanmeldung und teilt dem Versender eine MRN-Nummer mit.

2.3 Beteiligte am Zollverfahren

Bezeichnung	Beschreibung der Stellung im Zollverfahren
Anmelder	Dies ist die Person, die im eigenen Namen eine Zollanmeldung, eine Anmeldung zur vorübergehenden Verwahrung, eine summarische Eingangsanmeldung, eine summarische Ausgangsanmeldung, eine Wiederausfuhranmeldung oder eine Wiederausfuhrmitteilung abgibt, oder die Person, in deren Namen diese Anmeldung oder Mitteilung abgegeben wird. (Person muss im Zollgebiet der Union ansässig bzw. in der Lage sein, die Ware zu gestellen.)
Ausführer	Dies ist die Person, für deren Rechnung die Ausfuhranmeldung abgegeben wird und die zum Zeitpunkt der Anmeldung Eigentümer der Waren ist.
Beförderer	Dies ist beim Eingang von Waren die Person, die die Waren in das Zollgebiet der Union verbringt oder für die Verbringung der Waren in das Zollgebiet der Union verantwortlich ist, im Zusammenhang mit dem Ausgang von Waren die Person, die die Waren aus dem Zollgebiet der Union verbringt oder für die Verbringung der Waren aus dem Zollgebiet der Union verantwortlich ist.
Besitzer der Waren	Dies ist die Person, die Eigentümer der Waren ist oder eine ähnliche Verfügungsbefugnis besitzt, beziehungsweise in deren tatsächlicher Verfügungsgewalt sich die Waren befinden.
Inhaber des Verfahrens	Dies ist a) die Person, die die Zollanmeldung abgibt oder in deren Auftrag diese Anmeldung abgegeben wird, oder b) die Person, der die Rechte und Pflichten hinsichtlich eines Zollverfahrens übertragen wurden.
Wirtschaftsbeteiligter	Dies ist eine Person, die im Rahmen ihrer Geschäftstätigkeit mit Tätigkeiten befasst ist, die durch die zollrechtlichen Vorschriften abgedeckt sind.
Zollbehörden	Dies sind die für die Anwendung der zollrechtlichen Vorschriften zuständigen Zollverwaltungen der Mitgliedstaaten und sonstige nach einzelstaatlichem Recht zur Anwendung bestimmter zollrechtlicher Vorschriften ermächtigte Behörden.
Zollvertreter	Dies ist jede Person, die von einer anderen Person dazu bestellt wurde, für deren Geschäftsverkehr mit den Zollbehörden die Handlungen vorzunehmen und Formalitäten zu erfüllen, die im Rahmen der zollrechtlichen Vorschriften erforderlich sind.

2.3.1 Zugelassener Wirtschaftsbeteiligter

Mit dem Abbau von Zollkontrollen und dem Gewähren von Zollvereinfachungen dürfen Sicherheitsaspekte nicht außer Acht gelassen werden. Je nach Art der in Anspruch genommenen Vereinfachungen müssen die Wirtschaftsbeteiligten die Erfüllung bestimmter Voraussetzungen nachweisen. Liegen diese vor, erhalten Sie den Status als zugelassener Wirtschaftsbeteiligter (**A**uthorized **E**conomic **O**perator, AEO). Im Gegenzug bringen diese Erleichterungen Zeit- und Kostenersparnis für alle Wirtschaftsbeteiligten.

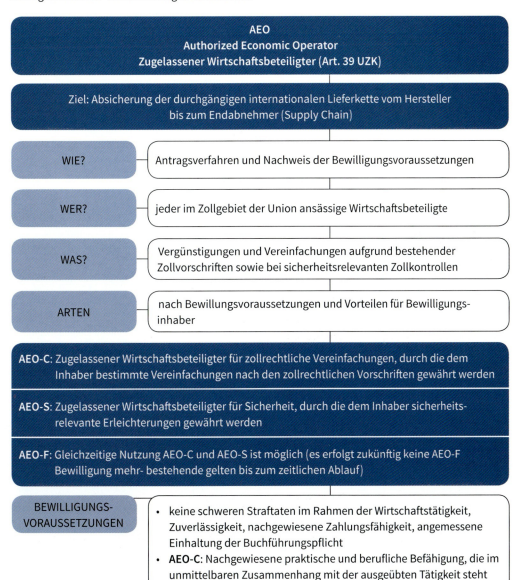

AEO
Authorized Economic Operator
Zugelassener Wirtschaftsbeteiligter (Art. 39 UZK)

Ziel: Absicherung der durchgängigen internationalen Lieferkette vom Hersteller bis zum Endabnehmer (Supply Chain)

- **WIE?** Antragsverfahren und Nachweis der Bewilligungsvoraussetzungen
- **WER?** jeder im Zollgebiet der Union ansässige Wirtschaftsbeteiligte
- **WAS?** Vergünstigungen und Vereinfachungen aufgrund bestehender Zollvorschriften sowie bei sicherheitsrelevanten Zollkontrollen
- **ARTEN** nach Bewilligungsvoraussetzungen und Vorteilen für Bewilligungsinhaber

AEO-C: Zugelassener Wirtschaftsbeteiligter für zollrechtliche Vereinfachungen, durch die dem Inhaber bestimmte Vereinfachungen nach den zollrechtlichen Vorschriften gewährt werden

AEO-S: Zugelassener Wirtschaftsbeteiligter für Sicherheit, durch die dem Inhaber sicherheitsrelevante Erleichterungen gewährt werden

AEO-F: Gleichzeitige Nutzung AEO-C und AEO-S ist möglich (es erfolgt zukünftig keine AEO-F Bewilligung mehr- bestehende gelten bis zum zeitlichen Ablauf)

BEWILLIGUNGSVORAUSSETZUNGEN
- keine schweren Straftaten im Rahmen der Wirtschaftstätigkeit, Zuverlässigkeit, nachgewiesene Zahlungsfähigkeit, angemessene Einhaltung der Buchführungspflicht
- **AEO-C**: Nachgewiesene praktische und berufliche Befähigung, die im unmittelbaren Zusammenhang mit der ausgeübten Tätigkeit steht
- **AEO-S**: Angemessene Sicherheitsstandards durch Nachweis angemessener Maßnahmen zur Aufrechterhaltung der internationalen Lieferkette

2.3.2 Spediteur als zugelassener Wirtschaftsbeteiligter AEO-C

Der Spediteur übernimmt als organisierender Spediteur für den Kunden auch die Aufgaben zur zollrechtlichen Abwicklung des Auftrags. Soweit die Beteiligten die ADSp 2016 vereinbaren, erfolgt die Regelung in Ziffer 5 ADSp 2016. Spediteure sind daher in der Regel Bewilligungsinhaber der AEO-C. Die Vorteile können der nachfolgenden Übersicht entnommen werden.

Regelungen und Vorteile für den zugelassenen Wirtschaftsbeteiligten mit AEO-C

Zugelassener Wirtschaftsbeteiligter mit AEO-C **ist Voraussetzung** für	• Wahrnehmung der unionsweiten Zollvertretung • Bewilligung einer Gesamtsicherheit und einer reduzierten Gesamtsicherheit für Zollschulden
Inhaber einer Bewilligung als zugelassener Wirtschaftsbeteiligter mit AEO-C **erfüllt die Voraussetzungen für**	• ordnungsgemäße Durchführung eines Verwahrungslagers • Führen geeigneter Aufzeichnungen bei Verwahrungslagern • Bewilligung von besonderen Verfahren • Einsatz von Ersatzwaren
Bewilligungen, die nur dem zugelassener Wirtschaftsbeteiligter AEO-C erteilt werden	• Bewilligung einer reduzierten Gesamtsicherheit für entstandene Zollschulden • Befreiung von der Gestellungsbefreiung bei zufriedenstellender Buchführung des Anmelders • Zentrale Zollanmeldung • Eigenkontrolle

2.4 Auswahl des Zollverfahrens

Sofern nichts anderes bestimmt ist, kann der Anmelder das Zollverfahren, in das die Waren überführt werden sollen, frei wählen. Zu beachten sind dabei die für das jeweilige Verfahren geltenden Voraussetzungen. Alle im Zollgebiet der Union befindlichen Waren werden als Unionswaren behandelt, soweit nicht der Nachweis erbracht ist, dass es sich um Nicht-Unionswaren handelt.

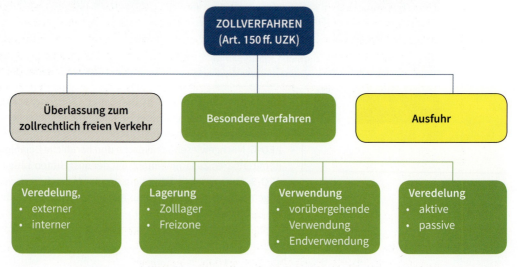

2.5 Zollanmeldung

Zur Eröffnung bzw. Nutzung eines Zollverfahrens bedarf es der Zollanmeldung. Diese hat grundsätzlich vor dem Verbringen von Waren in das Zollgebiet der Union oder aus dem Zollgebiet der Union zu erfolgen. Zollanmeldungen sind fristgebunden. Anmelder kann nur sein, wer im Zollgebiet der Union ansässig ist oder in der Lage ist, die Ware zu gestellen (Art. 158 ff. UZK).

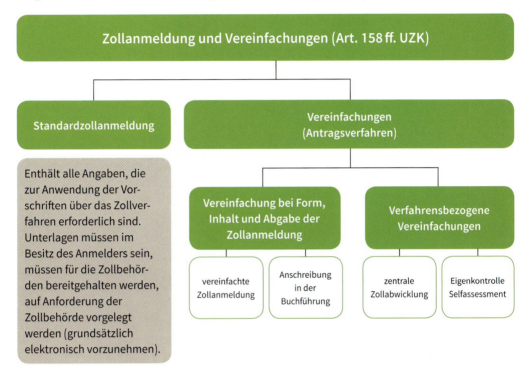

BEISPIEL

Ein deutsches Unternehmen für optische Geräte in Jena schließt einen Kaufvertrag mit einem japanischen Unternehmen mit Sitz in Kyoto über Mikroskope mit einem Warenwert von 2.000.000,00 € ab. Vereinbart wird die Lieferklausel Incoterm® 2010 EXW Jena. Der Transport erfolgt mit dem Seeschiff. Ausgangszollstelle ist Hamburg-Waltershof. Exporteur und Importeur haben im Kaufvertrag vereinbart, dass der Eigentumsübergang am Lieferort (Werk Jena) erfolgen soll. Der japanische Unternehmer ist zum Zeitpunkt der Zollanmeldung bereits Eigentümer. Zollrechtlicher Anmelder ist der deutsche Exporteur, da er im Zollgebiet der Union ansässig ist. Alternativ besteht für den japanischen Importeur die Möglichkeit, sich im Zollgebiet der Union von einem Gebietsansässigen (z. B. Spediteur) vertreten zu lassen.

2.5.1 Standardzollanmeldung

Soweit keinerlei Zollvereinfachungen in Anspruch genommen werden, erfolgt in Abhängigkeit vom Zollverfahren eine Standardzollanmeldung. Das jeweilige Zollverfahren (siehe Seite 286) schreibt vor, welche Unterlagen vorzulegen und welche Formalitäten einzuhalten sind. Für die Einfuhr und die Ausfuhr sind summarische Anmeldungen vorzunehmen.

Summarische Eingangsmeldung	Dies ist die Handlung, durch die eine Person die Zollbehörden in der vorgeschriebenen Art und Weise und innerhalb einer bestimmten Frist darüber informiert, dass Waren in das Zollgebiet der Union verbracht werden.
Summarische Ausgangsmeldung	Dies ist die Handlung, durch die eine Person die Zollbehörden in der vorgeschriebenen Art und Weise und innerhalb einer bestimmten Frist darüber informiert, dass Waren aus dem Zollgebiet der Union verbracht werden.

Erläuterung zu den Vereinfachungen

Grundsätzlich muss für die Inanspruchnahme einer Zollvereinfachung ein Antrag bei der zuständigen Zollbehörde gestellt werden. Die erforderlichen Voraussetzungen für die Vereinfachungen erfüllen zugelassene Wirtschaftsbeteiligte (siehe Seite 285) AEO-C und AEO-S je nach Verfahren.

Vereinfachungen in der Form, bei dem Inhalt und bei der Abgabe der Zollanmeldung

Vereinfachte Zollanmeldung	Dabei handelt es sich um eine Zollanmeldung (i. d. R. Vorabmeldung) mit reduziertem Datensatz, es müssen nicht alle Angaben und alle Unterlagen beigebracht werden (siehe Seite 287). Werden Daten im Nachhinein noch erbracht oder ergänzt (z. B. bei der Gestellung) liegt eine ergänzende Zollanmeldung vor.
Anschreibung in der Buchführung	Die Wirtschaftsbeteiligten nehmen die Zollanmeldung in der Buchhaltung unter Nutzung der hinterlegten und gepflegten Daten vor. Dazu wird z. B der Eingang der Ware in der Buchhaltung als Zugang einschließlich aller zollrelevanter Angaben erfasst. Die Zollbehörden müssen jederzeit Zugang zu diesen Daten haben, außerdem sind Meldungen gemäß den Zollvorschriften vorzunehmen.

Verfahrensbezogene Vereinfachungen

Zentrale Zollabwicklung	Der Ort der Gestellung (z. B. Grenze) und der Zollanmeldung/Zollschuldentstehung (Sitz des Anmelders) weichen voneinander ab (z. B. Gestellung in den Niederlanden und Zollanmeldung in Deutschland).
Eigenkontrolle Selfassessment	Zollformalitäten, die der Zollbehörde obliegen, werden vom Wirtschaftsbeteiligten vorgenommen.

Diese verfahrensbezogenen Vereinfachungen setzen ein einheitliches Datenverarbeitungssystem bei den Zollbehörden voraus. Gegenwärtig arbeiten die Zollbehörden im Unionsgebiet mit unterschiedlichen Softwarelösungen, sodass eine Anwendung dieser Verfahren voraussichtlich erst 2020 möglich sein wird.

2.5.2 Gestellung

Vor der Überführung in ein Zollverfahren müssen die Waren bei den Zollbehörden gestellt werden (Art. 139 f. UZK). Nach Erfüllung der Zollformalitäten und Überprüfung der Waren durch die Zollbehörden erfolgt die Überlassung in das jeweilige Zollverfahren.

Gestellung

Dies ist die Mitteilung an die Zollbehörden, dass Waren bei der Zollstelle oder an einem anderen von den Zollbehörden bezeichneten oder zugelassenen Ort eingetroffen sind und für Zollkontrollen zur Verfügung stehen.

Frist

Erfolgt die Abgabe der Zollanmeldung vor der Gestellung, muss die Ware innerhalb von 30 Tagen gestellt werden.

Zollbeschau und Nämlichkeitssicherung

Prüfen von Zollanmeldung und Unterlagen, Forderung weiterer Unterlagen, Beschau der Waren, Entnahme von Proben und Mustern

Zollbefund

Ergebnis der Überprüfung ist der Zollbefund. Die Zollbehörde hält die Nämlichkeit (u. a. Menge, Gattung, Beschaffenheit) der Ware zum Zweck der Wiedererkennung fest. Dies ist Voraussetzung für die Anwendung der Vorschriften über das jeweilige Zollverfahren.

Verzicht auf Gestellung

Keine Beschau, die Angaben werden aus der Zollanmeldung übernommen.
Voraussetzung: AEO-C oder AEO-F

MERKE

Nicht-Unionsware befindet sich zwischen Gestellung und Zollverfahren bzw. Wiederausfuhr (Art 5 Nr. 17 UZK) in der vorübergehenden Verwahrung der Zollbehörde und darf nicht verändert werden.

2.5.3 Zollstellen für die Zollverfahren nach UZK

Der UZK unterscheidet in Abhängigkeit vom Zollverfahren die folgenden Zollstellen:

Zollstellen	Beschreibung	Verfahren
Ausfuhrzollstelle	Zollstelle, in deren Bezirk der Ausführer seinen Sitz hat oder in deren Bezirk die Ware verladen oder verpackt wird	Ausfuhr, Wiederausfuhr
Ausgangszollstelle	Zollstelle, über die die Waren in ein Drittland verbracht werden; die letzte Zollstelle vor Ausgang der Waren aus dem Zollgebiet der Union	Ausfuhr, Wiederausfuhr
Eingangszollstelle	Zollstelle, an der die Nicht-Unionswaren in das Zollgebiet der Union verbracht werden	Einfuhr, Wiedereinfuhr
Bestimmungszollstelle	Zollstelle, bei der das Zollverfahren beendet wird	externer Versand
Abgangszollstelle	Zollstelle, bei der der externe Unionsversand beginnt	externer Versand

2.5.4 Zollvertretung

Die Verantwortung des Spediteurs für die Besorgung der Ausfuhr wird im UZK Art. 5 Nr. 6 durch die Art der Vertretung bestimmt.

Handelt der Spediteur als indirekter Vertreter, also im eigenen Namen, aber für Rechnung des Exporteurs, dann wird er zum Inhaber des Verfahrens. Tritt der Spediteur hingegen als direkter Vertreter auf, dann ist der Exporteur der Inhaber des Verfahrens.

Gegenüberstellung der Arten der Zollvertretung

Direkte Vertretung
Zollvertreter handelt im Namen und für Rechnung der anderen Person.

EUROPÄISCHE GEMEINSCHAFT
2 Versender/Ausführer   Nr. DE001234567890005
MaschinenBau GmbH Musterstr. 1 07545 Gera
8 Empfänger   Nr.
International Trading ltd. Main Street 444 Yanpu, Shanghai, P. R. China
14 Anmelder/Vertreter   Nr. DE001234567890005
MaschinenBau GmbH Musterstr. 1 07545 Gera
54 Ort und Datum Gera, IMPEX SpeditionsGmbH Unter der Brücke 1 07545 Gera Susi Sorglos *S. Sorglos* Unterschrift und Name des Anmelders/Vertreters

Indirekte Vertretung
Zollvertreter handelt im eigenen Namen, aber für Rechnung der anderen Person.

EUROPÄISCHE GEMEINSCHAFT
2 Versender/Ausführer   Nr. DE001234567890005
MaschinenBau GmbH Musterstr. 1 07545 Gera
8 Empfänger   Nr.
International Trading ltd. Main Street 444 Yanpu, Shanghai, P. R. China
14 Anmelder/Vertreter   Nr. DE00000098765432101
Impex Speditions GmbH Unter der Brücke 1 07545 Gera
54 Ort und Datum Gera, IMPEX SpeditionsGmbH Unter der Brücke 1 07545 Gera Susi Sorglos *S. Sorglos* Unterschrift und Name des Anmelders/Vertreters

BEISPIEL

Die MaschinenBau GmbH Gera (DE) exportiert Maschinenteile an eine Firma in China. Mit der gesamten Exportabwicklung wird die Spedition IMPEX beauftragt. Die Spedition IMPEX handelt vereinbarungsgemäß im Namen und für Rechnung der MaschinenBau GmbH. MaschinenBau GmbH ist Ausführer und Anmelder, Spedition IMPEX ist direkter Vertreter.

2.5.5 Sicherheiten

Für die Inanspruchnahme von Zollvereinfachungen schreibt der UZK neben den besonderen Anforderungen an die Verfahrensbeteiligten in den meisten Fällen den Nachweis von Sicherheiten vor.

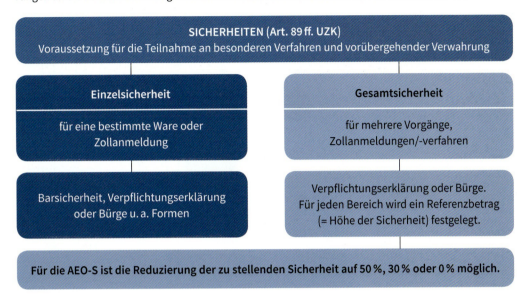

3 Anwendungsvorschriften für Zollverfahren

3.1 Überlassung zum zollrechtlich freien Verkehr

Werden Nicht-Unionswaren auf den Unionsmarkt verbracht und sollen endgültig in den Wirtschaftskreislauf eingehen, sind diese in den zollrechtlich freien Verkehr zu überführen. Dies gilt auch für solche Nicht-Unionswaren, die dem Zollgebiet der Union für die private Nutzung oder den privaten Verbrauch zugeführt werden. Mit der Überlassung zum zollrechtlich freien Verkehr erfolgt ein Statuswechsel von Nicht-Unionswaren zu Unionswaren. Die Waren unterliegen dann nicht mehr der zollamtlichen Überwachung.

BEISPIEL

Überlassung zum zollrechtlich freien Verkehr

Die Impex GmbH Leipzig importiert Rohkaffee (Nicht- Unionswaren) aus Afrika. Die Ware wird in einem Container mit dem Seeschiff nach Hamburg befördert und soll beim Eingang in das Zollgebiet der Union verzollt werden. Der Importeur (Inhaber des Verfahrens und Zollanmelder) meldet den Import mindestens 24 Stunden vor dem Eintreffen bei der Zollstelle Hamburg Waltershof an. Der Ablauf des Verfahrens wird nachfolgend (siehe Seite 292) dargestellt.

Überlassen zum zollrechtlich freien Verkehr

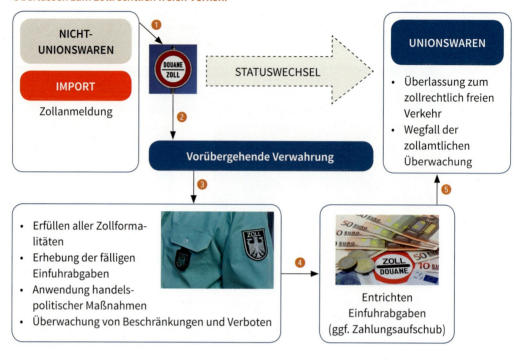

Erläuterungen zur Darstellung

❶	Der Inhaber des Verfahrens (Anmelder) übermittelt die Daten vor Eintreffen der Waren im Zollgebiet der Union vorab elektronisch an die Eingangszollstelle. Diese prüft die Angaben in der Zollanmeldung auf Vollständigkeit und Plausibilität und nimmt bei Richtigkeit die Zollanmeldung an (Vergabe einer MRN).
❷	Die Waren werden gestellt und befinden sich in der vorübergehenden Verwahrung.
❸	Die Zollbehörde führt die Zollbeschau durch und erstellt den Zollbefund.
❹	Entrichtung der Einfuhrabgaben ggf. Zollaufschub, die Waren werden Unionswaren (Statuswechsel)
❺	Überlassung zum zollrechtlich freien Verkehr, der Eigentümer der Waren kann frei darüber verfügen

MERKE

Mit der Erfüllung aller Zollformalitäten und der Entrichtung der Einfuhrabgaben erfahren die Nicht-Unionswaren einen Statuswechsel und werden zu Unionswaren.

3.2 Besondere Verfahren

Waren können, soweit sie nicht beim Eintritt in das Zollgebiet der Union sofort in den zollrechtlich freien Verkehr überführt werden, in eines der neben stehenden besonderen Verfahren überführt werden. Außerdem wurden diese für ATLAS und die elektronische Datenverarbeitung angepasst.

Besondere Verfahren nach UZK

3.2.1 Gemeinsame Vorschriften für die Besonderen Verfahren

Für die Teilnahme an den besonderen Verfahren und deren zollrechtliche Abwicklung gelten folgende einheitliche Vorschriften.

Regelung	Inhalt
Bewilligungen Art. 211 UZK	Um an besonderen Verfahren teilzunehmen, braucht man eine Bewilligung. Veredelung und Verwendung müssen bewilligt werden. In Bewilligungen werden unter anderem Festlegungen zur Person des Bewilligungsinhabers, Art und Umfang zu leistender Sicherheiten, die Überwachung durch die Zollbehörden und Fristen zur Gültigkeit getroffen.
Aufzeichnungen Art. 214 UZK	Bewilligungsinhaber, Verfahrensinhaber sowie alle Personen, die an der Lagerung, Veredelung und am Erwerb und Veräußerung in Freizonen beteiligt sind, sind verpflichtet, Aufzeichnungen zu machen.
Erledigung Art. 215 UZK	Erledigung des besonderen Verfahrens mit Ausnahme des Versands tritt ein, mit • Überführung von Waren und Veredelungserzeugnissen in ein anschließendes Zollverfahren, • Verbringen aus dem Zollgebiet, • Vernichtung, • Aufgabe zugunsten der Staatskasse.
Übertragung von Rechten und Pflichten Art. 218 UZK	Inhaber eines besonderen Verfahrens dürfen Rechte und Pflichten auf andere Personen übertragen, soweit diese über die Voraussetzungen für das jeweilige Verfahren verfügen. Ausnahme: Versand
Beförderung von Waren Art. 219 UZK	Neben Versand und Verbringen in eine Freizone besteht die Möglichkeit der Beförderung von Waren zwischen verschiedenen Orten des Zollgebiets.
übliche Behandlung Art. 220 UZK	In ein Zollager, eine Veredelung und/oder eine Freizone überführte Waren können üblichen Behandlungen unterzogen werden, die ihrer Erhaltung, der Verbesserung ihrer Aufmachung oder Handelsgüte oder vorbereitender Waren dienen.
Ersatzwaren Art. 223 UZK	Ersatzwaren sind Unionswaren bzw. bei der passiven Veredelung Nicht-Unionswaren, die an die Stelle der in ein besonderes Verfahren überführten Waren treten. Ersatzwaren sind im Zollager, in der Freizone, in der Endverwendung und bei der Veredelung erlaubt.

Zusammenfassende Übersicht zu den besonderen Verfahren
Die Besonderen Verfahren weisen folgende Gemeinsamkeiten auf:

Allgemeine Vorschrift	Versand		Lagerung		Verwendung		Veredelung	
Regelung im UZK	Externer Versand	Interner Versand	Zolllager	Freizone	Vorübergehende Verwendung	Endverwendung	Aktive Veredelung	Passive Veredelung
Bewilligung Art. 211	Bewilligung nicht erforderlich, Abwicklung nach internationalen Abkommen		erforderlich zum Betrieb von Lagerstätten zur Zolllagerung von Waren (Art. 211 (1) UZK)	nicht erforderlich	erforderlich Art. 211 (1) UZK	erforderlich Art. 211 (1) UZK	erforderlich Art. 211 (1) UZK	erforderlich Art. 211 (1) UZK
Aufzeichnungen Art. 214			Bestandsaufnahme über alle Warenbewegungen (Inventur)	Bestandsaufnahme über alle Warenbewegungen (Inventur)	erforderlich Ausnahmen ggf. möglich	erforderlich	erforderlich immer	erforderlich immer
Erledigung Art. 215	Erledigung/ Beendigung Art. 215 (3) UZK		Überführen der Ware in ein anschließendes Zollverfahren Vernichten Aufgabe zugunsten der Staatskasse	Überführen der Ware in ein anschließendes Zollverfahren Vernichten Aufgabe zugunsten der Staatskasse	Überführen der Ware in ein anschließendes Zollverfahren Vernichten Aufgabe zugunsten der Staatskasse	Verfahren wird nicht erledigt, es erfolgt Beendigung der Überwachung (Art. 254 UZK) soweit • Verwendung zum abgabenbegünstigten Zweck erfolgt • oder Verbringen aus dem Zollgebiet der Union, Zerstören, Aufgabe zugunsten der Staatskasse.	durch Überführen der Waren oder Veredelungserzeugnisse in ein anschließendes Zollverfahren durch Vernichten durch Aufgabe zugunsten der Staatskasse	
Übertragung von Rechten und Pflichten Art. 218	Anwendung internationaler Vorschriften für die Versandverfahren		zulässig, wenn der neue Verfahrensinhaber die Voraussetzungen für das Verfahren erfüllt	nicht möglich, wegen Fehlen eines Inhabers des Verfahrens	zulässig, wenn der neue Verfahrensinhaber die Voraussetzungen für das Verfahren erfüllt		zulässig, wenn der neue Verfahrensinhaber die Voraussetzungen für das Verfahren erfüllt	
Beförderung von Waren Art. 219			möglich zwischen verschiedenen Orten innerhalb des Zollgebiets der Union	nicht zulässig	möglich zwischen verschiedenen Orten innerhalb des Zollgebiets der Union	möglich zwischen verschiedenen Orten innerhalb des Zollgebiets der Union	möglich zwischen verschiedenen Orten innerhalb des Zollgebiets der Union	
Übliche Behandlung Art. 220			möglich z. B. Verwiegen, Probenentnahme, abfüllen, verpacken (Bewilligung erforderlich)		nein	nein	möglich, die Veredelungsvorgänge gehen darüber hinaus	
Ersatzwaren Art. 223			Waren treten anstelle der in das jeweilige Besondere Verfahren überführten Waren					
			zulässig Missbrauchsklausel Art. 223 (3) lit.c: Abgabensicherheit	zulässig Missbrauchsklausel Art. 223 (3) lit.c: Abgabensicherheit	zulässig nur in bestimmten Fällen (gesondert zu regeln)	zulässig Missbrauchsklausel Art. 223 (3) lit.c: Abgabensicherheit	zulässig Missbrauchsklausel Art. 223 (3) lit.c: Abgabensicherheit	

3.2.2 Versand

In Art. 226 ff. UZK wird zwischen externem und internem Versand unterschieden. Die Zuordnung ist der nachfolgenden Übersicht zu entnehmen. Die Versandverfahren selbst unterliegen keinen Bewilligungsvoraussetzungen, es gilt jedoch die strenge Nämlichkeitssicherung. Die Wirtschaftsbeteiligten dagegen müssen über die erforderlichen Bewilligungen, z. B. als zugelassener Wirtschaftsbeteiligter, verfügen und erforderlichenfalls Sicherheiten nachweisen.

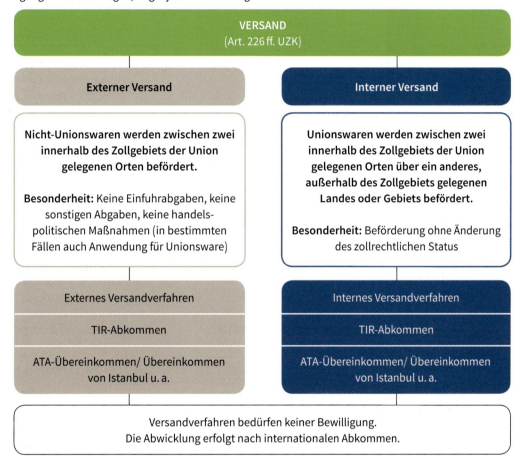

3.2.2.1 Externer Versand

Im externen Versand können Nicht-Unionswaren zwischen zwei innerhalb des Zollgebiets der Union gelegenen Orten befördert werden. Die Gestellung und die Abfertigung erfolgen dann erst an der ersten inländischen Bestimmungszollstelle. Der Ablauf kann folgendermaßen dargestellt werden.

Ablauf des externen Unionsversandverfahrens

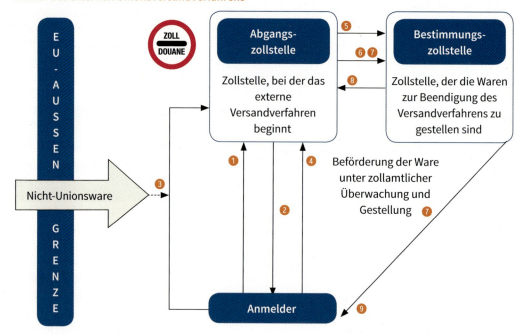

Beschreibung des Verfahrensablaufs

❶	Der Inhaber des Verfahrens (Anmelder) übermittelt die Daten der Versandanmeldung elektronisch an die Abgangszollstelle (A).	❹	Vergabe MRN – Ausdruck des Versandbegleitdokuments durch Abgangszollstelle und Überlassung zum Versand
❷	Die Abgangszollstelle prüft formell die Angaben nach Vollständigkeit und Plausibilität und nimmt bei Richtigkeit aller Angaben die Versandanmeldung an.	❺	Abgangszollstelle versendet nach Ausdruck des Versandbegleitdokuments (VBD) automatisch eine Vorab-Ankunftsanzeige an die Bestimmungszollstelle.
❸	Die Nicht-Unionsware wird gestellt, die Zollbehörde der Abgangszollstelle führt eine Zollbeschau durch, erstellt den Zollbefund und setzt eine Frist zur Gestellung an der Bestimmungszollstelle. (eventuell Bestimmen einer Beförderungsroute). Die Nämlichkeit wird durch Verplomben des Lkw oder Packstücks gesichert. Nachweis von Sicherheiten für die Abgabenschulden durch Anmelder.	❻	VBD begleitet die Ware während der Beförderung, die Nicht-Unionsware befindet sich unter zollamtlicher Überwachung.
		❼	Die Ware wird an der Bestimmungszollstelle gestellt, die Zollbehörde gleicht anhand der MRN über ATLAS die Daten ab.
		❽	Die Abgangszollstelle erhält von der Bestimmungszollstelle eine Eingangsbestätigung und das Kontrollergebnis.
		❾	Der Anmelder erhält von der Abgangszollstelle eine Erledigungsmitteilung unter Freigabe der Sicherheiten.

MERKE

Für zugelassene Wirtschaftsbeteiligte mit Bewilligung AEO-C oder AEO-F gelten zollrechtliche Vereinfachungen. Eine Gestellung der Ware an der Abgangszollstelle und an der Bestimmungszollstelle entfällt, wenn der Anmelder zugelassener Wirtschaftsbeteiligter AEO-C oder AEO-F ist.

BEISPIEL

Eine Nicht-Unionsware wird auf dem Seeweg in das Zollgebiet der Union verbracht. Die Waren werden unter zollamtlicher Überwachung in Leipzig (Bestimmungszollstelle) gestellt, abgefertigt und dort zum zollrechtlich freien Verkehr überlassen. Liegt der Bestimmungsort in Prag (Tschechische Republik), dann ist Prag die Bestimmungszollstelle, dort erfolgen die Gestellung, Abfertigung und Überlassung zum zollrechtlich freien Verkehr.

3.2.2.2 Interner Unionsversand

Beim internen Unionsversand können Unionswaren zwischen zwei innerhalb des Zollgebiets der Union gelegenen Orten ohne Änderung ihres zollrechtlichen Status über ein anderes außerhalb des Zollgebiets gelegenes Land oder Gebiet befördert werden. Die Abwicklung erfolgt, soweit die Voraussetzungen vorliegen, mithilfe der unten aufgeführten Versandbegleitdokumente.

BEISPIEL

Ein deutscher Großhändler mit Geschäftssitz in Berlin importiert Damenschuhe aus Italien. Die Ware wird mit dem Lkw von Italien über die Schweiz nach Berlin transportiert. Die Schweiz ist mit Island, Norwegen, Liechtenstein und der Türkei dem gemeinsamen Versandverfahren beigetreten. Die Unionsware wird im internen Unionsversand transportiert, ohne dass sich der zollrechtliche Status ändert. Verwendet wird für diesen Transport das T2.

Abwandlung:
Die Ware wird von Deutschland über Polen, Kaliningrad (Russische Enklave) nach Litauen transportiert. Hier ist eine Carnet TIR zu eröffnen, da für Russland die Beförderung im gemeinsamen Versandverfahren nicht vorgesehen ist.

3.2.2.3 Versandbegleitdokument

Zum Nachweis über den Status der im Versand befindlichen Ware ist ein **V**ersand**b**egleit**d**okument (VBD), auch als Versandschein bezeichnet, mitzuführen. Mit der elektronischen Anmeldung zum jeweiligen Versandverfahren wird das Dokument von der Zollbehörde erstellt, um den Nachweis über den Verbleib der Waren lückenlos zu belegen, zu überwachen und zu kontrollieren.

Unterschieden werden die folgenden ausgewählten Versandscheine:

Versandschein	Verwendung	Beispiele
T1	für Nicht-Unionsware bei Versand zwischen zwei Orten innerhalb des Zollgebiets der Union (im gemeinschaftlichen Versandverfahren)	Turnschuhe werden mit dem Seeschiff von China nach Hamburg (Hafen) transportiert und dort umgeschlagen. Mitzuführen ist das VBD T1.
T2	für Unionsware bei Beförderung durch ein Drittland nach gesonderten Abkommen (z. B. EFTA)	Unionsgüter werden mit dem Lkw von Deutschland über die Schweiz nach Italien transportiert. Mitzuführen ist das VBD T2.
T-	für Nicht-Unionsware und Unionsware, die gemeinsam in einem Lkw transportiert werden	Unionswaren und Nicht-Unionswaren werden in einem Lkw von Deutschland über die Schweiz nach Italien transportiert. Die Nicht-Unionswaren werden in Italien verzollt. Mitzuführen ist das VBD T-.
T2L	Warenverkehrsbescheinigung bzw. Präferenznachweis für Ware des statistisch freien Verkehrs, d. h. für bereits verzollte Nicht-Unionsware oder Unionsware (z. B. Andorra, San Marino)	Unionswaren werden mit dem Lkw von Deutschland nach Andorra transportiert. Aufgrund des bestehenden Zollabkommens zwischen der EU und Andorra ist ein VBD-T2L als Nachweis der Zollbegünstigung mitzuführen.

Vereinfachungen gelten, wenn Unions-Waren mit einem Warenwert von bis zu 15.000,00 € im internen Unionsversand innerhalb der EU befördert werden. Dann erfüllen z. B. eine Rechnung, ein Frachtbrief oder ein anderes verkehrsträgertypisches Begleitdokument die Voraussetzungen eines Versandscheins, wenn dort der Wert der Ware eingetragen ist.

3.2.3 Lagerung

Die Lagerung als eines der vier Arten der besonderen Verfahren umfasst das Zolllager und die Freizone.

△ Bild eines Zolllagers

Lagerung

LAGERUNG (Art. 5 Nr. 16 UZK)
Nicht-Unionswaren werden im Zollgebiet der Union unter zollamtlicher Überwachung gelagert.

	Zolllager (Art. 240 UZK)	Freizone (Art. 243 UZK)
Begriff	Lagerung von Nicht-Unionswaren unter zollamtlicher Überwachung in den für diesen Zweck durch die Zollbehörden zugelassenen Räumlichkeiten oder sonstigen Stätten	Freizonen sind Teile des Zollgebiets, die eingezäunt sind und über einen Eingang und einen Ausgang verfügen. Sie unterliegen der zollamtlichen Überwachung.
Bewilligung	erforderlich	nicht erforderlich
Zollrechtliche Behandlung	keine Erhebung von Einfuhrabgaben und sonstigen Abgaben, keine Vornahme handelspolitischer Maßnahmen	
Dauer der Lagerung	keine zeitliche Begrenzung, jedoch ist unter bestimmten Umständen eine Firstsetzung möglich (z. B. gesundheitliche Folgen für Mensch, Tiere oder Umwelt)	
Besonderheiten	Die Überführung von Unionswaren ist möglich.	

Der Unionszollkodex unterscheidet folgende Zolllagerarten:

Lagerart	Verantwortung	Nutzer
öffentliche Zolllager	Bewilligungsinhaber	Jedermann
	Inhaber des Verfahrens	Jedermann
private Zolllager	Bewilligungsinhaber	Bewilligungsinhaber

Zollbehörden können die aktive Veredelung im Zolllager bewilligen. Waren können vorrübergehend ohne Bewilligung aus dem Zolllager entfernt werden. Maßgeblicher Zeitpunkt für die Bemessung der Zollschuld ist der Zeitpunkt der Zollschuldentstehung, z. B. bei Überlassung zum freien Verkehr: Die Zollschuld entsteht mit Annahme der Zollanmeldung und nicht bereits zum Einlagerungszeitpunkt. Kosten für Lagerung und übliche Behandlung im Lager werden nicht in die Bemessungsgrundlage einbezogen.

Überführen von Waren in eine Freizone

Verfahren	Inhalt
Überführen von Waren in die Freizone	Voraussetzung: Gestellung, summarische Einfuhrmeldung, Einhaltung der Zollförmlichkeiten
	Ohne Zollanmeldung: Die Überführung in die Freizone erfolgt mit Eingang in die Freizone.
Verbringen von Waren aus einer Freizone in das übrige Zollgebiet der Union	Waren befinden sich in der vorübergehenden Verwahrung (Anmeldung erforderlich), **Status:** Nicht-Unionswaren

3.2.4 Verwendung

Die vorübergehende Verwendung und die Endverwendung werden dem besonderen Verfahren Verwendung zugeordnet.

	Vorübergehende Verwendung (Art. 250 UZK)	Endverwendung (Art. 254 UZK)
Begriff	Nicht-Unionsware wird im Zollgebiet der Union verwendet. Der Inhaber des Verfahrens muss außerhalb des Zollgebiets ansässig sein.	Verbringen von Nicht-Unionswaren in das Zollgebiet der Union. Verwendung dieser Waren erfolgt zu einem Abgaben begünstigten Zweck.
Merkmale	bestimmt zur Wiederausfuhr (nachweispflichtig)	Verbleib im Zollgebiet der Union, Statuswechsel: Überlassung zum zollrechtlich freien Verkehr
Zollrechtliche Behandlung	vollständige oder teilweise Befreiung von den Einfuhrabgaben	tarifbegünstigt oder vollständige Befreiung von Einfuhrabgaben, Voraussetzung: Käufer muss die Ware zum vorgeschriebenen Zweck nutzen
Anwendungsvoraussetzungen	Wiederausfuhrnachweis aus dem Zollgebiet, Nämlichkeit muss erhalten bleiben (ausgenommen Wertminderung durch Nutzung), alternativ: Vollständiger oder teilweiser Verbleib des Zollgutes im Zollgebiet der Union, dann Überführung in ein Zollverfahren und Erheben von Einfuhrabgaben. Bemessungsgrundlage ist der aktuelle Wert der Ware zum Zeitpunkt der Zollschuldentstehung.	Voraussetzung: Käufer muss die Ware zum vorgeschriebenen Zweck nutzen
Bewilligung	Verwendung bedarf der Bewilligung und unterliegt der zollamtlichen Überwachung	

BEISPIEL

Vorübergehende Verwendung: Ein in Georgien zugelassener Pkw im Wert von 20.000,00 € wird von einem Geschäftsreisenden während seines zweimonatigen Aufenthalts in Deutschland genutzt und anschließend wieder nach Georgien ausgeführt. Es fallen keine Einfuhrabgaben an (Anwendung Versandverfahren Carnet ATA). Abweichend wird der Pkw in Deutschland in einen Unfall verwickelt und beschädigt. Der Pkw wird in Deutschland verkauft und nicht wieder ausgeführt. Bemessungsgrundlage für die Einfuhrabgaben ist der aktuelle Wert des (beschädigten) Pkw in Höhe von 10.000,00 €.

Endverwendung: Je nach endgültigem **Verwendungszweck** sieht der Zolltarif für die gleiche Ware eine unterschiedliche Abgabenhöhe vor. Importiert wird Schweineschmalz, **zu industriellen Zwecken** Zolltarifnummer **15011010**. Diese Ware ist tarifbegünstigt, da sie weiterverarbeitet wird. Die Einfuhr erfolgt zum ermäßigten Zollsatz oder zollfrei.

Beim Import von Schweineschmalz, **zu industriellen technischen Zwecken** mit der Zolltarifnummer **15011090** erfolgt die Einreihung in den normalen Zolltarif ohne zollrechtliche Vergünstigungen. Zollbegünstigt ist nur die industrielle Verwendung.

3.2.5 Veredelung

Die Veredelung gehört zu den besonderen Verfahren. Unterschieden wird zwischen der aktiven und passiven Veredelung.

VEREDELUNG (Art. 5 UZK)

Veredelungsvorgänge sind die Bearbeitung, Verarbeitung, Zerstörung und Ausbesserung von Waren und die Verwendung von Waren als Produktionshilfsmittel.

Bedeutung: Niedrige Lohnkosten, Nutzung von Know-how, Spezialisierung, Produktivitäts- und Rentabilitätssteigerung

Aktive Veredelung (Art. 256 UZK)

- Veredelungsvorgang findet im Zollgebiet der Union statt
- Einfuhr von Nicht-Unionswaren in das Zollgebiet der Union, Wiederausfuhrabsicht ist nicht Bewilligungsvoraussetzung
- Durchführen von Veredelungsvorgängen im Zollgebiet der Union oder vollständige Beseitigung (Zerstörung) oder Beseitigung mit Resten
- Wiederausfuhr der veredelten Waren aus dem Zollgebiet der Union, alternativ Zerstörung oder Beseitigung der Ware bei Verbleib im Zollgebiet der Union

Passive Veredelung (Art. 259 UZK)

- Veredelungsvorgang findet außerhalb des Zollgebiets der Union statt
- vorübergehende Ausfuhr von Unionswaren aus dem Zollgebiet der Union
- Durchführen von Veredelungsvorgängen außerhalb des Zollgebiets der Union
- Wiedereinfuhr der Ware in das Zollgebiet der Union

Veredelungsverfahren bedürfen der Bewilligung.
Zugelassene Wirtschaftsbeteiligte AEO-C erfüllen diese Voraussetzungen.

BEISPIELE

Aktive Veredelung:
Holz wird aus Kanada eingeführt und zu Möbeln verarbeitet, die fertigen Möbel werden wieder nach Kanada ausgeführt. Einfuhr und Wiederausfuhr sind abgabenfrei.

Abweichend verbleibt ein Teil der Möbel (Zollwert = 500.000,00 €) zum Verkauf im Zollgebiet der Union. Die Überlassung zum zollrechtlich freien Verkehr führt zu Einfuhrabgaben in Form von Zoll und Einfuhrumsatzsteuer. Bemessungsgrundlage ist der Zollwert.

Passive Veredelung:
Stoffe werden nach Russland ausgeführt und dort zu Damenblusen verarbeitet. Die fertigen Blusen werden wieder nach Deutschland eingeführt. Die durchgeführten Lohnarbeiten (geschaffener Mehrwert) in Russland betragen 250.000,00 €, der Zollsatz beträgt 3 %. Bemessungsgrundlage für die Einfuhrabgaben ist der Mehrwert, es sind 7.500,00 € Zoll (= 3 % von 250.000,00 €) sowie die Einfuhrumsatzsteuer zu entrichten.

Zerstörung:
Der Zoll konfisziert bei einer Kontrolle am Flughafen Plagiate von Markenturnschuhen. Die Turnschuhe werden unter zollamtlicher Überwachung vernichtet, da die Ware im Zollgebiet der Union nicht verkauft werden darf.

MERKE

Die besonderen Verfahren unterliegen zum Teil der Antragstellung und Bewilligung (Genehmigung).

4 Einfuhrabgaben

4.1 Überblick zu den Einfuhrabgaben

Arten	Begriff
Zölle	Zölle sind Abgaben, die beim körperlichen Verbringen einer Ware in ein anderes Zollgebiet erhoben werden. **Wertzoll:** Der Zoll wird als Prozentsatz vom Zollwert der Ware ermittelt. **Spezifischer Zoll:** Gewicht (z. B. für Tabak), Volumen (z. B. Alkohol) oder Menge werden der Ermittlung des Zolls zugrunde gelegt. **Gleitzölle:** Diese sind abhängig vom Preisniveau, sie steigen bei sinkenden Einfuhrpreisen und umgekehrt.
Agrarabgaben einschließlich Agrarabschöpfungen	Diese werden bei der Einfuhr bestimmter Agrarprodukte zur Sicherung der Marktordnung der EU erhoben (Getreide, Zucker). **Zweck:** Ausgleich zwischen niedrigen Weltmarktpreisen und hohen EU-Preisen für die betreffenden Produkte

Fortsetzung nächste Seite

Arten	Begriff
Einfuhrumsatzsteuer	**Bemessungsgrundlage**: Wert des Gutes am ersten inländischen Bestimmungsort. Sie entspricht der inländischen Umsatzsteuer und dient der steuerlichen Gleichbehandlung von in- und ausländischen Produkten mit Umsatzsteuer.
besondere Verbrauchsteuern	Dies sind nach **nationalen Rechtsvorschriften** erhobene Steuern, die an den Verbrauch der Güter anknüpfen (z. B. Tabak, Kaffee, Mineralöl, Bier, Branntwein, Schaumwein, kaffeehaltige Produkte, weinhaltige Produkte).

MERKE

> Unter Einfuhrabgaben versteht man Zölle, Agrarabgaben, die Einfuhrumsatzsteuer und besondere Verbrauchsteuern, die von Zollbehörden im Zusammenhang mit der Einfuhr von Waren aus Drittländern in das Zollgebiet der Europäischen Union erhoben werden. Die Zölle sind Gemeinschaftsabgaben. Einfuhrumsatzsteuer und Verbrauchsteuern werden aufgrund der nationalen Vorschriften in den EU-Mitgliedstaaten erhoben.

4.2 Ermittlung der Einfuhrabgaben mithilfe des Zolltarifs

Zolltarif

Der Zolltarif ist ein systematisch aufgebautes Warenverzeichnis, eine sogenannte Nomenklatur. Alle Waren, die als Handelsgüter im grenzüberschreitenden Verkehr auftreten können, sind in diesem Zolltarifschema aufgeführt, d. h. jeder Ware ist eine bestimmte Nummer, die sogenannte Codenummer, zugeordnet. Die Basis für eine reibungslose und einheitliche Abfertigung ist die zutreffende Einreihung der Waren in den Zolltarif. Die Tarifierung erfolgt im Bereich Einfuhr in Form der Verschlüsselung der Warenbeschreibung mit einer bis zur 11-stelligen Codenummer. Grundlage der 11-stelligen Codenummer ist das Harmonisierte System (HZ) der Weltzollorganisation, welches die ersten sechs Ziffern der Codenummer festlegt. Dieser Code wird um zwei Ziffern der Europäischen Gemeinschaft erweitert, zur Kombinierten Nomenklatur (KN). Dort sind unter anderem die Zollsätze für die Einfuhr verschlüsselt. Die neunte und zehnte Stelle verschlüsselt gemeinschaftliche Maßnahmen (TARIC), die elfte Stelle enthält die nationalen Umsatzsteuersätze und Verbrauchsteuern (EZT). Für die Ausfuhr findet nur die achtstellige Codenummer Anwendung. Der Zolltarif wird elektronisch geführt. Der Zolltarif dient der Ermittlung der Einfuhrabgaben und zusätzlich auch zu statistischen Zwecken.

Quelle: www.zoll.de, abgerufen am 29.04.2016

Aufbau des Warenverzeichnisses (Nomenklatur)

BEISPIEL

Einreihung von Baumwollhemden für Männer in den Zolltarif mit der Codenummer 62052000900

6	2	0	5	2	0	0	0	9	0	0
Abschnitt										
Harmonisiertes System der Weltzollorganisation (HS)										
Unterposition des Harmonisierten Systems (Codierung und Bezeichnung der Waren)										
Kombinierte Nomenklatur (**KN**) der Europäischen Union; verschlüsselt, z. B. Zollsätze, Textilkategorien, Einfuhrverbote, Beschränkungen, Genehmigungstatbestände										
Integrierter Zolltarif der Europäischen Union (**TARIC**); verschlüsselt gemeinschaftliche Maßnahmen, wie z. B. Antidumpingregelungen, Zollaussetzungen und Zollkontingente.										
Elektronischer Zolltarif (**EZT**) – Deutscher Gebrauchszolltarif – für nationale Zwecke; verschlüsselt den EUSt-Satz, nationale Verbrauchsteuern, nationale Verbote und Beschränkungen										

Codenummer	Förmliche Gliederung	Beispiel
VI	HS	Spinnstoffe
62		Kleidung aus Geweben
6205		Hemden für Männer
620520		Hemden für Männer aus Baumwolle
62052000	KN	Hemden für Männer aus Baumwolle nicht nach dem Batikverfahren handbedruckt
6205200090	TARIC	andere
62052000900	EZT	nationale Besonderheit: keine
Bei bestimmten Waren kann die Codenummer aufgrund des Marktordnungsrechts oder für Verbrauchsteuern um bis zu vier Ziffern erweitert werden.		

MERKE

Jede Ware wird für Zwecke der Einfuhr mithilfe einer 11-stelligen Codenummer in den Zolltarif eingereiht. Der Zolltarif wird elektronisch geführt.

4.3 Berechnung der Zölle

Berechnungsgrundlage für die Zölle ist der Zollwert, als sogenannter Transaktionswert. Es ist der tatsächlich gezahlte oder zu zahlende Preis für eingeführte Waren bei einem Verkauf zur Ausfuhr in das Zollgebiet der Europäischen Union am Ort des Verbringens. Er entspricht rechnerisch dem CIF-Wert in der Seeschifffahrt; genauer dem Wert der Ware an der EU- Außengrenze. Existiert kein Preis, weil es sich beispielsweise um ein Geschenk handelt, wird ein Vergleichswert für vergleichbare Waren zugrunde gelegt.

Für die Ermittlung des Zollwerts stellt internationale Zollrecht einheitlich auf den **Ort des Verbringens (OdV)** ab, d.h. den Ort, an dem eine Ware erstmalig in das Zollgebiet der Union gelangt. Der Ort des Verbringens wird im UZK in Abhängigkeit vom genutzten Transportmittel folgendermaßen ermittelt:

Ort des Verbringens nach dem Transportmittel

Verkehrsträger	Transportmittel, mit dem die Ware die Grenze des Zollgebiets der Gemeinschaft überschreitet	Ort des Verbringens
Seeschifffahrt	Seeschiff	Entladehafen, Umladehafen
Übergang aus der Seeschifffahrt in die Binnenschiffsfahrt	Wechsel vom Seeschiff zum Binnenschiff	erster für die Entladung in Betracht kommender Hafen
Eisenbahnverkehr, Binnenschifffahrt oder Straßenverkehr	Eisenbahn, Binnenschiff, LKW	Ort der ersten Zollstelle nach dem Verbringen der Ware in das Zollgebiet der Gemeinschaft
Luftverkehr	Flugzeug	Stelle, an der die Landesgrenze des Zollgebiets der Gemeinschaft überschritten wird
Pipelines	Pipeline	Stelle, an der die Landesgrenze des Zollgebiets der Gemeinschaft überflogen wird

BEISPIELE

- Eine Ware gelangt mit dem Seeschiff von Chicago nach Hamburg, wird dort entladen und mit dem Lkw weiter nach Leipzig transportiert. Ort des Verbringens: Entladehafen in Hamburg.

- Blumen werden mit dem Flugzeug von Kenia nach Frankfurt/Main befördert, dort entladen und mit dem Lkw in den Blumengroßhandel transportiert. Die Maschine überfliegt die EU-Außengrenze in Lecce/Itallien. Ort des Verbringens: Lecce.

4.4 Zollwertermittlung

Zur Ermittlung des Transaktionswerts ist es erforderlich, den Rechnungspreis aus der Handelsfaktura um solche Kosten zu verringern, die im Rechnungspreis enthalten sind und die Beförderung innerhalb der EU betreffen. Hinzuzurechnen sind dagegen alle Kosten, die im Rechnungspreis nicht enthalten sind, wenn sie den Transport und die Versicherung bis zur EU Grenze betreffen.

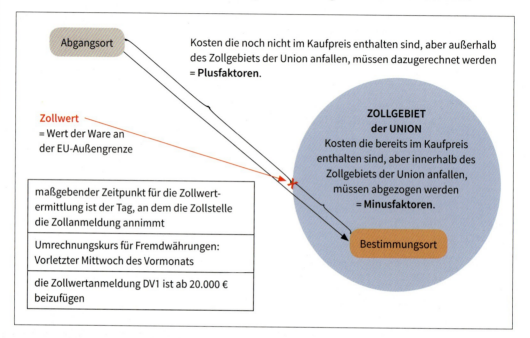

Übersicht zur Veranschaulichung

Incoterm® 2010	Bestandteile des Rechnungspreises	Hinzurechnungen zum Rechnungspreis	Abzüge	ergibt
EXW	Rechnungspreis enthält Kosten für die Bereitstellung des Gutes zur Abholung beim Exporteur.	+ Vorlaufkosten + FOB Delivery + Fracht bis zum Verbringungsort + Versicherung	keine	Z O L L W E R T
FOB	Rechnungspreis enthält alle Kosten bis zum Überschreiten der Schiffsreeling.	+ Fracht bis zum Verbringungsort + Versicherung	keine	
CIF	Rechnungspreis = Zollwert (Nur in der Seeschifffahrt, da hier die Häfen immer an der EU-Außengrenze liegen.)	keine	keine	
DDP	Rechnungspreis enthält alle Kosten und Zölle bis zum Empfänger.	keine	– Löschkosten – Nachlaufkosten – Einfuhrzölle	

Fortsetzung nächste Seite

	Rechnungspreis	
+	**Hinzurechnungen** (Verpackungskosten, Beförderungskosten, Versicherungskosten bis zur EU-Grenze, soweit nicht im Rechnungspreis enthalten)	
–	**Abzüge** (Beförderungskosten nach Ankunft am Ort des Verbringens, Zölle, Steuern in der EU, weitere Zahlungen, soweit im Rechnungspreis enthalten)	
=	**Zollwert = CIF-WERT**	

BEISPIEL

Import von Computern aus den USA mit dem Seeschiff nach Hamburg (Entladehafen), FOB New York. Rechnungspreis 25.000,00 €, Beförderungskosten für den Seetransport 290,00 €, Seeversicherung 30,00 €. Der Zollwert ist folgendermaßen zu berechnen:

Rechnungspreis (FOB New York)	25.000,00 €
+ Beförderungskosten bis zum Entladehafen Hamburg	290,00 €
+ Versicherungskosten	30,00 €
= angemeldeter Zollwert	25.320,00 €

4.5 Ermittlung der Einfuhrumsatzsteuer

Die Bemessungsgrundlage für die Einfuhrumsatzsteuer ist der Wert des Gutes am ersten inländischen Bestimmungsort. Das ist der Ort, an dem die Beförderung endet. Für Zwecke der Einfuhrumsatzsteuer sind dem Zollwert deshalb alle Kosten einschließlich Zoll nach Überschreiten der EU-Außengrenze hinzuzurechnen. Der Einfuhrumsatzsteuersatz beträgt in der Bundesrepublik Deutschland 19 % (7 %) und entspricht damit dem inländischen Umsatzsteuersatz. Innerhalb der EU schwanken die Einfuhrumsatzsteuersätze von 15 % in Luxemburg bis 25 % in Dänemark.

Ermittlungsschema der Einfuhrumsatzsteuer

	angemeldeter ZOLLWERT (CIF-Wert EU-Außengrenze)
+	Zoll
+	andere Einfuhrabgaben (Verbrauchsteuern, Antidumpingzölle, Abschöpfungen, Agrarbeitrag)
+	Beförderungskosten (einschließlich Umschlagskosten) bis zum ersten inländischen Bestimmungsort (Sitz des Käufers)
=	Bemessungsgrundlage für die Einfuhrumsatzsteuer (EUSt-Wert)
·	Einfuhrumsatzsteuersatz (19 % Regelsteuersatz, 7 % ermäßigter Steuersatz)
=	**Einfuhrumsatzsteuer**

BEISPIEL 1

Computer wurden aus den USA mit dem Seeschiff nach Hamburg (CIF Hamburg) befördert. Der Transport zum Empfänger nach Rostock erfolgt mit dem Lkw.
Der Zollwert für die Computer beträgt 20.000,00 €, der Zoll beträgt 2.400,00 €, die Umschlagskosten im Seehafen betragen 150,00 €, die Nachlaufkosten zum Empfänger 200,00 €.

Zollwert	20.000,00 €
+ Zoll	2.400,00 €
+ Umschlagskosten	150,00 €
+ Beförderungskosten	200,00 €
= BMGr EUSt	22.750,00 €
EUSt 19 % von 22.750,00 €	4.322,50 €

Die Einfuhrumsatzsteuer beträgt 4.322,50 €.

Einfuhrabgaben gesamt

Die Einfuhrabgaben erfassen neben den Zöllen auch die besonderen Verbrauchsteuern und die Einfuhrumsatzsteuer.
Folgende Werte wurden ermittelt: Zoll: 2.400,00 €, Einfuhrumsatzsteuer: 4.322,50 €.
Somit betragen die Einfuhrabgaben **6.722,50 €** (2.400,00 € + 4.322,50 €)

BEISPIEL 2

Ein deutsches Unternehmen importiert Waren zu einem Kaufpreis von 460.000,00 € **DDP** Leipzig, unversteuert. Die Luftfrachtkosten sind auf der Rechnung mit 4.700,00 € ausgewiesen. Der Anteil der Luftfrachtkosten bis zum Verbringungsort beträgt 97%., fallen also außerhalb der EU an. Die Luftfrachtkosten sind aufzuteilen. 97% sind Bestandteil des Zollwertes. Die verbleibenden 3% sind Bestandteil der Bemessungsgrundlage für die Ermittlung der Einfuhrumsatzsteuer. Der Zollsatz beträgt 5,1 %.

Welche Einfuhrabgaben fallen an?

Vorbemerkung: Aufgrund der Incoterm® 2010 DDP ist der Einfuhrzoll bereits im Rechnungspreis enthalten. Der Rechnungspreis entspricht dem EUSt-Wert.

Rechnungspreis DDP Leipzig	460.000,00 €	
– 3,0 % Luftfrachtkosten	141,00 €	(3 % von 4.700,00 €)
= Zwischenergebnis	459.859,00 €	
Wert inkl. Zoll	459.859,00 €	(= 105,1 %)
– 5,1 % Zoll	22.314,76 €	
= Zollwert	437.544,24 €	
EUSt-Bemessungsgrundlage	460.000,00 €	
19 % EUSt	87.400,00 €	

Einfuhrabgaben gesamt: Zoll 22.314,76 € + EUSt 87.400,00 € = **109.714,76 €**

MERKE

Bei der Beförderung mit dem Flugzeug ist im Zollwert nur der Teil der Luftfracht zu berücksichtigen, der auf die Beförderungsstrecke außerhalb der EU entfällt. Die Luftfrachtkosten sind deshalb nach einem von den Zollbehörden in den delegierenden Rechtsakten zum UZK vorgegebenen Prozentsatz aufzuteilen. Für die Ermittlung der Einfuhrumsatzsteuer wird der Teil der Luftfrachtkosten, der auf Zollgebiet der Union entfällt, in die Bemessungsgrundlage einbezogen.

4.6 Zollschuldner und Abgabenbescheid

Über die Einfuhrabgaben ergeht dem Zollschuldner ein Abgabenbescheid. Dieser enthält die Abgabenhöhe und die Zahlungsfrist. Ist der Spediteur der Inhaber des Verfahrens, dann schuldet er auch die Einfuhrabgaben. Für zugelassene Wirtschaftsbeteiligte mit AEO- S gelten Zahlungsvereinfachungen. Die Einfuhrabgaben sind dann nicht sofort zur Zahlung fällig. Es wird ein Zahlungsaufschub von einem Monat gewährt. (Aufschubfrist) Die Abgabenordnung regelt die Verfahrensvorschriften zu den Einfuhrabgaben. Neben den Zahlungsmodalitäten werden dort auch Regelungen zu Sanktionen und zur Strafverfolgung bei unterlassener oder unrichtiger Entrichtung der Abgaben getroffen.

BEISPIEL

Der nachfolgende Steuerbescheid stellt in verkürzter Form alle erforderlichen Informationen zur Entrichtung der Einfuhrabgaben dar. Die IMPEX GmbH Gera ist als direkter Vertreter für den Importeur, die Textilgroßhandels GmbH, tätig. Es liegt eine Einzelzollanmeldung vor.

Zahlungsmöglichkeiten: A = Barzahlung, **C** = Banküberweisung, **D** = andere; **E** = Zahlungsaufschub, **F** = Lastschriftverfahren

Art des Aufschubantrags: E= eigene Abgabenschulden, **F**= fremde Abgabenschulden

Abgabenart: A00 = Zölle, **B000** = Einfuhrumsatzsteuer.

Die betreffenden Felder wurden farbig unterlegt.

Zollanmeldung/Steuerbescheid			
Zollanmeldung: Reg.-Nr.		Steuerbescheid: 13.04.2016 Bezugnummer: 023457891	
Zollamt Hamburg-Waltershof Finkenwerder Straße 4 21129 Hamburg		Art der Erledigung: Abschließende Festsetzung der Einfuhrabgaben Art der Anmeldung: Einzelzollanmeldung (EZA)	
Versender:	**Empfänger:**	**Vertreter:**	
International Trading ltd. Main Street 1 XXXXXX Chicago	Textilgroßhandels GmbH Musterstr. 1 07545 Gera	IMPEX Speditions GmbH An der Brücke 01 07545 Gera	

Zusammenfassung der Abgaben

Abgabenart	Abgabenbetrag	Zahlungsart	Aufschubnehmer	Kontonummer	Fälligkeit
A000	EUR 614,00	E	1234567	007244 F	16.05.2016
B000	EUR 6.073,16	E	1234567	007244 F	16.05.2016

Legende:	
Abgabenart	A000 = Zölle, B000 = Einfuhrumsatzsteuer
Zahlungsart	E = Zahlungsaufschub
Art des Aufschubantrags	F = Aufschubantrag für fremde Abgabenschulden

Weitere Angaben aus dem Steuerbescheid (dienen zur Ermittlung der Abgabenhöhe)	
FOB Warenwert	33.582,00 USD
Seefracht	671,64 USD
Lkw-Nachlauf zum ersten inländischen Bestimmungsort	150,00 EUR
Kurs	1,00 EUR = 1,1194 USD
Drittlandzollsatz	2 %
EUSt-Satz	19 %

4.7 Zollbefreiungen und Zollbegünstigungen

Zollbefreiungen und Zollbegünstigungen dienen der Verbesserung der Handelsbeziehungen und stellen eine Vorzugsbehandlung für Waren aus bestimmten Nicht Unions-Staaten dar. Diese Waren werden dann mit einem ermäßigten Zollsatz oder zollfrei in das Gebiet der Europäischen Union eingeführt. Um die jeweiligen Präferenzen zu erlangen, sind in der Regel Nachweise zu führen und die erforderlichen Dokumente vorzulegen. Die ausführliche Darstellung erfolgt im Kapitel Grundlagen des Außenhandels.

MERKE

Der **Statistische Wert** ist der Rechnungspreis für den Kauf der Ware im Einfuhrgeschäft oder für den Verkauf der Ware im Ausfuhrgeschäft einschließlich aller Vertriebskosten für die Waren.
Der **Zollwert** (Transaktionswert) ist der tatsächlich gezahlte oder zu zahlende Preis für eingeführte Waren bei einem Verkauf zur Ausfuhr in das Zollgebiet der Europäischen Union am Ort des Verbringens. Er entspricht rechnerisch dem CIF-Wert in der Seeschifffahrt.
Der **Einfuhrumsatzsteuerwert** ist der Wert des Gutes am ersten inländischen Bestimmungsort.

5 Grundlagen des Exports

5.1 Ausfuhr und Verbringung aus dem Inland

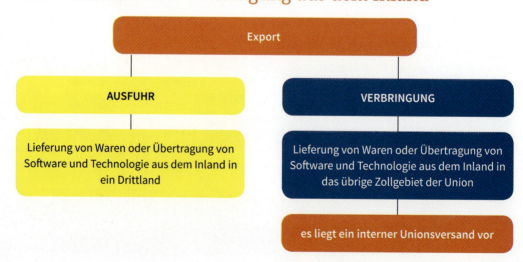

Export im zollrechtlichen Sinne

Zollrechtlich erfolgt die Einordnung des Exports in die Zollverfahren des Unionszollkodex. Diese Zuordnung folgt nicht der Struktur des Außenwirtschaftsgesetzes. Während die Ausfuhr mit der Wiedereinfuhr ein eigenständiges Zollverfahren darstellt, wird die Versendung von Unionswaren innerhalb des Zollgebiets der Union dem internen Versand zugeordnet. Der Verdeutlichung dient die folgende Darstellung.

5.2 Ausfuhr und Wiederausfuhr von Waren

Die Ausfuhr ist eines von drei im Unionszollkodex geregelten Zollverfahren. Unionswaren, die dauerhaft den Wirtschaftskreislauf verlassen, sind in die Ausfuhr zu überführen.

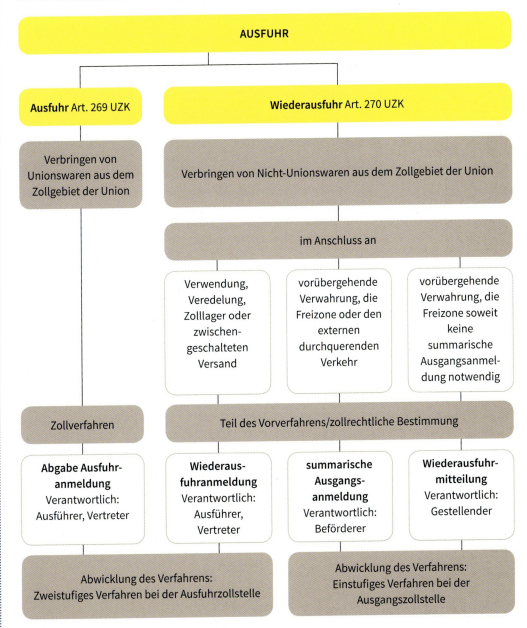

5.2.1 Beteiligte im Ausfuhrverfahren

Zollstellen

Ausfuhrzollstelle	Die Ausfuhrzollstelle ist die Zollstelle, in deren Bezirk der Ausführer seinen Sitz hat oder in deren Bezirk die Ware verladen oder verpackt wird.
Ausgangszollstelle	Die Ausgangszollstelle ist die Zollstelle, über die die Waren in ein Drittland verbracht werden (= letzte Zollstelle vor Ausgang der Waren aus dem Zollgebiet der Union).

5.2.2 Ausfuhrverfahren – Standardverfahren

		Vorgang	Verantwortlicher
Stufe 1	1	Erstellung einer elektronischen Ausfuhranmeldung und Übermittlung an die Ausfuhrzollstelle	Ausführer/Anmelder
	2	Entgegennahme und formelle Prüfung der Ausfuhranmeldung	Ausfuhrzollstelle
	3	Befördern der Ware zu der Ausfuhrzollstelle und Gestellung	Ausführer/Anmelder
	4	Prüfung der Zulässigkeit der Ausfuhr und Überführen der Waren in das Ausfuhrverfahren, Übergabe des Ausfuhrbegleitdokuments (Vergabe MRN) an den Ausführer	Ausfuhrzollstelle
	5	Übermittlung der Daten an die Ausgangszollstelle (Vorabausfuhranzeige)	Ausfuhrzollstelle
Stufe 2	6	Gestellung der Güter an der Ausgangszollstelle (Vorlage ABD)	Ausführer/Anmelder
	7	Abgleich MRN, Zollbeschau, Überwachung des körperlichen Ausgangs der Waren aus dem Zollgebiet der Union	Ausgangszollstelle
	8	elektronische Ausgangsbestätigung und Zollbefund an Ausfuhrzollstelle	Ausgangszollstelle
	9	elektronische Übermittlung der pdf-Datei mit Ausgangsvermerk an den Ausführer (Abschluss des Verfahrens)	Ausgangszollstelle

Auszug aus einem Ausfuhrbegleitdokument zur Nachweisführung des Exporteurs über eine Ausfuhr:

Muster: Ausfuhrbegleitdokument ATLAS

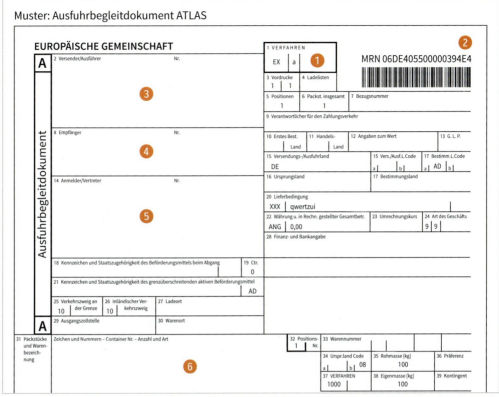

Quelle: https://www.dhl.de/content/dam/dhlde/ueberuns/express/pdf/dhl-express-atlas-muster-ausfuhrbegleitdokument-08-2010.pdf;
Abrufdatum 1. April 2016

Erläuterungen zum Formular

❶	Zollverfahren, hier Ex = Export; a = Ausfuhr
❷	MRN und Barcode (wird gescannt beim Ausgang „Stempel")
❸	Versenderangaben
❹	Empfängerangaben
❺	Zollanmelder
❻	Warenbeschreibung

BEISPIEL

Ein deutsches Unternehmen für optische Geräte in Jena schließt einen Kaufvertrag mit einem japanischen Unternehmen mit Sitz in Kyoto über Mikroskope mit einem Warenwert von 2.000.000,00 € ab. Der Exporteur muss die Ausfuhr elektronisch bei der Ausfuhrzollstelle anmelden. Zur Anwendung kommt das zweistufige Ausfuhrverfahren, da der Warenwert über 3.000,00 € liegt.

5.2.3 Vereinfachtes Verfahren für Kleinsendungen

Bei Kleinsendungen bis 1.000,00 € und bis 1 000 kg kann die mündliche Anmeldung direkt an der Ausgangszollstelle erfolgen.

5.2.4 Einstufiges Verfahren

Für Waren mit einem Wert ab 1.001,00 € bis 3.000,00 € und bis 1 000 kg kann die direkte Anmeldung an der Ausgangszollstelle erfolgen. Voraussetzung ist, dass keine Einschränkungen und Verbote bestehen. Ausfuhr- und Ausgangszollstelle sind identisch. Daher kann auf die erste Stufe des zweistufigen Verfahrens verzichtet werden.

	Vorgang	Verantwortlicher
1	Elektronische Vorabzollanmeldung, Vergabe einer MRN und Gestellung der Güter an der Ausgangszollstelle	**Ausführer/Anmelder**
2	Abgleich MRN, Zollbeschau, Überwachung des körperlichen Ausgangs der Waren aus dem Zollgebiet der Union	**Ausgangszollstelle**
3	Erstellen elektronische Ausgangsbestätigung und Zollbefund	**Ausgangszollstelle**
4	elektronische Übermittlung der pdf-Datei mit Ausgangsvermerk an den Ausführer (Abschluss des Verfahrens)	**Ausgangszollstelle**

5.2.5 Konsulats- und Mustervorschriften

△ Konsulats- und Mustervorschriften der IHK Hamburg

Insbesondere in südamerikanischen, mittelamerikanischen und arabischen Ländern ist der Import von Waren an besondere Dokumente gebunden. Art und Umfang der Dokumente sind in den Konsulats- und Mustervorschriften beschrieben. Der Exporteur muss die vorgeschriebenen Dokumente bei der für den Importstaat zuständigen Konsularvertretung in der Regel gegen Gebühren beglaubigen lassen. Die Konsulatsfaktura (Consular Invoice) beinhaltet die gleichen Angaben wie eine Handelsrechnung. Das Konsulat bescheinigt die Übereinstimmung des fakturierten Wertes mit dem entsprechenden Handelswert im Ausfuhrland. Dies soll der wertgerechten Verzollung dienen und Manipulationen vermeiden. Gegenwärtig ist die Erstellung der Consular Invoice nur noch für die Dominikanische Republik und die Philippinen notwendig.

5.2.6 Mitzuführende Dokumente

Art und Umfang der mitzuführenden Dokumente werden von mehreren Faktoren bestimmt. Dies können z. B. sein:

	Beschränkungen, Verbote, Genehmigungen
Akkreditivbestimmungen	Vericherungsnachweis, Konnossement, Handelsfaktura
Ursprungsnachweis	Für die Inanspruchnahme von Zollvergünstigungen, EUR1, siehe Kapitel I.
Warenwert	mitzuführende Dokumente gemäß Präferenznachweis
bis 1.000,00 €	Handelsrechnung (Original und drei Kopien) Ursprungserklärung auf der Handelsrechnung
> 1.000,00 € bis 6.000,00 €	Handelsrechnung (Original und drei Kopien) Ursprungserklärung auf der Handelsrechnung Ausfuhrbegleitdokument oder vom Zoll abgestempelte Internet-Ausfuhranmeldung
> 6.000,00 €	Handelsrechnung (Original + drei Kopien) Ausfuhrbegleitdokument oder vom Zoll abgestempelte Internet-Ausfuhranmeldung Ursprungserklärung/Präferenznachweis (EUR1) siehe Seite 265 f.

5.2.7 Nachweisführung beim Exportgeschäft

Die Überwachung der Einhaltung der Zollvorschriften beim Verbringen von Waren aus dem Zollgebiet der Union ist ein wichtiger Bereich der Exportkontrolle. Mittels Ausfuhrbegleitdokument und elektronischer Abwicklung der Zollverfahren überwachen die Zollbehörden den Warenverkehr.

Inhalt	Beschreibung
Abnehmer	Angaben zum Abnehmer
Handelsrechnung	Angaben zur Ware, zur Menge und zum Preis
Ablieferungsnachweis	Quittung der Entgegennahme der Ware beim Abnehmer
Nachweisform	Bestätigung der Lieferung in Textform mit Bezug auf die konkrete Warenlieferung (E-Mail, Fax usw.) auf Vordruck oder formlos

5.3 Intrahandel

Der Warenverkehr innerhalb der Union (Intrahandel) zwischen den Mitgliedstaaten ist zollfrei. Die innergemeinschaftliche Lieferung ist für den Verkäufer außerdem umsatzsteuerbefreit. Der Käufer muss in seinem Land die Umsatzsteuer zahlen. Die beteiligten Unternehmen müssen Aufzeichnungen führen und den Nachweis erbringen, dass die Lieferung an einen Unternehmer im Zollgebiet der Union erfolgte. Dies erfolgt in der Regel mittels einer Gelangensbestätigung, die mit den buchmäßigen Aufzeichnungen der Beteiligten übereinstimmen muss.

K Lagerlogistik

KAPITELEINSTIEG

Sie haben die Waren – wir die Lagerkapazitäten

Spediteure bieten ihren Kunden auch Lagerleistungen an. Spediteure sind insofern nicht nur die Architekten des Transportwesens, sondern zusätzlich auch Profis im Bereich der Lagerlogistik. Angefangen bei der Lagerung von Umzugsgut für Privatkunden und Unternehmen, über Auslieferungs- oder Kommissionierlager, bis hin zum kompletten Logistik-Outsourcing realisieren Spediteure flexible Lagerlösungen.

△ Für Spediteure ergeben sich durch die Bereitstellung von Lagerkapazitäten vielfältige Geschäftsfelder. Spediteure halten häufig ein breit gefächertes Spektrum an Lagerdienstleistungen vor.

Typisch Lagerlogistik!
Lagerlogistiker bieten zusätzlich zur reinen Lagerlogistik vielseitige Zusatzleistungen an.

Kernkompetenzen Lagerlogistik	Value Added Services – Mehrwertdienstleistungen
Lagerlogistiker konzentrieren sich häufig auf folgende Dienstleistungen:	Sie ergänzen zusätzlich das nebenstehende Angebot mit:
• umfassende Logistik-Konzepte • Lagerlogistik und Distribution • Bestandsführung • Kommissionierung • Verpackung • EDV-gestützte Abwicklung	• Umpacken und Wiederverpacken • Etikettieren/Preisauszeichnungen • Bestandsmanagement • Retouren-Management • Nachbestellungen

1 Lagerlogistik und Lagerfunktionen

Selbstverständlich ist das Ziel der Lagerlogistik ein möglichst effektiver Güterfluss. Und trotzdem kann eine Unterbrechung des Güterflusses – also eine Lagerung – sinnvoll sein.

Lagerfunktionen

Sicherungsfunktion	• Vorratshaltung, um unerwarteten Kundennachfragen und Schwierigkeiten mit dem Lieferanten vorzubeugen; z. B. Eiserne Reserve
Überbrückungsfunktion	• Produktion und Absatz (oder Verbrauch) fallen zeitlich auseinander; z. B. bei Saisonwaren, Obst wird saisonal geerntet, aber das ganze Jahr benötigt.
Veredelungsfunktion	• Güter erreichen durch die Lagerung einen höheren Wert; z. B. Getreide, das getrocknet werden muss, Holz, Wein, Whisky.
Spekulationsfunktion	• Es wird zu niedrigen Preisen eingekauft, um später zu einem höheren Preis zu verkaufen; z. B. erwartete Preissteigerungen
Kostendegressionsfunktion	• Größere Mengen können zu günstigen Preisen eingekauft werden; damit sinken die Gesamtkosten. • Transportkosten werden eingespart, da nicht wegen jeder Kleinmenge ein Transport durchgeführt wird.
Umformungsfunktion	• Umfüllungen, Mischungen, Sortierungen

2 Wichtige Lagerarten und Lagerzonen

Einen Standort muss der Spediteur sehr sorgfältig und mit Bedacht auswählen. Besonders wichtig sind dabei die Verkehrsanbindung und die Kundennähe. Bei der Verkehrsinfrastruktur geht es vor allem um eine verkehrsgünstige Lage zu Bundesstraßen, Autobahnen, Ballungszentren, wichtigen Umschlagsplätzen, wie z. B. Flughäfen, Binnen- und Seehäfen, Güterbahnhöfen. Infrastruktur kann zudem auch die informationstechnische Ausstattung, wie z. B. DSL-Qualität des Standorts, einschließen.

Je nach Branche und Leistungsspektrum können auch andere Faktoren, wie z. B. Arbeits-, Energie-, Abgaben-, Umwelt- und Absatzorientierung, bei der Standortwahl von Bedeutung sein.

2.1 Lagerarten

Lager können nach den Gesichtspunkten Zweck/Verwendung, Bauart, Einrichtungstechnik und Standort gegliedert werden.

Lagerart	Beschreibung
Umschlagslager 	Im Umschlagslager werden Güter nur kurzfristig gelagert. Zwischen dem Abholen der Güter, dem Verladen beim Empfänger, dem Verteilen auf Relationen am Versandort und der Verteilung beim Empfangsspediteur sind kurzfristige Lagerungen notwendig. Hier herrscht Flussorientierung.
Dauerlager 	Die Lagerung erfolgt über einen längeren Zeitraum, ohne dass wesentliche Lagerbewegungen stattfinden. Hier stehen häufig die nachfolgenden **Lageraufgaben** im Vordergrund: • **Überbrückungsfunktion**, d. h. vor allem zeitliche Überbrückung zwischen Herstellung und Verwendung • **Spekulationsfunktion**
Freilager  **Halboffenes Lager** 	Die Lagerung erfolgt im offenen Lager im Freien ohne Schutz oder im halboffenen Lager mit Überdachung. **Anwendung:** • witterungsunempfindliche und weniger diebstahlgefährdete Güter, z. B. Steine, Sand, Leergut, Holz • niedrige Unterhaltskosten • niedrige Investitionskosten **Anwendung:** • wenig witterungsempfindliche und weniger diebstahlgefährdete Güter, z. B. Baumaschinen, Stahl • niedrige Unterhaltskosten • niedrige Investitionskosten
Geschlossenes Lager 	Dieses Lager befindet sich in geschlossenen Räumen oder Gebäuden. Hier besteht ein Schutz der Waren vor witterungsbedingten Einflüssen von allen Seiten. Zusätzlich befinden sich in diesen Lagern häufig Vorrichtungen zum ordnungsgemäßen und rationellen Ein- und Auslagern sowie zur Warenpflege, zur Kommissionierung und zum Versand. **Anwendung:** • für witterungsempfindliche Waren • für wertvolle Waren, um vor Diebstahl zu schützen
als Flachlager 	Solche Lagerhallen sind nur einstöckig und bis etwa 7 m hoch. **Anwendung:** • relativ einfache Bauweise • wenn Grundstückpreise relativ gering sind • für Boden- und Regallagerung

Fortsetzung nächste Seite

Lagerart	Beschreibung
als Etagenlager 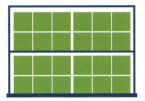	Der Lagerraum ist über mehrere Etagen verteilt. Bei der Lagerkapazität spielt die Höhe des Gebäudes bzw. die Anzahl der Stockwerke eine wesentliche Rolle. **Anwendung:** • wenn Grundstückpreise hoch sind oder keine weiteren angrenzenden Grundstücksflächen zur Erweiterung des bisherigen Lagers zur Verfügung stehen. • für Boden- und Regallagerung
als Hochregallager 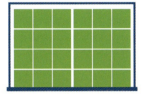	Bei diesem Lager wird eine enorme Lagerkapazität durch Ausnutzung der Höhe des Lagerraums erreicht. Von einem Hochregallager spricht man ab Lagerraumhöhen von ca. 12 Metern. **Anwendung**: • bei großer Sortimentsbreite • für hohe Lagerkapazitäten
als Speziallager 	Diese Lager sind für **besondere Anlässe** oder mit **besonderen Eigenschaften** für die Lagerung errichtet worden: • Kühl-/Tiefkühllager • Gefahrstofflager, Chemikalienlager • temperiertes Lager • Verschlusslager: Lager kann verschlossen werden, um Diebstähle abzuwehren
Zolllager 	In Zolllagern werden vornehmlich von Drittländern importierte unverzollte Waren gelagert. Rechtliche Bedingungen werden in Artikel 240 UZK (UZK = Zollkodex der Union, kurz: Unionszollkodex) geregelt. Der Hauptvorteil besteht darin, dass Nicht-Unionswaren zeitlich unbegrenzt im Zollgebiet der Union gelagert werden können, ohne dass Einfuhrabgaben anfallen. Zolllager sind gemäß UZK von den Zollbehörden zugelassene und unter zollamtlicher Überwachung stehende Orte, an denen Waren unter bestimmten Voraussetzungen gelagert werden können. Man unterscheidet zwischen öffentlichen und privaten Zolllagern. Somit können Zolllager auch von Spediteuren und anderen Unternehmen betrieben werden, wobei bestimmte Voraussetzungen erfüllt sein müssen. Zolllager sind vom übrigen Zollgebiet abgegrenzte Flächen; sie sind besonders zu kennzeichnen. Siehe auch Kapitel J, 3.2.
Freizonen 	Freizonen werden in Artikel 243 UZK geregelt und gehören zum Zollgebiet der Gemeinschaft. Sie sind geografisch begrenzt, eingezäunt und haben Ein- und Ausgänge. Hier werden ebenfalls unverzollte Güter aus Drittländern, sogenannte Nicht-Unionswaren, gelagert, ohne dass hierfür sofort Zoll erhoben wird. Die Güter werden hier vorübergehend aufbewahrt. Der Umschlag und die Lagerung von Waren im Außenhandel soll dadurch erleichtert werden, sodass zollrechtliche Formalitäten auf ein Mindestmaß reduziert werden können.

Fortsetzung nächste Seite

Lagerart	Beschreibung
	Eine Freizone erstreckt sich über ein zusammenhängendes Gebiet. Da Freizonen häufig in Hafenarealen eingerichtet werden, spricht man traditionell häufig auch von Freihäfen. Die Mitgliedstaaten der Gemeinschaft können bestimmte Teile des Zollgebiets zu Freizonen erklären. Hinweis: Weitere Einzelheiten zu Zoll, Zolllager und Freizonen erfahren Sie auch im Kapitel J, 3.2.
Distributionslager	Für bestimmte Kunden- oder Produktionsaufträge sind im Lager die richtigen Güter zusammenzutragen. Diesen Vorgang versteht man unter dem Begriff Kommissionierung. Damit die Güter möglichst schnell auf kurzen Wegen an den Kunden zugestellt bzw. ausgeliefert werden können, werden häufig eigene Distributionslager errichtet.
Zentrales Lager	Hier gibt es nur ein großes Lager. Dieses kann für den Beschaffungs- oder Absatzbereich eingerichtet werden. **Vorteile:** • Materialentnahmen sind besser kontrollierbar. • Lagereinrichtung, Förderzeuge und Lagerraum sind effizienter nutzbar. • Es ist weniger Personal erforderlich. • Es sind geringere Bestände und damit auch eine geringere Kapitalbindung möglich. • geringere Beschaffungskosten (Mengenrabatte besser nutzbar, geringere Bestellkosten) **Nachteile:** • lange Transportzeiten • hohe Transportkosten
Dezentrale Lager	Anstelle eines großen Lagers können mehrere kleinere Lager eingerichtet werden. **Vorteile:** • kürzere Transportzeiten • niedrigere Transportkosten • schnellere Lieferung möglich (z. B. bei Distributionslagern) • gut einsetzbar bei Just-in-Time-Anlieferungen • Einsatz von Spezialgeräten für die Lagerung (Spezialisierung) **Nachteile:** • höhere Investitionskosten • Materialentnahmen sind schwieriger zu kontrollieren • Lagereinrichtungen, Förderzeuge und Lagerraum sind weniger effizient nutzbar • höherer Personalbedarf • höhere Bestände und damit auch größere Kapitalbindung • höhere Beschaffungskosten Es existieren in der Praxis auch Kombinationsmöglichkeiten. Ein Unternehmen unterhält beispielsweise ein großes zentrales Lager und mehrere dezentrale Lager.

2.2 Lagerzonen

Um eine bessere Übersicht des Lagers zu erreichen, wird häufig eine Einteilung nach **Lagerzonen** vorgenommen. Einer Lagerzone werden Güter nach einem **bestimmten Kriterium** zugeordnet.

Diese Eingruppierung in Zonen ergibt sich auch aufgrund der ordnungsgemäßen und sachgerechten Lagerung der Güter. Beispiele für Lagerzonen:

Lagerzone	Beschreibung
Wareneingangsbereich	Hier findet die Wareneingangskontrolle statt. Die Güter werden nach Art (Identität), Menge (Quantität), Qualität (Güter) und Beschaffenheit (äußere Beschädigungen) kontrolliert. Es ist darauf zu achten, soweit mehrere Anlieferungen erfolgt sind, dass jede Lieferung im Wareneingangsbereich einer separaten Fläche zugewiesen wird. Die Waren verschiedener Anlieferungen dürfen sich nicht vermischen. Daher sollte der Wareneingangsbereich über ausreichend Platz verfügen.
Sperrzone/ Sperrlager	Hier erfolgt die vorübergehende Lagerung von beschädigten Gütern bzw. falsch angelieferten Gütern, die nicht eingelagert werden dürfen.
Retourenzone	Zone für die Retourenabwicklung wird eingerichtet.
Gefahrstoff-/ Chemikalienlager	Hier werden gefährliche Güter gelagert.
Verschlusslager	Wertvolle Güter werden hier unter Verschluss gehalten, d. h. vor unberechtigtem Zugriff bzw. Diebstahl geschützt.
Sperrigkeitslager/ Schwergutlager	Sehr große Güter bzw. Güter mit Überdimensionen sowie sehr schwere Güter werden hier bevorratet
Kommissionierlager	Die Zusammenstellung eines (Kunden- oder Produktions-)Auftrags kann durch eine sehr hohe Artikelkonzentration in dieser Lagerzone rationell stattfinden.
Freilager	Unempfindliche Güter werden aus Kostengründen meist im Außenbereich von Unternehmen gelagert.
Versandbereich/ Verladezone	Die Güter werden hier teils noch verpackt und versandfertig gemacht. Versandpapiere werden u. a. erstellt und die Güter auf verschiedenen Stellplätzen für die verschiedenen Relationen abgestellt bzw. sofort im bereitstehenden Transportmittel (Lkw, Container) verladen und verstaut.

MERKE

Gesichtspunkte zur Lagerzonenbildung können sein:
- Temperaturzonen/-toleranzen
- Aggregatzustände
- Umschlagshäufigkeit
- Gewichte, z. B. Schwergutlager
- Brandschutz- und Sicherheitsbestimmungen
- Empfindlichkeit
- Gefährlichkeit der Güter
- Wert der Güter

3 Stellplatzkennzeichnung

Für die Vergabe der Stellplätze wird meist ein unternehmenseigenes Nummernsystem verwendet. Ziel dieses Nummernsystems ist, dass ein Lagerplatz und die dort befindliche Ware auf Anhieb zu finden sind. Jeder Stellplatz erhält eine eigene feste Nummer („Location").

BEISPIEL: STELLPLATZKENNZEICHNUNG

- 1. Ziffernblock: **Lagerzone**
- 2. Ziffernblock: **Regalzeile**
- 3. Ziffernblock: **Längsposition**
- 4. Ziffernblock: **Höhenposition**

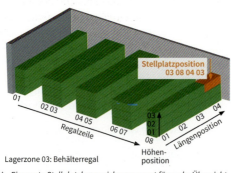

Lagerzone 03: Behälterregal

△ *Eine gute Stellplatzkennzeichnung sorgt für mehr Übersicht und Systematik im Lager.*

Der Stellplatz 03 08 04 03 könnte z. B. bedeuten, dass sich der Artikel in der Lagerzone 03, in der Behälter gelagert werden, in der Regalzeile 08, in der Längsposition 04 und der Höhenposition 03 befindet. Durch diese strukturierte Stellplatzkennzeichnung sollen eine gute Übersicht im Lager erreicht und unnötige Umwege vermieden werden.

Wie oben schon beschrieben, legt jedes Unternehmen die Struktur des Nummernsystems selbst fest.

Obige Stellplatzkennzeichnung enthielt nur nummerische Werte (d. h. nur Zahlen). Es wären auch alphanummerische Werte möglich. In diesem Fall gäbe es eine Kombination von Buchstaben und Zahlen z. B. A3 B4 B2 A1.

4 Lagerplatzvergabe/Positionierung

Die Einlagerung von Gütern im Lager kann mit festen Lagerplätzen erfolgen.

Eine zweite Möglichkeit besteht darin, flexible Lagerplätze zu vergeben. In diesem Fall kann der Lagerplatz für bestimmte Waren von Mal zu Mal wechseln bzw. die Ware kann während einer bestimmten Zeitspanne in unterschiedlichen Stellplätzen lagern.

4.1 Starre Einlagerung bzw. Festplatzsystem

Einer bestimmten Ware ist immer ein fester Lagerplatz zugeordnet. Die starre Einlagerung wird in der Regel beim **Fachboden-** und **Palettenregal** angewandt, soweit dieses nicht vollautomatisiert ist.

➔ VORTEILE
- leicht anzuwenden
- Neue Mitarbeiter können leichter angelernt werden; die Mitarbeiter lernen schnell, wo sich welche Ware befindet.
- auch (noch) ohne EDV-Unterstützung umsetzbar

➔ NACHTEILE
- Schlechte Lagerplatzauslastung, da sofern z. B. bei einer Ware der Lagerbestand heruntergefahren wird, dieser Platz nicht für umschlagsstarke Waren verwendet werden darf.
- Bei umfangreichen Waren wird auch hier eine EDV-Unterstützung bzw. eine Lagerkartei erforderlich.

4.2 Freie Einlagerung, Freiplatzsystem, flexible Einlagerung oder chaotische Lagerhaltung

Bei diesem Lagerverfahren ist einer bestimmten Ware **kein** fester Lagerplatz zugewiesen. Neue Ware wird im Lager dort eingelagert, wo gerade ein Lagerplatz frei ist.

Die „chaotische Einlagerung" findet vor allem beim **automatischen Hochregallager** (HRL) und beim **automatischen Kleinteilelager** (AKL) Anwendung.

➲ VORTEILE
- gute Flächen- und Raumausnutzung
- Der Zugriff auf die Waren kann verbessert werden.
- Neue Teile können ohne Probleme neu aufgenommen werden.
- Wechselnde Umschlagshäufigkeit der Waren oder andere Kriterien können bei der Einlagerung berücksichtigt werden.

➲ NACHTEILE
- EDV-Unterstützung erforderlich
- Problem bei Computerausfall
- Lagerbestandslisten mit Stellplätzen der Waren sind nur für kurze Zeit aktuell.
- nicht im Gefahrstoff- und Chemikalienlager umsetzbar, da hier Zusammenlagerungsverbote zu beachten sind

5 Lagerformen und -techniken

5.1 Bodenlagerung und Regallagerung

5.1.1 Bodenlagerung

Die Bodenlagerung zählt zur einfachsten Form der Lagerung. Die Ware lagert hier ohne den Einsatz von Regalen direkt auf dem Boden. Die Lagerung kann in Form der Blocklagerung oder Reihenlagerung erfolgen.

△ Bodenlagerung (Seitenansicht)

Angewandt wird die Bodenlagerung häufig beim **Umschlagslager**, da die Waren hier nur kurzfristig beim Umschlag von einem Transportmittel auf ein anderes gelagert werden. Die Waren werden hier den Zielrelationen zugeordnet.

➲ VORTEILE
- gute Raumausnutzung bzw. besonders platzsparende Lagerung, soweit als Blocklagerung angewandt
- Bodenlagerung in Blocklagerung, wenn große Mengen einer Ware gelagert werden
- keine Kosten für Lagereinrichtungen
- einfache Organisation

➲ NACHTEILE
- kein direkter Zugriff auf einzelne Packstücke möglich
- hoher Personalbedarf, da auf das Automatisierungspotenzial bestimmter Regalsysteme verzichtet wird
- Raumausnutzung ist durch keine bzw. geringe Stapelfähigkeit mancher Waren eingeschränkt.

5.1.2 Regallagerung

Die Lagerung in Regalen kann in Form der Block- oder Reihenlagerung stattfinden.

Die Ware kann während der Regallagerung ebenfalls **mit oder ohne Lagerhilfsmittel** erfolgen. Die Ware kann – wie bei der Bodenlagerung – verpackt oder unverpackt sein.

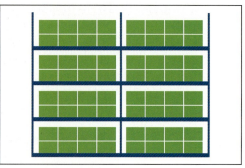

△ *Regallagerung (Seitenansicht)*

⮕ VORTEILE
- gute Raumausnutzung möglich (vor allem der Lagerraumhöhe)
- hoher Automatisierungsgrad möglich
- Personalkosten können gesenkt werden.
- FIFO-Prinzip bei manchen Regalsystemen, wie z. B. Durchlaufregalen, ohne Aufwand (wie zeitaufwendiges Umschichten) umsetzbar

⮕ NACHTEILE
- zum Teil hohe bis sehr hohe Anschaffungskosten
- Bei automatisierten Regalsystemen sind Wartungsaufwand und Sicherheitseinrichtungen nötig.

5.2 Blocklagerung und Reihenlagerung

5.2.1 Blocklagerung

Hier werden die Waren kompakt ohne Zwischenräume bzw. Zwischengänge zusammengelagert. Es handelt sich hierbei um eine sehr komprimierte Lagerweise auf engem Raum.

Die **Blocklagerung** eignet sich für **gleichartige Waren, die nicht verderben oder technisch veralten**.

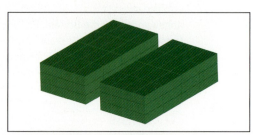

△ *Gestapelte Blocklagerung als Bodenlagerung*

⮕ VORTEIL
- optimale Flächen- und Raumausnutzung

⮕ NACHTEILE
- kein direkter Zugriff auf die Lager
- FIFO-Prinzip ist nur durch umständliches Umlagern anwendbar.

5.2.2 Reihenlagerung (Zeilenlagerung)

Bei der Zeilen- bzw. Reihenlagerung werden zwei Reihen direkt aneinander gestapelt. Danach wird Raum für eine Regalgasse für Personal und/oder Flurförderzeuge bzw. Regalbediengeräte eingeplant.

Die Reihenlagerung eignet sich vor allem für Waren,
- bei denen die **Gefahr des Verderbs oder technischen Veralterung** besteht,
- bei denen nur eine **geringe Stückzahl** bevorratet wird,
- auf die aus sonstigen Gründen ein direkter **Zugriff jederzeit gewährleistet** sein muss.

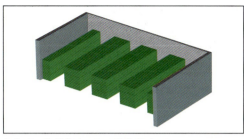

△ *Gestapelte Zeilenlagerung als Bodenlagerung (Nachdem hier kein Regal eingesetzt ist, kann hier nur jeweils auf die oben gelagerten Lagereinheiten direkt zugegriffen werden. Bei 32 Lagereinheiten besteht insofern direkter Zugriff.)*

> **VORTEIL**
> Direkter Zugriff auf alle Lagereinheiten ist ohne Umschichtung möglich.

> **NACHTEIL**
> hoher Raum- und Flächenbedarf erforderlich bzw. geringe Lagerkapazitätsauslastung

5.3 Ausgewählte Regalarten

5.3.1 Palettenregal

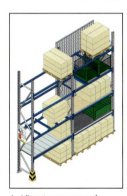

△ *Längstraversenregal*

Wie bereits durch die Bezeichnung erkennbar, wird diese in der Praxis häufig angewandte Regalart zum Lagern von Paletten (Euro-Paletten, Gitterboxpaletten, usw.) verwendet. Diese Regalart hat große Ähnlichkeit mit dem Fachbodenregal. Die Ware steht allerdings nicht auf Fachböden, sondern auf Traversen; dies sind Auflagestreben für Paletten.

Man unterscheidet hier zwischen Längs- und Quertraversenregalen. Das Längstraversenregal ist mit einem Mehrplatzsystem verbunden, d. h. in einem Regalfach befinden sich mehrere Palettenstellplätze. Das Quertraversenregal geht dagegen mit dem sogenannten Einplatzsystem einher, d. h. in einem Regalfach befindet sich nur ein Palettenstellplatz.

Das Palettenregal eignet sich zur Lagerung von **palettierten Waren** und zur Lagerung von **größeren Mengen**; vom kleinen bis zum großen Artikelsortiment.

VORTEILE

- gute Übersicht, schnelle Bestandsübersicht
- gute Flächen- und Raumausnutzung
- direkter Zugriff zu jedem Artikel
- keine Störanfälligkeit (soweit nicht automatisiert)
- Automatisierung möglich
- gewisse Flexibilität durch Höhenverstellbarkeit der Traversen

NACHTEILE

- hoher Personalbedarf bei manueller Bedienung
- nicht für sperrige Güter geeignet; Modulabmessungen bzw. genormte Abmessungen erforderlich
- hohe Investitionskosten bei größerem Mechanisierungs- und Automatisierungsgrad
- beschränkte Umschlagsleistung soweit keine Automatisierung
- nur für Paletten geeignet (nicht unpalettiert)
- in der Regel (soweit nicht automatisiert): Mann-zur-Ware-Prinzip, d. h. hohe Weg- und Kommissionierzeiten

5.3.2 Hochregallager (HRL)

△ Manuell bedientes HRL

Hochregallager sind – wie der Name schon sagt – besonders hohe Lager ab 12 m Höhe.

Zur Ein- und Auslagerung sind spezielle Hochregalstapler (z. B. Schubmaststapler) oder Regalbediengeräte nötig. Die Abmessungen der Regale richten sich nach den Lagereinheiten, wie z. B. Euro-Paletten, Euro-Gitterboxen. Die Breite der Gänge richtet sich nach den Regalbediengeräten (RBG).

Es existieren Hochregallager, bei denen die Ein- und Auslagerung über maschinell bediente Schubmaststapler oder Regalbediengeräte stattfindet.

Im Gegensatz hierzu sind automatische Hochregallager anzutreffen, bei denen die Bestückung und Entnahme der Güter über computergesteuerte Regalbediengeräte erfolgt.

Das Hochregallager eignet sich zur Lagerung von **großen Mengen mit großem Artikelsortiment** und für die Lagerung von **Gütern mit hoher bis mittlerer Umschlagshäufigkeit**.

VORTEILE (BEI AUTOMATISIERTEM HRL)

- keine/geringe Personalkosten
- hoher Automatisierungsgrad
- hohe Lagerumschlagsleistung
- gute Raum- und Flächenausnutzung
- Ware-zum-Mann-Prinzip (d. h. Wegzeiteinsparung)

NACHTEILE

- hohe Investitionskosten
- Bei Ausfall der Technik steht die Produktion. Folge: eingeschränkte Lieferbereitschaft.
- Planungskosten vor Inbetriebnahme
- unflexibel, da Einschränkung auf die ursprünglich festgelegten Palettenmaße

5.3.3 Weitere Regalarten

Neben den oben genannten Regalen existiert in der betrieblichen Praxis noch eine Vielzahl von weiteren Regalarten.

Übersicht über die Regalarten

Regalart	Beschreibung
Fachbodenregal 	Sie zählen zu den einfachsten Formen von Regalen. Fachbodenregale setzen sich aus einem Rahmen (Stützen) und den Fachböden zusammen. Sogar im Haushaltsbereich sind Fachbodenregale anzutreffen. **Anwendung:** • für unpalettierte Waren • bei Kommissionierlagern häufig im Einsatz • für Kleinteile
Automatisches Behälterregal, Automatisches Kleinteilelager (AKL) 	Hier erfolgt die Lagerung in Behältnissen, wie z. B. Boxen, Tablaren, Lagerwannen, Schäferkisten. Die Güter werden wie beim Palettenregal oder automatischen Palettenregal auf Auflagestreben gelagert. Wie beim automatischen Hochregallager erfolgt die Ein- und Auslagerung computergesteuert über automatische Regalbediengeräte. Die Einlagerung wird hier in aller Regel nach dem chaotischen Prinzip vorgenommen. Eine platzsparende Lagerung von Kleinteilen mit hoher Umschlagsleistung wird gewährleistet.
Einfahrregal, Drive-in-Regal 	Bei Einfahrregalen handelt es sich um eine Form der Blocklagerung, d. h. es ist dadurch eine hohe Kapazitätsauslastung des Lagers möglich. Bei Einfahrregalen fährt man mit den Förderzeugen wie Gabelstaplern und RBGs in das Regal zur Ein- und Auslagerung hinein. Nachdem das Regal an einer Seite bündig zur Wand steht, ist die Ein- und Auslagerung nur von der freien Stirnseite her möglich, d. h. die zuletzt eingelagerte Palette muss hier wieder als erstes ausgelagert werden. Insofern ist das LIFO-Prinzip zwingend anzuwenden. Ein Regalgang sollte daher immer artikelrein bestückt werden.
Durchfahrregal, Drive-Through-Regal 	Aufbau wie Einfahrregal mit dem Unterschied, dass zwei offene Stirnseiten zum Ein- und Auslagern vorhanden sind. Dies hat den Vorteil, dass auf der einen offenen Stirnseite eingelagert werden kann, und dass die andere offene Stirnseite ausschließlich zum Auslagern dient. Dadurch werden mögliche Wartezeiten vor bestimmten Artikelpositionen vermieden. Zudem kann nun das FIFO-Prinzip umgesetzt werden.

Fortsetzung nächste Seite

Regalart	Beschreibung
Einschubregal 	Auch bei den Einschubregalen handelt es sich um eine platzsparende Lagerform. Hier kann – nachdem eine Stirnseite des Regals bündig zur Hallenwand steht – nur von einer Seite ein- und ausgelagert werden. Wie beim Einfahrregal ist hier also zwingend das LIFO-Prinzip anzuwenden. Die Lagereinheiten werden durch Förderzeuge in das Regal hineingeschoben. Im Regal befinden sich meistens Rollenbahnen mit bis etwa 5 % Neigung. Wird eine Lagereinheit ausgelagert, so rollen die weiter hinten befindlichen Lagereinheiten durch die natürliche Schwerkraft nach vorne.
Durchlaufregal 	Durchlaufregale sind wie Einschubregale aufgebaut. Der Unterschied liegt nur darin, dass hier zwei offene Stirnseiten vorhanden sind. Dadurch ergeben sich wieder folgende Vorteile: • Einhaltung des FIFO-Prinzips wird möglich. • Strikte Trennung von Ein- und Auslagerungsseite, dadurch weniger/keine Wartezeiten und klare Aufgabentrennung • höhere Lagerumschlagsleistung
Verschieberegal  Schaltleisten Lichtschranken	Auch beim Verschieberegal findet eine platzsparende Blocklagerung statt. Zudem zählt das Verschieberegal zu den dynamischen Regalen, da hier die Fachboden- oder Palettenregale verschoben werden können. Auf Schienen können die Regale, die sich auf Fahrgestellen befinden, mit den Lagereinheiten bewegt werden. Dies erfolgt per Hand- oder Motorantrieb.
Umlaufregal 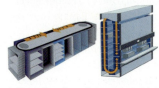 △ Karusellregal Paternosterregal △	Das Umlaufregal zählt zu den dynamischen Regalen. Hier werden die Regale, die sich häufig in einem Schienensystem befinden, durch Motorantrieb im Umlauf zyklisch bewegt und an die entsprechende feste Ein- und Auslagerungsposition bewegt. Dadurch wird das Ware-zum-Mann-Prinzip umgesetzt. Man unterschiedet **zwei Arten von Umlaufregalen**: • **horizontales Umlaufregal** bzw. Karusellregal • **vertikales Umlaufregal** bzw. Paternosterregal

6 Fördermittel und Lagergeräte

6.1 Fördermittel

Fördermittel sind **Transportmittel** für den **innerbetrieblichen Materialfluss**.

Förderzeuge ist ein Unterbegriff in der Gruppe der Fördermittel. Zu den beiden wohl bekanntesten Förderzeugen zählen der Gabelstapler und der Handhubwagen.

Fördermittel lassen sich zunächst in **zwei** große **Gruppen** einteilen:

Stetigförderer	Unstetigförderer
Merkmale: - meistens gleichmäßige/feste Transportwege - ständiger oder taktweiser Transport, d. h. Stetigförderer sind meist ständig in Bewegung - lohnt sich i. d. R. erst bei großen Mengen - hoher Automatisierungsgrad	**Merkmale:** - unterschiedlicher Transportweg: Sie sind nicht an eine bestimmte Strecke gebunden. - Transport bei Bedarf, d. h. sie sind erst in Bewegung, wenn sie gebraucht werden. - sinnvoll bei kleineren bis mittleren Mengen oder wenn Sortiment bzgl. der Maße und Gewichte sehr schwankend ist und bei nicht genormten Packstücken
Beispiele: - **flurfreie Stetigförderer** Stetigförderer ist an der Decke befestigt: Elektrohängebahn, Power-and-Free-Förderer, Kreiskettenförderer  △ *Elektrohängebahn* - **flurgebundene Stetigförderer** Stetigförderer befindet sich am oder im Boden: (Trag-) Rollenbahn, Röllchenbahn, Scheibenrollenbahn, Gurtförderer, Rutsche, Kettenförderer, Förderbänder, Becherwerke, Unterflurschleppkettenförderer  △ *Rollenbahn*	**Beispiele:** - **Hebezeuge** Brückenkran, Drehkran, Portalkran, Hebebühnen; Einsatz erfolgt meistens für sehr schwere und sperrige Güter  △ *Drehkran* - **(Flur-)Förderzeuge** Hubwagen, Schlepper, Gabelstapler, Elektro-Deichsel-Gabelhubwagen, fahrerloses Transportsystem (FTS, Teletraks)  △ *Gabelstapler* Der Gabelhubwagen eignet sich nur zum Transport, aber nicht zum Stapeln. - **Regalförderzeug** Regalbediengerät (RBG), Regalstapelgerät - **Aufzüge** Personenaufzüge, Lastaufzüge
Vorteile: - wirtschaftliche Beförderung großer Mengen/Stückzahlen - geringe Personalkosten - rentabel bei großen Mengen - dauernde Beförderungsbereitschaft	**Vorteile:** - wirtschaftliche Beförderung von kleineren Mengen/Stückzahlen, auch von nicht genormten und sperrigen Gütern - höhere Personalkosten - flexibel einsetzbar - geringe Investitionskosten

Fortsetzung nächste Seite

Stetigförderer	Unstetigförderer
Nachteile:	Nachteile:
• hohe Investitionskosten • hohe Wartungskosten, reparaturanfällig • Wenn der Stetigförderer defekt ist, dann ist der komplette Materialfluss unterbrochen; evtl. steht die Produktion still • meist unflexibel bzgl. Streckenführung und Materialart (Stetigförderer ist i. d. R. für bestimmte Abmessungen und Gewichte geeignet) • erst bei großen Mengen und hohem Auslastungsgrad wirtschaftlich	• hohe Personalkosten • bei größeren Mengen langsamer Transport • meistens höhere Unfallgefahr (vor allem bei Einsatz des Gabelstaplers)

6.2 Lagergeräte

Lagergeräte werden auch **Lagerhilfsmittel** oder **Förderhilfsmittel** genannt.

Um eine rationelle und für die Ware schonende Ein-, Aus- und Langzeitlagerung sowie eine schnelle und effiziente spätere Verladung auf Verkehrsmittel zu ermöglichen, werden Waren häufig auf/in Lagergeräten und Lagerhilfsmitteln gestaut.

BEISPIELE: LAGERGERÄTE

- Paletten (Flachpaletten, Gitterboxpaletten)
- Behälter, Boxen, Tablare, Fässer, Kanister
- Säcke, Beutel
- Container
- Racks (Metallgestelle zur Lagerung von Karosserieteilen usw.)

Vorteile von Lagergeräten

- Lagergeräte rationalisieren den Warenumschlag.
- Sie haben häufig Modulabmessungen.
- Lagergeräte schützen die Ware.
- Lagergeräte ermöglichen/erhöhen die Stapelfähigkeit der Ware.
- Sie erleichtern die Identifikation der Ware.
- Sie erleichtern den Transport und den Umschlag mit Flurförderzeugen und Regalbediengeräten (RBG).

Paletten zählen im Landverkehr und im Lager zu den am häufigsten benutzten Lade- und Lagereinheiten. Die nachfolgenden wichtigen Palettenarten wurden teilweise im Kapitel C 1.4.1 bereits beschrieben:

Euro-Palette bzw. Euro-Flachpalette (Euro-FP)	• Flächenmaße: 1 200 mm x 800 mm (Standardpalette) • Höhe: 144 mm • auch andere Maße möglich, z. B. 600 mm x 800 mm (Halbpalette) • Gewicht: ca. 20 kg
Euro-Gitterbox-Palette (Euro-Gibo)	• Innenmaße: 1 200 mm x 800 mm x 800 mm • Außenmaße: 1 240 mm x 835 mm x 970 mm • Gewicht: ca. 85 kg; bei den neueren Gitterboxpaletten: ca. 70 kg

Fortsetzung nächste Seite

Düsseldorfer Palette	• Flächenmaße: 600 mm x 800 mm (Halbpalette) • Höhe: 160 mm • Gewicht: ca. 10 kg
Industrie-Palette	• Flächenmaße: 1 200 mm x 1 000 mm • Höhe: 144 mm • Gewicht: ca. 30 kg

Es können **drei Formen** unterschieden werden, wie **Paletten an- oder ausgeliefert** werden:

Artikelreine Palette (Voll- oder Ganzpalette)

Auf der Palette befinden sich nur Waren der gleichen Artikelnummer. Voraussetzung hierzu ist, dass genügend Artikel von der gleichen Artikelnummer nachgefragt werden.

Gemischte Palette, Mischpalette

Auf einer Palette befinden sich unterschiedliche Waren verschiedener Artikelnummern. Zudem kann es vorkommen, dass pro Artikelnummer die Maße der Gebinde unterschiedlich groß sind. Man wird versuchen, einzelne Lagen nach Möglichkeit artikelrein aufzufüllen.
Die Erfordernis für gemischte Paletten ergibt sich daraus, dass beim Beschaffungs- bzw. beim Kommissioniervorgang unterschiedliche Artikel geordert bzw. zusammengetragen werden müssen, die alleine noch keine Palette voll auslasten.

Sandwichpalette

Jede Teilpalette ist zunächst artikelrein bestückt.
Die komplette Sandwichpalette setzt sich aus mehreren Teilpaletten mit jeweils artikelreinen Waren zusammen.
Wie bei der gemischten Palette entsteht die Notwendigkeit aus der Tatsache, dass artikelreine Güter noch keine komplette Palette befüllen.

7 Lagerdienstleistung

Industrie und Handel konzentrieren sich immer stärker auf ihre Kernaktivitäten; beim Industriebetrieb die Herstellung von Gütern; beim Handel der Ein- und Verkauf von Waren.

Notwendige Lagergeschäfte werden deshalb immer häufiger an den Spezialisten für Lager und Logistik – den Spediteur – abgegeben.

7.1 Lagerungsarten bei der verfügten Lagerung

Bei der Lagerung im Umschlagslager handelt es sich um eine **verkehrsbedingte Lagerung**. Hier ist kein Lagervertrag erforderlich, da der Versender nur eine Transporttätigkeit in Auftrag gegeben hat.

Eine beauftragte Lagerung durch den Einlagerer bezeichnet man dagegen als **verfügte Lagerung**. Hier ist allerdings ein Lagervertrag erforderlich.

Im Lagervertrag werden die wichtigsten Regelungen und Pflichten der Vertragspartner festgelegt.

Fremdlagerungsart	Beschreibung
Trennungslagerung, (Sonderlagerung, getrennte Lagerung)	Der Lagerhalter lagert bei dieser Form der verfügten Lagerung das Lagergut getrennt ein. Der Einlagerer erhält in diesem Fall genau dasselbe Lagergut zurück, dass er einlagern ließ (im Gegensatz zur Sammellagerung). Diese Lagerung ist die Standardvariante im Lagergeschäft.
Sammellagerung	Hier lagert der Lagerhalter Güter mit gleichen Eigenschaften von mehreren Einlagerern zusammen ein. Während der Lagerung können sich somit die Güter dieser Einlagerer vermischen. **Beispiele:** Getreide, Zement oder Heizöl von mehreren Einlagerern werden zusammen gelagert. **Voraussetzung:** • gleiche Art und Güteeigenschaften der Artikel • Zustimmung der beteiligten Einlagerer

7.2 Lagervertrag nach HGB

GESETZ

§ 467 Lagergeschäft (HGB)
(1) Durch den Lagervertrag wird der Lagerhalter verpflichtet, das Gut zu lagern und aufzubewahren.
(2) Der Einlagerer wird verpflichtet, die vereinbarte Vergütung zu zahlen.

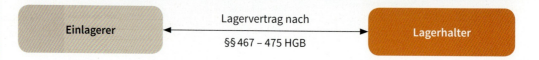

Pflichten des Einlagerers

- vereinbarte Vergütung bezahlen (§ 467 HGB)
- bei gefährlichem Gut: rechtzeitige Mitteilungspflicht in Textform über die genaue Art der Gefahr und zu ergreifenden Vorsichtsmaßnahmen (§ 468 HGB).
- Gut soweit erforderlich verpacken und kennzeichnen (§ 468 HGB)
- Urkunden zur Verfügung stellen und alle Auskünfte erteilen, die der Lagerhalter zur Erfüllung seiner Pflichten benötigt (§ 468 HGB)
- Der Einlagerer hat verschuldungsunabhängig dem Lagerhalter Schäden und Aufwendungen zu ersetzen, die verursacht sind durch
  - ungenügende Verpackung oder Kennzeichnung oder
  - unterlassene Mitteilung über die Gefährlichkeit der Güter oder
  - Fehlen, Unvollständigkeit oder Unrichtigkeit der notwendigen Urkunden oder Auskünfte (vgl. § 468 HGB)

(Ist der Einlagerer ein Verbraucher, so gelten teils abweichende Regelungen.)

Pflichten des Lagerhalters

- Gut aufbewahren und lagern (§ 467 HGB)
- Sicherung von Schadenersatzansprüchen des Einlagerers, wenn Ware im beschädigten oder mangelhaften Zustand angeliefert wurden (§ 470 HGB)
- Erhaltung des Gutes (§ 471 HGB)
- Lagerhalter muss Einlagerer anzeigen, wenn Veränderungen am Gut entstanden oder Schäden zu erwarten sind und Weisungen hierzu einholen (§ 471 HGB).
- bei drohendem Verderb des Lagergutes einen Notverkauf vornehmen (vgl. § 471 HGB)
- Versicherung auf Verlangen des Einlagerers (§ 472)
- jederzeitige Herausgabe des Gutes (§ 473, Abs. 1 HGB)
- Haftung für Verlust oder Beschädigung (§ 475 HGB)

Rechte des Einlagerers

- Besichtigung des Gutes zu üblichen Geschäftszeiten (§ 471 HGB)
- Entnahme von Proben (§ 471 HGB)
- Durchführung von Tätigkeiten zur Werterhaltung (§ 471 HGB)
- Anspruch, das Gut jederzeit heraus zu verlangen (§ 473 HGB)
- auf unbestimmte Zeit abgeschlossene Lagerverträge: Kündigung unter einer Einhaltung einer Kündigungsfrist von einem Monat; bei wichtigem Grund: Kündigung ohne Kündigungsfrist (§ 473 HGB)

Rechte des Lagerhalters

- Anspruch auf die vereinbarte Vergütung (§ 467)
- Info über Gefahrgüter (§ 468 HGB)
- Sammellagerung (§ 469 HGB)
- Aufwandsersatz (§ 474 HGB)
- Pfandrecht (§ 475 b)
- auf unbestimmte Zeit abgeschlossene Lagerverträge: Kündigung unter einer Einhaltung einer Kündigungsfrist von einem Monat; bei wichtigem Grund: Kündigung ohne Einhaltung einer Kündigungsfrist (vgl. § 473 HGB)

MERKE

Die Rechte des Einlagerers sind zugleich die Pflichten des Lagerhalters und umgekehrt.

Die **Einlagerung beim Lagerhalter** (Speditionen und Lagerhäuser) ist für die Einlagerer, wie z. B. Industrie- und Handelsbetriebe, **Outsourcing**. Outsourcing bedeutet die Fremdvergabe einer Dienstleistung. In diesem Fall wird die Lagerhaltung – aus dem Blickwinkel des Industrie- oder Handelsunternehmens – auf ein Drittunternehmen ausgelagert, was u. a. als **Fremdlagerung** verstanden wird.

Vorteile, die Speditionen als Lagerhalter den Einlagerern bieten:

- **EINSPARUNG VON FIXKOSTEN**
  Es werden Fixkosten, wie z. B. für Lagerpersonal, Gebäudekosten oder Kosten für Lagereinrichtungen, eingespart.
  Bei schlechter Auftragslage können Fixkosten nicht unmittelbar abgebaut werden.

- **NUR VARIABLE KOSTEN**
  Der Einlagerer zahlt nur für die eingelagerte Menge, d. h. ihm entstehen ausschließlich variable Kosten.

- **WEITERE KOSTENREDUZIERUNG**
  Einsparung von weiteren Lagerkosten wie Personal, Einrichtungen, Wartungs- und Instandhaltungskosten usw.

- **KEINE LEERKOSTEN**
  Bei einem eigenen Lager bleibt bei schlechter Auftragslage ein Teil des Lagers bzw. das komplette Lager ungenutzt; die Kosten würden dennoch aufgrund des Fixkostenblocks weiterhin bestehen.

- **GUTES KNOW-HOW DES LAGERHALTERS**
  Kernkompetenz des Lagerhalters ist die ordnungsgemäße Lagerung der Güter; er ist auf diesem Gebiet ein Spezialist. Er verfügt über Fachpersonal bzw. qualifiziertes Personal in der Lagerhaltung und kennt güterspezifische Besonderheiten bei der Einlagerung. Auf dieses Know-how kann der Einlagerer zurückgreifen.

- **SPEZIALAUSSTATTUNG DES LAGERHALTERS**
  Der Einlagerer kann auf die Spezialausstattung des Lagerhalters zurückgreifen, z. B. Gefahrgutlager, Tiefkühllager, Kühlraum, Kranvorrichtungen usw.

- **OUTSOURCING**
  Durch die Auslagerung von betrieblichen Rand- bzw. Nebenfunktionen auf Drittunternehmen können sich Betriebe stärker auf ihre Kernkompetenzen konzentrieren und erzielen dadurch Kostenvorteile.

- **EINSPARUNG VON INVESTITIONSAUSGABEN**
  Es wird kein Kapital für Anschaffungen gebunden wie z B. Bau eines eigenen Lagergebäudes usw..

Nachteile für die Einlagerer

- **ABHÄNGIGKEIT**
  Die Einlagerer machen sich vom Lagerhalter und dessen Öffnungszeiten abhängig.
  Die Einlagerung beim Lagerhalter kann auch mit einem Imageverlust einhergehen.

- **LÄNGERE WEGE, UMSTÄNDLICHE INFORMATIONSFLÜSSE**
  Der Einlagerer hat längere Wege zum gelagerten Material bzw. zu der Ware zurückzulegen. Ebenfalls besteht ein längerer Informationsfluss.

8 Der Spediteur als Lagerhalter

Entscheidend ist die Frage, ob der Spediteur eine **verkehrsbedingte Lagerung** vornimmt oder ob es sich um eine **verfügte Lagerung** handelt. Die Antwort auf diese Frage hat weitreichende Haftungskonsequenzen.

8.1 Verkehrsbedingte Lagerung oder verfügte Lagerung?

Verkehrsbedingte Lagerung	Verfügte Lagerung
als Vor-, Zwischen- und Nachlagerungen **in Verbindung mit einer Besorgungstätigkeit des Spediteurs**	als vom Auftraggeber verfügte Dauerlagerung oder Zwischenlagerung
Bezeichnung: **Umschlagslager**	Bezeichnung: **Dauerlager**
rechtliche Grundlage: **HGB und ADSp 2016, Ziffer 23**	rechtliche Grundlage: **HGB und ADSp 2016, Ziffer 24**
Regelung bei Güterschaden: Die Haftung des Spediteurs ist bei **Verlust** oder **Beschädigung des Gutes** begrenzt auf: • **8,33 SZR je kg Rohgewicht** der Sendung (Ziffer 23.1.1) • **2 SZR** anstatt 8,33 SZR je kg, wenn Beförderung mit **verschiedenartigen Beförderungsmitteln unter Einschluss einer Seebeförderung** stattfindet (Ziffer 23.1.2) Übersteigt der Haftungsbetrag des Spediteurs **1 Mio. € je Schadenfall**, ist seine Haftung pro Schadenfall begrenzt auf einen Betrag von 1 Mio. € oder 2 SZR für jedes kg, je nachdem, welcher Betrag höher ist (Ziffer 23.1.3).	**Regelung bei Güterschaden:** Die Haftung des Spediteurs ist bei **Verlust** oder **Beschädigung des Gutes** begrenzt auf: • **8,33 SZR je kg Rohgewicht** der Sendung (Ziffer 24.1.1) • **25.000,00 € je Schadenfall** (Ziffer 24.1.2) • **50.000,00 € bei Inventurdifferenzen** pro Jahr (Ziffer 24.1.3) • **2 Mio. € je Schadenereignis** (Ziffer 24.4)
Regelung bei Vermögensschaden: Bei Vermögensschäden ist die Höchsthaftung begrenzt auf: • den **3-fachen Betrag, der bei Verlust des Gutes zu zahlen wäre,** (Ziffer 23.4), • jedoch höchstens **100.000,00 € je Schadenfall** (Ziffer 23.4.1).	**Regelung bei Vermögensschaden:** Bei Vermögensschäden ist die Höchsthaftung begrenzt auf: • **25.000,00 € je Schadenfall** (Ziffer 24.3).
Höchsthaftung pro Schadenereignis: Bei Güterschäden und Vermögensschäden ist die Höchsthaftung begrenzt auf: • **2 Mio. € je Schadenereignis** unabhängig von der Anzahl der Ansprüche oder • **2 SZR pro kg**; je nachdem, welcher Betrag höher ist, (Ziffer 23.5).	**Haftungserhöhung:** Gegen Bezahlung eines **vereinbarten Zuschlags** kann der Auftraggeber vor der Einlagerung in Textform einen **Wert zur Haftungserhöhung** bei **Güterschäden** angeben, der die obigen Höchstbeträge übersteigt (Ziffer 24.2).

BEISPIEL 1[1]

Der Versender Autoteile Anton & Co. KG erteilt dem Spediteur Fritz Flitzig e. K. den Auftrag, Autozubehörteile von Leipzig nach Regensburg zu transportieren.
a) Es handelt sich um vier Paletten mit einem Gesamtwert von 6.500,00 €. Jede der vier Paletten wiegt brutto 350 kg. Im Umschlagslager des Spediteurs werden die Autoteile komplett zerstört. In welcher Höhe muss der Spediteur Fritz Flitzig e. K. im Schadenfall haften?

[1] Annahme für die nachfolgenden Beispiele: 1,00 SZR = 1,28433 €

b) Wie Fall a) Der Gesamtwert der vier Paletten beträgt jedoch 18.000,00 €.
In welcher Höhe muss die Spedition gegenüber dem Versender im Schadensfall Ersatz leisten?

Lösung

a) Art der Lagerung: **Verkehrsbedingte Lagerung**, da im Rahmen einer Besorgungstätigkeit
tatsächlicher Warenwert der vier Paletten: 6.500,00 €
maximale Haftung laut ADSp 2016: 350 kg · 4 · 8,33 SZR · 1,28433 €/SZR = 14.977,86 €
→ Der tatsächliche Warenwert liegt unter der max. Haftung nach ADSp 2016, deshalb wird lediglich der tatsächliche Warenwert ersetzt.

b) Art der Lagerung: **Verkehrsbedingte Lagerung**, da im Rahmen einer Besorgungstätigkeit
tatsächlicher Warenwert der vier Paletten: 18.000,00 €
maximale Haftung laut ADSp 2016: 350 kg · 4 · 8,33 SZR · 1,28433 €/SZR = 14.977,86 €
→ Haftung des Spediteurs nach ADSp: 14.977,86 €

BEISPIEL 2

Die Autohandelsgesellschaft Autoteile Anton & Co. KG erteilt dem Spediteur Fritz Flitzig e. K. den Auftrag, vier Paletten mit Autozubehörteilen für sechs Wochen zwischenzulagern. Wie hoch ist die Haftung des Spediteurs, wenn während seiner Obhut alle vier Paletten komplett beschädigt werden?
a) Der Gesamtwert der vier Paletten beläuft sich auf 8.800,00 €. Das Bruttogewicht pro Palette beträgt 400 kg.
b) Der Gesamtwert der vier Paletten beläuft sich auf 27.000,00 €. Das Bruttogewicht pro Palette beträgt 800 kg.

Lösung:

a) Art der Lagerung: **Verfügte Lagerung**, da vom Auftraggeber angeordnete Zwischenlagerung
tatsächlicher Warenwert der vier Paletten: 8.800,00 €
Haftung laut ADSp: 400 kg · 4 · 8,33 SZR · 1,28433 €/SZR = 17.117,55 €
→ Haftung des Spediteurs nach ADSp 2016: 8.800,00 €

b) Art der Lagerung: **Verfügte Lagerung**, da vom Auftraggeber angeordnete Zwischenlagerung
tatsächlicher Warenwert der vier Paletten: 27.000,00 €
Haftung laut ADSp 2016: 400 kg · 4 · 8,33 SZR · 1,28433 €/SZR = 34.235,10 €
allerdings Haftungshöchstgrenze je Schadenfall bei verfügter Lagerung: 25.000,00 €
→ Der tatsächliche Warenwert in Höhe von 27.000,00 € liegt unter der ADSp-Haftung von 34.235,10 €. Bei verfügter Lagerung wird die Haftung je Schadensfall allerdings auf 25.000,00 € begrenzt.

BEISPIEL 3

Der Versender Bauinstallation Alois Kraxlhuber GmbH mit Geschäftssitz in Weiden i. d. Opf. erteilt dem Spediteur Fritz Flitzig e. K. den Auftrag, Schaltschränke von Hamburg nach Weiden zum Firmensitz der Alois Kraxlhuber GmbH zu transportieren. Die Bauinstallation Alois Kraxlhuber GmbH übernimmt für ihre Kunden im Baugewerbe laufzeitbestimmte Montage- sowie Installationsarbeiten von Einbau-Schaltschränken aufgrund von Werkverträgen, wobei Konventionalstrafen vereinbart werden.
a) Es handelt sich um 34 Paletten mit einem Gesamtwert von 1.200.000,00 €. Jede Palette wiegt brutto 500 kg. Im Umschlagslager des Spediteurs werden die Schaltschränke komplett zerstört. In welcher Höhe muss der Spediteur Fritz Flitzig e. K. im Schadenfall gegenüber dem Auftraggeber für den Güterschaden haften?
b) Aufgrund des obigen Schadensfalls kommt die Bauinstallation Alois Kraxlhuber GmbH nicht mehr ihren Verpflichtungen nach, rechtzeitig die Schaltschränke bei den Kunden zu montieren und in Betrieb zu nehmen. Die Bauinstallation Alois Kraxlhuber GmbH hat gegenüber ihren Kunden Konventionalstrafen in Höhe von 6 Mio. € zu zahlen. Die Alois Kraxlhuber GmbH fordert gegenüber der Spedition Fritz Flitzig e. K. Schadenersatz in Höhe der 6 Mio. €. Ist diese Forderung gerechtfertigt?

Lösung:

a) Art der Lagerung: **Verkehrsbedingte Lagerung**, da im Rahmen einer Besorgungstätigkeit.

Art des Schadens: **Güterschaden**

tatsächlicher Warenwert der 34 Paletten:	1.200.000,00 €

Haftung laut ADSp 2016: 500 kg · 34 Paletten · 8,33 SZR · 1,28433 €/SZR = 181.873,97 €

Haftung des Spediteurs nach ADSp 2016: 181.873,97 €

b) Art der Lagerung: **Verkehrsbedingte Lagerung**, da im Rahmen einer Besorgungstätigkeit.

Art des Schadens: **Vermögensschaden**

Haftung laut ADSp 2016: 3-facher Betrag, der bei Verlust zu zahlen wäre

= 500 kg · 34 Paletten · 3 · 8,33 SZR · 1,28433 €/SZR	545.621,91 €
Allerdings Haftungshöchstgrenze je Schadensfall:	100.000,00 €

Haftung des Spediteurs nach ADSp 2016: 100.000,00 €

Die Schadenersatzforderung der Alois Kraxlhuber GmbH in Höhe von 6 Mio. € gegenüber der Spedition ist ungerechtfertigt. Die Spedition muss lediglich mit 100.000,00 € für den verursachten Vermögensschaden aufkommen.

HINWEIS

Schadenereignis ist nicht gleich Schadensfall!
Unter einem **Schadenereignis** versteht man eine Ursache, wie z. B. Unfall oder Brand, die **mehrere Schadensfälle** zur Folge haben kann. Die Anzahl der Schadensfälle ist abhängig von der Anzahl der Auftraggeber, die durch das Schadenereignis berührt werden.
Unter einem **Schadenfall** versteht man den **Schaden**, den **ein Auftraggeber** durch das Schadenereignis erleidet.

BEISPIEL

Ein Spediteur lagert für zwei Auftraggeber jeweils Waren mit einem Gewicht von 5 000 kg und einem Wert von 30.000,00 € im Rahmen der verfügten Lagerung in ein Regal ein. Ein Gabelstaplerfahrer des Spediteurs fährt unbeabsichtigt gegen dieses Regal. Dadurch stürzen die Paletten der zwei Auftraggeber zu Boden, wodurch ein Totalschaden an der Ware entsteht.
Schadenereignis ist in diesem Fall der Aufprall des Gabelstaplers gegen das Regal.
Es liegen im obigen Fall **zwei Schadenfälle** vor, da die Waren von zwei Kunden betroffen sind. Die Höchsthaftung des Spediteurs liegt hier je Schadenfall – und somit pro Kunde – bei maximal 25.000,00 €.

8.2 Haftungsabsicherung durch Haftungsversicherung

Im Schadenfall haftet der Spediteur für den eingetretenen Schaden nach ADSp und ergänzend nach HGB. Um sein Haftungsrisiko auszuschließen, versichert sich der Spediteur gegen Haftungsansprüche aus HGB und ADSp. Er ist nach ADSp 2016 und HGB verpflichtet, eine **Haftungsversicherung** abzuschließen (siehe auch Ziffer 28.1 ADSp). Diese Haftungsversicherung gilt für alle Verkehrsverträge des Spediteurs, also auch für verkehrsbedingte und verfügte Lagergeschäfte.

8.3 Güterversicherung

Durch die Haftungsbegrenzung des Spediteurs nach ADSp 2016 wird der Schaden des Versenders meist nicht komplett gedeckt, sodass eine **Haftungslücke** entsteht.

Deshalb sollte der **Versender auf die Möglichkeit hingewiesen werden, eine Güterversicherung abzuschließen**. Der Spediteur kann für den Versender die Versicherung besorgen, soweit er durch den Auftraggeber dazu beauftragt wurde (21.1 ADSp 2016). Durch diese Versicherung hat der Versender die Gewähr, dass er im Schadenfall – unabhängig von der Haftungshöhe des Spediteurs – **Schadenersatz in voller Höhe** erhält.

Die Kosten der Güterversicherung hat der **Versender selbst** zu tragen.

Kunden, die keine Güterversicherung eindecken (lassen), nennt man **Verzichtskunden**.

8.4 Zusätzliche Versicherungen gegen Elementarschäden

Der Abschluss von zusätzlichen Sachversicherungen, wie z. B. Elementarschäden, empfiehlt sich für Spediteur und Einlagerer gleichermaßen:
- Der **Spediteur** sollte zwingend eine **Elementarversicherung für sein Lagergebäude und dessen Einrichtungen** abschließen. Diese Versicherung deckt Schäden durch Brand, Hagel, Sturm, Hagel, Überschwemmung, Erdbeben, Lawinen, Schneedruck, Vulkanausbrüche usw. ab.
- Der **Einlagerer** dagegen sollte ebenfalls eine **Elementarversicherung** in Hinblick auf seine **eingelagerten Waren** eindecken.

MERKE

Lagerversicherungen	
des Spediteurs	des Einlagerers
• Haftungsversicherung • Elementarversicherung für Gebäude und Lagereinrichtung	• Güterversicherung • Elementarversicherung für eingelagerte Ware

- Für die **Haftungsversicherung** ist der Spediteur zuständig. Sie ist absolut verpflichtend und stellt sicher, dass der Spediteur seine gesetzlichen und vertraglichen Haftungsverpflichtungen erfüllen kann.
- Für die **Güterversicherung** ist der Versender bzw. Einlagerer zuständig.
  Die Güterversicherung ist vor allem zu empfehlen, wenn die Güter sehr teuer, aber vom Gewicht relativ leicht sind (z. B. iPhones), denn in diesem Fall würde bei vom Spediteur verursachten Schaden eine Haftungslücke für den Versender/Einlagerer entstehen. Diese Versicherung gewährleistet für den Versender einen ausreichenden Schadenersatz.
- Eine **Lagerversicherung** ist für elementare Risiken, wie z. B. Brand, Sturm, Hagel, Leitungswasser, Einbruchdiebstahl, abzuschließen. Sie schützt den Spediteur bzw. den Lagerhalter vor großen Sachschäden des eigenen Lagergebäudes. Sie schützt den Einlagerer vor Schäden an der eigelagerten Ware.

9 Lagerdokumente

9.1 Lagerempfangsschein/Lagerquittung

Der Lagerempfangsschein ist nur eine Bestätigung bzw. Quittung des Lagerhalters über den Empfang des Gutes. Rechtlich gesehen ist der Lagerempfangsschein eine Beweisurkunde. Er ist **kein Warenwertpapier**.

Bei Ausgabe der Ware kann sich der Lagerhalter – soweit kein Lagerschein erstellt wurde – vom Abholer den Lagerempfangsschein zeigen lassen, um die Berechtigung des Warenempfängers zu prüfen. Dies ist allerdings kein Muss. Nachdem der Lagerhalter zwar berechtigt, aber nicht verpflichtet ist, die Legitimation des Einreichers des Lagerempfangsscheins zu prüfen, spricht man in diesem Zusammenhang auch vom **hinkendem Inhaberpapier**.

Spedition Fritz Flitzig e. K.
Linzer Str. 199, D-93055 Regensburg

Lagerempfangsschein/Lagerquittung

Lagerempfangsschein-Nummer	FLI-ES-12734
Wir	Spedition Fritz Flitzig e. K. Linzer Str. 199, D-93055 Regensburg
bestätigen vom Einlagerer	Sanitärgroßhandel Müller GmbH ❶ Kaiser-Ludwig-Ring 199, 92224 Amberg

die Entgegennahme folgender Waren zur Einlagerung:

Marke und Nummer	Zahl und Art der Packstücke	Inhalt	Rohgewicht oder Maß
MUE 1, MUE 2 ❹	2 Gibo ❹	je 80 Bad-Armaturen silber ❸ ❺ (Chromoberfläche Bedienungshebel aus Metall)	1.000 kg ❺

Gefahrgut-Klassifikation ❻
UN-Nr.
Klasse

Nettomasse kg/l
Gefahrgut-Bezeichnung
Verpackungsgruppe

Hinweis:
Wir sind zur Vornahme von Erhaltungs- oder Pflegearbeiten am Gut nicht verpflichtet. Das Gut ist von uns nicht gegen Feuer versichert. Wir haften gemäß der Lagerordnung für keinerlei Feuerschäden. Die Kosten richten sich nach dem Lagervertrag.

Lagerung:
Die Ware ist zurzeit eingelagert
☑ getrennt von anderen Partien
☐ als Teil einer größeren Partie

Regensburg , den   09. März 20.. ❷

**Unterschrift des Lagerleiters über den Empfang der
obigen aufgeführten Waren zum genannten Datum**   *i. A. Hintermoser* ❽

Rechtsgrundlage:
Wir arbeiten ausschließlich auf Grundlage der Allgemeinen Deutschen Spediteurbedingungen (ADSp) in der neuesten Fassung. ❼

△ *Lagerempfangsschein/Lagerquittung*

Der Lagerempfangsschein kann **individuell** gestaltet werden und beinhaltet in der Regel folgende **Angaben**:

1. Anschrift des Einlagerers
2. Tag der Übernahme der Güter durch den Lagerhalter
3. Art der entgegengenommenen Güter
4. Zeichen, Nummer, Anzahl, Art der Packstücke
5. Bezeichnung der Ware, Gewicht der Ware
6. möglicher Hinweis auf Gefahrgut
7. Hinweis auf die Rechtsgrundlage, i. d. R. ADSp
8. Unterschrift des Lagerhalters, womit die Empfangnahme des Gutes bescheinigt wird

9.2 Lagerschein (§ 475 c HGB)

Über die **Verpflichtung zur Auslieferung des Gutes** kann vom Lagerhalter, nachdem er das Gut erhalten hat, ein Lagerschein ausgestellt werden.

Da der **Lagerschein** ein **Warenwertpapier** ist, kann das Eigentum an der Ware alleine durch Weitergabe des Lagerscheins übertragen werden.

Mit dem Lagerschein verpflichtet sich der Lagerhalter zur Einlagerung des Gutes.

Zudem verpflichtet er sich, die Ware gegen Erhalt bzw. Rückgabe des Lagerscheins an den berechtigten Empfänger auszuhändigen (Herausgabeanspruch).

> **MERKE**
>
> Der Lagerschein ist ein Warenwertpapier.
> Der Lagerschein verbrieft das Recht auf Herausgabe des eingelagerten Gutes.
> Es besteht auch die Möglichkeit, auf der Rückseite eine Teilabschreibung der entnommenen Güter vorzunehmen. Dies erfolgt, wenn der berechtigte Besitzer des Lagerscheins nur eine Teilmenge der Ware benötigt. Der Lagerhalter hat hier die Abschreibung zu unterzeichnen.

9.2.1 Inhalte des Lagerscheins

> **EIN LAGERSCHEIN SOLL FOLGENDE ANGABEN ENTHALTEN (§ 475 C HGB)**
> - Ort und Tag der Ausstellung des Lagerscheins
> - Name und Anschrift des Einlagerers
> - Name und Anschrift des Lagerhalters
> - Ort und Tag der Einlagerung
> - die übliche Bezeichnung der Art des Gutes und die Art der Verpackung, bei gefährlichen Gütern ihre nach den Gefahrgutvorschriften vorgesehene, sonst ihre allgemein anerkannte Bezeichnung
> - Anzahl, Zeichen und Nummern der Packstücke
> - Rohgewicht oder die anders angegebene Menge des Gutes
> - im Falle der Sammellagerung einen Vermerk hierüber

Der Lagerhalter kann im Lagerschein weitere Angaben vornehmen, die er für zweckmäßig hält.

Der Lagerschein ist vom Lagerhalter zu unterzeichnen. Eine Nachbildung der eigenhändigen Unterschrift durch Druck oder Stempel genügt.

Spedition Fritz Flitzig e. K. ❸
Linzer Str. 199, D-93055 Regensburg
Orderlagerschein *(Warrant)*

Lagerschein Nr. *(Warrant Number)*	FLI10273
Lagerbuch-Nr. *(Stock Book Reference)*	ST18.2093
Wir *(We)*	Spedition Fritz Flitzig e. K. ❸ Linzer Str. 199, D-93055 Regensburg
lagerten ein für *(warehoused for)*	Sanitärgroßhandel Müller GmbH ❷ Kaiser-Ludwig-Ring 199, 92224 Amberg
oder Order *(or Order)*	
am *(on)*	09. März 20.. ❹
in unserem Lager *(in our Warehouse)*	Donauufer 199, D-93055 Regensburg ❹

Marke und Nummer *(Marks and Numbers)*	Zahl und Art der Packstücke *(Quantity and Description of Packages)*	Inhalt *(Contens)*	Rohgewicht oder Maß *(Grossweight)*
MUE 1, MUE 2 ❾	2 ❽ Gibo ❻	je 80 Bad-Armaturen silber (Chromoberfläche Bedienungshebel aus Metall) ❺	1 000 kg ❿

Gefahrgut-Klassifikation

UN-Nr. Nettomasse kg/l
Klasse Gefahrgut-Bezeichnung ❼
        Verpackungsgruppe

Auslieferung: *(Extradition)*
Wir verpflichten uns, das Gut nur gegen Rückgabe dieses Lagerscheins nach Maßgabe der aus dem Schein ersichtlichen Bedingungen an den Einlagerer oder dessen Order auszuliefern. Bei Teilauslieferungen ist der Lagerschein zwecks Abschreibung vorzulegen.
Wir sind zur Vornahme von Erhaltungs- oder Pflegearbeiten am Gut nicht verpflichtet. Das Gut ist von uns nicht gegen Feuer versichert. Wir haften gemäß der Lagerordnung für keinerlei Feuerschäden. Die Kosten richten sich nach dem Lagervertrag.

Lagerung:
Die Ware ist zurzeit eingelagert
☑ getrennt von anderen Partien
☐ als Teil einer größeren Partie

Rechtsgrundlage:
Wir arbeiten ausschließlich auf Grundlage der Allgemeinen Deutschen Spediteurbedingungen in der neuesten Fassung (ADSp).

Regensburg ❶**, den** *(Place, Date)*   09. März 20.. ❶

Unterschrift des Lagerleiters *(Signature)*   *i. A. Hintermoser*

△ Orderlagerschein

Beschreibung der Angaben:

1. Ort und Tag der Ausstellung des Lagerscheins
2. Name und Anschrift des Einlagerers
3. Name und Anschrift des Lagerhalters
4. Ort und Tag der Einlagerung
5. die übliche Bezeichnung der Art des Gutes
6. die Art der Verpackung
7. bei gefährlichen Gütern ihre nach den Gefahrgutvorschriften vorgesehene, sonst ihre allgemein anerkannte Bezeichnung
8. Anzahl der Packstücke
9. Zeichen und Nummern der Packstücke
10. Rohgewicht oder die anders angegebene Menge des Gutes

9.2.2 Arten des Lagerscheins

ORDERLAGERSCHEIN
- Die Herausgabe der Ware darf nur an die namentlich genannte Person oder deren Order erfolgen. In jedem anderen Fall macht sich der Lagerhalter schadensersatzpflichtig.
- Eine Übertragung des Lagerscheins ist durch einen Übertragungsvermerk (Indossament) auf der Rückseite des Lagerscheins auf eine andere Person möglich.
- Typischer Vermerk: „oder Order"
- Die Übertragung der Eigentumsverhältnisse findet hier durch Einigung, Indossament und Übergabe des Lagerscheins statt.

NAMENS-, REKTA-LAGERSCHEIN
- Die Herausgabe der Ware ist nur an die namentlich erwähnte Person zulässig.
- Eine Übertragung der Eigentumsrechte an eine andere Person ist nur durch Zession (Abtretungserklärung) möglich. Eine Übertragung des Lagerscheins ist in diesem Fall umständlicher.

INHABERLAGERSCHEIN
- Die Herausgabe der Ware ist an jeden Überbringer/Inhaber des Lagerscheins zulässig.
- Der Lagerhalter muss keine Prüfung der Berechtigung des Lagerscheininhabers vornehmen.
- Die Übertragung des Lagerscheins und der damit verbundene Herausgabeanspruch der Ware sind einfach möglich.
- Es besteht allerdings die Gefahr, dass eine unberechtigte Person das Recht an der Ware erwirbt. (Der Lagerschein ging verloren und der Finder könnte den Lagerschein einlösen.)
- Typischer Vermerk: „oder Überbringer"

9.3 FIATA Warehouse Receipt, (FWR)/FIATA-Lagerschein

Beim FIATA Warehouse Receipt (FWR) handelt es sich um einen Lagerschein, der ebenfalls vom Spediteur ausgestellt werden kann, soweit der Einlagerer dies wünscht. Der FIATA-Lagerschein kann sowohl national als auch international eingesetzt werden. Dieses Dokument (Farbe: orange) kann nur von Spediteuren ausgestellt werden, die Mitglied der FIATA[1] sind. Der FIATA-Lagerschein ist zunächst ein Namenslagerschein; er ist somit noch nicht handelbar und auch kein Orderpapier. Durch entsprechende Zusätze kann das Papier zu einem handelbaren Lagerschein gemacht werden.

Aber: Das FIATA Warehouse Receipt muss nicht in jedem Fall ein Wertpapier sein. Es sind hierzu noch ausdrückliche Vermerke erforderlich. Rechtsgrundlage in Deutschland sind die ADSp.

---

1 FIATA = Fédération Internationale des Associations de Transitaires et Assimilés oder International Federation of Freight Forwarders Associations

> **MERKE**
>
> - Beim **Lagerempfangsschein** handelt es sich um eine formfreie Bestätigung des Lagerhalters, dass er die Ware des Einlagerers entgegengenommen hat. Er ist also lediglich eine Quittung des Lagerhalters über den Empfang des Lagerguts. Der Lagerempfangsschein ist **nie** ein **Warenwertpapier**.
> - Der **Lagerschein** ist immer ein **Warenwertpapier**.
>   Es werden drei Arten des Lagerscheins unterschieden:
>   - Namenslagerschein: Er kann grundsätzlich nur vom namentlich genannten Einlagerer eingelöst werden. Eine Übertragung des Namenslagerscheins ist nur durch zusätzliche Zession bzw. Abtretungserklärung möglich.
>   - Orderlagerschein: Eine Weitergabe ist nur durch Indossament, d. h. Übertragungsvermerk auf der Rückseite des Wertpapiers, möglich.
>   - Inhaberlagerschein: Für die Übertragung der Eigentumsansprüche an der eingelagerten Ware reicht ausschließlich die Übergabe des Lagerscheins.
> - Das Dokument **FIATA Warehouse Receipt (FWR)** ist ein für **nationale und internationale Lagergeschäfte** eingesetztes Dokument. Es kann als **Warenwertpapier** eingesetzt werden.

10 Lagerkennzahlen

Lagerkennzahlen sollen dazu beitragen, Lagerhaltung zu optimieren und Kosten zu senken.

10.1 Durchschnittlicher Lagerbestand

Der durchschnittliche Lagerbestand (Ø Lagerbestand) gibt an, welche Menge im Durchschnitt auf Lager liegt.

Je nach Inventurhäufigkeit ergeben sich folgende Berechnungen:

FORMEL: DURCHSCHNITTLICHER LAGERBESTAND

$$\text{Ø Lagerbestand bei Jahresinventur (in St.)} = \frac{\text{Anfangsbestand (01.01.)} + \text{Endbestand (31.12.)}}{2}$$

$$\text{Ø Lagerbestand bei Quartalsinventur (in St.)} = \frac{\text{Anfangsbestand (01.01.)} + 4 \text{ Quartalsendbestände}}{5}$$

$$\text{Ø Lagerbestand bei Monatsinventur (in St.)} = \frac{\text{Anfangsbestand (01.01.)} + 12 \text{ Monatsendbestände}}{13}$$

Grundsätzlich gilt: Je mehr Bestände in die Berechnung einbezogen werden, desto aussagefähiger wird das Ergebnis.

LAGERLOGISTIK

BEISPIEL

Folgende Inventurbestände wurden im Speditionslager vergangenes Jahr ermittelt:

Datum	01.01. = Anfangsbestand	31.01.	28.02.	31.03.	30.04.	31.05.	30.06.	31.07.	31.08.	30.09.	31.10.	30.11.	31.12.
in St.	250	210	170	200	180	166	120	90	150	190	220	260	290

Berechnen Sie den durchschnittlichen Lagerbestand des vergangenen Jahres mit den Werten der
a) Jahresinventur b) Quartalsinventur und c) Monatsinventur

LÖSUNG

a) bei Jahresinventur:

$$\varnothing \text{ LB} = \frac{250 + 290}{2} = 270 \text{ (St)}$$

b) bei Quartalsinventur:

$$\varnothing \text{ LB} = \frac{250 + 200 + 120 + 190 + 290}{5} = 210 \text{ (St)}$$

c) bei Monatsinventur:

$$\varnothing \text{ LB} = \frac{250 + 210 + 170 + 200 + 180 + 166 + 120 + 90 + 150 + 190 + 220 + 260 + 290}{13} = \frac{2.496}{13} = 192 \text{ (St)}$$

Bei Verwendung der Monatszahlen wird das Ergebnis wesentlich genauer, da der Jahresverlauf mit berücksichtigt wird.

Für die Einlagerer, also die Kunden von Spediteuren, bringen hohe durchschnittliche Lagerbestände verschiedene Vor- und Nachteile.

➔ NACHTEILE HOHER LAGERBESTÄNDE
- hohe Lagerkosten (Raum-, Personal- und Energiekosten)
- hohe Kapitalbindungskosten, wie z. B. Lagerzinsen
- hohe Lagerrisiken (Gefahr des Verderbs, der Veralterung, des Schwunds, des Diebstahls)
- hohe Versicherungsprämien (Brand-, Diebstahlversicherung)
- hohe Kosten für Warenpflege
- hohe Kosten für Ein- und Umlagerungen
- Gefahr von künftigen Preissenkungen

Auch niedrige Lagerbestände können für den Einlagerer verschiedene Risiken mit sich bringen.

➔ NACHTEILE NIEDRIGER LAGERBESTÄNDE
- hohe Fehlmengenkosten, wie z. B. hohe Kosten für Expresslieferungen
- Produktionsverzögerung, Produktionsstopp, Umsatz- und Gewinneinbußen
- Kundenverlust
- keine Ausschöpfung von Mengenrabatten
- höherer Bestellaufwand, da häufiger in kleineren Mengen bestellt wird
- höhere Transportkosten aufgrund der niedrigeren Bestellmengen
- Konventionalstrafen gegenüber dem Vertragspartner bei Nichtlieferfähigkeit
- Gefahr von künftigen Preissteigerungen

10.2 Umschlagshäufigkeit, Lagerumschlag

Die Umschlagshäufigkeit gib an, wie häufig der durchschnittliche Lagerbestand in einem bestimmten Betrachtungszeitraum aus dem Lager entnommen wurde.

Das Ergebnis der Kennziffer ist ohne Einheit. Man spricht auch von „x-mal". Auch für die Berechnung der Umschlagshäufigkeit existieren mehrere Berechnungsmethoden.

FORMEL: UMSCHLAGSHÄUFIGKEIT

$$\text{Umschlagshäufigkeit} = \frac{\text{Umschlagsmenge pro Jahr (Auslagerungsmenge)}}{\text{durchschnittlicher Lagerbestand (mengenmäßig)}}$$

Wareneinsatz = Verbräuche wertmäßig = Umschlagsmenge pro Jahr · Einstandspreis/Stück

BEISPIEL

Der durchschnittliche Lagerbestand einer Ware beträgt 192 Stück. Letztes Jahr wurden vom Lager insgesamt 2 304 Stück entnommen. Es fanden letztes Jahr Einkäufe von 2 344 Stück statt. Zusätzlich liegen die 12 Monatsendbestände laut der letzten Aufgabe vor.

Berechnen Sie die Umschlagshäufigkeit pro Jahr.

LÖSUNG

$$\text{Umschlagshäufigkeit} = \frac{\text{Abgänge (mengenmäßig)}}{\text{durchschnittlicher Lagerbestand (mengenmäßig)}}$$

$$\text{Umschlagshäufigkeit} = \frac{2\,304 \text{ Stück}}{192 \text{ Stück/Periode}} = 12 \text{ (mal)}$$

Die Umschlagshäufigkeit von 12 sagt aus, dass der komplette mengenmäßige Lagerbestand in einem (Geschäfts-)Jahr 12-mal umgeschlagen wurde. Kann die Lagerumschlagshäufigkeit erhöht werden, verkürzt sich die Lagerdauer. Dadurch können Zinskosten gespart und der Kapitalbedarf verringert werden.

Hinweis: Wären im obigen Beispiel die Abgänge von 2 304 Stück nicht vorgegeben gewesen, könnte man den Verbrauch auch mit der nebenstehend angegebenen Formel berechnen:

Anfangsbestand	250 St.
+ Zugänge	2 344 St.
− Endbestand	290 St.
= Verbrauch, Abgänge oder Wareneinsatz	2 304 St.

➔ VORTEILE EINES HOHEN LAGERUMSCHLAGS
- Verringerung der Kapitalbindungskosten
- Reduzierung der Lagerkosten
- Einsparung von Lagerzinsen
- Verringerung des Lagerrisikos

10.3 Durchschnittliche Lagerdauer

Die durchschnittliche Lagerdauer (Ø Lagerdauer) gibt an, wie lange eine Ware im Durchschnitt im Lager verweilt. Sie gibt die durchschnittliche Zeitspanne zwischen Einlagerung und Auslagerung an.

Durchschnittlicher Lagerbestand und Umschlagshäufigkeit stehen in direktem Zusammenhang:
- Je größer die Umschlagshäufigkeit, desto kürzer ist die durchschnittliche Lagerdauer.
- Je geringer die Umschlagshäufigkeit, desto länger ist die durchschnittliche Lagerdauer.

FORMEL: DURCHSCHNITTLICHE LAGERDAUER

$$\text{Ø Lagerdauer in Tagen} = \frac{360 \text{ Tage}}{\text{Umschlagshäufigkeit pro Jahr}}$$

BEISPIEL

Im obigen Beispiel betrug die Umschlagshäufigkeit pro Jahr 12.

Berechnen Sie die durchschnittliche Lagerdauer.

 LÖSUNG

$$\text{Ø Lagerdauer} = \frac{360}{\text{Umschlagshäufigkeit}} \qquad \text{Ø Lagerdauer} = \frac{360}{12} = 30 \text{ (Tage)}$$

Die durchschnittliche Zeitspanne zwischen Wareneinlagerung und Warenauslagerung beträgt 30 Tage.

10.4 Lagerreichweite

Die Lagerreichweite gibt an, wie lange der vorliegende Lagerbestand ausreicht, um die Kunden- oder Fertigungsaufträge zu bedienen.

FORMEL: LAGERREICHWEITE

a) **Lagerreichweite in Tagen** = $\dfrac{\text{aktueller Lagerbestand + offene Lieferungen}}{\text{durchschnittlicher Lagerabgang pro Tag}}$
(mit offenen Lieferungen)

b) **Lagerreichweite in Tagen** = $\dfrac{\text{aktueller Lagerbestand}}{\text{durchschnittlicher Lagerabgang pro Tag}}$
(ohne offene Lieferungen)

Unternehmen entscheiden selbst, ob für ihre firmeninternen Auswertungen eher Formal a) oder b) als geeignet erscheint. Die Formel a) geht davon aus, dass die bestellten Güter in den nächsten Tagen tatsächlich eintreffen und den Lagerbestand erhöhen werden.

BEISPIEL

Ein Lagerbestand in Höhe von 288 Stück wird festgestellt. Pro Tag gehen durchschnittlich 12 Artikel vom Lager ab. Aktuell steht noch eine Lieferung von 144 Stück aus, die in den nächsten Tagen eintreffen müsste. Berechnen Sie unter Anwendung der Formel a) und Formel b) die Lagerreichweite in Tagen.

LÖSUNG

a) Lagerreichweite in Tagen – mit offenen Lieferungen = $\dfrac{288\text{ Stück} + 144\text{ Stück}}{12\text{ Stück/Tag}}$ = 36 (Tage)

Der Lagerbestand und die in den nächsten Tagen eingehenden offenen Lieferungen führen zu einer Lagerreichweite von 36 Tagen. Diese Größe enthält einen Risikofaktor, da nicht zu 100 % garantiert ist, dass die bestellten Mengen auch tatsächlich korrekt eintreffen werden (Lieferverzug; Mängel an der Ware); zudem könnte der Tagesverbrauch in den nächsten Tagen ansteigen.

b) Lagerreichweite in Tagen – ohne offene Lieferungen = $\dfrac{288\text{ Stück}}{12\text{ Stück/Tag}}$ = 24 (Tage)

Unter Berücksichtigung der zurzeit aktuell vorliegenden Bestände ergibt sich eine Lagerreichweite von 24 Tagen, d. h. 24 Tage lang können die Kundenaufträge (oder Fertigungsaufträge) ohne Einschränkungen abgearbeitet werden. Die offenen Lieferungen werden aufgrund des oben beschriebenen Unsicherheitsfaktors nicht berücksichtigt.

10.5 Lagerauslastungsgrade

Lagerauslastungsgrade geben Aufschluss darüber, wie effizient Lagerfläche, -höhe oder -raum genutzt wurden. Grundsätzlich sollte der Lagerraum aus der Sichtweise dieser Kennzahlen möglichst ausgelastet sein.

Die verschiedenen Auslastungsgrade sind allerdings unter anderem von der Bauart des Lagers und von den einzulagernden Gütern abhängig.

FORMEL: FLÄCHENNUTZUNGSGRAD

Flächennutzungsgrad = $\dfrac{\text{tatsächlich genutzte Lagerstellfläche in m}^2 \cdot 100}{\text{gesamte nutzbare Lagerfläche in m}^2\text{ (Nettolagerfläche)}}$

Der Flächennutzungsgrad beschreibt die flächenmäßige Ausnutzung der nutzbaren Lagerfläche für die eigentliche Lagerung. Je weniger Stellflächen momentan belegt sind, desto geringer ist der Flächennutzungsgrad.

BEISPIEL

Ein Lagerhaus hat eine Grundfläche von 15 000 m². Für Aufzüge, Verkehrsflächen und Sozialräume entfallen insgesamt 3 000 m². Zurzeit sind 9 000 m² der nutzbaren Lagerfläche belegt. Berechnen Sie den Flächennutzungsgrad des Lagers.

LÖSUNG

$$\text{Flächennutzungsgrad} = \frac{\text{tatsächlich genutzte Lagerstellfläche in m}^2 \cdot 100}{\text{gesamte nutzbare Lagerfläche in m}^2}$$

$$\text{Flächennutzungsgrad} = \frac{9\,000\text{ m}^2 \cdot 100}{12\,000\text{ m}^2} = 75\,\%$$

Die tatsächlich nutzbare Lagerfläche ist momentan zu 75 % ausgelastet.

10.6 Qualitätskennzahlen

Bei den Qualitätskennzahlen steht vor allem die Zufriedenheit der Kunden im Fokus der Betrachtung. Es geht dabei darum, dass die erteilten Aufträge des Kunden möglichst fehlerlos, ohne Schäden und rechtzeitig ausgeführt werden.

 FORMEL

$$\text{Termintreue in \%} = \frac{\text{Anzahl der termingerecht ausgelieferten Aufträge} \cdot 100}{\text{Anzahl aller ausgelieferten Aufträge}}$$

$$\text{Servicegrad in \%} = \frac{\text{erledigte Lageraufträge} \cdot 100}{\text{gesamter Auftragseingang}}$$

$$\text{Lagerverlust je Periode in \%} = \frac{\text{Lagerverlust je Periode} \cdot 100}{\text{durchschnittlicher Lagerbestand}}$$

$$\text{Fehlerquote in \%} = \frac{\text{Kommissionierfehler} \cdot 100}{\text{Gesamtanzahl der Kommissionierungen}}$$

11 Lagerkosten

Zu den Lagerkosten zählen Kosten der Einlagerung, Kosten der eigentlichen Lagerung, Kosten der Auslagerung und Verwaltungskosten. Zusätzlich können evtl. noch Kosten für die Umschlagsgeräte und für die Kommissionierung in Betracht kommen.

Diese Kosten lassen sich grundsätzlich in **zwei Kostenblöcke** unterteilen:

> **KOSTEN FÜR LAGERRÄUME UND -AUSSTATTUNG**
> - kalk. Abschreib. auf Lagergebäude
> - kalk. Abschreib. auf Lagereinrichtungen
> - kalk. Zinsen auf gebundenes Vermögen
> - Versicherungskosten
> - Energiekosten • Personalkosten
> - Wartungs- und Reparaturkosten
> - Miete für Fremdlagerung und Geräte
> - Entsorgungskosten

> **KOSTEN FÜR LAGERVERWALTUNG**
> - Personalkosten (für Lagerpersonal, für Kommissionierer)
> - Kosten für Büromaterial und -geräte
> - anteilige allgemeine Verwaltungskosten des Speditionsunternehmens
> - Kosten für IT-Einrichtung der Lagerbüros
> - mögliche Mietkosten von Lagerbüros

Soweit die Lagerkosten ermittelt sind, können diese dem Kunden anhand von Kostensätzen wie
- Kosten pro 100 kg
- Kosten pro Palette
- Kosten pro Packstück
- Kosten pro beanspruchtem m² **Lagerfläche**
- Kosten pro beanspruchtem m³ **Lagerraum**

weiterberechnet werden. Zusätzlich darf ein angemessener Gewinnaufschlag bei der Kalkulation nicht fehlen.

Weitere Ausführungen mit Rechenbeispielen und Übungen hierzu finden Sie im Lehrbuch „Rechnungswesen – Spedition und Logistikdienstleistung", Winklers-Verlag (Bestell-Nr.: 6403) in Kapitel B 6.3 Kalkulation der Lagerkosten.

12 Mehrwertdienste/Value Added Services (VAS)

Mehrwertdienstleistungen bzw. Value Added Services sind Dienstleistungen, die ein Spediteur **zusätzlich zu seinem Kerngeschäft** (traditionelles Lagern, Umschlagen und Transportieren) anbietet.

BEISPIELE: MEHRWERTDIENSTLEISTUNGEN

- **Abholung** der Sendungen beim Kunden
- **Bestandsführung, Inventuren**
- **Warenpflege** (z. B. Überprüfung des Verfalldatums, des Mindesthaltbarkeitsdatums)
- **Kommissionierung** (Zusammentragen von Artikeln auf der Grundlage eines Kunden- oder Fertigungsauftrags)
- **Etikettierung, Verpackungsservice** (auch Portionierung, Komplettierung, Umverpackung)
- **Ankündigung/Vereinbarung des Liefertermins** mit dem Empfänger (Avisierung)
- **Regalservice** (Bestücken der Verkaufsregale des Empfängers, Einhaltung der Regalordnung, bzw. verkaufsförderndes Präsentieren, z. B. leere Umverpackungen entfernen, Lücken schließen)
- **Sendungsverfolgung** – **Tracking and Tracing**
- Info über **Zollabfertigung**
- **Montageservice**, sachgerechter Anschluss von Geräten und Aggregaten, Entsorgung von Altgeräten, Reparaturservice
- **Auftragsbearbeitung**, Rechnungsstellung (Faktura), Inkasso (Geld für die Ware vom Endabnehmer kassieren und dem Auftraggeber übermitteln), Mahnwesen (mit dem Abnehmer der Ware)
- **Retourenabwicklung**: Organisation des Rücktransports falsch gelieferter oder beschädigter Waren
- **Retourenlogistik**:
  - Vom Hersteller initiierte Produktrückläufe (z. B. Rückrufaktionen, Produkte werden wegen eines Verarbeitungsfehlers ausgetauscht)
  - Kunden geben defekte, falsch gelieferte oder nicht abgesetzte Produkte zurück.

Mehrwertdienstleistungen bringen verschiedene Vorteile: Zum einen wird der Spediteur mit seinem umfangreichen Produktspektrum als Vertragspartner von Industrie und Handel noch interessanter, zum anderen ergeben sich für den Spediteur neue Einnahmequellen. Nicht zu vergessen ist, dass solche Leistungen häufig in Form langfristiger Verträge angeboten werden, die komplexe Leistungen mit erheblichem Umsatzvolumen beinhalten (siehe auch Kapitel L, 13).

Sendungsverfolgung wird häufig im Sammelgutverkehr eingesetzt.

> **TRACKING/SENDUNGSVERFOLGUNG/SENDUNGSSTATUS**
> Track [engl.] = verfolgen, Spur verfolgen
> - Hier wird untersucht, wo sich das Objekt bzw. das Gut gerade im Moment befindet.
> - Man erhält eine Statusanzeige über Ort und Zustand des Gutes.
> - Es lässt sich feststellen, wo sich das Produkt nach der letzten Schnittstellenkontrolle bzw. Erfassung nun befindet.

> **TRACING/SENDUNGSRÜCKVERFOLGUNG**
> Trace [engl.] = aufspüren, ausfindig machen
> - Hier wird der komplette Sendungsverlauf mit allen wichtigen Stationen rekonstruierbar.
> - Tracing ist vor allem dann von hoher Relevanz, wenn Versandeinheiten nicht mehr auffindbar sind. Es wird nun versucht zu rekonstruieren, welchen Weg das Versandstück genommen hat und an welcher Stelle es zuletzt erfasst wurde. Protokolle und Daten der Schnittstellenkontrollen helfen hier bei den Nachforschungen. Das verloren gegangene Packstück lässt sich nun schneller orten und wiederfinden. Bei Beschädigungen ließe sich durch Tracing feststellen, innerhalb welcher Schnittstellen der Schaden aufgetreten ist und wer ggf. dafür haften muss.
>
> **Tracing verfolgt also folgende Zielsetzungen:**
> - Bei verlorenen Packstücken: Auffinden/Aufspüren dieser Versandstücke
> - Bei Schäden: Feststellung, wo während des Versands (Transport, Umschlag, Zwischenlagerung, Auslieferung) eine Beschädigung stattfand
> - Nachverfolgung des kompletten Versandweges mit den detaillierten Stationen

Um eine effiziente Sendungsverfolgung zu gewährleisten, muss an den jeweiligen Schnittstellen der Auftragsabwicklung eine Erfassung der Waren anhand von Barcodes oder mithilfe von Transpondern bzw. Tags (= RFID-Technik) stattfinden. Damit lässt sich dann der aktuelle Status der Auftragsbearbeitung feststellen.

13 Optimierung kennt keine Grenzen

Mithilfe von Warehouse Management Systemen (WMS) – im Handel auch als Warenwirtschaftssystem bezeichnet – soll mittels EDV-Unterstützung ein Warenhaus bzw. Lager verwaltet werden und die erforderlichen Tätigkeiten vom Wareneingang bis zum Warenausgang nachvollziehbar erfasst und mittels EDV-System transparent dargestellt werden. Das WMS sorgt für eine schnelle korrekte Bestellung, für eine gute Übersicht im Lager und optimiert die Stellplatzvergabe der einzulagernden Güter.

△ Der Einsatz von Warenwirtschaftssystemen ist heute im Lager- und Materialwirtschaftsbereich bereits gebräuchlich.

Sämtliche Prozesse, die während der Lagerung mit den gelagerten Gütern im Zusammenhang stehen, sollen mittels WMS abgebildet und nachhaltig verbessert werden. Die Bewegung der Waren bzw. der gesamte innerbetriebliche Materialfluss von der Beschaffung bis zur Distribution lässt sich mit dem System stets nachvollziehen (Wareneingang, Sperrlager, Einlagerung, Umlagerung, Auslagerung, Reklamation, Versand).

Durch WMS lassen sich Informationsflüsse sehr transparent abbilden. Durch den Aufbau des WMS mit Schnittstellen zu den Auftraggebern, wie z. B. Industrie- und Handelsunternehmen, lässt sich unter anderem auch eine gemeinsame Bestandsführung verwirklichen. So kann beispielsweise ein Automobilunternehmen, das sich Komponenten für die Fahrzeugfertigung von einem Logistikdienstleister oder mehreren Zulieferern Just-in-Time anliefern lässt, die Bestände dieser vorgeschalteten Unternehmen im Rahmen der Wertschöpfungskette laufend einsehen. Umgekehrt kann der Zulieferer oder das dazwischengeschaltete Logistikunternehmen auch die Bestände und den Verbrauch beim Automobilwerk verfolgen. Der Zulieferer kann somit seine Komponentenfertigung stärker auf den Verbrauch ausrichten; das Logistikunternehmen erhält eine bessere Übersicht über die erforderlichen Anlieferungsmengen und die notwendige Reihenfolge bei der Anlieferung der Module.

Die Einführung eines solchen WMS muss in Hinblick auf die notwendigen Anforderungen im Vorfeld gut durchdacht werden. Häufig ergeben sich bei der Einführung des WMS zusätzliche positive Effekte, da die Implementierung des Systems zum Anlass genommen wird, die kompletten Abläufe nochmals neu bzgl. ihres Nutzens zu überdenken.

In aller Regel steht dem Aufwand für die Einführung eines solchen Warehouse Management Systems nach der Umsetzung ein Vielfaches an Nutzen gegenüber: Bessere Transparenz, Automatisierung von Abläufen, Analysen auf Grundlage genauer Daten, Effizienzsteigerung der Wertschöpfungskette.

Beschaffungslogistik

KAPITELEINSTIEG

Stillstand ist Rückschritt

Die rasanten und vielfältigen Entwicklungen in der Wirtschaft stellen für viele Volkswirtschaften eine Chance und zugleich eine Herausforderung dar.

- **Spediteure als Logistikdienstleister**
  Die Einsatzfelder von Speditionen umfassen heute nicht mehr nur die drei Hauptprozesse im Warenverkehr Transport, Umschlag und Lagerung (TUL), sondern auch komplexere Dienstleistungen. Der Spediteur übernimmt wichtige unterstützende Aufgaben im Rahmen der Wertschöpfungs- und Lieferkette bzw. (engl) „Supply Chain".

- Spediteure profitieren von **Outsourcing**-Bestrebungen der Industrie- und Handelsunternehmen, die logistische Dienstleistungen an externe Logistikdienstleister abgeben.

- **Internationalisierung bzw. Globalisierung** der Beschaffungs- und Absatzmärkte erfordert Transporte, Informationsflüsse und Zahlungsflüsse (Wertströme)

- **Liberalisierung**
  Der Wettbewerb auf den Märkten nimmt durch den international erwünschten Freihandel und durch den Abbau von Handelshemmnissen weiter zu.

- **Just-in-Time-Produktion** (JIT) – einsatzsynchrone bzw. produktionssynchrone Beschaffung

- **Just-in-Sequence-Konzept** (JIS)
  Die angelieferten Teile sind in der richtigen Zeit und in der richtigen Reihenfolge anzuliefern.

- **Kanban-Prinzip**
  Hierbei erfolgt die Materialsteuerung selbststeuernd über Karten.

- **Faktor Zeit** – Expresslieferungen

- **Kurier-, Express-, Paket-Dienstleister (KEP-Dienste)**
  Der Trend zu häufigeren Sendungen mit dafür kleineren Liefermengen setzt sich fort.

- **Lean Management**
  Lean Management (schlankes Management) ist das Streben, die komplette Wertschöpfungskette von Unternehmen effizient zu gestalten.

1 Definition und Aufgaben der Logistik

1.1 Definition von Logistik

Ursprünglich stammt das Wort Logistik aus dem Militärbereich. Hierbei ging es darum, die Truppen ständig und rechtzeitig mit ausreichend Nahrungsmitteln, Kleidung, Waffen und Material auszustatten.

Material-, Informations- und Wertefluss können in **unterschiedlicher Reihenfolge** erfolgen.

BEISPIEL

	Käufer	Verkäufer
Ein Kunde (Einzelhändler) bestellt bei einem Elektrogroßhändler 20 Flachbildfernseher. Hier eilt der Informationsfluss dem Materialfluss (spätere Lieferung) voraus.		Infofluss →
Der Kommissionierauftrag (Informationsfluss) wird erstellt. Der Kommissionierer trägt mittels Kommissionierbeleg die 20 Fernsehgeräte für den Auftrag zusammen und bringt diese zur Versandstelle (Materialfluss). In diesem Fall begleitet der Informationsfluss den Materialfluss.	← Infofluss ← Materialfluss	
Der Elektrogroßhändler avisiert dem Einzelhändler die Anlieferung der bestellten Ware. Mit der Avisierung kündigt der Großhändler die Zustellung an bzw. stimmt mit dem Kunden den Liefertermin ab. Hier eilt also der Informationsfluss dem Materialfluss voraus.	← Infofluss	
Nach Erstellung des Lieferscheins (Informationsfluss) erfolgt die Auslieferung der 20 Flachbildfernsehgeräte (Materialfluss) an den Käufer, wobei der Lieferschein als Warenbegleitpapier eingesetzt ist. In diesem Fall begleitet der Informationsfluss den Materialfluss.	← Infofluss ← Materialfluss	
Der Elektrogroßhändler sendet dem Einzelhändler nach 14 Tagen eine Rechnung zu (Informationsfluss), die innerhalb von 14 Tagen zu begleichen ist. Wird die Rechnung (Faktura) beglichen, findet ein Wertefluss statt. Der Informationsfluss eilt dem Wertefluss voraus. Informationsfluss und Wertefluss verlaufen hier entgegengesetzt.	← Infofluss Wertefluss bzw. Geldfluss →	

Die Güter-, Werte- und Informationsflüsse treten nicht nur in eine Richtung auf, also z. B. vom Lieferanten (oder auch Rohstoffgewinner/Hersteller) zum Kunden. Auch entgegengesetzte Flüsse sind möglich. Im obigen Fallbeispiel wäre zudem noch denkbar, dass der Einzelhändler Altgeräte des Kunden zurücknimmt.

MERKE

> **Logistik** sorgt für eine optimale **Planung, Durchführung, Steuerung und Kontrolle** des **Güter-, Material-, Informations- und Werteflusses** innerhalb des Unternehmens und zwischen den Unternehmen vom Beschaffungsmarkt bis zum Absatzmarkt.

1.2 Aufgaben der Logistik

Die Logistik kann im Unternehmen als betriebliche **Querschnittsfunktion** betrachtet werden.

Im Allgemeinen sorgt die Logistik für eine optimale Verfügbarkeit von Materialien. Die Güter-, Informations- und Werteflüsse im Unternehmen sind von der Beschaffungs- bis zur Absatzseite laufend zu optimieren.

Die Aufgaben der Logistik lassen sich mit den sechs R's beschreiben:

richtige Objekte	Materialen, unter Umständen Personen, Informationen, Werte
richtige Menge	bzw. Quantität
richtige Qualität	bzw. Güte
richtiger Preis	d. h. minimaler Preis bei der Beschaffung
richtige Zeit	d. h. nicht zu früh und nicht zu spät, also genau rechtzeitig
richtiger Ort	d. h. Ort des Ge- und Verbrauchs. Der richtige Ort kann sowohl der Kunde, als auch die Produktion oder die Warenannahme usw. sein.

Logistische Abläufe lassen sich sachlich und zeitlich fast überall besser aufeinander abstimmen und zu einem **integrierten Konzept** verknüpfen.

MERKE

> **Logistik** hat die **Aufgabe**, dafür zu sorgen, dass die richtigen Objekte/Materialien in der richtigen Menge in der richtigen Qualität zu möglichst geringen Kosten zur richtigen Zeit zum richtigen Bestimmungsort gelangen.

1.3 Einsparpotenziale der Logistik

Mithilfe der Logistik wird versucht, unnötige Kosten und Zeiten einzusparen und Verbesserungen in den einzelnen betrieblichen Teilbereichen umzusetzen.

Ursachen für Verschwendungen sollen aufgedeckt und korrigierende Maßnahmen zur besseren Gestaltung des Informations-, Material- und Werteflusses eingeleitet werden.

Logistische Dienstleistungen im Rahmen der speditionellen Logistik bewirken vielfältige positive betriebswirtschaftliche Effekte:

Leerlaufzeiten, Rüstzeiten reduzieren	Überflüssige Leerlaufzeiten sind zu reduzieren. Im Rahmen der Produktionslogistik sollen Umrüstzeiten minimiert werden.
Durchlaufzeiten reduzieren	Die Durchlaufzeiten von Gütern sollen auf ein Minimum reduziert werden. Dies bewirkt schnellere Zahlungsrückflüsse von Kunden, geringere Kapitalbindungskosten und geringere Risiken (Diebstahl, Schwund, Veralterung).
Lagerbestände senken	Niedrige Lagerbestände führen zur Reduzierung von Kapitalbindungskosten und Lagerzinsen sowie zu geringeren Lagerrisiken.

Fortsetzung nächste Seite

Leerfahrten vermeiden, Bündelungseffekte ausschöpfen	Die Kapazität der Transportmittel soll möglichst gut ausgeschöpft werden. Die vorhandene Nutzlast und das Laderaumvolumen sind auszunutzen. Damit können teure Leerfahrten vermieden werden. Aufträge von verschiedenen Kunden werden zusammengefasst und führen somit zu einer höheren Auslastung der eigenen Transportmittel und Kapazitäten.
Servicegrad verbessern	Servicegrad bedeutet Lieferbereitschaftsgrad. Eine hohe Lieferbereitschaft ist mit höheren Zins- und Lagerkosten verbunden, da für den Kunden immer ausreichend hohe Lagerbestände bzw. Vorräte bereitzuhalten sind.
Lieferflexibilität erhöhen	Unter Lieferflexibilität versteht man die Reaktionsfähigkeit des Versenders/Lieferanten, sich auf kurzfristig geänderte Bedingungen und Bedürfnisse des Empfängers einzustellen, wie z. B. geänderte Abnahmemengen, Anlieferzeiten, Verpackungsanforderungen.
Lieferzeiten minimieren	Lieferzeiten können beispielsweise durch den Einsatz von genormten Transortverpackungen, wie z. B. Euro-Paletten und Transportmittel, verkürzt werden. Durch Modulabmessungen können beispielsweise Umschlagszeiten reduziert werden. Hierbei sind die Maße der Transportverpackung beispielsweise auf die Innenmaße des Transportmittels angepasst.
Energie einsparen	Energie kann eingespart werden, indem Mehrwegverpackungen verwendet werden und energieschonende Techniken zum Einsatz kommen.
Volumeneffekte nutzen	Die Steigerung der Mengen führt insgesamt zu einer Senkung der Stückkosten. Hintergrund hierfür sind Fixkostendegressionseffekte, d. h. die ohnehin anfallenden monatlichen Fixkosten können auf eine größere Menge umgelegt bzw. abgewälzt werden.
Spezialisierungseffekt nutzen	Durch die Konzentration auf logistische Leistungen kann der Spediteur höherwertigere und qualitativ bessere Dienstleistungen erbringen.
Innerbetriebliche Abläufe aufeinander abstimmen	Durch eine gute organisatorische Abstimmung der betrieblichen Abläufe kann die Durchlaufzeit von Gütern und Informationen verkürzt werden. Dies ergibt eine höhere Produktivität und Effizienz der betrieblichen Leistungserstellung und -verwertung. In Industrieunternehmen sind zum Beispiel die Bereiche Beschaffung, Leistungserstellung, Lagerung und Absatz möglichst optimal organisatorisch aufeinander abzustimmen.

2 Teilsysteme der Logistik

Logistik zählt zu den bereichsübergreifenden Aufgaben bzw. Querschnittsfunktionen. Jede Abteilung und jeder Unternehmensbereich stehen in irgendeiner Weise mit Logistik in Zusammenhang.

Die einzelnen logistischen Funktionen dürfen nicht als abgegrenzte Aufgaben betrachtet werden, da vielfältige gegenseitige Abhängigkeiten bestehen. Logistische Lösungen dürfen nicht isoliert betrachtet werden, sondern als integriertes Gesamtkonzept. Um einen besseren Überblick über das logistische Gesamtsystem zu erhalten, wird die Logistik gemäß den betrieblichen Hauptfunktionen Beschaffung, Produktion und Vertrieb

BESCHAFFUNGSLOGISTIK

in die drei Teilbereiche **Beschaffungslogistik**, **Produktionslogistik** und **Distributionslogistik** unterteilt. Als vierter zusätzlicher Teilbereich kann die **Entsorgungslogistik** genannt werden. Die **Lagerlogistik** – als weiterer Teilbereich der Logistik – unterstützt die oben genannten Logistikbereiche.

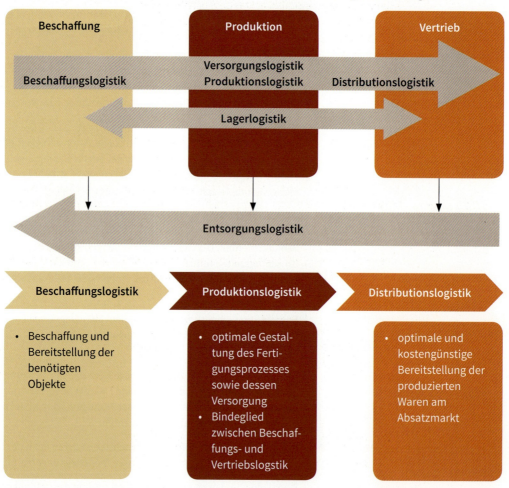

➔ **BESCHAFFUNGSLOGISTIK**
- Sie beschäftigt sich mit der **optimalen Beschaffung und Bereitstellung der Objekte** (Material, Informationen, Werte).
- **Aufgaben**: Lieferantenauswahl, Bedarfsermittlung, Materialdisposition, Beschaffung, Organisation der Anlieferung, Warenannahme, Wareneingangsprüfung, Vorverpackung und Komplettierung

➔ **PRODUKTIONSLOGISTIK**
- Sie beschäftigt sich mit der **optimalen Gestaltung des Fertigungsprozesses** sowie dessen **Versorgung** und stellt das **Bindeglied zwischen Beschaffungs- und Vertriebslogistik** dar.
- **Aufgaben**: Qualitätskontrolle, Fertigungsplanung, Fertigungssteuerung, Instandhaltung, Montage von Produkten, Versorgung der Endmontage mit den richtigen Zwischenprodukten

○ **DISTRIBUTIONSLOGISTIK/VERTRIEBSLOGISTIK**
- Sie sorgt dafür, dass die produzierten Waren gemäß des Bedarfs der Kunden **optimal und kostengünstig am Absatzmarkt** bereitgestellt werden.
  Die produzierten Waren aus der Fertigung (Auftragsfertigung) bzw. dem Fertigwarenlager (Vorratsfertigung) sind dem Kunden möglichst effizient weiterzuleiten.
- **Aufgaben**: Auftragsabwicklung, Fertigwarenlagerung, Warenpflege, Befüllen von Kundenregalen, Auszeichnung, Kommissionierung, Qualitätskontrolle, Verpackung, Entscheidungen über Distributionswege, Distribution, Transport zum Kunden (Distribution = Verteilung)

○ **ENTSORGUNGSLOGISTIK/RETROLOGISTIK**
- Sie befasst sich mit der **Entsorgung nicht mehr benötigter Materialien** im Unternehmen. Dabei hat die **Entsorgung umweltschonend und kostengünstig** zu erfolgen.
- **Aufgaben**: Sammeln, Sortieren, Lagern und Transportieren von Abfall, Reststoffen und Leergut, Wiederverwendung, rohstoffliche, werkstoffliche (Recycling) und thermische Verwertung, Beseitigung, Leergut-Handling, Reinigung von Leergut, Rückführung von Mehrwegverpackungen

Die oben beschriebenen logistischen Teilbereiche können noch um die Bereiche **Lagerlogistik, Transportlogistik, Ersatzteillogistik, Instandhaltungslogistik und Informationslogistik** erweitert werden.

MERKE

Zu den logistischen Teilbereichen zählen vor allem die Beschaffungs-, Produktions-, Distributions- und Entsorgungslogistik.

3 Logistische Tätigkeiten im Rahmen der Beschaffungslogistik

Die Beschaffungslogistik beschäftigt sich als erster Teilbereich der Logistik mit dem Güter-, Werte- und Informationsfluss von der Beschaffung bis zum Wareneingang oder bis zur Produktion. Die Beschaffungslogistik hat die Aufgabe, die Unternehmen mit Roh-, Hilfs- und Betriebsstoffen sowie Handelswaren zu versorgen.

Die Beschaffungslogistik konzentriert sich auf die Optimierung der logistischen Kette von der Übernahme der Güter vom Hersteller/Lieferanten bis zur Übergabe der Güter an das beauftragte Unternehmen. Die Materialversorgung soll dabei mengen-, termin- und qualitätsgerecht erfolgen.

Die Beschaffungslogistik beschäftigt sich vor allem mit
- **Bedarfsermittlung und Materialdisposition**

- **Transport der Materialien vom Lieferanten zum Produktions- oder Handelsunternehmen**
- **Versorgung des Industriebetriebs mit RHB-Stoffen, Versorgung von Handelsunternehmen mit Waren**
- **Qualitätskontrollen, Wareneingangsprüfungen**
- **Abrechnung mit dem Lieferanten**
- **Portionierung (Vorverpackung bzw. Vereinzelung)**
  Angelieferte (häufig auch lose) Ware wird in vorgezählten Mengen vor der Einlagerung verpackt.
  Beispiel: Eine Vollwandpalette mit 20 000 Nägeln wurde vom Lieferanten angeliefert. Mittels Zählwaage werden Packstücke zu je 100 Nägeln gebildet, bevor die Einlagerung stattfindet.

- **Komplettierung (Set-Bildung)**
  Verschiedene Einzelteile werden zu einer Kombinationsverpackung zusammengefügt. Beispiele: Malersets bestehen aus einer Spachtel, drei unterschiedlich großen Pinseln, einem Farbroller, einem Abstreifgitter, einem Heizkörper-Farbroller und einem Heizkörperpinsel. Verschiedene ätherische Öle werden zu einem Bronchial-Arzneimittel abgefüllt.
- **Einlagerung/Lagerung**
- **Bestandsverwaltung**
- **Vormontage der Zulieferteile zu Modulen**
- **Kommissionierung**
  Zusammentragen verschiedener Artikel zu einem (Kunden-)Auftrag

MERKE

Beschaffungslogistik hat die **Aufgabe**, das Unternehmen mit den benötigten Gütern bedarfsgerecht und kostengünstig zu versorgen.

4 Beschaffungsprinzipien

In der Beschaffung können folgende Beschaffungsprinzipien unterschieden werden:

EINZELBESCHAFFUNG
Es werden gerade nur die Materialien bestellt, die für die Abwicklung eines einzelnen Auftrages benötigt werden. Eine Beschaffung erfolgt erst dann, wenn ein Auftragseingang vorliegt.
Die Einzelbeschaffung ist bei Einzelfertigung üblich.

VORRATSBESCHAFFUNG
Große Mengen werden im Lager bevorratet. Es werden Lager benötigt, die eine Überbrückungsfunktion während des Zeitpunkts der Beschaffung bis zum Zeitpunkt des Verbrauchs übernehmen. Die Verbrauchsmengen stehen vorab noch nicht zu 100 % fest.

ABSATZSYNCHRONE BESCHAFFUNG
Die benötigten Teile werden nicht im Voraus angeschafft bzw. im Lager gehalten. Die Teile sollen erst beim Handel eintreffen, wenn sie benötigt werden, also kurz vor ihrem Verkauf. Auf eine Bevorratung der Güter im Lager kann komplett verzichtet werden. Es werden nur geringe Sicherheitsbestände gehalten.

JUST-IN-TIME-BESCHAFFUNG (JIT) = FERTIGUNGSSYNCHRONE BESCHAFFUNG
Die Anlieferung der Materialien erfolgt genau rechtzeitig, wenn die Materialien in der Fertigung benötigt werden. Zuvor werden in der Regel Rahmenverträge über große Mengen vereinbart. Sollte der Lieferant nicht rechtzeitig liefern können, wird er mit hohen Konventionalstrafen sanktioniert.

JUST-IN-SEQUENCE-BESCHAFFUNG (JIS)
Die Anlieferung der Materialien erfolgt genau rechtzeitig und in der richtigen Reihenfolge wie der Verbrauch in der Fertigung vorherbestimmt ist.

5 Einlagerungsprinzipien/Verbrauchsfolgeverfahren

Einlagerungsprinzipien bzw. Verbrauchsfolgeverfahren schreiben vor, in welcher Reihenfolge bzw. Zeit eingelagerte Waren ausgelagert werden.

Einlagerungsprinzipien/Verbrauchsfolgeverfahren im Überblick

FIFO-Verfahren First in – first out	**Definition:** Die Ware, die zuerst eingelagert wurde, wird auch zuerst ausgelagert.
 △ Durchlaufregal Beim Durchlaufregal wird das FIFO-Prinzip automatisch umgesetzt. Beim obigen Bild werden die Waren auf der rechten Seite über ein Regalbediengerät (RGB) eingelagert. Über eine Rollenbahn mit leichter Neigung bewegen sich die Packstücke automatisch in Richtung Auslagerungsstelle (linke Seite im Bild).	**Gründe für die Anwendung:** • Verhinderung von Verderb der Ware • Verhinderung von technischer Veralterung der Ware **Möglichkeiten zur Umsetzung** • Einsatz von Durchlaufregalen, Silos • neue Ware nach hinten einlagern, alte Ware nach vorne lagern; d. h. beim Kauf neuer Ware muss evtl. zunächst umgeschichtet werden **Beispiele für Waren, bei der FIFO-Prinzip zur Anwendung kommt** • Nahrungsmittel, Frischfleisch, Obst und Gemüse, Medizin usw. • Dichtungsringe, Kleber, Tintenpatronen, Batterien usw. **Lagereinrichtungen** zur Umsetzung des FIFO-Prinzips • Durchlaufregale • Hochregallager (HRL) mit Erfassung des Einlagerdatums
LIFO-Verfahren Last in – first out	**Definition:** Die Ware, die zuletzt eingelagert wurde, wird zuerst ausgelagert. Dies kann zur Folge haben, dass die zuerst gekaufte Ware für lange Zeit nicht aus dem Lager entnommen wird.
 △ Einschubregal Beim Einschubregal wird das LIFO-Prinzip automatisch umgesetzt. Beim obigen Bild werden die Waren auf der rechten Seite ein- und ausgelagert. Bei der Einlagerung muss das Packstück auf der Rollenbahn in die Tiefe des Regals geschoben werden. Wird das vorderste Packstück ausgelagert, so rollen die weiteren Packstücke in diesem „Kanal" durch die Schwerkraft nach vorne (hier rechts).	**Gründe für die Anwendung:** • Es besteht kein Anlass zur Anwendung des FIFO-Verfahrens, wenn die Ware unempfindlich ist und nicht veraltet. • Die Anwendung des LIFO-Prinzips ist von den Lagereinrichtungen und Lagertechniken her gesehen günstiger. **Möglichkeiten zur Umsetzung** • Einsatz von Einschubregalen • Neue Ware wird nach vorne einlagert, alte Ware bewegt sich nach hinten. **Beispiele für Waren, bei der LIFO-Prinzip zur Anwendung kommt** • Steine, Kies, Sand, Geröll, Schrott • aufgeschüttete Güter, wie z. B. Sand, Schrott **Lagereinrichtungen und -techniken zur Umsetzung des LIFO-Prinzips** • Einschubregal • Einfahrregal • Blocklagerung

6 Sourcing-Konzepte/Versorgungsmodelle

6.1 Direktbezug

Die Güter empfangenden Industrie- und Handelsunternehmen werden mit einer Vielzahl von Lieferungen konfrontiert, was mit erheblichem Aufwand bei der Warenannahme, Wareneingangsprüfung, Versorgung mit den richtigen Teilen in der Produktion verbunden ist.

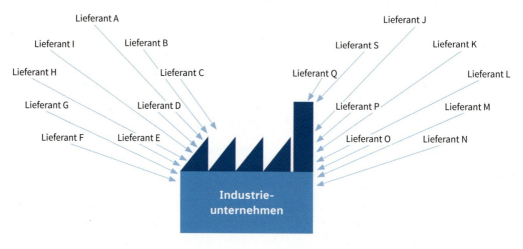

Der Direktbezug ist mit Lagerhaltung der diversen Güter beim Industrie- oder Handelsunternehmen verbunden. Die angelieferten Waren werden nach der Warenannahme und Wareneingangsprüfung eingelagert. Später werden die Güter bei Bedarf von der Fertigungssteuerung abgerufen. Eine Transparenz über die Vielzahl von Teilen ist kaum möglich.

MERKE

Der Direktbezug führt zu vielen Anlieferungen, aufwendigen Warenannahmen und -lagerungen in Industrie- und Handelsunternehmen. Der Materialfluss in der Zulieferkette muss in den Industrie- und Handelsunternehmen zeitaufwendig organisiert werden; entsprechende Bestände sind vorzuhalten.

6.2 Gebietsspediteur-Konzept

Grundsätzlich möchten Industrie- und Handelsunternehmen die Anzahl der Lieferanten einschränken. Spediteure bündeln hierbei Einzelsendungen verschiedener Zulieferbetriebe in einem abgegrenzten Gebiet zu Ladungen an das Industrie- oder Handelsunternehmen. Die ursprünglichen Einzelsendungen werden also gemäß der Bedarfsanforderung des abrufenden Industrie- oder Handelsunternehmens zu einem größeren Auftrag zusammengetragen bzw. kommissioniert. Weiterhin werden die Güter beim Gebietsspediteur sortiert und empfängergerecht verladen. Unter Umständen erfolgt beim Spediteur auch eine Zwischenlagerung, bevor die Ware dann an das Unternehmen einsatzsynchron oder per Abruf zugestellt wird.

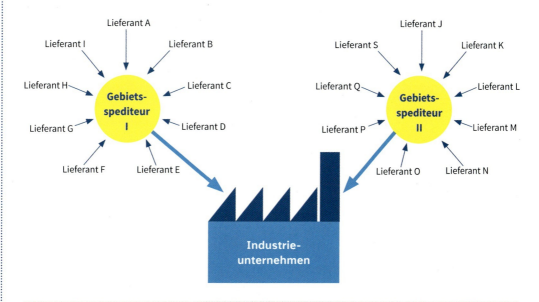

ANFORDERUNG AN EINEN GEBIETSSPEDITEUR
- hohe Termintreue und evtl. Abstimmung des IT-Systems mit dem IT-System des Herstellers/Großhändlers zum Zweck des schnelleren Informationsaustauschs
- hohe Kapazitätsauslastung, absolute Zuverlässigkeit

VORTEILE FÜR DEN GEBIETSSPEDITEUR
- Bindung des Kunden – langfristige Aufträge
- hohe Kapazitätsauslastung
- geringe/keine Akquisitionsaufwendungen

VORTEILE FÜR DEN LIEFERANTEN
- Verringerung der Verantwortung für logistische Abläufe
- evtl. weniger/keine Transportverantwortung

VORTEILE FÜR DAS INDUSTRIE- ODER HANDELSUNTERNEHMEN
- weniger Warenanlieferungen und somit weniger Aufwand für Warenannahme, Wareneingangsprüfung
- beschleunigter Materialfluss und verringerte Bestände
- einsatzsynchrone Anlieferung
- überschaubarerer Prozess und Vereinfachung der administrativen Vorgänge
- Zusammenarbeit mit nur einem oder wenigen Spediteuren – Überschaubarkeit

MERKE

Beim Gebietsspediteur-Konzept sammelt ein Spediteur in einer bestimmten Region zunächst Einzelsendungen, die für ein Industrie- oder Handelsunternehmen bestimmt sind, um sie dann anschließend in einer kompletten Ladung an dieses zu transportieren. Der Spediteur übernimmt damit eine weitreichendere Funktion im logistischen Ablauf und stellt die Materialversorgung beim Industrie- oder Handelsunternehmen sicher.

6.3 Cross-Docking[1]

Häufig trifft man in Speditionen Cross-Docking-Center (CDC), in denen das Fließprinzip vorherrscht, als spezielle Warenumschlagsart an. Die Ware wird hier nicht dauerhaft aufbewahrt, sondern nur kurzfristig umgeschlagen, damit verschiedene Einzelsendungen nach verschiedenen Kriterien (Verkaufsstellen, Relationen) zusammengefasst und somit per Sammelladung kostengünstig und rationell transportiert werden können. Die Waren sollen vom Lieferanten bis zu den Filialen möglichst immer im Fluss sein. Das Lager wird bestandslos (ohne echtem Lagerbestand) geführt.

Das Cross-Docking-Konzept findet vor allem dann Anwendung, wenn Logistikdienstleister und somit auch Spediteure in das Gesamtkonzept von Handelsunternehmen mit eingebunden werden. Die Auslieferungsstrategie wird von den Handelsunternehmen selbst festgelegt, wobei Logistikdienstleister in das Konzept mit ihrem Know-how und ihrem Equipment fest eingebunden werden und somit eine wesentliche Rolle bei der Distribution übernehmen.

Voraussetzung für einen optimierten Warenfluss auf der Grundlage von CDCs ist, dass ein gut funktionierender Informationsfluss vorherrscht. Hierzu greift man in der Regel auf spezielle Warenwirtschaftssysteme zurück.

6.3.1 Die Bedeutung des CDC-Konzepts in der Beschaffungslogistik

Waren verschiedener Hersteller/Großhändler/Lieferanten sollen möglichst kostengünstig und schnell an die verschiedenen Empfänger/Verkaufsstellen/Filialen ausgeliefert werden.

△ Ohne Cross-Docking-Center entsteht ein hoher logistischer Aufwand zur Versorgung der Filialen mit den richtigen Waren.

Ohne CDC müssen die verschiedenen Hersteller bzw. Lieferanten alle einzelnen Verkaufsstellen/Filialen separat anfahren.

Ohne CDC erhalten die jeweiligen Filialen zu verschiedenen Zeiten viele Anlieferungen. Die Anlieferungstermine und -mengen sind verstreut und verursachen bei den Filialen einen hohen Bearbeitungsaufwand.

Durch die Vielzahl der Transporte entstehen zudem enorme Transportkosten.

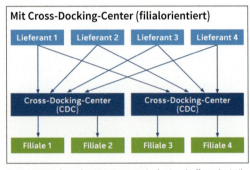

△ Bei Anwendung des CDC-Konzepts in der Beschaffungslogistik ergeben sich vor allen Dingen Vorteile für Verkaufsstellen/Filialen.

Beim Cross-Docking-Center entfällt der Aufwand für eine kostenintensive Einlagerung ebenso wie die Kosten der Bestandsführung.

Der Weg der Ware von den einzelnen Lieferanten zu den verschiedenen Verkaufsstellen/Filialen soll optimiert werden. Hierzu werden bestandslose Umschlagsbasen bzw. Knotenpunkte eingerichtet, die auch als Cross-Docking-Terminals bezeichnet werden. Die Waren verschiedener Hersteller/Lieferanten werden dort nach den jeweiligen Filialen

---

[1] Auch als X-Docking, Cross-Docking-Center oder Transshipment bezeichnet,
Cross-Docking bedeutet wörtlich Überkreuz-Verkuppelung, Transshipment bedeutet Umladung.

geordnet, bevor sie an die jeweiligen Verkaufsstellen weitertransportiert werden. Durch Anwendung von Barcode- und RFID-Technik soll die Verweildauer an den Umschlagsplätzen so kurz wie möglich gehalten werden. Die Ware soll möglichst immer in Bewegung sein bzw. fließen.

CDC ist sowohl in der Distributions- als auch in der Beschaffungslogistik effizient einsetzbar.

Bei Anwendung des CDC in der Beschaffungslogistik ergeben sich vielerlei Vorteile für die jeweilige Filiale. Diese hat wesentlich weniger Aufwand bei der Warenannahme und Wareneingangsprüfung, da sie nicht so viele Sendungen prüfen muss. Zusätzlich könnte sie feste Termine für die Anlieferung vereinbaren (sog. Ankertermine).

In den CDCs können die Einzelanlieferungen verschiedener Lieferanten geordnet werden. Zudem könnten bereits hier zusätzliche Vorarbeiten erledigt werden, wie z. B. Teile zu Modulen zusammenfassen, Portionierung oder Komplettierung. Zudem könnten die Lkws auch in logischer Reihenfolge beladen werden, sodass eine JIS-Anlieferung zu weiteren Ablaufoptimierungen führt.

6.3.2 Kosteneinsparungen durch Einsatz des CDC-Konzepts

- Verringerung der Lagerhaltungskosten
- Verringerung der Anzahl der Transporte führt zu Einsparung von Transportkosten
- Verringerung der Anzahl der Warenannahmen und Wareneingangsprüfungen führt zu Einsparung von Abfertigungskosten
- Verringerung der zurückgelegten Strecken führt zu Einsparung von Transportkosten
- effizientere Auslastung der Fahrzeuge bzw. Transportmittel
- Verringerung der Anzahl der Prozessschritte
- Verringerung des Bearbeitungsaufwands führt zu Einsparung von Handlingkosten und Zeitaufand
- niedrigere Frachtraten durch bessere Kapazitätsauslastung der Transportmittel

MERKE

- Durch Einsatz von CDC werden Waren, die von unterschiedlichen Großhändlern/Herstellern/Lieferanten geliefert werden, zunächst in diesem Knotenumschlagszentrum für die jeweiligen Zielfilialen umverteilt.
- Im CDC verweilen die Waren nur für sehr kurze Zeit auf den Stellplätzen für die jeweiligen Filialen, um möglichst nach dem Fließprinzip sofort an die jeweiligen Filialen weitergeleitet zu werden.
- Man unterscheidet zwischen filialorientiertem und lieferantenorientiertem Cross-Docking.
- Das filialorientierte Cross-Docking bringt Aufwandseinsparungen für die Filialen.
- Das lieferantenorientierte Cross-Docking bringt Aufwandseinsparungen für die Lieferanten.
- Durch den Einsatz des CDC ergeben sich verschiedene Einsparungspotenziale bzgl. der Transport- und Handlingkosten.
- Das CDC wird als **bestandsloses Umschlagslager** geführt. Die Waren werden nach der Anlieferung von Lieferanten beim Spediteur umgehend auf die Abnehmer/Filialen umverteilt. Die angelieferten Waren beim Spediteur werden den jeweiligen Zielrelationen (Filialen) zugeordnet; es findet nur eine kurze Zwischenlagerung statt. Hierbei ist das Fließprinzip zu beachten. Es besteht keine Lagerhaltung im eigentlichen Sinn.

6.4 Beschaffungsstrategien – Lieferantenauswahl im Rahmen von Sourcing-Konzepten[1]

Industrie und Handel stehen in einem Spannungsfeld: Zum einen dürfen die Lagerbestände nicht zu hoch werden, um unnötige Kapitalbindungskosten, Lagerkosten und Lagerrisiken zu vermeiden. Zum anderen ist zwingend darauf zu achten, dass eine möglichst hohe Lieferbereitschaft von nahezu 100 % gewährleistet ist, bzw. dass immer ausreichend Güter für die Produktion/den Verkauf bereitstehen. Zudem sollen mit dem eisernen Bestand auch Notsituationen wie Lieferverzögerungen, erhöhter Verbrauch/Verkauf von Produkten überwunden werden.

Dieser Spagat ist noch erweiterbar: Wird nur von einem Lieferanten in der Umgebung eingekauft, so sind die Transportkosten gering, aber die Warenpreise eventuell hoch. Werden dagegen bestimmte Produkte in Fernost eingekauft, so verhält es sich genau umgekehrt.

Es lassen sich bei der Beschaffung folgende Beschaffungsstrategien unterscheiden:

Nach der Lieferantenanzahl	Vorteile	Nachteile
Single Sourcing, Einquellenbeschaffung • Beschaffungen bestimmter Artikel und Module erfolgen über einen **einzigen Lieferanten**. • Die Bestellungen erfolgen immer bei dem **selben Lieferanten**. Daher ist der Beschaffungsaufwand gering.	• gute Beziehung zwischen Lieferanten und Kunden • geringer Beschaffungsaufwand aufgrund geringerer Verhandlungs- und Kommunikationsaufwendungen • Rahmenverträge mit Teillieferungsverträgen bzw. Abrufaufträgen möglich • bessere Mengenrabatte aufgrund der großen Mengen möglich • Vorzugsbehandlung beim Lieferanten bei Eilaufträgen, Lieferengpässen usw.	• Abhängigkeit von einem Lieferanten • kein kurzfristiger Wechsel zu anderen Lieferanten möglich • Risiko bei Lieferschwierigkeiten des Lieferanten • höhere Preise aufgrund des fehlenden Wettbewerbs
Dual Sourcing, Double Sourcing, Zweiquellenbeschaffung, Doppelquellenbeschaffung • Beschaffungen bestimmter Artikel und Module erfolgen über **zwei Lieferanten**. • Die Bestellvorgänge erfolgen bei den **beiden bekannten Hauslieferanten**. Der Bestellaufwand kann ebenfalls gering gehalten werden.	• bessere Risikostreuung: Fällt ein Lieferant aus, so wird die Ware relativ unkompliziert beim zweiten Lieferanten beschafft. • Kapazitäten des Lieferanten werden – auch bei höheren Bedarfsanforderungen – nicht so schnell überschritten. • geringer Beschaffungsaufwand aufgrund geringerer Verhandlungs- und Kommunikationsaufwendungen • Rahmenverträge mit Teillieferungsverträgen bzw. Abrufaufträgen möglich • Mengenrabatte aufgrund höherer Mengen möglich • Vorzugsbehandlung beim Lieferanten bei Eilaufträgen, Lieferengpässen usw. wahrscheinlich	• Abhängigkeit von zwei Lieferanten • kein kurzfristiger Wechsel zu anderen Lieferanten möglich • höhere Preise aufgrund fehlendem Wettbewerbs (soweit Lieferanten von ihrer Koexistenz wissen und Vereinbarungen getroffen haben) ansonsten enormer Wettbewerb zwischen den beiden Lieferanten (bei gleichem Leistungsangebot)

Fortsetzung nächste Seite

---

[1] Source = Quelle, Ursprung

Nach der Lieferantenanzahl	Vorteile	Nachteile
Multiple Sourcing, Multisourcing, Mehrquellenbeschaffung • Beschaffungen bestimmter Artikel und Module erfolgen über **mehrere oder viele verschiedene Lieferanten**. • Der Bestellaufwand ist hier höher.	• Preiseinsparung aufgrund des höheren Wettbewerbs • genügend Ausweichmöglichkeiten bei Lieferschwierigkeiten eines Lieferanten • Vermeidung von starken Abhängigkeiten • bei größeren Bedarfsanforderungen keine Engpässe bei den Lieferanten	• höherer Beschaffungsaufwand, höhere Logistikkosten und größerer Informationsbedarf • meist keine Rahmenverträge • Mengenrabatte wie bei Single Sourcing entfallen • aufgrund der kleineren Mengen nur geringe Verhandlungsmacht gegenüber den Lieferanten

Nach Beschaffungsobjekt	Vorteile	Nachteile
Unit Sourcing, Einzelteilbeschaffung • Beschaffungen wenig komplexer **einzelner Teile (Unit)** bzw. Vorprodukte erfolgen über viele verschiedene Lieferanten. • Diese Einzelteile werden erst im Unternehmen zu Modulen und Komponenten verbaut.	• Vermeidung von starken Abhängigkeiten • geringer Know-how-Transfer bzw. Kernkompetenzen bleiben im Unternehmen	• höherer Beschaffungsaufwand, da Beschaffungsaktivitäten aufgrund der Vielzahl von Lieferanten zu koordinieren sind • hohe Fertigungstiefe erfordert höheren Aufwand in der Produktionslogistik (Fertigungsvorbereitung und -steuerung)
Modular Sourcing, Modulbeschaffung, Systembeschaffung • Beschaffungen von komplexen **Modulen** (Baugruppen) anstatt von Einzelteilen. Wenige Lieferanten werden damit beauftragt, komplexe Module bzw. Baugruppen zu liefern. • Aufgrund der Schlüsselpositionen dieser Lieferanten hat die Auswahl sehr sorgfältig zu erfolgen (Qualitätszertifizierung).	• Baugruppen können als Teilsystem sofort in das Endprodukt integriert bzw. eingebaut werden (Baukastenprinzip). Damit wird der Fertigungsprozess vereinfacht. • Hersteller kann sich stärker auf seine Kernkompetenzen konzentrieren. • Hersteller hat weniger Aufwand bei der Produktion seiner Güter. Dies ergibt sich aufgrund der geringeren Fertigungstiefe. • Einbeziehung des Know-hows des Lieferanten	• stärkere Abhängigkeit von Modullieferant und Hersteller • schneller Wechsel in der Regel nicht möglich • hoher Koordinationsaufwand bei der Entwicklung, da diese auch unternehmensübergreifend erfolgen muss • evtl. Abgabe von Kernkompetenz an Lieferanten (Fertigungstiefe wird verringert)
System Sourcing, Systembeschaffung • Beschaffungen komplexer **Systeme** erfolgen durch wenige Lieferanten. Ein System ist umfangreicher als ein Modul: Mehrere Module können zusammen ein System ergeben.	ähnlich wie bei Modular Sourcing; Die Fertigungstiefe wird durch die Montage komplexer fremdbezogener Systeme noch weiter verringert, was die Fertigungszeit und den organisatorischen Aufwand für die Koordination des Fertigungsprozesses abermals reduziert.	ähnlich wie bei Modular Sourcing Absolute Zuverlässigkeit und sehr rechtzeitige Einbindung des Lieferanten – d. h. bereits beim Entwicklungsprozess – ist unabdingbare Voraussetzung. Eine mögliche Gefahr besteht durch Abgabe der Kompetenzen an den Lieferanten, der sich dadurch zu einem möglichen Mitbewerber entwickeln könnte.

Nach Beschaffungsgebiet	Vorteile	Nachteile
Local Sourcing, Lokalbeschaffung • Beschaffungen der Artikel und Module erfolgen auf dem **regionalen Beschaffungsmarkt**. • Bei Local Sourcing befinden sich die Lieferanten in geografischer Nähe zum beziehenden Unternehmen.	• niedrigere Transport-/ Lieferkosten • schnelle Reaktionszeit • geringere Transportausfälle und -mängel • Just-in-Time (JIT) und Just-in-Sequence (JIS) gut anwendbar aufgrund der räumlichen Nähe • umweltfreundlich bzw. meist ökologisch vorteilhafter	• meist höhere Preise als auf internationalen Märkten • bei großen Mengen evtl. beschränkte Kapazitäten der heimischen Lieferanten
Domestic Sourcing; Inlandsbeschaffung oder EU-Beschaffung • Beschaffungen der Artikel und Module erfolgen im **Inland** oder in der **EU**.	ähnlich wie bei Local Sourcing Im Gegensatz zum Global Sourcing fallen hier niedrigere Transportkosten an.	ähnlich wie bei Local Sourcing Im Gegensatz zum Local Sourcing fallen bereits schon höhere Transportkosten an und die Lieferzeiten erhöhen sich.
Global Sourcing, Globalbeschaffung, weltweite Beschaffung • Beschaffungen der Artikel und Module erfolgen auf dem **weltweiten Beschaffungsmarkt** bzw. auf **internationalen Märkten**. • Weltweite Ressourcen sollen hier bei der Beschaffung genutzt werden. Meist wird im Rahmen von Global Sourcing die Beziehung zu nur wenigen wichtigen Lieferanten gepflegt.	• Ausnutzung von Preisvorteilen • höherer Wettbewerb • niedrigere Lohn(neben)kosten in Billiglohn- und Schwellenländern • Informationsaustausch aufgrund der gut entwickelten IT-Infrastruktur ist kein Problem • Technologietransfer über Grenzen hinweg möglich • große Mengen bzw. große Bedarfsanforderungen problemlos möglich • Verminderung von Abhängigkeiten • Zugriff auf Ressourcen, die in der BRD nicht verfügbar oder unverhältnismäßig teuer sind • höhere Produktivität aufgrund der internationalen und volkswirtschaftlichen Arbeitsteilung	• hohe Transport- und Transaktionskosten, wie z. B. Zölle • lange Lieferzeiten • hoher Informationsbedarf zu Beginn erforderlich • Risiken, wie z. B. Wechselkursschwankungen, politische Instabilität von Schwellen- und Entwicklungsländern • mögliche Verständigungsprobleme • JIT- und JIS-Konzept nur erschwert anwendbar • umweltschädlich bzw. meist ökologisch nicht sinnvoll • Arbeitsplätze gehen evtl. zulasten der heimischen Wirtschaft verloren.

7 Outsourcing[1]

Unter Outsourcing versteht man die Auslagerung kompletter Arbeitsbereiche oder Teile davon, die ursprünglich firmenintern erbracht wurden, an andere Unternehmen. Damit sollen Kosten gespart werden.

Outsourcing ermöglicht einerseits die Konzentration auf Kernkompetenzen, reduziert fixe Kosten, indem Investitionen vermieden und Personalkosten reduziert werden. Andererseits entsteht durch die Bindung an den Dienstleister ein Abhängigkeitsverhältnis. Die Vorteile des Outsourcings kön-

---

[1] Outsourcing leitet sich von „Outside Resource Using" ab und stammt aus dem amerikanischen Wirtschaftsleben. Ressourcen sollen in die Verantwortung Dritter, z. B. Fremdunternehmen, übergeben werden.

nen nur dann ausgeschöpft werden, wenn der Dienstleister kostengünstiger ist und qualitativ keine Verschlechterung eintritt. In dem Fall würde es sich alleine wegen des Preises rentieren, optimal wäre neben dem Preis auch eine zusätzliche Leistungs- und Qualitätssteigerung.

Relevante Einsatzfelder, die Industrie- und Handelsunternehmen auf Logistikdienstleister im Rahmen des Outsourcings übertragen:

- Transport
- Umschlag
- Lagerung (Ein- und Auslagerung), Warenpflege
- Kommissionierung
- Verpackung, Versand, Distribution
- Entsorgung

Die Chancen und Risiken sollten vor der Entscheidung über Outsourcing sorgfältig abgewogen werden. Häufig ist die Kosteneinsparung der Hauptgrund für Outsourcing. Hierzu wird zuvor eine **Make-or-Buy-Analyse** durchgeführt, um die Kosten bei Eigen- und Fremdbezug vergleichen zu können. In den meisten Fällen wird die Wettbewerbsfähigkeit des eigenen Unternehmens durch Kosteneinsparungseffekte des Outsourcings erhöht.

Vor- und Nachteile aus Sicht des Auftraggebers:

> **VORTEILE**
> - Kosteneinsparungen (Personalkosten, Sachkosten, fixe Kosten, Investitionskosten)
> - qualifizierte Mitarbeiter und gutes Know-how des Auftragnehmers
> - Konzentration auf Kernkompetenzen
> - Arbeitsteilung schafft höhere Produktivität und ermöglicht Rationalisierungseffekte
> - Anspruch auf einwandfreie Leistung

> **NACHTEILE**
> - Abhängigkeit vom Zulieferer
> - Risiken wie Unzuverlässigkeit, schlechte Qualität des Auftragnehmers
> - Imageverlust gegenüber Kunden und Gesellschaft
> - Informations- und Warenfluss wird in der Regel umständlicher

Outsourcing in Produktionsunternehmen und Auswirkung auf Speditionen:

Die Verlagerung von betrieblichen Randfunktionen an Dienstleister führt dazu, dass der Eigenanteil der Produktion zurückgeht bzw. auf die Lieferanten verlagert wird. Im Gegenzug werden immer mehr Teile (Vorprodukte) von Zulieferern bezogen, anstatt diese selbst herzustellen. Dadurch steigt die Zahl der Transporte, was sich bei den Auftragseingängen der Spediteure bemerkbar macht.

MERKE

Outsourcing = Auslagerung von Unternehmensfunktionen an Drittunternehmen
Hauptgrund für die Outsourcing-Entscheidung sind die Einsparung von Kosten, insbesondere Abbau der fixen Kosten für Betriebsmittel und Personal.

8 Just-in-Time- und Just-in-Sequence-Prinzip

8.1 Just-in-Time-Prinzip

Die Just-in-Time-Bereitstellung ist ein Konzept zur Reduzierung der Lagerbestände und damit auch der Kapitalbindungskosten. Beim Just-in-Time-Prinzip (JIT-Prinzip) werden Rohmaterialien, Halbfertig- oder Fertigprodukte genau dann bereitgestellt, wenn sie tatsächlich benötigt werden.

Das Just-in-Time-Prinzip eignet sich besonders für Unternehmen, die einen hohen Lagerbestand an wertvollen Gütern (A-Güter) haben, da diese Bestände eine hohe Kapitalbindung verursachen. Weiterhin eignet sich das Just-in-Time-Prinzip für Unternehmen, die zur Produktion Bauteile in vielen Varianten benötigen und diese Bauteile nicht alle direkt an der Montagelinie lagern können, z. B. in der Kfz-Fertigung.

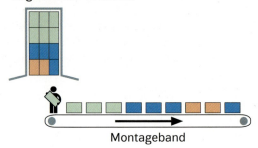

Just-in-Time
Die richtige Menge wird zum richtigen Zeitpunkt am richtigen Ort angeliefert; allerdings **unsortiert**.

Vor- und Nachteile des Just-in-Time-Prinzips:

➲ VORTEILE
- Außer einem kleinen Pufferlager ist keine Lagerung notwendig.
- Reduzierung der Lagerkosten, Kapitalbindungskosten, Lagerzinsen
- geringere Personalkosten
- dadurch geringere Stückkosten
- Reduzierung finanzieller Risiken

➲ NACHTEILE
- Abhängigkeit vom Zulieferer
- Produktionsausfall bei Versagen der Lieferkette, z. B. durch Verkehrsbehinderungen
- erhöhtes Verkehrsaufkommen, da kleinere Gütermengen transportiert werden („rollendes Lager")
- hoher Planungsaufwand

8.2 Just-in-Sequence-Prinzip

Unter dem Just-in-Sequence-Prinzip (JIS-Prinzip) versteht man eine Erweiterung des Just-in-Time-Prinzips. Hier sind die Teile nicht nur in der richtigen Zeit, sondern auch in der richtigen Sortierung, (Sequenz) in der die Materialien in der Produktion benötigt werden, anzuliefern.

Just-in-Sequence
Die richtige Menge wird in der **richtigen Reihenfolge** zum richtigen Zeitpunkt am richtigen Ort angeliefert.

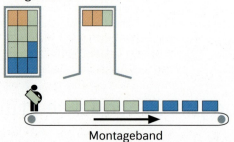

9 KANBAN-System[1]

Das Kanban-System ist eine Variation des Just-in-Time-Prinzips. Es handelt sich um eine Produktion auf Abruf. Produziert wird nur, wenn tatsächlich Nachfrage vorliegt. Gemäß dem Hol-Prinzip, auch Pull-Prinzip genannt, wird die Produktion durch den Bedarf der nachgelagerten Fertigungsstufe ausgelöst. Nur wenn eine Produktionsstufe nachfragt, wird auf der vorgelagerten Stufe produziert. Somit werden die Lagerbestände gering gehalten und Kundenwünsche durch kurze Reaktionszeiten schnell erfüllt.

Der **Informationsfluss** wird durch die Nachfrage (Bestellung) des Kunden ausgelöst.

Die Steuerung des **Materialflusses** erfolgt durch Kanban-Karten oder durch Kanban-Behälter. Die Kanban-Karten sind an der Ware bzw. an dem vollen Behälter befestigt und dienen als Identifikationsmittel. Zum Auslösen einer Nachlieferung muss nur die Karte selbst oder die elektronische Information der Karte an die vorgelagerte Fertigungsstufe übermittelt werden.

△ Gliederung der Produktionsprozesse in selbststeuernde Regelkreise mit Kanban-Karte

   MERKE

Das **Kanban-System** zählt zur **verbrauchsgesteuerten Materialversorgung**, bei der ein Materialnachschub direkt über die verbrauchende Stelle veranlasst wird. Das Material wird **herangezogen** bzw. angesaugt (= **Pull-Prinzip**). Die Karte auf dem Behälter wird der erzeugenden Stelle oder der Beschaffungssammelstelle übermittelt. Das Kanban-System steuert den Materialfluss automatisch, daher spricht man von **selbstregulierenden Regelkreisen**. Das Kanban-System führt zur **Verringerung von Lagerbeständen und zur Reduzierung der Kapitalbindungskosten**.

10 Supply Chain Management[2]

10.1 Versorgungsketten

Supply Chain Management (SCM) ist die unternehmensübergreifende Koordination der Material- und Informationsflüsse über den gesamten Wertschöpfungsprozess von der Rohstoffgewinnung über die einzelnen Veredelungsstufen bis hin zum Endkunden. Dieser Prozess soll zeit- und kostenoptimal gestaltet werden.

SCM ist ein Ansatz zur Koordination und Optimierung der Abläufe zwischen mehreren Akteuren, die sich gemeinsam bemühen, ein Produkt zu vermarkten.

Die Wertschöpfungskette beginnt bereits in der Urerzeugung mit der Rohstoffgewinnung und endet erst beim Verkauf der Enderzeugnisse beim Endkunden. Die Optimierung der kompletten Versorgungskette erfolgt durch Einbeziehung aller Wirtschaftssubjekte, wie z. B. Lieferanten, Hersteller, Spediteure, Frachtführer, Händler und Endver-

---

1 Kanban (jap.) = Karte, Zettel
2 Supply Chain (engl.) = Versorgungskette

braucher, sodass eine unternehmensübergreifende Prozessverbesserung gewährleistet ist. Logistische Optimierung beginnt nicht erst an den Werkstoren. Alle Abläufe, Prozesse, Material-, Informations- und Werteflüsse entlang der Versorgungskette (Supply Chain) sind genau unter die Lupe zu nehmen.

Der Materialfluss findet entlang der Wertschöpfungskette statt. An den einzelnen Stufen findet eine Veredelung des Arbeitsgegenstandes statt. In der Urerzeugung werden zunächst die Rohstoffe gewonnen, in weiterverarbeitenden Betrieben werden die Rohstoffe verarbeitet.

Die Informationsflüsse fließen im Vergleich zu den Materialflüssen in aller Regel in entgegengesetzter Richtung.

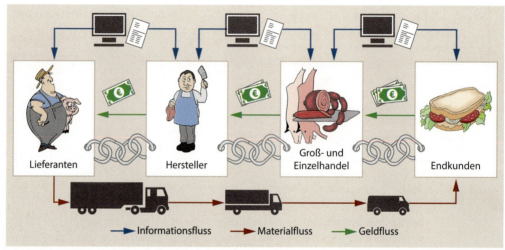

△ Darstellung der Lieferkette für die Wurstherstellung

10.2 Ziele des Supply Chain Managements

Ziele und Vorteile des Supply Chain Managements:

- Erhöhung der Kundenzufriedenheit durch verbesserte Termintreue und bedarfsorientierte Lieferungen
- Senkung der Lagerbestände in der gesamten Supply Chain
- Kostenoptimierung der gesamten Versorgungskette
- Verkürzung von Liefer- und Durchlaufzeiten, Verringerung der Transportkosten
- Reduzierung der Fehllieferungen
- Reduzierung der Schadenfälle
- Erhöhung der Lieferflexibilität, d. h. schnelle Anpassung an veränderte Liefermengen
- Verbesserung des Infoflusses zwischen allen Beteiligten, hohe Informationsqualität und schnelle Informationsübermittlung über Online-Verbindungen zu Lieferanten und Kunden
- Servicegradsteigerung durch schnelle und effektive Reaktion auf Lieferstörungen

10.3 Schnittstellenproblematik

An den Schnittstellen zwischen den beteiligten Unternehmen können bei der Wertschöpfungskette Reibungsverluste auftreten. Unterschiedliche Datenverarbeitungssysteme in den verschiedenen Unternehmen können dazu führen, dass Informationen gar nicht oder nur stockend weitergegeben werden. Kommunikationsprobleme können entstehen, wenn die gleichen Sachverhalte von den beteiligten Unternehmen unterschiedlich beschrieben werden oder wenn für den gleichen Sachverhalt unterschiedliche Begriffe verwendet werden. So können Missverständnisse und Fehler entstehen.

MERKE

Supply Chain Management (SCM) ist ein Managementsystem, das die Planung, Steuerung und Kontrolle des gesamten Material- und Dienstleistungsflusses sowie der damit verbundenen Informations- und Geldflüsse (Wertflüsse) optimiert.

11 Push- und Pull-Prinzip

Beim **Push-Prinzip** werden die Produkte vom Hersteller/Handel auf Vorrat produziert und auf den Markt gedrückt (gepuscht). Es wird für den anonymen Markt auf Vorrat produziert. Wer die Ware einmal kaufen wird, ist noch nicht bekannt.

Der Kunde auf dem Markt soll zur Abnahme der Güter bewegt werden. Allerdings ergibt sich das Problem der Übersättigung des Marktes. Unverkaufte Waren bzw. Ladenhüter müssen unter den Selbstkosten verkauft werden. Das Push-Prinzip stellt insofern eine Verschwendung von Ressourcen dar, da nicht zielgerichtet die Güter hergestellt werden, die der Kunde tatsächlich wünscht.

Beim **Pull-Prinzip** werden im Gegensatz zum Push-Prinzip die Waren nicht auf den Markt gedrückt, sondern die Nachfrage steuert hier das bereitzustellende Warenangebot beim Hersteller und Handel. Typische Beispiele für das Pull-Prinzip sind das Kanban-System sowie JIT und JIS.

12 Efficient Consumer Response

Efficient Consumer Response (ECR) bedeutet wörtlich **effiziente Reaktion auf die Kundennachfrage** und ist ein für den Handel entwickeltes System zur Optimierung der unternehmensübergreifenden Wertschöpfungskette (Supply Chain).

Waren werden nicht mehr wie beim Push-Prinzip einseitig durch den Handel auf den Markt gedrückt. Vielmehr stoßen die Käufer durch ihre Nachfrage die Nachschubsteuerung an, die nun von Handel, Industrie und Logistikunternehmen gemeinsam koordiniert werden (Pull-Prinzip). Damit lassen sich überflüssige Lagerkapazitäten und Fehlproduktionen abbauen.

BESCHAFFUNGSLOGISTIK

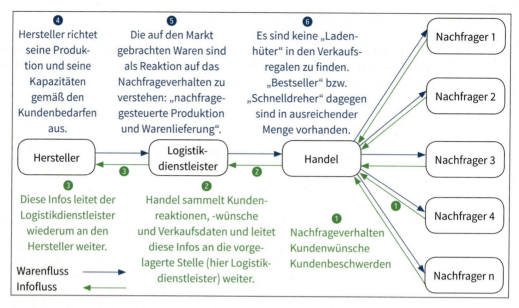

△ Verkauf von Waren mittels ECR-Konzept

Vorteile, die sich durch die Einführung von ECR für die Kunden ergeben können:

- Steuerung eines effizienten und kontinuierlichen Warennachschubs
- Nachschubsicherung auch bei schwankenden Verkaufsmengen im Handel
- schnelle Erfassung der Wünsche des Kunden
- Nachfrage des Kunden wird sofort an den Hersteller/Lieferanten weitergeleitet, sodass unverzüglich mit der Herstellung bzw. Bereitstellung der Waren begonnen werden kann.
- Die Kunden bestellen ihren veranschlagten Bedarf; auf eine übermäßig hohe Bevorratung von Gütern kann dadurch verzichtet werden.
- Der Hersteller produziert nur die Menge, die benötigt wird. Auch hier lassen sich Lagerkapazitäten und somit Kapitalbindungskosten abbauen.
- Der Informationsfluss in der gesamten Wertschöpfungs- und Logistikkette kann optimal abgestimmt werden.

13 Kontraktlogistik

Unter Kontraktlogistik versteht man Geschäfte, bei denen in einer engen, **individuell** zwischen Dienstleister und Verlader gestalteten Beziehung **mehrere logistische Funktionen** integriert werden. Dazu gehören nicht nur logistische Basisaktivitäten wie **Transport, Umschlag oder Lagerung (TUL)**, sondern auch die **Lagerverwaltung** oder die **Auftragsabwicklung**. Es werden dabei vielfach **logistische Zusatzleistungen**, wie z. B. Auftragsabwicklung und Sendungsverfolgung, oder auch **nicht logistische Zusatzfunktionen**, wie z. B. einfache Montagetätigkeiten oder Qualitätsprüfungen, in den Kontrakt[1] mit aufgenommen.

Als Weiteres definiert sich Kontraktlogistik durch eine **längerfristige vertragliche Absicherung** von mindestens einem Jahr und einem **höheren Geschäftsvolumen**.

---

1 Kontrakt = Vertrag

13.1 Kontraktlogistiker

Die Kontraktlogistiker – also Anbieter von externen Logistiklösungen – werden im angloamerikanischen Sprachraum als **Third-Party-Logistics-Provider (3 PL)** oder auch als **Full-Service-Provider** bezeichnet. Ausgehend von den ursprünglichen 3-PL-Anbietern haben sich weitere Serviceansätze entwickelt:

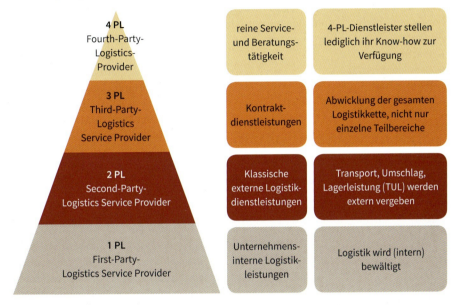

Vorteile der Kontraktlogistik für Unternehmen:

- Aufgrund der Spezialisierung arbeiten die 3-PL-Anbieter sehr effizient. Sie tragen dazu bei, dass die Auftraggeber ihre Logistikkosten aufgrund der hohen Kosten- und Zeitersparnis senken können. Zudem lässt sich auch die Lieferzeit bzw. Durchlaufzeit erheblich drosseln.
- Die Unternehmen können aufgrund der gesunkenen Fixkosten im Logistikbereich das dort anfänglich gebundene Kapital erheblich reduzieren.
- Unternehmen profitieren vom Know-how der Logistikdienstleister, die Spezialisten in dieser Branche sind. Zudem haben Logistikdienstleister häufig globale Netzwerke aufgebaut, von denen die Kunden profitieren können.
- Die Güter- und Informationsflüsse in der Logistik verkürzen sich und werden weiter optimiert.
- Der Aufwand in den beschaffungs- und vertriebsnahen Tätigkeiten sowie im administrativen Bereich wird ebenfalls reduziert.
- Die Prozessketten insgesamt werden optimiert.

MERKE

Kontraktlogistik beinhaltet
- **logistische Funktionen**, z. B. Transport, Umschlag, Lagerung, Lagerverwaltung
- **logistische Zusatzleistungen**, z. B. Sendungsverfolgung, Auftragsabwicklung
- **nichtlogistische Zusatzleistungen**, z. B. Montagetätigkeiten, Qualitätsprüfungen

Kontraktlogistik geht deutlich über das normale Outsourcing der Logistik hinaus. Letztendlich ist die Kontraktlogistik auch Outsourcing, jedoch werden hierbei sehr **komplexe Projekte** mit einer **langen Vertragsdauer** ausgelagert.

13.2 Vertragsinhalte von Kontraktlogistikverträgen

Logistikverträge sind einem gesetzlichen Vertragstyp, wie z. B. dem Dienstleistungs- oder Kaufvertrag, nicht eindeutig zuordenbar. Daher spricht man bei Logistikverträgen von **gemischten Verträgen**. Sie haben sich aus den Praxisanforderungen heraus entwickelt und enthalten inhaltlich häufig Bestandteile folgender Vertragsarten:
- Frachtvertrag
- Speditionsvertrag
- Werkvertrag
- Dienstleistungsvertrag

Die Vertragspartner eines Logistikvertrags können aufgrund der Vertragsfreiheit in Deutschland bzw. in der Europäischen Union (EU) weitgehend selbstständig Verträge abschließen und deren Inhalte selbst ausgestalten. Häufig werden Logistikverträge in Form von Rahmenverträgen abgeschlossen. Als Nachweis bzw. aus Beweisgründen und wegen möglicher späterer Streitigkeiten mit dem Vertragspartner empfiehlt sich in jedem Fall die **Schriftform**.

Folgende Punkte sind in einem Kontraktlogistikvertrag genau zu regeln:

Vertragspartner	Die Vertragspartner (Auftraggeber und Auftragnehmer) sind mit genauen Kommunikationsdaten wie Anschrift zu erfassen.
Rechtsgrundlage und Geltungsbereich	Die allgemeinen Geschäftsbedingungen sowie andere Vorschriften sind zu nennen und zu beachten.
Vertragsgegenstand und Leistungsumfang	Hier hat eine detaillierte Beschreibung der vereinbarten Leistungen zu erfolgen, die vom Logistikdienstleister und vom Auftraggeber auszuführen sind. Die zu erbringenden Leistungen des Logistikdienstleisters in den Bereichen Lagerhaltung, Kommissionierung, Transport, Verpackung, Zollabwicklung, Inkasso/Nachnahme usw. sind möglichst genau zu dokumentieren. Genaue Zahlenangaben über die Mengen (z. B. t, Paletten), Vorgaben zur zeitlichen Ausführung sowie zu den Dokumentationspflichten und Regelungen zum Informationsfluss sind im Vertrag aufzuführen.
Vertragslaufzeit/ -dauer	Hierzu existieren zwei Varianten: a) unbeschränkte Vertragslaufzeit mit Vereinbarung einer Kündigungsfrist b) beschränkte Vertragslaufzeit (Befristung). In diesem Fall können Optionen auf Verlängerung festgelegt werden.
Vergütung/ Preisvereinbarungen	Es sind möglichst exakte Regelungen für die Vergütung der logistischen Leistungen festzulegen, z. B. Preis pro angenommene und eingelagerte Palette in Euro. Auch an Preis-Anpassungsklauseln ist zu denken, wenn mit Inflation oder mit einem Anstieg von Betriebsstoffkosten zu rechnen ist.
Haftung	Bezüglich der Haftung und der Haftungsgrenzen sind klare Vereinbarungen zu treffen. Für speditionstypische Leistungen könnten die ADSp und für speditionsuntypische Leistungen ergänzend die Logistik-AGB vereinbart werden. Da die Obhutshaftung die vorherige körperliche Übernahme des Gutes voraussetzt, sollten vorab die Schnittstellen bzw. Übergabestellen genau festgelegt werden.
Versicherung	Wer von den Vertragspartnern hat welche Versicherung in welchem Umfang abzuschließen?

Fortsetzung nächste Seite

Kündigungsregelung	Vor allem bei unbefristeten Verträgen empfiehlt sich die Vereinbarung von Kündigungsfristen. Zusätzlich können Bedingungen für eine fristlose/außerordentliche Kündigung im Einzelnen genannt werden.
Geltungsbereich	Soweit sich Spediteure/Logistikunternehmen auf allgemeine Geschäftsbedingungen (ADSp, Logistik-AGB) beziehen, sind diese unmissverständlich in den Verträgen zu nennen. Es ist darauf hinzuweisen, dass diese Vertragsbestandteil werden.
Sonstiges	In jedem Vertrag finden sich noch weitere Regelungen wie beispielsweise • Geheimhaltungspflicht von Firmeninterna: Regelung zur vertraulichen Behandlung von Firmeninterna und sensiblen Daten • Wettbewerbsverbot

FAZIT

Grundsätzlich gilt für (Kontrakt-)Logistikverträge: **Je genauer und detaillierter, desto besser!**
- Eine genaue Ausgestaltung der Vertragsunterlagen vor der Leistungserbringung kann später viel Ärger ersparen.
- Alle Punkte sind aus Beweisgründen schriftlich festzulegen.

14 Logistik-AGB

Die Logistik-AGB gelten für alle logistischen (Zusatz-)Leistungen, die nicht von einem Verkehrsvertrag nach ADSp oder von einem Fracht-, Speditions- oder Lagervertrag erfasst werden, jedoch vom Auftragnehmer im wirtschaftlichen Zusammenhang mit einem solchen Vertrag erbracht werden.

Die Logistik-AGB enthält Regelungen für **speditionsuntypische Leistungen**. Zu solchen logistischen Leistungen zählen beispielsweise Auftragsannahme (Call-Center), Warenbehandlung, Warenprüfung, Warenaufbereitung, länder- und kundenspezifische Warenanpassung, Montage, Reparatur, Qualitätskontrolle, Preisauszeichnung, Regalservice, Installation oder die Inbetriebnahme von Waren und Güter oder Tätigkeiten in Bezug auf die Planung, Realisierung, Steuerung oder Kontrolle des Bestell-, Prozess-, Vertriebs-, Retouren-, Entsorgungs-, Verwertungs- und Informationsmanagements.

Es empfiehlt sich bei **Logistikverträgen** sowohl die **ADSp** als auch die **Logistik-AGB** als Vertragsbestandteile aufzunehmen.

BEISPIEL

„Wir arbeiten nach den Allgemeinen Deutschen Spediteurbedingungen (ADSp) in der jeweils neuesten Fassung. Für weitere zu erbringende logistische Dienstleistungen, für die die ADSp keine Anwendung findet, legen wir unseren Verträgen die Logistik-AGB in der neuesten Fassung zugrunde."

Soweit die ADSp und zugleich die Logistik-AGB in Verträgen vereinbart wurden und sich einzelne Klauseln widersprechen, so gehen die Logistik-AGB gemäß Ziffer 1.4 vor.

Laut Logistik-AGB Ziffer 18.1 ist der Auftragnehmer (= Logistikdienstleister) verpflichtet, eine **Haftungsversicherung** abzuschließen, die die dort genannten Haftungssummen abdeckt.

> **MERKE**
>
> **Haftungsregelungen in den Logistik-AGB gemäß Ziffer 14.1:**
> - Der Auftragnehmer bzw. Logistikdienstleister haftet nur, wenn ihn ein Verschulden an dem von ihm verursachten Schaden trifft.
> - Die daraus folgende gesetzliche und vertragliche Haftung ist auf den vorhersehbaren, typischen Schaden begrenzt.
>
> **Haftungshöchstgrenzen:**
> - je Schadenfall   20.000,00 €
> - bei mehr als vier Schadenfällen mit der gleichen Ursache   100.000,00 €
> - für alle Schadenfälle innerhalb eines Jahres   500.000,00 €

15 ABC- und XYZ-Analyse

15.1 ABC-Analyse

Die gelagerten Güter binden Kapital. Deshalb sollte der Lagerbestand nach Möglichkeit gering gehalten werden. Allerdings darf die Produktionsfähigkeit bzw. die Lieferfähigkeit nicht gefährdet werden. Häufig ist festzustellen, dass eine geringe Anzahl von Gütern das meiste Kapital bindet.

Diesen Gütern sollte bei der Bestandsplanung und Bestandsoptimierung auch die größte Aufmerksamkeit gewidmet werden.
Hilfreich ist hierbei die **ABC-Analyse**, die die **Güter nach Gesamtwert und Gesamtmenge** in verschiedene **Kategorien** einteilt:

ABC-Analyse

	A-Güter	B-Güter	C-Güter
Mengenanteil	ca. 10 % der Güter	ca. 35 % der Güter	ca. 55 % der Güter
Wertanteil	ca. 70 % des Wertes	ca. 20 % des Wertes	ca. 10 % des Wertes
Handlungsstrategien	• exakte Bedarfsermittlung • exakte Bestandsrechnung • gründliche Kostenanalysen • möglichst geringe Bestände halten	• bedarfsorientierter Mittelweg zwischen A-Gütern und C-Gütern	• vereinfachte Bedarfsermittlung • vereinfachte Bestandsrechnung • geringe Anlieferhäufigkeit, da geringe Kapitalbindungskosten

PRAXISBEISPIEL

ABC-Analyse

Güter	Menge/St.	EK/St.	Gesamtwert ❶	Rang ❷
101	100	350,00 €	35.000,00 €	3
102	180	100,00 €	18.000,00 €	5
103	60	700,00 €	42.000,00 €	2

Fortsetzung nächste Seite

Güter	Menge/St.	EK/St.	Gesamtwert ❶	Rang ❷
104	30	1.500,00 €	45.000,00 €	1
105	9 000	1,10 €	9.900,00 €	8
106	450	25,00 €	11.250,00 €	7
107	5 000	1,50 €	7.500,00 €	9
108	250	50,00 €	12.500,00 €	6
109	170	150,00 €	25.500,00 €	4
110	15 000	0,25 €	3.750,00 €	10

Es ist eine ABC-Analyse auf Grundlage dieses Datenmaterials durchzuführen.
Im obigen Unternehmen herrscht folgende Festlegung bezüglich der ABC-Güter:
A-Güter: ca. **70 %** Wertanteil; **B-Güter:** ca. **20 %** Wertanteil; **C-Güter:** ca. **10 %** Wertanteil

LÖSUNG

Vorgehensweise (manuell ohne Excel):

❶ Die Mengen der einzelnen Güter werden mit ihrem Wert (EK-Preis) multipliziert. Es ergibt sich der Gesamtwert pro Gut.

❷ Nach der Höhe des ermittelten Gesamtwerts werden Rangplätze vergeben; wobei der erste Rang für den höchsten Wertanteil steht.

❸ Die Güter werden nach dem Rang neu sortiert.

Rang ❸	Güter	Menge	EK-Preis	Gesamtwert	Wertanteil ❺	Wertanteile kumuliert ❻	Kategorie ❼
1	104	30	1.500,00 €	45.000,00 €	21,39 %	21,39 %	A-Güter mit 70,10 %
2	103	60	700,00 €	42.000,00 €	19,96 %	41,35 %	
3	101	100	350,00 €	35.000,00 €	16,63 %	57,98 %	
4	109	170	150,00 €	25.500,00 €	12,12 %	70,10 %	
5	102	180	100,00 €	18.000,00 €	8,56 %	78,66 %	B-Güter mit 19,85 %
6	108	250	50,00 €	12.500,00 €	5,94 %	84,60 %	
7	106	450	25,00 €	11.250,00 €	5,35 %	89,95 %	
8	105	9 000	1,10 €	9.900,00 €	4,71 %	94,65 %	C-Güter mit 10,05 %
9	107	5 000	1,50 €	7.500,00 €	3,56 %	98,22 %	
10	110	15 000	0,25 €	3.750,00 €	1,78 %	100,00 %	
Gesamt		30 240		210.400,00 € ❹			

❹ Der Gesamtwert aller Güter wird berechnet (= 100 %).

❺ Es wird der prozentuale Anteil der Güter am Gesamtwert aller Güter ermittelt.

❻ Es werden die kumulierten Wertanteile durch zeilenweises Addieren der Prozentwerte und das Eintragen der Zwischensummen berechnet.

❼ Gemäß Unternehmensvorgabe werden die Güter den einzelnen Klassen bzw. Kategorien zugeordnet.

Ergebnis:
- Die vier wertmäßig größten Artikelpositionen machen 70,10 % des kompletten Lagerwerts aus. Es handelt es sich dabei um eine Menge von 360 Stück, die mengenmäßig nur 1,19 % beträgt.
- Die drei wertmäßig kleinsten Artikelpositionen machen 10,05 % des kompletten Lagerwerts aus. Es handelt sich dabei um eine Menge von 29 000 Stück, die mengenmäßig 95,90 % entspricht.

15.2 XYZ-Analyse

Die XYZ-Analyse untersucht **Verbrauchsschwankungen** der gelagerten Güter.
XYZ-Güter werden wie folgt eingeteilt:

X-Güter	• gleichmäßiger Verbrauch bzw. • hohe Vorhersagegenauigkeit des Verbrauchs
Y-Güter	• schwankender Verbrauch bzw. • mittlere Vorhersagegenauigkeit des Verbrauchs
Z-Güter	• unregelmäßiger Verbrauch bzw. • geringe Vorhersagegenauigkeit des Verbrauchs

Diese Analyse ist von Bedeutung, um Beschaffungsmenge und Verbrauch möglichst exakt zu planen. Zudem kann die XYZ-Analyse auch zur Belegung der Lagerstellplätze herangezogen werden.

15.3 Kombination von ABC- und XYZ-Analyse

Die ABC-Analyse kann mit der XYZ-Analyse kombiniert werden. Daraus ergeben sich dann **neun verschiedene Kombinationen**:

		Güterwert		
		A	B	C
Verbrauchsschwankungen	X	hoher Wert gleichmäßiger Verbrauch	mittlerer Wert gleichmäßiger Verbrauch	geringer Wert gleichmäßiger Verbrauch
	Y	hoher Wert schwankender Verbrauch	mittlerer Wert schwankender Verbrauch	geringer Wert schwankender Verbrauch
	Z	hoher Wert unregelmäßiger Verbrauch	mittlerer Wert unregelmäßiger Verbrauch	geringer Wert unregelmäßiger Verbrauch

HANDLUNGSEMPFEHLUNGEN

- Für **AX-** und **BX-Güter** sollte das **Just-in-Time-Verfahren** bei Materialanforderungen in Erwägung gezogen werden.
- Für **BZ-** und **CZ-Güter** sollte dagegen die **verbrauchsgesteuerte Bedarfsermittlung** verbunden mit **Lagerhaltung** angewandt werden.
- Für **AZ-** und **BZ-Güter** ist vor allem das Beschaffungsprinzip **Einzelbeschaffung im Bedarfsfall** relevant. Die benötigten Güter werden erst dann geordert, wenn ihr Bedarf für einen konkreten Zweck feststeht.

16 Bedarfsermittlung

16.1 Bedarfsermittlungsverfahren

Die korrekte Bedarfsermittlung zählt zu den wichtigsten Aufgaben in der Materialwirtschaft. Grundsätzlich geht es darum, welche Teile, Baugruppen, usw. in welcher Menge benötigt werden. Zusätzlich ist bei der Beschaffung und der Bedarfsermittlung zu beachten, dass aus wirtschaftlichen Gründen manche Güter nur in größeren Gebinden bzw. Einheiten bestellt und transportiert werden können.

Bei der Bedarfsermittlung lassen sich vor allem die **drei Methoden** unterscheiden.

Überblick über die Methoden der Bedarfsermittlung

Deterministische Bedarfsermittlung	Stochastische Bedarfsermittlung	Heuristische Bedarfsermittlung
Bedarf kann aufgrund von **Stücklisten** und **Rezepturen** genau berechnet werden.	Bedarf wird aufgrund der **Verbräuche der Vergangenheit** berechnet.	Bedarf wird durch **Schätzung** ermittelt.
exaktes, dafür aufwendiges Bedarfsermittlungsverfahren	ungenaues Bedarfsermittlungsverfahren	ungenaues Bedarfsermittlungsverfahren
Anwendung: • für A-Teile • für Güter des Sekundärbedarfs • wenn Stücklisten vorliegen • bei kundenspezifischen Gütern	Anwendung: • für C- und teils für B-Teile • für geringwertige und standardisierte Güter • für Güter des Tertiärbedarfs • soweit ausreichend Vergangenheitswerte vorliegen, um Hochrechnungen für die Zukunft durchzuführen	Anwendung: • für C- und B-Teile • für Güter des Tertiärbedarfs • bei Neuteilen • soweit keine Vergangenheitswerte vorliegen

16.2 Einfacher Mittelwert

BEISPIEL

Der einfache Mittelwert wird als arithmetisches Mittel aus einer Anzahl von Vergangenheitswerten ermittelt. Dazu werden die Bedarfswerte aller Perioden addiert. Anschließend wird die Summe durch die Anzahl der Perioden dividiert. Der errechnete Mittelwert ist der erwartete Bedarf.

Bedarf an Profilleisten für Küchenplatten in den letzten Abrechnungsperioden:

Periode	M_1	M_2	M_3	M_4
Bedarf	103	98	104	131

Berechnen Sie den einfachen Mittelwert.

LÖSUNG

$$V = \frac{103 + 98 + 104 + 131}{4} = V = \frac{436}{4} = 109 \text{ Stück}$$

FORMEL

$$V = \frac{M_1 + M_2 + M_3 + \ldots + M_n}{n}$$

V = Vorhersagewert für die nächste Periode
M = vergangene Monatsverbräuche
n = Anzahl der Monate (bzw. Perioden)

16.3 Gleitender Mittelwert

Beim gleitenden Mittelwert werden die letzten Perioden stärker gewichtet als die vorhergehenden Perioden. Mit dieser Methode soll der aktuelle Trend stärker berücksichtigt werden.

Der gleitende Mittelwert wird auch als gewogenes arithmetisches Mittel oder als gewogener Mittelwert bezeichnet.

BEISPIEL

Bedarf an Profilleisten für Küchenplatten der letzten Abrechnungsperioden einschließlich ermittelter Gewichtungsfaktoren:

Periode	M_1	M_2	M_3	M_4
Bedarf	103	98	104	131
Gewichtung	10 %	20 %	30 %	40 %

Berechnen Sie den gewogenen Mittelwert.

FORMEL

$$V = \frac{M_1 G_1 + M_2 G_2 + M_3 G_3 + \ldots + M_n G_n}{G_1 + G_2 + G_3 + \ldots + G_n}$$

V = Vorhersagewert
M = vergangene Monatsverbräuche
n = Anzahl der Monate (bzw. Perioden)
G = Gewichtungsfaktor

LÖSUNG

$$V = \frac{103 \cdot 10 + 98 \cdot 20 + 104 \cdot 30 + 131 \cdot 40}{100} \qquad V = \frac{11\,350}{100} = 113{,}50 \text{ Stück}$$

17 Beschaffungstermine und Beschaffungsmenge

Der Logistiker muss den Lieferzeitpunkt der Güter bestimmen. Der **Bestellzeitpunkt** hängt insbesondere von der **Beschaffungszeit**, dem **Tagesverbrauch**, dem **Mindestbestand**, aber auch von der **Lagerfähigkeit** der Produkte ab.

Es existieren **zwei Bestellverfahren**: Das **Bestellpunkt-** und das **Bestellrhythmusverfahren**.

17.1 Bestellpunktverfahren

Eine **Bestellung** wird immer dann ausgelöst, wenn der Lagerbestand eine festgelegte Menge (**Meldebestand oder Bestellpunkt**) erreicht hat.

Im Bestellpunktverfahren wird bei Erreichen des Meldebestands diejenige Menge bestellt, die den Lagerbestand auf den festgelegten Höchstbestand auffüllt. Der Meldebestand ist dabei so hoch anzusetzen, dass der Mindestbestand nicht angegriffen wird. Die Differenz zwischen Melde- und Mindestbestand muss so lange reichen, bis die neue Lieferung eingetroffen ist.

FORMEL

Meldebestand = Tagesverbrauch · Beschaffungszeit + Mindestbestand

FORMEL

Bestellmenge = Höchstbestand − Mindestbestand

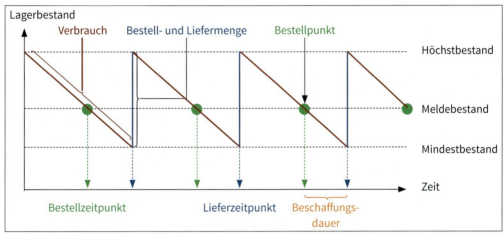

△ *Bestandsentwicklung beim Bestellpunktverfahren*

17.2 Bestellrhythmusverfahren

Beim **Bestellrhythmusverfahren** erfolgt die Bestellung immer nach Ablauf einer bestimmten **konstanten Zeitspanne**, also in **gleichbleibenden Zeitintervallen**. Das Bestellrhythmusverfahren ist nur bei einem relativ **konstanten Verbrauch** sinnvoll. Bei unregelmäßigem Verbrauch besteht schnell das Risiko einer Unterdeckung, d. h. eines zu geringen Lagerbestands oder einer Überdeckung, d. h. kein Abverkauf der Ware, aber ständige Nachlieferung.

MERKE

Sowohl das **Bestellpunktverfahren** als auch das **Bestellrhythmusverfahren** zählen zu den Formen **der Vorratsbeschaffung**, da bei beiden Verfahren Lagervorräte angelegt werden und die Beschaffung somit nicht synchron (zeitgleich) zum Verbrauch verläuft.

18 Optimale Bestellmenge

Einerseits soll der Lagerbestand ausreichend hoch gehalten werden, damit die jederzeitige Lieferbereitschaft gesichert ist. Andererseits sollen aber auch die Kosten der auf Lager befindlichen Ware sowie deren Bestellkosten so gering wie möglich sein.

- Bei größeren Bestellmengen sind die Lagerkosten höher, aber die Beschaffungskosten niedriger.
- Bei kleineren Bestellmengen sind die Lagerkosten niedriger, aber die Beschaffungskosten höher.

MERKE

Die **optimale Bestellmenge** ist die Menge, bei der die **Summe aus Bestell- und Lagerkosten am geringsten** ist.

Welche Strategie führt zur optimalen Bestellmenge?

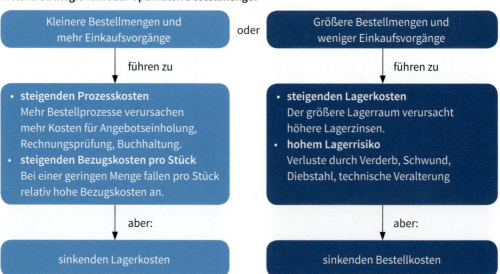

FORMEL

$$x_{opt} = \sqrt{\frac{200 \cdot k_B \cdot x_B}{P_{EK} \cdot p_L}}$$

x_{opt} = optimale Bestellmenge

k_B = Kosten der Bestellung

x_B = Bestellmenge je Periode

P_{EK} = Einkaufspreis pro Stück

p_L = Lagerhaltungskostensatz (in %)

Grundsätzlich sind **zwei Extrempositionen bei der Bestellung** möglich:

1. Bestellung des kompletten Jahresbedarfs zu Jahresbeginn

In diesem Fall ist der Lieferbereitschaftsgrad von 100 % immer gegeben. Das Unternehmen ist jederzeit in der Lage, Produktions- und Kundenaufträge zu bedienen, da ausreichend Vorräte gehalten werden.

2. Viele kleine Bestellungen nur für einen Tagesverbrauch

In diesem Fall werden täglich nur die Mengen eines Tagesbedarfs bestellt. Infolgedessen entstehen sehr hohe Bestellkosten pro Jahr, denn jeder Bestellvorgang ist in der Regel mit Personalkosten (für die Auftragsbearbeitung), Transportkosten sowie Kosten für die Warenannahme, die Wareneingangsprüfung und die Einlagerung verbunden.

Bei beiden beschriebenen Extrempositionen entstehen **sehr hohe Kosten** und **nachteilige Konsequenzen**. Bei Bestellungen wird daher versucht, die Summe der beiden Kostenarten Bestell- und Lagerhaltungskosten so gering wie möglich zu halten. Dies wird bei der **optimalen Bestellmenge** erreicht.

PRAXISBEISPIEL

Ermittlung der optimalen Bestellmenge

Es liegen folgende Daten vor:
Jahresbedarf (x_B): 2 400 Stück
Zins- und Lagerkostensatz (p_L): 10 %
Kosten je Bestellung (k_B): 40,00 €
Einkaufspreis pro Stück (P_{EK}): 75,00 €

Ermitteln Sie die optimale Bestellmenge
a) mittels einer Wertetabelle,
b) mittels einer Grafik und
c) rechnerisch.
Bestellmengen: 100, 120, 150, 160, 200, 240

LÖSUNG

a) Wertetabelle

Bestell-menge (BM)	Bestell-wert in €	Anzahl der Bestellungen / Jahr	Durchschnittlicher Lagerbestand (Ø LB)		Bestell-kosten in €	Lager-kosten in €	Gesamt-kosten in €
	Bestell-menge (BM) · Stückpreis	Jahresbedarf / Bestellmenge	in Stück $\frac{BM}{2}$	in € p · Ø LB (in St.)	Kosten je Bestellung · Anzahl Bestellungen	Ø LB in € · Zins- und Lagerkostensatz	Bestellkosten + Lagerkosten
100	7.500,00	24	50	3.750,00	960,00 €	375,00 €	1.335,00 €
120	9.000,00	20	60	4.500,00	800,00 €	450,00 €	1.250,00 €
150	11.250,00	16	75	5.625,00	640,00 €	562,50 €	1.202,50 €
160	12.000,00	15	80	6.000,00	600,00 €	600,00 €	1.200,00 €
200	15.000,00	12	100	7.500,00	480,00 €	750,00 €	1.230,00 €
240	18.000,00	10	120	9.000,00	400,00 €	900,00 €	1.300,00 €
300	22.500,00	8	150	11.250,00	320,00 €	1.125,00 €	1.445,00 €

b) Grafik

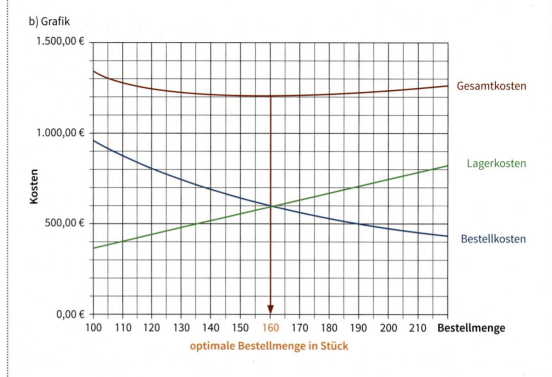

c) $x_{opt} = \sqrt{\dfrac{200 \cdot 40{,}00 \cdot 2\,400}{75{,}00 \cdot 10}} = \sqrt{\dfrac{19\,200\,000}{750}} = \mathbf{160\,[\text{Stück}]}$

19 Wer rastet der rostet – Perfektion endet nie!

△ *Ein effektives logistisches Gesamtsystem im Unternehmen setzt voraus, dass alle Ressourcen und logistischen Teilbereiche miteinbezogen und optimiert werden. Logistik ist viel mehr als nur die Verbesserung des Materialflusses.*

Auch in Zukunft wird man logistische Abläufe noch weiter zu optimieren versuchen. Spediteure und Logistikdienstleister, die auf einem bestimmten Status quo verharren, werden früher oder später von der Konkurrenz überholt bzw. verdrängt werden und von der Bildfläche verschwinden. Die Marktdynamik erfordert einen laufenden Anpassungsprozess der Logistik an die Marktgegebenheiten.

Zudem wird der grenzüberschreitende und weltweite Handel (Global Sourcing) in den nächsten Jahren und Jahrzehnten noch weiter intensiviert werden, was neue Chancen und Risiken mit sich bringt. Der Wettbewerbs- und Preisdruck wird zunehmen. Innovative Logistiklösungen helfen dabei, sich am Markt zu behaupten. Neue Trends und Entwicklungen in der Beschaffungslogistik wie Supply Chain Management bieten neue Betätigungsbereiche für Spediteure.

Der Faktor Zeit wird in unserer schnelllebigen Welt eine immer wichtigere Rolle einnehmen. Neue technische Entwicklungen wie RFID-Technik und GPS-Systeme ermöglichen auch bei der Logistik, wie z. B. bei der Abwicklung von Transporten sowie bei Ein- und Auslagerungsvorgängen, einen guten Informationsfluss und helfen, logistische Abläufe zu beschleunigen, Fehler zu vermeiden und vorzubeugen. Auch dem Einsatz des Internets wird bei der Beschaffungslogistik eine weitreichende Bedeutung zukommen. Unternehmen werden künftig noch stärker über moderne IT-Systeme Informationen über Lagerbestände und Prozessabläufe austauschen. Über Schnittstellen (Interfaces) werden die EDV-Systeme von Lieferanten, Spediteuren, Industriebetrieben oder Handel noch besser miteinander kommunizieren können. Selbstregulierende Materialversorgungssysteme nach dem Pull-Prinzip werden sich noch stärker etablieren. Kanban-Lösungen und Just-in-Time- sowie Just-in-Sequence-Konzepte haben weiterhin große Relevanz, um Lagerbestände zu verringern bzw. abzubauen. Bestandsarme Anlieferkonzepte sind gerade bei der kapitalintensiven Fertigung und auch beim Handel mit hochwertigen Gütern sehr gefragt.

Outsourcing führt zur weiteren Verringerung der Fertigungstiefe bei Produktionsunternehmen. Die Vielfalt und die Komplexität von Produkten nehmen dagegen weiter zu.

Eine hohe Individualität der Produkte gemäß den Kundenwünschen erfordert ausgefeilte logistische Lösungen. Das Optimum ist hier noch lange nicht erreicht. Warenfluss- und Prozessoptimierung sowie -automatisierung werden noch weiter vorangetrieben.

M Distributionslogistik

KAPITEL**EINSTIEG**

Warenverteilung nach Maß

Das richtige Objekt soll in der richtigen Menge, in der richtigen Qualität, zum richtigen Zeitpunkt, zu den richtigen Kosten, zum richtigen Ort und zum richtigen Empfänger befördert werden. Um die Produkte optimal auf die (End-)Kunden zu verteilen – ob national, europaweit oder international – sind intelligente Logistiklösungen gefragt.

Spediteure organisieren häufig die Zwischenlagerung, die Kommissionierung und den Transport. Um die Abläufe für alle Betroffenen von der Warenherstellung bis zur -verteilung besser aufeinander abzustimmen, fließen wichtige Informationsströme in einem Netzwerk zusammen, an dem sich immer häufiger Hersteller, Groß-, Außenhandels- und Einzelhandelsunternehmen, Spediteure, Frachtführer, Lagerhäuser und Endkunden beteiligen. Einen wichtigen Knotenpunkt bilden hier die Spediteure. Sie erhöhen durch ihre Branchenkenntnisse und ihr langjähriges Know-how die Transparenz der logistischen Abläufe und der dazugehörenden Informationsflüsse.

Für Hersteller von Waren ist der nächster Schritt die Verteilung dieser Produkte an den jeweiligen Kundenkreis. Hier können sich Spediteure mit dem Tätigkeitsbereich der Distributionslogistik einklinken. Spediteure können beispielsweise die Abholung der Fertigwaren direkt beim Hersteller, die mögliche Zwischenlagerung, die Palettierung und auftragsgerechte Kommissionierung sowie die Verpackung und die Versendung der Waren an die jeweiligen Kunden übernehmen. Insgesamt ist die Warenverteilung ökonomisch wie ökologisch sinnvoll zu organisieren.

Im Regelfall erzielen der Hersteller und auch der Handel durch das Outsourcing ihrer Distributionslogistik Kostenvorteile. Spediteure sorgen für einen reibungsfreien und optimalen Warenfluss und verringern die Prozesskosten und den Organisationsaufwand bei den Auftraggebern. Ressourcen des Auftraggebers, wie z. B. Personal und Räumlichkeiten, können nun wieder stärker für die betrieblichen Kernfunktionen – insbesondere Produktion – genutzt werden. Zudem können Hersteller ihre ehemaligen Lagerflächen zur Vergrößerung ihrer Produktion nutzen.

Die Ansprüche an eine gut funktionierende Distributionslogistik sind in den letzten Jahren und Jahrzehnten wegen der Globalisierung, dem europäischen Binnenmarkt, dem verschärften Wettbewerb zwischen den Logistikdienstleistern und der Konzentration der Produzenten auf ihre Kernkompetenzen gestiegen.

1 Grundlagen der Distributionslogistik

1.1 Aufgaben und Ziele der Distributionslogistik und Einordnung in der Logistikkette

Die **Distributionslogistik** wird auch als **Absatz-** oder **Vertriebslogistik** bezeichnet. Distribution bedeutet wörtlich **verteilen**.

Distributionslogistik stellt das **Bindeglied zwischen Produktion und Vertrieb** dar und beschäftigt sich insbesondere mit der **Gestaltung, Steuerung und Kontrolle** aller Prozesse, die im Rahmen der **Warenverteilung** für Industrie- und Handelsunternehmen erforderlich werden.

Die Distributionslogistik befasst sich mit allen **Lager-, Umschlags- und Transporttätigkeiten** (TUL-Leistungen) von der Produktion bis zum Vertrieb der Waren.

Die Distributionslogistik erfüllt verschiedene Ausgleichsfunktionen:

- **Raumausgleich**: Ort der Produktion und Ort der Nachfrage sind räumlich getrennt. Es werden Transportmittel zur Raumüberwindung benötigt.
- **Zeitausgleich**: Zeitpunkt der Herstellung und Zeitpunkt der Nachfrage klaffen auseinander. Es werden Lager zur Zeitüberwindung benötigt.
- **Mengenausgleich**: Hergestellte Mengen und nachgefragte Mengen weichen ab. Es werden Lager zum Mengenausgleich benötigt.
- **Sortimentsausgleich**: Ein Unternehmen fertigt z. B. verschiedene Artikel seines Sortiments zu unterschiedlichen Zeiten. Bei Kundenbestellungen werden Artikel des kompletten Warensortiments nachgefragt. In diesem Fall findet durch verschiedene Transport-, Lager- und Kommissioniervorgänge ein Sortimentsausgleich statt.

Ziel der Distributionslogistik ist die Erhöhung der Logistikleistung:

- **Erhöhung des Lieferservice bei der Distribution**
  Als Maß für den Lieferservice können die Faktoren Lieferzeit, Lieferfähigkeit, Liefertreue, Lieferqualität, Lieferflexibilität sowie die Informationsfähigkeit und -bereitschaft herangezogen werden.
- **Reduzierung der Logistikkosten bei der Distribution,** d. h. kostenminimale Logistikstruktur
  Logistikkosten lassen sich durch niedrige Lagerbestände, geringe Lager- und Transportkosten usw. senken.

Die Distributionslogistik steht im Spannungsfeld von **hohem Lieferservice** und **niedrigen Logistikkosten**. Zwischen diesen beiden Zielsetzungen besteht ein **Zielkonflikt**.

Erhöhung des Lieferservices durch …	Reduzierung der Logistikkosten durch …
- zuverlässige Kundenversorgung, hohe Kundenzufriedenheit, individuelle Kundenanlieferung - hohe Sortimentsbreite und -tiefe - schnelles Reagieren auch auf kurzfristig veränderte Nachfragemengen (Lieferflexibilität) - Verkürzung der Anlieferzeiten zum Kunden - ständige Lieferbereitschaft - Errichtung von Regional- und Auslieferungslager, um Kundennähe zu gewährleisten - Fehlerquote = 0	- niedrige Lagerbestände - hohe Laderaumausnutzung (d. h. Sammelladung) - niedrige Lagerkosten, d. h. weniger Regional- und Auslieferungslager - geringe Transportkosten, d. h. keine individuellen Kundenanlieferungen - niedrige Umschlags-, Lager- und Transportkosten - Fehlerquote > 0

Ein **hoher Lieferservice** ist zum einen ein wichtiger Wettbewerbsfaktor. Andererseits sind hierfür ein ausreichender Lagerbestand und entsprechende Kapazitäten bzgl. Fuhrpark und Personal bereitzustellen, was mit zusätzlichen Kosten einhergeht. Wird dagegen kein bzw. nur ein **unzureichender Lieferservicegrad** gewährleistet, so steigen die **Fehlmengenkosten**.

Fehlmengenkosten aufgrund von zu niedrigem Lieferservice:
- Gewinn- und Umsatzeinbußen, Senkung der Deckungsbeiträge oder auch negative Deckungsbeiträge
- Reklamationskosten
- Kosten für Eilaufträge, Nachsendekosten
- Konventionalstrafen
- Verlust von Kunden
- Zusätzliche Kosten wie z. B. für die Bearbeitung der Retouren, Rücksendekosten

1.2 Kernfunktionen der Distributionslogistik

Kernfunktionen der Distributionslogistik sind:

Lagerbestandsführung	Die aktuellen Lagerbestände werden fortgeschrieben: Die Zu- und Abgänge werden ordnungsgemäß verbucht, sodass jederzeit der aktuelle Lagerbuchbestand (Soll- bzw. Buchbestand) feststellbar ist.
Erfassung von Aufträgen zur Auslagerung	Die Erfassung der Aufträge des Auftraggebers oder der Endkunden der Auftraggeber geschieht häufig durch EDV-Datenerfassung.
Kommissionierung	Hierunter versteht man die Zusammenstellung verschiedener eingelagerter Artikel nach den Bestellaufträgen der Kunden.
Beförderung der kommissionierten Sendungen	Die ordnungsgemäß zusammengestellten Aufträge werden den jeweiligen Kunden zugestellt, wobei Anlieferzeiten des Kunden bei der Tourenplanung zu berücksichtigen sind.
Erfassung und Steuerung des Informationsflusses	Kundenaufträge sind zu erfassen und nachfolgend in Kommissionieraufträge aufzubereiten. Nach Eingang der Bestellungen und der Aufbereitung der Auftragsdaten kann dem Kunden ein Liefertermin genannt werden. Frachtdokumente und ggf. Zollpapiere werden erstellt. Alle Schritte vom Versandfertig-Machen der Ware, dem Warenausgang, dem Versand der Ware bis zur Zustellung werden an den Schnittstellen dokumentiert, sodass eine laufende Sendungsverfolgung möglich ist.

1.3 Mehrwertdienstleistungen der Distributionslogistik

Mehrwertdienstleistungen bzw. Value Added Services im Rahmen der Distributionslogistik sind:

Versandfertig-Machen von Ware	Ware ordnungsgemäß verpacken und mit den notwendigen Absender- und Empfängerangaben kennzeichnen.
Qualitätskontrollen	Bevor die Ware ausgeliefert wird, ist die Ware nochmals bezüglich Art bzw. Identität, Menge bzw. Quantität, Güte bzw. Qualität und Beschaffenheit, wie z. B. äußere Beschädigungen wie Kratzer, zu prüfen.
Etikettieren	Hierbei wird die Ware mit einem Etikett ausgezeichnet, das vielfältige Angaben enthalten kann, wie z. B. Artikelnummer und -bezeichnung, Typnummer, bei Lebensmitteln Mindesthaltbarkeitsdatum oder Verfalldatum, Zusammensetzung, GTIN-Code, Barcodes oder Transponder im Rahmen der RIFD-Technik.
Neutralisieren	Bei dieser Tätigkeit werden bei einer Sendung die Herkunftszeichen entfernt, bevor die Ware weiter versandt wird. Dadurch kann der Empfänger nicht mehr feststellen, von wem die Sendung ursprünglich stammt bzw. wer der eigentliche Absender der Ware ist oder welche Wege die Sendung zuvor zurückgelegt hat. Typische Tätigkeiten hierzu sind die Neuverpackung der Ware, das Entfernen von Etiketten. Häufig wird das Neutralisieren bei importierten Waren angewandt.
Regalpflege bzw. Regalservice	Die Ware wird beim Empfänger, z. B. Einzelhandel, gleich ins Verkaufsregal eingelagert bzw. einsortiert. Zudem kann auch die Einhaltung der Lagerordnung (neue Ware hinter der alten Ware einlagern) und die verkaufsfördernde Präsentation der Ware durch Schließen von Lücken bei der Regalpflege umgesetzt werden.
Aufstellen, Installation von Gütern	Hierbei werden beispielsweise Maschinen beim Endkunden aufgestellt und montiert. Zudem werden evtl. auch Installationsvorgänge durchgeführt, sodass die Maschine beispielsweise über EDV-Systeme gesteuert werden kann. Auch Probeläufe können zu den weiteren Mehrwertdienstleistungen des Logistikdienstleisters zählen.
Sendungsverfolgung	Damit kann der Sendungsstatus einer Lieferung abgerufen werden. Die Überwachung des Versands und die ordnungsgemäße Zustellung der Sendung wird ermöglicht. Die Nachforschung nach verlorengegangenen Versandstücken wird erleichtert.
Reklamationsbearbeitung	Hierunter wird die Bearbeitung von Schadenfällen der Kunden verstanden. Allerdings sind Reklamationen nur gerechtfertigt, wenn tatsächlich Mängel an der Ware vorliegen. Bei der Reklamationsbearbeitung soll ein Mangel beseitigt und die Kundenzufriedenheit aufrechterhalten werden.
Retourenabwicklung	Rücktransport falsch gelieferter, beschädigter oder unverkäuflicher Ware.
Reparaturen	Leichte Reparaturen können an den Logistikdienstleister „outgesourct" werden.
Demontage und Entsorgung	Auch die Demontage bzw. das Abmontieren oder der Abbau von Gegenständen sowie die fachgerechte Entsorgung können vom Logistikdienstleister übernommen werden.

Fortsetzung nächste Seite

Fakturierung	Hierunter versteht man die buchhalterische Tätigkeit der Rechnungsstellung an die Endkunden. Das Wort Fakturierung stammt vom lateinischen Wort faktura (= Rechnung). Eine Rechnung wird daher auch als Faktura bezeichnet.
Konfektionierung	Unter Konfektionierung versteht man das Zusammenstellen verschiedener Teile zu einer neuen Einheit (Abfüll- und Verpackungsvorgänge, Setbildung) sowie die Bearbeitung von Gütern im Rahmen des letzten Fertigungsschrittes (z. B. Netzwerkkabel bei Drucker beifügen).

Das Anbieten von Mehrwertdienstleistungen ist für die Spediteure mit folgenden Vorteilen verbunden:

- Es entsteht ein engeres Verhältnis mit dem Kunden, was zur stärkeren Kundenbindung beiträgt.
- Die Dienstleistungen sind individuell auf die Kunden zugeschnitten.
- Die Spedition ist nicht so schnell austauschbar.
- Die Spedition hat eine zusätzliche Einnahmequelle, um sich auf dem Markt zu behaupten.

2 Distributionsstrukturen

Bis die hergestellten Güter des Herstellers an die Empfänger gelangen, durchlaufen die Produkte häufig **vier Lagerstufen** (**vertikale Struktur**).

Pro Lagerstufe können ebenfalls mehrere Lager errichtet werden (**horizontale Struktur**),

Beides, also die **vertikale und die horizontale Struktur** für die Distribution der Waren vom Hersteller bis zu den Endkunden, wird als **Distributionsstruktur** bezeichnet. Die Distributionsstruktur umfasst das Netz der Lager, die bei der Warenverteilung zum Einsatz kommen.

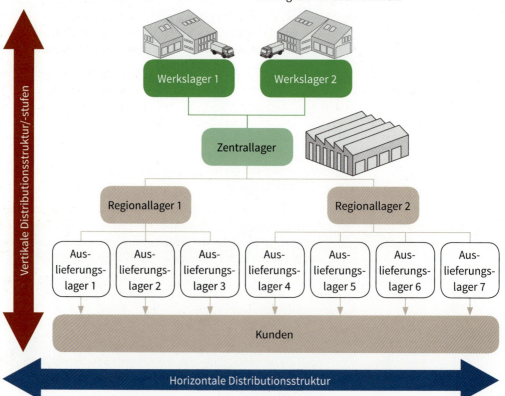

Distributionsstandorte/-lager lassen sich grundsätzlich in folgende vier Kategorien einteilen:

Werkslager	Das Lager befindet sich direkt am Ort der Produktion. Hier werden nur die fertigen Produkte dieser Produktionsstätte aufgenommen. **Vorteile**: • schnelle Zuführung von Produkten • dient zum kurzfristigen Mengenausgleich (= Pufferfunktion)
Zentrallager	Das Lager ist der Sammelort aller Produkte. Es befindet sich räumlich gesehen in der Mitte aller Werke und ist eine den Werkslagern nachgelagerte Lagerstufe. Das Zentrallager umfasst das komplette Sortiment eines Unternehmens. Hier finden Kommissioniertätigkeiten zur Abwicklung der Kundenaufträge statt. Über das Zentrallager werden nachgelagerte Lagerstufen wie Regionallager und Auslieferungslager nachbefüllt. **Vorteile**: • kostengünstig • Es wird nur ein Lager benötigt, dadurch niedrige Personalkosten, Raumkosten, niedrige Kosten für Fördermittel, Lagereinrichtungen und niedrige Warenkosten, da niedrigere Warenbestände notwendig sind.
Regionallager	Regionallager befinden sich räumlich in den jeweiligen Absatzgebieten und sind wiederum für die Nachbefüllung der nachgelagerten Lagerstufe – in diesem Fall der Auslieferungslager – zuständig. Sie enthalten nur das Sortiment für die jeweilige Absatzregion. Sie übernehmen eine Pufferfunktion zwischen Zentral- und Auslieferungslager. **Vorteil**: Kostengünstige Transporte aufgrund kundennaher Standorte
Auslieferungslager	Auslieferungslager befinden sich räumlich dem Kunden am nächsten. Sie enthalten nur noch das jeweilige Teilsortiment in diesem Verkaufsgebiet. In aller Regel handelt es sich um dezentrale Lager in den jeweiligen Verkaufsgebieten. Hier findet eine Portionierung/Vereinzelung der Produkte gemäß den Kundenaufträgen statt. Ebenfalls werden die Produkte verpackt und an die Kunden ausgeliefert. **Vorteil**: Unmittelbare Reaktion auf Kundenbedürfnisse ist möglich.

Die Anzahl der Stufen innerhalb der vertikalen Distributionsstruktur und die Anzahl der Lager pro Stufe können von Unternehmen zu Unternehmen unterschiedlich sein. Dies ist u. a. abhängig von der **Kundenstruktur, von der Schnelligkeit der Anlieferung, von den Lager- und Transportkosten, von der Lieferbereitschaft und der Kundennähe**.

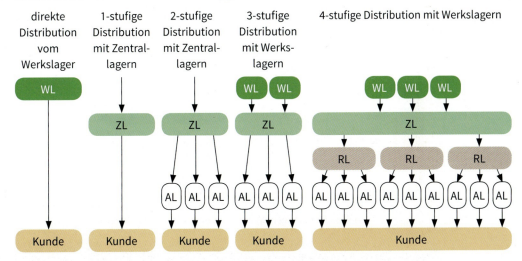

Abkürzungen: WL = Werkslager; ZL = Zentrallager; RL = Regionallager; AL = Auslieferungslager

Merkmale und Argumente für zentrale und dezentrale Lagerkonzepte

Merkmale	Zentrales Lager	Dezentrale Lager
Investitions-, Unterhaltskosten, Kosten für Lagereinrichtungen, Personal-, Bestandskosten, Kosten der Bestandserfassung	geringer	höher Beispiel: Statt der Baukosten für ein großes Lager fallen Baukosten für viele kleine Lager an.
Bestandsübersicht	gut	geringer Koordinationsaufwand in den einzelnen Lagern, hoher Koordinationsaufwand zwischen den Lagern
Transportkosten, Lieferzeit	hoch	gering
Sortiment	groß	klein/spezifisch
Eignung vor allem für	wenige Großkunden	räumlich verstreute Kleinkunden

3 Distributionskanäle

Bei der Gestaltung der Distributionskanäle geht es um die Frage, wie die Produkte vom Hersteller zum Endempfänger gelangen. Es existieren **zwei** grundsätzliche Varianten der **Distributionskanäle**:

- **direkter Vertrieb:** Die Empfänger erhalten die Produkte auf **direktem Weg über den Hersteller** ohne Handelsstufen.
- **indirekter Vertrieb:** Die Empfänger erhalten die Produkte **nur indirekt über den Hersteller**. Bei der Verteilung der Produkte sind **zusätzlich Groß- und/oder Einzelhandel** beteiligt.

Distributionskanäle sind auch bekannt unter den Bezeichnungen **Absatzkanäle** und **Absatzwege**. Die Wahl der Distributionskanäle zählt ebenfalls zu den **strategischen** unternehmerischen **Entscheidungen**.

In jedem Fall werden **zum Transport, zum Umschlag, zur Verteilung** der Güter **Logistikdienstleister** involviert. Einsatzfelder für Spediteure finden sich also sowohl beim direktem als auch beim indirekten Absatz.

3.1 Direkter Vertrieb

Beim direkten Vertrieb verkauft der Hersteller seine Produkte ohne Einschaltung des Groß- und Einzelhandels selbst an die Endabnehmer.

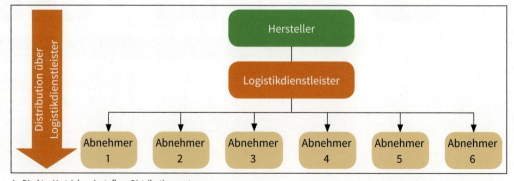

△ *Direkter Vertrieb – einstufiges Distributionssystem*

Direkter Vertrieb findet statt,
- wenn der Hersteller nur mit einigen Großabnehmern zusammenarbeitet bzw. bei kleinem Abnehmerkreis,
- wenn es sich um Sonderanfertigungen handelt, z. B. Sondermaschinenbau (Investitionsgütermarkt),
- wenn es sich um Güter von sehr hohem Wert handelt, wie z. B. Investitionsgüter,
- wenn direkter Kontakt zum Endabnehmer notwendig ist, z. B. aufgrund der Komplexität einer Maschine,
- wenn das Produkt nicht lagerfähig ist bzw. bei schnell verderblichen Gütern.

Abnehmer mit großer Nachfrage wenden sich auch direkt an den Hersteller, um unnötige Kosten, bedingt durch Handelsspannen der Groß- und Einzelhandelsunternehmen, einzusparen. Mit dem Hersteller werden häufig Sonderkonditionen, wie bestimmte Mengenrabatte usw., ausgehandelt.

MERKE

Beim **direkten Vertrieb** verkauft der Hersteller seine Produkte **ohne Groß- und Einzelhändler**.

3.2 Indirekter Vertrieb

Beim indirekten Vertrieb bedient sich der Hersteller verschiedener Absatzmittler, wie z. B. Groß- und Einzelhandel. Hier werden also zusätzlich externe und rechtlich selbstständige Unternehmen bei der Distribution mit einbezogen. Wie viele Beteiligte im indirekten Vertrieb eingesetzt werden, liegt in der Entscheidung des vertreibenden Unternehmens. Diese Frage ist auch abhängig von Art des Produkts und Größe des Absatzgebiets.

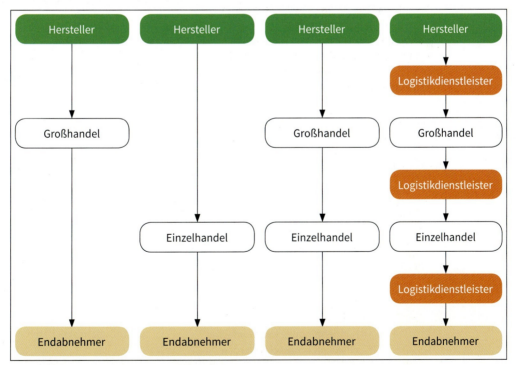

△ Varianten des indirekten Vertriebs – mehrstufiges Distributionssystem

Hinweis: Im Schaubild ganz rechts wurden auch Logistikdienstleister in den schematischen Ablauf integriert. Logistikdienstleister können selbstverständlich auch nur zwischen Hersteller und Großhandel, zwischen Groß- und Einzelhandel oder zwischen Einzelhandel und Endabnehmer ihre Dienste anbieten.

Beim indirekten Vertrieb fallen mehr Kosten für Warenumschlag und Lagerung an. Fast immer entstehen zwischen zwei Wirtschaftssubjekten im Distributionsbereich Kosten für Transport, Warenumschlag und Lagerung. Je mehr Handelsstufen die Absatzkanäle umfassen, desto höhere Kosten werden für die Warenlagerung anfallen, da diese hier Pufferfunktionen – Raum-, Zeit-, Mengen- und Sortimentsausgleich – übernehmen. Zusätzlich ist zu berücksichtigen, dass jede Handelsstufe im Sinne der unternehmerischen Zielsetzungen einen Gewinn erzielen möchte. Ansonsten steigt mit zunehmenden Stufen auch der Zeitbedarf für die Zustellung.

Indirekter Vertrieb findet statt,
- wenn der Hersteller nicht in der Lage ist, seine Produkte flächendeckend selbst zu vermarkten, da zu seinen Kernkompetenzen ja die Entwicklung und Herstellung der Produkte zählt,
- wenn er auf das Know-how und die guten Vertriebsstrukturen von Einzel- und Großhandel zurückgreifen möchte,
- wenn es sich um Massenware für den anonymen Markt handelt,
- wenn es sich um einfache, standardisierte Produkte handelt,
- wenn der Handel ein Sortiment zusammenstellt, das von einem Hersteller nicht angeboten werden kann.

Der indirekte Vertrieb findet in aller Regel auch im Konsumgüterbereich statt.

MERKE

Beim **indirekten Vertrieb** bedient sich der Hersteller zum Verkauf seiner Produkte dem **Groß- und/oder Einzelhandel**.

Auch **Kombinationsformen** von **direktem und indirektem Vertrieb** sind möglich.
Ein Unternehmen vertreibt einen Teil seiner Waren an Großabnehmer im direkten Vertrieb. Für den Vertrieb seiner Güter, die für den anonymen Massenmarkt bestimmt sind, bedient er sich verschiedener Großhandels- und nachgeschalteter Einzelhandelsunternehmen.

Vorteile und Nachteile des direkten und indirekten Vertriebs

	Vorteile	Nachteile
Direkter Vertrieb	• direkter/persönlicher Kontakt, Kommunikation mit Endabnehmer möglich; Rückmeldung über Warensortiment • gute Übersicht und Kontrolle über das Absatzgeschehen • Vertriebsmitarbeiter sind Mitarbeiter des eigenen Unternehmens • einfachere Steuerung und Koordination des Vertriebsgeschehens • Kundenbindung kann einfacher/ effektiver umgesetzt werden	• hoher Aufwand zum Aufbau der eigenen Vertriebsstruktur • hoher Aufwand, die Distributionsstruktur flächendeckend aufzubauen. • hohe Fixkosten und hohe Personalkosten • i. d. R. keine Distribution von Massengütern möglich • hoher administrativer Aufwand für die Koordination und Lenkung der Distributionsaktivitäten

Fortsetzung nächste Seite

	Vorteile	Nachteile
Indirekter Vertrieb	<ul><li>flächendeckende Distribution von Massengütern möglich</li><li>Aufwand für Distribution wird auf den Handel abgewälzt (Outsourcing der Distribution); Hersteller kann sich auf seine Kernkompetenzen konzentrieren</li><li>geringere Fixkosten, geringe Personalkosten für eigene Vertriebsmitarbeiter</li><li>geringere Kapitalbindung</li><li>Absatzmittler wie Großhandel- und Einzelhandel haben höhere Fachkompetenz/Know-how im Verkauf</li></ul>	<ul><li>kein direkter/persönlicher Kontakt des Herstellers mit dem Endabnehmer; lange Wege bzgl. Informations- und Materialfluss; notwendige Marktreaktionen werden evtl. zu spät umgesetzt</li><li>Erfolg des Herstellers ist stark von externen Absatzmittlern abhängig.</li><li>geringer Überblick über das Absatzgeschehen vor Ort</li><li>ob wichtige Infos vom Endabnehmer zum Hersteller gelangen, ist sehr vom Goodwill der Absatzmittler abhängig</li><li>Abhängigkeit von den Absatzmittlern</li></ul>

3.3 E-Commerce

△ Einkaufen über Internetportale wird immer beliebter.

Unter **E-Commerce** versteht man den Warenhandel, der über das **Internet** abgewickelt wird.

Da beim Verkauf der Produkte nicht auf die Dienste von Groß- und Einzelhandelsunternehmen zurückgegriffen wird, sondern die Ware direkt an den Endkunden vom Hersteller vertrieben wird, handelt es sich hier um eine spezielle Form des **direkten Vertriebs**.

Beim E-Commerce kann der Kunde **bequem** von zu Hause oder vom Schreibtisch im Geschäft die Waren auswählen, bestellen und bezahlen. Auch die **Art der Zustellung** kann per Mausklick ausgewählt werden.

Die Anlieferung bzw. Zustellung übernehmen in aller Regel **Kurier-, Express- und Paketdienste**.

In den letzten Jahren hat der **E-Commerce** an Beliebtheit gewonnen. Sehr viele Kunden beziehen mittlerweile eine Vielzahl von Artikel über den **Onlinehandel**. Internetplattformen wie Amazon und eBay sind sehr stark frequentiert. KEP-Dienstleister haben von dieser Entwicklung profitiert, da das Sendungsaufkommen im Kleinst- und Kleingüterbereich in den letzten Jahrzehnten stark zugenommen hat.

E-Commerce bietet spezielle Dienstleistungen und Waren im Onlineverkauf an für den …

B2C-Bereich (Business-to-Consumer bzw. Business-to-Client)	B2B-Bereich (Business-to-Business)
Unter B2C werden Handelsbeziehungen zwischen Unternehmen und Privatpersonen (Konsumenten, Verbraucher) verstanden. Die Leistungen und die angebotenen Mehrwertleistungen des Onlinehandels sind speziell auf die **Zielgruppe der Endverbraucher** angepasst. Beispiel: Konsumentin Paula Paulchen kauft über die Website Zalando ihre Schuhe.	Unter B2B versteht man Handelsbeziehungen zwischen verschiedenen Unternehmen. Beispiel: Gas- und Wasserinstallateur Peter Petrich e. K. bezieht das Zubehör für seinen Gewerbebetrieb online über das Unternehmen Sanitärgroßhandel Schmidt AG.

DISTRIBUTIONSLOGISTIK

Vorteile des E-Commerce für Käufer	Vorteile für Verkäufer/Händler
• bessere Markttransparenz für Kunden • schneller Angebotsvergleich • Sendungsverfolgung • Eilzustellung möglich • Zusatzoptionen wählbar • Nutzung zu jeder Tageszeit • bequeme Zustellung über KEP-Dienste • Angebot wird fortlaufend aktualisiert • anonyme Bestellung • schnelle und optimierte Informationsströme • Automatisierung von Bestellvorgängen	• Erschließung neuer Kundenkreise • zusätzliche Absatzkanäle nutzen • feste Öffnungszeiten im Geschäft; allerdings 24-Stunden-Verkauf im Internet • schnelle/bessere Erreichbarkeit der Kunden • Effizienz des Vertriebs steigern • Einsparung von Vertriebskosten • direkten Vertrieb nutzen; d. h. Verkürzung der Absatzwege • Administrieren des E-Shops ist relativ unkompliziert, weniger Papieraufwand

MERKE

E-Commerce ist eine Sonderform des direkten Vertriebs. Die Ware wird im Internet gehandelt. Man spricht in Kurzform vom **Internethandel**.

4 Anforderungen an Logistikdienstleister

Damit sich ein Logistikdienstleister langfristig auf dem Markt behaupten kann, werden vielfältige Anforderungen an ihn gestellt:

- **ausgeprägte Kundenorientierung**: Die Kundenzufriedenheit spielt eine enorme Priorität; sie soll in jedem Fall erreicht werden. Insbesondere die Gewinnung von Folgeaufträgen ist von einer hohen Kundenzufriedenheit abhängig. Ein hoher Individualisierungsgrad an maßgeschneiderten Logistikdienstleistungen führt zudem zu langfristigen Vertragsverhältnissen zwischen Auftraggebern und Logistikdienstleistern.
- **hohe Lieferzuverlässigkeit**: Von einem Logistikdienstleister wird erwartet, dass er seine Zusagen bezüglich der Lieferbedingungen möglichst zu 100 % einhält.
- **hohe Lieferzeitzuverlässigkeit**: Die Lieferzeitzuverlässigkeit untersucht, inwiefern die vorher vereinbarte Lieferzeit eingehalten wurde. Der Fokus liegt hier ausschließlich auf die Einhaltung der Lieferzeit.
- **hoher Lieferbereitschaftsgrad**: Die Logistikdienstleister haben ihren Beitrag zu leisten, dass alle Kundenaufträge und -bestellungen auch tatsächlich abgearbeitet werden können. Wichtig ist in diesem Zusammenhang, dass ausreichend Bestände gehalten werden, damit es zu keinen Fehlmengenkosten kommt.
- **flächendeckende Kundenversorgung**: Für viele Auftraggeber spielt es eine große Rolle, dass der Logistikdienstleister in der Lage ist, in der jeweiligen Region oder im jeweiligen Land eine gleichmäßig schnelle und gute Versorgung der Kundenwünsche zu gewährleisten. Das Distributionsnetz muss ausreichend engmaschig und effizient gestaltet sein.
- **hohe Lieferflexibilität**: Der Logistikdienstleister soll zudem in der Lage sein, auch nicht vorhersehbare und kurzfristig eingegangene Kundenanfragen mit den damit verbundenen Aufträgen zu bedienen. Auch kurzfristige Liefermengenänderungen soll der Logistikdienstleister – durch entsprechende Lagerung – abfedern können.
- **hohe Qualitätsstandards**: Von Logistikdienstleistern wird die Einhaltung von hohen Qualitätsstandards erwartet. Dies kann vom Logistikdienstleister durch ein zertifiziertes Qualitätsmanagement-System nachgewiesen werden.
- **kurze Durchlaufzeiten und kurze Lieferzeiten**: Von Logistikdienstleistern wird erwartet, dass sie trotz gestiegener Sendungszahlen die

Aufträge in kürzeren Durchlaufzeiten abwickeln. In diesem Punkt konkurrieren die Spediteure stark mit den KEP-Dienstleistern.
- **Anbieten von Mehrwertdienstleistungen (Value Added Services)**: Kunden bzw. Auftraggeber erwarten von den Logistikdienstleistern mehr denn je, dass diese auch zusätzliche Dienstleistungen neben dem Transport, dem Umschlag und der Lagerung (TUL) anbieten und ausführen.
- **Informations- und Datenmanagement**: Der Datentransfer mit den Auftraggebern und mit den Empfängern setzt leistungsfähige IT-Systeme mit Schnittstellenlösungen voraus, um im gemeinsamen Informationsnetzwerk laufend notwendige Daten, wie z. B. über Lagerbestände und Auftragsstatus, auszutauschen.
- **Reduzierung von Kosten**: Logistikdienstleister müssen sich in einem stark umkämpften Markt gegenüber den Mitbewerbern behaupten, da sie ansonsten den Markt räumen müssen. Logistikdienstleister sind daher stark angehalten, laufend ihre Prozesse zu optimieren.
- **Lastenheft und Pflichtenheft**: Sie spielen bei der Umsetzung von Logistikverträgen eine große Rolle:

Lastenheft	Pflichtenheft
Das Lastenheft erstellt der Auftraggeber.	Das Pflichtenheft erstellt der Auftragnehmer.
Das Lastenheft enthält eine Auflistung aller Anforderungen und Wünsche des Auftraggebers bezüglich Liefer- und Leistungsumfang in möglichst verständlicher Sprache. Es definiert, was und wofür etwas gemacht werden soll.	Der Auftragnehmer erstellt wiederum auf der Grundlage des Lastenhefts für die Umsetzung ein konkretisiertes Pflichtenheft. Das Pflichtenheft prüft und legt fest, ob, wie und womit die Anforderungen des Lastenhefts des Auftraggebers umgesetzt werden können. Hierbei sind auch Gesetze und Vorschriften zu beachten.

5 Kommissionierung

5.1 Begriff und Aufgaben

Die VDI-Richtlinie[1] 3590 definiert **Kommissionierung** wie folgt:

„Kommissionieren ist das Zusammenstellen von bestimmten Teilmengen (Artikel) aus einer bereitgestellten Gesamtmenge (Sortiment) aufgrund von Bedarfsinformationen (Auftrag). Dabei findet eine Umformung eines lagerspezifischen in einen verbrauchsspezifischen Zustand statt."

Kommissionierung ist das Zusammenstellen verschiedener Artikel für einen Auftrag. Beim Auftrag kann zwischen Kunden- und Produktionsauftrag unterschieden werden.

---

[1] VDI = Verein Deutscher Ingenieure

BEISPIEL EINES KOMMISSIONIERAUFTRAGS

Kommissionierauftrags-Nr.	K150 911 001		Behälter	3263
Kundennummer	KU 123 123 123		Packstation	4
Bestelldatum	05.05.20..		Datum	05.05.20..
Lieferdatum	06.05.20..			

Position	Aritikel-Nr.	Bezeichnung	Lagerort	Entnahmemenge	Quittierung
1	A320 237 201	Reflektor	C120	9	✓
2	A232 382 273	Rücklicht	C128	10	-1
3	A237 870 908	Ventil	C218	8	✓
4	A327 728 808	Federgabel	B273	4	✓

372 *Max Müller*

Kommissionierer-Nr. Unterschrift Kommissionierer

Soweit eine **Bestellung** eingeht, wird diese zu einem **Kommisionierauftrag (Pickliste)** aufbereitet, um die Kommissionierung zu erleichtern.

Mitarbeiter in der Kommissionierung werden als **Kommissionierer, Picker oder Greifer** bezeichnet.

Der Kommissionierauftrag enthält im Gegensatz zur Bestellung i. d. R. folgende Angaben:

- Lagerort bzw. Stellplatz (Lagerkoordinaten)
- Hinweise zu Gefahrgütern und besondere Handhabungshinweise von Gütern
- Auftragsart, z. B. Normal- oder Eilauftrag
- Versandart, z. B. KEP, Luftfracht
- Güterart, Verpackungsart, Verpackungseinheit

MERKE

Kommissionieren ist das Zusammenstellen verschiedener Artikel aus dem Lager gemäß einem vorliegendem Auftrag (= Kommission).

5.2 Wegstrategien

Zudem sollte der Kommisisonierbeleg so geordnet sein, dass der Kommissionierer den Auftrag **wegzeitoptimiert** abwickeln kann. Um die Wegzeiten möglichst gering zu halten, empfiehlt sich auch die Anordnung der kommissionierenden Teile im Lager nach der Umschlagshäufigkeit.

Güter	Charakteristik
A-Güter	**Güter mit hoher Umschlagshäufigkeit (Schnelldreher, Bestseller, Renner)** Diese Güter werden vorne im Regalgang bzw. in der Nähe des Versandbereichs eingelagert. Damit soll ein schleifenförmiges Durchlaufen des Lagers beim Kommissionieren und damit hohe Wegzeiten reduziert werden.
B-Güter	**Güter mit mittlerer Umschlagshäufigkeit** Diese Güter werden im mittleren Bereich der jeweiligen Lagerzonen eingelagert.

Fortsetzung nächste Seite

Güter	Charakteristik
C-Güter	**Güter mit geringer Umschlagshäufigkeit (Langsamdreher, Ladenhüter, Penner)** Diese Güter sollen aufgrund ihres relativ seltenen Zugriffs in Stellplätzen hinten im Regalgang eingelagert werden. Bei C-Gütern ist zusätzlich zu prüfen, ob sie im Rahmen einer Sortimentsbereinigung evtl. komplett aus dem Sortiment genommen werden können.

Es werden die beiden Wegstrategien Rundgangs- und Stichgangsstrategie unterschieden:

Rundgangsstrategie (Schleifenstrategie)	Stichgangsstrategie
Hier durchläuft oder durchfährt der Kommissionierer alle Gänge schleifenförmig und entnimmt die zu kommissionierenden Teile. Auch wenn sich Artikel in der Nähe des Hauptgangs befinden, muss der Kommissionier dennoch die gesamten Gassen durchlaufen bzw. durchfahren. Bei Anwendung der Rundgangsstrategie fallen lange Wegzeiten an, die zu einer geringen Kommissionierleistung führen. Die Gassenanzahl sollte geradzahlig sein, um Regaldurchgänge ohne Pickvorgänge zu vermeiden.	Hier muss der Kommissionerer nicht alle Gänge schleifenförmig durchlaufen. Er sticht nur kurz vom Hauptgang in die Regalgassen ein, daher auch der Begriff Stichgangsstrategie. Um die Stichgangsstrategie effizient umzusetzen, müssen die Güter nach der Umgschlagshäufigkeit eingelagert werden, d. h. Schnelldreher sollen in der Nähe des Hauptganges bzw. vorne eingelagert sein. Bei Umsetzung der Stichgangsstrategie ergibt sich eine wesentliche Wegzeiteinsparung und somit auch eine Verkürzung der Auftragsdurchlaufzeit.

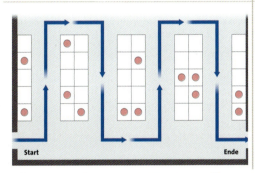
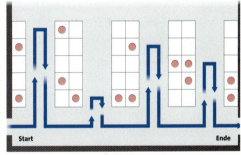

● = zu kommissionierende Position   ▌= zurückzulegender Weg

5.3 Arbeitsabläufe bei der Kommissionierung

Der **Ablauf in der Kommissionierung** kann in **sieben Schritte** unterteilt werden:

Teilprozesse der Kommissionierung als typische Arbeitsabläufe

Kommissionier-schritt	Erläuterung
Auftragsannahme	In der Auftragsannahme erfolgen organisatorische und vorbereitende Tätigkeiten, wie z. B. Annahme der Auftragsdaten, Aufbereitung des Kommissionierauftrags, Vorbereitung der Kommissionierbehälter und -förderzeuge, Lesen der Kommissionierpositionen.
Fortbewegung zur Entnahme	Soweit nicht die Bereitstellungsart Ware-zum-Mann vorliegt, muss sich der Kommissionierer zu den Entnahmeplätzen bewegen. Anhand des Lagerorts, der bei jeder Kommissionierposition auf dem Kommissionierbeleg vermerkt ist, kann sich der Kommissionierer zielgerichtet zu den Entnahmeplätzen bewegen. Den Weg legt er zu Fuß oder mitfahrend, z. B. auf einem Kommissionierstapler, zurück.
Entnahme	Zur Entnahme zählen die Vorgänge: in das Lagerfach hineingreifen, den Artikel fassen und im Kommissionierbehälter/-wagen oder auf dem Förderband ablegen. Auch das Zählen der korrekten Anzahl und die Identifikation des Artikels mittels Artikelnummer und/oder Artikelbezeichnung und Verpackungseinheit ist diesem Kommissionierschritt zuzuordnen.
Kontrolle und Quittierung	Der Kommissionierer nimmt Prüfungen vor, wie z. B. Stückzahl oder offensichtliche Beschädigungen. Soweit alles in Ordnung ist, quittiert er bei der beleghaften Kommissionierung die Entnahme durch den Vermerk „i. O." oder „✓" auf der Kommissionierliste.
Fortbewegung zur Abgabe	Nach Abarbeitung des Kommissionierauftrags befördert der Kommissionierer den abgearbeiteten Kommissionierauftrag zur gewünschten Sammelstelle, z. B. Verpackungsabteilung oder Versand. Soweit es mehrere Abgabeorte gibt, muss dieser zunächst ermittelt werden, evtl. ist die kommissionierte Einheit, z. B. der Kommissionierbehälter, noch zu kennzeichnen.
Abgabe	Bei diesem Schritt wird die kommissionierte Einheit an den jeweiligen Abgabeort übergeben; unter Umständen erfolgt noch die Eingabe im EDV-System durch den Kommissionierer, dass der Kommissionierauftrag abgegeben wurde.
Sortierung	Soweit bei der Kommissionierung eine Sammelentnahme von mehreren Kommissionieraufträgen vorgenommen wurde, sind die einzelnen Artikelpositionen den jeweiligen Kommissionieraufträgen zuzuordnen. Hierzu lassen sich auch automatische Sortieranlagen mittels Barcode- oder RFID-Erfassung der Artikel einsetzen.

5.4 Kommissionierfehler und Folgen

Bei der Kommissionierung wird eine Fehlerquote von 0 % angestrebt. Um dieses Ziel zu erreichen, müssen typische Kommissionierfehler erkannt und vermieden werden.

Kommissionierfehler und mögliche Vermeidungsmaßnahmen:

Kommissionierfehler und Fehlerursachen	Maßnahmen zur Fehlervermeidung
• Missverständnisse über Verpackungseinheiten	• eindeutige Verpackungseinheiten, Aushang von Mustern, Schulungen über Verpackungseinheiten
• Ähnlich aussehende Güter werden nebeneinander eingelagert.	• ähnliche Güter nicht in nebeneinander liegenden Lagerfächern einlagern
• Ein Kommissionierauftrag wird übersehen oder doppelt ausgeführt.	• bessere Ablauforganisation

Fortsetzung nächste Seite

Kommissionierfehler und Fehlerursachen	Maßnahmen zur Fehlervermeidung
• Vergreifen, Verschreiben, Verzählen des Kommissionierers u. a. durch schlechte Konzentration	• gute Konzentration, gute Einarbeitung der Mitarbeiter, zur Verfügungstellung von Hilfsmitteln zur Zählung (z. B. Zählwaage), Überstunden vermeiden • Kontrolle durch eine weitere Kontrollperson
• Kommissionierfehler entstehen aufgrund schlechter Motivation und kargem Verantwortungsgefühl der Mitarbeiter.	• gutes Betriebsklima, angemessene Bezahlung • Einführung eines Prämienlohnsystems • arbeitsrechtliche Sanktionen bei häufigen Fehlern • Kommissionierer Auftrag signieren lassen
• geringe Kenntnis über Warensortiment, Arbeitsabläufe, Verpackungseinheiten	• gute Schulung bzw. Einweisung der Mitarbeiter • Kontrollvorgänge nach dem Kommissionieren
• Ausfall des Systems bzw. der Technik	• Notfallplan, wie z. B. Notstromaggregat
• schlechte Beleuchtung	• ausreichende Beleuchtung
• unleserliche Kommissionieraufträge, zu klein geschriebene Kommissionieraufträge	• beleglose Kommissionierung einführen • nur maschinengeschriebene bzw. gut lesbare Kommissionierbelege einsetzen
• unzureichende Lagerübersicht	• Reorganisation der Lagers

MERKE

FOLGEN AUS KOMMISSIONIERFEHLERN:

- Verärgerung von Kunden, Kundenverlust
- Umsatz- und Gewinneinbußen
- mögliche Konventionalstrafen
- Reklamationen, Kosten für Retouren
- erhöhte Kosten für Eillieferungen
- Imageverlust des Unternehmens

5.5 Kommissionierverfahren – beleglose Kommissionierung

Die herkömmliche beleghafte Kommissionierung ist mit einigen Nachteilen verbunden: Papierflut an Aufträgen, hoher Leseaufwand und Ablagetätigkeiten. Die beleglose Kommissionierung übermittelt dem Kommissionierer den Kommissionierauftrag papierlos. Dies führt zu einer höheren Kommissionierleistung, zur Eindämmung der Papierflut und zur Verringerung der Fehlerquote bei der Kommissionierung. Bei den meisten beleglosen Kommissionierverfahren findet zudem eine Online-Verarbeitung der abgearbeiteten Kommissionierpositionen statt. Sobald der Kommissionierer die Artikel laut Auftrag entnommen und quittiert hat, erfolgt unmittelbar eine Datenaktualisierung beim Lagerverwaltungsprogramm, d. h. die Abgänge in der Kommissionierzone werden sofort kontiert. Ebenfalls ist im EDV-System einsehbar, welche Aufträge beispielsweise heute bereits abgearbeitet wurden.

Voraussetzung hierzu ist, dass im Unternehmen entsprechende rechnerunterstützte Netzwerke installiert sind, die alle Lagerstellplätze und -bestände, die zurzeit angemeldeten Kommissionierer, die Eilbedürftigkeit der Kommissionieraufträge, Gewichte pro Positionen usw. erfassen.

Beleglose Kommissionierverfahren

Pick-by-Voice

- Der Kommissionier autorisiert sich zu Arbeitsbeginn zunächst mittels Spracheingabe seiner Kennung, die er über das Mikrofon des aufgesetzten Headsets durchführt.
- Vom System erhält der Kommissionierer noch Angaben über auszuwählende Kommissionierbehälter, -hilfsmittel usw.
- Das vernetzte EDV-System übermittelt dem Kommissionierer akustisch Angaben für die nächste Entnahmeposition, wie z. B. Stellplatznummer, Artikelnummer, Zahl der Pickpositionen.
- Sobald der Kommissionierer die entsprechende Position korrekt und vollständig abgearbeitet hat, quittiert er dies per Spracheingabe. Eine Software wandelt diese Spracheingabe wieder in maschinenlesbare Daten um, sodass eine Lagerabgangsbuchung unmittelbar online durchgeführt wird.
- Der obige Vorgang wird so häufig wiederholt, bis alle Positionen des Kommissionierauftrags vervollständigt sind. Am Ende erhält der Kommissionierer noch Angaben zum Abgabeplatz.
- Nach der Übergabe des Auftrags erhält der Kommissionierer Angaben des nächsten Kommissionierauftrags übermittelt.

Vorteile:

- Kommissionierer hat beide Hände zum Kommissionieren frei.
- Papierlisten entfallen
- Wegeoptimierung (keine Fehlwege usw.)
- geringere Fehlerquote
- andere Sprachen einstellbar
- manche Sprachsysteme sind selbstlernend, z. B. Dialekte, Akzente usw.

Pick-by-Light

- Vor Beginn der eigentlichen Kommissionierung wird im Behälter-Terminal per Display angezeigt, in welchem Transportbehälter der nächste Kommissionierauftrag mit einer bestimmten Auftragsnummer abgearbeitet werden soll.
- Nachdem der Kommissionierer den korrekten Transportbehälter entnommen hat, betritt er nun den Regalbereich.
- Im jeweiligen Regalfach, aus dem der Kommissionierer für den Auftrag die nächsten Artikelpositionen entnehmen soll, leuchtet eine LED-Anzeige bzw. ein Display auf.
- Dieses Display zeigt dem Kommissionierer digital die Auftragsnummer, evtl. die Artikelnummer und die Stückzahl an, die dieser zu kommissionieren hat.
- Sobald der Kommissionierer die korrekte Stückzahl laut Anzeige entnommen hat, quittiert er dies am Display per Tastendruck/Berührung. Er zeigt damit an, dass diese Artikelposition ordnungsgemäß abgearbeitet wurde.
- Häufig befindet sich am Regalfach eine automatische Wiegeeinrichtung, mittels dieser sofort überprüft werden kann, ob die kommissionierte Stückzahl korrekt war.
- Nach Abarbeitung der ersten Kommissionierposition erscheint nun im Regalbereich die nächste zu kommissionierende Position per Lichtanzeige am jeweiligen Regalfach.
- Sobald der Kommissionierer nun alle Positionen abgearbeitet hat, erscheint nach dem letzten Quittierungsvorgang eine andere Anzeige, z. B. „00", „fertig", oder ein farblich anderes Display, die dem Kommissionierer signalisiert, dass der Auftrag nun erledigt ist.
- Der Kommissionierer kann nun den Komissionierbehälter mit den Artikelpositionen an die vereinbarte Sammelstelle weiterreichen.

Vorteile:
- Kommissionierer hat beide Hände zum Kommissionieren frei.
- Papierlisten entfallen
- Wegeoptimierung (keine Fehlwege usw.)
- geringere Fehlerquote
- schnelle Einarbeitung

Pick mittels Kleinterminal

- Der Kommissionierer erhält alle notwendigen Auftragsdaten für die Kommissionierung mittels eines Kleinterminals übermittelt.
- Viele Kleinterminals lassen sich auch am Handgelenk befestigen, um ein umständliches Tragen zu vermeiden. Dieses Kleinterminal trägt der Kommissionierer mit sich oder es ist bei größeren zu kommissionierenden Einheiten am Gabelstapler angebracht.
- Der Kommissionierer erhält am Display angezeigt, an welcher Lagerzone und Lagerstellfläche er die nächste Position zu kommissioneren hat, ebenfalls wird die Stückzahl angezeigt.
- Nach dem Entnahmevorgang und der Quittierung per Tastendruck erfolgt im Online-Verfahren wieder eine sofortige Lagerabgangsbuchung, da das Kleinterminal per WLAN oder Funk mit dem Lagerverwaltungsprogramm vernetzt ist.
- Der obige Vorgang wird solange wiederholt, bis der Auftrag komplett abgeschlossen ist.

Vorteile:
- Papierlisten entfallen
- Wegeoptimierung (keine Fehlwege usw.)
- geringere Fehlerquote

Pick-by-Barcode/Pick-by-Scan

- Auch hier erhält der Kommissionierer die Auftragsdaten über WLAN bzw. Funk auf ein Kleinterminal übermittelt.
- Der Kommissionierer entnimmt daraufhin im Kommissionierbehälter-Terminal einen geeigneten Kommissionierbehälter und scannt den darauf befindlichen Barcode ein; somit sind Kommissionierauftragsnummer und Behälternummer miteinander verknüpft.
- Im Display erhält der Kommissionierer wieder die notwendigen Daten für die nächste Kommissionierposition, wie Lagerzone, Stellplatz, Artikelbezeichnung und Stückzahl, angezeigt.
- Der Kommissionierer bewegt sich zu der Artikelposition und scannt die jeweilige Anzahl an Artikeln gemäß Display ein.
- Eine Fehlerüberprüfung findet nun bereits im Hintergrund statt, da das System den Barcode laut Kommissionierauftrag mit der kommissionierten Position vergleicht. Bei Abweichungen erhält der Kommissionierer sofort eine Fehlermeldung.
- Voraussetzung zur Anwendung dieses Kommissionierverfahrens ist, dass alle Artikelpositionen im Kommissionierlager mit einem Barcode versehen sein müssen. Probleme können sich durch verschmutzte oder anderweitig nicht lesbare Barcodes ergeben.

Vorteile wie unter Pick mittels Kleinterminal

Pick-by-RFID-Technik

- Wie oben erhält der Kommissionierer die Auftragsdaten per Kleinterminal oder auch per Headset übermittelt.
- An jedem Transportbehälter und an jeder Artikelposition befindet sich ein Transponder (auch Tag genannt), der wie ein Barcode Daten zum Behälter und Artikel enthält. Ein Transponder setzt sich aus den beiden Bestandteilen Chip (Speicher) und Antenne zusammen und kann wesentlich mehr Daten aufnehmen als ein Barcode. Zudem ist für die Datenübertragung kein Sichtkontakt wie beim Barcode erforderlich; auch Verschmutzungen stellen kein Problem dar.
- Der Kommissionierer erfasst die Kommissionierpositionen mit einem mobilen Datenerfassungsgerät, das als RFID-Lesegerät den Inhalt der Transponder lesen kann. Über RFID-Technik bzw. **R**adio **F**requency **Id**entification erfolgt die Datenübertragung über elektromagnetische Wellen.

Vorteile wie unter Pick mittels Kleinterminal

Pick-by-Vision

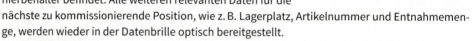

- Das Kommissionierverfahren befindet sich noch in der Entwicklungsphase.
- Die Auftragsdaten werden dem Kommissionierer über WLAN auf eine besondere Datenbrille direkt in sein Blickfeld übermittelt.
- Dem Kommissionierer wird zuerst in der Datenbrille angezeigt, welcher Kommissionierbehälter zu verwenden ist und in welchem Behälter-Terminal sich der betreffende Kommissionierbehälter befindet. Alle weiteren relevanten Daten für die nächste zu kommissionierende Position, wie z. B. Lagerplatz, Artikelnummer und Entnahmemenge, werden wieder in der Datenbrille optisch bereitgestellt.
- Die Datenbrille führt den Kommissionierer visuell durch ein Positionserfassungssystem zum richtigen Lagerplatz. Bei diesem Verfahren wird eine Kamera mit Bilderkennungssoftware eingesetzt.
- In der Datenbrille werden zum Ansteuern der korrekten Kommissionierpositionen Pfeile oder farbige Kreise/Spiralen eingeblendet.
- Die Quittierung der entnommenen Artikelpositionen erfolgt dann per Spracheingabe oder per Tastendruck am Kleinterminal oder an der Datenbrille.

Vorteile wie unter Pick mittels Kleinterminal

Pick-Pack-Verfahren

- Das Pick-Pack-Verfahren kann **beleghaft** oder **beleglos** erfolgen.
- Besonderheit bei diesem Kommissionierverfahren ist, dass der Kommissionierer vor dem eigentlichen Kommissioniervorgang ein versandfertiges Packmittel entnimmt.
- Der Kommissionierer legt die Positionen laut Kommissionierauftrag direkt in das Versandpackmittel ab.
- Die beiden sonst nachgelagerten Arbeitsvorgänge Kommissionieren und Verpacken werden hier in einem Arbeitsschritt abgewickelt. Dies spart Zeit und Kosten. Allerdings ist dieses Verfahren nur anwendbar, wenn sich aus den Auftragsdaten vorab die Größe des Packmittels bestimmen lässt oder wenn beispielsweise Kleinteile kommissioniert und mit einer Verpackungs-Einheitsgröße versandt werden.

Vorteil:
- Kommissionierung und Verpackung erfolgen in einem Arbeitsschritt, dadurch Kosten- und Zeitersparnis

5.6 Kontrollen bei der Kommissionierung

Nach Entnahme der jeweiligen Positionen für einen Kommissionierauftrag, spätestens aber nach erfolgter kompletter Abwicklung eines Kommissionierauftrags, noch bevor dieser die Kommissionierzone verlässt, muss eine Kontrolle erfolgen. Diese erspart zusätzlichen späteren Aufwand und Folgekosten, denn ein bereits entstandener und nicht erkannter Kommissionierfehler sorgt für Verärgerung bei den Kunden und für hohe Reklamationsbearbeitungskosten.

Man unterscheidet hier zwischen **manueller und automatischer Kontrolle**.

Manuelle Kontrolle	Der Kommissionierer zählt, wiegt oder misst die entnommenen Artikel nochmals nach und vergleicht, ob er die richtige Ware entnommen hat und quittiert danach die kommissionierte Position. Auch am Ende eines kompletten Auftrags könnte diese Art von manueller Kontrolle erfolgen. Der Kommissionierer signiert häufig den Beleg mit seinem Namenskürzel. Die Kontrolle könnte auch durch eine zweite Kontrollperson erfolgen.
Automatische Kontrollen	Automatische Kontrollverfahren werden häufig bei der beleglosen Kommissionierung angewandt und rationalisieren den Kontrollvorgang.
• Gewichtskontrolle	Das tatsächliche Gewicht der kommissionierten Güter wird mit dem Sollgewicht laut Kommissionierauftrag und Lagerverwaltungsrechner verglichen. Allerdings kann es zu Problemen kommen, wenn unterschiedliche Artikel gleich schwer sind.
• Barcodekontrolle	Die Barcodes der jeweiligen Artikel oder Verpackungseinheiten werden eingescannt. Es erfolgt ein Vergleich mit den im System zum jeweiligen Kommissionierauftrag hinterlegten Infos zum Auftrag.
• RFID-Kontrolle	Die elektronischen Etiketten (Transponder) der kommissionierten Artikelpositionen werden mittels Lesegerät erfasst und wieder mit den jeweiligen Auftragspositionen, die im System hinterlegt sind, verglichen.
• Optische Kontrolle	Mit einer Kamera werden die kommissionierten Artikelpositionen optisch und digitalisiert erfasst und mit den im Lagerverwaltungsrechner hinterlegten Bildern abgeglichen.

5.7 Kennzahlen der Kommissionierung

Die **Kommissionierkosten**, also die Kosten, die bei der Zusammenstellung eines Kunden- oder Produktionsauftrags entstehen, setzen sich zusammen aus
- Personalkosten für den Kommissionierer,
- Kosten für Fördermittel, z. B. Abschreibung, Wartung, Reparatur, laufende Betriebskosten wie Strom und
- Lagerkosten für den Kommissionierbereich.

Die **Kommissionierleistung** drückt die Leistung des Kommissionierlagers aus. Sie gibt die Anzahl der kommissionierten Positionen an, die ein Mitarbeiter in einer Stunde schafft.

DISTRIBUTIONSLOGISTIK

FORMELN

Kommissionierzeit pro Tag = Kommissionierzeit pro Auftrag · Ø Anzahl Aufträge pro Tag

durchschnittliche Kommissionierzeit je Auftrag $= \dfrac{\text{gesamte Kommissionierzeit pro Tag/Monat}}{\text{Anzahl der Aufträge pro Tag/Monat}}$

durchschnittliche Kommissionierkosten je Auftrag $= \dfrac{\text{Kommissionierkosten pro Zeiteinheit}}{\text{Anzahl der Kommissionieraufträge pro Zeiteinheit}}$

Anzahl der Auftragspositionen pro Stunde und Kommissionierer $= \dfrac{\text{Ø Anzahl Positionen pro Auftrag}}{\text{Kommissionierzeit pro Auftrag in Stunden}}$

Kommissionierleistung je Stunde $= \dfrac{3600 \text{ Sekunden}}{\text{Kommissionierzeit in Sekunden pro Position}}$

Kommissionierkosten je Position $= \dfrac{\text{Kommissionierkosten je Stunde}}{\text{Kommissionierleistung je Stunde}}$

durchschnittliche Anzahl der Kommissionierpositionen je Auftrag $= \dfrac{\text{Zahl der Kommissioinierpositionen pro Zeiteinheit}}{\text{Anzahl der Aufträge pro Zeiteinheit}}$

Die **Fehlerquote** lässt sich entweder auf die fehlerhaft kommissionierten Positionen oder auf die fehlerhaft kommissionierten Aufträge beziehen.

Fehlerquote in % bezogen auf die kommissionierten Positionen $= \dfrac{\text{fehlerhafte kommissionierte Positionen} \cdot 100}{\text{Anzahl der kommissionierten Positionen insgesamt}}$

Fehlerquote in % bezogen auf die kommissionierten Aufträge $= \dfrac{\text{fehlerhafte Aufträge} \cdot 100}{\text{Anzahl der kommissionierten Aufträge insgesamt}}$

PRAXISBEISPIEL 1

Die Spedition Fritz Flitzig e. K. erhält von ihrem Kunden VIVA Großhandels GmbH, für die die Spedition ein Kommissionierlager unterhält, einen Auftrag zur Abwicklung von Kommissionieraufträgen. Folgende Daten sind bekannt: Kommissionierkosten je Stunde (h): 100,00 €, durchschnittliche Kommissionierleistung an einem Acht-Stunden-Arbeitstag: 1 600 Positionen, Kommissionieraufträge pro Tag: 25, fehlerhaft kommissionierte Positionen an einem Acht-Stunden-Arbeitstag: 8 Positionen

Berechnen Sie die
a) Kommissionierkosten je Position, b) Fehlerquote in % (bezogen auf die kommissionierten Pos.), c) Kommissionierkosten je Auftrag, d) durchschnittliche Anzahl der Kommissionierpositionen pro Auftrag

 LÖSUNG

a) K.-Kosten je Position $= \dfrac{\text{Kommissionierkosten je Stunde}}{\text{Kommissionierleistung je Stunde}}$

K.-Leistung je Stunde $= \dfrac{1\,600 \text{ Positionen}}{8 \text{ h}} = 200 \text{ Positionen/h}$

K.-Kosten je Position $= \dfrac{100{,}00 \text{ €/h}}{200 \text{ Positionen/h}} = 0{,}50 \text{ €/Position}$

b) Fehlerquote in % $= \dfrac{8 \text{ Positionen} \cdot 100}{1\,600 \text{ Positionen}} = 0{,}5\,\%$

c) Ø K.-Kosten je Auftrag $= \dfrac{\text{Kommissionierkosten pro Zeiteinheit}}{\text{Anzahl der Kommissionieraufträge pro Zeiteinheit}}$

K.-Kosten 8-h-Arbeitstag $= 8\text{ h} \cdot 100{,}00\,€/\text{h} = 800{,}00\,€$

Ø K.-Kosten je Auftrag $= \dfrac{800{,}00\,€ \text{ pro 8 h}}{25 \text{ Aufträge pro 8 h}} = 32{,}00\,€/\text{Auftrag}$

d) Ø Anzahl K.-Positionen je Auftrag $= \dfrac{\text{Gesamtzahl der Kommissionierpositionen pro Zeiteinheit}}{\text{Anzahl der Aufträge pro Zeiteinheit}}$

$= \dfrac{1\,600 \text{ Positionen pro 8 h}}{25 \text{ Aufträge pro 8 h}} = 64 \text{ Positionen/Auftrag}$

PRAXISBEISPIEL 2

Der Spedition Eurotrans GmbH liegen folgende Daten von der Kommissionierabteilung vor:
- durchschnittliche Kommissionierzeit pro Auftragsposition und Mitarbeiter: 20 sec.
- Kommissionierkosten pro Stunde und Mitarbeiter: 90,00 €
- Durchschnittliche Anzahl an Kommissionierpositionen pro Auftrag: 30 Pos.

Berechnen Sie die
a) Kommissionierleistung pro Stunde, b) Kommissionierkosten pro Position, c) Zeitbedarf pro Auftrag,
d) Anzahl der Aufträge, die ein Kommissionierer an einem Acht-Stunden-Arbeitstag (ohne Berücksichtigung von Pausenzeiten) abwickeln kann.

 LÖSUNG

a) Kommissionierleistung je h $= \dfrac{3\,600 \text{ Sekunden}}{\text{Kommissionierzeit in Sekunden pro Position}}$

$= \dfrac{3\,600 \text{ Sekunden}}{20 \text{ Sekunden/Position}} = 180 \text{ Positionen/h}$

b) K.-Kosten je Position $= \dfrac{\text{Kommissionierkosten je Stunde}}{\text{Kommissionierleistung je Stunde}}$

$= \dfrac{90{,}00\,€/\text{h}}{180 \text{ Positionen/h}} = 0{,}50\,€/\text{Position}$

c) Zeitbedarf für einen Auftrag $= 30 \text{ Pos./Auftrag} \cdot 20 \text{ sec/Position} = 600 \text{ sec} = 10 \text{ min} = 1/6 \text{ h}$

d) Anzahl Aufträge pro Arbeitstag $= \dfrac{\text{zeitliche Kapazität pro Arbeitstag}}{\text{Zeitbedarf für einen Auftrag}}$

$= \dfrac{8 \text{ h}}{1/6 \text{ h}} = 48 \text{ Aufträge}$

6 Verpackung, Versandvorbereitung und -bereitstellung

Nachdem die Kundenaufträge ordnungsgemäß kommissioniert wurden, werden diese in der Regel an einen Sammelplatz oder auch direkt an die Verpackungs- oder Versandabteilung übergeben.

Im Rahmen der Versandvorbereitung fallen folgende Aufgaben an:

△ Transportverpackung/Kollo

- Die Waren werden zunächst in Umverpackungen gepackt; im Anschluss daran werden die kleineren Verpackungseinheiten pro Empfänger in Transport- bzw. Versandverpackungen, wie z. B. Euro-Palette, Gitterbox, Container, Holzkiste, gebündelt. Eine Transport- bzw. Versandverpackung inklusive des Packguts (= Inhalt) wird auch als Packstück oder Kollo bzw. Collo[1] bezeichnet.
- Vor dem eigentlichen Verpackungsvorgang muss kontrolliert werden, ob
  - die Verpackung unbeschädigt ist,
  - die Verpackung für den jeweiligen Verkehrsträger, wie z. B. Luftfracht, geeignet und zugelassen ist,
  - die Verpackung für den ordnungsgemäßen Transport der Ware geeignet ist.

Soweit Packstücke mit Gefahrgütern versandt werden, sind diese korrekt zu kennzeichnen (siehe Kapitel N). Das Packmittel muss zuvor von der Bundesanstalt für Materialforschung und -prüfung zugelassen sein.

- Der Versender bzw. Absender ist für die beförderungssichere Ladungssicherung zuständig.
  Hierzu zählen auch die korrekte Verpackung und Beschriftung der Packstücke. Hierdurch können Unfälle, falsche Handhabungen, Falschauslieferungen, Empfänger-Reklamationen, Bußgelder von der BAG, Zollstrafen, Masse- und Mengenverlust usw. vermieden werden. Falsche und/oder nicht ausreichende Verpackung des Versenders kann auch zu einem Haftungsausschluss des Transporteurs führen.

- Packstücke für den Versand, sind mit allen notwendigen Angaben für den Warenausgang zu kennzeichnen.
- Soweit nach Art und Eigenschaften des Gutes erforderlich, müssen zusätzlich auch **Handhabungsmarkierungen** an der Verpackung angebracht werden. Sie tragen dazu bei, dass die Ware während der Lagerung und des Umschlags durch Einsatz von Fördermitteln sowie während des Transports nicht beschädigt wird.

△ Handhabungsmarkierungen sollen das Packgut vor unsachgemäßer Behandlung schützen. Hier: Zerbrechliches Packgut Fragile, Handle with care

- Alle an der Handhabung der Ware beteiligten Personen werden durch die Handhabungsmarkierungen darüber informiert ob die Ware:
  - bruchgefährdet ist,
  - gegen Hitze und Sonneneinstrahlung zu schützen ist,
  - gegen Kälte und Frost zu schützen ist,
  - einen nicht zentrierten Schwerpunkt besitzt, usw.

Die Symbole für die Handhabungshinweise von Verpackungen sind genormt und damit eindeutig klassifiziert.

- Zu den Aufgaben des Versenders gehört auch die Aufgabe, das **Packstücke** im Rahmen der Ladungssicherung **beförderungssicher zu stauen**. Ein Packstück soll in sich **kompakt und stabil** sein.
  Hierzu dienen folgende Hilfsmittel und Tätigkeiten:
  - Umreifungsbänder
  - Schrumpf- oder Stretchfolie
  - Zwischenlagen und Trays

---

[1] Mehrzahl Kolli bzw. Colli

- evtl. Transportnetze bei offenen Behältern
- Verbundstapelung/versetzte Stapelung anstatt linearer Stapelung
- Sobald die Packstücke ordnungsgemäß verpackt, gekennzeichnet und mit den jeweiligen Barcodelabels versehen sind, werden sie zum innerbetrieblichen **Ausgangslager** transportiert und können nun auf den jeweiligen Stellplätzen der **Relationen für Nah- und Fernverkehr** platziert werden. Zudem können gleichzeitig die notwendigen **Begleitpapiere und Transportdokumente** ausgestellt werden.

Einträge im EDV-System finden zur besseren Prozesstransparenz sowohl nach dem Verpackungsvorgang und als auch nach der Stellplatzzuweisung im Ausgangslager statt.

Schlussendlich können die Packstücke von der Versandabteilung bei Selbstabholung an den Empfänger ausgehändigt, an einen Frachtführer übergeben oder im Selbsteintritt an die Empfänger verteilt werden. Hier findet jeweils eine Schnittstellenkontrolle zur Beweissicherung statt.

7 Tourenplanung

Die Tourenplanung verfolgt als transportvorbereitende Aufgabe das Ziel, dass die angeforderten **Güter rechtzeitig, ordnungsgemäß**, d. h. unter Beachtung der Eigenart der Güter, **möglichst kostengünstig dem Empfänger zugestellt** werden. Dabei ist die **richtige Anfahrtsreihenfolge** zu beachten.

Zudem soll die Tourenplanung dazu beitragen, dass die komplette logistische Kette im Rahmen des Supply-Chain-Managements weiter optimiert wird.

Bei der Tourenplanung werden den auszuführenden (Transport-)Aufträgen die entsprechenden **Verkehrsträger und Verkehrsmittel** zugeordnet. Zum Teil werden für einen Transport auch **mehrere Verkehrsträger** wie Lkw – Luftfracht – Lkw eingesetzt, was auch unter dem Begriff **multimodaler Verkehr** bekannt ist. Die jeweiligen Vorzüge der Verkehrsträger im Rahmen der mehrgliedrigen Transportkette sollen hier genutzt werden. Zudem wird versucht, die Sendungen verschiedener Versender kostengünstig im Rahmen einer **Sammelladung** zusammenzufassen. Die **optimale Reihenfolge der Abladestellen** ist möglichst mit **geringem Kostenaufwand** zu organisieren. Für die Tourenplanung ist in aller Regel der **Disponent** einer Spedition verantwortlich.

Tourenplanung kann
- **manuell** über z. B. Straßenkarten, Entfernungstabellen, Flug- und Schifffahrtspläne oder
- **EDV-gestützt** über Branchensoftware

erfolgen.

In aller Regel werden heute zur Planung von Touren und Routen fast ausschließlich EDV-Programme eingesetzt. Häufig sind solche Programme mit Zusatzfunktionen ausgestattet, die weitere Rationalisierungspotenziale bieten. Der Disponent kann beispielsweise am Bildschirm in Echtzeit Informationen zum Transportverlauf eruieren: Die genaue Lokalisierung der Ware ist möglich. Die voraussichtlichen Ankunftszeiten werden im Minutentakt neu berechnet. Ebenso ist feststellbar, welche Ladungen in Verzug geraten sind. Durch geeignete Maßnahmen des Disponenten, wie z. B. die Einplanung anderer Verkehrsträger oder die Festlegung diverser Ausweichrouten bei Staus, kann der Zeitverlust teilweise wieder ausgeglichen werden. Zudem können Disponent und Fahrer während der Fahrt Informationen austauschen, wie z. B. geänderte Abladestellen im Fall von nachträglichen Weisungen der Kunden oder Sendungsdaten für eine Rückladung, die sich erst kürzlich durch Vertragsanbahnung in der Frachtenbörse ergeben haben. Bei EDV-gestützten Systemen zur Tourenplanung sind allerdings Datenschutzbestimmungen zu beachten.

7.1 Ziele und Aufgaben der Tourenplanung

Die **Tourenplanung** beschäftigt sich u. a. mit folgenden **Aufgaben**:

- **Bündelung** verschiedener Sendungen/Aufträge für eine Tour
- Bestimmung der **optimalen Reihenfolge der Abladestellen**
- **Einsparung von Personal- und Frachtkosten**
- **Reduzierung der eingesetzten Transportmittel** auf ein notwendiges Maß
- **schnelle Auslieferungszeiten** unter Berücksichtigung der aktuellen Verkehrslage, wie z. B. Stauzeiten, Unfälle, Witterungsbedingungen wie Schnee, Glatteis, Hagel
- bei Straßengüterverkehr: Beachtung von **Sonn-, Feiertags-** und **Ferienfahrverboten**
- **Reduzierung der zurückzulegenden Strecke**, d. h. keine überflüssigen Wege
- **Verminderung des CO_2-Ausstoßes** und Einsparung von Energie
- **Organisation** einer **guten Laderaumausnutzung** der Transportmittel
- **dynamische Routenplanung**, d. h. Berücksichtigung von geänderten Bedingungen bei der Tourenabwicklung, wie z. B. neu hinzukommende oder aktuell stornierte Aufträge, Beachtung von Stauzeiten, Unwetterprognosen
- **Reduzierung der Standzeiten** der eigenen Lkws und Leerzeiten der Fahrer. Lkws im Leerlauf verursachen Fixkosten, wie z. B. Steuern, Versicherungen, linearer Anteil der Abschreibungen. Ebenso müssen die Fahrer auch bei schlechter Auftragslage in aller Regel weiter entlohnt werden.

7.2 Einschränkungen bei der Tourenplanung

Aufgrund verschiedener Faktoren ist die Tourenplanung nicht nur auf die Aufgabe einer möglichst hohen Auslastung des Laderaums und der logischen Festlegung der Anfahrtsreihenfolge der Abladestellen beschränkt.

Bei der **Tourenplanung** sind insbesondere folgende **Restriktionen** zu beachten:

- **Ladekapazität der Transportmittel** (Gewicht, d. h. Beachtung der zulässigen Nutzlast, Volumen)
- **einzuhaltende Lenk- und Ruhezeiten** des Fahrers gemäß der europäischen Sozialvorschriften
- **behördliche Genehmigungen** für Schwertransporte
- **Logische Beladereihenfolge** bei Transportmitteln. Bei einem Lkw-Kofferaufbau muss bei der Beladung das **LIFO-Prinzip** berücksichtigt werden, d. h. die zuletzt verladenen Packstücke müssen zuerst wieder entladen werden. Ansonsten wäre ein umständliches und zeitintensives Umschichten während der Auslieferung notwendig.
- Beachtung des **Lastverteilungsdiagramms** des Transportmittels. Auf der Lenkachse darf beispielsweise nicht zu viel Gewicht lasten, da der Lkw sonst bei Kurvenfahrten instabil werden könnte. Ist beispielsweise zu viel Gewicht auf der Hinterachse, kann es passieren, dass die Lenkung nicht mehr richtig greift.
- möglichst **gleichmäßige Gewichtsbelastung** der Ladefläche
- **höchst zulässige Achslasten**
- **bei Gefahrgut**: Beachtung von Zusammenladeverboten von Gefahrgütern, Beachtung von Tunnelbeschränkungscodes, Kennzeichnung des Lkw mit Warntafel und Placards, Zurverfügungstellung von Gefahrgutausstattung für den Lkw, besondere Voraussetzungen des Fahrers (ADR-Schein), zusätzliche Angaben in den Warenbegleitpapieren, spezielle Verpackung der Güter
- **Beachtung der Zeitfenster für Liefer- und Abholaufträge** (z. B. „täglich nur zwischen 08:00 Uhr und 10:30 Uhr anlieferbar"). Ansonsten läuft der Spediteur/Frachtführer Gefahr, dass die Sendungen nicht angenommen werden.
- **Wichtigkeit/Eilbedürftigkeit der Güter** (z. B. „Wir bitten, die dringend benötigten Ersatzteile schnellstmöglich zuzustellen, spätestens bis 10:00 Uhr des nächsten Werktags.")
- Beachtung der **Fahrzeugtypen** für verschiedene Aufträge. Je nach zu befördernden Gut werden auch Spezialfahrzeuge erforderlich. Für

Kühltransporte sind beispielsweise Isotherm-Fahrzeuge notwendig.
- Beachtung der **Besonderheit von Gütern**, wie z. B. bei empfindlichen Gütern, bei sehr wertvollen Gütern, bei Pflanzen und Tieren. (Bei Tieren sind beispielsweise besondere Pflege- und Fütterungshinweise zu beachten.)
- Weitere Regeln bei der **korrekten Beladung** von Lkws:

– schwere Lasten unten, leichtere oben stauen
– formstabile Güter unten, forminstabile Güter oben stauen
– möglichst Güter formschlüssig an den Stirn-, Seiten- und Rückwand stauen (sofern fester Lkw-Aufbau)
– Fässer nur stehend stauen
– flüssige Güter unten, feste Güter oben stauen

PRAXISBEISPIEL

Tourenplanung

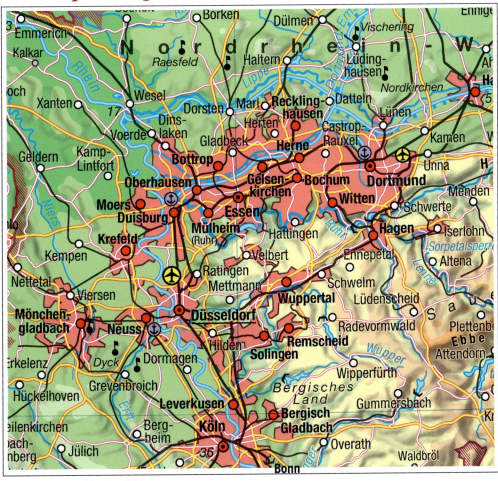

△ Landkarte von Nordrhein-Westfalen

Situation:
Sie sind in der Versandabteilung einer Spedition in Dortmund beschäftigt. Es stehen 14 Packstücke zur Auslieferung bereit, die an verschiedene Kunden ausgeliefert werden.

DISTRIBUTIONSLOGISTIK

Packstück-Nr.	Anzahl	Packstück	Empfängerort
1 – 4	4	Industrie-Paletten	Bonn
5	1	Industrie-Palette	Düsseldorf
6 – 8	3	Industrie-Paletten	Duisburg
9 – 11	3	Euro-Paletten	Essen
12 – 14	3	Euro-Paletten	Köln

Wichtige Hinweise:
- Die Sendungen sollen auf einer genormten Wechselbrücke (Innenlänge 7,30 m, Innenbreite 2,40 m) verladen werden.
- Die Packstücke sind nicht stapelbar.
- Bei der Touren- und Beladeplanung ist zu beachten, dass der Kunde in Essen die Ware dringend benötigt und somit als Erster angefahren werden muss.
- Die Tour endet wieder in Dortmund.
- Die Entfernungskilometer sind folgender Entfernungstabelle zu entnehmen:

	Bonn	Dortmund	Düsseldorf	Duisburg	Essen	Köln
Bonn		120	72	92	100	29
Dortmund	120		70	58	37	95
Düsseldorf	72	70		31	38	38
Duisburg	92	58	31		25	67
Essen	100	37	38	25		73
Köln	29	95	38	67	73	

- Der Lkw fährt mit einer Durchschnittsgeschwindigkeit von 70 km/h.
- Die Fahrzeiten sind immer auf volle Minuten aufzurunden.
- Der Zeitzuschlag für die Entladung beim Kunden beträgt durchschnittlich 15 Minuten.
- Tragen Sie Ihre Ergebnisse zu den Teilaufgaben a) bis e) in die Tabelle auf der nachfolgenden Seite ein.

Aufgaben:

a) Erstellen Sie einen Tourenplan, indem Sie die jeweiligen Fahrtstrecken in der richtigen Reihenfolge in die Tabelle eintragen.
b) Ergänzen Sie in jeder Zeile die Packstück-Nr., die Anzahl der Packstücke und die Packstückart.
c) Ermitteln Sie die jeweiligen Entfernungskilometer.
d) Berechnen Sie die jeweils benötigten Fahrzeiten, den Zeitzuschlag für die Entladung und die Gesamtzeit.
e) Berechnen Sie für jeden Kunden die benötigten Lademeter.
f) Berechnen Sie die jeweiligen Summen.
g) Der Fahrer startet seine Tour um 08:00 Uhr. Wann muss er spätestens eine Pause machen und wie lange muss diese dauern?
h) Erstellen Sie einen Stauplan. Markieren Sie die verschiedenen Ladungen in unterschiedlichen Farben und schreiben Sie auf jeden Stellplatz die Packstück-Nr.
i) Stellen Sie fest, wie viele nicht stapelbare Euro-Paletten noch zusätzlich auf der Wechselbrücke untergebracht werden können und zeichnen Sie diese in den Stauplan ein.

Tabelle zu Aufgabenteilen a) bis f)

Fahrtstrecke von ... bis	Pack-stück-Nr.	An-zahl	Packstück	km	Fahrzeit in Min.	Entlade-zeit (Min.)	Min. je Zeile	ldm
Dortmund –								
– Dortmund								
Summe								

✓ LÖSUNG

a) bis f)

Fahrtstrecke von ... bis	Pack-stück-Nr.	An-zahl	Packstück	km	Fahrzeit in Min.	Entlade-zeit (Min.)	Min. je Zeile	ldm
Dortmund – Essen	9 – 11	3	Euro-Pal.	37	32	15	47	1,2 ldm
Essen – Duisburg	6 – 8	3	Ind. Pal.	25	22	15	37	1,5 ldm
Duisburg – Düsseldorf	5	1	Ind. Pal.	31	27	15	42	0,5 ldm
Düsseldorf – Köln	12 – 14	3	Euro-Pal.	38	33	15	48	1,2 ldm
Köln – Bonn	1 – 4	4	Ind. Pal.	29	25	15	40	2,0 ldm
Bonn – Dortmund				120	103	--	103	--
Summe				280	242	75	317	6,4 ldm

g) Der Fahrer muss spätestens um 12:30 Uhr eine Pause, dann mindestens 45 Minuten.

h)

i) vorhandene ldm auf der Wechselbrücke: 7,3 ldm
bisher benötigte ldm: 6,4 ldm
7,3 ldm – 6,4 ldm = 0,9 ldm

0,9 ldm : 0,4 ldm pro Euro-Palette = 2,25 Euro-Paletten → 2 Euro-Paletten
Es ist noch Platz für zwei Euro-Paletten.

8 Hub-and-Spoke-System

8.1 Begriffsdefinition

Unter **Hub-and-Spoke** versteht man einen **zentralen Umschlags-, Knoten- oder Sammelpunkt**,
- von dem aus sternförmig einzelne Strecken wegführen (Quelle) bzw.
- zu dem sternfömig einzelne Strecken zulaufen (Senke).

Der **zentrale Umschlagspunkt** wird als **Hub**, d. h. (Rad-)**Nabe** bezeichnet.

Die einzelnen **sternförmig verlaufenden Strecken** werden als **Spoke**, d. h. **Speiche** bezeichnet.

Ein Hub-and-Spoke-Verkehrskonzept (wörtlich Nabe-und-Speiche) ähnelt rein optisch einer Nabe mit den jeweiligen Speichen eines Rades.

Die oben erwähnte **zentrale Güterumschlagsstelle** kann auch als HUB im Sinne von **Hauptumschlagsbasis** bezeichnet werden. Auch Begriffe wie Güterdrehkreuz oder Hauptverteilerzentrum sind gebräuchlich.

Die Strecken, die im zentralen Hub zusammenlaufen, sollen von der Entfernung in etwa gleich sein. Der Hub sollte möglichst zentral im betriebenen Hub-and-Spoke-System integriert sein, damit die Transportmittel im regelmäßigen Linienverkehr mit vergleichbarem Zeitaufwand den Hub erreichen können. An den Hubs werden die Warenströme in allen Richtungen konsolidiert bzw. gebündelt. Zudem können hier für den Transport unterschiedliche Verkehrsträger und Transportmittel – auch kombiniert – eingesetzt werden.

8.2 Funktionsweise

Die jeweiligen Transportmittel starten in der Bundesrepublik beispielsweise aus unterschiedlichen Standorten und haben Sammelladungen für Relationen in ganz Deutschland geladen, die zunächst zum Hub befördert werden.

Im Hub treffen alle Transportmittel regelmäßig zu einem vorgegebenen Zeitfenster ein. Dort werden dann die Güter entladen, danach findet mittels Barcodes eine Schnittstellenerfassung statt, im Anschluss daran werden die Güter im Hub den jeweiligen Stellplätzen für die verschiedenen Zielrelationen zugeordnet. Im Hub findet nur eine möglichst kurze Umschlagslagerung mit dem Ziel der Neuverteilung auf die jeweiligen Zielstationen der Güter statt.

Im Hub nimmt jedes Transportmittel die dort gesammelten Güter für den anstehenden Rückweg zum Ausgangsort – genau für diese Zielrelation bzw. für dieses Zielgebiet – als Rückladung wieder mit. Vor Beladung der Güter auf das Transportmittel findet abermals eine Schnittstellenkontrolle statt.

Sobald die Transportmittel wieder an die jeweiligen Ausgangsorte zurückgekommen sind, findet per Nachlauf mit kleineren Transportmitteln die Verteilung bzw. das **Ausrollen** der Waren an die jeweiligen Empfänger statt.

8.3 Hub-and-Spoke-Systeme und Direktverbindungen

Hub-and-Spoke-Systeme stehen im Gegensatz zu den **Direktverbindungen** (Rasterverbindungen, Point-to-Point-Verkehr).

Vergleich Direktverkehr und Hub-and-Spoke-Systeme

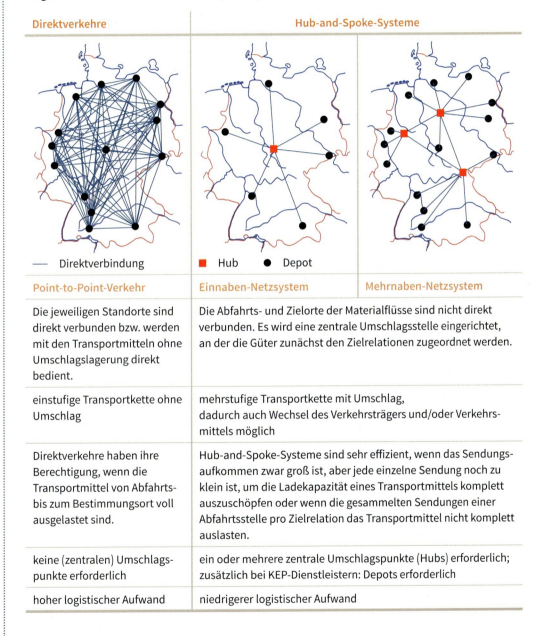

Direktverkehre	Hub-and-Spoke-Systeme	
Point-to-Point-Verkehr	Einnaben-Netzsystem	Mehrnaben-Netzsystem
Die jeweiligen Standorte sind direkt verbunden bzw. werden mit den Transportmitteln ohne Umschlagslagerung direkt bedient.	Die Abfahrts- und Zielorte der Materialflüsse sind nicht direkt verbunden. Es wird eine zentrale Umschlagsstelle eingerichtet, an der die Güter zunächst den Zielrelationen zugeordnet werden.	
einstufige Transportkette ohne Umschlag	mehrstufige Transportkette mit Umschlag, dadurch auch Wechsel des Verkehrsträgers und/oder Verkehrsmittels möglich	
Direktverkehre haben ihre Berechtigung, wenn die Transportmittel von Abfahrts- bis zum Bestimmungsort voll ausgelastet sind.	Hub-and-Spoke-Systeme sind sehr effizient, wenn das Sendungsaufkommen zwar groß ist, aber jede einzelne Sendung noch zu klein ist, um die Ladekapazität eines Transportmittels komplett auszuschöpfen oder wenn die gesammelten Sendungen einer Abfahrtsstelle pro Zielrelation das Transportmittel nicht komplett auslasten.	
keine (zentralen) Umschlagspunkte erforderlich	ein oder mehrere zentrale Umschlagspunkte (Hubs) erforderlich; zusätzlich bei KEP-Dienstleistern: Depots erforderlich	
hoher logistischer Aufwand	niedrigerer logistischer Aufwand	

8.4 Vor- und Nachteile von Hub-and-Spoke-Systemen

Vorteile	Nachteile
• Bündelung von Transporten: Es erfolgt eine Bündelung von Verkehrsströmen im Langstreckenbereich, dadurch bessere bzw. optimierte Auslastung der Verkehrsmittel und günstigere Frachtkosten beim Hauptlauf. • Gute Transportmittelauslastung zum Hub, da Sendungen für viele verschiedene Zielrelationen in Form der Sammelladung gebündelt werden. • Gute Transportmittelauslastung auf dem Rückweg vom Hub zum Ausgangsort, da hier ebenfalls Waren aus verschiedenen Standorten als Sammelladung konsolidiert werden • Vermeidung von Leerfahrten und Vermeidung von geringer Laderaumauslastung. • geringere Anzahl an Transportmittel erforderlich • Kosten je Tonnenkilometer (tkm) sinken • Fixkostendegressions-Effekte: Eine Vielzahl von Sendungen wird mit einem Transportmittel transportiert (Bündelungseffekt), d. h. die laufenden Fixkosten splitten sich auf viele Sendungen auf; pro Sendungsauftrag sind die anteiligen Fixkosten relativ gering. • Hubs werden an kostengünstigen Standorten auf der Grünen Wiese mit guter Verkehrsinfrastrukturanbindung (häufig zu mehreren Verkehrsträgern) eingerichtet. Sie werden in zentraler Lage in einer Region oder in einem Land errichtet. • Bei KEP-Dienstleistern: Depots werden dagegen in kunden- und empfängernahen Ballungszentren installiert. • Die Umschlags-, Sammel- und Sortiervorgänge in den Hubs sind aufgrund des hohen Automatisierungsgrads bedingt durch die großen Sendungsmengen sehr effizient gestaltet. Leistungsfähige Sortierautomaten und IT-Systeme haben sich schnell amortisiert. • sehr leistungsfähige Prozessabläufe	• Der Transportweg einer Sendung ist länger als beim Direktverkehr, da immer ein Umweg über den Hub erfolgt. • Es ist sogar möglich, dass die Ware zunächst entgegengesetzt zum Zieldepot verläuft, das unter Umständen nur ein paar Kilometer vom Abgangs-Depot entfernt wäre. Nach dem sternförmigen Aufbau des Hub-and-Spoke-Systems müssen alle Güter zuerst an den/die Hubs transportiert werden. • hohe Betriebskosten zur Unterhaltung der Hubs. • Für extrem eilige Sendungen ist das Hub-and-Spoke nicht geeignet; hier erfolgt die Versendung im Direktverkehr. • problematisch bei sehr eng gefassten Zeitfenstern • Die Hauptumschlagsbasis muss von den jeweiligen Betreibern mit hohen Investitionskosten finanziert und laufend unterhalten werden. Zusätzlich sind die Kosten für das zusätzliche Personal an den Hubs zu berücksichtigen. • Soweit Depots im Einsatz sind: Die Kosten des Hubs werden bei den KEP-Dienstleistern häufig auf die jeweiligen Depots abgewälzt. • Um eine effiziente Auslastung in den Hubs zu gewährleisten, ist ein gleichmäßiges und hohes Sendungsaufkommen an Kleinsendungen – aufgrund der hohen Kapitalintensität der HUBs – erforderlich.

HUB-AND-SPOKE-SYSTEM SPART BEI KLEINSENDUNGEN KOSTEN

Trotz hoher Unterhaltskosten eines Hubs und trotz möglicher Mehrkilometer sowie entgegengesetzter Fahrten, die durch Anlieferungen der Sendungen einer bestimmten Region zunächst an einen Hub notwendig sind, können Kleinsendungen durch Bündelungseffekte günstiger transportiert werden als beim Direktverkehr.

8.5 Einsatzmöglichkeiten von Hub-and-Spoke-Systemen

Hub-and-Spoke-Systeme können für verschiedene Zwecke angewandt werden:

- **Straßengüterverkehr**: Sammelgutspeditionen unterhalten gemeinsam ein Netzwerk aus mehreren Hubs zur optimierten Abwicklung von Versendungsaufträgen und bieten somit einen deutschlandweiten 24-Stunden-Anlieferservice an. Bei der Kooperation verschiedener Sammelgutspediteure ist jeder Spediteur zugleich als Versand- und Empfangsspediteur beteiligt. Arbeiten mehrere Sammelgutspediteure zusammen, spricht man auch von **Systemverkehr**.

Versender → Vorlauf → Abgangs-Hub → Hauptlauf → Eingangs-Hub → Nachlauf → Empfänger

- **KEP-Dienste**: KEP-Dienstleister sammeln und sortieren zunächst die Sendungen (Pakete, Briefe) in den jeweiligen Depots aus dem Nahbereich (= Nebenlauf). Die Depots sind flächendeckend auf ein bestimmtes Gebiet, wie z. B. Bundesrepublik Deutschland, verteilt. In den jeweiligen Depots werden die Lieferungen gesammelt und zu dem vorher vereinbarten Zeitfenster im Sammelladungsverkehr als Hauptlauf zum Hub befördert. KEP-Dienste arbeiten in aller Regel deutschland- und europaweit mit mehreren Hubs. Der Materialfluss zwischen den Hubs geschieht durch Direktverkehrsverbindungen (Point-to-Point). Soweit zwischen einzelnen Depots ausreichend große Sendungsmengen zur Auslastung von Transportmitteln bestehen, können auch hier Point-to-Point-Verbindungen eingerichtet werden. Insofern würde eine Mischform von Hub-and-Spoke- und Direktverkehrs-Systemen realisiert werden.
- **Güterverkehrszentrum (GVZ)**: Auch GVZ übernehmen die Funktion als Hub. Hier werden ebenfalls häufig Warenströme gebündelt, zudem sind mindestens zwei Verkehrsträger beteiligt. Ein Güterverkehrszentrum ermöglicht einen verkehrsträgerübergreifenden Umschlag. Häufig finden tri- oder quadromodale GVZ in der Praxis Anwendung. Beim trimodalen GVZ sind drei Verkehrsträger beteiligt. Beispielsweise findet ein Containerumschlag zwischen Schiene, Binnenwasser und Straße statt. Beim quadromodalen GVZ ist in aller Regel der Verkehrsträger Luftfracht an dieser Verkehrsdrehscheibe angeschlossen.
- **Multi-Hubs**: Soweit neben der deutschlandweiten Warenversorgung eine europaweite oder weltweite Warenbelieferung stattfindet, werden häufig alle innerdeutschen Sendungen, die für den grenzüberschreitenden Transport bestimmt sind, von möglichen verschiedenen inländischen Hubs in einem zentralen inländischen Hub gebündelt. Diesen Hub bezeichnet man als Multi-Hub. Hier findet ein Transport – in aller Regel per Luftfracht – zu einem anderen, z. B. in Spanien liegenden, Multi-Hub statt. Von dort wird die Ware dann auf die inländischen Hubs aufgeteilt.

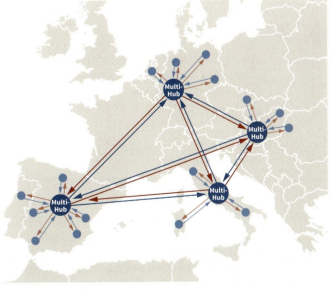

△ *Multi-Hubs*

MERKE

Wie alle Speichen zur Nabe eines Rades zusammenlaufen, so ist auch das verkehrslogistische Konzept des **Hub-and-Spoke-Systems** aufgebaut. Von allen Regionen werden zunächst Sendungen zu dem zentral gelegenen Hub bzw. zu der Hauptumschlagsbasis transportiert. Bei diesem zentralen Knotenpunkt erfolgt dann ein kurzfristiger Warenumschlag, bei dem die Waren gesammelt und auf die jeweiligen Zielrelationen geordnet werden. Durch das Hub-and-Spoke-System kann eine **breite Fläche** bedient werden.

Mittels Hub-and-Spoke-System können auch bei kleineren Sendungsaufkommen pro Zielrelation kostengünstige Transporte durchgeführt werden. Ein Einsparungspotenzial ergibt sich durch **Bündelung der Warenströme** im Sammelladungsverkehr, um eine hohe Auslastung der Transportmittel zu erreichen.

Beim **Systemverkehr** arbeiten **verschiedene Spediteure im Verbund** zusammen. Systemverkehr wird vor allem im Sammelgutverkehr eingesetzt. Die jeweiligen Speditionen, die mit der Zielsetzung einer bundesweiten flächendeckenden Auftragserfassung und Empfängerbelieferung kooperieren, werden auch als **Systemdienstleister** bezeichnet. Sie zeichnen sich durch eine gemeinsame Tarifgestaltung, gemeinsame Werbung und eine effiziente flächendeckende Auftragsabwicklung aus.

9 Entsorgungslogistik

In den letzten Jahrzehnten nahm die Abfallflut in Deutschland aufgrund des Wirtschaftswachstums, der zunehmenden Konsumbedürfnisse und der kürzeren Produktlebenszyklen in einem Maße zu, dass der Gesetzgeber hier Einhalt gebieten musste. Aufklärung in der Öffentlichkeit sowie ein Umdenken in der Bevölkerung zu einem schonenden Umgang mit den natürlichen Ressourcen führte auch zu weitreichenden Konsequenzen in der gewerblichen Wirtschaft. Darüber hinaus haben harte Sanktionen für Umweltsünder zu einem gestiegenen Umweltbewusstsein bei Unternehmen und Privathaushalten geführt.

Die **Entsorgungslogistik** befasst sich vor allem mit der **Sammlung, dem Transport, dem Umschlag sowie der Lagerung von Wertstoffen und Abfällen**.

MERKE

Unter **Entsorgungslogistik** versteht man alle **planenden, ausführenden und kontrollierenden Aufgaben, die sich mit der Verwendung, Verwertung und ordnungsgemäßen Beseitigung von Entsorgungsobjekten beschäftigt.**

Anders als bei dem üblichen Materialfluss vom Hersteller zum Handel bis zum Endverbraucher ist der Güterfluss in der Entsorgungslogistik in der Regel **entgegengesetzt**.

Die **Entsorgungslogistik** verfolgt insbesondere **ökologische und ökonomische Zielsetzungen**:
- **ökologische Zielsetzung**: Abfälle sollen möglichst vermieden werden. Die natürlichen Ressourcen sollen somit aufgrund ihrer Endlichkeit geschont werden. Soweit möglich, sollen Entsorgungsobjekte wiederverwendet oder recycelt, also stofflich verwertet werden. Abfallbeseitigung durch Verbrennung ohne thermische Nutzung oder Deponierung bzw. Endlagerung ist hingegen zu vermeiden.
- **ökonomische Zielsetzung**: Die Kosten der Entsorgungslogistik für die Sammlung, den Transport, den Umschlag und die Lagerung von Entsorgungsobjekten sollen möglichst reduziert werden.

9.1 Grundlagen

In der Entsorgungslogistik werden folgende Vorgänge unterschieden:

Wiederverwendung	erneute Nutzung eines Gutes wie Euro-Paletten, Holzkisten, Pfandflaschen, Second Hand
Entsorgung	Überbegriff für alle Maßnahmen und Tätigkeiten zur **Verwertung** oder **Beseitigung** von Abfällen
Abfallverwertung	Abfallverwertung kann in unterschiedlicher Weise erfolgen: • **Wiederverwendung**: siehe oben • **stoffliche Verwertung**: Sie strebt eine Nutzung der stofflichen Eigenschaften der Abfälle an. • **Recycling**: In der werkstofflichen Verwertung wird der Abfall als neuer Werkstoff (Sekundärrohstoff) genutzt. Beispielsweise werden Plastikabfälle sortenrein sortiert, fein zermahlen, eingeschmolzen und zu Kunststoffgranulat weiterverarbeitet. Daraus können dann neue Produkte aus Kunststoff hergestellt werden. Am häufigsten werden Pappe, Papier, Metalle, Glas und Kunststoffe werkstofflich verwertet. • **rohstoffliche Verwertung**: Die Abfälle werden chemisch zerlegt und als Rohstoffersatz wieder neu genutzt. Ein Stoff wird hier durch chemische Prozesse in seine Ausgangsbestandteile zurückgeführt. • **thermische (energetische) Verwertung**: Verbrennung der Abfälle unter Nutzung der hierbei entstehenden Energie • **biologische Verwertung**: Kompostierung, Vergärungsprozesse, z. B. bei Biogasanlagen
Abfallbeseitigung	• Endlagerung von Abfällen in Mülldeponien • Verbrennung von Abfällen ohne thermische Nutzung • Abgabe der Abfälle (wie z. B. auch Gase) an die Umwelt unter Einhaltung vorgeschriebener Grenzwerte

9.2 Aufgaben

Auch die Entsorgungslogistik bietet den Logistikdienstleistern weitere Betätigungs- und Einsatzfelder. Häufig sind die Leistungen individuell auf die Kundenanforderungen zugeschnitten.

Im Rahmen der **Entsorgungslogistik** werden folgende **Aufgaben** von Logistikdienstleistern wahrgenommen:

- Abholung/Transport von Wertstoffen und Abfällen bzw. Rücktransport zum Hersteller/Handel
- Lagerung und Umschlag von Reststoffen
- Sortierung und Prüfung von Gütern
- Sammlung und Trennung von Gütern, um eine möglichst hohe Sortenreinheit zu erreichen
- Demontage von Gütern
- Aufbereitung von Gütern
- Reinigungsvorgänge von Gütern
- Leistungen im Bereich Aufbereitung und Verwertung von Wertstoffen
- Bereitstellung von Sammelbehältern und -containern für das Entsorgungshandling von Unternehmen
- Ersatzteillogistik: Leistungen im Zusammenhang mit der Aufbereitung von Altgeräten und Austauschteilen durch Demontage, Ersatz von Verschleißteilen durch neue Teile, durch Reinigungsprozesse, durch physikalische Aufbereitung usw.
- Recyclinglogistik: Leistungen im Zusammenhang mit der stofflichen Verwertung von Gütern

Auch bei der Entsorgungslogistik sollen alle Beteiligten durch ein entsprechendes Informationssystem vernetzt sein, um Abläufe auch in diesem Bereich zu koordinieren und optimieren. Folglich werden dadurch auch die Zielsetzungen des Supply-Chain-Management-Systems umgesetzt.

9.3 Gesetze und Verordnungen zur Abfallproblematik

Gesetze und Verordnungen bestimmen weitgehend die Ziele und Aufgaben der Entsorgungslogistik. Ein formaler Zwang, sich mit dem Thema Abfall auseinander zu setzen, entstand für die Unternehmen vor allem durch

- die **Verpackungsverordnung** (VerpackV) und
- die **Altfahrzeugverordnung**
  Diese Verordnung verpflichtet den Hersteller von Fahrzeugen, alle Altfahrzeuge seiner Marke vom Letzthalter unentgeltlich zurückzunehmen. Die Hersteller müssen diese Altfahrzeuge dann einer anerkannten Rücknahmestelle oder einem anerkannten Verwertungsbetrieb zuführen.
- die **Elektronik-Schrottverordnung**
  Hersteller oder Vertreiber werden in die Pflicht genommen, Altgeräte vom letzten Besitzer kostenlos zurückzunehmen.
- das **Kreislaufwirtschaftsgesetz** (Gesetz zur Förderung der Kreislaufwirtschaft und Sicherung der umweltverträglichen Beseitigung von Abfällen, KrWG)

Das **Kreislaufwirtschaftsgesetz** hat zur **Zielsetzung**,

- die **Kreislaufwirtschaft** zur Schonung der natürlichen Ressourcen zu fördern und
- den **Schutz von Mensch und Umwelt** bei der Erzeugung und Bewirtschaftung von Abfällen sicherzustellen.[1]

Insbesondere soll das **Recycling**, also die **stoffliche Verwertung**, gefördert werden.

Kreislaufwirtschaft und Linearwirtschaft

Kreislaufwirtschaft setzt auf **geschlossene Prozessabläufe**, bei denen eine Rückführung von gebrauchten Wertstoffen für den fortlaufenden Produktionsprozess angestrebt wird.

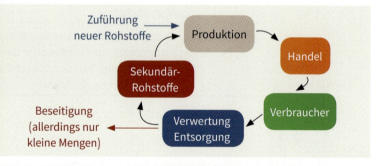

Linearwirtschaft – auch Wegwerfwirtschaft – ist das Gegenteil von Kreislaufwirtschaft. Hier werden die gebrauchten Werkstoffe am Ende der logistischen Wertschöpfungskette überwiegend verbrannt oder deponiert.

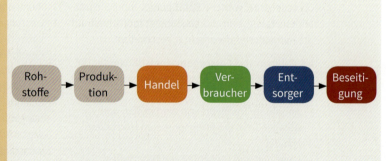

---

[1] siehe auch § 1 Kreislaufwirtschaftsgesetz (KrWG)

Laut Kreislaufwirtschaftsgesetz[1] sind Maßnahmen der Vermeidung und der Abfallbewirtschaftung in folgender Reihenfolge umzusetzen:

1. Vermeidung	Vermeidung z. B. durch Verzicht von Verpackungen, Mehrfachverwendung von Verpackungen, wie Euro-Paletten, Pfandflaschen.
2. Vorbereitung zur Wiederverwendung	Hierzu zählen Verwertungsmöglichkeiten der Prüfung, Reinigung, Reparatur, um Abfallerzeugnisse oder auch einzelne Bestandteile davon wieder für den ursprünglichen Zweck vorzubereiten. Dies kann beispielsweise durch Vornahme von kleineren Reparaturen erfolgen, um einen Gegenstand wieder instand zu setzen.
3. Recycling	Recycling ist die stoffliche Verwertung von Entsorgungsobjekten zur Herstellung von Sekundärrohstoffen.
4. Sonstige Verwertung	Hierzu zählen energetische bzw. thermische Verwertung zur Energiegewinnung, z. B. für die Beheizung von Betriebsstätten.
5. Beseitigung	Verbrennung oder Deponieren von Restabfällen. Die Abfallbeseitigung ist zur Schonung der Umwelt und der Landschaft auf ein Minimum zu reduzieren.

Vereinfacht ist folgende **Prioritätenfolge** einzuhalten:
- Abfallvermeidung geht vor Abfallverwertung
- Abfallverwertung geht vor Abfallentsorgung (wobei die stoffliche Verwertung Vorrang hat)

bzw.
Vermeidung – Verwertung – Entsorgung

9.4 Verpackungsverordnung

Die **Verpackungsverordnung** (VerpackV) verfolgt gemäß § 1 folgende **Zielsetzungen**:
- Die Auswirkungen von Abfällen aus Verpackungen auf die Umwelt sind zu vermeiden oder zu verringern.
- Es ist folgende Prioritätenfolge für Verpackungsabfälle einzuhalten:
  1. Vermeidung
  2. Wiederverwendung
  3. stoffliche Verwertung und andere Arten der Verwertung
  4. Beseitigung
- Der Anteil an Mehrweggetränkeverpackungen sowie an ökologisch vorteilhaften Einweggetränkeverpackungen soll erhöht werden, um mindestens einen Anteil von 80 % zu erreichen.

Die Verpackungsverordnung schreibt den Herstellern Verantwortung für die Entsorgung ihrer Produkte zu.

Sie verpflichtet die Hersteller und den Handel, gebrauchte Transport- und Verkaufsverpackungen zurückzunehmen und diese einer Wiederverwendung oder Verwertung zuzuführen. Ein Großteil der Verantwortung für die Entsorgung wird durch die Verpackungsverordnung von den Kommunen auf die Wirtschaft übertragen.

---

1 Vgl. § 6, Abs. 1, Kreislaufwirtschaftsgesetz (KrWG)

9.4.1 Klassifizierung von Verpackungen

Die Verpackungsverordnung unterscheidet vor allem zwischen Verkaufs-, Um- und Transportverpackungen:

Verkaufsverpackungen	Sie begleiten das Produkt vom Hersteller bis zum Endverbraucher. Sie werden in den Einzelhandelsgeschäften zusammen mit der eigentlichen Ware als Verkaufseinheit angeboten, wie z. B. Zahnpastatube oder Joghurtbecher. Sie dienen der Werbung, als Schutz, der einfacheren Handhabung, der Lagerung, dem Transport sowie der Hygiene im SB-Bereich[1].
Umverpackungen	Durch eine Umverpackung werden mehrere Verkaufsverpackungen zu einer größeren Einheit zusammengefasst. Beispielsweise befinden sich zehn Packungen mit je einem Liter Milch (Tetra Pak) in einer Pappschachtel.
Transportverpackungen	Sie erleichtern den Transport der Waren und dienen dem Schutz der Ware während des Transports. In der Transportverpackung werden häufig mehrere Einheiten zu einem größeren Packstück zusammengefasst, um die Transportabwicklung zu rationalisieren. Diese Verpackungsart fällt in aller Regel nicht beim Endverbraucher, sondern beim Vertreiber der Waren an, z. B. Euro-Paletten, Gitterboxen.

9.4.2 Rücknahmepflichten für Verpackungen

Verkaufsverpackungen	Die **Vertreiber**, hier insbesondere der Einzelhandel, ist grundsätzlich verpflichtet, gebrauchte geleerte Verkaufsverpackungen **zurückzunehmen**. Der Vertreiber hat dafür zu sorgen, dass diese Verkaufsverpackung • einer Verwertung zugeführt, z. B. bei Einwegflaschen, oder • erneut verwendet wird, z. B. bei Pfandflaschen.
Umverpackungen	Der Vertreiber ist verpflichtet, • Umverpackungen bei der Abgabe an den Kunden zu entfernen oder • an der Kasse durch deutlich erkennbare und lesbare Schrifttafeln darauf hinzuweisen, dass der Endverbraucher die Möglichkeit hat, die Umverpackungen zu entfernen und zurückzulassen, • dem Kunden zu ermöglichen, die Umverpackung zurückzugeben, • im Verkaufsraum oder auf dem Gelände geeignete Sammelbehälter für die Umverpackungen bereitzustellen. Auch bei Umverpackungen ist der Vertreiber verpflichtet, diese einer erneuten Verwendung oder stofflichen Verwertung zuzuführen.
Transportverpackungen	Hersteller und Vertreiber/Handel sind verpflichtet, gebrauchte Transportverpackungen zurückzunehmen. Diese sind möglichst als Mehrwegverpackungen erneut zu verwenden oder stofflich zu verwerten.

---

[1] Selbstbedienungsbereich

9.5 Duales System Deutschland und Grüner Punkt

Nach Verpackungsverordnung sind Vertreiber verpflichtet, Verkaufs- und Umverpackungen der Endverbraucher zurückzunehmen. Da die Rücknahme für den Handel mit großen Problemen, wie z. B. zusätzlicher Platzbedarf, Vorkehrungen zur Hygiene und hoher organisatorischer und logistischer Aufwand, verbunden ist, wurde dem Handel und den Herstellern die Möglichkeit gewährt, selbst eine Institution aufzubauen, die die sachgerechte Abwicklung der Verpackungsabfälle übernimmt.

Das Unternehmen **Der Grüne Punkt – Duales System Deutschland GmbH** (**DSD**) wurde 1990 von Industrie und Handel gegründet. Zu seinem Aufgabenbereich zählen vor allem die Sammlung, die Sortierung und Verwertung von Verkaufsverpackungen. Um Industrie und Handel von der gesetzlichen Rücknahme- und Verwertungspflicht zu befreien und zu entlasten, errichtete das DSD neben dem öffentlich-rechtlichen Abfallentsorgungssystem ein zweites (duales) Entsorgungssystem. Eine der Hauptzielsetzung ist die stoffliche Verwertung bzw. das Recycling von gebrauchten Verkaufsverpackungen, um diese als Sekundärrohstoff dem Wirtschaftskreislauf wieder zurückzuführen.

△ Eine Vielzahl von Unternehmen unterstützt durch ihre Mitgliedschaft als Lizenznehmer das Duale System Deutschland.

Die Finanzierung des Unternehmens DSD erfolgt über die Vergabe des Markenzeichens **Grüner Punkt**. Damit Hersteller und Vertreiber dieses Zeichen auf ihren Verkaufsverpackungen anbringen dürfen, müssen diese ein Lizenzentgelt an das DSD entrichten. Im Gegenzug übernimmt das DSD die sachgerechte Entsorgung der gebrauchten Verkaufsverpackungen. Die Höhe der Lizenzabgabe ist abhängig von dem Gewicht, der Größe und der Materialart der Verkaufsverpackung.

Das Duale System Deutschland unterscheidet zwei Erfassungssysteme von Verpackungsabfällen:

Holsystem	Hier werden die Verpackungsabfälle direkt bei den Privathaushalten zu Hause abgeholt, z. B. Gelber Sack, Gelbe Tonne
Bringsystem	Hier bringt der Endverbraucher die Verpackungsabfälle selbst zu den Sammelstellen, wie z. B. Wertstoffcontainer an Wertstoffhöfen.

10 City-Logistik

10.1 Entwicklungen und Hintergründe der City-Logistik

△ Es zählt zu den logistischen Meisterleistungen, alle Empfänger in einer Metropole effizient mit Gütern zu versorgen.

In den letzten Jahrhunderten und auch Jahrzehnten sind immer mehr Menschen in die Städte gezogen. Dieser Trend ist bedingt durch die Hoffnung und Aussicht der Menschen auf bessere Lebensverhältnisse durch mehr Arbeitsplätze, höheres Lohnniveau, gute Verkehrsinfrastruktur auch durch öffentlichen Personennahverkehr. Diese Entwicklung wird auch als **Urbanisierung** oder **Landflucht** bezeichnet. Mittlerweile leben ca. 50 % der Weltbevölkerung in Städten – Tendenz steigend. Nicht immer wurde verkehrspolitisch nachhaltig für die Zukunft geplant, sodass es in Ballungsräumen immer enger wurde. Zunehmende Bevölkerungsdichte und zugleich erhöhtes Verkehrsaufkommen, bei in etwa gleich bleibender und nicht ausbaubarer Verkehrsinfrastruktur, führen häufig zu einem Nadelöhr bei der Versorgung.

Die Versorgung der Städte mit allen notwendigen Gütern sowie die Entsorgung von nicht mehr benötigten Gütern und Reststoffen hat wesentliche Bedeutung für das Gesamtfunktionieren einer Stadt – ähnlich dem Blutkreislauf eines Menschen.

Städte als **Ballungsräume** sehen sich zunehmend mit folgenden **negativen verkehrsbedingten Auswirkungen** konfrontiert:

- Das Verkehrsaufkommen nimmt weiter zu. Dies führt zu einer höheren Umweltbelastung: Höhere Feinstaub- und Lärmbelastung, höherer CO_2-Ausstoß, stärkere Erschütterungen.
- Die Lebensqualität und die Attraktivität der Städte sinken dadurch wieder bis zu einem gewissen Grad.
- Manche Großstädte sind nahe an einem Verkehrsinfarkt: Täglich rollen am Morgen viele Lkws mit Ladungen und Pkws mit Pendlern auf die Metropolen zu. Die außerhalb von Städten liegenden Standorte auf der „Grünen Wiese" sind häufig weit besser und schneller zu erreichen als die in den Innenstädten gelegenen Geschäfte und Unternehmen.
- Viele – vor allem mittelalterliche – Altstadtbereiche haben zudem weitere verkehrsbedingte Einschränkungen, wie z. B. enge, nicht mit Lkws passierbare Gassen.
- Stadtpolitische Ziele, wie beispielsweise den Tourismus in der Innenstadt zu fördern, stehen der Zielsetzung einer guten innerstädtischen Güterversorgung häufig entgegen, da motorisierte Anlieferungen im Innenstadtbereich auf die Touristen störend wirken.

10.2 Grundlagen der City-Logistik

Unter City-Logistik, auch Ballungsraumlogistik oder Urban Logistics, werden Maßnahmen und Konzepte verstanden, um dem überhöhten Verkehrsaufkommen mit den bekannten negativen Folgen insbesondere durch eine Bündelung der Zuliefer- und Entsorgungsverkehre entgegenzuwirken.

Die City-Logistik zielt darauf ab, zu einer verkehrsbedingten Entlastung des Stadtverkehrs und zu einer Steigerung der Attraktivität des Standorts Innenstadt beizutragen.

10.3 Umsetzungskonzepte

Förderliche Maßnahmen, um die Güterversorgung in den Städten im Sinne der City-Logistik sicherzustellen und die Verkehrsflut einzudämmen, sind:

- Kooperation aller am Güterverkehrsaufkommen in den Innenstädten beteiligten Unternehmen, wie z. B. Speditionen, Frachtführer, KEP-Dienstleister, Empfänger und Unternehmen mit Werkverkehren. Die individuellen Lieferketten verschiedener Absender/Versender sind zu vernetzen und abzustimmen.
- Erarbeitung und Umsetzungen von Lösungen zur besseren Güterzuführung und Entsorgung aus dem Innenstadtbereich.
- Verringerung von Fahrten und Fahrleistung durch Bündelung verschiedener Sendungen in Richtung Städte durch Sammelladung und bessere Laderaumausnutzung. Dies gilt in gleicher Weise auch für den Gegenstrom, also den Lieferungen aus der Stadt heraus und für den Logistikbereich Entsorgungslogistik.
- Effektive Nutzung von – vor den Städten liegenden – **Güterverkehrszentren (GVZ)** zur Bündelung/Konsolidierung der Sendungen von verschiedenen Verkehrsträgern und der beteiligten Verkehrsunternehmen.
- Einsatz intelligenter Transportsysteme (ITS). Diese zielen darauf ab, die vorhandenen Verkehrswege für die vorhandenen Fahrzeuge besser auszunutzen, z. B. durch dynamische Routenwahl mittels Navi, Einsatz von Fahrer-Assistenz-Systemen oder automatisierten Fahrsystemen.

- Einsatz von Informations- und Kommunikationssystemen (IuK-Systemen)
- Kooperation und Koordination der Aktivitäten des privaten und kommunalen Sektors am Stadtverkehr beteiligten Unternehmen, z. B. den öffentlichen Nahverkehr – außerhalb der üblichen Stoßzeiten – auch für die Güterbeförderung mit einsetzen
- Subventionen finanzieller und nicht finanzieller Art als Anreiz der an der City-Logistik beteiligten Unternehmen
- Bereitstellung öffentlicher Infrastruktur für die City-Logistik, z. B. Nutzung der Buslinien für die privaten City-Logistik-Unternehmen, Nutzung städtischer Flächen als Ladezonen und City-Verteilzentren

Möglichkeiten zur Innenstadtbelieferung:

Arten und Beschreibung	Schematische Darstellung
Traditionelle Anlieferung: Jeder einzelne Lieferant bzw. jedes am Güterkraftverkehr beteiligte Unternehmen beliefert alle zu bedienenden Geschäfte einzeln und direkt. Dadurch ergibt sich ein sehr hohes Güterverkehrsaufkommen im Innenstadtbereich.	
Die jeweiligen einzelnen Lieferanten und am Güterkraftverkehr beteiligten Unternehmen liefern zunächst ihre Waren an einem vor dem Innenstadtbereich vorgeschalteten GVZ bzw. Trans-shipment-Point an. Hier werden die Güter nach den jeweiligen Stadtbezirken und empfängerbezogen umsortiert. Kleinere Transportmittel wie Sprinter oder unter Umständen auch Fahrradkuriere übernehmen die Verteilung der Güter im Innenstadtbereich. Güter unterschiedlicher Versender werden bei diesem Verkehrsknotenpunkt empfängerbezogen wieder zusammengefasst, bevor darauffolgend die eigentliche Distribution im Innenstadtbereich erfolgt.	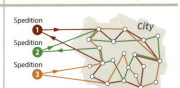
Neben dem zentralen Güterverkehrszentrum (GVZ) vor der Stadt existieren zusätzlich noch mehrere City-Verteilzentren im stadtnahen Bereich oder in der Innenstadt. Zunächst beliefert das GVZ in einem Zwischenschritt die jeweiligen City-Verteilzentren. Von dort aus werden die Güter mit hoher Frequenz mit kleineren Fahrzeugen an die jeweiligen Empfänger ausgeliefert.	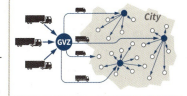

10.4 Chancen und Potenziale

Die Umsetzung einer effizienten City-Logistik ist mit vielen Potenzialen und positiven Effekten verbunden:

- bessere Lebensqualität in den Innenstädten mit geringerem Lärm, geringerem Verkehrsaufkommen und niedriger Feinstaubbelastung
- bessere bis gute Versorgung mit den notwendigen Gütern bzw. auch Abtransport nicht mehr benötigter Güter
- Senkung der Umweltbelastung insgesamt, d. h. geringe Treibhausgas-Emission
- Verbesserung des Image und der öffentlichen Akzeptanz der beteiligten Unternehmen
- bessere Auslastung der Lkws; geringere Fahrten und geringere Verkehrsfrequenz der in der Innenstadt beteiligten Verkehrsmittel, wie z. B. Lkws

10.5 Hemmnisse bei der Umsetzung von City-Logistik-Konzepten

Nicht immer können City-Logistik-Konzepte erfolgreich durchgeführt werden.

Die Gründe für das Scheitern oder die mangelnde Umsetzung von City-Logistik-Konzepten sind vielfältig:

- Es werden nicht alle Güter-Verkehrsteilnehmer einbezogen, z. B. die im Werkverkehr beliefernden Unternehmen und die vielen regionalen KEP-Dienste werden nicht ausreichend einbezogen oder auch komplett außer Acht gelassen.
- Die beteiligten Unternehmen können sich nicht auf einen organisatorischen und rechtlichen Rahmen einigen.
- Vor allem Großhandelsunternehmen und Einzelhandelsketten haben bereits selbst eigenständige, gut funktionierende Logistikkonzepte entwickelt, um Kunden/Empfänger im Innenstadtbereich mit möglichst geringem Aufwand zu beliefern. Diese bislang autonom fungierenden Unternehmen sind nicht ohne Weiteres bereit, ihr bisheriges in der Praxis bewährtes Anlieferkonzept zugunsten eines gemeinsamen Schulterschlusses mit anderen Güterverkehrsunternehmen aufzugeben.
- Die am Innenstadtverkehr beteiligten Verkehrsunternehmen lassen sich aufgrund ihrer Mitbewerber- bzw. Konkurrenzsituation nicht dazu bewegen, gemeinsam an einem Verhandlungstisch zu sitzen. Teilweise haben die Beteiligten auch Angst und Zweifel, firmeninterne Angaben wie Güterverkehrsaufkommen und Tarife preiszugeben.
- Zur Umsetzung eines gemeinsamen City-Logistik-Konzepts müssen Kooperationsängste abgebaut werden.
- Verwaltungstechnische Vorgaben schränken die Verträge und Maßnahmen zur Umsetzung von City-Logistik-Konzepten teilweise ein.
- Gemeinwirtschaftliche Restriktionen, wie z. B. temporäre Fahrverbote, sollten zugunsten einer optimalen Gesamtversorgung der Innenstadtempfänger überdacht werden.
- Nicht alle Güter lassen sich wie gewünscht bündeln. Beispielsweise können Gefahrgüter aufgrund von Zusammenladeverboten nicht ohne Weiteres zusammen in einem Lkw gestaut werden; hierzu ließen sich noch viele weitere Beispiele auflisten.
- Probleme bei der Koordination der Anlieferung ergeben sich auch aufgrund der unterschiedlichen Eilbedürftigkeit von Gütern.

Initiativen von City-Logistik-Konzepten wurden schon häufig in einer ersten Anlaufphase aufgrund obiger Gründe gestoppt.

> **FAZIT**
>
> **DER CITY-LOGISTIK LIEGT POTENZIAL ZUGRUNDE**
> - Die Umsetzung und der Erfolg von City-Logistik-Konzepten hängen davon ab, ob die am Güterverkehr beteiligten Unternehmen auch wirtschaftliche Vorteile daraus erzielen.
> - In diesem Fall herrscht Zielharmonie zwischen ökonomischen und ökologischen Gesichtspunkten: Die wirtschaftlichen Ziele, wie z. B. die Verringerung der Logistikkosten bei der Belieferung der Kunden im Innenstadtbereich, führen zu umweltschonenderen Anlieferstrategien, wie z. B. die Konsolidierung von Sendungen, und dadurch bedingt zu einer Verringerung des Verkehrsaufkommens.
> - Der zur Umsetzung einer effektiven City-Logistik erhöhte Warenumschlag wirkt sich kurzfristig zwar kostensteigernd aus, allerdings bringen Bündelungseffekte bei der Belieferung der Innenstädte langfristig wirtschaftliche Einsparungspotenziale.
> - Geänderte Anlieferrhythmen im Rahmen der City-Logistik erfordern auch eine Einbeziehung der Kunden und Empfänger.

MERKE

City-Logistik zielt darauf ab, durch **intelligente und optimierte Logistikkonzepte Verkehrsprobleme in den Innenstädten zu lösen**. Vor allem durch **Bündelung von Sendungen**, durch Kooperation aller in der Innenstadt Beteiligten (Spediteure, Frachtführer, KEP-Dienstleister, Empfänger, Städte) sollen Maßnahmen gesucht und umgesetzt werden, um den Güterfluss im Innenstadtbereich bei zugleich geringerem Verkehrsaufkommen weiter zu optimieren. Ziel ist eine Erhöhung bzw. Aufrechterhaltung der bisherigen Transportleistung bei gleichzeitiger Verringerung der Verkehrsleistung/-frequenz.

Allgemein beschäftigt sich die City-Logistik mit einer **effizienten Versorgung der Innenstädte** mit den notwendigen Gütern.

Unter einem **Güterverkehrszentrum (GVZ)** bezeichnet man ein Terminal zum Umschlag von Waren zwischen wenigstens zwei Verkehrsträgern. Verschiedene Verkehrsbetriebe, wie z. B. Speditionen, KEP-Dienstleister, Lagereien, Versicherungsmakler, Fuhrunternehmen, siedeln sich häufig aufgrund der guten Verkehrsinfrastruktur des GVZ als Verkehrsknotenpunkt bei diesem an. Ein GVZ ist eine Drehscheibe für verschiedene Verkehrsträger mit den jeweiligen Anschlüssen sowie ein Schnittpunkt zwischen Nah- und Fernverkehr und bietet den ansässigen Firmen gute Möglichkeiten der Kooperation zur Erzielung verschiedener Synergieeffekte.

11 Ausblick – Distribution sichert Existenzen

Aufgabe der Distributionslogistik ist es, die Waren an die richtigen Empfänger korrekt zu verteilen.

Auch in der Distributionslogistik gewinnt die Flussorientierung an Bedeutung. Waren werden zunehmend nur verkehrsbedingt kurzfristig zwischengelagert, um anschließend möglichst schnell an den Kunden ausgeliefert zu werden.

Wie in anderen Logistikbereichen muss die Vertriebslogistik dafür sorgen, die richtigen Objekte, in den richtigen Mengen, in der richtigen Qualität, zum richtigen Zeitpunkt, am richtigen Ort zu möglichst geringen Kosten bereitzustellen.

Die Vernetzung der beteiligten Unternehmen und Kunden im Vertriebsbereich durch EDV-spezifische Lösungen und Schnittstellen soll in der Distributionslogistik noch stärker dazu beitragen, dass der Kunde alle Artikel gemäß seinen Wünschen und Bedürfnissen möglichst schnell erhält.

Distributionslogistik als Teilbereich der Logistik hat als generelles Ziel weiterhin die Optimierung der kompletten Versorgungskette anzustreben. Lieferflexibilität, Lieferservice, Lieferzuverlässigkeit sind nach wie vor zu steigern. Die Lieferzeit sowie die Logistikkosten sind andererseits möglichst zu senken. Lieferservice und Logistikkosten stehen insofern in einem Spannungsverhältnis.

Die Distributionslogistik bietet für die Unternehmen einen existenziellen Wettbewerbsfaktor, um durch Differenzierung allen Kunden die gewünschten Produkte gemäß ihren Anforderungen bestmöglich bereitstellen zu können. Nur der Vertrieb führt zu Geldeinnahmen, die für den Beschaffungs- und Produktionsbereich in Produktionsunternehmen dringend benötigt werden.

Auch Mehrwertdienstleistungen in der Distributionslogistik, wie z. B. Neutralisierung und Regalpflege, werden in Zukunft im Rahmen der Outsourcing-Bestrebungen der Industrie- und Handelsunternehmen stärker nachgefragt werden.

Die Entsorgungslogistik ermöglicht den Speditionen als zusätzliche Sparte neue Entwicklungspotenziale.

Die ökologische Ausrichtung bei Anlieferung und Handhabung der Waren bei den Speditionen wird von Auftraggebern – häufig auch aus Imagegründen – immer stärker gefordert. In diesem Zusammenhang wird auch der Begriff „Grüne Logistik" bzw. „Green Logistic" verwendet.

N Gefahrguttransporte

KAPITELEINSTIEG

Sicherheit geht vor!

In der Bundesrepublik Deutschland wurden im Jahr 2015 im Güterverkehr ca. 4,5 Mrd. t Güter bewegt. Ein Teil dieser Güter – ca. 0,3 Mrd. t – weist Eigenschaften auf, von denen Gefahren für den Menschen, die Umwelt und die Tiere ausgehen können. Sie werden als Gefahrgüter bezeichnet. Werden gefährliche Güter, wie z. B. Flüssigkeiten und Gase, bei einem Gefahrgutunfall freigesetzt, ist das immer mit erheblichen Umweltrisiken verbunden. Oftmals ist das Gefahrpotenzial auf den ersten Blick nicht erkennbar. Eine besondere Gefahr entsteht, wenn diese Güter mit anderen Stoffen in Berührung kommen. Eine gefährliche Reaktion kann auch durch den Kontakt mit Wasser oder dem Sauerstoff in der Luft hervorgerufen werden. Alle Beteiligten, die solche Stoffe be- und verarbeiten, lagern oder transportieren, müssen die Eigenschaften dieser Güter kennen und in der Lage sein, Risiken zu vermeiden und Unfälle zu verhindern. Für jeden Stoff, der in der Bundesrepublik Deutschland entwickelt und in den Handel gebracht wird, muss deshalb ein Sicherheitsdatenblatt erstellt werden. Soweit es sich um ein Gefahrgut handelt, wird dort der jeweilige Stoff mit einer vierstelligen Nummer, der sogenannten UN- Nummer, erfasst. Aus dieser UN Nummer werden die Anforderungen für den Transport im öffentlichen Verkehrsraum abgeleitet. Dazu gehören neben der Verpackung des Gutes auch dessen Kennzeichnung, die Festlegung über die Art der Beförderungsmittels und dessen Ausrüstung und Bezettelung sowie die Qualifikation des Fahrzeugführers. Ein mit Diesel beladener Tankcontainer wird mit Gefahrzetteln und einer Warntafel gekennzeichnet. Auch ohne Kenntnisse zum Gefahrgut werden die anderen Verkehrsteilnehmer durch diese Kennzeichnung auf eine vorhandene Gefahr hingewiesen. Wer käme allerdings auf die Idee seinen PKW nach dem Einkauf von verschiedenen Pflegeprodukten wie Rasiergel, Haarlack oder Glasreiniger in Druckgasverpackungen (umgangssprachlich Spraydosen) vom Supermarkt bis nach Hause mit Warntafeln und Gefahrzetteln zu bezetteln. Auch hier handelt es sich um gefährliche Güter im Sinne des Gefahrgut-

△ Gefahrgut-Lkw

rechts. Der Gesetzgeber hat deshalb in den Gefahrgutvorschriften Ausnahmen und Freistellungsregelungen für bestimmte Mengen von Gefahrgütern geschaffen. Wann diese Freistellungsregelungen zur Anwendung kommen und welche Voraussetzungen erfüllt sein müssen hängt von der Art, der Menge und der Verpackung des jeweiligen Gefahrguts ab.

1 Nationale und internationale Rechtsvorschriften

1.1 Verhältnis von nationalem Recht zu internationalem Recht

Wirtschafts- und Sozialausschuss der Vereinten Nationen

- UN-Empfehlungen für Gefahrguttransporte mit allen Verkehrsträgern
- Empfehlungen der internationalen Atomenergie Organisation für Transporte radioaktiver Stoffe

UN-Modellvorschriften ORANGE BOOK
(die Vorschriften werden in einem orangefarbenen Buch veröffentlicht)

UN-SONDERKOMISSIONEN
(ICAO, IMO, ECE, OCTI, OCTIF) beraten und erlassen internationale Vorschriften

Landverkehre:
ADR Straße
RID Schiene
ADN Binnenschifffahrt

Seeverkehr über IMO (u. a. SOLAS, IMDG-Code, IBC-Code)
Luftverkehr über ICAO und IATA (ICAO-TI, IATA-DGR)

EU Anpassungsrichtlinien über die Beförderung gefährlicher Güter
ADR/RID Anpassungsrichtlinie
EU-Sicherheitsberaterrichtlinie
EU Gefahrgutkontrollverordnung

Umsetzung in nationales Recht

Gesetze: Gesetz über die Beförderung gefährlicher Güter (GGBefG), Luftverkehrsgesetz (LuftVG)

Verordnungen: Gefahrgutverordnung Straße, Eisenbahn und Binnenschifffahrt (GGVSEB), Gefahrgutverordnung Seeverkehr (GGVSee), Gefahrgutausnahmeverordnung (GGAV), Gefahrgutbeauftragtenverordnung (GbV) u. a.

Für die Gefahrgutbeförderung relevante nationale Rechtsvorschriften aus dem nationalen Umgangsrecht: Bundesimmissionsschutzgesetz, Kreislaufwirtschafts- und Abfallgesetz, Chemikaliengesetz, Gefahrstoffverordnung, Wasserhaushaltsgesetz, Straßenverkehrsverordnung u. a.

ADR: Europäisches Übereinkommen über die Beförderung gefährlicher Güter auf der Straße
RID: Ordnung für die internationale Eisenbahnbeförderung gefährlicher Güter
ADN: Europäisches Übereinkommen über die internationale Beförderung gefährlicher Güter auf Binnenwasserstraßen

GEFAHRGUTTRANSPORTE

Die Grundlage zur Regelung der Beförderung gefährlicher Güter in öffentlichen Verkehrsräumen bilden die Empfehlungen der Vereinten Nationen. Dabei ist zwischen den Regelungen für die einzelnen Verkehrsträger zu unterscheiden. Eine Aktualisierung erfolgt im Rhythmus von zwei Jahren, im Luftverkehr sogar jährlich. Die UNO-Empfehlungen für die Verkehrsträger Luftverkehr und Seeverkehr gelten weltweit und werden in den jeweiligen Ländern unmittelbar angewandt bzw. in nationales Recht umgesetzt. Im Europäischen Landverkehr, zu dem der Straßenverkehr, der Schienenverkehr und die Binnenschifffahrt gehören, erfolgt die Umsetzung der UNO-Empfehlungen durch die UN-ECE[1] im ADR, die OTIF (Zwischenstaatliche Organisation für den internationalen Eisenbahnverkehr) im RID und die Zentralkommission für Rheinschifffahrt im ADN. Innerhalb der Europäischen Union werden diese Vorschriften über EU-Richtlinien mit dem Ziel, eine weitgehende Harmonisierung der Rechtsvorschriften zu erreichen, angepasst. Die Binnenland-Richtlinie und die EU-Gefahrgutrichtlinie sind die Grundlage für die jeweilige nationale Gesetzgebung.

GESETZ

Nach § 2 Abs. 1 Gefahrgutbeförderungsgesetz (GGBefG) sind gefährliche Güter Stoffe und Gegenstände, von denen aufgrund ihrer Natur, ihrer Eigenschaften oder ihres Zustands im Zusammenhang mit der Beförderung Gefahren für die öffentliche Sicherheit oder Ordnung, insbesondere für die Allgemeinheit, für wichtige Gemeingüter, für Leben und Gesundheit von Menschen sowie für Tiere und Sachen ausgehen können.

1.2 Gefahrgutverordnung Straße, Eisenbahn und Binnenschifffahrt (GGVSEB)

GGVSEB

Rechtsverordnung zur Umsetzung ADR/RID/ADN in nationales Recht unter Beachtung von nationalen Bedingungen und Besonderheiten

Inhalt:
Rahmenverordnung mit Regelungen zu allgemeinen Sicherheitspflichten, Zuständigkeiten, Ordnungswidrigkeiten

Anlage 1:
Festlegungen zur Fahrwegbestimmung

Anlage 2:
Besondere Sicherheitsbestimmungen

Mit Hilfe der Gefahrgutverordnung Straße, Eisenbahn und Binnenschifffahrt (GGVSEB) werden ADR, RID, ADN in nationales Recht umgesetzt. Das GGVSEB wird in gleichen zeitlichen Abständen überarbeitet und angepasst wie die internationalen Vorschriften. Als Rahmenverordnung regelt das GGVSEB zum Beispiel Begriffe, allgemeine Sicherheitspflichten und Ordnungswidrigkeiten. Die Anlage 1 trifft Festlegungen zur Fahrwegbestimmung, die Anlage 2 enthält besondere Sicherheitsvorschriften und Ausschlüsse von der Beförderung. Unter Vorrang dieser Festlegungen gelten die Anlagen A und B des ADR/RID/ADN auf nationaler Ebene. Für grenzüberschreitende Transporte gelten ausschließlich ADR/RID/ADN.

---

[1] UN-ECE = Wirtschaftskommission der UNO für Europa

1.3 Umsetzung der Gefahrgutvorschriften im Unternehmen

1.3.1 Unterweisung von Beauftragten Personen

Verantwortlich für die Umsetzung der Gefahrgutvorschriften im Unternehmen ist der Unternehmer. Ihm obliegt das sogenannte Gefahrgutmanagement. Bei Vorliegen der gesetzlichen Voraussetzungen muss der Unternehmer einen EU-Sicherheitsberater (Gefahrgutbeauftragten) bestellen und die an der Gefahrgutbeförderung beteiligten Personen und deren Beauftragte nach GGVSEB/ADR unterweisen.

Unterweisung nach 1.3 ADR/RID/IMDG-Code/8.2.3 ADR/§§ 27 und 29 GGVSEB verantwortlich: Unternehmer (kann andere Personen beauftragen, z. B. Gefahrgutbeauftragten)			
Wer	**Wann**	**Worüber**	**Wie**
muss unterwiesen werden			
Beteiligte Personen, Beschäftigte von Unternehmen, das Pflichten bei der Beförderung **nach 1.4 ADR hat**	grundsätzlich **vor Aufnahme** der Tätigkeit	**Allgemeine Unterweisung Aufgabenbezogene Unterweisung** (detailliert, funktions-, tätigkeits- und kenntnisbezogen) **Sicherheitsunterweisung** zu Notfallmaßnahmen bei Zwischenfällen	dokumentierte **Schulungen** mindestens einmal jährlich (Nachweis- und Aufbewahrungspflicht fünf Jahre)
Kontrolle: Gefahrgutbeauftragter, soweit ein solcher nach §§ 1 und 3 GbV zu bestellen ist			

1.3.2 Bestellung eines EU-Sicherheitsberaters/Gefahrgutbeauftragten

	Sicherheitsberater für die Beförderung gefährlicher Güter/ Gefahrgutbeauftragter nach GbV
Rechtsgrundlage	Gefahrgutbeauftragtenverordnung (GbV) in Umsetzung der EU-Sicherheitsberaterrichtlinie
Bestellung	Das Unternehmen ist Beteiligter nach GGVSEB oder trägt Pflichten als Beteiligter. **Bestellung:** Ausdrückliche Bestellung und Bekanntgabe durch Aushang im Unternehmen (§ 3 GbV)
Befreiung von der Bestellung	• Unternehmen führt Beförderungen durch, die unter die Freistellungsregelungen nach 1.1.3.6/ 3.4/ 3.5 ADR fallen, • Unternehmen transportiert pro Kalenderjahr maximal 50 t netto gefährlicher Güter für den Eigenbedarf oder • das Unternehmen ist ausschließlich als Auftraggeber des Absenders bzw. ausschließlich als Entlader an der Beförderung gefährlicher Güter von nicht mehr als 50 t netto pro Kalenderjahr beteiligt (§ 2 GbV).
Qualifikation des Gefahrgutbeauftragten	Schulungsnachweis in Form einer IHK Prüfung nach GbV, die alle fünf Jahre zu wiederholen ist (§§ 4 und 6 GbV).

Fortsetzung nächste Seite

	Sicherheitsberater für die Beförderung gefährlicher Güter/ Gefahrgutbeauftragter nach GbV
Pflichten	• Führen von schriftlichen Aufzeichnungen zur Überwachungstätigkeit der Unternehmen • Überwachung der Einhaltung der Gefahrgutvorschriften • Einhalten der Aufbewahrungspflicht von fünf Jahren für alle Unterlagen • Erstellen des Unfallberichts bei einem Unfall mit Gefahrgut unverzüglich veranlassen. • Erstellen des Jahresberichts über die Tätigkeiten des Unternehmens in Bezug auf die Gefahrgutbeförderung, soweit vereinbart Unterweisung beteiligter Personen, Kontrolle der Unterweisung beteiligter Personen (§ 8 GbV)

MERKE

Verantwortlich für die Umsetzung der Gefahrgutvorschriften im Unternehmen ist der Unternehmer. Ihm obliegen die Unterweisung nach 1.3. ADR und die Bestellung eines Gefahrgutbeauftragten.

2 Organisation von Gefahrguttransporten durch den Spediteur

2.1 Beteiligte an der Gefahrgutbeförderung

Das Gefahrgutrecht weist den Beteiligten an der Gefahrgutbeförderung Aufgaben und Verantwortlichkeiten zu; siehe § 410 HGB und Ziff. 3.2. ADSp. Zu beachten ist dabei, dass es Regelungen gibt, die vom Fracht- und Speditionsrecht abweichen bzw. zusätzlich zu diesem gelten.

Transportkette in der Gefahrgutbeförderung

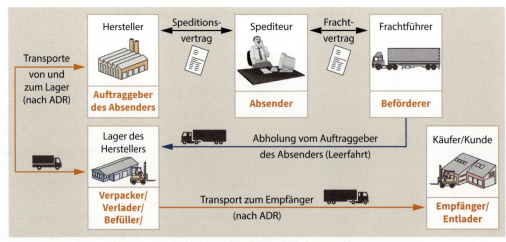

2.2 Verhältnis Umgangsrecht zu Beförderungsrecht

Hersteller →		Spediteur/ Frachtführer →	Empfänger	
Herstellung, Be- und Verarbeitung, Lagerung	Klassifizieren Verpacken Kennzeichnen Verladen	Transport im öffentlichen Verkehrsraum	Entladen Auspacken	Be- und Verarbeitung, Lagerung
Auftraggeber des Absenders **ABSENDER VERSENDER**	**VERPACKER VERLADER BEFÜLLER ABSENDER**	**BEFÖRDERER**	**ENTLADER**	**EMPFÄNGER**
	BEFÖRDERUNG nach ADR			
Umgangsrecht	Umgangsrecht + Beförderungsrecht			Umgangsrecht

Die Beförderung nach ADR umfasst neben der Ortsveränderung auch die Übernahme und die Auslieferung des Gutes, zeitweilige Aufenthalte während der Beförderung sowie Vorbereitungs- und Abschlusshandlungen (§ 2 Abs. 2 GGBefG). Zusätzlich gilt während der Beförderung auch das sogenannte Umgangsrecht. Grundlage für die nationale Regelungen ist die CLP-VO (EG) zur Klassifizierung, Kennzeichnung und Verpackung von Chemikalien. Die nationale Umsetzung erfolgt im Chemikaliengesetz (ChemG) und u. a. in der Gefahrstoffverordnung (Umgangsrecht). Die Vorschriften dienen dem Schutz von Menschen und Umwelt vor schädlichen Einwirkungen durch gefährliche Stoffe.

> **MERKE**
>
> Das Umgangsrecht gilt während der gesamten Beförderung.

2.3 Verantwortlichkeiten der Beteiligten und deren Aufgaben nach ADR/GGVSEB

Die Aufgaben und Verantwortlichkeiten der Beteiligten am Gefahrguttransport werden in der Übersicht auf Seite 434 dargestellt. Zu beachten ist, dass ein Unternehmen auch mehrere Rechtspositionen als Beteiligter haben kann. Der Spediteur kann Absender und Beförderer zugleich sein, wenn er beispielsweise die Güter für den Auftraggeber im Selbsteintritt transportiert.

> **MERKE**
>
> Aufgaben und Verantwortlichkeiten der Beteiligten werden mit jeder Aktualisierung des ADR überarbeitet. Herstellern, Wiederaufarbeitern und Wiederinstandsetzern (Rekonditionierer) von Verpackungen und Tanks werden besondere Pflichten zur Umsetzung des aktuellen Stands von Wissenschaft und Technik übertragen.

GEFAHRGUTTRANSPORTE

Beteiligte am Gefahrguttransport nach ADR/GGVSEB (§ 17 ff.)

Auftraggeber des Absenders ist derjenige, der einen anderen mit dem Transport beauftragt, wenn der Beauftragte den Transportauftrag an Dritte weitergibt (Speditionsvertrag/ fremder FF). Er ist verantwortlich für Prüfen der Zulässigkeit der Beförderung und Kontrolle der Klassifizierung der gefährlichen Güter, schriftliche Mitteilung an den Absender zu allen Angaben nach ADR. Auf die Regelungen nach Kapitel 3.4 und 3.5 hinweisen.

Beförderer (1.4.2.2) ist das Unternehmen, das die Beförderung mit oder ohne Beförderungsvertrag durchführt. Er ist verantwortlich für die Übergabe der Schriftlichen Weisung und der Ladungssicherungsausrüstung an die Fahrzeugbesatzung, Ausrüsten der Fahrzeuge mit Feuerlöschgeräten nach ADR.

Fahrzeugführer/Beifahrer ist Erfüllungsgehilfe des Beförderers, er handelt im Auftrag des Unternehmens, das für die Einhaltung der Gefahrgutvorschriften zuständig ist. Er ist verantwortlich für Anbringen der Kennzeichnung an Beförderungseinheit/Container, Mitführen der Begleitpapiere und Ausrüstungsgegenstände.

Verpacker (1.4.3.2) ist ein Unternehmen, das gefährliche Güter in Verpackungen/ Großverpackungen/Großpackmittel (IBC) einfüllt und ggf. Versandstücke zur Beförderung vorbereitet. Er ist verantwortlich für die Einhaltung der Vorschriften über das Verpacken, Umverpacken, Kennzeichnen und Zusammenpacken von Gütern.

Empfänger (1.4.2.3) ist der frachtvertragliche Empfänger. Liegt kein Beförderungsvertrag vor, ist der Empfänger das Unternehmen, das die gefährlichen Güter bei der Ankunft übernimmt. Er ist verantwortlich für das unverzügliche Entladen, Prüfen ob die Gefahrgutvorschriften eingehalten wurden.

Absender (1.4.2.1) ist das Unternehmen, das selber oder für einen Dritten gefährliche Güter versendet. Er ist verantwortlich für schriftliche Information des Beförderers zum Gefahrgut, besonderen Hinweis bei begrenzten Mengen, Prüfen der Zulässigkeit der Beförderung, Übergeben der erforderlichen Begleitpapiere.

Verlader (1.4.3.1) ist das Unternehmen, das verpackte gefährliche Güter in ein Fahrzeug oder einen Container auf ein Fahrzeug verlädt. Er ist verantwortlich dafür, dass die übergebenen Güter zum Transport zugelassen sind, die Verpackung den Gefahrgutvorschriften entspricht, die Verpackung nicht beschädigt ist, die Kennzeichnungsvorschriften eingehalten werden.

Befüller (1.4.3.3) ist das Unternehmen, das gefährliche Güter in einen Tank, einen Wagen, ein Fahrzeug oder einen Container für lose Schüttung einfüllt. Er ist verantwortlich für Prüfen der Dichtheit der Verschlusseinrichtungen, Anbringen der Kennzeichnung an Tanks/ Tankcontainern, Prüfen der Zulässigkeit der Beförderung.

Entlader (1.4.3.7) ist das Unternehmen, welches Fahrzeuge, Container oder Tanks absetzt, entlädt oder entleert. Er ist verantwortlich für das Entladen der richtigen Güter, Entfernen von Rückständen aus dem Fahrzeug sowie dessen Reinigung und Entgiftung.

3 Verzeichnis gefährlicher Güter nach ADR

3.1 Tabelle A

Alle zur Beförderung zugelassenen gefährlichen Güter sind im Teil 3 des ADR im Verzeichnis der gefährlichen Güter kurz Tabelle A (siehe Seite 436), aufgeführt. Die 20 zum Teil nochmals unterteilten Spalten enthalten neben UN-Nummer, Benennung, Gefahrklasse, und Verpackungsgruppe auch die Freistellungsregelungen, die Vorschriften zu den Fahrzeugen, zur Art der Verpackung, Sondervorschriften für die Beförderungen sowie die Handhabung der Be- und Entladung. Die Tabelle wird regelmäßig aktualisiert und ggf. ergänzt. Grundlage für die Klassifizierung bilden in der Regel die Sicherheitsdatenblätter der Hersteller von Gefahrstoffen, die chemischen Eigenschaften und die Zusammensetzung des Stoffes.

3.2 Klassifizierung von Gefahrgut

3.2.1 UN-Nummer

Gefahrgüter werden auf der Grundlage der von der UNO vergebenen vierstelligen Stoffnummer (UN-Nummern) identifiziert. Sie ermöglicht die Unterscheidung von Stoffen, Lösungen oder Gemischen und bildet die Grundlage für Festlegung von Maßnahmen zur Gefahrgutbeförderung. Das ADR umfasst gegenwärtig mehr als 3 500 UN-Nummern – nicht alle sind belegt – einzelne UN-Nummern enthalten eine Mehrfachbelegung und werden durch die jeweilige Verpackungsgruppe differenziert. Die UN-Nummer gibt nicht den Gefährdungsgrad an. Im Ergebnis werden die gefährlichen Güter in der Tabelle A (siehe Seite 436) des ADR nach den dort aufgeführten Kriterien zugeordnet. Die UN-Nummer muss auf jeder Gefahrumschließung angebracht sein.

BEISPIEL

Die UN-Nummer Spalte (1) Tabelle A (siehe Seite 436), 1230 ist stoffspezifisch, das heißt, es gibt nur einen namentlich genannten Stoff mit dieser UN Nummer.

Tabelle A (Auszug)

UN-Nummer	Benennung und Beschreibung	Klasse	Klassifizierungscode	Verpackungsgruppe	Gefahrzettel	Sondervorschriften	Begrenzte und freigestellte Mengen		Verpackung			Ortsbewegliche Tanks und Schüttgutcontainer	
									Anweisungen	Sondervorschriften	Zusammenpackungen	Anweisungen	Sondervorschriften
	3.1.2	2.2	2.2	2.1.1.3	5.2.2	3.3	3.4/3.5.1		4.1.4	4.1.4	4.10	4.2.5.2 7.3.2	4.2.5.3
(1)	(2)	(3a)	(3b)	(4)	(5)	(6)	(7a)	(7b)	(8)	(9a)	(9b)	(10)	(11)
3142	DESINFEKTIONSMITTEL, FLÜSSIG, GIFTIG, N. A. G.	6.1	T1	II	6.1	274	100 ml	E4	P001 IBC02		MP 15		
1230	METHANOL	3	FT1	II	3+6.1	279	1L	E2	P001 IBC002		MP19	T7	TP2
1992	ENTZÜNDBARER FLÜSSIGER STOFF, GIFTIG, N. A G (Xylol, Methanol)	3	FT1	II	3+6.1	274	5L	E1	P001 IBC03		MP19	T7	TP1 TP28
1072	SAUERSTOFF, verdichtet	2	1O	1O	2.2+5.1	355 655 662	0	E0	P200		MP9	(M)	
1001	ACETYLEN, gelöst	2	4F	4F	2.1	355 655 662	0	E0	P200		MP9		
1202	DIESELKRAFTSTOFF oder GASÖL oder HEIZÖL, LEICHT (Flammpunkt über 60°C bis einschließlich 100°C)	3	F1	III	3	363 640M 664	5L	E1	P001 IBC03 Lp01 R001		MP19	T2	TP1
1203	BENZIN oder OTTOKRAFTSTOFF	3	F1	II	3	243 363 534 664	1L	E2	P001 IBC02 R001	BB2	MP19	T4	TP1
1950	DRUCKGASPACKUNGEN entzündbar	2	5F		2.1	190 327 344 625	1L	E0	P207 LP02	PP87 RR6 L2	MP9		

UN-Nummer	Benennung und Beschreibung	ADR-Tanks		Fahrzeug für die Beförderung in Tanks	Beförderungskategorie (Tunnelbeschränkungscode)	Sondervorschriften für die Beförderung				Nummer zur Kennzeichnung der Gefahr
		Tankcodierung	Sondervorschriften			Versandstücke	Lose Schüttung	Be- und Entladung, Handhabung	Betrieb	
	3.1.2	4.3	4.3.5, 6.8.4	9.1.1.2	1.1.3.6 (8.6)					
(1)	(2)	(12)	(13)	(14)	(15)	(16)	(17)	(18)	(19)	(20)
3142	DESINFEKTIONSMITTEL, FLÜSSIG, GIFTIG, N. A. G.	L4BH	TU15 TE19	AT	2 (D/E)	V12		CV13 CV28	S9 S19	60
1230	METHANOL	L4BH	TU15	FL	2 (D/E)			CV13 CV28	S2 S19	336
1992	ENTZÜNDBARER FLÜSSIGER STOFF, GIFTIG, N. A. G (Xylol, Methanol)	L4BH	TU15	FL	2 (D/E)			CV13 CV28	S2 S22	336
1072	SAUERSTOFF, verdichtet	CxBN (M)	TA 4 TT9	AT	3 (E)			CV9 CV10 CV36		25
1001	ACETYLEN, gelöst	PxBN (M)	TU17 FA 4 TT 9	FL	2 (B/D)			CV9 CV10 CV36	S2	239
1202	DIESELKRAFTSTOFF oder GASÖL oder HEIZÖL, LEICHT (Flammpunkt über 60°C bis einschließlich 100°C)	LGBV	TT9	AT	3 (D/E)	V12				30
1203	BENZIN oder OTTOKRAFTSTOFF	LGBF	TU9	FL	2 (D/E)				S2 S20	33
1950	DRUCKGASPACKUNGEN entzündbar				2 (D)	V14		CV9 CV12	S2	

3.2.2 Gefahrklassen

Gefährliche Güter werden in die folgenden weltweit einheitlichen Gefahrklassen eingeteilt, siehe Spalte 3a der Tabelle A (siehe S. 436). Die Zuordnung wird nach den Stoffeigenschaften und den klassenspezifischen Merkmalen in Haupt- und Unterklassen vorgenommen.

Gefahrklasse	Bezeichnung	Beispiel
1	explosive Stoffe und Gegenstände mit Explosivstoff	Feuerwerkskörper
2	Gase	Butangas
3	entzündbare flüssige Stoffe (brennbare Flüssigkeiten)	Diesel, Benzin
4.1	entzündbare feste Stoffe, selbstzersetzliche Stoffe und desensibilisierte explosive feste Stoffe	Kohle
4.2	selbstentzündliche Stoffe	Phosphor
4.3	Stoffe, die in Berührung mit Wasser entzündbare Gase entwickeln	Natrium
5.1	entzündend (oxidierend) wirkende Stoffe	Natriumchlorat
5.2	organische Peroxide	Wasserstoffperoxid
6.1	giftige Stoffe	Rattengift
6.2	ansteckungsgefährliche Stoffe	Krankenhausabfälle
7	radioaktive Stoffe	Uran
8	ätzende Stoffe	Schwefelsäure
9	verschiedene gefährliche Stoffe und Gegenstände	Asbest

BEISPIEL

UN 3142, Desinfektionsmittel, flüssig, giftig, N.A.G., wird der Klasse 6.1 zugeordnet. Es handelt sich um einen giftigen Stoff.

N.A.G. (auch n.a.g.) steht für „nicht anderweitig genannte Eintragung", eine Sammelbezeichnung, der solche Stoffe, Gemische, Lösungen oder Gegenstände zugeordnet werden können, die in der laut ADR nicht namentlich genannt sind und chemische, physikalische und/oder gefährliche Eigenschaften besitzen, die der Klasse, dem Klassifizierungscode, der Verpackungsgruppe und der Benennung der N.A.G.-Eintragung entsprechen.

3.2.3 Klassifizierungscodes

Innerhalb der Gefahrklassen werden die gefährlichen Güter nach den Stoffeigenschaften klassifiziert. Die Großbuchstaben werden einzeln oder kombiniert zu geordnet, siehe Tabelle A Spalte 3b. Die Bedeutung ist abhängig von der Gefahrklasse.

F	entzündbar	R	radioaktiv
S	selbstentzündlich	C	ätzend (corosiv)
W	mit Wasser reagierend	M	verschiedenartig (miscellaneous)
O	entzündend (oxidierend) wirkend	D	desensibilisierter explosiver Stoff
T	giftig (toxic)	S/SR	selbstzersetzlicher Stoff (selfreactiv)
I	ansteckungsgefährlich (infectious)	P	organisches Peroxid
A	erstickend wirkende Stoffe (Gase) asphyxiant	Kombination	**TFC** = giftig, entzündbarer Stoff, ätzend **TOC** = giftig, oxidierend, ätzend

BEISPIEL

UN 3142 Desinfektionsmittel, flüssig, giftig, N.A.G. wird der Klassifizierungscode T1 zugeordnet. Das T steht für giftig, die Ziffer 1 steht für flüssig.

3.2.4 Verpackungsgruppen

Über die Verpackungsgruppe wird das Gefährdungspotenzial festgelegt (Tabelle A Spalte 4).

Verp.gruppe	Gefahrengrad		Besondere Regelungen	
			Klasse 6.1	Klasse 8
I oder X	Stoffe mit hoher Gefahr	sehr gefährlich	sehr giftig	sehr ätzend
II oder Y	Stoffe mit mittlerer Gefahr	gefährlich	giftig	ätzend
III oder Z	Stoffe mit geringer Gefahr	weniger gefährlich	weniger giftig	weniger ätzend

BEISPIEL

Der UN 3142, Desinfektionsmittel, flüssig, giftig, N.A.G. wird der Verpackungsgruppe II zugeordnet. Der Stoff ist **giftig**, es liegt eine **mittlere** Gefahr vor.

3.2.5 Tunnelkategorien und Tunnelbeschränkungscodes (TBC)

TBC Tunnel-kategorie	Kennzeichnung des Tunnels		BESCHRÄNKUNGEN für GEFAHRGUTTRANSPORTE	Zulässig für Güter mit Tunnelkategorie (Tabelle A ADR Spalte 15)
	Verkehrszeichen	Zusatz		
A	(blaues Tunnelschild)	ohne	kein Verbot für im Straßentransport zugelassene Gefahrgüter	alle Transporte
B	(rotes Verbotsschild)	B	Verbot für Gefahrgüter mit großer Explosionsgefahr	A
C		C	wie Tunnelkategorie B, jedoch zusätzlich noch große Explosionsgefahr und Freisetzung giftiger Gase	A und B
D		D	wie Tunnelkategorie C und zusätzlich große Feuergefahr	A, B und D
E		E	Verbot für alle kennzeichnungspflichtigen Beförderungseinheiten mit Gefahrgütern	A, B, C und D

ZUNAHME der GEFAHR →

Erstellt nach 1.9.5.2.2 ADR C. J. Kuchta

Mit der Änderung des ADR 2007 wurden erstmals die Tunnelbeschränkungscodes ins ADR aufgenommen. Schwere Tunnelunfälle, wie der Gefahrgutunfall im Tauerntunnel (Österreich) im Jahr 1999 mit 12 Toten und 46 Verletzten, zwangen den Gesetzgeber zum Handeln. Tunnel werden nach 1.9.5.2.2 ADR in sogenannte Tunnelkategorien unterteilt. Die Klassifizierung erfolgt nach den Kriterien Brandrisiko, Explosionsrisiko und Freisetzung giftiger Stoffe. Jedem Gefahrgut wird aufgrund seines Gefahrpotenzials ein Tunnelbeschränkungscode (TBC) zugeordnet, der das Befahren von Tunneln mit der jeweiligen Ladung regelt. Die Angabe des TBC erfolgt im Beförderungspapier und kann der Spalte 15 der Tabelle A des ADR entnommen werden (siehe Seite 436). Bei Angabe von zwei Buchstaben, z. B. D/E, gilt der erste Buchstabe jeweils für die Beförderung in Tanks, der zweite Buchstabe für alle anderen Gefahrguttransporte. Für die jeweilige Tunnelkategorie gelten die nebenstehenden Angaben.

BEISPIEL

Der UN 1230, Methanol ist im ADR der Tunnelbeschränkungscode D/E zugeordnet. Dieser muss im Beförderungspapier enthalten sein. D gilt für die Beförderung in Tanks, E für die verpackten Güter.

- Beförderung in Tanks erlaubt in Tunnel A, B und C, verboten in Tunnel D und E
- Beförderung in Verpackungen erlaubt in Tunnel A, B, C und D, verboten in Tunnel E

3.3 Zusammenladeverbote und Trenngebote

Für bestimmte Gefahrgüter gelten nach 7.5.2 ADR Zusammenladeverbote. Das Zusammenladeverbot richtet sich nach dem Gefahrzettel des Gefahrguts, sie werden im ADR tabellarisch dargestellt. Im Sammelladungsverkehr ist der Erstspediteur für die Einhaltung der Zusammenladeverbote verantwortlich. Werden Nahrungs-, Genuss- und Futtermittel gemeinsam mit Gefahrgut befördert, sind beim Transport bestimmte Trenngebote zu beachten.

4 Durchführung von kennzeichnungspflichtigen Gefahrguttransporten

4.1 Kennzeichnung und Bezettelung der Gefahrgüter und der Beförderungseinheiten

Gefahrgüter, die im öffentlichen Verkehrsraum befördert werden, müssen gekennzeichnet werden. Dies betrifft auch die freigestellten Mengen in dem jeweils vorgeschriebenen Umfang. Zu unterscheiden ist zwischen der Kennzeichnung und Bezettelung der Gefahrgüter und deren Verpackung, und der Kennzeichnung der Beförderungseinheit. Beförderungseinheit im Sinne des Kap. 1.2 ADR ist ein Kraftfahrzeug ohne Anhänger oder eine Einheit aus einem Kraftfahrzeug mit Anhänger.

4.1.1 Orangefarbene Warntafel

Die Warntafel dient der Kennzeichnung der Beförderungseinheit, das heißt des Fahrzeugs, Tanks oder Containers während der Beförderung. Sie weist andere Verkehrsteilnehmer auf eine Gefahr der Ladung hin.
Werden Versandstücke oder Güter der Klassen 1 oder 7 befördert, ist die Beförderungseinheit mit einer (neutralen) orangefarbenen Tafel zu kennzeichnen. Die Maße sind vom Gesetzgeber mit 40 cm Breite x 30 cm Höhe vorgeschrieben. (Abweichend für Kleinfahrzeug 30 cm x 12 cm). Auch

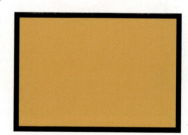

△ *Neutrale Warntafel*

das Material der Warntafel ist vorgeschrieben, um ein Lösen der Tafel im Brandfall zu verhindern.

Warntafel mit Kennzeichnungsnummer ADR/RID am Beispiel Methanol

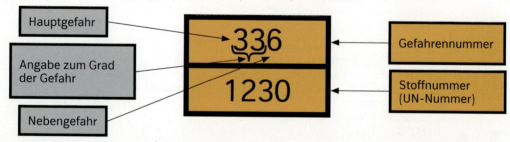

Die Anwendung einer Warntafel mit Kennzeichnungsnummer erfolgt für die Beförderung gefährlicher Güter in Tanks, in loser Schüttung oder eines radioaktiven Stoffes (namentlich genannter spezieller Stoff). Im RID erfolgt die Kennzeichnung generell mit Kennzeichnungsnummer auf der Warntafel.

Die Kennzeichnung der Gefahr erfolgt mit mindestens zwei Ziffern. Die Verdoppelung einer Ziffer weist auf die Zunahme der jeweiligen Gefahr hin. Wird die Gefahr ausreichend mit einer einzigen Ziffer gekennzeichnet, wird als zweite Ziffer eine „0" angefügt. Die erste Ziffer entspricht der Klasse, der das Gefahrgut zugeordnet wird (Hauptgefahr, Spalte 3a Tabelle A). Weist das Gefahrgut zusätzlich auch Eigenschaften einer weiteren Gefahrgutklasse auf (Nebengefahr), wird eine dritte Ziffer hinzugefügt. Für den Fall, dass der Stoff bei Berührung mit Wasser gefährlich reagiert, steht vor der Ziffernkombination ein „X". Die Ziffernkombination kann in der Spalte 20 der Tabelle A (siehe Seite 436) abgelesen werden.

Kennzeichnung der Gefahr (Haupt und Nebengefahren) (Tabelle A Spalte 20)

2	Entweichen von Gas durch Druck oder durch chemische Reaktion	5	oxidierende, brandfördernde Wirkung
		6	Giftigkeit oder Ansteckungsgefahr
3	Entzündbarkeit von flüssigen Stoffen (Dämpfen) und Gasen oder selbsterhitzungsfähiger flüssiger Stoff	7	Radioaktivität
		8	Ätzwirkung
4	Entzündbarkeit von festen Stoffen oder selbsterhitzungsfähiger fester Stoff	9	Gefahr einer spontanen heftigen Reaktion

Bedeutung der Ziffern und Buchstaben

Kennzeichnung der Gefahr		Bemerkungen	Gefahrpotential
30	Null		weniger gefährlich
33	Verdopplung	Zunahme der Gefahr	sehr gefährlich
X423	X	Reagiert gefährlich mit Wasser	sehr gefährlich
336	Verdopplung + Nebengefahr	leicht entzündbarer giftiger Stoff	Sehr gefährlich

BEISPIEL

Beispiel UN 1230 Methanol: Die Kennzeichnung der Gefahr erfolgt in der Spalte 20 der Tabelle A mit 336. Die erste Ziffer drei steht für die **Hauptgefahr**. Aufgrund der Stoffeigenschaften handelt es sich bei Methanol um einen entzündbaren, flüssigen Stoff der Gefahrklasse 3. Mit der zweiten Ziffer **drei** wird auf das hohe Gefahrpotenzial aufgrund der **leichten Entzündbarkeit** hingewiesen (Verdoppelung der Gefahr). Methanol ist ein giftiger Stoff, darauf verweist die Ziffer **sechs zur Kennzeichnung der Nebengefahr**.

4.1.2 Gefahrzettel oder Großzettel

Gefahrgüter müssen bezettelt werden, um das jeweilige Gefahrpotenzial während der Beförderung zu erkennen. Die Bezettelung erfolgt am Gefahrgut und an der Beförderungseinheit. Tanks und Container müssen ebenfalls mit Großzetteln gekennzeichnet werden. Das ADR schreibt die Größe für Gefahrzettel (10 cm x 10 cm) und Großzettel (25 cm x 25 cm) , die an Versandstücken anzubringen sind, verbindlich vor. Sie werden auch als **Placards** bezeichnet.

Beispiele für Gefahrzettel (vergleiche auch Darstellung auf der Schriftlichen Weisung):

Für die Anzahl der anzubringenden Großzettel gelten die nachfolgenden Vorschriften.

4.2 Beispiele für die Kennzeichnung

	Anforderungen an die Kennzeichnung	Kennzeichnung Kapitel 5.3.1 ADR
Versandstücke in kennzeichnungspflichtigen Mengen	Die Außenverpackung einer zusammengesetzten Verpackung wird nach ADR mit UN-Nummer und Gefahrzettel gekennzeichnet. (Innenverpackung wird nach Gefahrstoffverordnung gekennzeichnet)	
Umverpackung	zusätzliche Kennzeichnung mit Gefahrzettel und dem Begriff „Umverpackung", wenn die Innenkennzeichnung nicht erkennbar ist	
Bergungsverpackung	Sonderverpackung, in die beschädigte, defekte oder undichte Versandstücke mit gefährlichen Gütern oder gefährliche Güter, die verschüttet wurden oder ausgetreten sind, eingesetzt werden, um diese zu Zwecken der Wiedergewinnung oder der Entsorgung zu befördern	
Lkw mit verschiedenen gefährlichen Gütern in Versandstücken (Klasse 3, 6.1, 8)	Neutrale orangefarbene Tafel vorne und hinten am Lkw. Bei Fahrzeugen mit Anhänger erfolgt die Kennzeichnung am Anhänger hinten. (Gilt auch, wenn der Anhänger vom Zugfahrzeug getrennt wird).	
Tankcontainer	Warntafel an beiden Längsseiten mit Angabe von Gefahr- und Stoffnummer; Großzettel an allen vier Seiten des Tankcontainers; Kennzeichnung des Fahrzeugs vorne und hinten mit orangefarbener Tafel (neutral ist zulässig)	
Tanksattelzug	vorne und hinten Kennzeichnung mit den orangefarbenen Tafeln mit Gefahr- und UN-Nummer (Bei mehreren Kammern erfolgt die Kennzeichnung des gefährlichsten Produkts.); Großzettel links, rechts und hinten am Fahrzeug (+ umweltgefährdend)	

4.3 Gefahrgutausrüstung und Feuerlöschausrüstung

Die für alle kennzeichnungspflichtigen Gefahrguttransporte mitzuführende Gefahrgutausrüstung ist in der Schriftlichen Weisung (Seite 4) verbindlich geregelt.

Ausrüstung	Details
Feuerlöscher (ABC-Pulverlöscher nach DIN EN3)	• bis 3,5 t höchstzulässige Masse = 4 kg • bis 7,5 t höchstzulässige Masse = 8 kg • über 7,5 t höchstzulässige Masse = 12 kg (mindestens 2 Stück, davon mindestens einer mit 6 kg)
Zwei selbststehende Warnzeichen	• Warndreiecke oder • reflektierende Warnkegel oder • orange blinkende Warnleuchten
Unterlegkeile (in Abhängigkeit von der Anzahl der Achsen)	nach § 41 StVZO zwei Unterlegkeile für drei und mehr Achsen, ein Unterlegkeil für zwei Achsen
Schutzausrüstung für jedes Mitglied der Fahrzeugbesatzung	• Warnweste • ein tragbares Beleuchtungsgerät • ein Paar Schutzhandschuhe • Augenschutzausrüstung
Spezielle Ausrüstung	• Augenspülflüssigkeit • geeignete Fluchtmaske für Gefahrzettelnummer 2.3 oder 6.1 für jedes Mitglied der Fahrzeugbesatzung • Schaufel, Kanalisationsabdeckung und Auffangbehälter für Gefahrzettelnummern 3; 4.1;4.3; 8;9 – feste oder flüssige Stoffe

4.4 Begleitpapiere nach ADR (Dokumentation)

Im Gefahrgutrecht sind Begleitpapiere vorgeschrieben, vgl. Kapitel 5.4 ADR. Sie sollen den Fahrer und andere Beteiligte über gefahrgutrelevante Vorgänge unterrichten und den Gefahrguttransport für die Überwachungsbehörde dokumentieren. Diese Papiere sind zusätzlich zu den nach Transportrecht vorgeschriebenen Dokumenten mitzuführen.

Begleitpapiere im ADR

Begleitpapiere	Erklärung
Beförderungspapier	ist für kennzeichnungspflichtige Gefahrguttransporte vorgeschrieben (z. B. Frachtbrief, CMR-Frachtbrief, Lieferschein, Speditionsauftrag, Lagerschein)
Schriftliche Weisung	regelt die Maßnahmen und das Verhalten bei Gefahrgutunfällen sowie die mitzuführende Gefahrgutausrüstung

Fortsetzung nächste Seite

ADR-Bescheinigung (ADR-Card)	Nachweis über die Fahrerqualifikation nach ADR (Basiskurs und ggf. Aufbaukurs)
Lichtbildausweis	Identitätsnachweis des Fahrers
Zulassungsbescheinigung	für spezielle Gefahrgutfahrzeuge, soweit diese für das zu befördernde Gut erforderlich ist
weitere Papiere	je nach Transport: Container-Packzertifikat; Fahrzeug-Packzertifikat; Bescheide über Ausnahmegenehmigungen; Fahrwegbestimmungen

4.4.1 Beförderungspapier

Das ADR regelt nicht nur die Inhalte, sondern auch die Reihenfolge der Eintragung in das Beförderungspapier. Die erforderlichen Angaben sind aus dem Verzeichnis der gefährlichen Güter **Tabelle A** des ADR zu übernehmen und einzutragen. Nationale und internationale Beförderungspapiere enthalten für diese Eintragungen vorgesehene Spalten.

BEISPIEL

Es sollen 1 500 l Methanol in Stahlfässern mit einem Lkw transportiert werden. Aus der Tabelle A (siehe Seite 436) können die erforderlichen Informationen entnommen und in das Beförderungspapier eingetragen werden. Die zutreffenden Spalten wurden orange unterlegt.

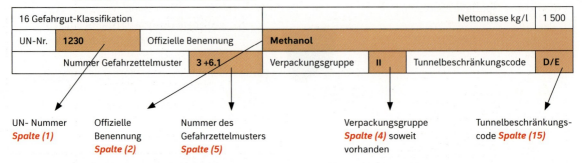

4.4.2 Zulassungsbescheinigung für bestimmte Fahrzeuge

Für die Beförderung bestimmter Gefahrgüter ist der Einsatz von Fahrzeugen mit besonderer technischer und baulicher Ausrüstung erforderlich.

4.5 Verhalten bei Unfällen mit Gefahrgut

Unfälle mit Gefahrgut stellen nach wie vor ein nur schwer kalkulierbares Risiko dar, wenn es zu einem Austritt des jeweiligen Stoffes kommt. In diesen Fällen ist schnelles und kompetentes Handeln erforderlich, um das Risiko für den Menschen und die Umwelt so gering wie möglich zu halten. Bei jedem kennzeichnungspflichtigen Gefahrguttransport muss der Fahrer neben den Beförderungspapieren auch die Schriftliche Weisung in einer für ihn verständlichen Sprache im Fahrerhaus mitführen. Die Schriftliche Weisung enthält klare Anweisung für das Verhalten bei einem Unfall und über die auf dem Fahrzeug mitzuführende Gefahrgutausrüstung. Verantwortlich für die Ausrüstung und die Übergabe der Schriftlichen Weisung ist der Beförderer.

Schriftliche Weisung

Die Seiten zwei und drei enthalten Hinweise für die Fahrzeugbesatzung über die Gefahreigenschaften der gefährlichen Güter nach Klassen und die zu ergreifenden Maßnahmen. Im nebenstehenden Auszug aus der Schriftlichen Weisung werden die Klassen und Gefahreigenschaften dargestellt.

△ Unfall eines Gefahrguttransporters

www.unece.org/fileadmin/DAM/trans/danger/publi/adr/Instructions/German_2015.pdf, S.2–3, abgerufen am 19. Mai 2016

4.6 Qualifikation der Fahrzeugführer

△ Rückseite der ADR-Card mit Angabe der Berechtigungen

Für die Durchführung kennzeichnungspflichtiger Gefahrguttransporte benötigt der Fahrzeugführer eine Schulungsbescheinigung (ADR-Card). Diese wird nach erfolgreicher Teilnahme an der Fahrerschulung (Basiskurs) und der Prüfung vor der IHK erteilt. Fahrerschulung und IHK-Prüfung müssen im Fünfjahresrhythmus wiederholt werden (Auffrischungsschulung). Für die Beförderung von Gefahrgütern der Klassen 1 und 7 sind Aufbaukurse mit gesonderter Schulung und IHK-Prüfung nachzuweisen.

4.7 Fahrwegbestimmung nach § 35 GGVSEB

Das GGVSEB enthält Regeln für den Straßentransport von gefährlichen Gütern, von denen ein erhöhtes Gefahrenpotenzial ausgeht. Diese Stoffe benötigen für den Straßentransport Genehmigungen, Fahrwegbestimmung bzw. Fahrstreckenbeschreibung der zuständigen Behörde und dürfen nur unter Einhaltung der besonderen Vorschriften der Anlage 1 zum § 35 GGVSEB auf der Straße transportiert werden.

Besondere Verkehrszeichen für Gefahrguttransporte (StVO)

Zeichen 261	Zeichen 269	Zeichen 354
Verbot für kennzeichnungspflichtige Kraftfahrzeuge mit gefährlichen Gütern	Verbot für Fahrzeuge mit wassergefährdender Ladung	Wasserschutzgebiet Mahnt Fahrzeugführer mit wassergefährdender Ladung zu besonderer Vorsicht

5 Freistellungsregelungen nach ADR

5.1 Kriterien zur Freistellung von den Gefahrgutvorschriften

Das ADR enthält im Abschnitt 1.1.3 Freistellungsregeln. Unter bestimmten Voraussetzungen wird die Beförderung der Gefahrgüter von den Kennzeichnungspflichten befreit. Ziel dieser Regelung ist die Vereinfachung der Beförderungsabläufe. In diesem Zusammenhang werden insbesondere an die Verpackungen und an die Kennzeichnung der Versandstücke besondere Anforderungen gestellt. Das ADR unterscheidet:

- **Freistellung nach dem Beförderungszweck**
  z. B. Beförderung durch Privatpersonen für den persönlichen oder häuslichen Gebrauch
- **Freistellung nach Ausnahmevorschriften**
  z. B. Freistellung von Lithiumbatterien, Freistellungen aufgrund von Allgemeinverfügungen durch das BMVBS
- **Freistellung als Excepted Quantities (Kap. 3.5 ADR)**

Stoffe, bei denen in der Tabelle A Spalte 7b ein E-Wert eingetragen ist, können unter bestimmten Bedingungen als freigestellte Gefahrgüter befördert werden (siehe unten).

- **Freistellung als begrenzte Menge je Versandstück (Kap. 3.4 ADR)**
  Diese Regelung erlaubt für Stoffe in Versandstücken, für die in der Spalte 7a der Tabelle A ein Mengenwert angegeben ist, eine Freistellung als begrenzte Menge.
- **Freistellung nach Beförderungsmenge je Beförderungseinheit**
  Befreiung von bestimmten Beförderungsvorschriften für den Beförderer/Fahrzeugführer nach Tabelle 1.1.3.6 ADR/RID.

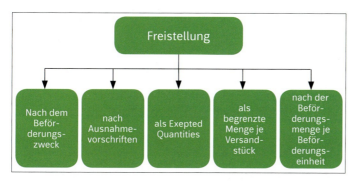

◁ Überblick zu den Freistellungsregelungen nach ADR

5.2 Beförderung von begrenzten Mengen Gefahrgut in Beförderungseinheiten

Die Kennzeichnung der Beförderungseinheit ist nicht erforderlich, wenn die Menge Gefahrgut, die transportiert wird, 1 000 Punkte nicht überschreitet. Die Gefahrgüter werden, je nach Gefahrpotenzial einer Beförderungskategorie zugeordnet, die der Spalte 15 in der Tabelle A (siehe Seite 436) der ADR zu entnehmen ist. Die Zuordnung ist vergleichbar mit der Einordnung in die Verpackungsgruppe. Im Abschnitt 1.1.3.6 des ADR werden die Höchstmengen je Beförderungskategorie vorgegeben.

Für die **Beförderungskategorie 1** gilt: In der Beförderungseinheit dürfen maximal 20 kg/L eines Stoffes ohne Kennzeichnung der Beförderungseinheit transportiert, in der **Beförderungskategorie 2** sind es 333 kg/L und 1 000 kg/L in der **Beförderungskategorie 3**. Diese Höchstmengen entsprechen jeweils 1 000 Punkten. Daher wird bei Beförderung von begrenzten Mengen von der „1 000-Punkte-Regel" gesprochen. Um verschiedene Gefahrgüter mit unterschiedlichem Gefährdungspotenzial miteinander vergleichen zu können, wird ein Multiplikator verwendet. Die Anzahl der Punkte wird auf dem Beförderungspapier angegeben.

Beförderungs-kategorie	Menge	Faktor	Punkte
0	keine Befreiung von der Kennzeichnungspflicht		
1	20 kg/L	50	1 000
2	333 kg/L	3	1 000
3	1 000 kg/L	1	1 000
4	unbegrenzt		

△ Ermittlung 1 000 Punkte

Bei Vorliegen der Voraussetzungen gilt:

Nicht erforderlich: allgemeine Gefahrgutausrüstung, Schriftliche Weisung, **ADR-Bescheinigung für Fahrer,** Anwendung der **Tunnelbeschränkung**

Erforderlich: Eintragung der Punkte gemäß ADR und Angabe der gesetzlich vorgeschriebenen Angaben zu den Gefahrgütern (soweit Beförderungspapier mitzuführen ist), 2 kg ABC-Pulverlöscher (kein zweiter Feuerlöscher). Kennzeichen der Versandstücke nach ADR.

BEISPIEL

Es sollen 150 Liter UN 1230 Methanol, 3 + 6.1, II in Stahlfässern transportiert werden. Aus der Tabelle A Spalte 15 kann die Beförderungskategorie 2 entnommen werden. Der Faktor für die Beförderungskategorie 2 beträgt 3. Somit gilt: 150 · 3 = 450 Punkte ≤ 1 000 Punkte.

Angabe im Beförderungspapier zusätzlich zu den Angaben zum Gefahrgut: „Es wird Gefahrgut nach 1.1.3.6 ADR unterhalb der kennzeichnungspflichtigen Menge befördert." oder nur ein Vermerk auf begrenzte Mengen im Frachtbrief, ohne alle anderen Angaben, wie z. B. UN-Nummer oder Verpackungsgruppe, machen zu müssen.

5.3 Freistellung der Beförderung von in begrenzten Mengen verpackten gefährlichen Gütern

In der Spalte 7a der Tabelle A wird die höchstzulässige Gefahrgutmenge je Innenverpackung angegeben. Die zusammengesetzten Verpackungen dürfen je Außenverpackung **30 kg** und für Trays aus Dehn- oder Schrumpffolie **20 kg** nicht überschreiten. Eine „0" in der Spalte 7a bedeutet: Volle Gefahrgutkennzeichnung und Ausrüstung, es ist keine begrenzte Menge möglich.

Auf den Versandstücken und Umverpackungen mit begrenzten Mengen ist folgende Kennzeichnung vorzunehmen:

 Versandstücke im Luftverkehr

Der Absender muss den Beförderer über die Bruttomenge des Gefahrguts informieren. Die Beförderungseinheit ist vorne und hinten mit Großzetteln in Größe 250 mm x 250 mm zu kennzeichnen, (soweit nicht bereits mit orangefarbenen Tafeln gekennzeichnet) wenn das Fahrzeug mehr als 12 t zulässiges Gesamtgewicht und mehr als 8 t dieser Güter befördert.

Um Risiken im Falle eines Tunnelunfalls zu verringern, schreibt das ADR für diese Beförderungen den Tunnelbeschränkungscode E vor.

5.4 Beförderung von in freigestellten Mengen verpackten Gütern

Anzuwenden ist die Tabelle E (Excepted Quantities) Kapitel 3.5. ADR für in freigestellten Mengen verpackte gefährliche Güter. Diese Erleichterung beim Transport von Gefahrgütern beruht auf der Tatsache, dass das Gefährdungspotenzial eines Gefahrguts sinkt, wenn das gefährliche Gut in viele kleine Einheiten verpackt wird.

Code	Höchste Nettomenge je Verpackung (ml)	Höchste Nettomenge je Außenverpackung (ml)
E0	In freigestellten Mengen nicht zugelassen	
E1	30	1 000
E2	30	500
E3	30	300
E4	1	500
E5	1	300

Angaben in der Tabelle A (siehe Seite 436) des ADR Spalte 7 b : E0 – E5; E0 ist in freigestellten Mengen nicht zugelassen.
Es gelten folgende Anforderungen:

1. **Verpackung:** Verpackungen müssen Mindestanforderungen genügen (Innenverpackungen, Polstermaterial, eine Zwischenverpackung muss den Inhalt aufnehmen, starke und starre Außenverpackung).

2. **Verpackungsprüfung:** Füllgrade werden festgelegt (feste Stoffe 95 %, flüssige Stoffe 98 %). Freifallversuch aus einer Höhe von 1,8 m, Stapeltest

3. **Kennzeichnung des Versandstücks:** Das mit dem ADR 2009 eingeführte Zeichen wurde geändert, die Abmessungen müssen mindestens 100 mm x 100 mm betragen.

4. **Höchstzahl pro Beförderungseinheit:** Anzahl von 1 000 ml darf nicht überschritten werden.

5. **Dokumentation:** Im Beförderungsdokument, wie z. B. CMR-Frachtbrief, müssen der Vermerk „Gefährliche Güter in freigestellten Mengen" und die Anzahl der Versandstücke aufgeführt sein.

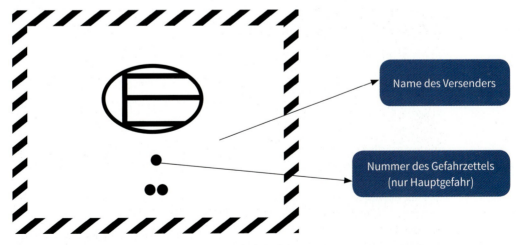

BEISPIEL

Ein Kurierdienst beliefert die Stadtapotheke mit Einmal-Alkoholtupfern (UN 3175). Es sind 200 Kartons zu je 150 g. Jeder Karton enthält 75 einzeln verpackte Alkoholtupfer.
Offizielle Bezeichnung: feste Stoffe, die entzündbare flüssige Stoffe enthalten, N.A.G., EQ 2.
Der Transport ist kennzeichnungsfrei, die Voraussetzungen für die Beförderung als Excepted Quantities sind erfüllt. Der Kurierdienst darf bis zu 1 000 Kartons befördern. Die Kartons sind mit dem Gefahrzettel für EQ zu kennzeichnen, auf dem Beförderungspapier muss der Vermerk „Gefährliche Güter in freigestellten Mengen" und die Anzahl 200 Kartons enthalten sein.

5.5 Gegenüberstellung der Freistellungsregelungen

	Freistellungen von geringen Mengen von Gefahrgut ...		
Bezeichnung nach ADR	... die je Beförderungseinheit befördert werden	... in begrenzten Mengen verpackten gefährlichen Gütern	... in begrenzten Mengen verpackten gefährlichen Gütern
Freistellungsregelung	1 000-Punkte-Regel	Limited Quantities	Excepted Quantities
Rechtsgrundlage im ADR	Kap. 1.1.3.6	Tabelle ADR (7a)	Kap. 1.1.3.4.3, 3.5
Kennzeichnung Versandstück	UN-Nummer einschließlich „UN"	Rautensymbol	Kennzeichnung E mit Versenderang.
Begrenzung	1 000-Punkte-Regel	30 kg (Trays 20 kg)	1 000 ml/g max. 1 000 Stück
Bezettelung	Gefahrzettel oder Großzettel	Rautensymbol Fhz>12t>8t LQ	
Dokumentation	Beförderungspapier nach Ziffer 5.4 ADR	Beförderungspapier	Beförderungspapier
Fahrzeugausrüstung	2 kg Feuerlöscher	keine	keine
Schriftliche Weisung	nein	nein	nein
Warntafeln	nein	nein	nein
Fahrerqualifikation	Unterweisung Kap. 1.3 ADR (siehe Seite 431)		
Tunnelbeschränkungscode	nicht zu beachten	zu beachten > 8 t LQ	nicht zu beachten

PRAXISBEISPIEL 1

Freistellung von begrenzten Mengen in zusammengesetzten Verpackungen

Aufgabe
Für die folgende Lkw-Sendung ist zu prüfen, ob es sich um einen kennzeichnungspflichtigen Gefahrguttransport handelt oder ob eine Freistellungsregelung greift. Die Entscheidung ist zu begründen. Auf folgende Probleme ist einzugehen: Rechtsgrundlage im ADR, Begrenzung, Bezettelung und Kennzeichnung der

Versandstücke, Dokumentation, Fahrzeugausrüstung, Schriftliche Weisung, Warntafeln, Fahrerqualifikation, Tunnelbeschränkungscode. Hilfsmittel: Tabelle A insbesondere Spalte 7a (grün unterlegt), S. 436.

Sendung 1

Posi.	Artikel		Beschreibung
1	068005	4 Pal.	Isana Rasiergel Sensitive 150 ml 1 Palette = 112 Schachteln à 12 Stück UN 1950 Druckgaspackungen, 2.1, begrenzte Menge/ADR Schachtel enthält 12 Stück, Gesamtanzahl Stück (5 376)/12, 1 182,720 kg Bruttogewicht; 448 Schachteln
2	214544	12 Pal.	Isana Men Rasierschaum Sensitive 250 ml 1 Palette = 192 Schachteln à 6 Stück UN 1950, Druckgaspackungen, begrenzte Menge/ADR Schachtel enthält 6 Stück, Gesamtanzahl Stück (13 824)/6, 5 233,766 kg Bruttogewicht; 2304 Schachteln
3	214514	2 Pal.	Isana Men Rasierschaum Classic 250 ml 1 Palette = 192 Schachteln à 6 Stück UN 1950, Druckgaspackungen, 2.1, begrenzte Menge/ADR je Palette Schachtel enthält 6 Stück, Gesamtanzahl Stück (2 304); 873,907 kg Bruttogewicht; 384 Schachteln
4	214583	1 Pal.	Isana Men Rasiergel Sensitive 200 ml 1 Palette = 192 Schachteln à 6 Stück UN 1950, Druckgaspackungen, begrenzte Menge/ADR Schachtel enthält 6 Stück, Gesamtanzahl Stück (1 152)/6; 373,939 kg Bruttogewicht; 192 Schachteln
5	058503	2 Pal.	Isana Deospray Fresh 150 ml 1 Palette = 128 Schachteln à 12 Stück UN 1950 Druckgaspackungen, 2.1, begrenzte Menge / ADR Schachtel enthält 12 Stück, Gesamtanzahl Stück (3072)/12; 706,560 Bruttogewicht; 256 Schachteln

✓ LÖSUNG

Es kommt eine Freistellung der Beförderung nach Kap. 3.4 ADR als begrenzte Menge in zusammengesetzten Verpackungen infrage.

Die Güter sind in Schachteln verpackt. Gemäß 3.4 ADR darf das Gewicht einer Schachtel 30 kg nicht übersteigen (bei Trays 20 kg). Die Innenverpackung darf bei UN 1950 gemäß **Spalte 7a der Tabelle A** maximal 1 l beinhalten. Die einzelnen Positionen sind dahingehend zu prüfen, inwieweit diese Voraussetzungen erfüllt sind.

Position	Artikelnummer	Menge	Innenverpackung	Bruttogewicht in kg je Versandstück	Vorauss. 3.4 ADR	Gesamtgewicht kg
1	068005	4 Pal.	150 ml	1 182,720/ 448 = 2,64	< 30 kg Ja	1 182,720
2	214544	12 Pal.	250 ml	5 233,766/2 304 = 2,27	< 30 kg Ja	5 233,766

Fortsetzung nächste Seite

3	214514	2 Pal.	250 ml	873,907/384 = 2,28	< 30 kg	Ja	873,907
4	214583	1 Pal.	200 ml	373,939/192 =1,95	< 30 kg	Ja	373,939
5	058503	2 Pal.	150 ml	706,560/256 =2,76	< 30 kg	Ja	706,560
Gesamtergebnis							8 370,892

Die Sendung übersteigt ein Gesamtgewicht von 8 t. Das Bruttogewicht je Versandstück ist kleiner 30 kg, die Innenverpackung liegt bei allen Positionen unter 1 l. Es liegt eine freigestellte Menge in zusammengesetzte Verpackung vor. Für die Sendung gelten die Freistellungsregelungen nach ADR 3.4.

Rechtsgrundlage im ADR	Limited Quantities Tabelle ADR (Spalte 7a); LQ; Kap 3.4.1	
Kennzeichnung Versandstück	◆	Rautensymbol
Begrenzung	30 kg (Trays 20 kg) je Versandstück, keine Mengenbegrenzung	
Bezettelung	nicht erforderlich	
Dokumentation	Beförderungspapier soweit erforderlich	
Fahrzeugausrüstung	keine	
Schriftliche Weisung	nein	
Warntafeln	◆	vorn und hinten an der Beförderungseinheit. Fahrzeug > 12 t; Ladung > 8 t
Fahrerqualifikation	Unterweisung Kap. 1.3, dass die Sendung Güter nach Kap. 3.4. ADR enthält.	
Tunnelbeschränkungscode	Fahrzeug > 12 t; Ladung 8,371 t > 8 t deshalb gilt TBC E.	

PRAXISBEISPIEL 2

Durchführung eines Gefahrguttransports und Anwendung der 1 000-Punkte-Regelung

Aufgabe 1
Für die folgende Lkw-Sendung von Erfurt nach Gera ist zu prüfen, ob es sich um einen kennzeichnungspflichtigen Gefahrguttransport handelt oder ob eine Freistellungsregelung des ADR greift. Die Entscheidung ist zu begründen.
Auf folgende Probleme ist einzugehen:
Rechtsgrundlage im ADR, Begrenzung, Bezettelung und Kennzeichnung der Versandstücke, Dokumentation, Fahrzeugausrüstung, Schriftliche Weisung, Warntafeln, Fahrerqualifikation, Tunnelbeschränkungscode

Aufgabe 2
Nachträglich, jedoch noch rechtzeitig, teilt der Auftraggeber mit, dass bei der Übermittlung der Daten ein Fehler aufgetreten ist. Statt einer Stahlflasche Acetyl handelt es sich tatsächlich um zwei Stahlflaschen dieses Stoffes.

Die Angaben werden deshalb für die zweite Sendung korrigiert:
2 Stahlflaschen zu je 15 l = 30 l UN 1001 Acetylen gelöst, 2.1, 4 F, TBC B/D Hilfsmittel: Tabelle „1 000 Punkte", S. 447 und Tabelle A, S. 436

Anz.	Art	Beschreibung der Güter nach ADR		kg/l	TBC
		UN-Nr.	Bezeichnung nach ADR		
2	Kanister	3142	Desinfektionsmittel, flüssig, giftig, N.A.G.	60	D/E
2	Kanister	1230	Methanol	60	D/E
1	Fass	1992	entzündbarer flüssiger Stoff, giftig, N.A.G (Xylol, Methanol)	120	E
2	Stahlfl.	1072	Sauerstoff, verdichtet	100	D/E
1	Stahlfl.	1001	Acetylen gelöst	15	B/D
4	Kanister	1202	Dieselkraftstoff oder Gasöl oder Heizöl, leicht	80	D/E
1	Kanister	1203	Benzin oder Ottokraftstoff	5	D/E

✓ LÖSUNG AUFGABE 1

Die Angaben zum Gefahrgut werden aus den Begleitdokumenten entnommen.
In der Spalte 15 der Tabelle A, S. 436 wird die Beförderungskategorie abgelesen. Das Desinfektionsmittel mit der UN 3142 gehört in die Beförderungskategorie 2. Die Tabelle der begrenzten Menge „1 000 Punkte" (siehe Seite 447) ordnet der Beförderungskategorie 2 den Faktor 3 zu. Daraus ergibt sich ein Wert von 60 · 3 = 180 Punkte.

Anzahl	Art	UN-Nummer	Bezeichnung	Gefahrz. m.	VG	kg/l	Beförd. kat.	Faktor	Punkte M*F
2	Kanister	UN 3142	Desinfektionsm. fl., gift., NAG	6.1	II	60	2	3	180
2	Kanister	UN 1230	Methanol	3 + 6.1	II	60	2	3	180
1	Fass	UN 1992	entzündbarer flüssiger Stoff	3 + 6.1	II	120	2	3	360
2	Stahlfl.	UN 1072	Sauerstoff, verd.	2.2 + 5.1	1 O	100	3	1	100
1	Stahlfl.	UN 1001	Acetylen gelöst	2.1	4F	15	2	3	45
4	Kanister	UN 1202	Dieselkraftstoff oder Gasöl oder Heizöl, leicht	3	III	80	3	1	80
1	Kanister	UN 1203	Benzin ...	3	II	5	2	3	15
							Summe der Punkte		960

Nach Addition der Punkte beträgt die Gesamtpunktzahl für diesen Transport 960. Die Voraussetzungen für die Anwendung der Befreiung von der Kennzeichnungspflicht der Beförderungseinheit liegen vor.

GEFAHRGUTTRANSPORTE

Sendung nach der 1 000-Punkte-Regelung

Rechtsgrundlage im ADR	Kap. 1.1.3.6: 1 000-Punkte-Regelung
Begrenzung	1 000-Punkte-Regel
Bezettelung und Kennzeichnung der Versandstücke	Gefahrzettel oder Großzettel
Dokumentation	Beförderungspapier nach Ziffer 5.4 ADR, Eintragung der Gefahrgüter in das Beförderungspapier und Zusatz: Die in Höchstmengen nach Kapitel 1.1.3.6 ADR werden nicht überschritten, Eintragung der Punkte (hier 960)
Zusammenladeverbote	nicht zu beachten
Fahrzeugausrüstung	2 kg Feuerlöscher
Schriftliche Weisung	Nein
Warntafeln	Nein
Fahrerqualifikation	Unterweisung Kap 1.3 ADR durch Verlader, kein ADR-Schein
Tunnelbeschränkungscode	nicht zu beachten

Lösung Aufgabe 2:

Anzahl	Art	UN-Nummer	Bezeichnung	Gefahrz. m.	VG	kg/l	Bef. Kat.	Faktor	Punkte M*F
			Zwischenergebnis Aufgabe 1						960
1	Stahlfl.	UN 1001	ACETYLEN gel.	2.1		4F	15	2	3	45
						Punkte			1005

Die Punktezahl beträgt 1 005, eine Befreiung nach 1.1.3.6 ADR als begrenzte Menge in Beförderungseinheiten liegt nicht vor. Der Transport muss nach den Vorschriften des ADR gekennzeichnet werden.

Rechtsgrundlage im ADR	Kennzeichnungspflichtiger ADR Transport
Begrenzung	1 005 > 1 000 Punkte keine Befreiung nach 1.1.3.6 ADR
Bezettelung und Kennzeichnung der Versandstücke	Gefahrzettel an den Versandstücken gemäß Spalte 5 Tabelle A
Dokumentation	Beförderungspapier nach Ziffer 5.4 ADR, Eintragung der Gefahrgüter in der vorgeschriebenen Reihenfolge
Zusammenladeverbote	sind zu beachten
Fahrzeugausrüstung	Feuerlöschausrüstung, zwei Unterlegkeile, zwei selbststehende Warnzeichen, Augenspülflüssigkeit; für jedes Mitglied der Fahrzeugbesatzung allgemeine Ausrüstung gemäß Schriftlicher Weisung, zusätzliche Ausrüstung
Schriftliche Weisung	ist mitzuführen in einer Sprache, die der Fahrzeugführer versteht

Fortsetzung nächste Seite

Warntafeln	neutrale Warntafeln vorne und hinten an der Beförderungseinheit
Fahrerqualifikation	gültiger ADR-Schein – Basiskurs
Tunnelbeschränkungscode	Ist zu beachten. Es gilt der strengste TBC, deshalb hier D. Es dürfen nur Tunnel der Kategorie A, B, C durchfahren werden.

6 Gefahrgutbeförderungen mit weiteren Verkehrsträgern

6.1 Besondere Vorschriften für Gefahrguttransporte mit Binnen- und Seeschiffen

Das GGVSEB beinhaltet über die Anwendung des ADN auch die Vorschriften für die Beförderung gefährlicher Güter mit dem Binnenschiff. Für die Beförderung mit dem Seeschiff werden die Empfehlungen der UNO und der Internationalen Atomenergieorganisation (IAEO) zugrunde gelegt. Die über die internationale Seeschifffahrtsorganisation (IMO) erlassenen Vorschriften zur Gefahrgutbeförderung IMDG-Code sind unmittelbar anzuwenden. Beim Seetransport gelten für die Kennzeichnung die Vorschriften im internationalen Signalbuch. Für die Kennzeichnung wird zwischen Tag und Nacht unterschieden. Die Kennzeichnung des Binnenschiffs erfolgt in Abhängigkeit vom transportierten Gefahrgut mit blauem Kegel (1 bis 3) bei Tag und blauem Licht (1 bis 3) bei Nacht. Binnenschiffe mit diesen Kennzeichnungen dürfen aus Sicherheitsgründen nur an bestimmten Liegeplätzen anlegen. Das ADN schreibt dazu Mindestabstände zu anderen Binnenschiffen in Abhängigkeit der Anzahl der blauen Kegel bzw. Lichter vor. Drei Kegel/Lichter geben z. B. ein sehr hohes Gefahrpotenzial an, wie aus der nebenstehenden Übersicht zu entnehmen ist. Seeschiffe werden tagsüber mit der Flagge „B" des internationalen Signalbuchs gekennzeichnet, nachts mit einem roten Rundumlicht. Auf dem Nord-Ostsee-Kanal sind weitere Kennzeichnungspflichten zu beachten.

Beförderung bestimmer feuergefährlicher Güter
bei Tag: 1 blauer Kegel   bei Nacht: 1 blaues Licht

Beförderung bestimmter giftiger und anderer gleichgestellter Stoffe
bei Tag: 2 blaue Kegel   bei Nacht: 2 blaue Lichter

Beförderung bestimmter explosionsgefährlicher Stoffe
bei Tag: 3 blaue Kegel   bei Nacht: 3 blaue Lichter

△ *Beförderung von Gefahrgütern mit Schiffen*

6.2 Besondere Vorschriften für Gefahrguttransporte mit der Eisenbahn

Werden mit Eisenbahnwaggons (z. B. Kesselwagen, Batteriewagen, Tankcontainer oder MEGC) kennzeichnungspflichtige Güter in loser Schüttung befördert, sind an den beiden Längsseiten orangefarbene Warntafeln mit der Kennzeichnungsnummer anzugeben. Kesselwagen sind zusätzlich mit einem orangefarbenen Farbstreifen zu kennzeichnen, wenn diese verflüssigte Gase transportieren. Eine Kennzeichnung erfolgt je nach verwendetem Transportbehälter.

△ Kesselwagen mit Trichlorsilan-RID

6.3 Besondere Vorschriften für Gefahrguttransporte mit dem Flugzeug

Für den Lufttransport gelten besonders hohe Sicherheitsvorschriften. Die Empfehlungen der UNO und der Internationalen Atomenergieorganisation (IAEO) bilden die Grundlage für die von der Internationalen zivilen Luftfahrtorganisation (ICAO) sowie dem Internationalen Luftfrachttransportverband (IATA) erlassenen Vorschriften. Durch das GGBefG und das Luftverkehrsgesetz (LuftVG) werden ICAO-TI und IATA-DGR unmittelbar im Inland angewendet. Eine Kennzeichnung der Luftfahrzeuge erfolgt nicht. Die Kennzeichnung beschränkt sich auf die Versandstücke. Explosive Stoffe sind von der Beförderung generell ausgeschlossen. Es existieren Mengenbeschränkungen und vom Straßengüterverkehr abweichende höhere technische Anforderungen an die Verpackungen.

7 Ausblick – das Elektronische Beförderungspapier auch für Gefahrgut

Das ADR verlangt für die Beförderung kennzeichnungspflichtiger Güter ein Beförderungspapier in Papierform. Im System- und Stückgutverkehr wurde mit Voranschreiten der Telematik zunehmend die Forderung nach einem elektronischen Beförderungspapier erhoben. Seit 2016 besteht in der Bundesrepublik diese Möglichkeit. Es existieren verschiedene Vorgehensweisen. Erfolgt die Datenspeicherung auf mitgeführten Geräten, wie zum Beispiel Scannern, im OBU, auf Smartphones oder Notebooks, muss auf der Beförderungseinheit ein Drucker mitgeführt werden. Das Beförderungspapier ist dann auszudrucken. Diese Variante wird heute schon in der Mineralölindustrie, z. B. bei der Auslieferung von Heizöl an Privathaushalte, praktiziert. Bei einer anderen Möglichkeit werden die Beförderungsinformationen von den verwendeten Datenendgeräten (Computer, Smartphone, OBU u. a.) während der Beförderung extern abgerufen. Zeitgleich ist eine Speicherung aller Beförderungsinformationen auf stationären Servern vorgeschrieben. Diese müssen über eine internetbasierte Schnittstelle verfügen, damit Einsatz- und Kontrollkräfte jederzeit zugreifen können. Die technischen Voraussetzungen dazu sollen bis ca. 2019 geschaffen werden. Die Beförderungseinheit muss dann vorn und hinten mit dem Hinweis auf das elektronische Beförderungspapier und eine individuelle Notfallnummer gekennzeichnet sein. Für internationale Gefahrguttransporte muss gegenwärtig noch das Beförderungspapier in Papierform verwendet werden.

Quelle: vgl. Gefahrgut Profi, 6/2015, S. 22 ff.

O Marketingmaßnahmen entwickeln und durchführen

KAPITELEINSTIEG

Speditionen zeigen ihr Gesicht

In der Praxis haben alle namhaften Spediteure ihre Vorstellungen zu einem Corporate Design umgesetzt. Kleider machen Leute – dies gilt nicht nur im privaten Bereich. Unter Corporate Identity ist das einheitliche Erscheinungsbild eines Unternehmens durch optische Gestaltungselemente gemeint, wie z. B. Form, Farbe und Text (Slogans). Das Erscheinungsbild soll unverwechselbar, gut einprägsam und mit der Tätigkeit und den Leitsätzen des jeweiligen Unternehmens vereinbar sein sowie mit den Werten des Unternehmens korrespondieren.

Beispielsweise zählen beim weltweit tätigen Logistikdienstleister Kühne + Nagel ein Anker und verschiedene blaue Farbtöne zum Firmenlogo. Diese Gestaltungsmerkmale und der einheitliche Stil wiederholen sich bei Kühne und Nagel auf Briefbögen, in Prospekten, auf Lkw-Planenaufdrucken sowie in der Anzeigengestaltung.

Die starke Konkurrenzsituation auf dem Logistikmarkt macht es erforderlich, weitere Marketingmaßnahmen zu entwickeln und umzusetzen. Wer rastet, der rostet! Die Kunden können sich aus einer Vielzahl von Logistikdienstleistern für das günstigste Angebot entscheiden. Die Liberalisierung des Güterverkehrsmarkts hat dazu beigetragen, dass auch Anbieter aus Osteuropa verstärkt auf dem heimischen Markt auftreten. Der Kunde hat dadurch eine stärkere Stellung auf dem Markt. In diesem Zusammenhang spricht man vom **Käufermarkt**. Es gibt im Käufermarkt eine große Zahl an Logistikdienstleistern wie Spediteuren, die sehr intensiv um die Gunst der Nachfrager wie Industrie- und Handelsunternehmen werben. Die Nachfrager befinden sich in einer bevorzugten Position und haben starken Einfluss auf die Vertragsbedingungen.

Umso wichtiger ist es, bestehende Kunden zu binden und neue Kunden zu gewinnen. Das Angebot an Logistikdienstleistungen ist daher noch stärker auf die Kundenwünsche auszurichten. Dienstleistungen sind durch geeignete Absatzwege zu vermarkten.

1 Der Marketingbegriff

Die **Planung, Koordination und Kontrolle** im Rahmen des Marketings zielen darauf ab, Unternehmensaktivitäten auf die Märkte auszurichten, um die **Kaufentscheidung** der Kunden zu **beeinflussen** und somit den Absatz an Dienstleistungen bzw. Gütern zu steigern.

In diesem Zusammenhang ist es wichtig, den **Fokus** auf die **Wünsche und Bedürfnisse der Kunden** auszurichten. Im Rahmen der **starken Marktstellung des Kunden** ist eine **effiziente Kundenorientierung** notwendig, um sich langfristig auf dem Markt behaupten zu können.

Marketing hat die Aufgabe, **Produkte und Dienstleistungen zu vermarkten.**

Zudem wird Marketing als **ganzheitliche, marktorientierte Unternehmensführung** verstanden.

MERKE

Ziele der Kundenorientierung:
- Ermittlung des Bedarfs und der Ansprüche der Kunden
- Ausrichtung des eigenen Dienstleistungsangebots auf die Bedürfnisse der Kunden
- Aufbau von langfristigen Kundenbeziehungen
- kontinuierliche Verbesserung der Kundenzufriedenheit

Bei dem von Speditionen angebotenen Leistungsspektrum handelt es sich ausschließlich um Dienstleistungen. Die **Eigenart von Dienstleistungen** spielt auch für das Marketing und dessen effiziente Umsetzung eine wichtige Rolle.

Dienstleistungen haben folgende Merkmale:
- Dienstleistungen sind **nicht lagerfähig**. Produktion und Verbrauch fallen zeitlich zusammen.
- Die **Qualität** der Dienstleistung ist im **besonderen Maße vom Anbieter beeinflussbar**.
- Die **Qualität** ist **vom eingesetzten Personal abhängig**.
- Dienstleistungen werden **individuell auf die Kundenwünsche abgestimmt**.

- Dienstleistungen sind mit einem **hohen Personaleinsatz** verknüpft.
- Dienstleistungen sind **nicht ohne Weiteres automatisierbar**.
- Bei der Ausführung der jeweiligen Dienstleistung kann der **Auftraggeber bzw. Kunde mit eingebunden sein**. Beispielsweise nachträgliche Weisungen bei Transporten, Besichtigung und Entnahme von Proben bei der Lagerung.

Zudem ist neben einer **ausgeprägten Kundenorientierung** eine **starke Wettbewerbsorientierung** erforderlich. Insbesondere bei der **Preiskalkulation** und bei den **Zusatzleistungen** ist der Spediteur gezwungen, auch das **Marktverhalten und die Tarife der Mitbewerber** zu berücksichtigen.

MERKE

Marketing strebt uneingeschränkte Kundenorientierung mit bestmöglicher Erfüllung der Kundenzufriedenheit unter gleichzeitiger Berücksichtigung der Zielerreichung von Unternehmensergebnissen an.

2 Marktforschung

Durch Einsatz der Marktforschung möchte der Unternehmer alle notwendigen **Kenntnisse über den Markt** gewinnen. Dabei befasst sich die Marktforschung mit der Erlangung, Aufbereitung und Auswertung bzw. Interpretation der Daten für Marketingzwecke.

MERKE

> **Marktforschung ist die systematische Sammlung, Aufarbeitung, Analyse und Interpretation von Daten über Märkte und Marktbeeinflussungsmöglichkeiten zum Zweck der Informationsgewinnung für Marketing-Entscheidungen.**[1]

Es werden **zwei Verfahren** der **Marktforschung** unterschieden:

Marktanalyse	Marktbeobachtung
einmalige Untersuchung des Marktes zu einem **bestimmten Zeitpunkt**	**laufende Untersuchung** des Marktes über einen **längeren bzw. bestimmten Zeitraum,** um Erkenntnisse über die Entwicklung von Nachfrageverhalten, Verhalten der Konkurrenten, Kundenwünschen, Zielgruppen zu gewinnen. Mittels Marktbeobachtung sollen **wichtige Trends und Veränderungen** auf dem Verkehrs- und Logistikmarkt erkannt werden.

Marktprognose
Auf Grundlage der **Marktanalyse** und der **Marktbeobachtung** sind **Vorhersagen** über die **Marktentwicklung** möglich.
Aus den Auswertungen von Vergangenheitswerten können **Rückschlüsse auf künftige Entwicklungen und Trends** getroffen werden. Die Kenntnis darüber ermöglicht einen wirkungsvollen Einsatz der **Marketing-Instrumente**.
Die Marktprognose soll eine **effiziente und erfolgsorientierte Umsetzung** geeigneter **Marketingmaßnahmen** ermöglichen.
Es darf allerdings nicht vergessen werden, dass eine **Vorhersage** immer auch **Unsicherheiten** in sich birgt.

Es lassen sich zur Informationsgewinnung im Rahmen der Marktforschung die beiden Verfahren „Primärerhebung" und „Sekundärerhebung" unterscheiden.

---

[1] Christian Homburg, Harley Krohmer: Marketingmanagement: Strategie – Instrumente – Umsetzung – Unternehmensführung. Kapitel 6.1, 3. Auflage. Gabler Verlag, 2009, S. 240.

2.1 Primärerhebung

Bei der Primärerhebung werden Marktdaten neu ermittelt.

Die Primärhebung, bei der auf neue und bisher noch nicht erhobene Marktdaten zurückgegriffen wird, ist aufwendiger als die Sekundärerhebung, die sich auf die Auswertung bereits vorhandener Daten stützt.

Die Erhebung von neuen Marktdaten kann erfolgen durch
- das Unternehmen selbst oder
- durch beauftragte Marktforschungsinstitute.

Methoden der Primärerhebung

Es existieren verschiedene Methoden, um eine Primärerhebung durchzuführen:
- Befragung
- Beobachtung
- Experiment

Befragung

Hier werden Nachfrager über ihre Erfahrungen und ihre Zufriedenheit mit dem Unternehmen und dem angebotenen Leistungsspektrum sowie über ihre Wünsche befragt. Daraus lassen sich wertvolle Trends ableiten.

Formen der Befragung: Mündlich, schriftlich, telefonisch (= fernmündlich), online

Umfang der Befragung: Voll- oder Teilerhebung
- Bei der Vollerhebung werden alle Personen (z. B. Kunden) befragt.
- Bei der Teilerhebung werden nur einzelne Personen befragt, d. h. eine Teilmenge der Personen.

Dauer der Befragung: Einmalige Befragung oder Panel
- Die Personen werden einmalig befragt.
- Panel: Fortlaufende Befragung eines Personenkreises nach gewissen Zeitabständen.

Beobachtung

Bei der Beobachtung werden über einen gewissen Zeitraum marketingrelevante Vorgänge und Aktivitäten erfasst. Über das Verhalten des Beobachteten können gewisse Rückschlüsse getroffen werden, obwohl er weder mündlich noch schriftlich in Kontakt treten musste. Der Beobachtete gibt insofern unbewusst Informationen ab, die z. B. per Videokamera oder technische Zähleinrichtungen erfasst werden. Hierbei ist jedoch darauf zu achten, dass die geltenden Datenschutzbestimmungen eingehalten werden.

Beispiel: Beobachtung des Einkaufsverhaltens gewisser Kundengruppen

2.2 Sekundärerhebung

Bei der Sekundärerhebung werden Marktdaten aus bereits bestehenden betriebsinternen und -externen Quellen ermittelt.

Beispiele für betriebsinterne Datenquellen:	Beispiele für betriebsexterne Datenquellen:
• Kunden-, Auftrags-, Umsatzauswertungen • Kundenreklamationen, Schadenquoten • Auswertung von Kundenbefragungen • Buchführung, Kostenrechnung • Berichte der Außendienstmitarbeiter und Fahrer	• Analysen und Veröffentlichungen von Verbänden, wie z. B. IHK, DSLV • Statistiken von Bund, Ländern, Kommunen • Fachzeitschriften, Messeberichte • frei zugängliche Marketingstudien im Internet, Fachzeitschriften usw.

MERKE

Bei der **Primärerhebung** werden **neue, noch nicht erhobene Marktdaten** erfasst.
Bei der **Sekundärerhebung** wird auf **bereits vorhandene Daten** zurückgegriffen.

3 Kundeneinteilung nach der ABC-Analyse

Kunden adäquat zu betreuen, ist ein wichtiges unternehmerisches Ziel. Letztendlich sind es die Kunden, die dem Unternehmen die Erlöse bzw. Umsätze bescheren.

Von besonderer Wichtigkeit ist es, die Kunden zufriedenzustellen (Kundenzufriedenheit) und an das Unternehmen zu binden (Kundenbindung). Da die unternehmerischen Ressourcen (Personal, finanzielle Mittel) beschränkt sind, werden Kunden nach ihrer Wertigkeit bzw. Wichtigkeit eingeteilt. Nicht für jeden Kunden ist ein gleich hoher Betreuungsaufwand angemessen.

Bei der **Kundenklassifizierung** nach der **ABC-Analyse** geht es darum, **Kunden** in **Abhängigkeit ihres Umsatzvolumens** mit unterschiedlicher Intensität zu behandeln.

Kundeneinteilung	Charakteristik
A-Kunden bzw. **Key-Account-Kunden**	zahlenmäßig wenige Kunden mit hohem Umsatzvolumen A-Kunden sind sehr wichtige Kunden (**Großkunden**), z. B. 10 % der **Kunden erbringen 70 % des Umsatzes**. • A-Kunden, die eine herausragende strategische Bedeutung für das Unternehmen besitzen, sorgen für die langfristige Existenzfähigkeit eines Unternehmens. • Bei A-Kunden ist der Aufbau einer engen und langfristigen Kundenbeziehung von enormer Wichtigkeit. • A-Kunden werden von speziellen Kundenbetreuern, den **Key-Account-Managern**, umfassend betreut. Key-Account-Manager sind sehr gut ausgebildete Kundenbetreuer. Neben einer individuellen und umfassenden Kundenbetreuung streben sie zusätzlich eine Optimierung der Geschäftsprozesse ihrer Kunden an. • Die Kundenbetreuung erfolgt mit besonderer Intensität und Vorrangigkeit (höchste Servicequalität und Zuverlässigkeit). • Individuelle Kundenbindungsstrategien werden eingesetzt, wie z. B. individuelle Werbemaßnahmen. • Zur optimalen Betreuung ist die Kenntnis der genauen Arbeitsabläufe und der Probleme dieser **Schlüsselkunden** erforderlich. Für diesen Kundenkreis sollen Problemlösungsansätze möglichst ganzheitlich angeboten werden. Es geht hier neben der Steigerung der Umsatzzahlen auch um die Optimierung der Kundenprozesse.
B-Kunden	zahlenmäßig mittel viele Kunden mit **mittlerem Umsatzvolumen** B-Kunden sind wichtige Kunden, z. B. 30 % der **Kunden erbringen 20 % des Umsatzes**. • B-Kunden werden mit mittlerer Intensität betreut.
C-Kunden	zahlenmäßig viele Kunden mit niedrigem Umsatzvolumen C-Kunden sind weniger wichtige Kunden, z. B. 60 % der **Kunden erbringen 10 % des Umsatzes**. • C-Kunden erbringen den geringsten Umsatzanteil, auch wenn sie zahlenmäßig die größte Gruppe bilden. • Hier soll der Betreuungsaufwand am geringsten sein. • Einfache kostengünstige Marketingmaßnahmen sind umzusetzen.

MERKE

Anhand der **Kundenklassifizierung** mittels **ABC-Analyse** werden Kunden nach ihrer wirtschaftlichen Bedeutung eingeteilt. **A-Kunden** erbringen dem Unternehmen die höchsten Erlöse. Dieser Kundenkreis ist daher **vorrangig** und sehr **intensiv zu betreuen**.

4 Marketinginstrumente

Einem Unternehmen stehen eine Vielzahl an **Marketing-Instrumenten** zur Verfügung, um sich auf dem Markt zu behaupten. Diese Instrumente lassen sich in vier Hauptinstrumente einteilen:
- **Produkt- und Sortimentspolitik**
- **Preis- bzw. Kontrahierungspolitik**
- **Distributionspolitik**
- **Kommunikationspolitik**

Anstatt von Instrumenten kann auch von Politiken gesprochen werden. Mit dem Wort Politik wird zum Ausdruck gebracht, dass dem Unternehmer ein gewisser Spielraum zur Einflussnahme, Gestaltung und praktischen Umsetzung der Marketing-Instrumente eingeräumt wird. Die Marketing-Instrumente sind insofern nicht als starre Vorgabe zu betrachten.

4.1 Produkt- und Sortimentspolitik

Zweck der Produktpolitik ist es, dass der Unternehmer seine angebotenen Produkte und Dienstleistungen auf die Bedürfnisse der Kunden ausrichtet.

Produktpolitik umfasst die angebotenen Produkte und Dienstleistungen, deren Qualität und Zusatzleistungen.

Kriterien der Produktpolitik

Kriterien	Beschreibung
Sortiments-politik	**Breite und Tiefe des Produkt- bzw. Leistungsangebots** **Breite**: Eine Spedition betreibt die Sparten Lkw- und Luftfracht-Spedition. **Tiefe**: Die Sparte Lkw-Spedition untergliedert sich in national, EU und Europa, international und Möbelspedition.
Produkt-innovation	**Neue Produkte und Dienstleistungen** werden auf den Markt gebracht. Die Entwicklung und Einführung neuer Produkte und Dienstleistungen führen kurz- bis mittelfristig zu einer Marktführerschaft des jeweiligen Unternehmens in diesem Bereich. Allerdings werden die Mitbewerber versuchen, den Vorsprung aufzuholen. **Beispiel:** Eine Spedition hat in Kooperation mit den öffentlichen Personennahverkehrsbetrieben aller deutschen Großstädte ein System entwickelt, mit dem Klein- und Kleinstsendungen im City-Bereich kostensparend ausgeliefert werden können. Mittlerweile wurde dieses Modell in der Praxis umgesetzt.
Produkt-modifikation	**Bestehende Produkte und Dienstleistungen** werden auf die Marktsituation bzw. auf die aktuellen Kundenwünsche **abgeändert/modifiziert**. **Beispiel:** Aufgrund der Kundenanfragen bzgl. des Transports von sehr schweren und andererseits sehr teuren Gütern wird die Sparte national um Schwer- und Werttransporte erweitert.
Produkt-diversifikation	**Neue Produkte und Dienstleistungen werden auf neuen Märkten eingeführt.** Das bisherige Angebot an Produkten und Dienstleistungen wird erweitert. Neue Kundengruppen sollen angesprochen werden. **Beispiel:** Aufgrund der Marktanalyse hat obige Spedition erkannt, dass im Bereich der Luft- und Seefracht große Umsatz- und Gewinnpotenziale liegen. Die Spedition ergänzt ihren Bereich Güterkraftverkehr um die Bereiche Luftfracht und Seefracht. Aus der Lkw-Spedition wird eine Lkw-, Luftfracht- und Seespedition.

Fortsetzung nächste Seite

Kriterien	Beschreibung
Produkt-elimination	**Nicht (mehr) rentable Produkte und Dienstleistungen werden eingestellt.** Verluste werden dadurch verringert bzw. ein Unternehmen gelangt dadurch wieder in die Gewinnzone.
	Beispiel: In der Sparte Möbelspedition finden sich im Bereich Umzüge regional viele Mitbewerber, sodass häufig unter den Selbstkosten angeboten wurde. Es ist geplant, die unrentable Sparte Umzüge regional aufzulösen und sich auf den lukrativeren Bereich Auslandsumzüge zu konzentrieren.
Qualität	**Die angebotenen Produkte und Dienstleistungen sollen einem hohen Qualitätsstandard entsprechen.** Die beiden Kriterien **Preis und Qualität** spielen im Rahmen der Entscheidung über eine Auftragserteilung die wichtigste Rolle. „Qualität hat ihren Preis".
	Beispiel: Die Spedition erhöht laufend ihre Qualitätsstandards bezüglich Lieferservice, Lieferzeit, Lieferflexibilität und Schadenquote. Weitere Ausführungen zur Qualität siehe unten.
Zusatzleistungen	Häufig versuchen sich Unternehmen durch **Zusatzleistungen bzw. Mehrwertdienste (Value Added Services)** stärker von der Konkurrenz abzuheben und – soweit möglich – ein **Alleinstellungsmerkmal** in diesem Bereich aufzubauen. Insbesondere in der **Kontraktlogistik** sind komplexe logistische Dienstleistungen sehr individuell an das Anforderungsprofil der Auftraggeber zugeschnitten, sodass hier langfristig eine Kundenbindung stattfinden soll.
	Beispiel: Die Spedition bietet im Rahmen der nationalen Transporte nun auch Just-in-Time-Lieferungen an.

Die **Qualität** kann als **Unterpunkt der Produktpolitik** verstanden werden. Gelegentlich findet man in der Literatur die Qualität auch als **gleichberechtigte Politik** im Rahmen der Marketing-Instrumente, d. h. neben der Preis-, Produkt-, Distributions- und Kommunikationspolitik kann die **Qualitätspolitik** als zusätzliche eigenständige **fünfte Säule** erwähnt werden.

Aus Sicht der Wirtschaft versteht man unter Qualität die Güte einer bestimmten Dienst- oder Sachleistung, die aus dem Anspruch des Kunden abgeleitet ist. Die Dienstleistung bzw. das Gut muss in einem hohen Grad geeignet sein, den gewünschten Verwendungszweck zu erfüllen. Nachdem nur Dienstleistungen und Güter von hoher Qualität zur Kundenzufriedenheit und somit zur langfristigen Existenzsicherung des Unternehmens beitragen, verdient Qualität einen besonderen Stellenwert im Unternehmen. Um einen hohen Qualitätsanspruch aus eigenem Antrieb des Unternehmens zu erreichen oder die von Auftraggebern geforderten Voraussetzungen zu erfüllen, wird ein **Qualitätsmanagement-System (QM-System)** umgesetzt.

Um ein QM-System einzurichten, sind vielfältige Voraussetzungen notwendig:

QM-Handbuch	Erstellung eines **QM-Handbuchs** mit Inhalten, wie z. B. Firmenporträt, Qualitätspolitik und Unternehmensleitlinien, Qualitätsziele und QM-Grundsätze, Verfahrens- und Arbeitsanweisungen, Formulare
QM-Beauftragter	Der **QM-Beauftragte** ist aufbauorganisatorisch als **Stabsstelle** in die Unternehmensstruktur einbezogen. Der QM-Beauftragte hat u. a. folgende **Aufgaben**: • Planung und Einführung des QM-Systems • transparente Darstellung aller wichtigen Prozesse im Unternehmen • Erstellung und Aktualisierung des QM-Handbuchs inkl. der notwendigen Dokumente • Durchführung von internen Prüfungen bzw. internen Audits • Beratung und Unterstützung der Geschäftsleitung im Rahmen des QM-Systems
Einbeziehung der Mitarbeiter	Alle Mitarbeiter müssen im QM-System ausreichend und rechtzeitig einbezogen werden. Letztendlich sind es die Mitarbeiter, die das QM-System tragen. Von den Mitarbeitern ist es entscheidend abhängig, inwiefern die Qualitätsstandards des Unternehmens eingehalten bzw. umgesetzt werden. Nicht zu vergessen ist, dass der Ansporn für viele Verbesserungen von den Mitarbeitern ausgeht. Qualität muss nach innen und außen gelebt werden.
Zertifizierung	Durch ein **externes Audit** mit unabhängigen zugelassenen Prüfinstitutionen (z. B. TÜV, DEKRA) wird das QM-System eines Unternehmens in regelmäßigen Abschnitten überprüft. Nur wenn ein wirksames QM-System eingeführt wird und die hierzu nötigen Dokumentationen vorliegen, kann eine Zertifizierung bzw. Folge-Zertifizierung erfolgen. In diesem Fall erhält das Unternehmen eine **Zertifizierungsurkunde**.

Die Einrichtung eines funktionierenden Qualitätsmanagements ist nicht als einmalige Aufgabe, sondern als fortlaufender Prozess zu betrachten, um das Unternehmen wettbewerbsfähig zu halten.

Die Qualitätsnormen **DIN 9000 bis 9004** werden auch in Speditionsbetrieben angewandt.

MERKE

> **Vorteile eines QM-Systems bzw. einer QM-Zertifizierung:**
> - Voraussetzung, um an Ausschreibungen bzw. bei der Auftragsvergabe berücksichtigt zu werden. Ein QM-System ist daher ein Wettbewerbsfaktor und kann zusätzlich für Werbezwecke verwendet werden.
> - Aufbau eines nachhaltigen und kontinuierlichen Qualitätsmanagements
> - Transparenz der betrieblichen Abläufe bzw. Prozesse wird ermöglicht. Schwachstellen können geortet und ausgemerzt werden. Ein QM-System dient somit auch zur langfristigen Prozessverbesserung und Kosteneinsparung. Eine Optimierung der Aufbau- und Ablauforganisation des Unternehmens kann erzielt werden.
> - Potenziale der Mitarbeiter können durch ein effizientes QM-System besser abgerufen werden.
> - Gestaltung der Geschäftsprozesse in Hinblick auf Kundenzufriedenheit und Kosteneinsparungen.

4.2 Preis- bzw. Kontrahierungspolitik

Bei der Preispolitik geht es um die Festlegung eines angemessenen Preises für die Produkte und Dienstleistungen des Unternehmens, der
- von den Kunden akzeptiert wird,
- die Kosten des Unternehmers deckt und noch eine Gewinnspanne ermöglicht und
- der unter den gegebenen Wettbewerbsbedingungen noch am Markt umzusetzen ist.

Die Preispolitik beschäftigt sich vor allem mit
- der **Kalkulation des Verkaufspreises**,
- der **Gewährung von Preisnachlässen** wie Rabatte, Skonti und Boni und
- der **Ausgestaltung von Zahlungsbedingungen**, wie z. B. Festlegung von Zahlungszielen.

Die Festlegung des Preises und der Zahlungskonditionen sind von folgenden Kriterien abhängig:

Kriterien	Beschreibung
Nachfrageorientierte Preisfestlegung	Zentrale Frage: **Welchen Preis ist der Kunde maximal bereit zu zahlen?** Dieses Kriterium spielt lediglich bei der Preisfestlegung von Monopolunternehmen eine Rolle.
Kostenorientierte Preisfestlegung	Zentrale Frage: **Welchen Preis muss das Unternehmen festlegen, um die eigenen Kosten zu decken?** Je nach Wettbewerbssituation und Zeithorizont sind zwei Kostenrechnungsverfahren gebräuchlich: • **Vollkostenrechnung**: Die Gesamtkosten, bestehend aus Fixkosten und variablen Kosten, sollen langfristig gedeckt sein. In der Vollkostenrechnung wird die langfristige Preisuntergrenze ermittelt. **Langfristige Preisuntergrenze = Fixkosten + variable Kosten** • **Teilkostenrechnung** (Deckungsbeitragsrechnung): Die variablen Kosten sollen in jedem Fall immer gedeckt sein. Bei kurzfristigen Entscheidungen – insbesondere bei sehr intensivem Wettbewerb – muss der Unternehmer zumindest seine variablen Kosten, wie z. B. Kraftstoff für die Lkws, durch die Erlöse decken. In der Teilkostenrechnung wird die kurzfristige Preisuntergrenze ermittelt. **Kurzfristige Preisuntergrenze = variable Kosten**
Wettbewerbsorientierte Preisfestlegung (Konkurrenzorientierung)	Zentrale Frage: **Welcher Preis wird von den Mitbewerbern verlangt?** Dieser Punkt darf bei der Preisfestlegung insbesondere bei Speditionen und Logistikdienstleistern nicht vernachlässigt werden, da gerade hier der Markt stark umkämpft ist. Bevor Nachfrager ihren Auftrag an einen Anbieter vergeben, werden sie in aller Regel einen Angebotsvergleich durchführen.

Interne und externe Faktoren	Zusätzlich spielen bei der Preisfestsetzung auch interne und externe Faktoren eine weitere Rolle:
	• **interne Faktoren**: Momentane Auslastung und Auftragslage, Höhe der Fixkosten …
	• **externe Faktoren**:
	  – gesamtwirtschaftliche Entwicklung wie z. B. aktuelle konjunkturelle Lage
	  – Gesetze und Vorschriften bzgl. Maut, Lenk- und Ruhezeiten, Mindestlöhne
	  – Preisentwicklungen auf dem Markt, wie z. B. Entwicklung der Kraftstoffpreise

4.3 Distributionspolitik

Bei der Distributionspolitik geht es darum, mit welchen Vertriebskanälen die Waren und Dienstleistungen an alle bisherigen und neuen Kunden gelangen, sowie um die Gestaltung der Vertriebsorganisation.

Zudem hat Distributionspolitik dafür zu sorgen, dass eine Leistung vom Ort ihrer Entstehung an den Käufer, d. h. an den Ort des Verbrauchs, herangeschafft wird (physische Komponente).

Die Distributionspolitik kann in **drei Teilbereiche** untergliedert werden:
- Wahl der Vertriebskanäle
- Gestaltung der Vertriebsorganisation
- Vertriebslogistik

Instrumente der Distributionspolitik

Instrumente	Beschreibung

Vertriebskanäle	• **direkter Vertrieb**: Hersteller vertreibt seine Güter selbst direkt an die Endkunden. Es sind keine außerbetrieblichen Einrichtungen und Personen, wie z. B. Großhandel, Einzelhandel oder Handelsvertreter, für den Vertrieb eingesetzt.
	   Vorteile: – unmittelbare Kommunikation mit dem Endkunden
	            – Rückinformation über Kundenwünsche
	   Nachteile: – hoher eigener organisatorischer Distributionsaufwand
	             – keine weit gestreute Distribution möglich
	• **indirekter Vertrieb**: Hier wird das Produkt bzw. die Dienstleistung nicht direkt an den Endabnehmer vertrieben, sondern über außerbetriebliche Institutionen und Personen, wie z. B. Großhandel, Einzelhandel sowie Handelsvertreter.
	   Vorteile: – breite Massendistribution möglich
	            – Vertriebsstruktur der Handelsunternehmen und Absatzmittler nutzbar
	   Nachteile: – keine unmittelbare Kommunikation mit dem Endkunden
	             – längere Informationswege
	             – keine Rückmeldung von Kunden bzgl. Verbesserungswünsche

	• **persönlicher Vertrieb**: Produkt oder Dienstleistung wird von einer Person vertrieben. Verkäufer und Kunde stehen sich persönlich gegenüber.
	   Beispiele: Verkauf über Außendienstmitarbeiter (Akquisiteur), Fachmessen
	• **unpersönlicher Vertrieb**: Produkt oder Dienstleistung wird unpersönlich über ein bestimmtes Medium vertrieben.
	   Beispiele: E-Commerce (Frachtenbörse), Automaten, Versandhandel (KEP, Logistikunternehmen)

	Hinweis: Es kann erforderlich sein, dass mehrere Vertriebskanäle gleichzeitig zum Einsatz kommen, um für einen effizienten Vertrieb zu sorgen.
Vertriebs-organisation	Im Rahmen der Vertriebsorganisation sind folgende Stellen beteiligt: • Außendienstmitarbeiter • Key-Account-Manager • Innendienstmitarbeiter • Vertriebsleitung
	Die Vertriebsorganisation lässt bei den Vertriebsorganen auch die nachfolgenden Spezialisierungen zu: • gebietsbezogener • kundenbezogener • produktbezogener Vertrieb

Distributions-logistik bzw. Gestaltung der physischen Warenverteilung	• Standortpolitik
	  – Unternehmensstandort
	  – zentrales Lager
	  – dezentrale Auslieferungslager
		• Lieferpolitik
		  – Lieferzeit
		  – Lieferflexibilität
		  – Lieferservice
		  – Lieferbereitschaft
			• Logistik
			  – Warenlogistik
			  – Informationslogistik
			  – Geldflusslogistik

4.4 Kommunikationspolitik

Bei der Kommunikationspolitik geht es um die Frage, wie ein Zugang zum Kunden gefunden werden kann. Hierunter versteht man Maßnahmen zur planmäßigen, bewussten Übermittlung von Informationen, um die beabsichtigte Zielgruppe bzw. die Empfänger hinsichtlich ihrer Einstellungen oder ihres Verhaltens zu beeinflussen. Beeinflusst werden können hierbei u. a. die Einstellung, das Verhalten und der Wissensstand der Zielgruppe.

Elemente der Kommunikationspolitik

- Werbung, Advertising, Promotion
- Direktwerbung, Direktmarketing
- Mailings
- Public Relations – Öffentlichkeitsarbeit
- Corporate Identity – Unternehmensbild bzw. Unternehmensleitbild
- Corporate Design
- Human Relations
- Sponsoring
- Sales Promotion – Verkaufsförderung
- Außendienst – Promotion
- Personal Selling – Persönlicher Verkauf

Werbung (Advertising, Promotion)

- Werbung hat die Aufgabe, den Menschen zu beeinflussen bzw. zu manipulieren.
- Werbung dient zur Erhöhung des Bekanntheitsgrads eines bestimmten Namens, eines Produkts, einer Dienstleistung oder einer Marke.
- Durch Werbung soll der Verkauf bzw. Absatz bestimmter Produkte und Dienstleistungen gefördert werden. Werbung ist daher ein Instrument der betrieblichen Absatzpolitik zur Absatzförderung.

Direktwerbung/Direktmarketing (Direktvermarktung, Direct-Response-Werbung)

Unter Direktwerbung versteht man jede Werbemaßnahme, die den Kunden direkt anspricht und eine Aufforderung zur Antwort bzw. Reaktion enthält. Hierbei kommt kein anderes Übertragungsmedium mehr zum Einsatz. Im Gegensatz zur Massenwerbung erfolgt die Werbung hier personalisiert. Damit wird eine höhere Zielgruppensicherheit erreicht.

Instrumente/Beispiele der Direktwerbung:
- Telefonverkauf
- Kataloge, Kundenzeitschriften
- Mailings in Form von Werbebriefen, Postkarten, Nachfass-Mailings

Mailings/Werbebriefe

- Mailings bzw. Werbebriefe sind persönlich adressierte Briefsendungen, die in großer Zahl versandt werden. Zu den Mailings gehören aber keine E-Mails.
- Mailings zählen zum klassischen Werbemittel im Direktmarketing bzw. in der Direktwerbung.
- Mailings haben die Aufgabe, aus dem gesamten Leistungsspektrum einer Spedition spezielle Leistungen als Lösungsansätze für die jeweiligen Kundenprobleme anzubieten und auf einen Besuch des Außendienstmitarbeiters vorzubereiten. Sie sollen die Aufmerksamkeit des Kunden am Leistungsspektrum der Spedition wecken.
- Mailings lassen sich unterteilen in standardisierte Werbebriefe und individualisierte Werbebriefe.
- Damit ein Mailing seine Wirkung voll entfalten kann, ist auf eine professionelle Gestaltung nach Form und Inhalt zu achten:
  - Das Mailing soll möglichst einem persönlichen bzw. mündlichen Dialog nahekommen.
  - Die Problemsituation des Kunden bzw. dessen Fragen sollen aufgerollt werden.
  - Dem Kunden sollen hierzu geeignete Lösungen vorgeschlagen und dessen Vorteile verdeutlicht werden.
  - Der Kunde soll zum Handeln animiert werden.

- Vorteile:
  - Mailings sind mit erheblich niedrigeren Kosten verbunden als Besuche des Außendienstmitarbeiters.
  - Gewünschte Zielgruppen können schnell, kostengünstig, persönlich und zuverlässig angesprochen werden.
  - keine Löschung bzw. Aussortierung wie bei E-Mails durch E-Mail-Filter
  - Persönlich adressierte Mailings werden trotz des Hinweises „Keine Werbung" verteilt.
- Beispiele: Vor allem Werbebriefe, aber auch Einladungsschreiben, Info-Schreiben wegen eines Produktkatalogs

Public Relations – Öffentlichkeitsarbeit

- Ziel von Public-Relations-Maßnahmen bzw. der Öffentlichkeitsarbeit in Unternehmen:
  Positive Darstellung des Unternehmens in der Öffentlichkeit.
  Das Ansehen bzw. das Image in der Öffentlichkeit soll möglichst gesteigert werden.
- Beispiele: Tag der offenen Tür, Sponsoring, Spendenaktionen, Internetauftritt, Pressekonferenzen, Berichte, Artikel in Zeitungen und Zeitschriften, diverse Aktivitäten zur Förderung des Gemeinwohls

Corporate Identity (CI) – Unternehmensidentität abgeleitet aus dem Unternehmensleitbild

- Unter Corporate Identity versteht man ein einheitliches, unverwechselbares Unternehmensbild des Unternehmens gegenüber Mitarbeitern, Kunden, Lieferanten, Banken, Öffentlichkeit usw.
- Das CI ist das Unternehmensselbstbild bezüglich Werten, Auftreten, Verhalten und Erscheinungsbild.
- Corporate Identity kann mehrere positive Einflüsse auf das Unternehmen haben, wie z. B. Imagegewinn, Erhöhung der Motivation der Mitarbeiter, Verringerung der Mitarbeiterfluktuation, Stammkundenbindung.
- Das Corporate Identity wird von der Firmenphilosophie und vom Unternehmensleitbild abgeleitet. Corporate Identity unterteilt sich in
  - Corporate Design, d. h. das visuelle Unternehmenserscheinungsbild
  - Corporate Communications, d. h. die Unternehmenskommunikation (Beispiel: Werbung)
  - Corporate Attitude bzw. Corporate Behavior, d. h. das Verhalten innerhalb des Unternehmens und die Art des Verhaltens gegenüber Externen. Dies zeigt sich z. B. durch Führungsstil und Kulanz.

Corporate Design (CD)

- Corporate Design zielt auf die Gestaltung eines einheitlichen Unternehmenserscheinungsbilds.
- Das einheitliche Erscheinungsbild soll unverwechselbar, positiv, gut einprägsam und leicht wiederzuerkennen sein. Das Corporate Identity und das Corporate Design richten sich an eigene Mitarbeiter, Lieferanten, Kunden, Öffentlichkeit, Banken und Gesellschafter.
- Gestaltungselemente sollen sich in Form und Farbe, beim Namen, bei den Slogans und bei den Bildern wiederholen.
- Beispiele: Möglichkeiten, um ein einheitliches Erscheinungsbild zu erreichen:

  - einheitlicher Schriftzug
  - einheitliche Schriftart und -farbe
  - Firmen-Logo und Slogans auf dem Firmenbriefbogen, bei allen Publikationen
  - einheitliche Arbeitskleidung
  - einheitliche Kennzeichnung der Fahrzeuge bzw. Transportmittel
  - adäquates Gebäudedesign

Human Relations (wörtlich: menschliche Beziehungen bzw. zwischenmenschliche Beziehungen)

- Unter Human Relations versteht man die sozialen Beziehungen zwischen Vorgesetzten und Mitarbeitern sowie zwischen den Mitarbeitern.
- Im Rahmen der Human Relations sollen die zwischenmenschlichen Beziehungen der im Betrieb tätigen Menschen harmonisch und konfliktfrei verlaufen, was sich positiv auf die Arbeitszufriedenheit, die Motivation, das Betriebsklima, die Arbeitsleistung der Mitarbeiter und auf die Öffentlichkeit auswirkt.
- Beispiele zur Förderung von Human Relations: Betriebsfeste, Weihnachtsfeiern, Ausflüge, Verbesserungsvorschlagswesen, Werkzeitung, Betriebsbesichtigung für Angehörige

Sponsoring

- Unter Sponsoring versteht man die öffentlichkeitswirksame Unterstützung von Personen, Vereinen, Einrichtungen, Veranstaltungen im kulturellen, sportlichen, gesellschaftlichen Bereich.
- Die Förderung kann durch finanzielle Mittel, Sachmittel und/oder Dienstleistungen erfolgen.
- Beispiel: Eine Spedition fördert den ortsansässigen Fußballverein mit Trikots (= Sachmittel). Im Gegenzug ist das Firmenlogo oder der -slogan usw. nach Wünschen des Sponsors auf den Trikots aufgedruckt.

Sales Promotions

- Dies sind Aktivitäten mit Aktionscharakter, um die Marktbeteiligten, wie z. B. Auftraggeber, zu aktivieren.
- Durch Sales Promotions soll der Kunde dazu bewogen werden, letztendlich den Kauf durchzuführen bzw. den Vertrag zu unterzeichnen.
- Beispiele für Sales-Promotion-Aktivitäten: Sondertarife, Treuerabatte

Außendienst-Promotion, Staff Promotion, Sales Force Promotion

- Die Außendienst-Promotion bzw. Außendienst-Promo ist eine besondere Art der Sales Promotions.
Hier soll die Zielgruppe der Außendienst-Mitarbeiter stärker aktiviert werden, um den Markt erfolgreicher zu bearbeiten.
- Beispiele für Außendienst Promotion-Aktivitäten: Prämien, Umsatzbeteiligung für Außendienstmitarbeiter, Außendienstwettbewerbe, Schulungen, Fortbildungen der Außendienstmitarbeiter, Bereitstellung von Materialien wie Prospekten, Katalogen, Motivation der Außendienstmitarbeiter u. a. durch die Bereitstellung von Firmenfahrzeugen (auch für private Zwecke, Tankkarte)

Personal Selling, persönlicher Verkauf

- Merkmal des Personal Sellings bzw. des persönlichen Verkaufs ist der direkte bzw. unmittelbare Kontakt zwischen Verkäufer und Käufer beim Absatz.
- Personal Selling lässt sich vor allem bei komplexen und erklärungsbedürftigen Produkten und Dienstleistungen gut anwenden (Kontraktlogistik). Das Kaufverhalten des Kunden ist hier stärker vom persönlichen Auftreten, der Beratung und der Überzeugungsfähigkeit des Verkäufers abhängig.
Der Außendienstmitarbeiter soll den Kunden persönlich von der Leistungsfähigkeit des Produkts überzeugen bzw. beeinflussen.
- Aufgrund des direkten persönlichen Kontakts bzw. der persönlichen Verkaufsberatung ist diese Art des Verkaufs mit höheren Kosten verbunden.
- Beispiele für Personal Selling: Außendienst-, Telefonverkauf, Verkauf durch Geschäftsleitung.

4.4.1 AIDA-Konzept

Werbung möchte den potenziellen Kunden durch **bewusste Beeinflussung** zum Kauf bewegen. Über **bestimmte Kommunikationsmittel** werden kommerzielle Ziele angestrebt.
Das AIDA-Konzept ist die treffsichere Abkürzung für ein **Werbewirkungs-Modell**.

Das AIDA-Konzept beschreibt **vier Phasen**, die der Kunde von der ersten Anbahnungsphase bis zum letztendlichen Kaufabschluss durchläuft.
Das AIDA-Konzept wird bei vielen Arten und Aktionen der Werbung angewandt.

Das AIDA-Konzept

Buchstabe	Englische Bedeutung	Deutsche Bedeutung	Beschreibung
A	Attention	Aufmerksamkeit	Die Aufmerksamkeit des Kunden soll zunächst geweckt werden. Die Kunden sollen hierbei treffsicher angesprochen werden.
I	Interest	Interesse	Ein Interesse an dem Produkt oder an der Dienstleistung soll beim Kunden erzeugt werden.
D	Desire	Verlangen/Wunsch	Anschließend soll beim Kunden der Drang zum Kauf geweckt werden.
A	Action	Aktion/Handlung	Im letzten Schritt erfolgt die gezielte Handlungsaktion des Kunden, wie z. B. die Unterzeichnung des Kaufvertrags.

Werbemöglichkeiten für einen Spediteur

- Versand von Werbebriefen, Mailings
- Versand von E-Mails, z. B. Newsletter
- Telefonakquise
- Kundenbesuche durch Akquisiteure
- Anzeigen in Fachzeitschriften
- Internetauftritt
- Kundenevent
- Veröffentlichungen in Frachtenbörsen

4.4.2 Werbeplan

Um zielorientiert und effizient zu werben, ist eine Werbeplanung erforderlich. Im Vorfeld, also vor der eigentlichen Umsetzung der Werbeaktion, sind einige wichtige Punkte zu analysieren und zu planen. Das werbende Unternehmen sollte die Inhalte eines Werbeplans und das anzustrebende Werbeziel festlegen.

Inhalte und Elemente eines Werbeplans

Werbeziel

Die ökonomischen Ziele erstrecken sich auf Größen wie Gewinn und Umsatz. Die außerökonomischen Ziele beziehen sich auf die psychologischen Werbewirkungen, wie z. B. Sinneswirkung oder Gedächtniswirkung. Abhängig vom Werbeziel wird der Inhalt der Werbung ausgestaltet.
Beispiele:

- Steigerung des Umsatzes und des Bekanntheitsgrads der Dienstleistung Internationaler Verkehr
- Gewinnung neuer Kunden
- Steigerung des Image des Unternehmens

Werbebotschaft – Werbeaussage/-inhalt

Die Werbebotschaft ist die zentrale Aussage bzw. der Inhalt der Werbung, die dem Empfänger übermittelt werden soll.

Beispiele:
- schnelle Lieferzeiten, hohe Termintreue
- komplexe Logistikdienstleistungen
- gutes Preis-Leistungs-Verhältnis
- weltweit agierendes Unternehmen

Werbeobjekt

Mit Werbeobjekt bezeichnet man die Güter und Dienstleistungen, die am Absatzmarkt verkauft werden.

Beispiele:
- Dienstleistung Nahverkehr, Sammelladung
- alle Dienstleistungen einer Spedition (Sortiment)

Werbemittel

Das Werbemittel ist das Ausdrucksmittel der Werbung, in dem die aus den Werbezielen abgeleitete Werbebotschaft dargestellt wird.

Werbemittel, die besonders für Speditionen von Relevanz sind:
- Anzeigen in Fachzeitschriften, Zeitungen
- direkte Anschreiben/Briefe an Kunden und möglichen Neukunden (Mailings)
- Planenaufdruck/-werbung auf Lkws
- Werbebriefe, Prospekte, Plakate
- Werbung in Frachtenbörse
- eigene Homepage
- Betriebsbesichtigungen

Werbeträger (Werbemedium)

Der Werbeträger ist der Gegenstand, die Institution oder das Medium, der die Werbung bzw. das Werbemittel an Empfänger heranträgt.

Beispiele:
- Presse wie Zeitungen, Fachzeitschriften
- Anschlagstellen wie Litfaßsäule
- Hörfunk und Fernsehen
- Internet

Werbeetat (Werbebudget)

Unter dem Werbeetat versteht man die veranschlagten Geldmittel für eine bestimmte Werbung. Der Werbeetat ist u. a. abhängig von Mitbewerberverhalten, Marktsituation und Werbezielen.

Zielgruppe (Streukreis, Umworbene)

- Die Zielgruppe soll im Werbeplan genau beschrieben werden.
- Die Werbung kann nur dann effektiv wirken, wenn diejenigen Personen angesprochen werden, die einen direkten Bezug zum Produkt oder zur Dienstleistung haben. Ansonsten treten hohe Streuverluste auf.

Beispiele:
- Industrie und/oder Handel
- Bestandskunden und/oder Neukunden
- gewerbliche Kunden und/oder Privatkunden
- Kunden im Raum Amberg usw.

Werbegebiet (Streugebiet, Reichweite)

- Die Werbung kann regional, überregional, national, EU-weit, europaweit oder weltweit erfolgen.
- Das festgelegte Werbegebiet soll die gewünschte Zielgruppe möglichst exakt erreichen, da ansonsten Streuverluste auftreten.

Beispiele:
- süddeutscher Raum, da sich die Spedition im Süden Deutschlands befindet
- bundes- und europaweite Streuung der Werbung bei internationalen Speditionen

Werbezeit (Streuzeit, Timing)

- Hier geht es um die zeitliche Planung, wann die Werbemedien zum Einsatz kommen, z. B. Zeitraum für die Werbeschaltung in Fachzeitschriften.

Beispiel:
- einmalige, wöchentliche, monatliche, quartalsmäßige Werbung
- Werbung zu bestimmten Anlässen, wie z. B. Messe, Hausmesse oder Einführung neuer Dienstleistungen

Streuweg

- Um die Dienstleistungen und Produkte auf dem Markt werbewirksam anzubieten, werden häufig mehrere Werbeträger und Werbemittel gleichzeitig eingesetzt. Hier wird danach gefragt, mit welchen Werbeträgern und Werbemitteln die Werbebotschaft an die Umworbenen gelangt.
- Es könnten für die Werbung z. B. Fachzeitschriften und Messestände zugleich zum Einsatz kommen.

4.4.3 Beachtung von Streuverlusten bei der Werbung

Ob eine Werbung den erzielten Effekt erreicht, ist u. a. davon abhängig, ob die richtige Zielgruppe angesprochen wird. Dies ist abhängig von den eingesetzten Werbeträgern und -mitteln.

Streuverluste treten vor allem auf, wenn Personen angesprochen werden, die nicht als Zielgruppe in Betracht kommen. In diesem Fall bleibt die Werbung ungelesen und die Wirkung der Werbung verpufft ungenutzt. Der Streufaktor ist in solchen Fällen sehr hoch.

Beispiel: Eine Spedition macht in der Tageszeitung Werbung für die Eröffnung einer neuen Filiale in Osteuropa.

Konsequenz: Bei den meisten Lesern handelt es sich um Verbraucher, für die diese Anzeige und der Nutzen der Eröffnung der Filiale einer Spedition in Osteuropa völlig irrelevant ist. Der Streuverlust ist sehr hoch.

Reduzierung von Streuverlusten

Um Streuverluste einzudämmen, wird versucht, mit den geeigneten Werbemitteln exakt die Zielgruppe anzusprechen. Wichtig in diesem Zusammenhang ist auch, dass die Zielgruppe zuvor genau bestimmt wird.

Beispiel: Die obige Spedition schaltet keine Anzeige in der Tageszeitung, sondern in der Fachpresse.

Ein Streuverlust in der Werbung wird sich in der Praxis nie ganz vermeiden lassen; allerdings lassen sich Streuverluste durch gute Planung und zeitlich optimierten Einsatz von für die Zielgruppe abgestimmten Werbemitteln ziemlich eindämmen.

Negativbeispiel: Eine Spedition führt eine Fernseh- und Radiowerbung durch. Der Streuverlust ist hier durch die breite Ansprache von Personen außerordentlich hoch.

4.4.4 Rücklaufquote von Fragebögen und Werbebriefen

Die Rücklaufquote von Fragebogen-Aktionen, z. B. bei Umfragen und Werbebriefen, ist ziemlich gering. Es wird in jedem Fall eine hohe Rücklaufquote angestrebt, um beispielsweise bei der Fragebogenauswertung zu treffsicheren Ergebnissen zu gelangen und um das Kosten-Nutzen-Verhältnis in einem angemessenen Rahmen zu halten.

Möglichkeiten, um bei schriftlichen Befragungen die Rücklaufquote zu erhöhen

- Teilnahme an Preisausschreiben bzw. Verlosung
- kleine Geschenke als Belohnung
- konkretes Datum für die Rückgabe angeben
- Werbegeschenke für die ersten Einsender
- Relevanz der Fragebogenauswertung und eigenen Nutzen des Befragten erläutern
- Fragebogen möglichst überschaubar, kurz, übersichtlich und gut gegliedert gestalten
- Überwiegend Fragen verwenden, die sich schnell beantworten lassen, wie z. B. geschlossene Fragen, Alternativ-Fragen, skalierende Fragen. Auf offene Fragen sollte aber nicht ganz verzichtet werden.

4.4.5 Verkaufsgespräche

Verkaufsgespräche verlaufen in aller Regel in **vier Stufen**. Man spricht daher auch vom **Vier-Stufen-Schema**.

Ablauf von Verkaufsgesprächen

Phasen	Beschreibung
1. Eröffnungsphase	In dieser Phase soll nach einer kurzen Einleitungsphase mit Small Talk das Interesse des Kunden geweckt werden. Durch das eigene Auftreten soll Sympathie erzeugt werden.
2. Informationsphase	In der zweiten Phase gilt es, die Ansprüche des Kunden herauszufinden. Hierzu soll der Kunde dazu bewegt werden, die vorherrschenden Probleme darzulegen.
3. Argumentationsphase	Dem Kunden wird das Leistungsangebot des Spediteurs präsentiert. Ihm werden hierbei die Vorteile erläutert, die zur Lösung seiner Problemsituation dienen. Die Vorteile sollen sachlich klar und positiv dargestellt werden. Der Kundennutzen muss erkennbar und möglichst visualisiert werden.
4. Abschlussphase	Der Kunde soll überzeugt werden, das Angebot zu nutzen. Alle Vorteile werden nochmals zusammengefasst, um die Problemlage des Kunden passgenau zu lösen. Akzeptanz beim Kunden ist aufzubauen. Letztendlich soll der Kunde zum Kaufabschluss bzw. zur Auftragserteilung bewegt werden.

4.4.6 Telefonmarketing und Telefonverkauf

Telefonmarketing kann vielfältige Aufgaben übernehmen, wie z. B. Marktforschung, Terminvereinbarung und Vorbesprechung für einen Außendienstbesuch, Bestandskundenpflege oder Neukundenakquisition.

Durch einen Telefonanruf ist eine **persönliche Ansprache** möglich, was die Aufmerksamkeit des Kunden erhöht. Zudem findet beim Telefonat ein Dialog statt, d. h. es kann – wie beim persönlichen Verkaufsgespräch – direkt und individuell auf Fragen reagiert werden. Der Außendienst kann durch Telefonmarketing entlastet werden und sich somit stärker auf seine typischen Kerntätigkeiten konzentrieren.

◁ Erfolgreiches Telefonmarketing lässt sich auch lernen.

Im Rahmen des Telefonmarketings sind folgende **sechs Schritte** zu empfehlen.

Ablauf eines erfolgreichen Telefonmarketings

Phasen	Beschreibung
1. Gespräch vorbereiten	Ziele setzen, geeigneten Kundenkreis festlegen, Informationen zu den Kunden recherchieren und auswerten, Gesprächsstrategie festlegen, Verkaufsargumente herausarbeiten, Arbeitsmittel bereithalten (PC, Notizblock), mögliche Einwände suchen und vorab wirksame Argumente ausarbeiten, um diese zu entkräften
2. Begrüßung	Begrüßung des Gesprächspartners und gegebenenfalls Vorstellung des eigenen Unternehmens und der eigenen Person, evtl. prüfen, ob man mit dem richtigen Gesprächspartner verbunden ist
3. Gesprächseröffnung	Den Grund des Gesprächs mitteilen, hierzu auch das Thema kurz umreißen und die geplante Dauer des Gesprächs mitteilen. Die Gesprächsbereitschaft abklären. Während der Gesprächseröffnung bereits Interesse beim Kunden wecken und für Vertrauen sorgen. Tipps: Emotional auf Kunden eingehen, Probleme ansprechen, Fragen stellen, Nutzen herausstellen
4. Demonstration des Angebots	Problem des Kunden schildern und konkrete Problemlösungsansätze und Vorteile der Leistung dem Kunden möglichst quantifizierbar darstellen. Anschauliche Beispiele möglichst aus der Praxis des Kunden darlegen. Nutzen evtl. durch Zahlen belegen und Einwände wirkungsvoll durch Fakten entkräften. Kunden aktivieren durch Fragen und den Kunden selbst zu Fragen animieren sowie zur konkreten Handlung auffordern.
5. Abschluss herbeiführen	Ergebnisse des Gesprächs herbeiführen, nochmals Nutzen und Vorteile dem Kunden mitteilen, nachfragen, ob der Kunde alles korrekt verstanden hat oder ob noch Unklarheiten bestehen, konkrete Handlungen vereinbaren (Termin für Vertreterbesuch), Kunden bei Bedarf noch Bedenkzeit einräumen
6. Verabschiedung	sich für das Telefonat und den Zeitaufwand bedanken und höflich verabschieden

Tipps für ein erfolgreiches Telefonmarketing

- freundlicher Ton, mit Namen ansprechen
- klar, deutlich und langsam sprechen
- komplizierte Sachverhalte wiederholen
- dem Gesprächspartner zuhören und nicht unterbrechen (aktives Zuhören)
- nachhaken und Fragen stellen
- Gesprächsplan durcharbeiten, Besprochenes abhaken
- Interesse zeigen, auf Kunden eingehen
- anschaulich und fachlich verständlich kommunizieren
- Gespräch gezielt führen
- möglichst nicht im Dialekt sprechen

4.4.7 Phasen der Auftragsabwicklung

Die Abwicklung eines Auftrags lässt sich grundsätzlich in drei Phasen einteilen.

Phasen	Beschreibung
Pre-Sales-Phase (Pre-Sale = vor dem Verkauf)	**Vor dem Verkauf sind bereits wichtige Marketing-Aufgaben auszuführen:** • Das Unternehmen sowie dessen Werte und auch das Leistungsspektrum ist dem Kunden nahezubringen. • Der Kunde soll über die Vorteile informiert werden und soll angeregt werden, einen konkreten Auftrag zu erteilen. **Beispiele für Aufgaben im Rahmen der Pre-Sales-Phase:** • Werbung, Kundengewinnung/-akquirierung • ausführliche Beratung der Kunden • Herausfinden der individuellen Bedürfnisse der Kunden • Ausarbeiten von Lösungsansätzen für die Kundenprobleme • Erstellung eines Angebots **Ziel der Tätigkeiten der Pre-Sales-Phase:** • Gewinnung weiterer/zusätzlicher Kundenaufträge
Leistungs- ausführungs- Phase	**Marketing-Aufgaben während der Leistungsausführung:** • Der Kunde soll auch während der Leistungsausführungsphase an der Umsetzung weiter mitwirken können, z. B. durch nachträgliche Weisungen. • Ein laufender Informationsaustausch mit dem Kunden während der Leistungsausführung bezüglich Status der Auftragsausführung, Termineinhaltung usw. ist zu gewährleisten, z. B. mittels Tracking and Tracing. **Beispiele für Aufgaben im Rahmen der Leistungsausführungs-Phase:** • Datenaustausch mit Kunden • Ausführung des Auftrags, wie z. B. Lkw-Beförderung (bei Selbsteintritt) • Auswahl geeigneter Frachtführer und Fremdfirmen • Abschluss der notwendigen Verträge **Ziel der Tätigkeiten** • ordnungsgemäße Auftragsausführung zur Zufriedenheit der Kunden
After-Sales-Phase (After Sale = nach dem Verkauf)	**Auch nach dem eigentlichen Verkauf bzw. nach Auftragsausführung sind weitere Marketing-Aufgaben abzuarbeiten:** • Der Kunde soll in seiner Kaufentscheidung bzw. über seine Auftragserteilung nachträglich bestärkt werden. • Nachträgliche auftauchende Probleme und Fragen sollen geklärt werden. • Eine langfristige Kundenzufriedenheit ist zu erreichen. **Beispiele für Aufgaben im Rahmen der After-Sales-Phase:** • Nachfrage bei den Kunden bzgl. ihrer Zufriedenheit nach der Leistungserbringung. • Reklamationsbearbeitung, Sicherung von Schadenersatzansprüchen des Kunden bei Einsatz von möglichen Subunternehmern • Ersatzteilversorgung des Kunden, Wartung und Instandhaltung • Beratung des Kunden über Folgeprodukte, mögliche Produktmodifikationen • Kundendienstleistungen **Ziel der Tätigkeiten im Rahmen der After-Sales-Phase:** • Erreichung einer hohen Kundenzufriedenheit • Steigerung einer langfristigen Kundenbindung • Gewinnung von Folgeaufträgen • Bestätigung des Kunden in seiner Kaufentscheidung

4.4.8 Notwendige Eigenschaften eines Außendienstmitarbeiters/Akquisiteurs

Außendienstmitarbeiter, die die Stamm- und Neukunden betreuen und im Rahmen von Verkaufsgesprächen zum Kauf von Produkten und Dienstleistungen anregen und überzeugen sollen, müssen über eine Reihe von Eigenschaften und Kompetenzen verfügen.

Gefragte Kompetenzen und Eigenschaften eines Außendienstmitarbeiters

Kompetenzart	Beispiele	
Persönliche Kompetenzen	• Überzeugungskraft • Kontaktfreudigkeit • gute Umgangsformen	• Konzentrationsfähigkeit • Einfühlungsvermögen • Ehrlichkeit
Äußeres Erscheinungsbild	• gepflegtes Äußeres • angemessene Kleidung	• Körperhaltung • Mimik, Gestik
Fachliche Kompetenzen	• Abläufe des Kunden und die eigenen Prozesse • Kunden und dessen Wünsche	• Berufsausbildung • Fort- und Weiterbildungen • Berufserfahrung
Kommunikative Kompetenzen	• Verhandlungsgeschick • sicheres Auftreten	• Überzeugungsfähigkeit • gute Umgangsformen
Methodenkompetenz	• Organisationsfähigkeit • Problemlösungsfähigkeit	• Entscheidungsfähigkeit • Infobeschaffungsfähigkeit
Sprache	• unmissverständliche Sprache • flüssige Ausdrucksweise	• Fachausdrücke verwenden

4.5 Marketing-Mix

Im Marketing-Mix werden die vier Werkzeuge des Marketing-Managementbereichs zusammengefasst.

Man spricht in diesem Zusammenhang auch von den **4 Ps**: **Product** (Produktpolitik), **Place** (Vertriebspolitik), **Price** (Preispolitik) **und Promotion** (Kommunikationspolitik).

Das Marketing-Mix beruht auf der Tatsache, dass die Marketing-Instrumente **zeitgleich** – wenn auch mit unterschiedlicher Intensität – zum Einsatz gebracht werden und wechselseitig wirken.

Instrumente des Marketing-Mix im Überblick

Produktpolitik	Preispolitik	Kommunikationspolitik	Absatzpolitik
Product	Price	Promotion	Place
Welche Leistungen werden erbracht?	Zu welchen Preisen und Konditionen werden die Leistungen angeboten?	Wie kommunizieren wir mit dem Kunden? Wie erreichen wir die Kunden?	Mittels welcher Wege gelangen unsere Leistungen zum Kunden?
• Sortimentspolitik • Produktinnovation • Produktmodifikation • Produktdiversifikation • Produktelimination • Produktqualität • Zusatzleistungen • Service, Kundendienst	• Prämien- bzw. Hochpreisstrategie • Marktpreisstrategie • Promotions- oder Niedrigpreisstrategie • Rabattpolitik • Tarifpreispolitik • Einzelpreispolitik • Zahlungsbed.	• Werbung • Mailings • Public Relations • Corporate Identity • Corporate Design • Verkaufsförderung (Sales Promotion) • Human Relations • Sponsoring • Personal Selling	• Vertriebskanäle • Vertriebsorganisation • Distributionslogistik bzw. Gestaltung der physischen Warenverteilung

4.6 Schrift und Sprache

Sicherlich kennen Sie die Redewendung „Wer fragt, der führt!". Der Fragende kann durch seine Fragetechnik bewusst die Führung eines Gesprächs übernehmen. Typische Frageformen, die in persönlichen Verkaufsgesprächen und beim Telefonmarketing Anwendung finden:

Frageformen

Offene Frage

Der Befragte kann auf diese Frage frei antworten.
Fast alle offenen Fragen beginnen mit „W" (Wer, Was, Wo, Wie, Wann, Warum, Wohin).

Beispiele:
Mit welchen Verkehrsmitteln sollen wir Ihre Ware transportieren?
Welche sonstigen Leistungen wünschen Sie im Rahmen Ihrer Anfrage?

Vorteile:
- mündliches Gespräch kann dadurch lebendig gehalten werden
- neue unerwartete Sichtweisen
- keine Verärgerung oder Gängelung des Befragten
- Fülle von Gedanken

Nachteile:
- schwierige Auswertung
- häufig geringe Antwortbereitschaft
- Gesprächsverlauf ist kaum noch zu beeinflussen
- Gespräch verläuft evtl. in falsche Richtung
- Unwichtiges steht evtl. im Vordergrund

Fortsetzung nächste Seite

Geschlossene Frage

Der Befragte kann bei dieser Art der Frage nur mit „Ja" oder „Nein" antworten.
Beispiele: Möchten Sie die Ware per Lkw transportieren lassen? Haben Sie Gefahrgut zu transportieren?

Vorteile:
- einfache Auswertung
- Trend/Entwicklung erkennbar
- schnelle Erledigung, hohe Antwortbereitschaft
- konkrete Fragen, kein Verlaufen in falsche Richtung

Nachteile:
- Antworteinengung, keine neuen Aspekte
- ist für den Befragten bei mündlichen Fragen eher mit negativen Emotionen verbunden
- Der Befragte fühlt sich evtl. gegängelt.

Alternativfrage

Der Befragte kann sich zwischen zwei oder mehreren Antwortmöglichen entscheiden.
Teilweise wird dem Befragten eine Auswahlmöglichkeit suggeriert.
Beispiele: Empfinden Sie unser Angebot als ...?
☐ ausreichend   ☐ verbesserungswürdig   ☐ unzureichend
Wie fühlen Sie sich von unserem Außendienstmitarbeiter betreut?
☐ gut   ☐ ausreichend   ☐ schlecht

Rhetorische Frage

Bei dieser Frage wird tatsächlich nach keiner bestimmten Antwort gefragt, sondern es wird eine Scheinfrage gestellt, die im Grunde bereits die Antwort enthält. Hierbei kann der Fragende beeinflusst werden.
Es handelt sich hier um eine Pseudofrage. Die Gedanken des Befragten sollen in eine bestimmte Richtung bzw. auf bestimmte Inhalte gelenkt werden.
Beispiel: Wollen Sie sich diese Chance entgehen lassen?

Skalierende Frage

Die Antwort auf Frage lässt sich in einer Skala festhalten und konkretisieren.
Beispiel: Wie würden Sie die Wichtigkeit des Verkehrsträgers Luftfracht in einer Skala von 1 bis 10 einordnen?
Unwichtig   sehr wichtig
☐ 1   ☐ 2   ☐ 3   ☐ 4   ☐ 5   ☐ 6   ☐ 7   ☐ 8   ☐ 9   ☐ 10

Suggestivfrage

Eine fragliche Annahme wird dem Befragten in den Mund gelegt. Dadurch wird versucht, den Befragten zu manipulieren bzw. zu lenken. Im Prinzip möchte der Fragende nicht die Meinung des Befragten wissen, sondern ihm seine eigene Meinung und Ideen einreden. Durch die Art der Fragestellung erwartet der Fragende von seinem Gesprächspartner eine Zustimmung seiner Aussage.
Häufig lassen sich bei Suggestivfragestellungen Wörter wie „auch", „doch", „sicher" oder „sicherlich" finden.
Beispiele: Sicherlich werden Sie mir zustimmen, dass der Verkehrsträger Güterkraftverkehr für die Abwicklung dieses Auftrags am geeignetsten erscheint.
Sie sind doch auch der Meinung, dass ökologische Gesichtspunkte bei der Transportleistung immer wichtiger werden?

Vorteil:
- Für den Fragenden: Er führt den Befragten durch das Gespräch, wobei die Antwort schon in der Frage formuliert ist.

Nachteil:
- kann den Gesprächspartner (Befragten) verärgern bzw. negative Reaktionen hervorrufen

Sachwortverzeichnis

A
ABC-Analyse
– Kundeneinteilung 461
– Umschlagshäufigkeit 398
ABC-Analyse nach Lagerwert 376
Abfallproblematik
– Gesetze und Verordnungen 420
Abfertigung 295
Abgabenbescheid 309
Abgangszollstelle 278, 280, 289, 296
Abholklausel 247
Ablader 162
Ablauf des Dokumenteninkassos 252
Ablieferungshindernis 52
Ablieferungsnachweis 315
Abnahmerisiko 244
Abrechnung von Seetransporten 174
Absendeklauseln 247
Absender nach ADR 434
ADN 429, 430
ADR 429, 430
ADR-Bescheinigung 444
ADR-Card 444, 446
ADR Verantwortlichkeiten 433
Advertising 467
AEO-S 309
After Sale 475
Agrarabgaben 273, 302
Agrarabschöpfungen 302
AIDA-Konzept 470
Air Waybill (AWB) 196
Akkreditivart 253
Aktive Veredelung 299, 301
ALB 232
Allgemeine Deutsche Spediteurbedingungen (ADSp) 72
Allgemeine Risiken 244
Allgemeine Unterweisung 431
Ankunftsklauseln 247
Anmelder 284, 296
Anschreibung in der Buchführung 287, 288
Anschriftenfeld 221
Anwendungsländer 265
Arbeitszeit 42
Artikelreine Palette 331
ATLAS 283
A.TR. 266
Aufbaukurs 444
Aufgabenbezogene Unterweisung 431
Aufgaben der Beteiligten 433
Auftraggeber des Absenders 434
Auftragsabwicklung
– Phasen 475
Ausfuhr 281, 283, 286, 310, 311
Ausfuhranmeldung 311
Ausführer 284
Ausfuhrverfahren 312
Ausfuhrzölle 273
Ausfuhrzollstelle 289, 312
Ausgangszollstelle 278, 280, 289, 312
Ausland 276
Ausnahmegenehmigungen 444
Außendienstmitarbeiter
– Eigenschaften 476
Außendienst-Promotion 469
Außenhandel 243, 274, 276
Außenhandelsrisiken 244, 251

Außenwirtschaftsgesetz (AWG) 274, 282
Außenwirtschaftsverkehr 274
Außenwirtschaftsverordnung (AWV) 274
Authorized Economic Operator (AEO) 285
Automated Export System (AES) 283
Automatische Kontrollen 405
Automatisches Behälterregal 327
Automatisches Kleinteilelager 327
Automatisiertes Tarif- und lokales Zollabwicklungssystem (ATLAS) 283
Autotransporter 149

B
B2B 395
B2C 395
Back-to-Back AWB 200
Barcode-Label 120
Basiskurs 444
Bedarfsermittlung 379
Bedarfsermittlungsverfahren 379
Beförderer 284, 434
Beförderungseinheiten 440
Beförderungshindernis 52
Beförderungspapier 444
Befrachter 162
Befristetes Akkreditiv 254, 258
Befüller 434
Begegnungsverkehr 116
Begleiteter Kombinierter Verkehr 231
Begrenzte Menge 447
Begrenzte und freigestellte Mengen 436
Begriffe
– Außenwirtschaft 281
Behördlich anerkannter bekannter Versender (Known Consignor) 195
Beilader 106
Beleglose Kommissionierung 401
Benennung 435
Benennung und Beschreibung 436
Bergungsverpackung 444
Beschaffungslogistik 352, 356
– Tätigkeiten und Aufgaben 357
Beschaffungsprinzipien 358
Beschaffungsstrategien 364
Beschaffungstermine und Beschaffungsmenge 380
Besitzer der Waren 284
Besondere Verbrauchsteuern 303
Erledigung 293
Besondere Verfahren 286, 293
Bestätigtes Akkreditiv 253, 258
Bestätigtes Dokumentenakkreditiv 256
Bestellpunktverfahren 380
Bestellrhythmusverfahren 381
Bestellung 431
Bestimmungszollstelle 277, 278, 280, 289, 295, 296
Beteiligte nach ADR 432
Beteiligte Personen 431
Bewilligung 286
Bezettelung 440, 441
Bilaterale Genehmigung (Drittstaatengenehmigung) 27
Bill of Lading 168
Binnenschiff
– Koppelverband 128
– RoRo-Schiff 128
– Schubverband 128

– Selbstfahrer 128
Binnenschifffarten 127
Binnenschifffahrt
– Besondere Havarie 141
– Betriebsformen 129
– Containerliniendienst 129
– Frachtbrief 134
– Fracht- und Begleitpapiere 133
– Frachtvertrag 130
– Frankatur 139
– Große Havarie 141
– Haftung 140
– Havarie 141
– Kalkulation eines Binnenschifftransportes 143
– Kleine Havarie 141
– Kleinwasserzuschlag 144
– Konnossement 136
– KWZ 144
– Ladeschein 136
– Ladescheinarten 136
– Lade- und Löschzeit 138
– Lade- und Löschzeitenverordnung 131
– Liegegeld 138
– Linienverkehr 129
– Nachträgliche Verfügungen 140
– Rechtsgrundlagen international 131
– Rechtsgrundlagen national 130
– S. 123 ff. 124
– Trampschifffahrt 129
– Verfrachtungsarten 133
Binnenschifftransport
– Vorteile, Nachteile 127
B/L 168
Blocklagerung 324
Bodenlagerung 323
Bordempfangsschein 165
Bordero 103, 110, 115
Bruttoraumzahl BRZ 147
Budapester Übereinkommen 131
Bundesamt für Güterverkehr (BAG) 26

C
Cargo-Manifest 200, 201, 211
Carnet ATA 277, 281
Carnet TIR 277
Carnet-Verfahren 277
CEMT-Genehmigung 27
CFR 247
Chaotische Lagerhaltung 323
Chargeable Weight 201
CIF 247, 306
CIM-Frachtbrief 232, 234
CIP 247
City-Logistik 423
– Chancen und Risiken 425
– Entwicklungen und Hintergründe 423
– Grundlagen 424
– Hemmnisse bei der Umsetzung 426
– Umsetzungskonzepte 424
CMNI 132
CMR 58
Codenummer 303, 304
Commercial Invoice 264
Consol AWB 200
Consular Invoice 314
Containerhäfen 157

SACHWORTVERZEICHNIS

Container-Packzertifikat 444
Containerschiff 147
– Feederschiff 147
– Round-the-World-Schiff 147
– Semicontainerschiff 147
– TEU 147
– Vollcontainerschiff 147
Corporate Design 468
Corporate Identity 457, 468
CPT 247
Cross-Docking 362
CSC 177

D
DAP 247
DAT 247
Dauerlager 318, 335
DDP 247, 306
Dezentrale Lager 320
Direkt AWB 200
Direktbezug 360
Direkter Vertrieb 392, 466
Direktmarketing 467
Direktverbindungen 415
Direktverkehr 101
Direktwerbung 467
Distributionskanäle 392
Distributionslager 320
Distributionslogistik 357, 386
– Grundlagen 387
– Kernfunktionen 388
– Mehrwertdienstleistungen 389
– Ziele und Aufgaben 387
Distributionspolitik 466
Distributionsstrukturen 390
Dokumentäre Zahlungsabwicklung 251, 258
Dokumente im Außenhandel 262
Dokumentenakkreditiv L/C 253
Dokumenteninkasso D/P 252
Domestic Sourcing 366
Dortmund-Ems-Kanal 124
Dreiländerverkehr 28
Drittland 276
Drittstaaten 29
DTV Gütersicherungsbedingungen 2000/2011 259
Duales System Deutschland 423
Dual Sourcing 364
Dual-Use-Güter 274
Durchfahrregal 327
Durchgangszollstelle 278, 281
Durchlaufregal 328
Durchschnittliche Lagerdauer 346
Durchschnittlicher Lagerbestand 343
Düsseldorfer Palette 331

E
E-Commerce 395
ECR 371
Efficient Consumer Response 371
EFTA 29
Eigenkontrolle Selfassessment 287, 288
Einfacher Mittelwert 379
Einfahrregal 327
Einfuhr 273
Einfuhrabgaben 277, 281, 302, 303
Einfuhrumsatzsteuer 303, 307
Eingangszollstelle 278, 280, 289
Einheitliches Datenverarbeitungssystem 288
Einlagerungsprinzipien 359
Einpunktklausel 248
Einschubregal 328
Einseitige Präferenzabkommen 264

Einstufiges Verfahren 314
Eisenbahnstrecken 223
Eisenbahnverkehr
– Abrechnung von Bahntransporten 236
– ALB 232
– Allgemeine Leistungsbedingungen der DB Cargo 232
– Anschriftenfeld 221
– Arten des Kombinierten Verkehrs 231
– CIM 232
– CIM-Frachtbrief 232, 234
– Einzelwagenverkehr 226
– Eisenbahnstrecken 223
– Eisenbahnverkehrsunternehmen 219
– EVU 219
– Frachtbriefdoppel 234
– Frachtvertrag 232
– Ganzzugverkehr 225
– Güterwagenarten 239
– Haftung bei nationalem Kombiverkehr 229
– Haftung international 235
– Haftung national 235
– Kombinierter Verkehr 227
– Kombiverkehr, rechtliche Rahmenbedingungen 228
– Lademaße 220
– Lichtraumprofil 220
– Nachnahme 235
– Nachträgliche Weisungen 235
– Preistafel 1 237
– Preistafel 2 238
– Railport 226
– S. 218 ff. 218
– Spurweite 219
– Stärken und Schwächen 221
– Stärken und Schwächen des Kombiverkehrs 231
Eisenbahnverkehrsunternehmen 219
Eisenbahnverker
– Lastgrenzenraster 221
Elbe-Seiten-Kanal 124
Elektronische Datenverarbeitung 283
Elektronische Verfahren 283
Empfänger 434
Endverwendung 293, 300
Entlader 434
Entsorgungslogistik 357, 418
EORI 283
EPK 247
Erlaubnis für den nationalen Güterkraftverkehr 26
Ersatzwaren 293
Etagenlager 319
EU-Gemeinschaftslizenz 27
EU-Mitgliedstaaten 275
EUR 1 266
EUR.MED 266
Euro-Gitterbox-Palette 330
Europäische Union 28
Euro-Palette 330
EU- Sicherheitsberater 431
EU-Sicherheitsberater 431
EU-Sicherheitsberaterrichtlinie 431
Export 276, 310
– Nachweisführung 315
Exportbank 252
Exportkontrolle 274
Export- und Importkontrolle 274
Externer Versand 295
Externes Versandverfahren 295
Extrahandel 282
EXW 247, 306
EZT 303

F
Fachbodenregal 327
Fahrerqualifikation nach ADR 444
Fahrwegbestimmung 444, 446
Fahrzeugführer/Beifahrer 434
Fakturierung 390
FAS 247
FBL 270
FCA 247
FCL/FCL 176
FCL/FCL-Transport 178
FCL/LCL-Transport 178
FCR 269
FCT 270
Festplatzsystem 322
FIATA Multimodal Transport Bill of Lading 270
FIATA Warehouse Receipt 342
FIFO 359
First in – first out 359
Fixkostenspediteur 68
Flächennutzungsgrad 347
Flachlager 318
Flexible Einlagerung 323
FOB 247, 306
Fördermittel 328
Forwarders Certificate of Receipt 269
Forwarders Certificate of Transport 270
Frachtbrief 46, 47, 48
Frachtraten Seeschifffahrt 174
Frachtvertrag 45
Frageformen 477
Freie Einlagerung 323
Freigestellte Mengen 449
Freihandelsabkommen 264
Freilager 318
Freiplatzsystem 323
Freistellungsregelungen nach ADR 446
Freiverkehrspräferenz 264
Freizone 286, 293, 299, 319

G
Gabelstapler 329
Ganzzugverkehr 225
GbV 429
Gebietsspediteur-Konzept 360
Gefährdungshaftung 54
Gefährdungspotenzial 438
Gefahrgutausnahmeverordnung (GGAV) 429
Gefahrgutausrüstung 445
Gefahrgutbeauftragte 431
Gefahrgutbeauftragtenverordnung (GbV) 429, 431
Gefahrgutbeauftragter
– Bestellung 431
– Pflichten 432
– Qualifikation 431
Gefahrgutbeauftragter (EU- Sicherheitsberater) 431
Gefahrgutbeförderung 431
Gefahrgutbeförderungsgesetz (GGBefG) 430
Gefahrgüter 428
Gefahrgutklassifizierung 435
Gefahrguttransporte 428, 440
Gefahrguttransporte mit Binnen- und Seeschiff 455
Gefahrgutverordnung Seeverkehr (GGVSee) 429
Gefahrklasse 435, 437
Gefahrübergang 245
Gefahrzettel oder Großzettel 441
Gelangensbestätigung 315
Gemeinschaftsgebiet 276, 282

G

Gemischte Palette 331
General Cargo Ships 148
Geschlossenes Lager 318
Gesetz über die Beförderung gefährlicher Güter 429
Gestellung 277, 278, 288, 289, 295
– Frist 289
– Verzicht auf 289
GGBefG 429
GGVSEB 429, 430, 455
Gleitender Mittelwert 380
Global Sourcing 366
Grenzeingangsstelle 278
Große, Havarie, Seeschifffahrt 172
Grüner Punkt 423
Gruppierung der Incoterms® 2010 247
Güterkraftverkehr 25
Güterversicherung 338
Güterwagenarten Bahn 239

H

Haftung Binnenschifffahrt 140
Haftungskorridor 72
Haftungsprinzip 54
Haftungsversicherung 96, 337
Halboffenes Lager 318
Handelsrechnung 262, 264, 315
Hauptlauf 103
Havarie
– Seeschifffahrt 172
Hochregallager 319, 326
House-AWB 214
House-AWB (HAWB) 200
Hub-and-Spoke 116
Hub-and-Spoke-System 414
Human Relations 469

I

IATA-Agent 194
Importbank 252
Incoterm® 2010 FOB 248
Incoterms
– Gliederungsstruktur 246
– Pflichten des Verkäufers 246
Incoterms® 2010 245
Indirekter Vertrieb 393, 466
Industrie-Palette 331
Inhaber des Verfahrens 284, 309
Inhaberladeschein 136
Inhaberlagerschein 342
Inland 276
Innergemeinschaftliche Lieferung 281, 315
Institute Cargo Clauses Institute of London Underwriters 259
Instrumente des Marketing-Mix 477
International Air Transport Association (IATA) 186
International Civil Aviation Organization (ICAO) 186
Internationale Handelsklauseln 245
Internationale Straßentransportunion (IRU) 278
Internationales Zollpapier 277
Interner Unionsversand 297, 310
Interner Versand 295
Internes Versandverfahren 295
Internetzollanmeldung 283
Intrahandel 281
IT-Verfahren 283

J

Just-in-Sequence 358
Just-in-Sequence-Prinzip 368
Just-in-Time 358
Just-in-Time-Prinzip 367

K

Kabotage 28
Kaiannahmeschein 165
KANBAN-System 369
Kaufrecht 244
Kennzahlen Kommissionierung 405
Kennzeichnung 440
Key-Account-Kunden 461
Key-Account-Manager 461
Klasse 436
Klassifizierungscode 436, 438
Kombinierte Nomenklatur (KN) 303
Kombinierter Verkehr Schiene-Straße 227
Kombiverkehr Binnenschiff 126
Kommissionierfehler 400
Kommissionierung 388, 397
– Arbeitsabläufe 399
– Kennzahlen 405
– Kontrollen 405
Kommissionierverfahren 401
Kommunikationspolitik 467
Konfektionierung 390
Konnossement 166, 168
Konsulatsvorschriften 314
Kontrahierungspolitik 465
Kontraktlogistik 372
Kostenübergang 245
Kreislaufwirtschaft 420
Kurier-, Express- und Paketdienste 118
Küstenkanal 124

L

Lademaß 220
Lademeter 33
Ladungssicherung 34
Lagerarten 318
Lagerauslastungsgrade 347
Lagerbestand, durchschnittlicher 343
Lagerdauer, durchschnittlich 346
Lagerdienstleistung 332
Lagerdokumente 339
Lagerempfangsschein 339
Lagerformen 323
Lagerfunktionen 317
Lagergeräte 330
Lagerhalter 332
Lagerkennzahlen 343
Lagerkosten 348
Lagerquittung 339
Lagerreichweite 346
Lagerschein 340
Lagertechniken 323
Lagerumschlag 345
Lagerung 286, 293, 298
Lagerung, verkehrsbedingt 335
Lagerversicherungen 338
Lagervertrag 332
Lagerzonen 321
Länderrisiko 244
Lastenheft 397
Last in – first out 359
LCL/FCL-Transport 178
LCL/LCL 177
LCL/LCL-Transport 178
Lenk- und Ruhezeiten 41
Letter of Credit 253
Liefer-/Transportrisiko 244
LIFO 359
Local Sourcing 366
Logistik
– Aufgaben 354
– Definition 353
– Einsparpotentiale 354
– Teilsysteme 355

Logistik-AGB 375
Logistikdienstleister
– Anforderungen 396
Luftverkehrsgesetz 429

M

Mailings 467
Main-Donau-Kanal 124
Manuelle Kontrolle 405
Marketing 457
– Definition 458
Marketinginstrumente 462
Marketing-Mix 477
Marktanalyse 459
Marktbeobachtung 459
Marktforschung 459
Marktprognose 459
Massengutschiffe 150
Master-AWB (MAWB) 200, 216
Maut 40
Mehrwertdienste 349
Mehrwertdienstleistungen der Distributionslogistik 389
Mischpalette 331
Mittellandkanal 124
Modular Sourcing 365
Montrealer Übereinkommen (MÜ) 204
Movement Reference Number 284
MRN 284
Multi-Hubs 417
Multiple Sourcing 365
Mustervorschriften 314

N

Nachlauf 102
Nachnahme 52
Nachträgliche Weisungen 46
Namensladeschein 136
Namenslagerschein 342
Nämlichkeit 289
Nämlichkeitssicherung 277, 289, 295
Nettoraumzahl NRZ 147
Neutrale orangefarbene Tafel 440
Neutralisieren 389
New Computerized Transit System (NCTS) 283
Nicht-dokumentäre Zahlung 251
Nicht-Unionsware 277, 291
Nord-Ostsee-Kanal 153
Nordseehäfen 124
Not negotiable 197

O

OdV 305
Öffentliche Zolllager 299
Öffentlichkeitsarbeit 468
Official Airline Guide (OAG) 189
Optimale Bestellmenge 382
Orange Book 429
Orangefarbene Tafel 440
Orangefarbene Warntafel 440
Orderladeschein 136
Orderlagerschein 342
Ort des Verbringens 305
OTIF 430
Outsourcing 334, 366

P

Packstück 85
Palettenregal 325
Panama-Kanal 154
Partikulier 129
Partikulier-Genossenschaft 129
Passive Veredelung 301
Personal Selling 469

SACHWORTVERZEICHNIS

Persönlicher Verkauf 469
Pflichten des Käufers 246
Pflichtenheft 397
Pick-by-Barcode 403
Pick-by-Light 402
Pick-by-RFID-Technik 404
Pick-by-Scan 403
Pick-by-Vision 404
Pick-by-Voice 402
Pick mittels Kleinterminal 403
Pick-Pack-Verfahren 404
Politisches Risiko 244
Präferenzen 266, 310
Präferenzpapiere 264
Preispolitik 465
Pre-Sale 475
Primärerhebung 460
Private Zolllager 299
Produktionslogistik 356
Produktpolitik 462
Promotion 467
PSC 177
Public Relations 468
Pull-Prinzip 371
Push-Prinzip 371

Q
Qualität 463
Qualitätskennzahlen 348
Qualitätsrisiko 244

R
Radio-Frequenz-Identifikation (RFID) 121
Reederei, Binnenschifffahrt 129
Regalarten 325
Regallagerung 324
Regalpflege 389
Regalservice 389
Reglementierter Beauftragter (Regulated Agent) 195
Reihenlagerung 325
Retrologistik 357
Rhein-Herne-Kanal 124
Rheinstromgebiet 125
RID 429, 430
Rollende Landstraße 231
Roll-on/Roll-off-Schiffe 149
Rom-I-Verordnung 244
RoRo-Schiffe 149
Rücklaufquote
 - Fragebögen und Werbebriefe 472
Rücknahmepflichten für Verpackungen 422
Rundgangsstrategie 399

S
Sales Promotions 469
Sammelgutspediteur 68
Sammelladungsverkehr 101
Sammellagerung 332
Sandwichpalette 331
Schadenereignis 74, 337
Schadenfall 74, 337
Schichtzeit 42
Schiffszettel 165
Schleifenstrategie 399
Schnittstellen 371
Schnittstellenkontrolle 77
Schriftliche Weisung 445
Schrift und Sprache 477
Schulungsbescheinigung 446
Schwergutschiffe 149
Sea Waybill 166, 168
Seefrachtbrief 166, 168
Seefrachtvertrag 161

Seehäfen 155
 - ARA-Häfen 156
 - Containerhäfen 157
 - Nordseehäfen 156
 - Ostseehäfen 156
 - Schleusenhäfen 156
 - Südhäfen 156
 - Tidehäfen 156
 - Westhäfen 156
Seekanäle 153
Seeschiffe, Stärken und Schwächen 150
Seeschifffahrt
 - Ablader 162
 - Abrechnung von Seetransporten 174
 - Abrechnung von Seetransporten, Zuschläge 175
 - Befrachter 162
 - Beitragsquote große Havarie 173
 - Betriebsformen 160
 - Bill of Lading 166
 - B/L 166
 - Bordempfangsschein 165
 - Bordkonnossement 169
 - Cargo Bill 166
 - Carrier's Haulage 177
 - Clean-B/L 169
 - Containerversand 176
 - Demurrage Charge 177
 - Detention Charge 177
 - Durchfrachtkonnossement 170
 - Durchkonnossement 170
 - Fahrtgebiete 158
 - FCL 176
 - Festbuchung 164
 - Fiata Bill of Lading 170
 - Flagge des Seeschiffs 151
 - FOB-Spediteur 163
 - Frachtraten 174
 - Frachtraumbuchung 164
 - Frachtvertrag 161
 - Full Container Load 176
 - Große Havarie 172
 - Haftung 171
 - Havarie 172
 - Inhaberkonnossement 169
 - Kaiannahmeschein 165
 - Konditionelle Buchung 164, 165
 - Konferenzen 161
 - Konnossement 166
 - Konnossementarten 166
 - Konossementarten 169
 - LCL 176
 - Less than Container Load 176
 - Linienschifffahrt 160
 - Merchant's Haulage 177
 - Namenskonnossement 169
 - NVOCC-Konnossement 170
 - Orderkonnossement 169
 - Received-B/L 169
 - Sammelkonnossement 170
 - Schiffsagent 163
 - Schiffsarten 147
 - Schiffsmakler 163
 - Schiffszettel 165
 - Sea Waybill 166
 - Seefrachtbrief 166
 - Shipped-B/L 169
 - Steuermannsquittung 165
 - Teilkonnossement 170
 - Terminal Handling Charge 177
 - Trampschifffahrt 160
 - Übernahmekonnossement 169
 - Verfrachter 162
 - Verladeschein 165, 167
 - Verschiffungsspediteur 163

Seeverkehrswege 152
Sekundärerhebung 460
Selbsteintritt 68
Sendungsverfolgung 120, 389
Sicherheitsdatenblätter 435
Sicherheitsunterweisung 431
Single Sourcing, 364
Sortimentspolitik 462
Sourcing-Konzepte 360
Speditionsvertrag 64
Sperrpapier 47
Speziallager 319
Spezialschiffe 149
Sponsoring 469
Spurweite Eisenbahnen 219
Staatsgebiet 275, 276
Standardbedingungen ERA 600 254
Standardzollanmeldung 287
Standgeld 88
Stapelfaktor (SF) 35
Starre Einlagerung 322
Statuswechsel 291, 292
Stellplatzkennzeichnung 322
Stetigförderer 329
Steuermannsquittung 165
Stichgangsstrategie 399
Stoffeigenschaften 438
Streuverlust 472
Streuweg 472
Stückgutschiffe 148
Suez-Kanal 153
Summarische Anmeldungen 287
Summarische Ausgangsanmeldung 311
Summarische Ausgangsmeldung 288
Summarische Eingangsmeldung 288
Supply Chain Management 369
 - Ziele 370
System Sourcing 365
Systemverkehre 116

T
T 298
T1 298
T1-Dokument 138
T2 298
T2-Dokument 138
T2L 298
Tabelle A 435
Tabelle E (Excepted Quantities) 449
Tallyschein 165
Tankcontainer 442
Tanksattelzug 442
TARIC 303
TBC 439
Telefonmarketing 473
Telefonverkauf 473
THC 177
The Air Cargo Tarif (TACT) 201
Three Letter Code 186
TIR-Abkommen 295
TIR Tafel 277
Tonnenkilometer 21
Tourenplanung 409
 - Einschränkungen 410
 - Ziele und Aufgaben 410
Tracking & Tracing 120
Transaktionswert 305
Transportkette ADR 432
Transportrisiko 244
Transportverpackungen 422
Transportversicherungen im Außenhandel 258
Transportversicherungspflicht 245
Trenngebote 440
Trennungslagerung 332

Tunnelbeschränkungscode 439, 450
Tunnelkategorien 439
Tunnelkennzeichnung 439
Tunnelklassifizierung 439
Two Letter Code 186

U
Übergang der Sorgfaltspflicht 245
Überlassung zum zollrechtlich freien Verkehr 286, 291
Übliche Behandlung 293
Umgangsrecht 429
Umlaufregal 328
Umsatzsteueridentifikationsnummer 281
Umschlagshäufigkeit 345
Umschlagslager 318, 335
Umverpackung 442
Umverpackungen 422
UN 3142 437
Unbefristetes Akkreditiv 254
Unbegleiteter Kombinierter Verkehr 231
Unbestätigtes Akkreditiv 253
Unbestätigtes Dokumentenakkreditiv 254
UN-Empfehlungen 429
Unfälle mit Gefahrgut 444
Unionsmarkt 291
Unionsware 277
Unionszollkodex (UZK) 273, 277, 282, 283, 311
Unit Load Devices (ULD) 185
Unit Sourcing 365
UN-Kaufrecht 244, 245
UN-Modellvorschriften 429
UN-Nummer 435, 436
UN-Sonderkomissionen 429
Unstetigförderer 329
Unterweisung nach 1.3. ADR 432
Unwiderrufliches Akkreditiv 254, 258
Ursprungserklärung 265
Ursprungsnachweis 315
Ursprungszeugnis 265
Ursprungszeugnis Form A 265

V
Value Added Services (VAS) 349
Verbrauchsfolgeverfahren 359
Verbringung 310
Veredelung 293, 301
 – aktive 286
 – passive 286
Vereinfachtes Verfahren 314
Vereinfachte Zollanmeldung 287, 288
Vereinfachungen 287
Verfrachter 162
Verfügte Lagerung 332
Vergütungs-/Zahlungsrisiko 244

Verkaufsgespräche 473
Verkaufsverpackungen 422
Verkehrsbedingte Lagerung 335
Verkehrsleiter 26
Verkehrsvertrag 64
Verlader 18, 434
Verladeschein 165, 167
Verpacker 434
Verpackung 408
Verpackungen
 – Klassifizierung 422
Verpackungsgruppe 435
Verpackungsgruppen 438
Verpackungsverordnung 421
Verp.gruppe 438
Versand 277, 293, 295
 – externer 286
 – interner 286
Versandbegleitdokument (VBD) 297
Versandschein 298
Versandstücke 442
Versandverfahren 277, 297
Versandvorbereitung 408
Verschieberegal 328
Verschiffungsspediteur 163
Verschuldenshaftung 71
Versendung 311
Versicherung des Gutes 96
Versorgungsketten 369
Versorgungsmodelle 360
Vertriebskanäle 466
Vertriebslogistik 357
Verwendung 286, 293, 300
Verzeichnis gefährlicher Güter 435
Visby-Rules 171
Vollpalette 331
Vorlauf 102
Vorübergehende Verwahrung 289, 292
Vorübergehende Verwendung 286, 293, 300
Vorzugsbehandlung 310

W
Währungsrisiko 244
Wareneingang 321
Warenmanifest 278
Warenursprung 264
Warenverkehrsbescheinigung (WVB) 266
Warenverzeichnis 303
Warenverzeichnis Nomenklatur 304
Wechselbrücke 32
Wegstrategien 398
Werbebriefe 467
Werbeplan 470
Werbung 467
Werkverkehr 25
Wertdeklaration 206
Wesel-Datteln-Kanal 124

Widerrufliches Akkreditiv 254
Wiederausfuhr 300, 311
Wiederausfuhranmeldung 311
Wiederausfuhrmitteilung 311
Wiedereinfuhr 281
Wirtschaftsbeteiligter 284

X
XYZ-Analyse 378

Z
Zahlungsaufschub 309
Zahlungsformen 251
Zahlungsmodalitäten 251
Zahlungsrisiko 251
Zahlungssicherung 251
Zentrales Lager 320
Zentrale Zollabwicklung 287, 288
Zertifizierung 464
Zollanmeldung 282, 287
Zollbefreiungen 310
Zollbefund 289
Zollbegleitscheinheft 278
Zollbegünstigungen 310
Zollbehörden 284, 288
Zollbeschau 289
Zölle 273, 302
Zollgebiet 275, 276
Zollgebiet der Europäischen Union 273
Zollkodex der Union (UZK) 274, 281
Zolllager 286, 293, 299
 – öffentliches Zolllager 299
 – privates Zolllager 299
Zollrecht der Union 282
Zollschuldner 309
Zollstellen 289
Zolltarif 303, 304
Zolltarif der Union 282
Zolltarifschema 303
Zollunionen 275
Zollverfahren 277, 286, 288
Zollvergünstigung 264
Zollvermerk 281
Zollverschluss 277
Zollverschlussanerkenntnis 277
Zollvertreter 284
Zollvertretung 290
Zollwert 305
ZPK 247
Zugelassener Wirtschaftsbeteiligter 285, 286
Zulassungsbescheinigung 444
Zusammenfassende Meldung 282
Zusammenladeverbote 440
Zusatzleistungen 463
Zweipunktklausel 248
Zweiseitige Präferenzabkommen 264

Übersicht Incoterms

Gruppe	Verkehrsträger	Incoterm	Abschluss Beförderungsvertrag	Gefahrübergang (Ort bis zu dem der Verkäufer das Transportrisiko zu tragen hat)	Kostenübergang (Ort bis zu dem der Verkäufer die Transportkosten zu tragen hat)	Lieferort (Ort an dem der Verkäufer seine Lieferpflicht gemäß Kaufvertrag zu erfüllen hat)	Exportrechnung/ Konformitätszertifikat/ Packliste	Exportgenehmigung	Liefernachweis	Transportdokumente	Versicherungspolice	Transitdokumente	Inspektionszertifikat	Einfuhrgenehmigung	Ursprungszeugnis	Importdokumente
E	ALLE	EXW	Käufer	Werk des Verkäufers	Werk des Verkäufers	Werk des Verkäufers	V	V	K	(K)	(K)	K	K	K	(K)	K
F	ALLE	FCA	Käufer	Ort der Übergabe an den Frachtführer	Ort der Übergabe an den Frachtführer	Ort der Übergabe an den Frachtführer	V	V	V	K/V	(K)	(K)	K	K	(K)	K
F	Schiffsversand	FAS	Käufer	Längsseits Schiff im Verschiffungshafen	Längsseits Schiff im Verschiffungshafen	Längsseits Schiff im Verschiffungshafen	V	V	V	K/V	(K)	K	K	K	(K)	K
F	Schiffsversand	FOB	Käufer	Verladung an Bord	Verladung an Bord	Schiff im Verschiffungshafen	V	V	V	K/V	(K)	K	K	K	(K)	K
C	Schiffsversand	CFR	Verkäufer	Verladung an Bord	Bestimmungshafen	Schiff im Verschiffungshafen	V	V	(-)	V	(K)	K	K	K	(K)	K
C	Schiffsversand	CIF	Verkäufer	Verladung an Bord	Bestimmungshafen	Schiff im Verschiffungshafen	V	V	(-)	V	V	K	K	K	(K)	K
C		CPT	Verkäufer	Lieferort	Bestimmungsort	Ort der Übergabe an den ersten Frachtführer	V	V	(-)	V	(K)	K	K	K	(K)	K
C		CIP	Verkäufer		Bestimmungsort	Ort der Übergabe an den ersten Frachtführer	V	V	(-)	V	V	K	K	K	(K)	K
D		DAP	Verkäufer	Bestimmungsort		Bestimmungsort	V	V	V	V	(V)	V	K	K	(K)	K
D		DAT	Verkäufer	Terminal Bestimmungshafen/-ort		Terminal Bestimmungshafen/-ort	V	V	V	V	(V)	V	K	K	(K)	K
D	ALLE	DDP	Verkäufer	Bestimmungsort		Bestimmungsort	V	V	V	V	(V)	V	V	V	(V)	V

K Käufer
V Verkäufer
(V) falls vereinbart
(K) falls vereinbart
(-) keine Regelung vorhanden
K/V Verkäufer auf Verlangen und Kosten des Käufers

Grafik: C.J. Kuchta

Bildquellenverzeichnis

ABL System, Schönaich: 328.4 (beide)
action press, Hamburg: 23.1 (Thüringen Press)
adpic Bildagentur, Bonn: 318.2 (C. Schwier)
Anders ARTig Werbung + Verlag GmbH, Braunschweig: 251.2
BBC Chartering, Leer: 149.2
Berliner Fahrgastverband IGEB e.V., Berlin: 126.1
bildarchiv-hamburg.de, Tangstedt: 273.1
Bildungs- und Wissenschaftszentrum der Bundesfinanzverwaltung, Münster: 278.1
BITO-Lagertechnik Bittmann GmbH, Meisenheim: 327.3, 359.1
bpk - Bildagentur für Kunst, Kultur und Geschichte, Berlin: 181.2 (Bayerische Staatsbibliothek|Archiv Heinrich Hoffmann)
Bundesministerium der Finanzen, Berlin: 283.1, 303.1
Bundesministerium für Verkehr, Bau und Stadtentwicklung, Berlin: 439.1
Caro Fotoagentur GmbH, Berlin: 182.1 (Buerger), 231.1 (Zensen)
Christoph Papsch Fotografie, Bonn: 403.1
Datalogic ADC, Holzmaden: 403.2
Der Grüne Punkt - Duales System Deutschland GmbH, Köln-Porz-Eil: 423.1
Dietmar Hasenpusch Photo-Productions, Schenefeld: 148.1
DIN-Deutsches Institut für Normung e.V, Berlin: 84.1, 408.2
dreamstime.com, Brentwood: 319.1 (Sebastian Czapnik), 329.4
Dürkopp Fördertechnik GmbH, Bielefeld: 329.1
Ehrhardt + Partner GmbH & Co. KG, Boppard-Buchholz: 404.1
Felden, R., Bochum: 316.1
Finsterwalder Container GmbH, Kaufbeuren: 32.1
fotolia.com, New York: Titelbild (Nightman1965); 17.3 (Gina Sanders), 17.4 (mitifoto), 19.1 (B. Wylezich), 19.2 (Thaut Images), 32.2 (Kirsty Pargeter), 32.3 (Ideeah Studios), 32.4 (topae), 103.1 (th-photo), 121.1 (Stephen Coburn), 252.1 (mikalaimanyshau), 292.1 (kamasigns), 292.2 (Alterfalter), 292.3 (Schlierner), 298.1 (ufotopixl10), 319.2 (Christophe Fouquin), 395.1 (Martin Fally), 423.2 (Sean-PavonePhoto), 439.2 (markus_marb), 443.1 (Stefan Müller), 443.4, 443.5 (playstuff), 443.9 (WINIKI), 445.1, 446.3 (markus_marb), 446.4 (createur), 473.1
Fritz Schäfer GmbH, SSI Schäfer, Hannover: 325.2, 327.4, 328.1, 359.2
Gefahrgutschulung und Internet-Marketing, Frankfurt am Main: 195.1, 195.2
Gesamtverband der Deutschen Versicherungswirtschaft e. V., Berlin: 260.1 (www.tis-gdv.de/tis/bedingungen/zertifikat/beispielzertifikat.pdf)
Getty Images, München: 184.3 (Pier Marco Tacca)
Gilgen Logistics AG, Oberwangen: 327.2
Hafen Hamburg Marketing e.V., Hamburg: 147.1
Info-Zentrum Schokolade, Leverkusen: 243.1
INTERFOTO, München: 42.1 (imageBROKER/Thomas Schneider)
iStockphoto.com, Calgary: 118.2 (PeopleImages), 408.1 (narvikk)
Keis, Heike, Rödental: 443.11
Knaußmann, Katrin, Gifhorn: 443.7
Kuchta, Christine J., Altenburg: 442.1, 442.2, 442.4, 448 (beide)
Kühne+Nagel (AG & Co) KG, Hamburg: 457 (alle)
Kurt Fuchs - Presse Foto Design, Erlangen: 274.1

BILDQUELLENVERZEICHNIS

LOOK-foto, München: 329.2 (Engel & Gielen)
mauritius images GmbH, Mittenwald: 184.1 (Hans-Peter Merten), 326.1 (Rosenfeld)
Mendel Verlag GmbH & Co. KG, Witten: 314.1
Mertins, Harald, Vollbüttel, Gemeinde Ribbesbüttel: 320.2, .3
OKAPIA KG - Michael Grzimek & Co., Frankfurt/M.: 428.1 (Frank Roeder/imageBROKER)
Panther Media GmbH (panthermedia.net), München: 443.3 (Dagmar Richardt)
Picture-Alliance GmbH, Frankfurt/M.: 12.1, 17.1 (Jan Woitas), 17.2 (Daniel Naupold), 18.1 (R. Scheidemann), 24.2 (Friso Gentsch), 123.1 (Zentralbild/Euroluftbild.de), 143.1 (Oliver Berg), 146.1, 149.3 (AP Photo), 150.1 (euroluftbild.de/Robert Grahn), 151.1, 156.1, 181.1 (Frank May), 184.2 (Christoph Schmidt), 186.1 (The Canadian Press/Graham Hughes), 258.1, 327.1 (Global Crop Diversity Trust), 351.1 (Carmen Jaspersen), 442.3 (Jürgen Mahnke)
Scholz, Henning, Hamburg: 319.3
ShortSeaShipping Inland Waterway Promotion Center, Bonn: 149.1
Shutterstock.com, New York: 385.1 (Tang Yan Song), 443.6, 458.1 (kentoh)
SOCO SYSTEM GmbH, Oberhausen: 329.3
Technische Universität München, Lehrstuhl für Fördertechnik Materialfluss Logistik , Garching bei München: 404.2
topsystem Systemhaus GmbH, Würselen: 402.1
transtec AG, Tübingen: 320.1 (Susanne Gnamm)
Truna Trading GmbH, Traunstein: 443.10, 443.8
ullstein bild, Berlin: 24.1, 273.2 (Becker & Bredel)
Umweltbundesamt, Dessau: 224.1 (Holzhey, M. (2010): Schienennetz 2025/2030. Ausbaukonzeption für einen leistungsfähigen Schienengüterverkehr in Deutschland)
Unitechnik Cieplik & Poppek GmbH, Wiehl: 404.3
United Nations Economic Commission for Europe (UNECE), Genf: 446.1
vario images, Bonn: 23.2, 186.2, 231.2
Visum Foto GmbH, Hannover: 26.1 (Christopher Clem Franken), 318.1 (Stefan Sobotta)
Wasser und Schifffahrtsverwaltung des Bundes, Bonn: 124.1
Wasser- und Schifffahrtsdirektion Süd, Würzburg: 127.1
wikipedia.commons: 40.1, 280.5, .6, 456.1 (Emes)

Alle weiteren Grafiken: Claudia Hild, Angelburg.